大崩壞

——人類社會的明天？

collapse

How Societies Choose to Fail or Succeed

by Jared Diamond

賈德・戴蒙——著　廖月娟——譯

（圖一）蒙大拿苦根河。

（圖二）灌溉中的苦根谷乾草田。

（圖三）苦根谷的山林。

（圖四）蒙大拿的佐特曼－藍達斯基礦場，現已廢棄。這是美國第一座設有巨大氰化物堆浸場的礦場，利用劇毒的氰化物來溶解礦石中的微量黃金。

（圖五 A、五 B）復活節島的石頭平台（阿胡）和石雕巨人（摩埃）。

（圖六）復活節島曾經擁有樹種繁多、蓊蓊鬱鬱的森林。後來森林全部砍光了，變成現在我們眼中的不毛之島。圖中的火山口就是拉諾拉拉庫，也是島上的採石場。當中那一小片樹林是近年來才從島外地區引進的。

（圖七）從另一個角度觀察光禿禿的復活節島和火山口。

（圖八）復活節島的石雕巨人（摩埃），頭上還頂著紅色火山岩圓柱（普卡奧）。每一個圓柱重約十公噸，可能代表紅色羽毛製成的頭飾。

（圖九）從空中鳥瞰失去森林的恰克峽谷，可看到阿納薩茲印第安人留下的最大村落遺址波尼托村。這個村子有五、六層樓高的建築，有如史前時代的大廈。

（圖十）近看恰克峽谷中的阿納薩齊村落遺址。

（圖十一）阿納薩齊石頭建築門戶，以乾砌（即不使用水泥）的面層石隱藏下方的積石（疏鬆未固定的大塊有角岩石）。

（圖十二）高聳的馬雅提卡爾城，已廢棄了千年以上，被叢林包圍，現在才從叢林中清理出可通行的道路。

（圖十三）馬雅提卡爾城的石碑，碑上有銘文。馬雅位於新世界文明（中美洲）的心臟地帶，也是前哥倫布時期唯一留下大量文字的文明社會。

（圖十四）馬雅花瓶上的圖案拓印，圖中顯示戰士的英姿。

（圖十五）公元一三〇〇年左右，維京人在格陵蘭東聚落建造的哈瓦思教堂。
（圖十六）土地遭到嚴重侵蝕的冰島。這是森林砍伐和放牧所造成。

（圖十七）格陵蘭艾瑞克峽灣，有一條冰川流入，峽灣內漂浮著零零星星的冰山。這個峽灣位在布拉塔利德一帶，即東聚落最富裕的牧場。

（圖十八）坐皮筏投擲魚叉的因紐特獵人。中古時期，格陵蘭的維京人必然見識過這兩種因紐特人生存的利器，卻未能採用。

（圖十九）新幾內亞高地的瓦基谷。這裡是高地的農業區，人口稠密，森林本已砍伐了大部分，居民後來在村落和園圃種了很多木麻黃，做為木材和柴薪的來源。

（圖二十）被森林包圍的富士山。日本人在四百年前致力於森林保育，由上而下雷厲風行，今日雖然人口稠密，仍是第一世界森林覆蓋率最高的國家（七四%）。

（圖二十一）白骨成堆。一九九四年，盧安達種族屠殺慘劇，約有百萬人遭到殺害。

（圖二十二）一九九四年，盧安達種族屠殺，境內二百萬人流離失所。

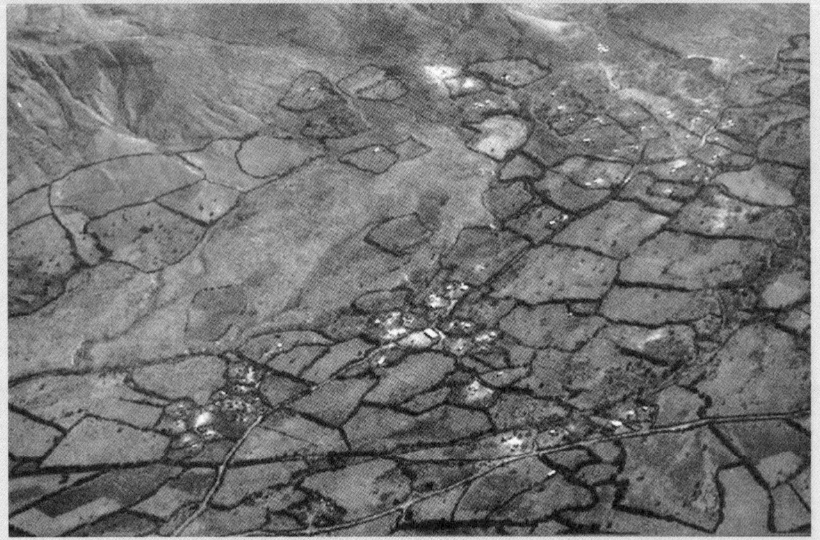

（圖二十三）伊斯巴紐拉島東半部的多明尼加森林蓊鬱，比西半部的海地富裕好幾倍。

（圖二十四）伊斯巴紐拉島西半部的海地是新世界最貧窮落後的國家，森林砍伐殆盡，放眼望去盡是荒蕪、殘破的景象。

（圖二十五）中國都市空氣汙染嚴重，居民不時得掩住口鼻。

（圖二十六）土壤侵蝕極其嚴重的中國黃土高原。

（圖二十七）廢棄電子設備和零件等垃圾在中國許多城鎮堆積如山。這些代表了第一世界傾倒在第三世界的垃圾。

（圖二十八）澳洲最大河墨累河含鹽量極高，很多鹽分沉積於此，甚至冒出河面。

（圖二十九）澳洲的羊把地表上的植物吃光了，土壤侵蝕的問題因而更加嚴重。

（圖三十）澳洲引進兔子，兔子大量繁殖，破壞植被。至今，澳洲人的野兔大作戰還沒終了。

（圖三十一）亞洲葛藤入侵北美森林，對當地本土物種造成非常大的傷害。

（圖三十二）美國甘迺迪總統及其顧問群為了古巴飛彈危機集思廣益。甘迺迪已從豬玀灣事件得到教訓，找出群體決策的盲點。

（圖三十三）近二十年來最嚴重、也最廣為人知的工安事故：一九八八年，西方石油公司的北海一號管鑽油平台發生爆炸，造成一百六十七人喪生。
（圖三十四）一九八四年，印度波帕生產殺蟲劑活性劑的聯合碳化公司化工廠發生毒氣洩漏事件，造成四千人罹難、二十萬人受傷的慘劇。

（圖三十五）衛星在地球上空拍攝的各地夜空合成照片。有些地區特別明亮（如美國、歐洲和日本），有些地區比較幽暗（如非洲大部分地區、南美和澳洲）。這種明亮的程度和資源消耗、廢物生產多寡與生活水準高低成比例，顯現第一世界和第三世界的差異。這種差異會持續下去嗎？

（圖三十六）門禁森嚴的洛杉磯富豪社區。住在裡面的有錢人以為鐵門和高牆可以把社會問題隔絕在外。

（圖三十七）櫛比鱗次的洛杉磯都會區，放眼望去盡是公路和住宅。

（圖三十八）洛杉磯的煙霧空氣汙染，使得洛杉磯是全美空氣品質最差的城市。

（圖三十九）一九五三年二月，狂猛的暴風雨侵襲荷蘭齊蘭省，大浪衝破河堤，將近二千人淹死。
（圖四十）與海爭地的荷蘭人：海平面下的農地。

（圖四十一）印度河谷中的摩罕吉達羅遺址（Mohenjo Daro），在今巴基斯坦一帶。公元前二千年之後，可能由於氣候變化、河流改道和水資源管理不當，這個曾經在印度河流域光華四射的文明最後走向覆亡。

（圖四十二）高棉帝國的首都吳哥窟，其巨大的廟宇結構和水池堪稱是東南亞最著名的遺址。此地在現代柬埔寨的西北。高棉帝國的敗亡可能和乾旱有關。高棉帝國衰弱後，無法抵擋敵人的入侵。

目錄

029 各界讚譽
033 推薦序 人類明天的大哉問／蕭新煌
035 推薦序 沒有回饋，就是崩潰／李家同
036 推薦序 覆亡社會的啟示／劉紹臣
038 推薦序 文明延續在於選擇／朱雲鵬
040 導　讀 傾聽卡珊德拉／廖月娟
702 延伸閱讀

045 序　曲 兩個牧場的故事

第一部 現代蒙大拿

076 第一章 在蒙大拿的長空下

第二部 古代社會

136 第二章 暮色中的復活節島
187 第三章 死絕之島：皮特肯島和亨德森島
206 第四章 史前時代的大廈：阿納薩齊印第安遺址
231 第五章 馬雅文明的殞落
256 第六章 維京：前奏與賦格
296 第七章 繁華如煙：維京人在格陵蘭

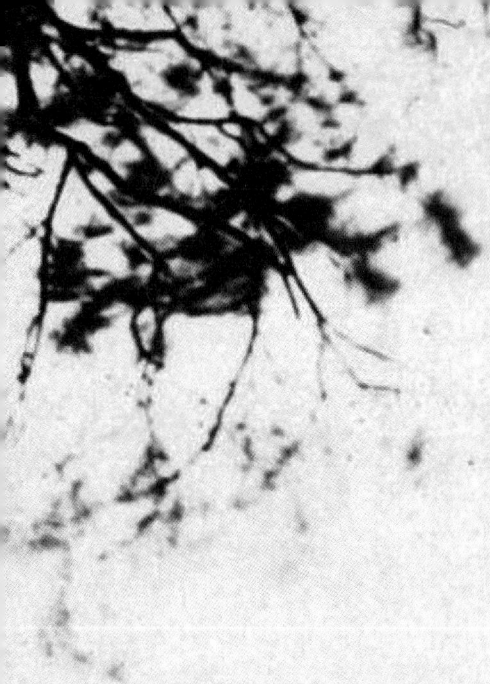

338 第八章 輓歌

373 第九章 另闢蹊徑：新幾內亞高地、蒂蔻皮亞島和日本等成功的故事

第三部 現代社會

412 第十章 非洲的人口悲劇：盧安達的種族屠殺

433 第十一章 一屋二家：多明尼加與海地

466 第十二章 中國：搖搖擺擺的巨人

491 第十三章 淘空澳洲？

第四部 殷鑑

536 第十四章 千古恨事：群體決策的失誤

563 第十五章 大企業與生態環境

618 第十六章 相倚為命

PRAISE

各界讚譽

戴蒙的《槍炮、病菌與鋼鐵》（*Guns, Germs and Steel*）加上《大崩壞》，是我們這個時代單一作者所完成最了不起的巨著，博大精深，足足顯現作者的博學和創見。

——《紐約時報》書評

戴蒙喜歡寫很大的主題……《大崩壞》一書格局宏偉，只有戴蒙才寫得出這麼一本書。

——《經濟學人》書評

戴蒙在書中提到的社會生存和物種個體生存之別非常重要。我們經常把這兩者混為一談，認為文化價值是個體生存的先決條件。但是經歷兩次世界大戰的浩劫和核子時代的恐懼後，我們已經覺醒：只有學習好好相處、以和平的方式解決爭端，人類這個物種才能存活下去。然而，我們可別忘了這樣的事實：即使我們守法、愛好和平、能容忍別人、有發明創造的能力、熱愛自由、擁抱核心文化價值，我們的作為還是可能危及我們賴以為生的環境，無異於慢性生態自殺，個體最後也就無法生存。

——麥爾坎．葛拉威爾（Malcolm Gladwell）／《紐約客》書評／暢銷書《決斷2秒間》、《引爆趨勢》作者

人類在孤絕的復活節島上拚命雕刻石頭巨人，忽略了大自然，最後只是為自己帶來滅亡。同樣的傻事在人類文明史上一再重演。戴蒙這本寫得極其嚴謹、精采的書，探討人類社會崩壞的原因，並告訴我們如何才能轉危為安。如果我們好好讀這本書，保住這個地球，我們的子孫一定會感謝我們。

——羅伯特．華特曼（Robert Waterman Jr.）／企管暢銷書《追求卓越》作者

戴蒙以一個又一個令人驚心動魄的故事，告訴我們：如果我們像過去人類社會那樣踐踏生態環境，會有什麼下場？

——比爾．路易斯（Bill Lewis）／麥肯錫全球研究所名譽主任、《生產力》作者

戴蒙的《槍炮、病菌與鋼鐵》一書帶領我們在人類文明之路上探索，檢視一萬五千年來的人類發展史。接下來，這本《大崩壞》繼續這段旅程。戴蒙以生動的筆法帶我們觀看過去人類文明的起落，並佐以詳

盡的史料分析。那些文明的故事不只是過眼雲煙，而可以和今日的盧安達、澳洲、中國和蒙大拿連結，做為殷鑑，讓我們為「進步」重新定義。

——詹姆斯．卡爾（James Karr）／華盛頓大學教授

戴蒙不只讓我們對古文明的殞落心生悵然，他的考古學與史學論述更讓我們學到寶貴的一課，讓我們知道人類社會曾犯過什麼樣的錯。這是關心人類目前處境者必讀之書。

——彼得．白伍德（Peter Bellwood）／澳洲國立大學教授

戴蒙結合科學與歷史，寫出令人入迷的文章。他在新著《大崩壞》中演示人類趨吉避凶之道。

——路易斯．普特曼（Louis Putterman）／布朗大學教授

過去最繁華、最強大、最有自信的人類社會都不免崩壞，更何況是我們？作者透過古今社會的對照與比較，告訴我們哪些是當今人類社會最大的威脅，教我們記取教訓，心生希望。這是一本可能改變人類歷史的書。

——查爾斯．瑞德曼（Charles Redman）／亞歷桑納州立大學教授

人類有史以來第一次面臨全球生態崩壞的危機。在這個關鍵時間點，戴蒙帶領我們進行一趟文明巡禮，

讓我們看看面臨類似威脅的古老人類社會如何在環境的挑戰下覆亡。本書是戴蒙繼經典之作《第三種猩猩》和《槍炮、病菌與鋼鐵》之後的力作，讓我們洞視過去人類社會的不幸，避免同樣的噩運降臨在我們身上。

——保羅・艾利克（Paul R. Ehrlich）／史丹佛大學教授《步上尼尼微的後塵》作者

FOREWORD

推薦序

人類明天的大哉問

蕭新煌／中央研究院社會學研究所特聘研究員

戴蒙是寫人類歷史大題目的作家，前一本大著《槍炮、病菌和鋼鐵——人類社會的命運》是如此，這本新書《大崩壞——人類社會的明天？》更是如此。前書副標題中有「命運」（fates）一詞，新書原文副標題則有類似「成敗、興亡的抉擇」（choose to fail or succeed）之字眼。可見身為國家科學院院士的戴蒙，確實關切於解釋人類不同社會的興衰與命運。

照說這樣的「大哉問」應該由歷史學家、哲學家、人類學家或社會學家提出並解答，可是戴蒙卻以醫學院演化生物學的背景，做出了頗有說服力的「環境典範」論述。他的前後兩本書也有一個共同的特色，也就是展現「科普」的魅力：戴蒙上知天文，下知地理，舉例遠至伊甸園起源，近至現今大企業的環境責任；或是撫今追昔，或是預知未來。

讀科普類巨著，讀者必須有某種心理和情緒的準備，亦即一方面面對大量的故事、案例、資訊和知識；一方面卻又難步步檢驗作者運用多方訊息欲傳遞的某個大論述，或特定大理論。因此，我建議讀者在閱讀本書的時候，不妨先以開放的心胸、帶著多少質疑的態度，隨著作者行筆與之進行一章一章的「對話」，然後找尋自己可以感到放心的「結論」（不管有多少結論）。

就像戴蒙所說，全書訴說的不全然是一個又一個過去人類社會的崩潰、滅絕或敗壞，也不盡然可用「物競天擇」的命定論來一語道破這些沉淪的歷史。本書有意點出的是：人類社會也可以發揮集體智慧去因應、克服並應變一道又一道足以挑戰人類存亡的關卡。戴蒙在這本長達十六章、厚達七百餘頁的書裡，最關切足以導致人類崩壞的大關卡與可能肇因：來自自然、環境和生態體系的大毀壞，以及人類自己「自作孽」破壞了賴以維生的生態環境資源，咎由自取；或是有「自知之明」的價值、制度去珍惜資源，因應環境變化，最後得以轉危為安？讓我獲益頗多的是各章陳述的生態破壞、氣候變化兩大「客觀因素」，以及敵對鄰國入侵、交易友邦的支持等兩大「主觀條件」。對不同社會的提升或沉淪，這些主、客觀因素代表了可能左右命運的力量，戴蒙並以幾個已崩壞和成功存活的人類社會做為比較研究的佐證。

這本書熱切地想與讀者分享的是：當今人類要記取諸多「前車之鑑」，以及諸多更應「銘記在心」的關鍵明智抉擇。對於中譯本副標題所問：「人類社會的明天？」本書提示的答案既直接，又富禪意：「在於抉擇。」此種抉擇即是人類在環境品質的經營上進行明智、嚴肅和良善的抉擇！

沒有回饋，就是崩潰

李家同／前暨南大學校長、現清華大學榮譽講座教授

人類歷史上有很多國家和社會崩潰的事件，馬雅文明是一個例子，復活節島是另一個例子。在亞洲，最有名的應該是吳哥窟。這些都是比較極端的例子，除了這些極端例子之外，我們還有很多比較溫和的例子，例如：羅馬帝國的滅亡。

要研究一個社會如何崩潰，是一件非常困難的事。作者戴蒙試圖以非常科學化的態度來試著解開這個謎，也試圖用非常通俗的言語來陳述他的研究結論。像這樣的做法，我們應該心存感激，因為我們誰都希望能知道人類社會如何崩壞，但是我們又希望這些書淺顯易懂。

如果我們到坊間翻閱最近出版的書，一定會發現這本書是異類。絕大多數的書都是教你如何發財、如何成為電子新貴，或者教你如何帶領你的公司，使它有一天成為台灣的前一百名，甚至世界的前五百名。本書卻提出「居安思危」的觀念，我們不能只想發展，也要想想我們能不能永遠無限制地發展下去。

「永續發展」（或者是「永續經營」）是熱門話題，國科會也一直對此議題有興趣。但是，我們真的能永續發展嗎？我們的問題在於人類發展了科技文明，而且以此自豪，卻不了解當人類發明如此多的偉大玩意兒之際，同時也消耗了地球的寶貴資源。就以石油來說吧，石油遲早會用完的，用完了以後怎麼辦呢？會有替代能源嗎？即使有，也還是會用完的。可是人類對此毫不關心，好像地球上的能源無限，

取之不盡，用之不竭。其實哪有這回事！我們的能源有一天會用完的，用完了以後怎麼辦？

我們能否永續經營，是一個很傷感情的問題。在我看來，我們大概不可能永續經營。因為地球上的資源有限，也不可能再生，總有用完的一天。一旦資源用完了，人類的科技文明也一定會結束。

我們雖然不能永續經營我們的文明，但我們應該至少設法延長文明的壽命。我是學電機出身的，容我在這裡提供大家一個建議。在電機的領域中，震盪器的原理最為奇特，任何一個震盪器都像無中生有，我們由一個極小的訊號開始，經由放大器的作用，這個訊號被放大了一點。最重要的是，放大的訊號必須由一個回饋線路回饋出來，因此再輸入的訊號又稍微大了一點。如此反覆多次，訊號就越來越大，直到訊號穩定為止。

因此，我們不妨想想，我們的社會有沒有回饋的作用。如果我們人人都有回饋的作用，我們的社會就會穩定地運作。沒有回饋的社會，最後一定會衰敗。

劉紹臣／中央研究院環境變遷研究中心特聘研究員

覆亡社會的啟示

本書討論的主題是人類生存的生態環境變化，這是一個非常複雜、跨領域的問題，橫跨環境、生態、經濟、社會、政治，憑一人之力很難寫得如此深入、正確與完整。尤其難能可貴的是，作者戴蒙舉出世界各地十多個大小國家、由古至今的社會實例，根據生物化學、地球化學（即生地化）進行深入與量化的分析，討論各個國家、社會盛衰興亡的各種可能因素。幾乎每一個例子，人為的生態環境破壞都是崩壞、衰亡的主要因素，甚至是決定性的因素。而在成功的例子中，生態環境的有效保護也不可或缺。

戴蒙的專長是生地化研究，但他除了絕頂聰明之外，顯然也博學強記。戴蒙從考古、社會、經濟到氣候變化的討論皆頭頭是道，尤其在缺乏完整資料（如歷史記載）的情況下，他大膽假設、多方小心求證的嚴謹態度，是每個科學工作者學習的好榜樣。

全書最重要、也最精彩的部分就是這十多個實例，約占全書的四分之三篇幅，其中大部分的例子是失敗或接近失敗的。戴蒙舉出約十個古今的國家或社會來討論，當中明顯成功的實例只有三個。作者對失敗之例的描述最為詳盡，也最引人入勝。關於復活節島民及格陵蘭維京人的命運，作者的刻畫極吸引人。尤其是後者，戴蒙以三個篇章深入探討維京人盛衰興亡的遠由、近因，不放過任何考古佐證。這些篇章讀起來好像身臨其境，自己也跟著作者進行考古挖掘、研究分析，也在格陵蘭的冰天雪地為生存奮鬥。但是，讀完那三章之後，我一想再想也無法接受戴蒙認為格陵蘭維京人不吃魚的理由。我無論如何也無法原諒那些維京男人，竟眼看著親人餓死，卻不在夏天把隨手可捕得的魚曬成魚乾以備不時之需。更何況，他們有好幾百年的時間可以向因紐特（愛斯基摩）鄰居學呀！

至於成功的例子，戴蒙以兩個極小的原始社會為例，即新幾內亞高地居民與面積約四・六平方公里、人口約一千兩百人的太平洋熱帶島蒂蔻皮亞。第三個成功實例則是德川幕府時代（1603 -1867）閉關鎖國的日本。然而，戴蒙不認為現代的日本是成功的，因為日本依靠大量外國能源及木材等資源。事實上，戴蒙故意不舉現代的成功例子，就是因為全球化之故，各個國家互相依賴，牽一髮而動全身。也因為如此，戴蒙苦口婆心，希望全世界的人相倚為命，從遠方的人們或古人犯的錯學到教訓，避免重蹈覆轍。同時，他也希望讀者了解，全世界的興亡人人有責，盡一己之力永續經營，讓人類的明天變得更好。

文明延續在於選擇

朱雲鵬／前行政院政務委員、現台北醫學大學、東吳大學教授

一九九九年九月二十一日，凌晨一點四十七分，台灣中部南投縣集集鎮附近發生芮氏規模七．三的大地震，震央在北緯二十三．八七度、東經一百二十．七五度，也就是日月潭西方十二．五公里處，震源深度約七至十公里。此次地震造成嚴重的災害，包括二千四百五十五人死亡、一萬一千三百零五人受傷，房屋全倒三萬八千九百三十五戶、半倒四萬五千三百二十戶。九二一大地震揭露了台灣森林濫伐及其所引發的土石鬆動、河床淤積等問題，並深深地考驗著台灣政府當局對賑災的應變能力。

二〇〇一年的九月十一日，美國紐約雙子星大樓發生恐怖攻擊事件。緊接著美國攻打伊拉克、南亞突如其來的大海嘯、侵襲美國紐奧良並引發世紀大遷徙的卡崔納颶風。這些陸陸續續發生的天災與人禍，對當今的人類文明是否意味了什麼？

戴蒙透過徒留巨大石雕的復活節島、遭遇連年大旱的阿納薩齊印地安部落、走上末路的美洲馬雅

文明、消失於格陵蘭的維京人等古代社會，歸結出這些文明社會之所以消失的五個原因：一、生態環境的破壞；二、氣候變化；三、強鄰壓境；四、友邦的支持與否；五、當社會面對環境問題時有何應變能力。此外，戴蒙並以新幾內亞高地的育林行動與日本德川幕府的森林管理等成功案例，說明文明社會若採取適當措施仍得以存續。

除了對歷史文獻與考古資料的解析研究，戴蒙更針對當今世界存在的諸多問題及危機提出警告，包括人口問題引發的悲劇（如盧安達）、生態環境破壞與汙染問題（如中國）等。接著他以「群體決策的失誤」為切入點，分析群體的理性及非理性決策所引發的問題與危機，並於書末以第一世界的諸多反省及實踐——如歐盟的誕生、第一世界人口成長率的下降——做為改善世界現況的期待與希望。

美國第三十五任總統甘迺迪曾說過：「權力的問題在於如何讓有權力的人為民而活，而非違背民意。」或許戴蒙最終的期盼是：現代世界因全球化的連結與人類對歷史教訓的學習，能透過當代社會的運作機制，延續人類文明的下一篇章。

別忘了，創造歷史的正是人類，而非歷史本身。

GUIDE READING

導讀　傾聽卡珊德拉

廖月娟

戴蒙在《槍炮、病菌與鋼鐵》一書中分析人類社會不平等的由來，探討為什麼有些地區的族群在文明的跑道上一馬當先，發展出威力強大的武器與驚人的科技，累積財富，成為世界超級霸權；有的卻還在起跑點上打轉，停留在石器時代，過著原始的狩獵／採集生活。儘管如此，全球化已是抵擋不住的趨勢，即使是地球最偏遠的一隅，如太平洋東南小小的奧埃諾島（Oeno Atoll）和迪西島（Docie Atoll），海灘上都還撿得到從日本漂流過來的三德利威士忌角瓶。難怪新幾內亞部落的亞力會有不平之鳴：「為什麼白人能製造這麼多的貨物，運來這裡？我們黑人就沒搞出什麼名堂？」然而，人類各個社會的勝敗並非恆久不變：有的社會雖然文明昌隆，極其繁盛，早就滅亡了；有的社會雖然原始、落後，現在還活得好好的。

在《大崩壞》這本續篇中，戴蒙挑選幾個具有代表性的人類社會／文明，放在歷史長河中檢視，他發現不是每一個白人社會都占盡優勢、歷久不墜，也不是每一個黑人社會都落後、短命，最後的贏家應該是能活下來的人。以立足於北美洲的美國而言，雖然號稱世界強權，富足繁榮，但從殖民時期發展至今，不過四百年光景。至於亞力的族人，他們在新幾內亞高地發展農業，已有七千年以上的歷史，進行永續農業實驗的時間幅度堪稱世界第一，孰勝孰敗還很難說。

《大崩壞》無疑是最壯觀的世界末日之旅。戴蒙是最用心良苦的嚮導，帶我們穿梭古今，以信實的筆法、逼真的描述，佐以科學證據，使曾經盛極一時、燦爛輝煌的人類社會在我們眼前重現，見其轟然崩塌：如不敵嚴寒或乾旱的考驗，活活餓死；或為了爭奪土地或食物，拔刀相見，甚至以敵人的屍體果腹，最後所有人口死絕；華美的宮殿、神廟或崩塌成一堆亂石，或成廢墟，如馬雅、皮特肯島（**Pitcairn Island**）、中古時期維京人在格陵蘭建立的社會與阿納薩齊印第安人在美國西南發展出的文明。又以復活節島為例，島上曾有茂密的森林，棕櫚樹足足有二十公尺高、樹幹有九十公分粗，如今一棵不剩，變成光禿禿的荒島，岸邊矗立一尊尊石人雕像，像是默默地為這個曾經富足、有巨石人像搬運、雕刻技術的人類社會做見證。戴蒙還把我們拉到現今，想想**BBC**或**CNN**鏡頭下的盧安達，胡圖族人為了種族仇恨屠殺圖西族人；更可怕的是，在環境敗壞、生存不易的狀況下，為了爭奪一丁點的土地與資源，胡圖族人也把同族人殺了，就像倖存者說的：「沒有錢幫孩子買鞋的人，把有錢幫孩子買鞋的人殺了，自己的孩子就不必赤腳上學。」此外，本書也以美國蒙大拿州和澳洲為例，戳破現代社會富裕的假象。

戴蒙抽絲剝繭地檢驗好幾個人類社會的體質，從生態環境、農業、歷史、人口等具體資料下手，歸納出五個社會崩壞的重大線索：盲目破壞生態環境（不自覺地斬斷生存命根）、氣候變化、敵人入侵、與友邦的貿易關係生變以及社會面臨危機的應變能力不足。進一步尋思，我們會發現，人類社會的死因大抵自殺的成分多於他殺。生態環境破壞，社會體質虛弱，自然不敵氣候的嚴酷考驗，也難以應變。

沒有這種末日演練，我們實在難以察覺我們的社會到底是朝哪個方向前進：是往更美好的未來，還是一步步接近崩壞的邊緣而不自知？我們以為世界何其大也，資源取之不盡，用之不竭；古代復活節島的島民最初也認為島上棕櫚樹永遠砍不完。我們認為農業發展可以餵飽更多的人口，讓社會更富足、科技更進步；盧安達人民也相信如此，他們不遺餘力地耕種，不斷生兒育女，人口密度居世界之冠，整個國家不是農田、園圃就是香蕉園，連陡峭的山坡上也都種滿了作物，到頭來卻有將近一百萬人死於饑饉、戰亂和種族屠殺。在特洛伊戰爭中，沒有人相信卡珊德拉的末日預言。如果特洛伊人肯聽卡珊德拉的話，不讓木馬進城，必然會有不同的命運。

就《大崩壞》沒分析到的地區（包括我們居住的台灣）來看，這正是最好的習題，留下思考的空間與方向。我們可利用戴蒙提出的人類社會崩壞之重要因素，檢視自己的國家與家鄉：台灣社會承載力的底線是多少？產業（農業、漁業、林業）是朝永續經營的方向前進，還是賺一天算一天，習於用完即棄的利用型態？氣候變化、天災（不管是洪水或乾旱）其中是否有人為因素？與友邦的經貿發展如何？有沒有敵人虎視眈眈地看著我們？在今日複雜的國際關係下，沒有永遠的盟友，也沒有永遠的敵人，我們又該如何自處？此外，就社會的傳統核心價值而言，哪些應該固守，哪些又該修正甚至揚棄？

過去崩壞的人類社會，幾乎無一能為末日設想，似乎這也是末日來得令人措手不及的原因。我們可以藉由《大崩壞》一書，悄悄在腦海演練末日情景，並積極思考自己能做什麼（參看第十六章延伸閱讀的建議），共同為人類這個生命共同體的生存而努力。畢竟，在浩瀚的宇宙中，地球無異於另一個孤懸在太平洋中的復活節島。

本書翻譯期間，原文有疑義之處，承蒙作者戴蒙先生親自來信詳細解說，特此致謝。

我遇一旅人從古國來歸，
他說：「沙漠立著兩隻巨大石腿，
不見身軀。一旁沙堆
殘破的面容半隱半現，蹙眉、噘嘴，
睥睨四方發號施令，
可見雕刻者甚知君王之情，
將之留存在沒有生命的石頭，
隻手雕塑萬丈雄心。
雕像腳座刻有銘文：
『吾乃歐西曼底亞斯，王中之王，
且看我這蓋世功業，汝等再偉大，只能自嘆弗如。』
然從這廢墟放眼看
四周盡是無垠荒漠，一片空無，
平沙萬里綿延至天邊。」

〈歐西曼底亞斯〉（*Ozymandias*），1817
雪萊（Percy Bysshe Shelley, 1792-1822）

PROLOGUE

序曲　兩個牧場的故事

兩個牧場

幾年前的一個夏天，我參觀了兩個牧場，一個叫哈爾斯牧場（Huls Farm），另一個叫嘉德牧場（Gardar Farm）[1]。儘管這兩個牧場有千里之遙，兩者的優勢和弱點卻出奇相似。就其所在地區而言，這兩個牧場不但規模最大，而且欣欣向榮，技術先進。特別的是，牧場中央都有一座用來飼養乳牛與榨乳的牛舍，裡頭有兩排長長的、相對的牛欄，看來整整齊齊、井然有序。這兩個牧場的牛舍壯觀、新穎，堪稱當地之最，其他牛舍一比，都矮了半截。夏季時，兩個牧場都會讓牛群在璀璨碧綠的草地上吃草；夏末則收割青草曬乾成飼草，以供冬日之需。人們也灌溉牧場，以便讓青草長得更加豐美，增進乾草產

1 嘉德牧場：在今格陵蘭的伊格利庫（Igaliku）。

量。兩個牧場的面積相當（約有幾平方公里），牛舍大小也差不多，哈爾斯牧場的乳牛數目比嘉德牧場稍多（前者有兩百頭，後者則有一百六十五頭）。牧場主人都是當地有名望的人，也都是虔誠的教徒。兩個牧場都在景色秀麗之地，也依山傍水，吸引不少外地觀光客前來踏青。牧場附近高山頂峰白雪皚皚，雪水融化涓涓成溪，溪澗中魚兒群游，溪水往低處流，最後匯入河流或峽灣。像哈爾斯牧場便南面臨河，而嘉德牧場南依峽灣。

以上是那兩個牧場的相同優勢，然而兩者也有同樣的弱點，也就是都在酪農業發展的邊緣地帶。由於這兩個牧場都在北半球的高緯度地區，夏季短暫，牧草的生長時節不長，能生產的乾草有限。即使是風調雨順的好年冬，和緯度較低的牧場相比，氣候只是差強人意；氣候若起劇變，兩個牧場都深受其害，因此他們特別擔心乾旱和酷寒。此外，這兩個牧場都很偏遠，離人口稠密的地區很遠，產品的銷售、運輸是個問題。由於運輸成本較高，不若離城鎮較近的牧場，競爭力受到影響。這兩個牧場的經濟也受制於他們無法控制的力量，像是顧客和鄰近一帶經濟狀況的變化與口味的轉變。大抵而言，這兩個牧場所在國家的經濟榮衰，也和遠方敵對社會的威脅消長有關。

哈爾斯牧場和嘉德牧場的最大差異乃是目前的狀況。哈爾斯牧場是家族企業，經營者是五個兄弟姊妹及其配偶。這牧場位於美國蒙大拿州的苦根谷（Bitterroot Valley），目前欣欣向榮。這裡的行政區屬拉伐麗郡（Ravalli County）[2]，人口成長率高居全國第一。這家牧場的主人哈爾斯（Tim Huls）褚娣和丹親自帶我參觀他們那新穎、高科技的牛舍，且不厭其詳地解說蒙大拿牧場的變遷和特出之處。我們實在難以想像，整個美國或這個哈爾斯牧場在可預見的未來竟然會衰亡。反觀嘉德牧場，亦即格陵蘭西南部主教教區的農莊，早在五百年前就廢棄了。這個維京人於中世紀格陵蘭建立的社會已經消失：為數幾千的居民，有的活活餓死，有的在派系械鬥中喪生，有的與敵人交戰時死亡，有的遠走他鄉，最後人跡杳然。然而，嘉德牧場的牛舍石牆仍屹立著，附近的大教堂依舊聳然，我才得以細數牛舍中的牛欄，只是無從聽聞主人述說過去嘉德牧場的特點與興衰。不管是嘉德牧場或是哈爾斯牧場，在他們登峰造極之時，似乎想像不到會有殘破的一天，正如我們想像不到哈爾斯牧場或是今天的美國也會敗亡。

我必須言明，比較哈爾斯牧場和嘉德牧場的今昔，不是斷言哈爾斯牧場和美國社會必然會走向衰亡。從現在看來，恰恰相反。哈爾斯牧場正在擴張，蒸蒸日上，這個牧場的先進科技也是鄰近牧場研究、取法的對象，而美國也是今天世界上最強大的國家。其次，我也不是預言牧場或人類社會都有走向衰亡的傾向：有些的確已經成了廢墟，就像嘉德牧場，然而有些還是得以享有千年繁華，直至今日。我在同一年夏天參觀哈爾斯和嘉德這兩個相距千里的牧場，追昔撫今，得到下面的結論：在今天的人類社會中，即使是最富有、科技最先進的，環境和經濟的問題也日益嚴重，這些問題不可小覷，當初嘉德牧場和移居格陵蘭的維京人所面臨的問題大致也很類似。在古代，也有一些社會努力想解決這些問題，有的失敗了（如中世紀移民至格陵蘭的維京人），有的則成功了（如日本和玻里尼西亞的蒂蔻皮亞島〔Tikopia〕）。鑑往知來，過去猶如一個豐富的資料庫，供我們學習，讓我們了解如何繼續立於不敗之地。

2拉伐麗郡：拉伐麗即苦根花，源於印第安語，一種粉紅色的小花，也是蒙大拿州花。

撫今追昔

崩壞、消失的人類社會不少，維京人在格陵蘭建立的社會只是其中一例，徒留如雪萊〈歐西曼底亞斯〉一詩描述的巨大廢墟。我所說的「崩壞」，指的是某一地區，歷經一段時間，人口遽減，以及／或者政治、經濟或社會突然由榮轉枯。這種崩壞現象在幾種衰亡形式中算是最極端的，在一個社會崩壞之前，衰退程度的評估見仁見智。就一個社會而言，較為和緩的變化包括財富的略有增減、政治／經濟／社會的小規模重組、遭到近鄰征服、一個社會因鄰近社會的崛起而衰退（但社會本身的人口總數、整個地區的複雜度並沒有變化），或者改朝換代，由新的統治者當政。就這些標準來看，大多數人會認為下述這些已走入過去的社會應是崩壞的著名實例，而非只是式微而已：諸如現代美國境內的阿納薩齊印第安部落（Anasazi）和卡霍基亞酋邦（Cahokia）、中美洲的馬雅（Maya）、南美洲的莫切（Moche）和蒂瓦納庫（Tiwanaku）、歐洲的希臘邁錫尼（Mycenaean）和克里特島的邁諾安（Minoan）、非洲的大辛巴威（Great Zimbabwe）、亞洲的吳哥窟（Angkor Wat）、印度河谷的哈拉帕（Harappan），以及大洋洲的復活節島（Easter Island）。

過去人類社會留下的斷壁殘垣，令人發思古之幽情。兒時，我們從圖片得知這些古文明，那些遺跡教我們嘖嘖稱奇。長大成人之後，不少人計畫前往這些古蹟尋幽攬勝，親眼見識一下。那些傾圮的雕像、石碑、廢棄的古城，有著一種壯觀、魅惑人心的美，也是讓人百思不得其解的謎。那些廢墟規模之大，足證當年的強盛富足，如雪萊筆下的歐西曼底亞斯[3]誇口的：「且看我這蓋世功業，汝等再偉大，只能自嘆弗如。」然而，當初雕刻的石匠早就成了一堆白骨，留下這些費盡心血刻成的巨大雕像。為什麼一個曾經如此強大的社會，最後竟會崩壞、瓦解？人民的命運又是如何？可是遠走他鄉？真是如此，離鄉背井的原因是什麼？還是守著家鄉，結果死於非命？在我們尋幽懷古、思索這些古文明之謎的同時，一種揮之不去的不安感隱隱襲來：我們今天的社會看似富足，會不會也有崩壞的一天？紐約的摩天大樓未來是否有一天也變成巨大的廢墟，供遊客瞻仰，就像我們今天在濃密叢林中憑弔馬雅文明一樣？

長久以來一直有人猜測，很多謎樣的遺址至少有部分原因關乎生態破壞：人類一味破壞自身社會仰賴的環境資源，因而自食惡果。近幾十年來，已有不少專家證實這的確是無意造成的生態自殺，如考古學家、氣象學家、歷史學家、古生物學家和花粉學家等。過去人類社會的環境破壞主要可分成八種，每一種的嚴重性因個別例子而有差異：山林濫伐和生物棲地的破壞、土壤問題（包括侵蝕、鹽化和肥力流失）、水管理問題、過度放牧、過度捕撈、新物種引進、人口膨脹以及平均每人對生態環境造成的衝擊漸增等。這種種行徑猶如自掘墳墓，使得人類社會不知不覺走上毀滅之路。

過去人類文明崩壞之例有著類似的軌跡可循，就像同一主題的變奏。人口膨脹迫使居民改行精耕農業（如灌溉、二熟制、梯田耕作）和擴展土地利用範圍（從首選的基本農田擴展到邊緣土地），以餵飽愈來愈多的嗷嗷之口。無法永續經營的利用型態必然造成上述八種環境破壞中的一種或多種，使得農業

3歐西曼底亞斯：Ozymandias，埃及王拉姆西斯二世（Rameses II, 1304-1237 BC）的希臘名字。此君在位六十七年，多次與鄰國交戰，以武功著稱，統治期間興建了不少大型建築，其陵墓為一龐大的獅身人面像。

的邊緣土地不得不再度遭到廢置。如此一來，社會面臨的衝擊包括食物短缺、饑饉，太多人覬覦有限資源必然造成爭戰連連，而群眾在大失所望之下會起而推翻精英組成的政府。最後，人口在饑饉、戰爭或疾病的影響下減少了，社會也走下坡，政治、經濟和文化皆黯然失色，不復全盛時期的大放異彩。有些作者在描述人類社會的發展軌跡時，不免喜歡用人的一生來做個類比，說一個社會正像一個人，也有出生、成長、登峰造極、衰老和死亡，而且社會興衰的歷程正如人生的生老病死，從壯盛到死亡這一段下坡路一樣長遠。但是對過去許多人類社會（包括前蘇聯）而言，這種比喻是錯誤的：這些社會在登峰造極之後，急轉直下，人民因此驚惶錯愕。最可怕的崩壞實例有如世界末日，人民要不倉促逃走，就只好坐以待斃。當然，過去傾覆的人類社會並非循著這種可怕的軌跡走上絕路：不同的社會，其衰亡程度、方式各有不同，也有很多社會未曾毀滅。

今天，大家日益關注崩壞的危機。事實上，我們已經可以看到索馬利亞（Somalia）、盧安達（Rwanda）和其他一些第三世界國家分崩離析的現況。很多人擔心生態自殺的威脅將比核子戰爭更大，新興疾病的危害更是全球性的。過去許多人類社會因上述八種環境破壞走上絕路，而我們今天所面臨的，除了上述八種，還新增了四種：人類造成的氣候變化、有毒化學物質在環境中沉積、能源短缺，以及人類將地球的光合作用使用到極限。有人認為，這十二種威脅將在接下來的幾十年內造成全球性衝擊，這些問題要是不解決，受到破壞的將不只是索馬利亞，還有第一世界的人類社會。也許，現在談人類滅絕和文明崩壞的世界末日言之過早，但是若生態環境不保，我們很可能即將面臨這樣的未來：生活水準降低、長期處於日漸升高的危機中，還有目前某些重要價值的淪喪。這樣的崩壞可能會以不同形式出現：

因缺乏環境資源而引發疾病在全世界擴散或戰爭四起。如果這種推理是正確的，我們今天的作為將決定我們下一代的處境。換言之，現在的年輕人步入中老年後將活在什麼樣的世界，就看我們今天怎麼做。

目前環境問題嚴重與否，大家因看法不同而有激烈的辯論。生態危機，我們是高估了還是低估了？過去地球只有幾百萬人口，使用的工具大抵是石頭和木頭，生態破壞也只是地方性問題；今天人口已逼近七十億大關，加上強大的現代科技，生態環境不但加速惡化，而且是全球性問題，因此可能出現全面崩盤的效應。現代科技可以解決問題嗎？還是舊的問題來不及解決，更多新的問題已接踵而至？我們耗盡一種自然資源（如樹木、石油或海洋魚類）之後，可能以新的資源（如塑膠、風力或太陽能，以及養殖魚類）取而代之嗎？全球人口成長的速率是否已漸漸下降、趨於平緩至可以應付的人口數？

這些問題顯示過去人類文明的崩壞不只是傳奇之謎，還蘊含更多的意義。或許我們可從過去所有人類社會崩壞的例子得到一些實用的教訓。我們已知有的社會崩壞了，有的仍然屹立：是什麼因素使得某些社會變得特別脆弱？過去人類社會生態自殺的過程為何？為什麼過去社會看不見自己一步步走向毀滅（今天我們以後見之明來看，卻清楚不過）？過去成功的解決之道為何？如果我們能回答這些問題，或許可以得知目前社會最大的危機進而防微杜漸，不至於像索馬利亞那樣坐以待斃。

不過，現代世界的問題和過去人類社會的問題不同。我們不可天真地以為，研究過去就可得到簡單的解決之道，直接套用在今天的社會中。從某些層面看來，我們與過去社會之差異使我們的危機比古人的來得小，如強大的科技（指科技帶來的好處）、全球化、現代醫學的進步，以及我們對古老文明和現代社會有較多的認識。然而，從另一些層面來看，這些差異也讓我們面對更大的危機，如強大的科技（指

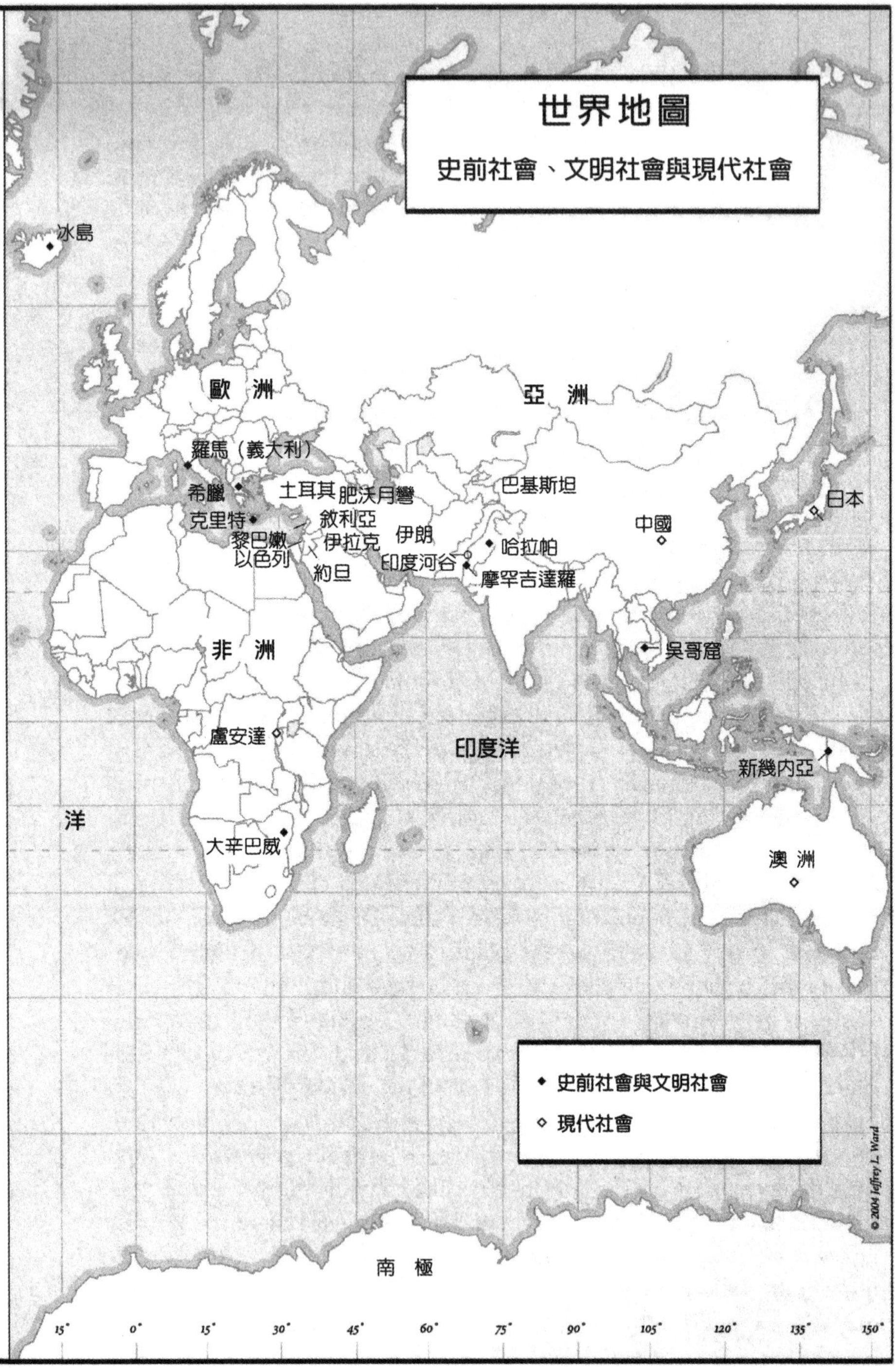
世界地圖
史前社會、文明社會與現代社會
冰島
歐 洲
亞 洲
羅馬（義大利）
希臘
克里特
土耳其
肥沃月彎
敘利亞
黎巴嫩
以色列
伊拉克
約旦
伊朗
巴基斯坦
哈拉帕
印度河谷
摩罕吉達羅
中國
日本
吳哥窟
非 洲
盧安達
印度洋
新幾內亞
洋
大辛巴威
澳 洲
◆ 史前社會與文明社會
◇ 現代社會
© 2004 Jeffrey L. Ward
南 極
15°
0°
15°
30°
45°
60°
75°
90°
105°
120°
135°
150°

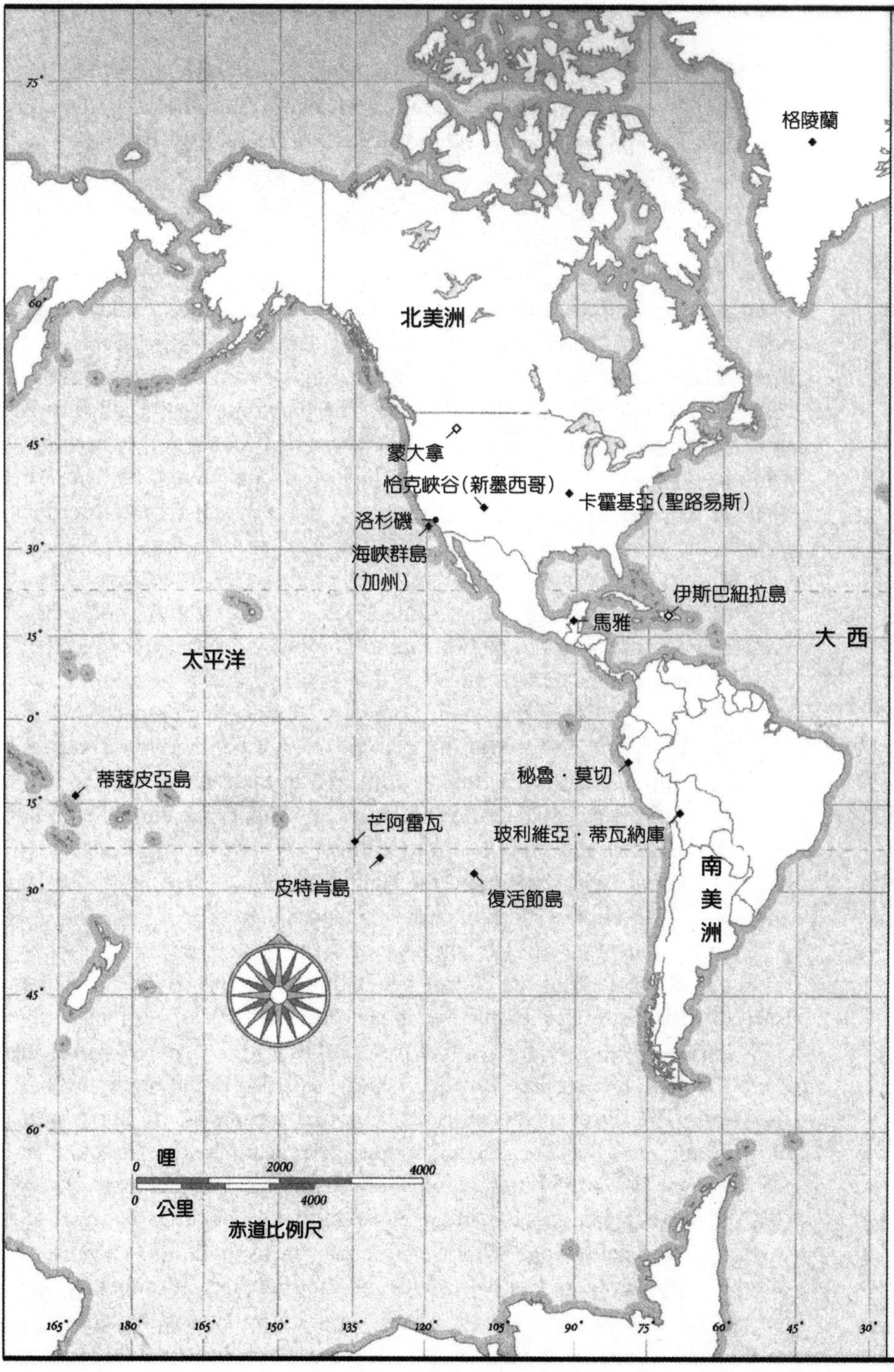

格陵蘭
北美洲
蒙大拿
恰克峽谷（新墨西哥）
卡霍基亞（聖路易斯）
洛杉磯
海峽群島
（加州）
伊斯巴紐拉島
馬雅
大西
太平洋
秘魯・莫切
蒂蔻皮亞島
芒阿雷瓦
玻利維亞・蒂瓦納庫
南
美
洲
皮特肯島
復活節島
哩
0
2000
4000
0
4000
公里
赤道比例尺
75°
60°
45°
30°
15°
0°
15°
30°
45°
60°
165°
180°
165°
150°
135°
120°
105°
90°
75°
60°
45°
30°

無意間造成的負面影響）、全球化（指牽一髮而動全身的結果，如遙遠的索馬利亞崩壞，也會使美國和歐洲受到影響）、數以百萬的人口（很快就達到數十億）沒有現代醫藥就難以活下去，以及現代人口的暴增等。也許我們可以從過去學到一些教訓，但是面對這些教訓，我們仍必須審慎地思考。

消失的伊甸園

要了解過去文明的崩壞，我們必須面對一個重大爭議和四個根盤節錯之處。這個爭議就是過去的族群（有些他們的後裔今天還活著，而且會表達意見）是否自作孽不可活，崩壞是自己一手導致的。今天，有關生態環境破壞的問題，我們的確要比幾十年前更為敏感。連飯店房間都掛了牌子，提醒我們愛護大自然，因此多要一條乾淨的毛巾，或是讓水龍頭的水嘩啦嘩啦地流，都會讓我們有罪惡感。今天，破壞環境等於罔顧道德的罪惡。

有些古生物學家宣稱，在夏威夷和紐西蘭演化的鳥類，大半數早在遠古就被夏威夷土著或毛利人的祖先滅絕了。那些土著的後代必然不高興聽到這樣的話。美洲土著也不喜歡聽考古學家說什麼阿納薩齊印第安人在美國西南部濫墾濫伐云云。一些古生物學家或考古學家聲稱的發現，聽在某些人的耳裡，頗有白人種族歧視的論調，認為那是驅逐土著的藉口。這種議論聽來像是科學家在說：「你們的老祖宗管理不當，失去了土地，活該。」美洲和澳洲的白人，因政府給原住民土地補償金而忿忿不平，也拿那些學者聲稱的發現做為議論根據。不只是原住民，一些研究原住民且同時認同他們的人類學家和考古學家，也認為那些研究結果具有種族主義色彩。

有些原住民和認同他們的人類學家則走向另一個極端。他們堅持過去的原住民是溫和善良的人（今天的原住民也一樣良善），很有生態環境管理的頭腦，對自然了解很深，也尊敬自然。這些原住民的家園就像一個人與自然和諧共處的伊甸園，原住民在此過著天真無邪的日子，絕不可能做出那些壞事。正如一個新幾內亞獵人告訴我的：「如果有一天，我在我們村子的某一個方向射中一隻大鴿子，我會等上一個禮拜再去另一個方向狩獵。」只有第一世界的居民才不懂得珍惜自然、尊敬環境，逕自破壞生態。

事實上，這兩派走極端的人，不管是種族主義者或認為過去原住民活在伊甸園中的人，都犯了同樣的錯誤，也就是認為過去的原住民基本上和現代第一世界人民非常不同（不管是比第一世界的人低劣或優秀）。自從五萬年前，人類有了發明、創造的技能，狩獵技巧也增進之後，環境資源的永續經營一直是個難題。四萬六千年前，澳洲大陸出現第一個人類的殖民地，澳洲許多巨大的有袋動物和大型動物隨後就滅絕了。本來沒有人跡的陸地——不管是澳洲、北美洲、南美洲、馬達加斯加、地中海島嶼、夏威夷和太平洋上好幾十個島嶼——在人類入住之後，總帶來一波大型動物的滅絕。這些動物原本在沒有人類的威脅之下演化，遇上人類之後就遭殃了，不是容易遭到人類捕殺，就是因棲地變化、害蟲和疾病而導致滅絕——凡此種種，人類都脫不了干係。任何一個人都可能落入過度剝削環境資源的陷阱，這方面的問題處處可見，我們會在後面的章節中討論：例如自然資源起初似乎取之不盡、用之不竭；由於自然資源本身在幾十年當中的含量多寡有著自然起伏，人類剝削環境資源的徵兆最初看不出來；再者大家共用同一個資源，很難建立自我節制的共識（這就是所謂的「公有地悲劇」〔tragedy of the commons〕，後面章節會再詳述）；生態系統非常複雜，即使是生態學家，也常常不能預測人類干擾造成的結果。今天我們都覺得棘手的環境問題，在古代當然更難應付，特別是古代不識字的人類族群無法研究社會崩壞的案例，不知道他們盡了最大的努力，卻在無意間造成生態破壞的悲劇，這也是他們當初無法預見的結果。這種生態破壞不是該受譴責的盲目行為，也不是自私自利造成的。過去崩壞的人類社會（如馬雅）有些是最具創造力的，也曾經是那個時代最先進繁榮的，不一定是愚蠢、原始的社會才會淪落到那個地步。

過去的人類族群既非無知、沒有良心，活該被滅絕或土地被剝奪，也不是高瞻遠矚的環境守護者，能解決今天仍然無解的環境問題。造成他們成敗的環境因素，其實和我們今日成敗的環境因素十分類似。沒錯，雖然我們今天的情況和他們有所不同，還是有相當多類似之處，可做為借鏡。

我認為特別重要的一點：我們不可為了要給原住民一個公道，而做歷史性的假設，假定他們與自然相處之道為何。在我看來，這種假設似乎不只是一廂情願，也很危險。從很多或大多數的例子來看，歷史學家和考古學家已經發現非常多的證據，證明過去的原住民活在伊甸園的假設是錯誤的。如果提出這種假設是為了公平對待那些原住民，當這種假設被推翻，豈不是暗示：我們不必公平待之？事實上，要怎麼對待他們，並非根據那些歷史性的假設，而是基於道德原則：我們本來就不該剝奪一個族群生存的土地、使他們俯首稱臣，更沒有滅絕別人的道理。

五個框架

上述就是過去生態環境崩壞的一大爭議。至於根盤節錯之處，過去的人類社會並非每一個都因為生態環境的破壞而走向毀滅：有些社會毀滅了，有些則依然屹立不搖。因此，真正的問題在於：為什麼有些社會體質脆弱？至於沒有毀滅的社會，又有何特出之處？像冰島和玻里尼西亞的蒂蔻皮亞島這兩個後面將進行討論的例子，就有化險為夷的本事，解決了非常困難的環境問題，因此得以長期繁盛，直到今天依舊欣欣向榮。維京人當初在冰島殖民的時候，冰島環境的險阻表面上看來和挪威相似，其實大有不同。起初，維京人不分青紅皂白地破壞冰島表土和大部分的森林，後來有一段很長的時間，冰島一直是歐洲最窮困、生態環境破壞得最嚴重的國家。然而，在冰島生存的後代子孫終於記取教訓，實行嚴格的環境保護措施，如今在全世界每人國民所得排行榜上名列前茅。至於只有一丁點大的蒂蔻皮亞島，不得不做到幾乎什麼都自給自足，但島上居民對資源利用進行微管理（micromanagement），也小心控制人口成長的數量，生產力才能持續三千年以上，直到今天。因此，本書不是串連一個又一個人類社會崩壞的悲慘故事，也提供一些可以取法的成功之例，讓我們覺得未來不是那麼悲觀。

此外，就我所知，沒有一個社會是單純因為生態環境受破壞而毀滅的，總有其他因素介入。計畫撰寫本書之時，我並不認為那些原因是關鍵，天真地以為這本書探討生態環境的破壞就夠了。最後我得到一個結論，探究任何環境崩壞的可能因素可從五點來看，其中四項是：生態環境的破壞、氣候變化、強鄰威脅，以及友邦的支持。對某一個社會而言，這四項或許不一定特別重要，第五項卻總是成敗的關鍵：面對環境問題的時候，一個社會的應變力如何。讓我們逐一討論這五項，這個順序只是為了方便討論，沒有首要、次要之分。

第一個牽涉到人類對生態環境的破壞，這個問題我們先前已略提一二。生態環境的破壞程度以及是否得以回復，部分和人的因素有關（例如每年每一公畝砍伐的樹木數量），部分和環境本身的特質有關

（例如每年每一公畝中有多少幼苗能發芽，樹苗的成長速度有多快）。環境的特質還包括脆弱性（是否容易受到破壞的影響）以及回復力（從破壞復原、起死回生的潛能）。這兩者還可分別探討，例如討論一個地區的森林、土壤、水產資源等的脆弱性和回復力各是如何。為什麼只有某些社會遭受環境崩壞的問題，原因可能是居民恣意妄為的結果，也可能是環境中的某些層面特別脆弱，或者兩者皆是。

在我的五個框架中，第二個討論的是氣候變化。一提到氣候變化，我們常常聯想到人類造成的全球暖化。其實即使沒有人類的干擾，大自然本身也可能促使氣候變得更熱或更冷、更潮溼或更乾燥，每一年的氣候都可能和往年有點差異，而歷年來某一個月的氣候也可能有小小的變化。就自然本身帶來的氣候變化來說，原因可能是太陽散發出更多的熱、火山爆發將火山灰拋射到大氣層中、地軸與公轉軌道平面傾斜角的改變、地表陸地和海洋分布面積的改變等。有關氣候變化，最常提到的例子包括大陸冰被（ice sheet）的消長（始自兩百萬年前冰河時期）、公元一四〇〇年到一八〇〇年的小冰河期（Little Ice Age），以及一八一五年四月五日印尼坦博拉火山（Mt. Tambora）爆發。坦博拉火山爆發持續將火山灰噴至大氣層中的平流層，遮天蔽日，作物不生，饑饉遍地。此外，會反射陽光的火山灰浮懸粒子還會順著快速氣流環繞全球，造成全球性溫度下降，直到數年後浮懸粒子漸漸下沉為止。坦博拉火山那一次的爆發，影響所及包括北美洲和歐洲，氣候變冷、作物產量銳減，於是翌年成了「沒有夏天的一年」。

氣候變化對過去的人類社會是更嚴酷的考驗。在古老的社會，人類壽命短，且沒留下書寫紀錄供後代子孫參考。過去很多地區的氣候變化，不只是歷年來略有出入，在幾十年的時間尺度之內也有變化，例如幾十年的潮溼氣候之後，接踵而至的可能是長達半個世紀的乾旱。然而，在史前時代的社會，一個世代（從父母輩出生到下一代出生的平均年數）往往只是幾十年的光景。因此，等到美景不再，還存活的這一代對前一次的大旱就沒有第一手的記憶。即使在今天的社會，風調雨順不但使作物產量提升，人口也有增加的趨勢，人們忘了這樣的豐年不能長久（享受五穀豐登的古人，甚至可能想不到會有赤地千里的一天），等到荒年終於來到的時候，很多人可能就要餓死了；或者積習難改，無法因應新的氣候變化。（只要想想今天乾旱的美西就知道了。由於幾十年來都以為水是源源不絕的，都市與城鄉用水政策沒有長遠的計畫，因而導致今天的窘況。）再者，過去許多人類社會沒有「賑災」的做法，不知可從氣候迥異的地區進口糧食來解決本地食物短缺的問題，使得氣候變化的問題雪上加霜。凡此種種，可見氣候變化對過去人類社會的衝擊要比今天來得大。

對任何一個人類社會來說，自然本身形成的氣候變化，可能是禍，也可能是福；此外，對一個社會有利，也可能對另一個社會造成禍害。（例如：格陵蘭的維京移民就沒能熬過小冰河期的嚴酷考驗，格陵蘭的因紐特人〔Inuit〕則趁機崛起。史上有許多例子顯示，一個社會剝削自己的環境資源，如果氣候條件良好，或許還可以承受；萬一碰上氣候變化，變得更乾燥、寒冷、炎熱或出現水災等，就有可能瀕臨崩壞。因此，我們是否可做這樣的陳述：社會崩壞是人類破壞環境所造成，或者是氣候變化使然？這兩種說法都不正確。如果一個社會沒有濫用環境資源，儘管遭逢氣候變化，資源變少了，仍有應變的能力，得以救亡圖存。反之，如果社會本身已有破壞環境資源的問題，碰上氣候變化的試煉，就很難走出絕境。很多因素都會交互影響，不能單獨來看，如果環境資源遭到破壞加上氣候變化，就會造成致命的打擊。

第三項是強鄰威脅。從地理層面來看，史上絕大多數的社會都離其他社會不遠，難免有接觸的機會，他們與鄰近社會的關係可能是斷斷續續地接觸，或是慢慢形成敵對的狀態。如果一個社會本身夠強韌，或許還可以撐下去；如果因為環境破壞等問題，社會本身因而體質虛弱，就可能遭到敵人的併吞。人類社會崩壞的一個近因就是軍事征服，但我們也得考慮遠因，也就是社會本身慢慢變得虛弱不振。生態破壞就是這麼一個遠因，但這種遠因常常會被軍事征服等近因掩蓋。

有關這種遠因被近因掩蓋的例子，我們最熟悉的一個爭論就是西羅馬帝國的衰亡。羅馬帝國面對蠻族入侵日益嚴重的問題，終於在公元四七六年宣告覆亡。其實這個帝國早已病入膏肓，這個年代只是方便記錄，以西羅馬帝國最後一個皇帝[4]遭到廢黜那一年為時間點。不過，在羅馬帝國興起之前，北歐和中亞——也就是歐洲地中海「文明」地區的邊境——已有不少「蠻族」，不時入侵歐洲文明地區（也曾侵犯中國和印度）。千年以來，羅馬帝國雖然遭受蠻族入侵，仍然屹立不搖，如公元前一〇一年辛布里族和條頓族意圖征服義大利北部，羅馬就在坎庇羅狄之戰（Battle of Campi Raudii）[5]痛宰這些入侵的蠻族。

然而，三百多年後，最後的勝利者反而是蠻族，西羅馬帝國就此覆亡。為什麼有這種轉變？是蠻族本身變強大了嗎？還是因為人口有了顯著的成長，或者有了更嚴密的組織、更多精良武器或馬匹，又或是中亞草原氣候變化帶來了好處？以這個例子而論，我們能說蠻族入侵是羅馬帝國覆亡的根本原因嗎？還是有另一個可能：在羅馬帝國邊境虎視眈眈的蠻族，其實長久以來並沒有什麼改變，只是等到羅馬帝國因政治、經濟、環境等問題國力漸弱，伺機而動，讓勝利終於到手？真是如此，羅馬帝國可說是咎由自取，蠻族只是給這帝國致命的一擊罷了。目前，羅馬帝國衰亡之因仍未有定論。同樣的爭論也發生在吳哥窟的高棉帝國（Khmer Empire），這個帝國是否因為泰人侵略而衰亡的呢？類似的例子還有印度哈拉帕文明與亞利安民族的入侵，以及希臘邁錫尼等地中海銅器文明的崩壞是否和海族[6]侵略有關等。

第四項則是鄰近社會的支持轉為薄弱。這和第三項的惡鄰入侵日益嚴重剛好相對。翻開歷史來看，幾乎大部分的人類社會都有敵對的惡鄰，也有友善的貿易夥伴。常常，敵人可能是朋友，朋友也可能變成敵人，態度有時會轉變。大多數的社會對鄰近友邦都有某種程度的依賴，例如重要貿易物資的進口（如今日美國的原油仰賴進口，日本也須進口原油、木材、海產等）以及文化的聯繫，因此一個社會覺得和另一個社會特別親近（如澳洲對英國文化一直有很深的認同，直到最近才有改變）。[7]然而，如果一個社會的貿易夥伴衰弱不振（原因包括生態環境遭到破壞等），無法繼續供應重要物資或是文化聯繫斷絕，這個社會也會受到影響。這是今天常見的問題，例如第一世界所需的原油因過度仰賴生態體質脆弱、政治動盪不安的第三世界國家，一九七三年阿拉伯國家聯手實施石油禁運，就造成油價暴漲，使全球經濟陷入衰退。過去維京人在格陵蘭建立的社會、皮特肯島等也曾發生類似的問題。

4 西羅馬帝國最後一個皇帝：即羅慕路斯（Romulus Augustulus）。

5 坎庇羅狄：在今義大利的維伽利（Vercelli）附近。

6 海族：Sea Peoples，特指地中海東部的部族，西元前十三到十二世紀的百年間侵略了許多地中海周邊地區，如埃及、赫梯、敘利亞—巴勒斯坦、希臘等。海族有許多分支，在埃及的叫Ekwesh、Lukka、Meshwesh、Shekelesh、Sherden和 Teresh，在巴勒斯坦的分支叫做非利士人（Philistine）。有關邁錫尼文明的滅絕，另一說是來自北方的多利安人（Dorian）所造成。

7 澳洲從一九七〇年代開始實行多元文化主義，不再固守單一主流文化的論調，人口因此從原來的八百萬增加到現在的一千八百四十五萬，也從二次大戰前的小國發展成中型力量的國家。

這五個框架的最後一項，就是一個社會面對問題的應變力。所謂的問題不只是指生態環境破壞的問題，也包括其他問題。即使碰到類似的問題，不同的社會總有不同的因應之道。就拿山林濫伐的問題來說，過去很多人類社會都有這樣的問題，新幾內亞高地、日本、蒂蔻皮亞島、東加等因此轉危為安，得知森林經營之道，繼續繁榮下去；而復活節島、玻里尼西亞群島中的芒阿雷瓦島（Mangareva）以及殖民格陵蘭的維京人森林經營就不得法，最後走上敗亡。我們如何理解這種不同的結果？一個社會的應變力取決於政治、經濟和社會制度與文化價值觀，這些制度和價值觀會影響到社會能否解決問題（甚至是否嘗試去解決）。本書將以這五個框架來檢視過去的人類社會，並討論這些社會的興亡。

當然，我應該再補充說明一點：一個社會的崩壞不一定是因為氣候變化、敵對的鄰國或有貿易關係的友邦所直接造成；同樣地，環境破壞也不一定是社會崩壞的關鍵因素。我們不能斷言所有社會崩壞的禍首都是環境破壞，蘇聯的瓦解就是現代的反例，迦太基（Carthage）在公元一四六年被羅馬夷為平地則是古代的反例。顯然，光是從軍事征服或經濟因素來看也仍然不夠。比較確切的說法應該是：社會崩壞不但牽涉到環境因素，有時也和氣候變化、敵對的鄰國、友善的貿易夥伴，以及社會應變能力有關。儘管只限定這幾個因素，從古至今已有相當多的史料可供參考。

企業與生態環境

今天人類對環境造成的衝擊到底如何，經常引發爭議，意見從一個極端到另一個極端都有。其中一個極端陣營就是一般所謂的「環保人士」或「環境保護論者」，他們認為目前生態環境遭到破壞的問題很嚴重，這是一個迫切需要關注的議題，我們不能再維持目前的經濟與人口成長率。另一個極端的陣營則認為，環保人士小題大作，大放厥辭，他們以為經濟與人口的持續成長不但可能，也是一件好事。至於後面這個陣營，沒有什麼簡短的標籤可套用在他們身上，姑且名之為「非環保人士」。這方面的人士多來自大企業，但我們不能把「非環保人士」和「支持商業」畫上等號。很多企業界人士以環保人士自居，也有不少非企業界人士質疑環保人士的主張。在撰寫本書的時候，我的立場為何？我和上面兩個陣營的關係又是如何？

先說我的背景。我從七歲開始賞鳥，長大成人之後接受了專業生物學的訓練。過去四十年來，我一直研究新幾內亞雨林的鳥類。我很愛鳥類，愛看鳥，也喜歡待在雨林。我不但喜歡植物、動物，予以尊重，也愛屋及烏，珍視這些生物的棲地。我在新幾內亞等地致力於物種和自然生態環境的保育。過去二十多年來，我一直是世界自然基金會[8]美國分支機構的主任。這個基金會是全球最大的環境保育組織，關心全世界的自然生態。這些工作招致許多非環保人士的批評，說我「危言聳聽」，還有什麼「這個戴蒙老愛提世界末日」、「誇大危機」、「關心瀕臨絕種的紫色蝨子草，漠視人類的需要」。雖然我很愛新幾內亞的鳥類，但我更愛我的兒子、我的妻子、我的朋友、新幾內亞人等等。我很關心環境破壞的問題，因為我知道這個問題對人類社會造成的衝擊更甚。

8世界自然基金會：World Wide Fund for Nature，原名世界野生動物基金會（World Wildlife Fund），為獨立環保機構，一九六一年由英國的史考特爵士（Peter Scott）創辦，可見過去較重視野生動物的物種保育，今日則著重於整個自然界的生態保育。

從另一方面來看，我對一些大企業等事業單位很有興趣，也有長久的接觸與經驗。這些企業因為大肆利用環境資源，常被視為反環保的一派。我十幾歲之時就曾在蒙大拿的大牧場打工，長大成人做了父親之後，也常在暑假帶著內人和兒子去牧場度假。有一年夏天，我曾在蒙大拿研究一群銅礦礦工。我愛蒙大拿，與那些牧場朋友友誼深厚，對他們的農墾事業和生活型態，我很了解，也很欣賞，同時也知道他們的感受，因此將本書獻給他們。近年來，我也有很多機會深入了解其他採掘事業，如礦冶、伐木、漁業、石油、天然氣等。過去七年，我一直研究巴布亞紐幾內亞[9]石油和天然氣開採對環境造成的衝擊。這是當地石油公司與世界自然基金會的合作計畫，請基金會來進行環境的獨立評估。這些石油公司多次邀請我參觀訪問，我和他們的主管與員工也深入討論過，所以了解他們的看法和問題。

由於這層關係，我得以近看大企業經常對生態環境造成的破壞，也深知這些公司有誠意採取更嚴峻且有效率的生態保護措施，甚至比國家公園的做法還嚴格。不同的公司，採取的環境做法也各有不同。我很好奇他們因為什麼動機決定採取這些做法。然而，我與這些大型石油公司的關係招來某些環保人士的非議，說什麼「戴蒙已經把自己賣給大企業」、「他和大公司關係曖昧」、「他的節操都讓石油公司買去了」等等。

事實上，我沒有受雇於大企業，儘管我曾是他們的嘉賓，我還是必須實話實說。我要是看到石油公司和伐木公司殘害環境，就一五一十地陳述；如果看到他們小心翼翼地保護環境，就照實報導。我的觀點是：如果環保人士不願和大企業有所接觸，就不可能解決今日世界的環境問題，因為這些企業也是影響現代世界的關鍵因素。因此，我在撰寫這本書的時候，採取中庸的觀點，從我研究環境問題與面對企業現實的實際經驗來談，希望做到不偏不倚。

比較研究法

如何用「科學方法」研究人類社會的崩壞呢？我們常常誤以為科學就是「在實驗室複製控制式實驗所得到的知識」。其實科學沒有這麼狹隘，應該是更廣闊的——也就是關於這個世界的可靠知識。以某些學科而言，例如化學、分子生物學，在實驗室複製控制式實驗是可行的，也是目前為止獲得知識最可靠的方法。我在大學階段接受的訓練是實驗生物學和生物化學，進了研究所之後鑽研生理學，並取得博士學位。從一九五五年到二〇〇二年，總共將近五十年的時間，我先後在哈佛大學和加州大學洛杉磯分校的生理學領域進行許多實驗研究。

打從我於一九六四年在新幾內亞雨林研究鳥類，我便立刻面臨一個問題；我無法以複製的控制式實驗來得到可靠的知識，這實驗既無法在實驗室進行，也無法在室外進行。這種實驗不但不可行，也可能違法或不合倫理規範。我們不可能在一地實驗性地將一種鳥類滅絕，或控制其種群，與另一地沒有受到控制的種群兩相對照。我必須利用不同的研究方法。不只是鳥類研究，其他有關種群生物學的研究，還

9巴布亞紐幾內亞：Papua New Guinea，是由新幾內亞本島東半部（西半部為印尼屬地）及東邊的新不列顛島、新愛爾蘭島等島嶼組成的國家。這個地區是十六世紀初由葡萄牙人、西班牙人所發現，巴布亞的馬來語是指「捲髮的」，又因原住民與非洲幾內亞灣的黑人極為相似，故稱為紐幾內亞。巴布亞紐幾內亞於一九七五年獨立，並加入大英國協。

有天文學、流行病學、地質學、古生物學等，也面臨類似研究方法論的難題。

因此，研究人員經常採用所謂的「比較研究」或「自然實驗」來解決這個問題，亦即根據不同的研究興趣來比較自然界的情況，檢視有何差異。例如我在進行鳥類研究的時候，很想知道新幾內亞一種棕眉吸蜜鳥（*Melidectes ochromelas*）對其他種類吸蜜鳥種群的影響，於是我就比較山上幾個相當類似的吸蜜鳥群落，觀察有哪些行為差異，致使其他種類吸蜜鳥的種群發展受到影響。同樣地，我在撰寫《第三種黑猩猩——人類的身世與未來》（*The Third Chimpanzee*）和《性趣何來？》（*Why is Sex Fun?*）這兩本書的時候，曾比較不同的動物物種，特別是不同的靈長類動物，以了解人類女性為何有停經和隱性排卵等現象（其他動物的雌性則無）、何以人類男性的陰莖出奇地大（以動物的標準來看），以及為什麼人類通常進行隱密的性行為（反之，幾乎其他所有的動物都是堂而皇之進行交配）等問題。已有非常多的科學文獻指出比較研究有明顯的陷阱，然而也提出避免這些缺失的最佳之道。特別是歷史科學（如演化生物學和歷史地質學），若想以實驗方法去操縱過去根本是不可能的事，我們不得不採取自然實驗，放棄實驗室的控制式實驗。

本書也採取比較研究法，來了解人類社會如何因生態環境破壞而走上崩壞之路。我的前一本書——《槍炮、病菌與鋼鐵——人類社會的命運》——就以比較研究法探索相反的問題：過去一萬三千年以來，為何人類社會在各個大陸建立的速率有別？本書的焦點則在於人類社會的崩壞，我比較許多過去和現在的人類社會，探討影響社會穩定性的因素，犖犖大者如生態環境問題、與鄰近社會的關係、政治制度，加上其他變數「輸入」的影響。我也將討論「輸出」變數，也就是人類社會經歷浩劫的結果，是崩壞還是倖存？如果崩壞，是何種形式的崩壞？在討論輸出變數和輸入變數之間的關係時，我也企圖爬梳上述可能的輸入變數對人類社會崩壞產生的影響。

以太平洋群島為例，濫墾濫伐造成的崩壞，就可能進行嚴謹、全面性和量化的比較研究。史前的太平洋族群在島上砍伐林木的程度不一，從輕微到全面性的濫伐都有，結果有的社會長久下來依舊挺得住，有的則完全崩壞、家破人亡，無一倖免。我和研究同仁羅利特（Barry Rolett）對太平洋上的八十一個島嶼進行調查研究，以數字量表評定森林濫伐的等級，並評定九個輸入變數的等級（如雨量多寡、地理隔絕程度、土壤肥力的回復力等）。藉由統計分析的方式，我們得以計算每一個輸入變數對結果產生多大的影響。北大西洋也是一個可以進行比較實驗的地方。維京人在此建立了六個殖民地，有的在島嶼，有的在陸塊，適於農耕的程度各有不同，與挪威的貿易關係也有好壞之分，再加上其他輸入變數，這六個殖民地的最後命運也不同。（有的很快就廢棄了；有的撐了五百年最後還是成了死城，沒有人活下來；也有一千兩百年之後依然繁榮的例子。）除了上述之例，不同地區的人類社會，還可能進行其他比較。

所有的比較研究都是以詳細的資料為基礎，耐心蒐集考古學家、史學家和其他學者的研究資料，才能對個別社會有深刻的了解。不管是古代的馬雅和阿納薩齊印第安部落，還是現代的盧安達和中國，或是其他我比較過的過去和現代社會，書末延伸閱讀列出了許多極佳的專書和研究報告，這一個個研究都是本書在寫作時不可或缺的參考資料。然而，有一些結論是比較許多社會得來的，這樣的結論不可能來自單一社會的研究。例如：為了探討馬雅文明的崩壞，不只是要對馬雅的歷史和環境有正確的認識，我們必須把馬雅放在一個比較大的脈絡中檢視，並與其他遭到毀滅或仍然屹立的社會相較，檢視這些社會和馬雅的異同，如此才能更進一步洞視馬雅文明何以成為萬古絕響。若是不透過比較研究，就難以得到這樣的洞見。

我不厭其詳地說明個別研究和比較研究的必要，是因為學者採用了一個研究路數之後，常會小看其他研究路數的貢獻。深入研究單一社會之歷史的專家常對比較研究嗤之以鼻，認為比較研究是膚淺的；進行比較研究的學者也對單一社會的研究不以為然，認為這樣無可避免地有見樹不見林之憾，對其他社會的了解也將有限。如果我們要獲得可靠的知識，單一研究和比較研究都不可或缺。尤其從單一社會的研究來進行推斷將有不夠嚴謹的缺失，藉以解釋一個文明的崩壞之因也難以周全。只有針對多個命運迥異的社會進行比較研究，才有足夠證據推演出令人信服的結論。

鳥瞰全書

在此先帶讀者鳥瞰全書，對本書論述和架構有個概念。本書就像吞了兩隻羊的巨蚺，這兩隻被吞下的羊都很大：一是放眼現在，即現代社會的討論；另一則是回顧過去，剖析過去社會的興亡。這兩方面的探討都從一個社會出發，深入這個社會並進行長篇分析，再以較短的篇幅述及其他四個社會。

我們就從第一隻羊開始說起。第一部包含相當長的一章（第一章），討論蒙大拿西南部的環境問題。那裡就是哈爾斯牧場所在地，我的友人賀許一家的牧場也在那兒（本書就是獻給這些朋友的）。蒙大拿擁有身在第一世界的優勢，雖然生態環境和人口是個問題，但比起第一世界大多數地區，問題還算輕微。更重要的是，我對很多蒙大拿人有深入的認識，了解蒙大拿社會政策與個人動機的衝突。從蒙大拿——這個我們比較熟悉的視角——回顧過去，比較容易想像在那遙遠古代社會發生的事，也才能猜想在那乍看之下與我們相差十萬八千里的社會中，個人受到什麼動機驅使。

第二部前半是四個比較短的章節，論及過去崩壞的人類社會，按照前文提到的五個框架，由簡至繁加以論述。本書詳細剖析的過去社會，大部分都很小，且地處邊陲，有的與其他社會接壤，有的處於孤立狀態，有的生態環境脆弱。為了避免讀者誤解，認為這些社會和我們熟悉的現代大型社會大相逕庭，不是好的參考模型，我必須解釋：這幾個社會都是經過一番深思熟慮才選擇出來的。這幾個小型社會的變遷比較明顯，結果也更極端，因此是特別鮮明的例子。地處中央、與鄰近社會有貿易關係且生態環境強韌的大型社會過去沒有衰亡，並非今天也不會面臨崩壞的命運。以馬雅為例，這個古代人類社會的人口有千百萬之多，位在新世界的首善之區（中美洲），那時該地仍無歐洲人足跡，馬雅和同一地區的其他文明社會有貿易往來，也深受影響。我將在本書的延伸閱讀（第九章部分）中，簡要描述其他和馬雅文明相似的古代人類社會，如肥沃月彎、吳哥窟、印度的哈拉帕等，以及如何在環境因素的嚴重影響下走向衰亡。

本書第一個過去社會崩壞的個案是復活節島（第二章），這是一個幾近「純粹」因生態崩壞而毀滅的例子。在這個例子中，我們可以看到全面的濫墾濫伐引起戰爭，領導階層被推翻了，著名的巨石人像傾圮了，島上居民也一個個死絕了。就我們所知，復活節島上的玻里尼西亞社會從建立伊始就與世隔絕，因此這個社會的發展軌跡並不受敵人或友邦的影響。我和羅利特的比較分析有助於我們了解為何復活節島與一些太平洋島嶼成為一堆廢墟。

皮特肯島和亨德森島（Henderson Island）也曾是玻里尼西亞人定居之地，可做為五個框架第四點的例證：因為失去友邦的支撐而走向敗亡。這兩個島嶼雖然都有生態環境遭到破壞的問題，但重要貿易夥伴因生態危機走向毀滅，依靠頓失，於是成了致命的一擊。就我們所知，這兩個地方的衰頹並沒有摻雜強鄰壓境或氣候變化等因素。

藉由年輪資料重建的詳細氣候紀錄，我們發現美國西南部阿納薩齊印第安部落之所以崩壞（第四章），顯然是環境破壞、人口成長與氣候變化（在此是乾旱）交叉影響的結果。在這個例子中，與鄰近社會的關係（友邦或強鄰）和戰爭（最後的戰亂除外）都不是阿納薩齊敗亡的主因。

如述及過去人類社會的崩落，少了馬雅文明（第五章），豈能成書？馬雅是最燦爛輝煌的美洲土著文化，雄偉的古城矗立在叢林莽障中，也深鎖在歷史的迷霧中。馬雅文明正如阿納薩齊印第安部落，最後落得蒼苔漫漶，是多個因素交叉影響的結果，包括生態破壞、人口成長與氣候變化。在這個例子當中，友邦並非關鍵因素。和阿納薩齊印第安部落不同的是，馬雅人在建城之初已遭受強鄰的威脅。以第二章至第五章討論的人類社會來看，只有馬雅人留下可以破譯的書寫紀錄供後人解謎。

在崩塌的古文明中，古代維京人在格陵蘭建立的社會（第六章至第八章）是最複雜的例子。這是一個已使用文字的歐洲文明社會，有最多的資料可供研究，勢必將以最長的篇幅來討論——這就是那巨蚺中的第二隻羊。這個社會的毀滅涉及五個框架的每一項：生態環境的破壞、氣候改變、與挪威不再有友善的接觸、強鄰因紐特人崛起造成的威脅，以及該地的政治、經濟、社會、文化背景。格陵蘭是人類社會崩壞研究中最接近對照實驗的例子：兩個社會（分別由維京人和因紐特人建立）在同一個島上生活，但兩者文化差異很大，後來一個社會成為荅原中的廢墟，另一個今日依然生生不息。因此，格陵蘭的歷史透露一個訊息：即使面臨嚴酷的環境，不一定無可避免地走上滅絕之路，一個社會的存亡端賴這個社會做何選擇。除了格陵蘭，維京人在北大西洋建立的社會還有其他五個，他們在奧克尼群島（Orkney）就發展得不錯，不像格陵蘭的同鄉那樣命運多舛。冰島也是一個非常成功的例子，維京人克服脆弱的環境，進入富足、昌盛的現代。

第二部的第九章以其他三個成功故事作結，希望在這些實例的對照下，我們能了解社會敗亡的原因。這三個社會的環境問題雖然不像冰島那樣嚴重，可能也比大多數失敗的社會來得輕微，他們能走上成功之路的關鍵是分別採取必要措施：一是「由下而上」，也就是從個人開始做起，進而擴展到整個社會，如蒂蔻皮亞島和新幾內亞高地；另一種則是「由上而下」，從社會最高統治階層往下貫徹，其中佼佼者就是日本的德川幕府時代。

第三部又回到現代。雖然我們已在第一章討論過今日蒙大拿的問題，第三部將以四個截然不同的現代社會做為研究對象，前兩者很小，後兩個規模堪稱巨大：一個是第三世界的災難（盧安達），一個是第三世界的倖免於難者（多明尼加共和國〔Dominican Republic〕），另一個從第三世界急起直追、企圖趕上第一世界（中國），最後一個則是第一世界的社會（澳洲）。盧安達（第十章）正是馬爾薩斯人口論最活生生的悲劇，由於人口發展急遽最後演變成血腥屠殺，整個社會也崩塌了，就像古代馬雅社會的覆亡。盧安達和鄰近的蒲隆地因種族屠殺聲名狼藉，以胡圖族（Hutu）和圖西族（Tutsi）的流血衝突最為嚴重，但我們也看到人口成長、環境破壞和氣候變化早已為此埋下炸藥，種族衝突不過是導火線。

第十一章講述的多明尼加共和國和海地（Haiti）都在加勒比海的一個小島——伊斯巴紐拉島（Hispaniola）。這種「一屋二家」的情境，猶如維京人和因紐特人同在格陵蘭的翻版。幾十年來，兩邊都由惡毒的獨裁者把持，最後海地成為現代世界中最窮困、悲慘之地，相形之下多明尼加共和國還有一絲希望。讀者可別以為本書是環境決定論的傳聲筒，多明尼加共和國就是一個很好的例子，讓我們看到個人也有扭轉乾坤的力量，尤其當此人是國家領導人的時候。

前述十二種生態環境遭到破壞的問題，中國（第十二章）都有，而且每一個問題都已成沉痾。由於中國的經濟規模龐大、人口眾多、幅員廣大，不光是中國人民會受到環境和經濟的衝擊，全世界也將受到影響。

澳洲（第十三章）和蒙大拿剛好是兩個極端，雖然在第一世界，但環境極其脆弱，生態問題也最嚴重。為了解決這些難題，這個國家現在不得不考慮採取最激烈的手段來重建社會。

本書第四部總結我們今天應該記取的前車之鑑。第十四章討論一個社會為何會走上自我毀滅之路。這是一個令人困惑的問題，如果我們步上前人後塵，毀滅我們自己的社會，後人也將大惑不解。古人為何看不到眼前的危險，而我們以後見之明來看，卻清楚得怵目驚心？古人的毀滅是不是自己一手造成的？還是他們面臨的問題無法解決，他們只是受害者？過去的環境破壞，有多少是人們不知不覺的無心之過？有多少是明知故犯？以復活節島民為例，他們在砍下最後一棵樹的時候，曾經說過什麼嗎？群體決策的失誤可能是一連串因素所造成，也許一開始的時候就難以防微杜漸，問題因而愈演愈烈，一發不可收拾。此外，在群體成員間發生利益衝突之時，有人為了一己之利，不顧他人。

第十五章將討論大企業的角色。有些企業可謂今日生態環境的殺手，有些則不遺餘力地保護生態環境，而且成果斐然。我們將探討為什麼有些企業（只是一些）認為環境保護是利人利己的事，也將討論他們該做哪些改變，才不會被其他唯利是圖的企業超越。

最後，我們將在第十六章歸結今日世界面對的環境危機，最常聽見哪些反對正視環境問題的聲浪，以及今日和過去人類社會面對的環境危機有何差異。最大的差異就是全球化。不管我們有沒有能力解決目前的環境問題，最樂觀的人或是最悲觀的人都以全球化做為著眼點。在這個全球化的世界，牽一髮而動全身，任何一個社會毀滅，都會使其他社會受到衝擊，不可能像復活節島或格陵蘭的維京人孤零零地湮沒在歷史塵埃中。今天，任何一個社會發生動亂，不管在多麼遙遠的地方（例如遠在天邊的索馬利亞或阿富汗），其他大陸上的繁華社會都會受到影響（不管是坐收漁翁之利或因此動搖）。我們是人類史上第一個面對全球崩壞危機的，我們也是人類史上第一個可以快速掌握全球資訊的，不管世界上哪一個社會有何發展，我們很快就可以得知，繼而見賢思齊或是引以為戒。此外，我們也可放眼過去，觀看歷史長河中任一段人類社會的發展軌跡，參悟興亡的因果。此即本書寫作的初衷。

PART 1 MODERN MONTANA

第一部

現代蒙大拿

CHAPTER 1

在蒙大拿的長空下

史坦的大河戀

我問我的朋友史坦（Stan Falkow）——一位已屆七十的史丹佛大學微生物學教授——問他為什麼在蒙大拿的苦根谷再買一間房子，於是他說起這段生命因緣：

「我出生在紐約州，後來跟家人遷居羅德島。小時候，根本不知道什麼叫做山。到了二十歲出頭，大學剛畢業的時候，我在醫院解剖室做了幾年。大夜班呢，可想而知，對我這麼一個不知死亡為何物的年輕人，每天神經都是緊繃的。有個朋友只看我一眼，就說：『老兄，你看來很緊繃，該好好放鬆一下。來，試試毛鉤釣魚吧！』這朋友不久前才從韓戰戰場歸來，見識過教人發狂的精神壓力，所以這麼勸我。」

「於是，我就去釣鱸魚。先練習綁毛鉤，上手之後，每天下班後都去釣魚。朋友說得沒錯，這對減壓很有幫助。後來，我回羅德島念研究所，又過著壓力鍋一樣的日子。班上同學告訴我，毛鉤不但可釣鱸魚，也可釣鱒魚，麻州附近就有鱒魚可釣。因此，我就開始釣鱒魚了。我的指導教授很愛吃魚，看我去釣魚，就笑逐顏開。只有為了釣魚，他才准我開溜，不然放下實驗室的工作，回來就有臉色瞧了。」

「差不多在我年過半百的時候，離婚的風風雨雨加上種種不順心的事，弄得我心力交瘁，我又走到人生的困境。在這之前，我一年只去釣三次魚。很多人在五十歲生日之時，不免想到自己的餘生。回想起我老爸的一生，他五十八歲那年就死了。這麼一想，不禁讓我愴然暗驚：如果我的壽命和我老爸一樣，在我死前，不是只能再去釣二十四次的魚？對熱愛釣魚的我來說，二十四次真是少得可憐。由於這個了悟，我想到該好好把握餘生，多做一些我真正喜歡做的事，像是釣魚。」

「這時候，我剛好受邀至蒙大拿西南部的苦根谷評估一個研究實驗室。我還沒去過蒙大拿。說起來，我四十歲之後才踏上密西西比河以西的地方。於是，我飛到米蘇拉（Missoula），在機場租車南下，朝著實驗室所在地漢彌爾頓（Hamilton）前進。米蘇拉往南一、二十公里，道路長又直，谷地平坦，農田一望無垠，西邊是頂峰白雪皚皚的苦根山，藍寶山（Sapphire Mountains）則從東邊陡然升起。如此壯闊的風景，美得讓人悸動，我真是開了眼界，內心充滿一種平和的感覺，而且能從一個特別的角度看自己在世界上的位置。」

「到了實驗室，很巧，我以前教過的一個學生也在那兒工作。他知道我很喜歡釣魚，就對我說，何不明年再回到這兒做實驗，順便在這附近釣鱒魚，苦根谷的鱒魚可是遠近馳名。所以第二年夏天我又去了，本來打算待兩個禮拜，結果過了一個月才走。再來的一個夏天，我準備待一個月，卻樂不思蜀，在那兒留連了一整個夏天。臨走前，我和老婆乾脆在那兒買了間房子。從那時起，我們不時回到蒙大拿，最後更以蒙大拿為家，大半時間都住在那裡。每次回到苦根谷，從米蘇拉南行，最初那種寧靜和宏偉的感覺又回來了。天地何其浩翰，人有如滄海一粟——在蒙大拿特別容易讓人興起這種感覺。」

蒙大拿與我

蒙大拿美得令人震懾：像我和史坦等在市囂中長大的人，對蒙大拿自是一見鍾情；另一些朋友，像庫克（John Cook）雖然在美國西部其他山區長大，也深受蒙大拿的吸引前來；還有一些朋友，像賀許一家這樣的蒙大拿本地人，則願在此終老一生。

我就像史坦，是生於美國東北部（波士頓）的都市人。我父親是小兒科醫師，在我十五歲那年夏天，父母帶我去苦根谷（參看第八一頁地圖）南邊的大洞盆地（Big Hole Basin）度假數週，順便探望一位小病人，我才得以踏上密西西比河以西之地。那個小病人名叫強尼．艾禮爾（Johnny Eliel），得了一種罕見疾病，蒙大拿的小兒科醫師於是把他轉介到波士頓接受專科治療。強尼在我父親的治療下好轉，他的父母和外祖父母便熱情地邀我們去蒙大拿。強尼是大佛瑞德．賀許（Fred Hirschy, Sr.）的曾孫。大佛瑞德在一八九〇年代從瑞士飄洋過海來此落腳，成為大洞拓荒的先驅。在我前去做客時，他的兒子小佛瑞德．賀許（Fred Hirschy, Jr.）已經六十九歲，和兒女同心協力經營牧場。他的兩個兒子是狄克和傑克，兩個女兒吉兒和喬伊絲也已嫁為人婦，前者嫁給艾禮爾（強尼就是她兒子），後者成了麥克道威太太。

我也和史坦一樣，為此地風景心醉神馳：群山如牆，倏地從地平線上升起，寒冷季節可見白雪覆頂，被山包圍住的谷地平坦寬闊，綠草如茵，小溪蜿蜒。蒙大拿有「長空之鄉」之稱，真是名不虛傳。

在我待過的地方，如果是城市，抬頭一看，天空下方多半被建築物遮蔽了；如果是山間，有時地面崎嶇且谷地狹窄，因此只能看到一線天，如新幾內亞和阿爾卑斯山區。我也曾在一些地方見過一望無垠的藍天，像是愛荷華和內布拉斯加的平原，但天空不像蒙大拿這麼美，大概是地平線不見連綿青山之故。三年後，我上了大學，暑假就和兩個同學和妹妹去賀許家的牧場打工，為他們收割乾草。妹妹在前面開著集草機，我開著撿拾機在後面收拾掉落的乾草，同學就負責捆草和堆草。那是一九五六年夏天的事了，幾十年後我才舊地重遊。夏日，我曾在其他地方的美景中徜徉，如新幾內亞和安地斯山，但那些地方的美和蒙大拿大異其趣，我還是念念不忘蒙大拿和賀許家的人。一九九八年，我終於得以回到闊別已久的蒙大拿。苦根谷的泰勒野生動物保護區（Teller Wildlife Refuge）——一個當地的私人非營利機構——邀我前去參觀訪問。這真是個千載難逢的好機會，我可以帶著兩個雙胞胎兒子前往蒙大拿，教他們用毛鉤釣鱒魚。比起初次造訪蒙大拿的我，他們不過小個兩、三歲而已，馬上就愛上釣魚，其中一個現在正準備從事專業釣魚嚮導。再次回到蒙大拿，賀許家的兄弟姊妹等故交一樣熱情款待，然而當初的青年如今已是七、八十歲的老人。他們真是老當益壯，一整年都在牧場上幹活，和四十五年前我初次看到他們的時候一樣。和蒙大拿斯人斯土再次相逢之後，每一年我必定和內人、兒子去那兒報到，回到那美麗的長空下，也和老朋友敘敘舊（圖一——三）。

我的心總留著一方蒙大拿的天空。由於多年來皆在他地生活，等到我回去好幾次之後，我才習慣那長空的全景、四周連綿不斷的山巒和山間谷地，也才能在其間徜徉，把這絕美的景色變成我的日常生活背景，將這山水納入心胸。在我遠離之時，我知道自己必將回到此地。洛杉磯是個便利的都市，適合我和家人一年四季在此工作、居住，學校也不錯，但蒙大拿的風景要優美多了，而且如史坦說的，能予人寧靜的感覺。我想，世界上最美的景致就是從大洞放眼望去，近看綠色原野，遠觀蒙大拿西部山區大陸分水嶺（Continental Divide）峰頂的皚皚白雪——這正是自吉兒家門廊看出去的風景。

為什麼從蒙大拿說起？

總的來看，蒙大拿和那西南部的苦根谷可說是個弔詭之地。在美國本土四十八州當中，蒙大拿的面積居全國第三，人口總數卻倒數第六，因此人口密度全國第二低。今天的苦根谷看來綠意盎然，但原始植物只有一種名叫山艾（*Artemisia tridentata*）的綠色小灌木。谷地所在的拉伐麗郡美不勝收，所以吸引了許多移民從蒙大拿其他地方或外州前來，於是這裡成了全國發展最快的一個郡。不過，谷地的高中畢業生有七成會離開當地，大多數人也會離蒙大拿而去。雖然苦根谷的人口增加，蒙大拿東部的人口卻減少了，整個州的人口發展趨勢因此成水平直線。近十年來，拉伐麗郡五十歲以上的居民增加得很快，但三十歲以下的居民卻減少了。最近選擇在此地居住的人，有的是鉅富，如嘉信理財集團的創辦人施瓦布（Charles Schwab）和英特爾總裁巴瑞特（Craig Barrett），但拉伐麗郡還是蒙大拿最窮的一個郡。當地居民甚至得做兩、三份工作才能達到聯邦政府界定的貧窮線（poverty level）標準。[1]

一提到蒙大拿，我們就會想起自然美景。的確，蒙大拿的生態環境或許是美國本土四十八州當中最少遭到破壞的，這也是許多人搬到拉伐麗郡的主因。蒙大拿州四分之一以上的土地歸聯邦政府所有，而拉伐麗郡的土地更有四分之三屬於政府，大多是國家森林。然而，苦根谷正如美國的縮影，全美各地的

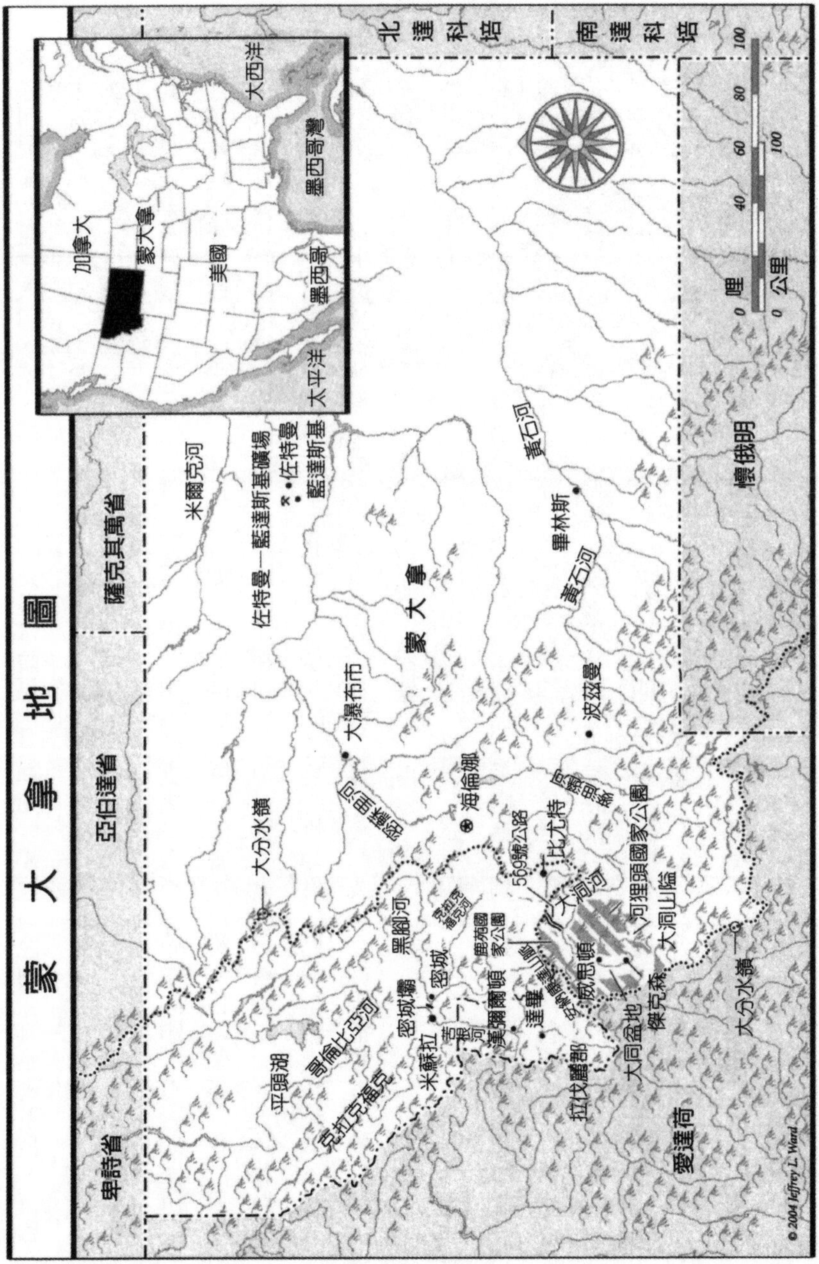
蒙大拿地圖
加拿大
蒙大拿
美國
墨西哥
墨西哥灣
大西洋
太平洋
薩克其萬省
亞伯達省
卑詩省
北達科塔
南達科塔
懷俄明
愛達荷
米爾克河
佐特曼—藍達斯基礦場
佐特曼
藍達斯基
大分水嶺
大瀑布市
蒙大拿
黃石河
畢林斯
波茲曼
海倫娜
密蘇里河
黑腳河
密城
密城壩
米蘇拉
克拉克福克
哥倫比亞河
平頭湖
苦根河
漢彌爾頓
達華山脈
安納康達
鹿苑國家公園
比尤特
569號公路
大洞河
河狸頭國家公園
大洞山脈
威思頓
傑克森
大同盆地
拉伐鵲郡
大分水嶺
哩
公里
© 2004 Jeffrey L. Ward

環境問題可見於一斑：人口漸增、移民、水的質量日益惡化、季節性或地區性的空氣品質不良、有毒廢物、森林火災的威脅升高、濫砍濫伐、土壤（及其肥力）流失、生態多樣性的減少、引進有害物種，以及氣候變化的影響。

因此，蒙大拿是個很好的例子，可讓我們就本書一開始提到的昔今環境破壞問題，進行個案研究。後面章節將陸陸續續討論到的過去人類社會，如玻里尼西亞、阿納薩齊、馬雅、格陵蘭等，我們只知道人們決定以某種方式對待環境的最後結果，不知道他們的名字，對個人史也一無所知，至於行為動機，我們也只能猜測。反之，在今日的蒙大拿，我們知道居民的姓名，也知悉他們的生活史和動機，有些人甚至和我有五十年以上的交情。從了解今日蒙大拿人的動機出發，我們或許可從中推想古人的動機。本章每個主題都有一張鮮明的臉，如此論述才不至於太過抽象。

此外，對那些狹小、貧窮、地處邊陲且生態環境脆弱的過去人類社會，以蒙大拿這個例子進行對比是很有意義的今昔對照。我刻意選擇那些過去社會來討論，是因為人類嘗到了環境破壞的惡果，也可明白顯現本書主旨如何形成。此外，身受環境破壞之害的，不只是過去那些人類社會而已，今日的蒙大拿也是。蒙大拿雖然位於今日世界最富有的國家，卻是這個國家最原始、人口最稀少的區域，環境和人口問題似乎沒有美國其他地方來得多。當然，就我居住的洛杉磯和大多數都會區，環境問題叢生，如人口稠密、交通擁擠、烏煙瘴氣、水質不良且有缺水之虞。相形之下，蒙大拿似乎沒有那麼多亟待解決的問題。儘管如此，從蒙大拿較輕微的環境和人口問題下手，或許我們更可了解美國其他地方問題的嚴重性。蒙大拿這個例子可闡明本書的五大主題：人類對生態環境的衝擊、氣候變化、一個社會與鄰近社會關係的好壞（以蒙大拿而言，則是看該州與美國其他各州的關係）、一個社會面對其他社會的威脅（如來自海外的恐怖分子和今日的石油公司），以及社會面對問題的應變力。

蒙大拿的經濟發展史

整個美國西部山區有許多不利於食物生產的環境因素，蒙大拿也不例外，作物的生產和牲口的豢養都受到限制。蒙大拿的問題如下：雨水太少使得作物不易生長；緯度高致使生長季節短暫，而且作物只能一年一熟，無法像夏日較長的地區可以一年二熟；離人口較稠密的消費市場也有一段距離。這些缺點代表什麼意思？其他地區可以用更便宜的價格、更高的產量提供相同的作物、牛乳或肉品，還能以迅捷、低廉的運送方式送到北美洲其他人口稠密地區。如何在蒙大拿這個美如人間仙境卻沒有農業競爭力的土地上討生活？這就是蒙大拿經濟發展最根本的問題。為了解決這個問題，蒙大拿做了種種努力，遂成一部經濟發展史。

人類在蒙大拿入住可分為幾個經濟階段。第一階段，蒙大拿是美洲原住民的家，他們至少在一萬三千年前就來到這裡。雖然美洲原住民在北美洲東部和南部建立了農業社會，在歐洲人之前來到蒙大拿的美洲原住民仍過著狩獵—採集生活，甚至在適合農牧業發展的地帶也是如此。一個原因是蒙大拿不像北美洲東部和墨西哥，沒有可以馴化的野生動植物，因此不能成為獨立的農業起源地。另一個原因是

1依聯邦政府公布的二〇一九年貧窮線標準，單身每年稅前收入一萬二千四百九十美元，或夫妻二人收入總共一萬六千九百一十美元。

蒙大拿離北美洲的兩個獨立農業起源地很遠，所以在歐洲人到來之前，那兒的作物根本無法傳播到蒙大拿。今天，蒙大拿約有四分之三的原住民住在七個印第安保護區內，除了豐美的牧草地，其他天然資源幾乎乏善可陳。

根據歷史記載，最先踏上蒙大拿的白人是一八〇四年到一八〇六年間由路易斯（Meriwether Lewis, 1774-1809）和克拉克（William Clark, 1770-1838）領導的西部探險隊。他們在後來成為蒙大拿州的地方停留最久，比起他們在其他州來得久。在他們之後的則是蒙大拿第三個經濟階段的「山野梟雄」（mountain men），也就是自加拿大和美國其他地方前來獵殺動物、做毛皮買賣的商人。第四個階段起於一八六〇年代，以前面三個階段的經濟發展為根基（儘管之前的經濟活動已經式微），一直延續到今天。這個階段的經濟發展包括礦業（特別是銅礦和金礦）、木業，以及農產品的生產（如養牛、養羊和種植穀物、蔬果）。蒙大拿的比尤特銅礦區（Butte）吸引絡繹不絕的礦工，激發其他經濟層面的發展，以滿足該州內部市場所需。苦根谷附近就砍伐了相當多的林木，提供礦工生活所需的木炭、建築房舍的木材，也可當做支撐礦道的支柱；而礦工所需食物多半仰賴谷地生產的農作物。位於南方的苦根谷，氣候溫和（以蒙大拿的標準來看），因此有人戲稱這裡是「蒙大拿的香蕉帶」。雖然谷地的降雨量很低（每年三百三十公釐），只有耐旱的山艾長得出來，但一八六〇年代白人在此落腳，就挖掘小小的灌溉水渠，接引谷地西側苦根山山頂積雪融化而成的山澗。後來，蒙大拿又斥巨資興建了兩個大型灌溉系統：一個是興建於一九〇八年到一九一〇年的大渠（Bi g Ditch），水源是谷地西邊的科莫河（Lake Como）；另一個系統包含數個大型灌溉水渠，將苦根河（Bitterroot River）的河水引入。灌溉帶來不少生機，其中之一就是使苦根谷在一八八〇年代長出蘋果，於是蘋果開始盛產，在後來的幾十年間是蘋果產量的高峰期，之後開始走下坡，今天仍在營運的蘋果園已寥寥無幾。

由於經濟和環境因素的改變，蒙大拿以前的經濟基礎也出現轉變：漁獵已從營生轉為休閒娛樂，毛皮交易已經絕跡，而礦業、木業和農業也漸漸式微了；反之，日益勃興的經濟產業則是觀光、休閒、養老和醫療保健。一九九六年，苦根谷出現了近年經濟轉型的里程碑。施瓦布從蒙大拿銅礦鉅子達利（Marcus Daly）手中買下面積一千餘公頃的苦根史塔克農莊（Bitterroot Stock Farm），為富有的外州人打造可坐擁自然美景的新家。外州人每年可來這個美麗的谷地數次，在這第二個家（甚至已是第三個或第四個）釣魚、打獵、騎馬或是打高爾夫球。史塔克農莊有十八洞高球錦標賽規格的球場和一百二十五棟木屋。這些木屋有如豪宅，最多可有六個臥室，面積一百六十八坪，價格則從八十萬美元起跳。能入主木屋的必然是高所得人士，至少付得起俱樂部的十二萬五千美元入會費。光是入會費已是拉伐麗郡居民平均年收入的七倍以上。史塔克農莊四周都有籬笆，入口掛著一個牌子，上面寫著：「本農莊只對會員和受邀佳賓開放。」很多木屋主人都搭私人飛機前來，很少在漢彌爾頓購物或駐足，大都在農莊俱樂部用餐。如果需要一些生鮮雜貨、日常用品就請俱樂部員工在漢彌爾頓代購，然後送回農莊。一個漢彌爾頓的本地人就不屑地對我說：「這些貴族如果進城蹓躂蹓躂，你一眼就能看出來。這些傢伙成群結隊，活像外國觀光客。」

史塔克農莊開發案宣布之初，對某些在苦根谷住一輩子的人來說，確實是一大震撼：誰會花這麼一大筆錢來買這裡的土地？肯定賣不出去的。結果讓他們跌破眼鏡，富有的外州人陸續以個人名義前來置產。由於苦根谷的土地一下子以令人咋舌的價格賣出不少，如此鹹魚翻身真是蒙大拿經濟發展的里程碑。史塔克農莊的例子證明，這個谷地做為觀光休閒之用，經濟利益遠遠超過養牛、種蘋果等農牧業。

採礦

前述工業時代之前的人類社會面臨了十二種環境問題，今日世界各地也都有生態環境不保的威脅。這種種問題，今天的蒙大拿幾乎都有。在蒙大拿尤其嚴重的問題是有毒廢物、森林、土壤、水（有時還包括空氣）、氣候變化、生物多樣性的消失和有害物種的引進。我們就從似乎是最明顯的問題——有毒廢物——開始說起。

在蒙大拿，雖然人們日益關心肥料、糞肥、化糞池汙水和除草劑處理的問題，但最嚴重的有毒廢物則是礦渣。採礦汙染的問題打從十九世紀就有了，有些是最近發生的，還有一些則是長久以來一直沒能解決的問題。金屬礦產的開採——特別是銅礦——是蒙大拿的傳統經濟命脈，其他金屬還有鉛、鉬、鈀、鉑、鋅、金和銀。沒有人能否定礦產的重要性，現代文明的產業，舉凡化學、建築、電器製造業、電子工業等，都少不了金屬。問題是礦石開採地點的選擇，以及怎麼做才是最好的？

然而，從蒙大拿礦場運出去的精礦（ore concentrate，原礦經選別後收集起來的有用礦物）只占地下挖出來的原礦一小部分。剩下來的廢石和尾礦（tailings，從原礦選別出精礦及中間產品後的剩餘產物）仍含有銅、砷、鎘和鋅等對人類有害的金屬物質（對魚類、野生生物和牲畜當然也有害），這些採礦廢物滲入地下水、河川和土壤就大不妙了。此外，蒙大拿的礦石富含硫化鐵，會產生硫酸。目前蒙大拿廢棄的礦場就有兩萬座，有些比較新，有些則有百年以上的歷史，不管新舊都將永遠滲漏出酸性汙水和有毒金屬物質。這些礦場的老闆絕大多數已經作古，不可能負起汙染賠償的責任，還活在人世的也沒有足夠財力重新經營礦場並解決汙水問題。

早在一個世紀以前，蒙大拿人已經知道有毒廢物和採礦有關，也揪出汙染的禍首：比尤特銅礦區和附近的精煉廠。礦區附近的牧場主人發現，他們的牛隻奄奄一息，進而控告經營這個礦區的安納康達銅礦公司（Anaconda Copper Company）。安納康達把汙染問題推得一乾二淨，宣稱他們沒有任何責任，甚至至打贏官司，而且在一九〇七年蓋了第一個沉澱池來傾倒有毒廢物，後來又蓋了好幾個。我們終於知道採礦廢物若隔離處理，對環境的破壞程度就能變小。就目前世界各地的新礦場來看，有的運用高科技處理廢物，有的還是自私自利，對有毒礦渣汙染環境的問題視而不見。現今美國法律規定，一家公司如果欲開採新的礦脈，必須購買另一個公司的債券。出售債券的公司則必須負擔開礦的清理整治費用，以免礦業公司因破產而留下環境汙染的爛攤子。但是，很多新礦業公司購買的債券價值根本低於所需的清理費用，至於老公司則毋須購買這些債券。

在蒙大拿，有些收購老礦場的公司就是有辦法免去清理整治費用。天下烏鴉一般黑，其他地方的公司也差不多。如果公司很小，所有人可以宣告破產，隱瞞公司資產，把公司業務轉移給其他不必負擔清理整治費用的公司或新公司。如果公司規模很大，無法以清理整治費用太高為由宣告破產（如下文將討論的美國大西洋富田石油公司〔Atlantic Richfield Company〕，以下作ARCO），還是會設法逃避責任或把清理整治費用減縮到最少。這麼一來，礦區和附近一帶就會遭受有毒物質的汙染，威脅當地居民的健康。或者由聯邦政府或州政府提撥超級基金[2]或類似的州基金，來負擔清理整治費用（當然，這筆帳就轉嫁到所有納稅人頭上）。

從上述礦業公司的狡詐行徑，我們可看出一個問題：為什麼社會中的個人或團體，明知自己這麼做對社會有害，還是偏偏這麼做？這個問題將不斷在本書中出現。不管是推卸責任或是把責任減到最輕，短期內雖然有助於礦業公司的財務，但會使整個社會受害；長遠下來，公司自身和整個礦業也將自食惡果。儘管蒙大拿長久以來視礦業為該州的金雞母，也以礦石之鄉自居，近來已漸漸不再對礦業有所期待，蒙大拿的礦業因此走向死寂，還在營運的礦場所剩無幾。舉例來說，一九九八年蒙大拿的選民連署提案公投，禁止金礦開採使用氰化物溶解礦石中的黃金，因為這種用劇毒提煉黃金的技術將帶來生態浩劫。公投通過，蒙大拿礦業深受打擊，與礦業公司掛鉤的政界人士也非常震驚。我有些蒙大拿朋友這麼說：回顧過去，我們蒙大拿納稅人付了幾十億美元的整治清理費用，相形之下從採礦得到的利益實在少得可憐，更何況大多數利益都被美東或歐洲的投資人拿去了。我們終於學聰明了，假如蒙大拿不曾開採過銅礦，長遠下來反而是件好事，所需的銅礦從智利進口不就得了，把採礦的後續問題留給智利人自個兒傷腦筋。

我們不是礦工，採礦公司的所作所為自然會讓我們義憤填膺，恨不得將這些生態殺手繩之以法。他們難道不知道自己做的終究是害人害己的事，如此明知故犯還故意逃避責任？我有個蒙大拿朋友就在自家馬桶上方掛了一個牌子，抒發不平之鳴：「使用後勿沖水。讓我們效法礦業公司，讓別人來清理自己的穢物。」

事實上，道德層面的問題更加複雜。在此引用最近出版的一本書來解釋：「我們難以責怪礦業巨擘美國熔煉精煉公司（American Smelting and Refining Company，以下作ASARCO），並怪罪他們沒能整治清理汙染特別嚴重的一個礦場。美國企業存在的理由就是為老闆賺錢，這就是美國資本主義的操作方式。錢不好賺，因此不能做無謂的花費……不是只有礦業才奉行這種錙銖必較的哲學。成功的企業會區分兩種不同的花費：一種是維持企業運作的必需開銷；另一種則是沉重的『道德責任』。環保人士和商業界之間的對立，很多都是因為難以了解這種分別或是不願接受這種區分。企業的領導人多半比較像會計師或律師，而不是神職人員。」做此解釋的不是ASARCO的執行長，而是環保顧問史提勒（David Stiller）。他在《傷痕累累的西部：蒙大拿、採礦與環境》（*Wounding the West: Montana, Mining, and the Environment*）一書中探討蒙大拿有毒採礦廢物的問題，以及社會該怎麼做才能使受創的生態環境復原。

然而，老礦場的整治清理總是需花大錢，無法便宜行事，這就是嚴酷的事實。早期的礦業公司因為政府對他們幾乎沒什麼要求，就為所欲為。更何況，他們莫不是照著史提勒解釋的企業運作法則在追求利潤。直到一九七一年蒙大拿州政府才立法規定，礦業公司關閉礦場後必須負起整治清理的責任。即使是ARCO和ASARCO這樣財力雄厚的大公司，他們原本有意清理，由於發現清理任務至為艱鉅、費用過於高昂或是努力清理的結果仍不符社會大眾期待，就不願處理這個問題。如果礦業公司的老闆不付錢或無法負擔善後的費用，納稅人也不願插手，花幾十億美元來幫他們收拾爛攤子。納稅人認為這個汙染問題不是一朝一夕的事，眼不見為淨，不要汙染到他們家後院就行了，於是睜隻眼閉隻眼。如果

2超級基金：Superfund，美國為了解決自一九八〇年代開始出現的汙染夢魘，於是成立超級基金來支付數百億美元的清理整治費用。

不是燃眉之急的危機，大多數的納稅人對花大錢都很反感。此外，抱怨有毒廢物或支持提高稅收的納稅人也不夠多。如此看來，坐視不顧的美國大眾也有責任，不能光責怪礦業公司或政府，畢竟最後的責任還是落在我們頭上。只有大眾對政治人物施壓，透過立法才有可能修正礦業公司的行為。從另一方面來看，如果這些公司以慈善事業的模式來經營，就罔顧了自己對投資人的責任。在這種兩難之下，會有什麼樣的結果？下面三個例子各代表不同的結果：克拉克福克河（Clark Fork）、密城壩（Milltown Dam）和飛馬公司的佐特曼—藍達斯基礦場（Zortman-Landusky Mine）。

一八八二年，安納康達銅礦公司的前身已在比尤特開始營運。此地離哥倫比亞河支流克拉克福克河的源頭很近。到了一九〇〇年，光是比尤特一地的銅礦產量已是全美的一半。在一九五五年之前，比尤特的礦道大部分在地下，但安納康達從一九五五年起開挖了一個巨大的露天礦坑，即柏克利露天礦坑（Berkeley Pit）。這個礦坑就像個人工大峽谷，直徑約二公里，深度達五百多公尺。含有酸性物質和有毒金屬的尾礦於是大量堆積在克拉克福克河中。然而，安納康達不敵外國業界削價競爭，加上智利的礦場被徵收，以及美國環保意識抬頭，因而逐漸走下坡。一九七六年，這家公司於是被大型石油公司ARCO買下。（最近又易手了，買主是一家更大的石油公司，也就是英國石油公司〔BP〕）。ARCO在一九八〇年關閉熔煉廠，在一九八三年終止採礦事業，比尤特這個礦業重鎮因而少了數以千計的工作機會，規模只剩下原來的四分之一。

於是，克拉克福克河和柏克利露天礦坑成了美國目前環境整治最大的爛攤子，動用的超級基金也最大筆。以ARCO的立場來看，要他們承擔之前礦業公司造的業，並不公平，更何況在他們收購安納康達之時，根本還沒有聯邦超級基金法。但聯邦政府和州政府的看法不同，他們認為ARCO已買下安納康達公司的資產，也該連帶負起這家公司背負的賠償責任。至少，不管是ARCO或BP都沒宣告破產。我有個朋友是環保鬥士，他告訴我：「那些大公司希望盡可能全身而退，能少賠就少賠，但還有比ARCO這種大公司更可惡的。」酸性汙水源源不絕地從柏克利礦坑湧出，必須抽吸出來，這是個永遠也難以完成的整治任務。ARCO已經付了幾億美元給蒙大拿州，希望能還克拉克福克河一個乾淨的面貌，全部賠償金額預估達十億美元。不過，我們無法確定這個金額是否足夠。由於清理整治耗費很多電力，誰知道四十年後我們又要為這些電力付出多少代價？

第二個例子是建於一九〇七年的密城壩。此壩位在比尤特的克拉克福克河下游與黑腳河（Blackfoot River）的匯流處，當初興建是為了提供附近的鋸木廠電力。從那時起，含有砷、鎘、銅、鉛和鋅等有毒沉積物的水，從比尤特礦區流下後就蓄積在水壩後面的水庫。這些水足足有五百萬公噸之多，結果使得魚兒在克拉克福克河和黑腳河的遷徙受到影響。（自勞勃．瑞福〔Robert Redford〕將麥克林〔Norman Maclean〕的中篇自傳小說《大河戀》〔*A River Runs Through It*〕改編成電影後，那波光粼粼的黑腳河和肥美的鱒魚大概無人不知、無人不曉。）好吧，魚的遷徙算是「小問題」。一九八一年就爆發大問題了。當地居民發現井裡的水有異味，原來非常多的地下水已遭汙染，砷含量高過聯邦水質標準的四十二倍。禍首正是密城壩。水壩後方的水庫由於年久失修、不夠穩固，又位在地震帶，已有滲漏、龜裂的現象，一九九六年就差點因冰塞而崩垮，目前是朝不保夕。今天沒有人會興建這樣體質脆弱的水壩。萬一水壩真的垮了，大量含有毒金屬的水滾滾而下，下游十一公里處的米蘇拉——這個蒙大拿西南部的最大城——

將在劫難逃。不但飲用水將成問題，克拉克福克河下游再也見不到釣客身影了。

ARCO由於收購安納康達，因而必須為當年採礦造成的水庫汙染問題負責。一九九六年的冰塞事件差點引發生態浩劫；一九九八年又因水庫的水含銅量太高，造成下游魚群死亡，迫使蒙大拿州不得不正視這個水壩的問題。聯邦和蒙大拿州的科學家都建議拆除這個水壩，清理水庫的有毒沉積物。這筆約一億美元的費用將由ARCO負責。長久以來，ARCO不斷聲明水庫的有毒沉積物和魚群死亡無關，拒絕為密城地下水砷含量過高負責，也否認水源汙染是密城居民罹癌的一個原因。同時，ARCO支助密城鄰近城鎮邦納（Bonner）發動「草根運動」，不但反對拆除水壩，反而主張強化這座水壩的結構。如此，花二千萬美元就能解決了。米蘇拉的政界人士、商人和大眾原本就有意拆除水壩，在ARCO動作頻頻的刺激下，對這水壩更是恨不得除之而後快。二〇〇三年，聯邦環保署（Environmental Protection Agency）已經採納拆除水壩的提議，水壩幾乎確定面臨拆除的命運。

蒙大拿的環境問題還有一個燙手山芋，也就是飛馬金礦公司（Pegasus Gold）所屬的佐特曼—藍達斯基礦場。飛馬是家小公司，創辦人原本來自其他礦業公司，而該礦場是利用劇毒的氰化物來溶解礦石中的黃金。要提煉出一盎司（二八．三五克）的黃金，需要四十五公噸的礦石，先從這些礦石提煉出等級很低的金礦之後，再慢慢提煉出一點點純金。金礦的礦石是從露天礦坑所挖掘出來，先在堆浸場的過濾墊上堆積成一座小山之後，再灑上氰化物溶液。氰化物會致命，例如氫氰酸就是納粹使用的毒氣，美國在毒氣室處死人犯也是使用這種氣體，但氰化物可以與金結合。因此，氰化物溶液滲入礦石之後，就會與金結合，流到附近的化金池中，再由處理廠抽吸出來提煉成純金。剩下來的有毒氰化物溶液不是噴灑在附近的森林或牧場，就是加上更多的氰化物再噴灑在礦石上。

顯然地，利用這種堆浸法煉金有好幾個環節都可能出差錯，佐特曼－藍達斯基礦場更是出現連環錯（圖四）。首先，過濾墊只有一片銅板那樣薄，以重型機具在上面堆放幾百萬噸的礦石，必然很容易破漏。其次，化金池的水可能會溢出。一次暴風雨來襲，就發生了這種不幸事件。再者，氰化物本身也很危險。有一次，礦場又出現氰化物溶液溢出的緊急情況，老闆在政府的允許下，準備將多餘的溶液噴灑到附近其他地方，以免過濾墊破裂。在噴灑的過程中，因操作錯誤形成氰化物氣體，差點讓好幾個工人送命。飛馬金礦公司最後還是宣告破產，巨大的露天礦坑、堆浸場和化金池全都廢棄，但是留下來的生態破壞問題永遠是進行式──礦場的酸性物質和氰化物永遠都在滲漏。由於該公司的債券不足以負擔整治清理的費用，還有四千萬美元以上的支出落在納稅人頭上。我在此只是描述了環境因採礦而受害的三個個案，其實這樣的個案還有好幾千個。最近德國、南非、蒙古等正考慮投資採礦事業的地區，紛紛派人前來蒙大拿考察，親眼目睹採礦禍遺千年的前車之鑑。

森林

蒙大拿的第二種環境問題包括伐木和森林火災。正如礦產的重要性無可否定，我們也需要樹木來製造木材和紙張，因此不得不砍伐林木。我的蒙大拿友人贊同伐木，理由在於：如果你反對在蒙大拿伐木，那麼要去哪裡取得木材？我的朋友賴柏（Rick Laible）針對近日蒙大拿的伐木爭議說道：「在蒙大拿伐木總比把雨林砍掉好吧！」湯瑪斯（Jack Ward Thomas）的看法也大致相同：「如果我們拒絕把本地的枯木砍下，轉而從加拿大進口活樹，也就是把伐木造成的環境問題和經濟效益都送給加拿大。」狄克・賀許更挖苦地說：「有人說：『不要以伐木來強暴土地。』自己的土地不能強暴，所以就轉而強暴加拿大的。」

苦根谷的伐木業始於一八八六年，生產比尤特礦工社區所需的黃松。第二次世界大戰結束之後，美國房市大興，需要很多木材，美國國家森林地木材價格一路飆漲，到了一九七二年的價格已是一九四五年的六倍。飛機在林地上方噴灑殺蟲劑DDT，控制樹木的病蟲害。為了樹齡與樹種齊一，以增加木材產量、提高伐木效率，於是採取「皆伐」（clear-cutting）的伐木法，而不是「擇伐」（selective logging）——只砍下做了記號的樹木。雖然皆伐式的伐木法有上述優點，也有不少缺點：首先，溪流兩旁沒有樹木庇蔭，溪水溫度會過高，讓魚類難以產卵、生存；其次，冬天雪落在沒有樹木遮蔽、光禿禿的地面上，春天來臨積雪很快就融化流失，假如林木蓊蓊鬱鬱，積雪就會慢慢融化，直至夏天結束前河水都源源不絕，可供牧場灌溉之用；此外，由於森林砍伐，內含有毒沉積物的徑流[3]增加，水質就會惡化。還有，對重視林相之美的居民來說，皆伐之後，留下一個光禿禿的山頭，實在太醜了，簡直慘不忍睹，這是最顯而易見的缺點。

皆伐式伐木法因而引發不少爭議。美國林務署（U.S. Forest Service）的官員以伐木專業人士自居，認為大眾對林務一無所知，應該閉嘴。氣憤的蒙大拿牧場主人、土地所有人和一般大眾於是起而抗議。一九七〇年，由於林務署以外的森林學者提出博爾報告（Bolle Report），批評其政策，加上西維吉尼亞州國家森林的皆伐也引起類似爭議，終於促成全國性的變革，包括對皆伐的限制，以及回歸多重目的的森林經營，不是只重視木材的生產（其實林務署在一九〇五年設立之初就抱持這種看法）。

在皆伐爭議沸沸揚揚的那幾十年間，林務署每年的木材銷售量逐漸減少，最後甚至還不到原來的二○%。一個原因是瀕危物種法（Endangered Species Act）和淨水法案（Clean Water Act）的執行，要求國家森林必須繼續做為所有物種的棲地；另一個原因則是容易砍伐的巨木變少了——這是伐木本身導致的結果。每當林務署提出木材銷售計畫，環保組織就會起而抗議，甚至狀告法院。這些官司往往費時十年以上才能了結，即使法院最後駁回環保組織提出的訴訟，伐木的經濟價值也減損了。然而，在我的蒙大拿友人中，即使是以環保鬥士自居的人，幾乎每一個都告訴我，這樣的爭議非常不利於伐木。他們認為，林務署的伐木計畫因為經年纏訟受到阻礙，非常可惜，伐木計畫也不是一無是處（例如下文討論到可減少森林火災的燃料載量[4]）。但環保組織懷疑，官方提出看來合理的伐木計畫其實背後隱藏伐木派的主張。目前苦根谷所有的鋸木廠都已關閉，一來是因為蒙大拿公有林地可砍伐的林木極少，二來是因為私有林地的林木已砍過兩次。鋸木廠的關閉代表高收入、有工會組織的鋸木業已經不存在了，而蒙大拿也難再擁有這個鋸木巨人的自我形象。

在苦根谷之外，很多蒙大拿私有林地依然存在。這些林地本來是一八六○年代政府贈予大北鐵路公司（Great Northern Railroad）之地，做為興建美國橫貫鐵路幹線的誘因。一九八九年，大北鐵路為了節稅，把這些林地產權分派給一家總部設在西雅圖的李溪木業公司（Plum Creek Timber Company）等環境，做為不動產的投資信託（獲利可視為資本利得，適用於較低的稅率）。李溪擁有蒙大拿最多的私有林

3徑流：runoff，指降落到流域表面上的降水，由地面與地下注入河川，最後流經出口斷面的水。

4燃料載量：fuel load，指火周圍可燃材料的數量，通常按每公頃多少噸計算。

地，以全美而論，該公司是第二大。我看過李溪印行的公司介紹，也和該公司的企業事務部主任吉爾沙（Bob Jirsa）談過。他為公司的環保政策辯護，並表達永續經營的理想。我聽過不少蒙大拿友人對這家公司吐槽，像是：「李溪只在意獲利底線」；「談什麼永續經營，還不是撈了一票就走」；「他們有自己的企業文化，目標就在：木材能砍多少，就砍多少」；「還不是一家竭澤而漁的公司，他們不會放過從土地取得的每一分錢」；「有人抗議，他們才會做雜草防治」等。

這種針鋒相對是否讓人想起先前提到的蒙大拿礦業？沒錯。李溪木業公司是營利事業，不是慈善組織。如果蒙大拿人要李溪愛護環境、減少營收，就看自己能否驅使政治人物以立法來強制該公司或是設法買下土地，才能以不同的方式來經營。在這個爭議之上，還有一個基本而艱苦的現實：蒙大拿乾冷的氣候和較高的地勢，對伐木業都是考驗。比起蒙大拿，美國東南部和東北部樹木的成長速度要快好幾倍。雖然李溪擁有的蒙大拿林地面積比該公司在其他四州（阿肯色、喬治亞、緬因和密西西比）來得大，儘管這四州的林地面積只有李溪蒙大拿林地的六〇至六四%，生產的木材還是比蒙大拿州來得多。李溪在蒙大拿經營伐木業，獲利率一直有瓶頸，無法攀升。在得以砍下樹木之前，他們必須等上六十年到八十年，每一年必須繳付稅金，也必須進行火災防護。如果是美國東南部的林地，只要等上三十年，樹木就能長成到可以砍伐。面對這樣的經濟現實，李溪已經了悟蒙大拿山林的前景是不動產，而不是伐木業。蒙大拿的山光水色正是打造世外桃源的好所在，房地產的準買家也抱持相同看法。另外，包括政府在內的買家也常常表達對環境保育的關切。基於這些因素，蒙大拿伐木業的前途比起美國任何一地更為堪慮，和其礦業如出一轍。

和伐木相關的問題是森林火災。近年來，蒙大拿和美西山區的森林火災有變本加厲、愈來愈大的趨勢。在一九八八年、一九九六年、二〇〇〇年、二〇〇二年和二〇〇三年的夏天，森林火災特別嚴重。以二〇〇〇年夏天為例，苦根谷五分之一的森林都被焚毀。現在我每次搭機飛到苦根谷，第一個念頭就是透過機艙窗口細數火點數目並估算當天的煙量。（例如二〇〇三年八月十九日那天，我搭乘飛往米蘇拉的班機，飛行途中發現十二個火點，濃煙可見部分長達好幾公里。）二〇〇〇年，庫克想帶我兒子去釣魚。去哪一條溪呢？他考慮的因素之一就是那天森林火災在何處蔓延。我苦根谷的友人就曾因為火災迫近，數度撤離家園。

森林火災增加，一個原因是氣候變化（夏天有愈來愈乾熱的趨勢），另一個原因則是人為因素。另外，森林火災還涉及一些錯綜複雜的原因，森林專家三十年前就已經知道了。這些原因的重要性為何？有人認為微不足道，有人認為很重要，至今仍未有定論。其中之一就是伐木直接造成的，砍伐之後的林地就像是巨大的柴堆：有價值的樹幹被拖走了，滿地殘枝和樹梢，加上新生的枝椏，火災的燃料載量因而變得更大。再者，在森林火災發生之時，砍伐之後的殘株非但容易著火，這一個又一個不斷延燒的小火，其實是滅火的最大障礙。另外，在一九〇〇年至一九一〇年的十年間，美國林務署開始採取火災抑制策略，以避免貴重木材化為灰燼，並保全民眾的身家性命。林務署宣布的目標是：「災情報告翌日早上十點以前完成滅火。」第二次世界大戰結束之後，由於消防科技的進步、有消防飛機可供使用，加上山路拓寬，消防車可開上山滅火，滅火的效率很高。因此，二次大戰之後的幾十年間，被森林火舌吞噬的林地面積少了八〇%。

然而，好景不常。一九八〇年代以後，森林大火已不是火災抑制策略得以控制的了。由於森林大火頻頻發生，除非靠雨水，加上風速減弱，否則大火實在難以撲滅。這時人們才了解，過去美國聯邦政府的火災抑制策略反而是今日森林大火的幫兇。由閃電雷擊引發的森林火災，其實扮演了維持森林結構的要角。天然火災的角色隨海拔高度、樹種和森林型態而不同。以成長於苦根谷低地的黃松林為例，根據歷史紀錄、每年年輪計數和殘幹上的焚燒痕跡等資料，此地黃松林因閃電雷擊引發的火災，在天然狀況下（也就是林務署施行火災抑制策略之前）發生的機率約是每十年一次。成熟的黃松樹皮足足有五公分厚，具有抗燃性。反之，在前一次火災後於地被層種下的花旗松幼苗就很容易著火。這些幼苗在下次火災來臨時只長了十年，高度不夠，火舌未能竄升到大樹的樹冠，只是幼苗被燒得精光，因此火災只局限於地面和地被層。結果很多黃松林看來就像公園，燃料載量不多，林木的間隔很寬，地被層乾乾淨淨。

當然，伐木公司只想拿走巨大、價值非凡、又具抗燃性的百年黃松。幾十年施行火災抑制策略之後，地被層長滿了花旗松的幼苗。這些小樹苗長成大樹之後，當然也能變成有價值的木材。樹木的密度就從每半公頃三十棵增加到二百棵，如此一來森林的燃燒載量就增加了六倍，但國會一直無法撥出款項來分散過於濃密的樹苗。另一個和人有關的因素是放牧。國家森林地被層的草可能因為羊群啃噬而變少，這是件好事，否則雜草叢生可能經常引發小火。萬一樹苗過於密集的林地真的起火燃燒，不管是因閃電雷擊、人類不慎引起或有人蓄意縱火（很遺憾，這種事經常發生），已經長高的樹苗於是成為火的階梯，讓火舌一步步竄升到樹冠。有時候整座森林因此成了一個煉獄，火勢狂猛，所向匹靡，直上一百多公尺的高空，溫度升高到將近攝氏兩千度，土壤中的樹木種子被燒得精光，接下來還可能出現土石流和大規模的土壤侵蝕。

森林學者已知的是，管理西部森林的最大困難就是如何面對愈來愈多的燃料載量。福兮禍之所伏，在過去半個世紀立下滅火大功的火災抑制策略，卻帶來更多的燃料載量，使得森林火災一發不可收拾。在比較潮溼的美東，枯立倒木很快就腐爛；在比較乾燥的美西，死樹雖然不易腐爛，卻像巨大的火柴棒。如果對森林有管理、保護之責的林務署設法減少枯立倒木的數量，並以砍伐或控制得宜的小火焚燒來解決過於繁茂的地被層，當然是理想的處理方式。這麼一來，每半公頃約需要一千美元的經費，但美國西部森林面積足足有四千多萬公頃，總共需要約一兆美元。沒有一個政治人物或選民希望花這一筆錢。即使這筆費用不是這麼龐大，不少民眾仍會懷疑這個計畫只是伐木業死灰復燃的藉口，意圖染指美麗的森林。因此，西部森林的防火整治並沒有一個常規的計畫，聯邦政府也不去處理森林易燃的問題，只有在眼看大火吞噬森林的燃眉之急下，才會忍痛拿出一筆錢來滅火。以二〇〇〇年夏天的森林火災為例，花費十六億美元，然而近兩萬六千平方公里的林地已被焚毀。

有關森林管理和防治森林火災，蒙大拿人意見分歧，也多有自相矛盾之論。從一方面來看，如果讓火「自生自滅」（**let it burn**），民眾不免恐懼和厭惡，迫使林務署冒險處理無可撲滅的大火。例如一九八八年黃石國家公園（**Yellowstone National Park**）發生森林火災，當局放任大火延燒，民眾就高聲抗議，殊不知當時滅火已是不可能的任務。我們所能做的，大概只有祈求老天來場大雨或下雪。此外，民眾也不贊同林木疏伐計畫，認為此舉有損林木蓊鬱之美。事實上，所有對自然的人為干預，都會遭到民眾反對。民眾希望森林能在原始、天然的狀況下生長，當然不願多付稅金來進行疏伐計畫。他們不了解美國西部森林早已受制於人為干預（其實大多數的森林學者最近也才了解這點），幾近一個世紀以來的火災抑制、伐木和放牧，林地已離所謂的天然、原始很遠了。

在苦根谷，有人將狩獵木屋蓋在易發生火災的森林旁邊，一面徜徉在這城鄉與荒野的交界處，一面希望政府能保護他們的木屋，免於遭到火舌吞噬。二○○一年七月，我和內人從漢彌爾頓騎單車西行，穿越布拉德吉特森林（**Blodgett forest**）之時，發現此地因前一年夏天的森林大火變成一片荒蕪，一棵棵英挺的林木只剩下焦黑的殘骸，我也還記得那時苦根谷因此籠罩在濃煙之下。布拉德吉特森林地區的居民曾反對林務署進行疏伐計畫，此刻卻要求林務署派十二架大型消防直升機來澆熄大火，拯救他們的家園。出動這樣的直升機一小時就耗費二千美元。由於林務署必須遵照政府的命令，以保護人民的性命與財產為優先考量，不得不讓更有價值的公有林地付之一炬。後來林務署宣布下不為例，他們將不再為了保護私人財產浪費巨額公帑，還讓消防隊員出生入死。蒙大拿居民因此群情譁然，很多人揚言，如果有下列情事他們將對林務署提出訴訟：家園毀於森林火災；林務署為了控制更大的火災採取以火攻火[5]的策略，使他們的家園遭受池魚之殃；或是他們的房屋雖未受到森林火災波及，但從住家窗口向外望去的景觀出現火燒山景象。有些蒙大拿人因此擺明和政府勢不兩立，不願為了消防經費付稅，也不願政府官員踏上他們的土地執行火災防治計畫。

土壤

在苦根谷，有一段時期蘋果園如雨後春筍般處處可見，一開始果農也有不少進帳。然而，由於果樹耗盡了土壤中的氮素，果園也就漸漸荒蕪。這個土壤問題尚屬次要，更大的一個問題是土壤侵蝕。土壤侵蝕的原因有以下幾個：過度放牧、雜草叢生、伐木，以及森林火災溫度過高將上層土中的種子破壞殆盡。這些原因造成土質改變，使得保護土壤的植被消失了。世代放牧的人家知道過度放牧得不償失，正如賀許家的狄克和傑克所言：「我們必須好好照顧自己的土地，否則有一天將招致毀滅。」儘管如此，賀許家有個鄰居是短視近利的外地人，不顧土地能放牧的牲口有限，為了回收土地的投資成本，在牧場上飼養過量的牲口。還有些鄰居將牧場出租出去，讓承租人放牧，坐收租金。租約通常是三年一期，承租人為了獲利，就會大量放牧，不管這麼做是否會對土地造成長遠的傷害。由於上述這幾個原因，苦根谷流域的土地只剩三分之一未遭侵蝕，三分之一有侵蝕危機，剩下的三分之一已被侵蝕，地力急需復原。

除了土壤氮素耗盡和侵蝕的問題，鹽化也是個問題。土壤鹽化是鹽分沉積在土壤和地下水中的結果。雖然鹽分沉積在某些地區是自然現象，但令人日益憂心的是：一些耕作方式使得大範圍的農田鹽化，使土壤遭到破壞，植物無法生存。在蒙大拿的某些地區，土壤所含鹽分甚至高達海水的兩倍。我將在下文和第十三章特別從植被清除和人工灌溉來看土壤鹽化的問題。

鹽分除了可能對作物產生毒害，鹽分太高對作物的影響就像旱災，土壤水中的滲透壓會升高，作物根部就更難藉由滲透作用吸取水分。若是井水或溪流鹽分高，當表面的水蒸發之後，還會留下一層鹽。試想，如果你喝的水比海水還鹹，這樣的水不僅難喝，無法滋潤作物、讓作物生長，水中溶解的硼、硒

5以火攻火：back fire，指火周圍可燃材料的數量，這是由每單位面積燃料數量所計算出來，通常按每，或稱逆火，也就是在林火的周邊放火，利用林火產生的內吸力，使所放的火向林火方向燒，把林火向外蔓延的火路燒斷。

等有毒物質更會損害你的健康（野生生物和牲口也會遭殃）。不只是美國有土壤鹽化的問題，其他如印度、土耳其等地也受到土壤鹽化之害，澳洲更是嚴重（第十三章）。翻開歷史來看，土壤鹽化也是古文明傾圮之因，如美索不達米亞就因土壤鹽化而變得貧瘠。今天的伊拉克和敘利亞不是過去世界農業最昌盛的地區嗎？如今放眼望去只是寸草不生、高鹽分的沙漠。面對「肥沃月彎」這一美譽，真是情何以堪。

蒙大拿的土壤鹽化和北美大平原幾百萬畝農地的問題一樣，蒙大拿的受害區域包括北部、東部和中部的幾千畝地。這個鹽化的問題出在鹽分滲出（**saline seep**），也就是上坡處土壤中鹽分含量高的水下滲到下坡處，使得周圍一公里左右的區域受到影響。如果在上坡處耕作的農人使土壤鹽分下滲到低處鄰居的土地，雙方就不免交惡。

那麼，蒙大拿鹽分滲出的問題又是怎麼來的？蒙大拿東部的岩石和土壤本身富含水溶性鹽類（特別是鈉、鈣和硫酸鎂），還有許多海洋沉積物（這個地區在幾億年前是海洋）。土壤下方是岩床（頁岩、沙岩和碳層），水的滲透性差。由於蒙大拿東部相當乾燥，所有雨水幾乎都被原生植被的根部吸收或蒸發了，因此根部下方的土壤依然缺乏水分。然而，如果農夫清除植被、採用休耕方式，就可種出小麥這一類的一年生作物。收割之後休耕一年，使雨水不至於被植物的根部吸收光，得以流入土壤，存留在根部下方的土壤中。不過，下方土壤的鹽分也會溶解在水中，水位上升，就會到達根部區域。由於土壤下方岩床的滲透性差，含有鹽分的地下水無法滲入岩床，於是往低處流，在低處滲出。如此一來，鹽分愈來愈高，不但上坡處植物難以生長或種不活，下坡處因鹽分滲出也難以栽種作物。

自從一九四〇年以後，由於農作方式的改變——特別是日益倚重曳引機和高效率的耕耙機——以及使用去除雜草植被的除草劑，蒙大拿有鹽分滲出問題的土地因而愈來愈多。結果耕作翌年的休耕期土地面積愈來愈大，這個問題只有以積極的農場管理來克服，例如：在下坡處鹽分滲出的區域種植耐鹽性高的植物；以彈性耕作來縮短上坡處休耕時間；種植苜蓿等需要很多水分的多年生植物，讓深入土壤的根部吸收多餘的水分。

在依賴降雨的蒙大拿農業區，鹽分滲出是土壤破壞的主要原因。但是蒙大拿的土壤破壞不全是鹽分滲出所造成，還有其他問題。分布於蒙大拿各地好幾十萬公頃的農地依賴灌溉用水（例如我在苦根谷過暑假的地方和大洞盆地），而非完全仰仗雨水。由於灌溉水含有鹽分，農地就開始出現鹽化的現象。另一個鹽化原因是開採天然氣造成的。天然氣公司在煤層鑽井、注水，把甲烷引到地面，再合成天然氣。然而，注水溶解的不只是甲烷，還有鹽分。自一九八八年起，與蒙大拿相鄰、一樣屬於窮鄉僻壤的懷俄明州，為了振興經濟，大肆進行天然氣的開採計畫，結果懷俄明州的鹽水就源源不斷地來到蒙大拿東南部的粉河盆地（Powder River Basin）。

水

蒙大拿正像美國西部其他乾燥地區，用水是個難纏的問題。為了探究這個問題，且讓我們先看看苦根谷的兩大水源：一是灌溉溝渠（水來自山澗、湖泊和苦根河本身），做為農地灌溉之用；另一則是含水層中的地下水，做為民生用水的來源。苦根谷較大的幾個城鎮由公立自來水公司供水，其他地區的居民就得以私人水井解決個人用水問題。不管是灌溉用水或是井水，都面臨一個根本問題：使用者愈來愈多，水量卻愈來愈少。苦根谷的水資源委員吳思禮（Vern Woolsey）一針見血地指出：「如果水源只有一個，卻有兩個以上的人要用水，問題就來了。但是爭奪又有什麼用？爭奪又不會變出更多水來。」

水量變少歸根究柢是氣候變化造成的：蒙大拿的氣候變得更溫暖乾燥。全球暖化造就了一些贏家，也出現了一些輸家，蒙大拿就是最大的輸家。蒙大拿的降雨原先只夠勉強用來做為農業之用，氣候趨暖，水的問題就麻煩了。由於乾旱，蒙大拿東部的大片農地只好荒蕪，與加拿大亞伯達省（Alberta）與薩克其萬省（Saskatchewan）相鄰的地區也一樣。夏日，我在蒙大拿西部地區看到的暖化效應也很明顯，只有在高山頂上才看得到白雪。舉頭望著圍繞大洞盆地的山脈，白雪已無影無蹤。但是我在一九五三年初次造訪此地之時，仍看得到山上的積雪。

全球暖化對蒙大拿的衝擊，最顯而見易之處就是冰河國家公園。雖然全世界其他地區的冰河都在消退，如吉力馬札羅山、安地斯山、阿爾卑斯山、新幾內亞的高山和聖母峰附近，但蒙大拿冰河因為容易近觀，吸引不少氣候學家和旅客前來仔細研究。十九世紀末，自然學者初次踏上這個冰河國家公園之時，仍有一百五十條冰河，現在只剩三十五條，因為大半冰河都融化流失了。照目前融化的速度來看，到了二〇三〇年，冰河國家公園將看不到冰河了。山頂積雪減少，對山下的灌溉系統來說當然是壞消息。在蒙大拿，融化的雪水向來是夏天的水源，雪水少了，用水必然出現問題。近年來由於乾旱，苦根河的地下水層也受到影響。

苦根谷的農業和美國西部其他乾燥地區一樣，非靠灌溉不可。谷地的年雨量只有三百三十公釐，若沒有灌溉，就只能長出山艾。路易斯和克拉克於一八〇五年至一八〇六年間在此地探險，放眼望去，盡是山艾。今天，你自谷地東側越過灌溉溝渠之後，就可看到一大片山艾。谷地西側把高山融化雪水引下來的灌溉系統興建於十九世紀末至二十世紀初（一九〇八年至一九一〇年），而灌溉系統或灌溉區的地主有權取用一定數量的水。

遺憾的是，苦根谷灌溉用水的分配有「僧多粥少」的問題——幾乎每一年預定分配的水量都超過既有的水量。夏天快結束時，雪水變少，問題尤其嚴重。以我們這些外地人的天真眼光來看，真是不可思議。一個原因是當局在計算和分配水量的時候，採用一個固定不變的數字，其實水量會因氣候而改變，每年都不一樣。用以計算的標準水量來自水量特別豐沛的一年，如果碰上乾旱，必然會有問題。一個解決之道是根據當年申請水權的日期來排定用水優先順序，先申請的人具有優先使用權，因此在灌溉溝渠的水量變少之時，晚申請者最先停水，申請較久的人就可用比較多的水。水不夠用，大家火氣都很大，衝突的導火線就此埋下。最早申請水權的農地或牧場通常位於下坡地。對上坡的人來說，看到望眼欲穿的水嘩啦嘩啦地從眼前流下去，卻不能取用，必然很難受。萬一忍不住取水來用，下坡的鄰居可能會揚言法院見。

一個更複雜的問題來自土地的細分：原來的地主擁有的土地很大，這個地主當然可從土地上的灌溉溝渠取水，但他不會笨到去灌溉每一寸土地，把水用個精光。如果那一大片土地有六十四公頃，後來細分為四十個一．六公頃大的屋地，每一個屋地的屋主都要用水，在花園澆水、噴灑，使花園綠意盎然，不管其他三十九個鄰居是不是正在用水，水就不夠用了。另一個問題是水權的定義，水的使用必須益於水權所在的土地。因此，魚兒賴以存活的河水，或遊客用以泛舟的溪流，就不在這個「益處」的定義之內。近幾年夏天乾旱，大洞河有些地方已乾涸見底。二〇〇三年之前，苦根谷幾十年來的用水衝突幸賴年高德劭的水資源委員吳思禮進行仲裁，大家尊重這位高齡八十二歲的前輩，因而相安無事。現在吳思禮退休了，我的苦根谷友人不禁人心惶惶，擔心用水衝突一觸即發。

苦根谷的灌溉系統包括二十八個私人在山澗間建造的小水壩，目的為儲存春天融化的冰雪，夏天時讓水流下來做為灌溉之用。這些水壩都有百年以上的歷史，設計簡陋且不夠穩固，維修狀況很差或是根本沒人管，因此就像定時炸彈，不知什麼時候會引爆。如果這些水壩崩塌，水流沖刷下來，下游的房屋和田地就遭殃了。幾年前，有兩座水壩壞了，下游洪水氾濫，林務署於是宣布水壩所有人或修理水壩的承包商必須負責水壩損壞造成的損失。所有人如果不願修復水壩，就得拆除水壩。這個原則似乎合理，但不符合經濟效益，理由有三項：一、大多數水壩的所有人沒能從水壩得到什麼好處，也不想維修（例如下方的土地早已細分為屋地，水壩的水只是讓下游的屋主澆澆草坪，不是農民生存的命脈）；二、聯邦政府或州政府只願補助水壩修復費用，若要拆除就必須自費；三、目前半數的水壩都在無路可通的野生保護區，修復機具得租用直升機運送，代價未免太高了。

錫杯壩（Tin Cup Dam）就是這麼一個定時炸彈。這個水壩一旦崩塌，苦根谷南方最大城達畢（Darby）就會遭到淹沒。由於這個水壩已經出現龜裂，加上年久失修，水壩所有人、林務署和環保團體等各界人士為了該不該修復而吵嚷不休，甚至訴諸法律途徑。一九九八年，水壩有一處嚴重龜裂，眼看就要釀成大禍。水壩所有人於是雇用包商，打算先把蓄水庫中的水抽乾，然後進行拆除工程。不料工程才剛進行，就碰到巨石阻攔，必須用直升機吊來大型開挖機具才能解決。這時水壩所有人宣布他們已經沒錢再繼續了，如果州政府和拉伐麗郡不出錢協助，只好半途而廢。水壩依舊朝不保夕，達畢的所有居民因而寢食難安。最後林務署只好雇用直升機和機具來完成這項工程，再請求水壩所有人支付費用。這筆錢結果成了呆帳。美國司法部正準備控告水壩所有人，向他們求償。

除了以融雪做為灌溉之用，另一個水源就是挖掘水井，拿地下水做為民生用水。然而，地下水也面臨減少的窘況。雖然融雪和地下水似乎涇渭分明，其實暗中相連：有些水在灌溉之後未被土地吸收，便成為徑流下滲到含水層，所以有些地下水的最初源頭是融雪。因此，若蒙大拿的積雪持續減少，地下水也會跟著減少。

由於苦根谷人口一直增加，民生用水需求變大，就需要愈來愈多的地下水。苦根谷當地水資源會議的主辦人法蘭（**Roxa French**）就建議大家，在建造新屋時將水井挖得深一點，因為深入同一含水層的水井將愈來愈多，水位會因此下降，就像「一杯奶昔插了太多吸管」那樣。蒙大拿州郡的法律對民生用水還沒有什麼限制，一個人在新家開鑿水井，鄰居家的水井水位就會下降，但鄰居很難為了這個損失求償。為了計算一個含水層供應民生用水的水量，必須仔細畫出含水層的範圍圖，並測量水流入含水層的速度。這是最基本的兩件事，苦根谷的人卻付之闕如。拉伐麗郡沒有監測含水層的資源，在審查建商的新屋興建計畫時，也未能就房屋所在地的水源進行獨立評估。反之，拉伐麗郡只聽信建商一面之詞，相信建地會有足夠的井水可供使用。

上述討論的用水問題大抵牽涉到水量，但是水質也是重要問題。因為蒙大拿的河流和灌溉系統源頭都是純淨的融雪，水於是成為當地最有價值的自然資源，可以和蒙大拿西部仙境般的景色相提並論。儘管如此，由於一些原因，苦根河已在「遭受汙染」之列。一個最重要的問題是河流沉積物增加，這是土壤侵蝕、道路興建、森林火災、伐木以及因灌溉使水位下降等因素所造成，如今苦根河流域大半已遭受侵蝕或者有被侵蝕的危險。其次是農肥廢料造成的問題：每一個種植乾草的農夫，在每半公頃的農地上至少會用一百公斤以上的肥料，多餘的肥料有多少會排放到河川，就不得而知了。此外，化糞池滲出的排泄物也是水質的一大殺手。最後，正如先前討論過的，有毒礦渣對環境的荼毒尤甚。苦根谷雖沒有這個問題，但在蒙大拿其他地區造成極其嚴重的水質問題。

空氣品質也值得一提。我不正是打從烏煙瘴氣的大城市來的嗎？何以斗膽批評蒙大拿這個仙境的空氣品質？說起來，蒙大拿部分地區的空氣品質在某些季節特別差，最差的就是米蘇拉。雖然從八〇年代開始，這個城市的空氣品質已有一點改善，有時還是和洛杉磯一樣糟。米蘇拉因為冬天溫度逆增，位於谷地的空氣不易流通，加上汽車終年排放廢氣、冬日火爐燃燒木材、森林火災以及夏日伐木等因素，空氣品質實在教人不敢恭維。

本土物種與外來物種

蒙大拿其他主要環境問題關乎有害外來物種的引進，以及珍貴本土物種的消失。關於這些物種，舉其要者包括魚、鹿、大角鹿和雜草。蒙大拿原本有許多珍貴的魚類，如州魚克氏鮭魚（*Oncorhynchus clarki*）、強壯紅點鮭（*Salvelinus confluentus*）、北極茴魚（*Thymallus arcticus*）和白鮭（*Coregonus sp., Prosopium sp.*），現在除了白鮭，其他都愈來愈少了。這是幾個原因相加的結果：融雪被引到山下用來灌溉，山間溪流的水量因而減少，不利魚兒產卵、成長；氣溫升高；溪流的有毒沉積物增多；伐木；過度捕撈；外來物種的競爭，如虹鱒（*Oncorhyncus mykiss*）、河鱒（*Salvelinus fontinalis*）和褐鱒（*Salmo trutta*）等這些蒙大拿本來沒有的魚類，或與這些外來種雜交；本土魚類遭到引進的白斑狗魚（*Esox lucius*）、湖鱒（*Salvelinus namaycush*）的捕食；外來寄生蟲感染引發的迴旋病（whirling disease，**譯注：又叫黏孢子蟲病，病魚在水面呈不正常的迴旋游動，下不了深水**）。也由於以下這幾個原因，各個物種遭受的衝擊各有不同：漁夫喜歡捕撈梭子魚，就非法引進蒙大拿的湖泊與河流，但梭子魚嗜食強壯紅點鮭和克氏鱒，使得這兩種魚類在蒙大拿幾乎絕跡；同樣地，冰河國家公園南方的平頭湖（Flathead Lake）以前還看得到本土魚類游來游去，自從湖鱒引進之後，這湖於是成了湖鱒的天下。

美國本來沒有迴旋病。一九五八年，賓州一個魚類養殖場從丹麥進口的魚苗染有此症，迴旋病因而意外在美國落腳。由於鳥類的傳播，加上公立和私人養殖場讓病魚在湖泊和河流中繁殖，現在幾乎整個美西都可見到這種病症。傳染迴旋病的寄生蟲一旦侵入水中，永遠無法趕盡殺絕。在蒙大拿，麥迪遜河（Madison River）原來是最有名的釣鱒點，由於遭受迴旋病寄生蟲的汙染，到了一九九四年，河內虹鱒的數量竟然剩下不到十分之一。

至少迴旋病這種魚類寄生蟲病不會傳染給人類，只是使得釣魚的遊客減少。另一種外來的疾病，亦即鹿和大角鹿等鹿科動物感染的鹿慢性消耗病（Chronic Wasting Disease, CWD；俗稱狂鹿病），由於會使人類感染，出現致命的腦海綿狀組織病變，因此比較令人憂心。狂鹿病和出現在其他動物身上由變性蛋白質引發的腦神經退化疾病如出一轍，例如讓人聞之色變的庫賈氏症（Creutzfeldt-Jakob disease）、俗稱狂牛症的牛海綿狀腦病（bovine spongiform encephalopathy, BSE）以及羊搔癢症（scrapie）。這些傳染病都是不治之症，至今得了庫賈症病的人，無一人痊癒。北美的鹿和大角鹿初次出現狂鹿病是在一九七〇年代。至於起因，有人猜測可能是西部一所大學在研究計畫完成後，把研究用的鹿帶到野外放生，而那些關鹿的圍欄附近剛好有得了搔癢症的羊，因此受到感染。（今天這種放生的做法會觸犯法律。）這些遭受感染的鹿被人捕捉之後，運送到許多具狩獵區的鄉村俱樂部供人狩獵，疫情就此擴散開來，從一州傳播到另一州。我們還不知道狂鹿病會不會像狂牛症一樣傳染給人類，但最近有些地方傳出一些獵鹿人得了庫賈氏症，因而引起驚慌。威斯康辛州就很擔心狂鹿病會危及每年產值高達十億美元獵鹿業，不得不趕緊撲殺二萬五千頭鹿（參與這個計畫的工作人員日夜面對屠體和腐屍，不禁作嘔），希望能圍堵狂鹿病。

由外來病源引發的狂鹿病雖讓蒙大拿面臨重大威脅，這個可怕的問題尚未爆發，而由外地入侵的雜草就已讓蒙大拿付出慘痛的代價。為害蒙大拿的雜草約有三十種，大多來自歐亞。雜草種子是隨著乾草夾帶進來的，或是風吹來的，然後在蒙大拿落地生根。還有一些雜草因為外表美麗、吸引人，有人刻意引進，沒想到後患後窮。雜草對環境的破壞如下：人無法食用，甚至連牲畜或野生動物也難以下肚；非但如此，雜草還影響到可供食用的植物生長空間，喧賓奪主，致使牲畜的草秣減少了九〇%；有些雜草種類會使動物中毒；由於雜草根部緊抓土壤的能力比本土生的草要來得弱，土壤侵蝕率因而增加三倍以上。

對蒙大拿經濟殺傷力最強的兩種雜草是斑點矢車菊（*Centaurea maculosa*）和乳漿草（*Euphorbia esula*），這兩種雜草已在蒙大拿蔓延開來。斑點矢車菊會分泌化學物質毒害本土植物，且生出大量種子，進而侵占地盤。雖然一些面積不大的農田或牧場可用人工拔除這些雜草，但光是苦根谷一地，受到這類雜草危害的面積就高達二十三萬公頃，而整個蒙大拿更有二百萬公頃左右受害，這麼大的範圍不可能用手拔除。雖然斑點矢車菊可用除草劑來對付，但便宜的除草劑也會使其他種類的植物遭受池魚之殃。如用專門剷除斑點矢車菊的除草劑，價格又非常昂貴（三．七八公升要價八百美元）。此外，這些除草劑分解之後可能會殘留在苦根河或滲入民生用水的含水層。我們還不清楚這些化學藥劑是否會傷害人體。由於斑點矢車菊這個惡霸已經堂堂進駐國家森林和牧場，不僅家畜數目減少，在森林中啃食野草的野生動物也變少了。也因為森林中可以啃食的草減少，鹿和大角鹿就可能來到山下的青草地覓食。乳漿草蔓延的程度雖然不若斑點矢車菊，但是根部可深入地下六公尺，更難控制，也完全不可能用手拔除。

據估計，上述這些以及其他由雜草帶來的危害，對蒙大拿直接造成的經濟損失每年高達一億美元。此外，雜草也會減損不動產的價值和農牧場的生產力。雜草問題無法用單一方法解決，必須藉由複雜的整合管理系統來處理，這問題尤其難纏，讓農夫覺得芒刺在背。很多農作方式也必須進行一番改變，如拔除雜草、使用除草劑、改變施肥方式、以雜草的天敵如昆蟲或真菌來對抗、控制燃燒、變更刈草時間、改變輪作方式、調整年度的放牧方式等。如此大費周章，只因當初料想不到幾株小草竟會帶來這麼大的後患。

歧見

看來素樸自然的蒙大拿確實已有嚴重的環境問題，如有毒廢物、森林、土壤、水、氣候變化、生物多樣性的消失和外來的七十五種有害生物等，這些問題都會對經濟造成衝擊。這也可以解釋為何近幾十年來蒙大拿經濟衰頹得如此嚴重，從最富庶的一州變成最窮的一州。這些問題是否能得到解決，端賴蒙大拿人的態度和價值觀。由於蒙大拿的人口組成愈來愈複雜，異質性趨高，很難就這一州的環境和未來達成一個共識。不少友人也談到這種意見愈來愈分歧的現象，如銀行行員俄哈特（Emil Erhardt）論道：「現在，大家常常爭得臉紅脖子粗。五〇年代會有那樣的榮景是因為每一個人都得勒緊褲帶，沒有很有錢的人。至少，那時看不到有錢人。現在我們的社會貧富分明，很多低收入家庭勉強才能獲得溫飽，有些新近才來這裡落腳的人，卻是出手闊綽的大爺，在此大肆購置房地產，打造離群索居的桃花源。說真格的，今天是財富區分你我，而不是因居住地分隔東西。」

除了貧富對立，還有很多差異使這種兩極化的現象愈來愈嚴重：有些是老一輩的在地人，有些是新來的外地人；有人固守傳統生活方式，有人希望改變；有人擁護經濟成長，有人反對；有人贊成政府計畫，有人反對政府干涉；有人家裡有學齡兒童，有人則無。更何況蒙大拿本來就是充滿弔詭的一州，如本章開頭提到的：本州居民只求溫飽，本地人的孩子高中畢業後一個個離鄉背井，不願回到蒙大拿；富有的外地人卻在此坐擁豪宅，過著人間天堂的日子。

我心想，蒙大拿的環境問題和意見分歧是不是自私自利的結果？是否有人明知自己所為對蒙大拿的大環境不利，還是執意犧牲大我、完成小我？或許有些人的確如此，例如使用氰化物來溶解礦石中黃金的金礦公司，儘管知道這種採礦方式是生態環境的殺手，還是不擇手段。還有把鹿和大角鹿送到各個俱樂部狩獵區供人遊樂的牧場主人，是否為了圖利，不顧狂鹿病傳播的風險？也有釣客一時興起，不管過去的慘痛歷史，非法將梭子魚引進蒙大拿的湖泊和河流，使許多本土魚類遭受浩劫。就這些例子而言，我沒能採訪到當事人，不知道他們何以認為這麼做不會危及環境。以我訪問到的蒙大拿人來說，我發現他們的行動和價值觀是一致的。大抵而言，蒙大拿的問題不是那麼簡單，不是少數自私自利之人明知故犯的結果，而牽涉到人與人之間的衝突：每一個人的背景和價值觀或多或少都有差異，想法也因此不同。這些不同的觀點互相對立，每一個觀點都希望能左右蒙大拿的未來。

其中之一就是本地人和新來者的衝突。在蒙大拿，綿延好幾代的本地人敬重傳統生活方式和傳統經濟三大支柱（礦業、伐木和農業），看法和新近到此落腳的人或季節性遊客有所不同。然而，那三大經濟支柱已岌岌可危。由於有毒廢物加上海外礦產國的低價競爭，蒙大拿絕大多數的礦場都關閉了。木材銷售量比起以前的巔峰時期滑落了八成以上，大部分的鋸木場和木材公司都不再營運，只有少數特殊營造業一枝獨秀（如木屋設計建造業）。這是多個因素加起來的結果：大眾傾向還給森林原始的面目、森林管理和火災抑制費用龐大，以及乾冷的蒙大拿不敵競爭，不像其他氣候溫暖、潮溼的地區利於伐木業發展。蒙大拿經濟的第三大支柱也搖搖欲墜：以一九六四年為例，苦根谷還有四百個牧場，現在只剩九個。蒙大拿農業的衰頹基本上雖然和氣候乾冷有關，因而不利作物、乳牛和林木的生長，但背後的原因要比礦業或伐木業的式微來得複雜。

今日，蒙大拿的農夫或牧人即使已經白髮蒼蒼，還在幹活，一個原因是他們深愛這種生活方式，也為這樣的生活感到驕傲。就像哈爾斯告訴我的：「黎明坐看日出，見老鷹從頭頂飛過，小鹿為了躲避機械，在乾草堆中跳來跳去。這樣的人生不亦快哉！」一九五〇年，我看到的二十九歲青年傑克．賀許，今天已是八十三歲的老翁，還在牧場工作。他說，他父親九十一歲生日那天還能騎馬。不過，傑克的妹妹說：「放牧和務農都是粗重的活兒，一不小心就會遭受意外傷害。」傑克七十七歲那年因為曳引機事故，內傷嚴重，還斷了好幾根肋骨；他們的老爸在五十八歲的時候，差點被倒下來的樹壓死。哈爾斯說到自己對牧場工作樂此不疲：「有時候，我會在凌晨三點起身，就到牧場上工作，一直做到晚上十點。這不是朝九晚五的工作。話說回來，如果做這一行，每天都得從凌晨三點拚命到晚上十點，孩子才不要呢。」

蒙大拿農業的興衰可從哈爾斯說的話聽出一點端倪：老一輩的人非常敬重在土地上討生活的方式，但他們的後代卻不做如是觀。年輕一輩希望可以坐在辦公室、在電腦螢幕前勞心勞力，不想汗流浹背地抬著一捆又一捆笨重的乾草；現在的年輕人希望晚上和週末可以休息，但擠牛奶、收割乾草不是到了夜晚或週末就可以收工的。他們不願到了八十幾歲還得在牧場上做牛做馬，做到老死，就像傑克・賀許和他的兄弟姊妹。

鮑威爾（Steve Powell）解釋說：「以前，我們只求土地可以養活一家老小。現在，不是吃飽就好了。我們希望可以多賺一點，讓孩子上大學。」庫克說自己是農場上長大的孩子：「晚餐時分，我母親會高高興興地去菜園採蘆筍。打獵和釣魚也是我小時候最喜歡做的事。但現在的小孩喜歡麥當勞、肯德基和HBO，如果吃不到這類的速食，家裡看不到這樣的頻道，就會覺得低人一等，比不上朋友。在我年輕的時候，大夥兒都窮，知道往後二十年都是這樣的苦日子，如果幸運的話，晚年或許得以安逸一點。但今天的年輕人才剛踏入社會，就想享受人生。你看看，現在上門應徵工作的小夥子，最先問的問題就是：『薪水多少？工作時間從幾點到幾點？什麼時候可以休假？』蒙大拿每一個像我這樣的老農夫，不是擔心孩子願不願意繼承家業，就是早就知道孩子不願繼承。」

由於牧場支出節節高升，收入又一直在原地打轉，現在的農夫要靠務農養家活口更加困難。目前牛奶和牛肉的價格幾乎跟二十年前一樣，但燃料、機械、肥料等必要支出卻高出很多。就像賴柏說的例子：「五十年前，農夫想買一輛新的卡車，只要賣兩頭乳牛就可以了。現在，一輛卡車要一萬五千美元才買得到，但一頭乳牛還是只能賣六百美元，所以必須賣二十五頭乳牛才能買一輛卡車。」何以老一輩的蒙大拿人對牧場生活情有獨鍾、至死不渝？從我朋友說的一個笑話或許可略知一二。問題：如果有人給你一百萬美元，你會怎麼做？答案：我喜歡在土地上討生活，雖然有人給我一百萬，我還是會繼續在牧場上工作，直到牧場把這一百萬美元都賠光為止。

因為淨利愈來愈少，競爭愈來愈多，苦根谷幾百個小型農場面臨經營日益困難的窘況，難以支撐下去，於是一一關閉。畢竟光靠農場的收入很難過活，必須從事其他工作，但晚上和週末還是得在農場上幹活。舉例來說，六十年前佛恩（Kathy Vaughn）的祖父母還能在十六公頃的農地上自給自足，於是凱茜和她的先生派特也在一九七七年買了十六公頃的地，養了六頭乳牛、六隻羊和幾隻豬，也生產乾草餵食牲畜。除了務農，凱茜在學校教書，派特則是灌溉系統工程師。這對夫妻在農場上把三個孩子拉拔長大，但這樣的生活沒有什麼保障，也沒有退休金。八年後，他們把農場賣了，搬到城裡，現在孩子也都離開蒙大拿了。

全美各地都有小農場遭到大型農場或牧場擠壓的問題，在淨利縮水之下，只有擴大營運規模才能生存。但在蒙大拿西南部，小農場很難藉由購買更多農地擴大成為大農場。碧耶哥（Allen Bjergo）說得好：「美國的農業重鎮已轉移到愛荷華和內布拉斯加了，因為那裡不像蒙大拿這麼美，遊山玩水的好去處！人們想到蒙大拿享受自然美景，也願意付更多錢購買土地。如果是為了務農投資農地，就沒有人願意花這麼多的錢。這根本不符合成本效益。苦根谷現在盛行養馬，到處是馬，正因為馬匹有經濟效益。農產品的價格取決於食物本身，而食物價格有一定的限度。現在大家買馬，為的是找樂子，不是從事農業生產，所以願意花大錢。」

苦根谷的土地價格在近幾十年內飆漲了一、二十倍。如果要靠農地收入來支付貸款將極其困難，這也是苦根谷小農場無法購地、擴大規模最直接的原因，農地最後也會轉變為非農地來使用。老一輩的農夫以務農終老一生，死後繼承農地的子孫，為了繳付隨土地價格飛漲的土地稅，只好把土地出售給願意出重金的建商，而不是賣給另一個農夫。通常農夫在生前就把土地賣掉了。眼睜睜看著自己耕作了一輩子、摯愛的土地變成一棟棟的房舍，雖然令人難過，但是出售一小塊農地就可換來百萬美元也不錯。這是農夫獲得養老金的唯一方式。說起來，務農存不了多少錢，更何況孩子早已打算另謀他就。正如賴柏所言：「對農夫來說，土地正是他唯一的退休金。」

苦根谷土地飆漲的原因何在？主要是因為此地的美景吸引許多富有外地人前來置產。從老農夫那兒購買農地的人，除了最近在此定居的人，還有炒地皮的投機客。他們炒作的方式是把農地劃分為若干屋地出售給外地人或苦根谷的有錢人。苦根谷每年人口成長率是四%，新增的人口幾乎都是外地人，並不是本地人出生率大於死亡率的結果。外州人常來這裡釣魚、打高爾夫球或狩獵（如我的朋友史坦、湯普金斯〔Lucy Tompkins〕和我兒子），這也使得季節性的旅遊業興盛。由拉伐麗郡委託進行的經濟分析報告最近對外公布，也指出這點：「為什麼苦根谷會吸引這麼多人前來定居？這個問題應該很容易回答。

簡而言之，此地有山巒、森林、溪流和野生動物，景觀優美，氣候溫和，所以令人心生嚮往。」

苦根谷外來人口多半是「半退休」的人或剛退休的人，年齡約在四十五歲到五十九歲之間。他們賣掉原來位於外州的房子，到苦根谷置產，所得常仰賴自己在外州繼續營運的產業，或透過網路做生意。換言之，他們的生財之道和蒙大拿環境引發的經濟問題無關。例如一個加州人以五十萬美元賣掉自己的加州房子，用這筆錢在蒙大拿買了二公頃土地、一棟大房子，還有馬匹。由於她剛退休，還有存款，加上買賣房地產之後剩餘的錢，餘生就不愁了。近來在苦根谷定居的外地人幾乎半數是加州人，他們選擇在苦根谷置產正是為當地的美景著迷，不是為了這塊土地可以種出的蘋果或飼養的乳牛。這些外地人願意在這土地投資的金額也和土地的農業價值無關。

苦根谷房價節節高升，對必須在此工作的居民來說，必然是個問題。很多人買不起房子，只好住在拖車屋、以休旅車為家，或是住在父母家，即使同時做兩、三份差事，所得也僅能過著最清苦的日子。

由於這些殘酷的現實，自然而然地，世代居住在此的本地人和剛來定居的外州人便產生對立。對那些富有的外州人來說，蒙大拿的房子不過是他們第二個家、第三個家，甚至是第四個家（他們在舊金山、棕櫚泉和佛羅里達還有房地產），每年只是來這裡度假——釣魚、狩獵、打打高爾夫球或滑雪。本地人抱怨漢彌爾頓機場上空吵死人，天天都有私人噴射機飛來飛去。有人從舊金山飛來，來到史塔克農莊（也就是他們的第四個家），在這裡打幾個小時的高爾夫球，又飛回去了。當初這裡許多大農場或牧場出售的時候，本地人想買買不起，但還是可以去那兒釣魚或打獵。然而被富有的外州人買下之後，就禁止本地人進入，只供自己和友人遊獵。由於價值觀和期望的落差，本地人和外州人的誤會也日趨嚴重，例如外州人希望大角鹿下山來到牧場，好觀賞這些美麗的野生動物或進行捕獵，但是本地人就不希望大角鹿下山來，吃掉他們的乾草。

在蒙大拿擁有房地產的富有外州人，會留心他們在蒙大拿居住的時間不超過一百八十天，以免被蒙大拿州政府課徵所得稅或是對地方政府和學校造成負擔。一個蒙大拿本地人告訴我：「那些外州人心裡想的和我們這些本地人不同：他們要的是隱私、奢侈地獨享大自然美景，沒打算融入本地社群。有時他們走進本地酒吧，目的是帶別人去開開眼界，見識一下鄉村生活和怪里怪氣的鄉下人罷了。他們只是喜歡野生動物、釣魚、打獵、遊山玩水，過自己的天堂歲月，對蒙大拿的公共事務沒有興趣。」或是像苦根谷的銀行行員俄哈特說的：「這些外州人的態度是：『我好不容易才躲開那些煩人的事，在這兒騎自己的馬，悠哉悠哉地享受山林之美、釣釣魚。不要再拿那些事來煩我，好不好？』」

不過，外州人也不是一無是處。俄哈特又說了：「憑良心說，史塔克農莊也提供了高薪工作給本地人。苦根谷的房屋稅和土地稅大半是外州人繳付的。他們自費雇用保全人員，不會對當地社群或地方政府造成麻煩。史塔克農莊從來就沒有什麼人會在酒吧打架鬧事，最後必須打電話找警察來處理。在史塔克農莊買了木屋的人，子女也不會在本地就學。」我的朋友庫克也同意這點：「說起來，外州人來到這裡落腳的確有好處。如果施瓦布沒買下那麼多的土地，今天的苦根谷就看不到野生動物，也看不到一大片碧綠的原野，說不定早就被建商細分為一塊塊的屋地。」

富有的外州人被蒙大拿的美景吸引來，有些人不但愛護自己的土地，更成為捍衛環境的領導人，並參與土地計畫。舉例來說，過去七年，我在苦根谷河畔、漢彌爾頓南邊住的避暑別墅是租來的，所有人是私人的野生動物保育機構，也就是泰勒野生動物保護區。這個機構的創辦人泰勒（Otto Teller）是個富有的加州人，最愛來蒙大拿釣鱒魚，嘉拉定河（Gallatin River）的魚潭是他最愛垂釣之處。一天，他發現有人居然把大量工地廢土倒在這裡的魚潭，因而怒不可抑。那是五〇年代的事，後來他又看到更讓人痛心疾首的事：伐木公司把一大片林木砍伐殆盡，危及他摯愛的鱒魚之溪，水質也惡化了。於是從一九八四年起，他大手筆買下苦根谷河畔的土地，整合成一個私人野生動物保育機構。雖然這是他的私人土地，他還是歡迎當地人和過去一樣前來打獵、釣魚，甚至把土地的使用權捐給一個名為「蒙大拿倚賴之土」（Montana Land Reliance）的非營利機構，確保土地可以永續經營，維持優良的環境品質。如果泰勒沒把苦根谷這近六百五十公頃的土地買下，今天恐怕已經支離破碎，細分成小塊小塊的屋地。

外州人絡繹不絕地前來，導致房地產漲價和財產稅上揚，加上蒙大拿多數本地人本來就窮，他們對政府和稅收的態度趨於保守（見下文所述），凡此種種使得倚賴財產稅收做為經費的蒙大拿學校陷入困境。由於拉伐麗郡的工商業不發達，財產稅的主要來源是住宅稅賦（如房屋稅和地價稅），當房地產增值，這類稅賦就跟著加重。對貧窮的本地人與沒那麼富裕的外地人來說，住宅稅賦即使只增加一點點，也是沉重的負擔。也難怪他們反對發行教育債券，亦不同意地方為了籌措學校經費追加財產稅。

結果在拉伐麗郡地方政府的支出中，公立學校的教育經費就占了三分之二。就教育費用在個人所得支出占的比例來看，在美西二十四個位於鄉村的郡之中，拉伐麗郡敬陪末座，更何況拉伐麗郡的個人所得已經偏低。再者，從整個蒙大拿州來看，整個州的學校經費已經很低，拉伐麗郡的學校又要再低。因此拉伐麗郡的多數學校都盡量節約，把支出降到最低，以合乎州政府的最低要求為原則。蒙大拿州學校的教師薪資是全美最低的，對拉伐麗郡的教師來說，薪水少加上土地價格飆漲，房價就高不可攀了。

在蒙大拿出生的孩子，很多人不喜歡蒙大拿的生活型態，長大成人後紛紛出走。即使有一些人喜歡這種生活型態，因為在本州找不到工作，也待不下去。我的朋友鮑威爾便發現，同班同學自漢彌爾頓高中畢業後，七〇%都離開苦根谷了。我那些選擇在苦根谷定居的友人，每每談到孩子的事都滿腹辛酸，不知道孩子願不願意留在這裡、離開家鄉的會不會回來。碧耶哥家的八個孩子都離開蒙大拿，而艾禮爾家的八個孩子有六個也不住在蒙大拿。

再引述俄哈特的話：「我們苦根谷的孩子一個個都走了。像是電視等外來的影響，讓我們的孩子知道谷地外的世界多麼多采多姿。相形之下，這裡的生活就單調多了。外地人喜歡把孩子帶到這裡，讓他們在大自然中長大。後來發現，孩子要的不是大自然。」我想起自己的兩個兒子。他們喜歡夏天來這裡釣魚，但只想待兩個禮拜，無法久離洛杉磯的都會生活。記得有一次我們在漢彌爾頓一家速食店用餐，離開時兒子發現當地竟然沒有青少年的娛樂場所，大吃一驚。漢彌爾頓總共只有兩家電影院，最近的購物中心在八十公里外的米蘇拉。漢彌爾頓的青少年到外地旅遊，看見外面的花花世界，也同樣感到驚訝，發現家鄉少了太多東西。

對政府管制的態度

蒙大拿人和許多住在美西鄉間的美國人一樣，對政府管制持保留或懷疑的態度。這種態度是有歷史淵源的：早期西部的拓荒者人口稀少，地處邊陲，離中央政府很遠，必須自給自足，無法仰賴政府幫他們解決問題。由於與聯邦政府的地理隔閡，加上「帝力與我有何哉」的心態，蒙大拿人對來自華盛頓特區的指示和管制特別不爽。（不過，蒙大拿人收到聯邦政府撥下的錢就不會不高興。蒙大拿每繳付給華盛頓一塊錢，華盛頓就會撥下一塊半。）從蒙大拿人的角度來看，聯邦政府官員大都是都市人，怎麼知道蒙大拿的情況？而從聯邦官員的角度來看，蒙大拿的環境是所有美國人的資產，不該只是蒙大拿人獲益。

即使就蒙大拿的標準而言，苦根谷特別保守且反政府，原因可能是早期在苦根谷拓墾的人是來自與北方對立的美利堅邦聯（Confederate states），而且在洛杉磯發生種族暴動之後，不少右翼保守派人士於是從洛城搬到蒙大拿來。正如米勒（Chris Millers）所言：「本地自由派和民主黨人每次看到選舉結果都會同聲一哭：保守派真是所向匹靡。」在苦根谷，激進的右翼保守派人士自組民間武裝組織（militia），囤積武器彈藥，拒絕繳付稅金，更禁止任何人踏上他們的土地。谷地其他居民認為這些人很偏執，有些人尚可忍耐這些人的行徑，有人則覺得忍無可忍。

因為這種政治態度，很多當地人反對政府在此進行土地使用分區或土地計畫。地主認為土地既是私有財產，他們就可為所欲為，不願受到任何限制。因此，拉伐麗郡至今還沒有建築法，土地使用分區也只限於幾個區域，未擴及全郡。有些地方選民自願在兩個市鎮以外的郊區進行土地使用分區，但其他地方就完全沒有任何土地使用的限制。例如有一次我帶家人在苦根谷度假，一天晚上我那十來歲的兒子約書亞想看電影，剛好在報紙上看到漢彌爾頓一家戲院放映的片子是他想看的。我問明那電影院怎麼去，就開車載他去。到了之後，發現電影院竟然屹立在農地中，與一間大型生物科技實驗室比鄰。農地用途變更，也沒有任何規範法規。但在美國其他各地，公眾擔心農地愈來愈少，就會以分區法規來限制或禁止農地變更為商業用地。一般選民看到人來人往的電影院隔壁就是生物科技實驗重地，不免大驚失色。

於是蒙大拿人開始了解，他們最看重的兩種態度剛好針鋒相對：一是主張個人權利、反對政府管制的態度；另一則是以生活品質自傲。每次和蒙大拿人談到他們的未來，我發現每一個人都把「生活品質」掛在嘴上。像我這樣來自外州的遊客，只要每年能在這裡待個一、兩個禮拜，就覺得自己很有福氣了。注重「生活品質」的蒙大拿人天天住在這裡，可見他們很懂得享受人生。從他們口裡的「生活品質」，也可看出他們為傳統生活方式感到驕傲，願意在這地廣人稀之處，固守老一代本地人留傳下來、人人平等的田園生活。俄哈特告訴我：「苦根谷的人希望過著恬靜的田園生活。這裡人不多，大夥兒一樣過著清貧的日子，而且引以為傲。」或者如吾友史坦所言：「以前在苦根谷開車，每次看到有車駛來，你就會跟人家揮揮手、打招呼，因為在這裡大家都是熟人。」

遺憾的是，由於土地用途不設限，到蒙大拿落腳的人絡繹不絕，加上蒙大拿長久以來反對政府管制的態度，終於危及美麗的自然環境和生活品質。這是蒙大拿人必須承擔的後果。鮑威爾說得好：「我告訴我的房地產經紀人和建商朋友：『你們必須保護這裡的景觀、野生動物和農地。』這裡的土地價值正是那些事物創造出來的。土地計畫愈晚實施，景觀受到的傷害就愈大。對當地社群來說，未開發的土地仍屬完整才有價值，吸引大家前來的『生活品質』正是這麼來的。然而，在人口成長的壓力下，原來反政府的那些人也開始擔心人太多的問題。這些人表示，由於他們最喜歡的景點現在已人滿為患，不得不贊同管制。」一九九三年，鮑威爾在拉伐麗郡擔任該郡委員時，就曾召開公民會議，討論土地用途計畫，希望居民好好想一想這個問題。然而，那時蒙大拿的民間武裝組織仍冥頑不化，公然攜槍闖入會場，恫嚇其他居民。後來鮑威爾尋求連任，也出師不利。

蒙大拿明明少不了政府計畫，當地人又如此抗拒，這樣的衝突如何才能獲得解決？這個問題現在還沒有答案。且讓我再引述鮑威爾的話：「這裡的人希望保存苦根谷的自然風光，但不知如何才能存活下去。」林德柏（Land Lindbergh）和高茲（Hank Goetz）也表達相同的意見：「我們當初是在蒙大拿美景的呼喚下而來的，因此最根本的問題是：我們如何一方面應變，一方面守住這裡的美景。」

賴柏的故事

第一章走筆自此，大抵是我的論述。現在換我的四個蒙大拿友人登場，讓他們用自己的話語訴說他們是怎麼來到蒙大拿的，以及他們對蒙大拿未來的關切。賴柏不久前才在蒙大拿落腳，現在是蒙大拿州議員；皮格曼（Chip Pigman）是本地人，當地建商；哈爾斯是本地牧場主人；庫克也是新來的居民，在這裡擔任專業釣魚嚮導。

以下就是賴柏的故事：「我在加州柏克萊出生、成長，在當地經營一家製造木製貨架的工廠。我和我老婆法蘭琪都很刻苦耐勞。一天，法蘭琪看著我，對我說：『你一天工作十到十二個小時，一星期工作七天，真是做牛做馬。』於是我們決定半退休，開車在西部闖盪，開了七千四百多公里，希望找一個新的地方，開始新的人生。我們在一九九三年來到苦根谷，在一個偏遠之地買了我們的第一棟房子，一九九四年又搬遷到勝利鎮（Victor）附近一個牧場。老婆在牧場上飼養埃及阿拉伯馬，我則一個月回加州看看工廠經營得如何。我們有五個孩子，老大很想搬到蒙大拿來，幫我們管理牧場。其他四個孩子則不了解蒙大拿的生活品質，不知道蒙大拿人很親切，也不懂老爸老媽為什麼要搬到這裡。」

「現在，每個月回加州待個四天，我就受不了。我覺得加州人就像『籠中鼠』一樣可憐，每次都迫不及待想回蒙大拿。法蘭琪一年只回加州兩次，為的是看看孫子。除此之外，她對加州別無眷戀。為什麼我會那麼討厭加州？舉例來說，最近我回去開會，由於時間不多，不能走遠，我就在柏克萊的街道上散散步。我發現迎面而來的人頭都低低的，不願和我的目光接觸。遇見陌生人，即使說聲『早安』，也會讓人退避三舍。但在苦根谷，即使遇到從沒見過的人，眼睛還是會看著對方。」

「說到從政的原因，我對政治總有一籮筐的意見。我們這區的國會議員不想尋求連任，就建議我出馬競選。他費盡唇舌希望能說服我，我的老婆也為此事大敲邊鼓。最後為什麼同意出來？我是抱著『回饋』的心情出來競選。我覺得這一生不虛此行，老天厚待我，因此我也希望貢獻一己之力，讓本地居民過得更好。」

「我特別關注的法律議題是森林管理的問題。我代表的這一區正在造林，而很多託付我的選民有伐木業背景。像這一區的達畢過去是木材集散重鎮，森林管理應該可為谷地創造更多的就業機會。原先谷地有七間鋸木場，現在一間也沒有，因此變得蕭條，也沒什麼基礎建設。有關森林管理的決策目前由環保團體和政府負責，把州和郡排除在外。我認為森林管理條例的制定應該由三方共同負責，也就是聯邦、州和郡，這就是我目前努力的方向。」

「幾十年前，蒙大拿的平均每人所得在美國還排得上前十名。如今，在全美五十州中排行第四十九，敬陪末座。這是因為傳統產業式微（伐木、煤礦、採礦、石油和天然氣）的緣故，原來高薪、有工會組織的行業也沒落了。目前在苦根谷，夫婦兩人不但都要工作才能養家活口，而且常常一個人得做兩份差事。現在我們有森林燃料載量過多的問題，森林火災一觸即發。這裡的每一個人，不管是不是環保人士，都同意必須減少森林的燃料載量，特別是那些低矮的小樹。現今，處理燃料載量過多都是用焚燒的方式。聯邦政府已有一個國家森林火災防治計畫，已經同意用砍伐的方式來減少那些可能引發森林火災的小樹。現在美國用的木材大多是從加拿大進口，真是捨近求遠！我們自己的國家森林不但可做為穩定的木材來源，同時還能做好水土保持。過去國家森林的稅收有二五%拿來做教育經費，但這部分的稅收已大幅下降。多砍幾棵樹來減少森林燃量載量，我們的學校就能多一點錢。」

「目前，拉伐麗郡沒有什麼成長政策可言！過去十年來，谷地人口成長了四○%，下一個十年的人口成長率也可能會達到四○%：增加的人要去哪裡？我們可以關上大門，阻止外地人搬進來嗎？我們有權利把門關上嗎？我們是否該禁止農夫細分土地，不讓他開發自己的土地？擁有農地的農夫就該被農地綁一輩子，只能務農，不能做別的嗎？對農夫來說，土地正是他唯一的退休金。如果我們禁止農夫出售農地做為建地，那麼你要他怎麼過？」

「至於人口成長的長期效應，未來將會出現發展週期，也許會像過去，出現新來者返鄉定居的週期變化。整個蒙大拿不會有過度開發的問題，但是拉伐麗郡仍將繼續開發。現在不時有媒體報導人們在本郡擁有房地產的故事，這裡的房子、土地價格因此上揚，但再怎麼漲，總有個限度。高到某個程度，有意的買家就會知難而退，去別的地方找便宜的土地來炒作了。長遠來看，谷地所有的農地終將開發殆盡。」

皮格曼的故事

再來聽聽皮格曼的故事：「我母親的祖父在一九二五年左右從奧克拉荷馬來到這裡，從一個蘋果園起家。我母親在牧場和乳羊場長大，目前在城裡經營房地產仲介公司。我父親則是小時候隨家人遷居至此，長大之後成了採礦工人，也種甜菜，此外還在建築工地兼差。因此，我會走入營造業還是有一些淵源。我在這裡出生，也在本地求學，大學就在米蘇拉附近的蒙大拿大學（University of Montana）會計系就讀。」

「我後來去丹佛住了三年。由於討厭都市生活，我就決定回來。再者，我覺得苦根谷是個養兒育女的好地方。我到丹佛才兩個禮拜，腳踏車就被偷了。我討厭城市的擁擠和車水馬龍，那種人山人海也是我不能習慣的。我的需求在這裡都能得到滿足。當年沒有五光十色的『文化』薰陶，我還不是照樣長大，現在也不需要這些。我在丹佛等了三年，拿到公司發放給我的既得股票，就拍拍屁股走人了。離開丹佛，我也就放棄三萬五千美元的年薪和種種額外福利。回來蒙大拿，年薪只有一萬七千美元，沒有任何福利。可是為了在我摯愛的谷地生活，在這裡的大自然步行、徜徉，我寧願放棄丹佛那份穩定的工作。我老婆對這種沒有保障的生活很不習慣，但是我在苦根谷過慣了這樣的日子，覺得沒什麼不好。在苦根谷要養家活口，得做兩份差事。從前我父母就兼了好幾個臨時差。那時我已有心理準備，萬一有需要，晚上就去兼差，幫商家補充存貨，好多賺點錢。我們回來蒙大拿定居之後，我足足努力了五年，所得才有當年在丹佛的水準，又過了一、兩年，我才有醫療保險。」

「我主要從事房屋建設工作，也開發便宜地段的生地（raw land）。我可買不起高檔地段。我開發的土地原來是牧場，但是在我購入之時，這些牧場大都已不再營運，已被賣過好幾手，或者分割出來販賣。這些牧場因為沒有生產，雜草叢生，不見牧草。」

「目前我手中有一個案子則是例外，也就是漢彌爾頓山丘開發案。我買下一整塊十六公頃的土地，打算進行細分。這塊地原本是座牧場。我把詳盡的開發計畫書呈交郡政府審核，得到三個許可證之後，才能著手進行。我已經取得兩個許可證，第三個——也就是最後一步——必須經公聽會的同意。這塊地附近的八十個居民出席了公聽會，由於不願農地用途變更，堅決反對土地細分。沒錯，這塊地土壤肥美，以前是很好的農地，但在我購買的時候，已經不再生產。為了這塊十六公頃的土地，我花了二十二萬五千美元，這筆支出不可能用農作來回收。但是這裡的居民不看經濟面，只是說：『我們不願看到寬廣的農地或森林從眼前消失。』如果土地的主人已經六十幾歲，無法繼續耕作，需要錢來養老怎麼辦？如果土地四周的居民希望保有這塊地做為開放空間，為什麼不買下來？他們可以買，就是不掏錢出來買。即使土地不屬於他們，他們還是想要有控制權。」

「因此，我的開發案在公聽會遭到否決。選舉快到了，官員也不想得罪那八十個選民。我在呈交這個案子之前，沒去跟附近的人協商。我這個人頑固得像一頭牛，我認為我有權這麼做，就勇往直前，我不喜歡被人牽著鼻子走。另外，大家不了解這只是一個小案子，協商很費時，而且花錢。我會記取這次教訓，下次進行類似的開發案之前，我會先跟鄰居談談；開公聽會的時候，我也會把我手下五十個工人帶去，讓官員不是只聽一面之辭，也能聽聽贊同一方的意見。在我跟居民纏鬥的這段期間，那塊土地的成本造成我很大的負擔。有誰了解我的難處？他們只會袖手旁觀。」

「這裡的人說谷地開發案太多，最後必然人滿為患，大家都把矛頭指向我。我的回答是：因為有需求，我才會推出這樣的案子，這種需求不是我創造出來的。沒錯，谷地的房子年年都在興建，如雨後春筍般一棟棟冒出來，交通也日益繁忙。儘管如此，空曠的地方還是很多。像我喜歡健行，還是有很多地方可以去。如果搭飛機飛過谷地，更可以看到大片山水和原野。根據媒體報導，近十年來，人口成長了四四%。雖然如此，谷地原來不過二萬五千人，現在也才三萬五千人。只是，年輕人一個個都走了。我的公司雇用了三十個人，不但給他們工作機會，還提供退休金、醫療保險、給薪假和分紅制度。沒有第二個老闆提供員工這麼好的福利，因此我的公司員工流動率很低。環保人士常認定我是敵人，是谷地環境問題始作俑者，但是房屋需求不是我創造出來的。如果我不蓋房子，別人還不是照樣蓋。」

「我打算在谷地終老一生。我是這個社區的一分子，我支持很多社區活動，像是贊助地方的棒球隊、游泳隊和橄欖球隊。我在這裡土生土長，也想在這裡待一輩子，我並沒有飛黃騰達就一走了之的心態。我希望往後的二十年都住在這裡，每天開車經過自己蓋的房子，能引以為傲，不會心裡有所愧疚：『那房子蓋得不好！』」

哈爾斯的故事

哈爾斯是牧場主人，家族世居本地：「我的曾祖父母是我們家族在這裡打拚的第一代。那時是一九一二年，他們買下十六公頃的土地。在那個年代，土地便宜得很。他們養了十來隻乳牛，用手擠乳，早晚各擠兩個小時。後來，我的祖父母又買下四十五公頃左右的土地，那時土地一樣不值什麼錢。

他們出售生乳乳脂，讓人製作乳酪，也種蘋果和乾草，但只能勉強養家活口。再苦，他們還是撐了下去，其他一些農夫就做不到。我父親本來想上大學，最後還是決定留在牧場工作。他很有遠見，決定將全副心力投注在酪農業，還建造了可容納一百五十頭乳牛的牛舍，以增加牧場收益。」

「我們家兄弟從父母那兒把牧場買下，因此我們的牧場不是父母贈予的。父母這麼做是希望我們好好想過再做決定，看我們是不是真的很想在牧場工作，進而願意花錢把牧場買下來。我們這些兄弟、妯娌買下牧場成為土地所有人，再把土地出租給牧場的家族企業。經營牧場的也是我們這些兄弟、妯娌和我們的孩子，在牧場上工作的絕大多數都是我們家族的人，只有少數幾個外人。像我們這樣的牧場家族非常少見。我們可以同心協力、做下去的一個理由是我們有共同的宗教信仰，去同一所教會。當然，家族成員有時也會爭吵。但是大家風度都很好，白天吵，晚上就和好如初了。我們的父母也會吵架，不過在太陽下山之前就會把事情解決。我們已經想好了，哪一塊地值得我們生死以之。」

「這種家族共同打拚的精神也傳到我那兩個兒子身上。他們兩兄弟小時候就知道要合作：弟弟才七歲，兩兄弟就會分別站兩頭，幫忙移動一節長十二公尺、共有十六節的灑水鋁管。離家後，兄弟倆也一塊兒租房子。現在依然很要好，而且比鄰而居。這裡有人也希望和我們一樣，跟孩子保持親近的關係。即便他們和我們一樣努力維持家人之間的關係，孩子長大之後還是各奔東西。」

「這年頭，牧場或農場都很難經營。苦根谷的土地只有興建住宅或開發才能發揮最大價值。這裡的農夫都面臨這樣的兩難：該繼續經營農場？還是把土地賣了，讓人蓋房子，自己就此退休？如果栽種合法作物，所得實在難以和土地發展的利益相比，因此我們無法買下更多的土地。我們是否能生存下去，正取決於能否依靠目前這三百公頃左右的土地進行高效率生產。就支出方面，像載貨卡車的價格已經增加好幾倍，而我們賣出四十五公升牛乳的價格還是跟二十年前一樣。淨利這麼少，我們要怎麼賺？我們不得不引進新科技，但新科技又耗費資本。我們只得不斷教育自己，把科技運用在環境上。不管怎麼說，我們已經騎虎難下，不得不放棄老舊的方法。」

「例如我們今年又大手筆投資興建一座可容納二百頭乳牛、完全電腦化的牛舍。不但牲口的糞便收集全部自動化，電腦也可操控柵欄把牛隻趕到自動擠乳器前。電腦可辨識每一頭牛，而擠乳室不但有自動擠乳設備，也與電腦連線，自動記錄乳量。如有感染，早期就可偵測出來，也能追蹤牛隻的健康狀況和營養需求。我們可根據電腦資料的分析，為牛隻分類，關在不同的圍欄中。這種牧場營運模式在蒙大拿還是首創，其他牧場都在等著看，看我們這一套模式能否成功。」

「我們也擔心失敗，因為有兩大變因不是我們能掌控的。如果我們繼續幹這一行，就必須現代化，要不然只好做土地開發，除此之外別無選擇。這裡的土地，不是用來養牛，就是蓋房子。我們無法掌控的第一個變因，就是農牧機械和設備價格的波動和牛乳價格。我們無法控制牛乳的價格。牛乳很容易壞，擠出來之後，從牧場送到市場的時間只有兩天。我們雖然出售牛乳，但賣價取決於買方。」

「另一個變因是大眾對環保問題的關切，會有人注意我們怎麼對待動物、如何處理牲口糞便和臭味的問題。雖然我們已經盡全力改善，還是可能會有人不滿意。新來到苦根谷的人是來欣賞這裡的美麗風光，起初他們遠遠地看到乳牛和乾草會很興奮，但不了解農場的運作，特別是酪農業。在酪農場和住宅並存的區域，居民常抱怨酪農場傳出的異味、半夜機器運作或卡車在寂靜的鄉間小路轟隆駛過的聲音等。我們牧場附近的居民也曾因白色慢跑鞋踩到牛糞氣得向我們抗議。我們擔心居民因為不諒解，會提出法案來限制或是禁止酪農業在本地發展。兩年前通過的一個法案就禁止遊客在有狩獵區的俱樂部打獵，苦根谷一家飼養大角鹿的牧場因此關門。我們從來就沒想到會發生這種事。這個教訓讓我們不得不提高警覺，以免面臨同樣的命運。我們的社會不是提倡包容、和平共處嗎？讓人想不透，為何有人就是容不下畜牧業。一方面享用食物，另一方面卻不顧食物生產的代價。」

庫克的故事

最後且讓釣魚嚮導庫克訴說自己的故事。感謝他在我的雙胞胎兒子十歲之時，以無比的耐心教會他們如何用毛鉤釣魚。過去七年，每年夏天他也都帶他們去苦根河垂釣。

「我在華盛頓州韋納奇河谷（Wenatchee Valley）的蘋果園長大。高中念完後，我曾有過狂野不羈的嬉皮生活，打算騎摩托車遠征印度。雖然到美國東岸就打住了，還是橫越了整個美國。遇見我老婆佩特後，我們就搬到華盛頓州的奧林匹克半島（Olympic Peninsula），後來又遷居阿拉斯加的科迪亞克島（Kodiak Island）。我們在那兒一共待了十六年，我的工作是保護野生動物和魚類的巡邏員。後來為了方便佩特就近照顧生病的爺爺、奶奶，我們又搬到波特蘭。奶奶不久後過世，過了一個禮拜，爺爺也走了，於是我們離開波特蘭，到蒙大拿落腳。」

「一九七〇年代，我初次造訪蒙大拿。佩特的父親在愛達荷和蒙大拿邊界的席威與苦根野地（Selway-Bitterroot Wilderness）開了家野外用品專賣店。我和佩特都曾在店裡兼差，佩特幫忙煮飯，我則當嚮導。

那時佩特已愛上了苦根河，希望住在河畔。但這裡的土地半公頃要一千美元，如果買下來耕作也付不起貸款。到了一九九四年，也就是我們準備離開波特蘭的時候，發現機會來了。苦根谷有五公頃左右的農地要賣，價格還不錯。買下之後，我們花了幾年的時間整修農舍。我也在當地取得經營野外用品店和釣魚嚮導的執照。」

「在全世界，教我魂縈夢繫的地方只有兩個：一個是奧勒岡海岸，另一個就是苦根河谷。我們買下這個農場，心想這裡就是我們『老死之地』：我們將在此地終老一生。我們的土地上有大鵰鴞、雉雞、鵪鶉、林鴛鴦。牧場也夠大，養兩隻馬綽綽有餘。」

「有時候，我們想待在一個地方，但時過境遷，過了那個時候就可能不想待下去。我們三十年前就愛上了這個谷地，這塊土地依然是我們的最愛。但是這裡的人愈來愈多，如果這個谷地變成一條又一條的商店街，在米蘇拉和達畢間的谷底平地住了一百萬人，我就想離開了。對我來說，空曠的空間非常重要。我們家對面是個很大的老農場，長三公里、寬〇・八公里，幾乎都是牧草地。上面只有兩、三間穀倉。買下這農場的是外州的搖滾歌手路易斯（Huey Lewis），他每年只來這裡一個月，打打獵、釣釣魚。農場上的乳牛、乾草都由專人負責照料，有些土地也出租給農夫。如果路易斯的土地交給建商開發，變成一大片的住宅區，每天面對一棟棟的房子，我怎麼受得了？如果真有那麼一天，我就得搬家了。」

「我常常思索自己要用何種姿態離開這個世界。我父親被肺病折磨得很慘，最近才過世。這樣的人生由不得他，他死前一年過得極其痛苦。我不希望那樣離開人世。如果能選擇，我希望用自己選擇的方式結束生命。也許這麼說有點冷酷無情，但我希望佩特先走一步。自從我們結婚以後，我就答應她一輩子愛她、尊重她、照顧她。如果她先走，我就完成我的諾言了。要是我先走，因為我沒有人壽保險，她的餘生將無以為繼。佩特走了之後，我會把所有的房地產交給兒子，成天在河裡釣鱒魚。如果年老體衰，不能釣魚，但願我能帶著大量嗎啡遁入山林。我會選個沒有人找得到的地方躺下，一邊欣賞絕美的景致，一面注射嗎啡。這就是我心目中的最佳死法：能選擇死亡的方式，又能看蒙大拿最後一眼——在人生的最後，永遠記得這個景致。」

蒙大拿：世界的縮影

從上述四位蒙大拿友人的故事和先前的論述可見，每一個蒙大拿人的價值觀和目標各有不同。有人希望人口成長，有人厭惡人口成長；有人贊成政府管理，有人反對；有關農地開發和土地細分，人人意見不同；就農地保留、採礦和旅遊發展等議題，也是各吹各調。有些人的目標顯然也與他人有所衝突。

我們已在這一章看到很多蒙大拿環境問題如何演變為經濟問題。由於個人所持價值觀和目標各有不同，環境問題要怎麼解決？怎麼做成功機率比較高？每一個人切入問題的方式都不同。最佳解決之道為何？雖然眾說紛紜，卻都是誠懇的建言。我們不知道蒙大拿人最後會選擇何種方式，也難說蒙大拿的環境和經濟問題會就此獲得改善，還是每況愈下。

選擇蒙大拿做為第一章的主題，來討論人類社會的崩壞問題，乍看之下似乎有些荒誕。不管是蒙大拿一州，或是整個美國，都沒有立即崩壞的危險。但是請深思這個問題：蒙大拿居民所得有半數不是在蒙大拿賺來的，而是從外州流入的金錢——例如聯邦政府轉入的經費（如社會保險、醫療保險[6]、醫療援助計畫[7]和貧困救助計畫等），以及來自外州的私人基金（如來自外州的退休金、房地產所得，以及營利所得）。換言之，蒙大拿本身的經濟已不足以支撐蒙大拿人的生計，蒙大拿其實得依賴美國其他地方才能生存下去。如果蒙大拿是個孤島，如歐洲人登陸前那與世隔絕的復活節島，經濟早就已經崩壞，而且打從一開始就無法發展起來。

再想想我們討論過的蒙大拿環境問題，那些問題雖然嚴重，與美國大部分地區相比還算輕微。美國很多地區是人口稠密之地，人類對環境造成的衝擊要劇烈得多，而那些地區的生態環境比蒙大拿來得脆弱。此外，美國有很多重要資源仰賴外國，也與世界其他地區有經濟、政治和軍事方面的糾葛。在那些地區當中，有些地方的環境問題更嚴重，衰頹的現象比美國更甚。

接下來，我們將探討與蒙大拿類似的環境問題發生在古代和現代社會的情況。就我討論的古代社會而言，半數沒有書寫文字，遠不如蒙大拿那麼好掌握，因此我們難以得知個人價值觀和目標。以現代社會的個人價值觀和目標來看，我從蒙大拿得到最多的經驗。因此，當你閱讀這本書、客觀考量其他社會的環境問題時，請試著用各個角度來看：設想如果你是史坦、賴柏、皮格曼、哈爾斯、庫克或賀許家兄弟姊妹，會有何種觀點。例如下一章將探討的復活節島，雖然這個社會看來同質性很高，我們還是可以設身處地，從酋長、農夫、石雕工人或海豚捕獵者的立場來看問題，想像每一個人會如何訴說自己的故事、價值觀和目標——正如我那幾個蒙大拿友人為我娓娓道來。

---

6 醫療保險：Medicare，美國針對六十五歲以上老人或殘疾人士提供的保健與住院治療保險。

7 醫療援助計畫：Medicaid，援助貧困家庭，為他們支付醫療和保健費用，由各州政府負責管理。

PART 2 PAST SOCIETIES

第二部

古代社會

CHAPTER

2

暮色中的復活節島

神祕莫測的巨石人像

在我造訪過之地，最讓我覺得陰森詭異的，莫過於復活節島的拉諾拉拉庫（Rano Raraku）。那舉世聞名的石人雕像就一尊尊矗立在這裡的採石場上（圖五）。說起來，復活節島位在地球有人煙之處的最偏僻一角。距離這裡最近的陸地是東邊三千七百多公里外的智利海岸，以及往西二千公里左右的皮特肯島（參看第一四二至一四三頁地圖）。我於二〇〇二年自智利搭機來此一遊，在那煙波浩渺、茫茫無際的海洋上飛行五個多小時才抵達。我們在朦朦朧朧的暮色中準備降落，隱約可見這個孤懸於太平洋中的小島。我擔心天色昏暗，飛機無法降落，且不知若飛過頭必須折返智利，燃料是否足夠。近幾個世紀，在那些航行迅捷的歐洲大型船艦靠岸以前，很難想像有人會發現這個島，進而在此定居。

拉諾拉拉庫是一個直徑約五百公尺的圓形火山口。我從火山下方低處的平原往上，走上一條陡升的小徑，走到火山口邊緣則變成很陡的下坡路，再往前，可以看到火山口底部有一個像沼澤的湖。附近完全沒有人居住。火山口裡裡外外共有三百九十七個石人，散布在四面八方。這一個個石人有著奇特的風格，清一色是男性身軀，有著長長的耳朵，沒有腿。大多數高達四．五到六公尺，最大的一尊則是二十公尺高的巨人（比現代一般的五層樓房還高），最小的約有九公噸重，最大的則重達二百四十四公噸。火山口邊緣有一個很深的切口，切口下方出現三條路，呈放射狀，一條向北、一條往南，還有一條朝西，路寬七公尺，路長約十四公里，通往海岸——這必然是運送石人到海邊的路徑。路上可見四處散布的九十七尊石人，好像是運送途中棄置的。海邊的石頭平台共有三百個左右，內陸偶爾也可看到這樣的平台。差不多有三分之一的平台上立著石人，這些平台想必是為了安放運到這裡的三百九十三尊石人。然而，幾十年前，這些石人不是立著的，全都東倒西歪，很多被推倒、毀壞，刻意要這些石人斷頭、碎身似的。

我站在火山口邊緣，放眼望去可看見最近且最大的一座石頭平台（當地人叫東加里奇阿胡（Ahu Tongariki）），上頭立著十五尊石人。智利考古學家克利斯提諾（Claudio Cristino）向我描述，這些石人原來皆已倒地，一九九四年出動能吊起近五十公噸重物的起重機，才讓這些石人重新站起來。[1]克利斯提諾說，即使利用現代機械，這項修復工程仍極其艱鉅，這個平台上最大的那尊石人重達八十公噸。不過，在復活節島的史前時代，當地的玻里尼西亞住民沒有起重機，也沒有輪子、機器、金屬工具或牲

1克利斯提諾就是這個修復工程的領導人。工程經過可參看美國公共電視的網頁資料：http://www.pbs.org/wgbh/nova/easter/move/plan.html

畜，要搬運這些巨大的石人並使之豎立，只能靠人力。

採石場殘留的石人，有的只鑿刻到一半，有的已經完工，進度不一。有些後腦還與岩床相連，但臉部已經初步成形，只剩耳朵或雙手還沒刻成；有些成品躺在火山邊緣切口下方的斜坡上，還有一些則屹立在火山口中——這樣的情景猶如時間突然靜止，所有工匠都放下手邊的工作，把工具丟下，紛紛離去，因此予人詭異之感。採石場上處處可見被棄置的雕鑿工具，如石鎬、鑿子和槌子。仍與岩床相連的雕像四周挖有溝槽，雕像就立於其中。岩壁上有些「V」形凹口，可能是石匠用來放置充當水壺的葫蘆。火山口中的石人有的看來遭到惡意損壞或毀容，好像是石匠起了內鬨，因而對彼此的作品下毒手。有一尊石人的底部還有一根人指，或許是某個搬運工人不慎斷指遺留下來的。鑿刻這些雕像的是何許人也？為何費九牛二虎之力做這件事？他們是怎麼搬運的？怎麼把石人豎立起來的？為什麼最後棄而不顧？

來自歐洲的探險家一踏上復活節島，隨即發現此地籠罩著神祕的面紗。荷蘭航海家羅格文（Jacob Roggeveen, 1659-1729）帶領三艘船艦，從智利出發，在海上顛簸漂蕩了十七天，不見任何陸地，終於在一七二二年四月五日復活節這天發現這個孤島，因之將這島命名為復活節島，此名於是延用到今天。羅格文在上岸時忖度：島上的玻里尼西亞人將如何歡迎他這個踏上此一孤島的歐洲人？我們現在已知，從最近的玻里尼西亞島嶼往西，欲抵達復活節島，得在海上漂流多日。羅格文和後來的歐洲訪客發現，島民唯一的水上交通工具是三公尺不到、只能坐一、兩人又容易滲水的木筏，不禁嘖嘖稱奇。根據羅格文的記載：「就他們使用的水上交通工具來說，實在簡陋，而且不夠牢固。島民用巧手把植物搓成細線，再把小塊木板和輕木縫合起來，遂成木筏。但他們不知如何填嵌縫隙，更何況也沒有填嵌的材料，於是木筏有很多漏洞。由於海水不斷滲入，島民在航行的時候，有一半的時間都在忙著把水舀出去。」這樣的木筏如何載著一群人，還有他們的作物、雞、飲用水等，航行兩個多禮拜來到復活節島殖民？

至於當初島民又如何將雕像豎立起來？羅格文百思不解。後來造訪的人，包括我在內，也都有這個疑問。再引述羅格文的日誌：「那石像一看就讓人驚異得目瞪口呆。那些人沒有任何大型原木可製造機器，也沒有粗繩，卻還是把那巨大的雕像豎立起來了。有的高達九公尺以上，非常厚重。我們實在想不通他們是如何辦到的。」羅格文想得沒錯，不管島民用什麼方法把雕像豎立起來，都少不了大型原木和粗繩。然而，他看到的復活節島是一片荒地，沒有任何一棵樹或灌木高達三公尺（圖六、七）。他說：「我們起先從遠處看，以為復活節島有很多沙地。原來覆蓋土地的不是沙，是枯萎的乾草或其他遭到燒灼或燒焦的植物，因此呈現貧瘠、荒蕪的景象。」以前在此林立的樹木呢？

巨石人像的鑿刻、搬運以及豎立等，必須是一個複雜且人口眾多的社會才辦得到，同時也得仰賴富庶的環境。據十八、十九世紀初踏上這個島嶼的歐洲人估計，島上約莫只有幾千人。但從島上巨石人像的數量和尺寸來看，人口數量應該大得多。原來那些眾多的人口到哪裡去了？巨石人像的鑿刻、搬運和豎立都需要很多專業工匠，但在羅格文登陸之時，發現此地連比昆蟲大的野生動物都沒有，居民豢養的動物只有雞。到底拿什麼來餵飽那麼多的工匠？從島上資源的分布也可看出這不是個簡單的社會：採石場靠近東岸，但製造工具的最佳石材在西南方，最好的釣魚地點在西北，最好的農地在南方。這些資源的採集和重新分配，必須透過一個能進行經濟整合的體系來達成。這個貧瘠、荒蕪的島嶼是怎麼辦到的？何以一個不毛之地竟有如此能耐？

這些謎團讓世人百思莫解，苦思了近三個世紀。很多歐洲人發現島上的玻里尼西亞「野蠻人」竟能豎立如此巨大的雕像，還打造出美麗的石頭平台來安放這些雕像，不禁嘖嘖稱奇。然而，挪威探險家海耶達爾（Thor Heyerdahl, 1914-2002）則認為，復活節島上的文明不是玻里尼西亞人從亞洲擴展到西太平洋的結果，而是南美印第安人橫越東太平洋的成就，復活節島因而輾轉吸收了舊大陸的文明。海耶達爾數次以木筏康提基號（*Kon-Tiki*）或草船飄洋過海的壯舉，證明史前時代越洋接觸的可能，也使得古埃及金字塔、南美印加帝國的巨大石雕和復活節島的巨石人像有了連結。我在四十年前讀了海耶達爾的木筏航海記，就對復活節島深深著迷，看他以傳奇筆法描述復活節島歷史，更教我看得欲罷不能。當時，我認為這就是人類探險的極致了。後來又見瑞士科幻小說作家丹尼肯（Erich von Däniken, 1935-）提出復活節島雕像是外星人打造的看法。丹尼肯認為，那些擁有超現代工具、智慧極高的外星人曾被困在復活節島，最後終於獲救。

目前看來，復活節島的巨石人像較可能和石鎬等被棄置在拉諾拉拉庫的工具有關，並不是外星人的作品，且復活節島的住民應該就是玻里尼西亞人，不是印加人，也不是埃及人。儘管這個島嶼的歷史因海耶達爾的木筏探險和外星人假說顯得浪漫、傳奇，其實復活節島的歷史也與今日現代世界發生的事件息息相關。就本書這一系列古代社會的討論來看，復活節島是個非常好的開端，讓我們了解生態浩劫發生在一個完全與世隔絕的島嶼上，最後會是什麼樣的悲劇。

復活節島的地理和歷史

復活節島是個三角形島嶼，主要由三座海底火山噴發而成，噴發時間不一，約從幾百萬年前到一百萬年前。打從島上出現人煙至今，火山都未曾再噴發過。最古老的波伊卡火山（Poike）在六十萬年前噴發（也許早在三百萬年前），目前雄踞在東南角；其後噴發的拉諾考火山（Rano Kau）則形成島嶼的西南角。大約在二十萬年前，島上北部的泰拉瓦卡火山（Terevaka）噴發，噴流出來的熔岩覆蓋了全島面積的九五%。

復活節島的面積僅一百七十平方公里左右，海拔高度約五百零九公尺，以玻里尼西亞的標準來看，實在是個不起眼的小島。此島地形平坦，不像我們熟悉的夏威夷群島，處處是深谷幽洞。在復活節島上，我發現除了火山口陡峭的邊緣和火山錐，人們幾乎可以筆直地從一地走到附近任何一地。如果在夏威夷或馬貴斯群島（Marquesas），這樣筆直前進想必很快就會失足墜落到懸崖之下。

復活節島位在南緯二十七度，與赤道之間的距離正如北半球的邁阿密和台北，因此氣候溫和。加上來自火山熔岩的肥沃土壤，應該具有「迷你人間天堂」的條件，和問題叢生的世界其他地區不同。儘管如此，人類要居住在這樣的地理環境中，還是得面對好幾個挑戰。以歐洲和北美洲冬天的標準來看，復活節島的亞熱帶氣候已相當和暖，但與熱帶玻里尼西亞大多數地方相較還是寒冷得多。在玻里尼西亞所有有人居住的島嶼中，除了紐西蘭、查塔姆群島（Chathams）、諾福克島（Norfolk）和拉帕島（Rapa），大部分的島嶼都比復活節島靠近赤道。因此，有些玻里尼西亞的重要熱帶作物——如近代才引進復活節

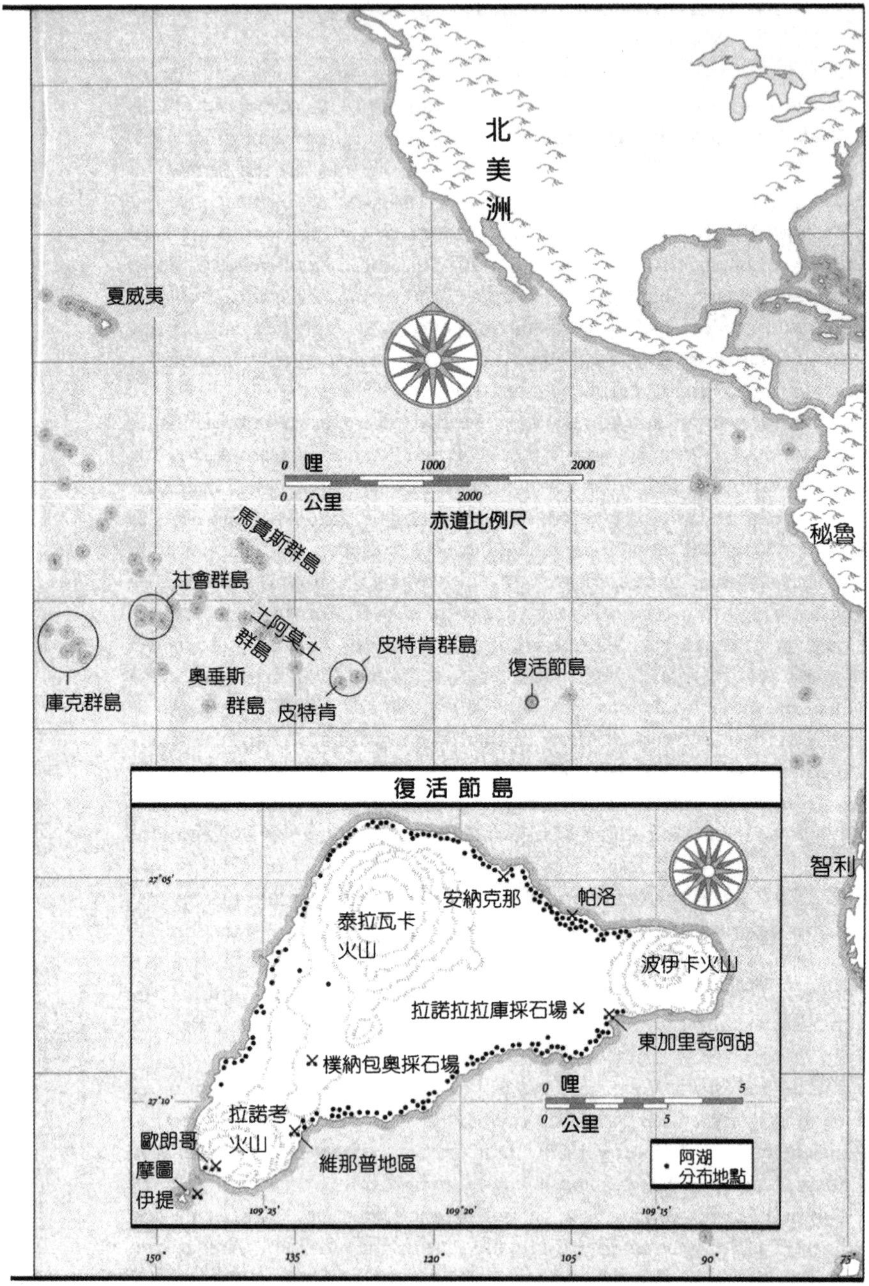
北美洲
夏威夷
0 哩
1000
2000
0 公里
2000
赤道比例尺
秘魯
馬貴斯群島
社會群島
土阿莫土群島
皮特肯群島
復活節島
庫克群島
奧垂斯群島
皮特肯
智利
復活節島
27°05'
安納克那
帕洛
泰拉瓦卡火山
波伊卡火山
拉諾拉拉庫採石場
東加里奇阿胡
樸納包奧採石場
0 哩 5
0 公里 5
27°10'
拉諾考火山
歐朗哥
摩圖伊提
維那普地區
阿湖分布地點
109°25'
109°20'
109°15'
150°
135°
120°
105°
90°
75°

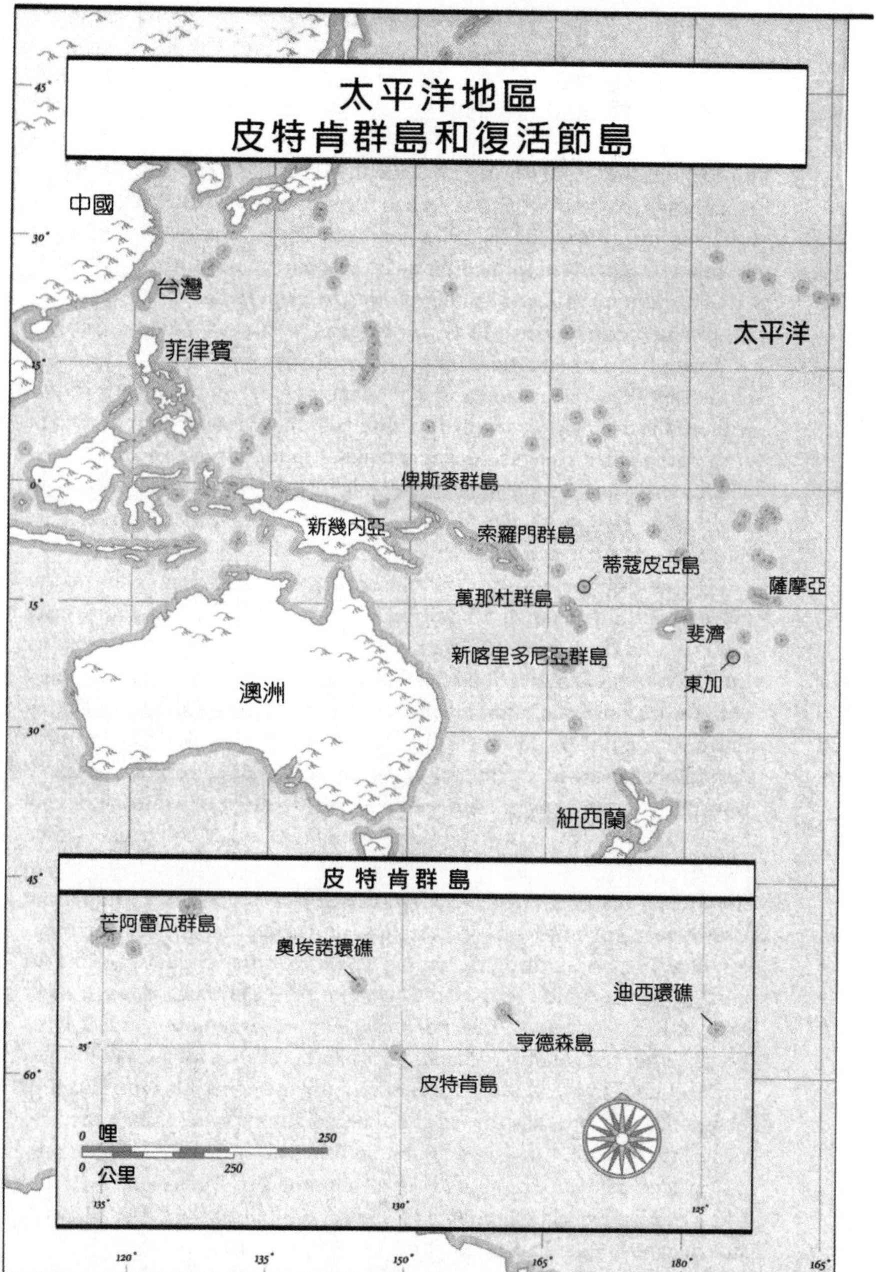
太平洋地區
皮特肯群島和復活節島
中國
台灣
菲律賓
太平洋
俾斯麥群島
新幾內亞
索羅門群島
蒂蔻皮亞島
萬那杜群島
薩摩亞
斐濟
新喀里多尼亞群島
東加
澳洲
紐西蘭
皮特肯群島
芒阿雷瓦群島
奧埃諾環礁
迪西環礁
亨德森島
皮特肯島
哩
公里
0
250
45°
30°
15°
0°
60°
25°
120°
135°
150°
165°
180°
130°
125°

島的椰子——生長情況就差強人意。復活節島周圍的海水水溫太低，不利珊瑚礁生長。沒有珊瑚礁，魚類和貝介類也就少了。我和羅利特在泰拉瓦卡和波伊卡四周蹓躂時，發現這個島的風很大。風力強勁不但對古代在此耕種的農夫是一大挑戰，今天要種植作物也很困難。島上最近才引進麵包樹（*Artocarpus altilis*），果實還沒成熟，就被風吹落了。這個孤立的島嶼非但沒有珊瑚礁魚，連一般的魚類都不多，附近只有一百二十七種，和斐濟一千種以上的魚完全不能相提並論。由於以上種種地理因素，島民食物來源因而比大多數的太平洋島嶼來得少。

這個島的地理環境還有一個問題，也就是降雨。島上年雨量平均只有一千二百七十公釐。以歐洲地中海地區和南加州的標準來看，這樣的雨量似乎還不錯，但還是低於玻里尼西亞的標準。由於復活節島的土壤大都是多孔的火山土，雨一落到地面，很快就滲透下去了。大抵而言，島上的淡水有限：泰拉瓦卡火山的斜坡只有一條間歇溪（在我造訪之時正是乾涸期），其他水源如三座火山口底部的池塘和沼澤、地下水位接近地面所開挖的水井，以及從潮間帶湧出的淡水。儘管如此，島民用來飲用、烹飪和灌溉作物的水還夠用，只是這些水實在得來不易。

縱使相當多的證據顯示，復活節島民乃源於亞洲的玻里尼西亞人（而非美洲人），復活節島的文化也來自玻里尼西亞文化（包括他們的雕像），海耶達爾和丹尼肯還是不予採信。不過，復活節島民使用的語言顯然屬於玻里尼西亞語系。英國船長庫克（**James Cook, 1728-1779**）一七七四年在復活節島短暫停留時，一個隨行的大溪地人可以和復活節島民用言語溝通。他們使用一種東玻里尼西亞方言，類似夏威夷語和馬貴斯語，與芒阿雷瓦島早期方言特別近似。復活節島民用的魚鉤、石錛、魚叉、銼刀等工具也有典型的玻里尼西亞風格，和馬貴斯早期的工具樣式特別相像。復活節島民的頭骨多展現玻里尼西亞人種的特質，也就是狀似搖椅的弧狀下頷（rocker jaw）。科學家從原來埋葬於石頭平台的十二具骨骸取出DNA進行分析，發現這十二個樣本和大多數的玻里尼西亞人一樣，顯示9bp序列缺失和三對鹼基置換。這三對鹼基置換中的兩對無法在美洲原住民身上找到，可見海耶達爾的說法——復活節島民基因庫包含美洲原住民DNA——並不正確。再者，復活節島的作物如香蕉、芋頭、甘薯、甘蔗、楮桑（*Broussonetia papyrifera*）等，大抵是源於東南亞的玻里尼西亞作物。而復活節島唯一的家禽——雞——也是玻里尼西亞常見的家禽，追本溯源，這種家禽也來自亞洲。藏身於木筏之中，跟著復活島節最初開拓者一起上岸的老鼠也是。

玻里尼西亞人的史前擴張，為人類史前時代的海上探險寫下最精采的一頁。直至公元前一二〇〇年，人類的足跡從亞洲大陸經印尼群島擴展到澳洲和新幾內亞，前進到新幾內亞東邊的索羅門群島（Solomon Islands）便就此打住。同時，新幾內亞東北部俾斯麥群島（Bismarck Archipelago）出現了一個人類族群——他們有航海本事、務農、又會製造具文化風格的陶器（即拉皮塔陶器[2]），他們又往東行，在廣闊的大洋上前進了將近一千六百公里，越過索羅門群島的東邊，來到斐濟、薩摩亞和東加，最後成為玻里尼西亞人的祖先。雖然這些玻里尼西亞的先民沒有羅盤、文字和金屬工具，仍有一流的航海技術。利用放射性碳元素年代測定法分析考古遺址中的文物，如陶器、石器、屋舍和寺廟遺跡、殘肴和人

2 拉皮塔陶器：「拉皮塔」（Lapita）名稱源於新喀里多尼亞的一個考古遺址。拉皮塔陶器有罐、碗和盤等，花紋裝飾獨具一格，最典型的紋飾包括複雜的幾何圖形，也有風格化的人面和小的鋸齒狀紋飾。

類骸骨等，可以發現非常多的證據，推斷玻里尼西亞先民擴張的大概年代和路徑。到了公元一二〇〇年左右，在夏威夷、紐西蘭和復活節島三個頂點間的廣大洋面，每一個人可以居住的島嶼都被玻里尼西亞人發現了。

歷史學家常把那些玻里尼西亞島嶼的發現與殖民歸諸於運氣，例如一艘載滿漁民的獨木舟因為風向，偏離了航道，就此發現一個無人島。然而，我們現在已知這種發現和殖民是精密計畫的結果。玻里尼西亞人在太平洋諸島上殖民的方向是由西而東，而盛行的風向和洋流方向卻是自東而西，兩者剛好相反。如果在大海中逆風航行，或者等待風向暫時逆轉，的確可能發現新的島嶼。不過，並不是人過去就好了。要在新的島嶼上長住久安，必須把家鄉各種作物、家禽與家畜，從芋頭、香蕉到豬、狗、雞等，都搬運到新發現的島嶼。

會製陶的拉皮塔人第一波擴張是往東，但是只到斐濟、薩摩亞和東加，就不再前進。這幾個西玻里尼西亞的島嶼距離很近，不過是幾天的航程而已。但是從西玻里尼西亞再出發，就是更加茫茫無際的大海，必須橫越更為寬闊的洋面才能到達東玻里尼西亞諸島，如庫克群島（Cook Islands）、社會群島（Society Islands）、馬貴斯群島、奧垂斯群島（Australs）、土阿莫土群島（Tuamotus）、夏威夷、紐西蘭、皮特肯群島和復活節島。玻里尼西亞人在西邊裹足不前，足足過了一千五百年，才再度出發，向大洋邁進。或許是玻里尼西亞的獨木舟有了更進一步的改良，或航海技術更為精進，也可能是洋流方向改變，或者海平面下降因而浮現可做跳板的小島，當然也可能是某一次航行的運氣特別好。大約在公元六〇〇年和八〇〇年之間（確切年代尚未有定論），離玻里尼西亞最近的庫克群島、社會群島和馬貴斯群島，這幾個東玻里尼西亞島嶼已有人煙，也成為當地居民進一步擴張的基地，繼續占領其他島嶼。公元一二〇〇年左右，玻里尼西亞人往西南越過三千七百公里的水路，踏上了紐西蘭。自此，玻里尼西亞人在太平洋的擴張大業宣告完成，太平洋上所有適合人居的島嶼都有了主人。

至於玻里尼西亞人更進一步往東入主復活節島，是走哪一條路徑呢？如果從馬貴斯群島直接前往復活節島，由於風向和洋流等阻力，勢必難以成行。馬貴斯群島的資源足以養活很多人口，似乎可做玻里尼西亞人在夏威夷殖民的靠山。看起來，前進復活節島的最佳起點就是馬貴斯群島和復活節島中間的芒阿雷瓦島、皮特肯島和亨德森島。第三章就是這幾個島嶼上的族群和命運交手的故事。從不少線索可看出玻里尼西亞人利用這幾個中間島嶼為踏腳石，邁向復活節島：復活節島的語言和芒阿雷瓦島早期方言近似；皮特肯島有一尊雕像和復活節島的雕像相像；復活節島的工具樣式和芒阿雷瓦島、皮特肯島的工具也很像；再者，比對復活節島與亨德森島、馬貴斯群島挖掘出來的頭骨，也發現一、二者近似程度遠高於一、三者。一九九九年，有人仿造古代玻里尼西亞風帆獨木舟，從芒阿雷瓦島出發，在海上航行了十七天後，成功抵達復活節島。看在我們這些不諳水性的現代人眼裡，從芒阿雷瓦島出發往東，在茫茫大海上漂啊漂著，經過多日的航行之後，竟然能碰上一個不到十五公里寬的小島，這樣的運氣真是匪夷所思。然而，玻里尼西亞人實在厲害，還沒看到島嶼，就知道島嶼會在何方。原來，他們觀察築巢海鳥成群從陸地飛過幾百公里到海面覓食的路徑。由於復活節島乃是整個太平洋大型海島的原鄉，對這些駕著獨木舟探險的玻里尼西亞人來說，他們在三、四百公里外之處就可推斷復活節島的位置。

根據復活節島民的傳說：第一個來到這個島的是一個名叫胡圖・瑪圖阿（*Hotu Matu'a*，意思是「偉大的先祖」）的酋長。他帶著老婆、六個兒子和其他族人乘著一、兩艘獨木舟前來。（歐洲人在十九世紀末和二十世紀初來到此地時，將島民的口傳歷史記錄下來，讓人得知百年來復活節島上的生活或是人類未登陸之前的情景。這些記載大抵是可靠的資料，至於一千年前的事件細節是否正如島民所述，我們就不得而知了。）後面章節（第三章）將介紹多個玻里尼西亞島嶼的住民如何互通有無、如何在新發現的島嶼和舊有殖民地之間往返。胡圖・瑪圖阿酋長和其他乘獨木舟來復活節島的先祖是否也如此？考古學家葛林（Roger Green）以復活節島和芒阿雷瓦島的工具樣式相近為根據，認為這是有可能的事。他表示，在胡圖・瑪圖阿登上復活節島之後的幾百年間，島民仍常常往返新舊殖民地。然而，也有人反對這樣的說法，理由是島上看不到狗、豬等常見的玻里尼西亞家畜，一些典型的玻里尼西亞作物也付之闕如。若那些家畜或作物在胡圖・瑪圖阿登陸前或登陸後不久都死了，之後再來的人也應該會帶過來。此外，如果分析各個島的石器化學成分，常發現含有某一種成分的石器原來出產於某一個島嶼，卻出現在另一個島嶼，可見馬貴斯、皮特肯、亨德森、芒阿雷瓦和社會群島等居民在各島嶼間來來往往。奇怪的是，產於復活節島的石頭不曾在其他島嶼出現，反之亦然。因此，復活節島民很可能打從胡圖・瑪圖阿開始就遺世獨立，老死不與外面的世界往來，就這樣孤立了幾千年。直到荷蘭航海家羅格文登陸，才與外人有了接觸。

復活節島最早從何時開始有人居住呢？確切年代至今未有定論，其實我們也還不能確知人類開始在東玻里尼西亞主要島嶼殖民的年代，只知約是公元六〇〇年到八〇〇年之間。就已出版的文獻資料來看，大多提到最早可能在公元三〇〇年到四〇〇年已有人煙。這是根據語言年代學（glottochronology）

的推論，以不同語言所保存同源詞之多寡來推測分裂的年代。另外，有人認為特皮石頭平台（Ahu Te Peu，當地人叫做特皮阿胡）、波伊卡火山溝和湖底沉積物中的木炭可能是人類砍伐森林的證據，以放射性碳元素年代測定法加以鑑定，因而得到三個介於公元三〇〇年到四〇〇年之間的年代。不過，研究復活節島歷史的專家愈來愈懷疑這些早期年代並不正確。就以語言年代學來說，像復活節島和芒阿雷瓦島這種語言變遷如此複雜的社會（前者的語言可能因為大溪地人和馬貴斯人的傳播而不純粹，後者顯然又經後來的人修改），以語言分析來推算年代，很可能失準。至於那三個以放射性碳元素年代測定法得到的年代，我們無法斷定那些木炭樣本和人類有關；再者，就樣本的年代測定法而言，也已經過時，現在有更新的方式了。

目前最可靠的年代是公元九〇〇年。這是古生物學家史戴德曼（David Steadman）和考古學家克利斯提諾、瓦爾嘉思（Patricia Vargas）等人，自復活節島最古老的考古遺址取得古代島民用過的木炭和吃剩的海豚骨，以放射性碳元素年代測定法加以分析的結果。那個遺址就位在東北角的安納克那海灘（Anakena Beach），該處是最佳的獨木舟著陸點，顯然最初踏上這塊土地的人會選擇在該地落腳。此外，那幾位專家利用最先進的加速質譜儀（accelerator mass spectrometry）的放射性碳元素年代測定法，以及一種稱為海洋貯存庫的校正系統，來進一步推算碳元素測定法粗估出來的海豚骨年代。這樣的年代估算可能比較可靠，因為這個考古遺址還有本地和其他太平洋島嶼原產禽鳥的骨頭，但那些禽鳥在人類登陸後不久就滅絕了，用來捕捉海豚的獨木舟也很快就消失了。因此，照目前的估算，復活節島最早有人居住的年代應是略早於公元九〇〇年。

民與食

島上的居民吃什麼？島上有多少人？

當歐洲人來到這個島嶼的時候，島民主要以務農維持生計，種植甘薯、薯蕷、香蕉、甘蔗，唯一豢養的動物是雞。由於復活節島沒有珊瑚礁，也沒有潟湖，魚類和貝介類就少得多，不像其他玻里尼西亞的島民常可以大啖海鮮。最初來這島嶼定居的人有海鳥、禽鳥、海豚等可食，但這些動物減少得很快，甚至消失了。島民的食物因此含有非常多的碳水化合物，又由於淡水有限，島民猛喝甘蔗汁，更加重糖分攝取過高的問題。無怪乎在已知的史前時代人類族群中，復活節島民的蛀牙比率最高：很多孩子在十四歲前就有蛀牙的問題，到了二十幾歲更是沒有人沒蛀牙的。

復活節島人口鼎盛之時到底有多少人？如果以房屋為計算單位，一間房屋有五人到十五人，而島上三分之一的房子都有人居住，或是從雕像及安放的石頭平台來計算酋長和其追隨者的數目，推算的結果少說也有六千人，最多可能有三萬人，亦即每平方公里約有三十四人到一百七十三人。島上有些地方（如波伊卡半島）和地勢最高之處較不適於栽種作物，因此較佳土地的人口密度會高一點，但沒有多大的差別。根據考古學家的調查，島上大部分土地都有利用過的痕跡。

然而，世界任何一地的史前人口密度估算差異都很大，考古學家常為此爭論，復活節島也不例外。估少的一派批評估多的一派高估得離譜，估多的一派也認為估少的一派低估得不像話。我個人則認為，估多的一派很可能才是正確的。尤其在估多的一派中，有多位是近年在復活節島實地深入研究的考古學家，如克利斯提諾、瓦爾嘉思、艾德華茲（Edmundo Edwards）、史蒂文森（Chris Stevenson）和提爾柏格（Jo Anne Van Tilburg）。一八六四年，到復活節島居住的傳教士估算島上人口數是二千人。這是最早的估算數字，而且是可靠的。在一八六四年之前不久，島上爆發天花，奪走大部分的人命；而一八六二年至六三年間，秘魯船隻綁走了一千五百個島民去當奴工。在此之前，根據文獻紀錄，早在一八三六年，島上也曾流行過兩次天花。至於其他傳染病的流行，雖然沒有記載，但我們幾乎可以確定：歐洲人自一七七〇年起絡繹不絕而來，傳染病也跟著上岸。下面也將討論到，復活節島打從十七世紀開始，人口就出現嚴重衰減的現象。我們再回頭看使復活節島第三度爆發天花的歐洲船隻，同一艘船後來駛向馬貴斯群島，使得當地人口的八分之七難逃死劫。因此，就一八六四年的復活節島而言，先前歷經了天花流行、綁架以及其他傳染病的侵害，加上十七世紀人口遽減，最後只剩兩千人。如果這些劫難發生前的人口只有六千人到八千人，實在少得令人無法置信。再者，我也親眼見過復活節島在史前時代進行集約農業的證據，因此克利斯提諾和愛德華茲估計一萬五千人以上並不讓我意外。

復活節島上可見的集約農業證據可分為幾種類型。一種是直徑一．五到二．五公尺、深達一．二公尺的坑洞，坑洞周圍都擺上石頭。這是為了作物而挖的堆肥坑，也可能是當做蔬菜發酵坑。另外，我們在泰拉瓦卡火山東南坡的間歇溪上發現了兩座石壩，看來是為了引水到廣大的石田而建造。類似的調水系統也可在玻里尼西亞其他島嶼看到，主要是用來灌溉芋田。集約農業更進一步的證據是島上為數眾多的石砌雞舍（當地人叫「哈瑞．摩阿」〔*hare moa*〕）。這些雞舍大都有六公尺長（也有一些是長達二十一公尺的龐然大物）、三公尺寬、高一．八公尺，靠近地面之處有雞隻可以進出的小洞。雞舍外圍有石牆，以免珍貴的雞隻逃走或被偷。要不是島上有巨大的石頭平台，還有那宏偉的石頭雕像，否則復活節島在遊客的印象中就是雞舍之島了。靠近海岸的陸地到處是史前時代的石砌雞舍，總數有一千二百三十三座。至於史前時代人住的房屋，只有柱子或只是個院子，連牆都沒有，真是相形失色。

根據考古學家史蒂文森的研究，島民為了提高農業生產力，最常利用之物就是火山岩。由於復活節島風力強勁，島民會將大石頭堆起來，做成擋風牆來保護作物，免於被風吹到乾枯了。島民也把小石頭堆起來，用來保護田地或低窪園圃。他們常在低窪園圃種植香蕉或樹苗，樹苗長大後再移植出去。島民也在大片土地上堆滿石塊，石塊間留下很小的縫隙，讓植物從縫隙中長出來。更進一步的做法是謂「石塊覆蓋法」（**lithic mulches**），也就是在土壤下三十公分處填充石塊。石塊可能來自附近的岩石露頭或從岩床鑽取、敲碎。種芋頭的窪地就是在天然的碎石地挖掘出來的。用岩石做擋風牆或保護園圃都得搬運無數的石頭，因此總是費上九牛二虎之力。我的研究夥伴羅利特曾在玻里尼西亞其他地區做過研究，他與我初次去復活節島進行調查的時候，就有感而發地說：「我沒看過其他玻里尼西亞島民這麼拚命的。你看，在復活節島上，不過是幾個小得可憐的芋頭，他們也大費周章地用小石頭圍成一圈好生保護，以避免風害。庫克群島上的人也種芋頭，他們就懶得幹這種事。」

是啊，為何復活節島的農夫要費這麼大的勁兒呢？以我兒時夏日待過的美國東北部為例，那裡的農夫千辛萬苦地把田地上的石頭**搬開**，如果看到有人竟然故意把石頭**搬進**田裡，必然非常驚愕。石頭田地有什麼好處？

這和前述島上多風、乾燥、寒冷的氣候有關。石塊園圃或石頭覆蓋法不是復活節島民的專利，世界其他乾燥地區的農夫不約而同地發明了這種耕作方式，如以色列的內蓋夫沙漠（Negev desert）、美國西南部沙漠區、秘魯乾燥地帶、中國、羅馬時代的義大利和毛利人入主的紐西蘭。岩石可使壓在下面的土壤保持潮溼，使土壤中的水分不至於因陽光曝曬或風吹而快速蒸發。而且，若土壤沒有岩石覆蓋，乾硬的表層很容易使雨水溢流到別的地方。同時，岩石在白天會吸收熱能，到了晚上再把熱能釋放出來，讓土壤的溫度不會變化太大。深色岩石會吸收更多的熱能，為淺色土壤加溫。此外，岩石還有如長效肥料藥丸（如我們早上服用的長效維他命，在我們體內隨時間緩慢釋放），慢慢將土壤所需的礦物質釋放出來。現代科學家也曾在美國西南部進行農業實驗，以了解古代阿納薩齊印第安人（第四章）如何利用石塊覆蓋法。最後發現這個方法有很大的好處：被覆蓋的土壤溼度增高為二倍、為白天高熱的土壤降溫、晚上土壤寒冷時為之增溫、種植的十六種作物產量也大增——這十六種作物的產量平均增加四倍，最有效益的作物產量更可高達五十倍。由此可知，石塊覆蓋法好處多多。

史蒂文森解釋，他的研究工作是記錄島民利用岩石的集約農業擴展過程。他認為，在玻里尼西亞人來復活節島定居的前五百年，農夫仍停留在離海岸幾公里的低地耕作，為的是方便取得淡水，同時又可到海邊捕魚或撿拾貝介類。他透過證據來研判，島上最早的石頭園圃出現在公元一三〇〇年左右，而且是在地勢較高的地方。那裡的降雨比海岸區域來得多，但溫度較低（因此利用深色岩石來提高土壤的溫度）。之後，復活節島內陸多半都變成石頭園圃。奇怪的是，內陸只有幾座平民住的房舍、幾個小小的爐子和垃圾堆，看不見雞舍，可見農夫並不住在內陸。然而，內陸還是散布著幾間像是官舍的房子，看來是管理這一大片石頭園圃的貴族住的（非一般農夫），石頭園圃多生產的作物就可供給為酋長工作的勞動人口。所有的農夫還是住在靠近海岸的地區，每天步行幾公里到內陸耕作，耕作完畢再走路回家。在岸邊和內陸之間有幾條四．五公尺寬的路，路邊都擺放了石頭，可能就是農夫通勤的道路。此外，農夫或許不是全年在內陸耕種，例如春天時至內陸種植芋頭等根莖作物，等到收成時再回去採收。

酋長、氏族和平民

復活節島的社會和玻里尼西亞其他地方一樣，是個酋長和平民涇渭分明的社會。今天的考古學家發現，從島上截然不同的兩種房舍就可看出社會地位的分別。酋長和貴族住在叫做「哈瑞．帕安家」（*hare paenga*）的房屋。這種房屋的外觀就像是細長的獨木舟倒著放，一般長約十二公尺（也有幾乎長達九十五公尺的），寬度則不超過三公尺，兩頭都有雕刻。房子的外牆和屋頂（就像顛倒的獨木舟船身）共有三層，地板則用玄武岩仔細切割、鋪設。房屋兩端的斜角石塊很不好做，因此很珍貴，是敵對氏族偷竊的目標。很多「哈瑞．帕安家」前面都有石頭鋪成的石階。復活節島上的「哈瑞．帕安家」聚集在岸邊約兩百公尺長的長條土地上，每一個聚集處約有六到十間房子。房子接近內陸一邊的平台就是他們豎立巨石人像之地。反之，平民住的房子位在往內陸方向再進去的地方。他們的房子很小，旁邊有雞舍、爐子、石頭圍起來的園圃和垃圾坑——這些設施雖然實用，還是必須與祭祀平台的大雅之堂和美侖美奐的「哈瑞．帕安家」保持距離。

根據島民的口傳歷史和考古學家的研究，島上的領士共分成十一塊或十二塊，分屬於一個氏族或一個世襲階層，且每一個都是自海邊向內陸延伸。這樣的復活節島看來就像一片切成十二塊的派，每一塊領土都有自己的酋長和擺放巨石人像的祭祀平台。各個氏族競相在島上建造石頭平台、豎立雕像，比比看誰的宏偉壯觀，但這種競爭最後不免演變成流血衝突。玻里尼西亞其他島嶼也可見到這種領土劃分，但復活節島有一點不同：根據口傳歷史和考古研究，氏族間的衝突可藉由宗教、經濟或政治的力量來弭平，讓大家重新團結，服膺一個大酋長的領導。反之，在芒阿雷瓦島和馬貴斯群島等比較大的島嶼上，酋長在各個主要山谷各據一方，不斷與其他酋邦交戰，打得如火如荼，從來沒有團結和平的跡象。

有什麼考古學證據可證明復活節島的酋邦能團結？原來島上領地的劃分並非大小一致，而是按照資源的不同來劃分。最明顯的例子就是東加里奇（當地人叫胡圖．伊提〔*Hotu Iti*〕）。他們擁有拉諾拉拉庫的火山口，雕刻石像最好的石材盡在此地，同時也有填塞船縫以防滲水的泥炭沼。漢嘉波庫拉（**Hanga Poukura**）則擁有樸納包奧（**Puna Pau**）採石場，出產磚紅色的火山岩，可刻製雕像頭上像帽子的紅色圓柱。島上三個主要生產黑曜石的採石場都在漢嘉波庫拉和維那普（**Vinapu**）的掌控之下，黑曜石是一種質地細緻的火山岩，可以用來製成銳利的工具。維那普和東加里奇則有最好的玄武岩，可做「哈瑞．帕安家」需要的石板。獨木舟出海的最好地點是北岸的兩處沙灘，都屬於安納克那的勢力範圍，與安納克那相鄰的赫奇（**Heki'i**）擁有的沙灘則是第三佳。因此，和捕魚有關的工藝品大都出現在北岸，而北岸的土地是最差的，不適合耕作。至於最好的耕作土地則在南岸和西岸。在為數將近一打的酋邦中，只有五個擁有大面積的內陸土地可做石頭園圃。築巢的海鳥也都在靠近南岸的小島上活動，特別是在維那普的領地上。其他如木材、製造銼刀的珊瑚、紅赭石、楮桑（樹皮布的材料）等資源分布也不平均，有的酋邦有，有的沒有。

互相競爭的氏族最後團結的證據何在？最明確的考古學證據是：全島所有領地的石頭平台上都有來自東加里奇的雕像，而雕像頭頂的紅色圓柱則來自漢嘉波庫拉。島民要把雕像和紅色圓柱運到自己領地上的平台，沿途必然經過其他酋邦的領地，要是路途遙遠，就必須得到多個酋邦的同意。此外，如黑曜石、最好的玄武岩、魚和某些地方才有的資源等，島上各個領地都有分配到。像美國這樣政治一統的泱泱大國，這種分配可能再平常不過：如東岸或西岸的資源經常源源不斷地跨越許多州，運送到另一頭。但是我們可不要忘了，若是在各個領地各自為政的情況下，要把一地的資源從別人的領地運送出來，這件事將多麼複雜。至於為何復活節島的各個酋邦能團結合作，其他如馬貴斯群島的酋邦就做不到？原因可能是島上地勢平坦，易於人們往來、溝通，而馬貴斯群島因山谷過於陡峭，島民難以翻山越嶺，要到其他山谷多半得利用海路。

平台和雕像

現在我們再回到復活節島讓人印象最深的東西，也就是巨石人像（當地人叫「摩埃」〔*moai*〕）和安放雕像的石頭平台（「阿胡」〔*ahu*〕）。目前我們可在島上辨識出三百座阿胡。很多阿胡都很小，上面沒有雕像，只有一百一十三座阿胡上面有雕像，其中的二十五座規模龐大，看來是精工打造的。島上每一個領地都有一到五座大型阿胡。有雕像的阿胡大部分位在海邊，雕像面向內陸，好像在看顧自己的領地，沒有一個雕像面向海洋。

阿胡是個長方形的平台，不是以沉重的大石頭堆起來的，而是用灰色玄武岩做成四面牆，當中再充填碎石而成。維那普阿胡的石牆堆砌得很工整，很有印加建築的風格，海耶達爾因此猜想復活節島的文化和南美有關。不管怎麼說，復活節島的阿胡只是石面，不像印加的石牆是用巨大石塊堆砌出來。雖然阿胡的一面石牆重達九公噸，但與印加薩克塞瓦曼堡壘（Sacsahuaman）重達三百多公噸的石牆相比，簡直是小巫見大巫。復活節島的阿胡有四公尺高，長度可達一百五十公尺。因此，一座小的阿胡約為二百七十公噸重，像東加里奇的大型阿胡可能重達八千一百公噸以上——相形之下，上面安放的雕像有如侏儒。為何比例如此懸殊？在我們評估建造這些阿胡和摩埃必須耗費的人力後，再回頭探討這一點代表的意義。

阿胡背面（向著海的那一面）幾乎是垂直的，但前頭那一面則是斜坡，斜坡前有一個長方形廣場，兩邊的長度將近五十公尺。阿胡後方是火葬場，裡面有幾千具骸骨。復活節島是玻里尼西亞島嶼中唯一有火葬習俗的，其他地區都只是將死者埋葬於地下。今天的阿胡是深灰色，其實原來顏色繽紛，有白、黃和紅：前面的石板鑲嵌了白色珊瑚，剛雕刻完成的摩埃是黃色的，摩埃頭上有像帽子一樣的紅色圓柱體，有些阿胡前面的牆也有一長條紅色裝飾，由紅色岩石製成。

摩埃則代表島民的先祖。根據考古學家提爾柏格登錄的資料，島上共有八百八十七尊摩埃，將近半數還在拉諾拉拉庫的採石場，沒有運出來，運出來的大都已豎立在阿胡上（一個阿胡可能豎立一到十五個摩埃）。幾乎所有的石像都在拉諾拉拉庫用凝灰岩打造出來，然而還有幾十尊（目前統計為五十三尊）利用的火山岩則非出自拉諾拉拉庫，如玄武岩、粗面岩、紅色或灰色火山渣（火山噴發形成的礦渣狀以多孔岩石，由孔隙、火山玻璃和礦物組成），可見來自別處。「一般」豎立起來的雕像高約四公尺，重約九公噸。目前島上成功豎立的雕像中，最高的一尊——帕洛摩埃（Paro）——甚至高達十公尺，因為比較細瘦，重量「只有」六十八公噸左右。在東加里奇阿胡上的一些雕像雖然矮些，但比較粗壯，有七、八十公噸重，讓考古學家克利斯提諾費盡千辛萬苦，動用起重機才能豎立起來。島民還曾打造一尊比帕洛更高十來公分的摩埃，但設法豎立在漢嘉德田加阿胡（Ahu Hanga Te Tenga）的時候不幸倒塌。在拉諾拉拉庫那些做到一半的雕像中，還有一尊長達二十一公尺、重量幾近二百五十公噸。就我們對復活節島科技的了解，島民要搬運雕像或將之豎立起來似乎是不可能的事。我們不禁好奇，當初打造這些雕像的工匠到底懷抱著什麼樣的壯志雄心？

對馮・丹尼肯等對外星人熱中的科幻作家，復活節島的雕像和石頭平台如此獨特，恐怕只有外太空的神祕力量可以解釋。然而，復活節島的建築風格的確有跡可循，玻里尼西亞就有不少前例，尤其在東玻里尼西亞地區處處可見叫做「馬拉埃」（*marae*）的石頭平台，可做聖祠或在上面蓋廟宇。皮特肯島以前就有三座這樣的石頭平台，而復活節島的先民很可能就是從皮特肯島來的。復活節島的阿胡和馬拉埃很像，只不過規模比較大，上面也沒蓋廟宇。馬貴斯群島和奧垂斯群島都有大型的石頭雕像；馬貴斯群島、奧垂斯群島和皮特肯島也有紅火山渣雕刻而成的石像——這種火山渣正像復活節島上某些雕像使用的石材。此外，馬貴斯群島的建築材料也用到凝灰岩這種火山岩（和拉諾拉拉庫的石材一樣）。再者，芒阿雷瓦島和東加也有其他石頭建築，例如東加著名的巨石牌坊（trilithon，也就是在兩根巨大的石柱上橫放另一根大石柱，每一根石柱重達三十六公噸），在大溪地等地也可發現木頭雕像。由此可見，復活節島建築風格其來有自，出自玻里尼西亞傳統，不是空穴來風。

我們當然很想知道復活節島民何時豎立第一座雕像、雕像的風格和規模又如何隨著時間演變。令人遺憾的是，石頭的年代無法用放射性碳元素年代測定法估算，只能靠著其他方式間接估量，如以阿胡中的木炭做放射性碳元素年代測定，或以黑曜石水化年代測定法對黑曜石剖面進行年代測定，也可觀察廢棄雕像的風格（那些雕像應該是早期打造的）、觀察某些阿胡經歷過的各種重建（包括考古學家挖掘過的阿胡）。似乎晚期的雕像比較高聳（雖然不一定比較重），而最大的阿胡也是歷經多個階段不斷重建、增大、加工的結果。根據推測，復活節島的阿胡大都建造於公元一〇〇〇年至一六〇〇年。就間接測定年代的方法而言，貝克（J. Warren Beck）及其同事就想出一個妙法，把放射性碳元素年代測定法應用在珊瑚銼刀中的碳、雕像的眼珠，以及裝飾廣場的白色藻節。從直接的年代測定來看，安納克那的諾諾阿胡（Ahu Nau Nau）其建造和重建歷經三個時期：最初始於公元一一〇〇年左右，最後一個時期大約在公元一六〇〇年結束。復活節島最古老的阿胡，就像玻里尼西亞其他地區的馬拉埃，可能沒有安放雕像的平台。早期雕像有的回收使用於後期建造的阿胡等建築中，這些雕像通常比較小、比較渾圓，也比後期雕像更人模人樣，而且用以打造的火山岩有好幾種，不是只用拉諾拉拉庫的凝灰岩。

復活節島民最後採用拉諾拉拉庫凝灰岩的理由很簡單：這種岩石是雕刻的最好石材，表面堅硬但裡頭如灰，比硬到骨子裡的玄武岩來得好刻，也比紅色火山渣更不易斷裂，易於琢磨和雕刻細部。我們可從雕像的年代推論出，拉諾拉拉庫晚期的雕像要比早期的來得巨大、更有稜有角、風格更加明顯，也有大量生產的趨勢，每一個雕像看來都差不多。像帕洛摩埃，不但是最高的雕像，也是最晚打造的一尊。

愈晚期的雕像愈大，這意味著酋長之間相互競爭，競相打造最大的雕像。晚期雕像頭頂的「普卡奧」

（*pukao*）顯然是競爭變本加厲的產物。普卡奧是紅色火山渣刻製的圓柱體，重達十公噸以上（如帕洛頭上的普卡奧），另外加到摩埃平坦的頭頂上（圖八）。（試想：島民如何在沒有起重機的情況下，把重達十公噸的巨岩擺在十公尺高的雕像上？這個謎題使得馮．丹尼肯認為這莫非是外星人的傑作？外星人之說，未免過於天馬行空。根據最近科學家在復活節島實地做的實驗，普卡奧和雕像或許是一起豎起來的。）我們還不確定普卡奧究竟代表什麼，最佳猜測是玻里尼西亞酋長頭上戴的紅色鳥羽頭飾，或是羽毛和樹皮布製成的帽子。舉例來說，西班牙探險家來到太平洋中的聖塔克魯茲島（Santa Cruz），讓當地人印象最深的不是西班牙的船隻、刀劍、槍炮或是鏡子，而是他們身上穿的紅衣。所有普卡奧用的紅色火山渣都來自同一個採石場，也就是樸納包奧。這裡有許多未完工的普卡奧，還有已完工等著被運走的成品（正如同拉諾拉拉庫採石場中的摩埃）。

只有在史前時代晚期最大、最華麗的阿胡上，摩埃頭頂才有普卡奧。現在已知的普卡奧只有百來個。我不由得猜想，這是為了更勝一籌而加上去的。普卡奧似乎是一種宣示：「好吧，就算**你們**可以豎立十公尺高的雕像。現在，再來看看**我們的**：我們可以在雕像頭頂再擺上一個十噸重的普卡奧。你們這些膽小鬼，來啊，看你們敢不敢！」普卡奧也讓我聯想到好萊塢的鉅富。我家就在好萊塢附近，這些鉅富競相在這裡建造豪宅炫耀自己的財富和權力，不斷地建造更大、更華麗、更傲人的宅第。收購環球娛樂王國的石油大亨戴維斯（Marvin Davis），其住宅占地達四千六百多平方公尺（約一千四百坪）；為了更有派頭，名電視製作人史貝林（Aaron Spelling）於是建造了占地五千二百平方公尺（約一千六百坪）的豪宅。要是這些億萬富翁的宅第能不用起重機再擺個十公噸的普卡奧，壓倒群雄的姿態就更明顯了。

既然平台和雕像在玻里尼西亞諸島處處可見，為何只有復活節島民如此孤注一擲，把這麼多的社會資源投入雕像鑿刻和平台興建，企圖打造出笑傲全島、最大的一個？會有這種結果至少有四個因素。首先，拉諾拉拉庫的凝灰岩是太平洋地區最好的雕刻石材。對刻慣了玄武岩和紅色火山渣的工匠來說，這種凝灰岩好比在對他們呼喚：「來刻我吧！」其次，其他太平洋島嶼的居民只要航行幾天，就可以到達其他島嶼，因此會把精力、資源和勞力用在島嶼之間的貿易、掠奪、探險或殖民，遺世獨立的復活節島民就沒有這些事可做。再者，其他太平洋島嶼的酋長可用島嶼間的活動提高自己名聲或地位，復活節島的酋長只能以雕像和平台來稱王稱霸。正如我一個學生說的：「他們根本沒什麼搞頭。」第三，復活節島地勢平坦，不同領地間的許多資源可以互補，因此島上能出現和平團結的氣氛，所有氏族都能前往拉諾拉拉庫拿石頭來刻。如果復活節島像馬貴斯群島，在政治上呈現分崩離析的局面，擁有拉諾拉拉庫的東加里奇族可能會把這個採石場據有己有，不讓鄰近氏族越雷池把雕像從採石場搬到他們的領土上。事實上，在復活節島一統以前，這種事的確發生過。第四，建造平台和雕像需要眾多的人力（稍候詳述），只有在餘糧充裕的情況下才有可能，而復活節島貴族控制的高地園圃正可以生產多餘的糧食。

雕刻、搬運和豎立

那些復活節島民既然沒有起重機等工具，怎麼完成雕刻、搬運、豎立這一連串任務？由於沒有歐洲人親眼看過，也無文字紀錄，我們無從得知真相。但仍可從幾方面來猜測：島民的口傳歷史（特別是雕像豎立的過程）、遍布於採石場上製造到各個階段的雕像，以及最近科學家進行的各種搬運實驗。

在拉諾拉拉庫採石場上，可見到已經刻好顏面的雕像半成品，旁邊圍繞著寬約六十公分的刻槽，工匠用的玄武岩石鎬也還在採石場上。一尊雕像在打造之初，只是初具頭部造型，臉部向前，後背仍與長長的山壁相連。接下來就是把頭、鼻子、耳朵刻出來，然後刻出手臂、雙手和束帶。鑿開雕像背部和山壁相連之處，就算完工，可以準備運出去了。此時雕像還沒有眼窩，顯然等到雕像運到阿胡上、豎立之後才會刻出來。一九七九年，桑妮．郝亞（Sonia Haoa）和瑟吉歐．拉樸．郝亞（Sergio Rapu Haoa）在一座阿胡附近挖到雕像的一隻眼睛——眼球是白色珊瑚，瞳孔則是紅色火山渣。這真是個了不起的發現。後來又挖到類似的眼睛碎片。如果將這樣的眼睛嵌入雕像，想必目光灼灼逼人，令人望而生畏。由於考古學家挖出來的眼睛極少，可見當初製作的眼睛就不多。這些珍貴的眼睛可能平常由祭司保管，只有在祭典時才嵌入眼窩。

從採石場運出雕像的道路現在還看得到。這幾條道路都沿著等高線建立，以免上坡下坡花費氣力。最長的一條路將近十五公里，可從拉諾拉拉庫通到西岸的阿胡。雖然搬運這麼大的雕像猶如不可能的任務，但是不獨復活節島，不少史前時代的族群也有搬運巨石的經驗，如英國索爾斯伯里平原上的巨石群、埃及的金字塔、墨西哥特奧蒂瓦坎（Teotihuacàn）的日月金字塔城、印加的巨石牆和奧爾梅克文明（Olmec）的神祕人頭巨石等，我們可從每一個例子去演繹推理，推想出某些方法。現代的學者曾試圖以實驗來破解島民搬運雕像之謎。第一個進行實驗的就是海耶達爾，結果雕像在搬運的過程中受到毀損，因此他的理論可能有誤。後來做實驗的科學家想出各種方法：有人把雕像豎立起來拖著走；有人讓雕像躺平來拖拉；有人利用橇運法，也就是把石像放上木橇後，以人力拉繩索拖運；有人利用上油（或沒上油）的滾輪，也有人在滾輪中間加上固定橫槓。我認為可信度最高的是提爾柏格提出的理論。她認為，復活節島民可能改良「舟梯」（canoe ladder）——此在玻里尼西亞諸多島嶼常見，用以運送粗重木頭——為運送雕像的工具。玻里尼西亞人在森林將樹木砍伐下來後，綁成獨木舟的形狀，然後拖運到海岸。這個獨木舟的最下層是兩根平行的木頭軌條，中間有許多固定的木頭橫桿，就像梯子一樣，因以為名。我就曾在新幾內亞看過這種梯子，有的長達一公里半以上，可以從岸邊延伸到百來公尺高的林地。砍伐下來的巨木就用這種梯子拖下山去製成獨木舟。我們已知夏威夷人就是用舟梯來運送獨木舟，最大的獨木舟重量和一個一般大小的摩埃相當。因此，提爾柏格提出的方法頗為合理。

提爾柏格為了驗證自己的理論，找了一些復活節島民製造這麼一個舟梯，使雕像平躺在木橇上，再用繩索將木橇拖拉到舟梯上。她發現，如果是五十到七十個人，每天工作五個小時，每次用力拖拉，可讓木橇前進四．五公尺，如此便可在一星期內把十公噸左右的雕像運到十五公里外之地。提爾柏格和島民也發現，成功的關鍵就在於大家同心協力、動作一致地向前拖拉，就像一起划獨木舟那樣。如此類推，若要搬運像帕洛那麼大的雕像，可能五百個人就能辦到。復活節島的氏族動輒一、兩千人，號召個五百個人應該不是難事。

島民親口對海耶達爾描述祖先當初如何把雕像豎立在阿胡上，一提到那些自以為是、不肯降貴紆尊來請教他們的考古學家就一肚子火。他們不用起重機，就成功豎立一座雕像給海耶達爾看，證明自己說得沒錯。有關雕像的運送和豎立，後來不少科學家都做過實驗，如慕洛（William Mulloy）、提爾柏格、克利斯提諾等，我們也在這些實驗過程中得到不少線索。島民先在平台和廣場間做個徐緩上升的石頭坡道，讓雕像處在平躺的姿態，頭下、底部朝上地往上拖拉。一旦底部碰到平台，他們就用木頭把頭部撐高一點，接著在頭部下方塞進石頭，讓雕像慢慢豎立起來。坡道的石頭最後還可拆下來做阿胡的側翼。普卡奧或許是和雕像同時豎立的，島民把頭部撐高之時，就把普卡奧頂在雕像頭上。

最危險的時刻就是雕像接近直立之時，如果傾斜過度，雕像可能會栽下去。為了降低這種風險，島民會使雕像與平台之間的角度略小於直角（如八十七度角，而非九十度角），如此雕像雖然略為前傾，但不至於倒栽蔥，最後再慢慢地在底部前端調些石頭調整些微角度以求平穩，直到雕像完全垂直為止。這個步驟驚險萬分，難免會發生意外。島民在漢嘉德田加阿胡豎立一尊比帕洛更高的雕像時，不幸讓雕像栽下去，雕像於是摔得粉身碎骨。

建造雕像和平台這樣的大工程，必然需要很多糧食來填飽眾多工匠和搬運工的肚子。二十個工匠要工作一個月，這一個月都必須供給他們糧食做為酬勞。另外搬運雕像的五十到五百人和豎立雕像的人，做的都是粗重的活兒，吃的也必然比常人來得多。擁有阿胡的氏族必然會在雕像豎立大典大吃大喝。雕像路過不少領地，各個領地上的氏族必然樂意共襄盛舉。考古學家一開始以工作量和燃燒的卡路里數來計算糧食消耗量，這樣的計算卻忽略了一個重要因素：雕像只是整個工程的一小部分，平台的建造才是更大的工程。平台的重量是雕像的二十倍，建造平台所需的石頭都得從外地運來。提爾柏格的夫婿是建築師，他是洛杉磯蓋大樓的專家。這對夫婦以建造雕像和平台需要的起重機及升降機來粗估復活節島工程，最後的結論是：以雕像和平台的數目及大小而言，在這項工程登峰造極的三百多年間，糧食的需求量要比總人口的需求量多出二五％。史蒂文森也認為，在那繁盛的三百年間，復活節島實行內陸高地耕作，因此得以生產更多的糧食。

然而，我們還忽略了一個問題。雕像工程需要的不只是更多的糧食，同時也需要很多又長又粗的繩索（來自多纖維的樹皮），才能讓五十到五百個人拖拉重達十公噸甚至八十公噸的雕像，還要很多粗大的樹木做成木橇、舟梯和橫桿。但是在羅格文等歐洲人登陸之時，島上根本看不到幾棵樹，如果有的話，也都是三公尺不到的小樹。在玻里尼西亞所有的島嶼中，只有復活節島幾近不毛之地。那些可用來做繩索和木頭的樹木到哪裡去了？

消失的森林

植物學家研究二十世紀復活節島上的植物，能辨識出來的本土物種只有四十八種。即使是最大的一種（高達二公尺的托羅密勒樹〔*Sophora toromiro*〕），也只是小不點兒，難以稱之為樹，其他的只是蕨類、小草、莎草和灌木。然而，根據近幾十年的研究，我們發現人類入主復活節島之前的幾十萬年到人類定居之初，這個島嶼非但不是不毛之地，反而是巨木參天、綠意盎然的亞熱帶森林。

第一個得到這個結果的研究方法是花粉分析法（palynology），也就是從沼澤或池塘中取出柱狀沉積物為樣本進行分析。如果沉積物的柱狀樣本沒有經過搖動或攪拌，最上層的泥巴沉積時間應當發生在最晚，愈底部沉積的時間愈早。每一層沉積物的確切年代可用放射性碳元素年代測定法估量。把柱狀沉積物中幾萬顆花粉放在顯微鏡下檢視、計算花粉顆粒、與現代已知植物物種的花粉比較以辨識花粉的植物物種，這樣的工作實在艱鉅。首位致力於復活節島花粉分析的科學家是瑞典的謝林（Olof Selling），他以海耶達爾一九五五年從拉諾拉拉庫沼澤和拉諾考火山口取得的沉積物來分析。他發現其中許多花粉來自棕櫚樹，不過種類無法辨識，這些物種已不是今天復活節島的本土植物。

另一位科學家則是符蘭里（John Flenley），他在一九七七年和一九八三年採集更多沉積物樣本進行分析，也注意到其中有很多棕櫚樹的花粉。一九八三年那年，符蘭里幸運地從瑟吉歐．拉楪．郝亞那兒取得一些棕櫚樹的堅果化石，那些堅果化石是同一年法國探險家在一處熔岩洞穴挖掘出來交給郝亞的。符蘭將這些堅果化石送去給世界最頂尖的棕櫚樹專家進行辨識，結果竟然和全世界現存最大的棕櫚樹——智利酒棕櫚（*Jubaea chilensis*）——的堅果很像，只是略微大一點。智利酒棕櫚可長到將近二十公尺高，樹幹足足有九十公分粗。後來的人在泰拉瓦卡熔岩（有幾十萬年歷史）中發現那種巨棕櫚樹幹的遺跡，按照那根盤節錯的樣子，樹幹直徑看來可能有二公尺多。如果那種巨棕櫚沒有消失，應該是世界上最大的棕櫚樹，連高大的智利酒棕櫚都得甘拜下風。

今天的智利人將他們的棕櫚樹當成寶貝，原因有幾個：智利酒棕櫚的樹幹中有甘甜的汁液，可以用來釀酒、煮成蜜糖或製成糖粉，可謂名不虛傳。此外，這種棕櫚的堅果果仁含有油脂，非常美味；棕櫚葉可用來覆蓋屋頂，或是做成籃子、草蓆或船帆。當然，粗大結實的樹幹可製成搬運重物的工具、豎立摩埃，或許也可用來打造木筏。

符蘭里和金莎拉（Sarah King）從沉積物採樣辨識出其他五種樹木的花粉，這五種現在皆已絕種。後來，法國考古學家凱瑟琳．歐里艾克（Catherine Orliac）又在復活節島收集了各種樣本，如木頭燒成炭的碎片、爐子中的木炭和垃圾堆樣本等，總數達三萬個。歐里艾克之後逐一過濾，從中找出二千三百個，再與玻里尼西亞其他地方現存的樹木樣本進行比較。這種鐵杵磨成針的精神，可與謝林、符蘭里和金莎拉等人的鍥而不捨互相輝映。歐里艾克就是用這種方法辨識出其他十六種植物，當中有不少是今日東玻里尼西亞常見的樹木物種，或是與這些物種有關。這些都是以前在復活節島成長的樹木，可見過去的復活節島有一片樹種繁多、蓊蓊鬱鬱的森林。

對島民來說，除了巨棕櫚之外，科學家發現的二十一種現已絕種的樹木大都價值匪淺。其中兩種最高的樹，即高達三十公尺的麥珠子樹（*Alphitonia* cf. *zizyphoides*）和十五公尺的大果杜英（*Elaeocarpus* cf. *rarotongensis*），在今日的玻里尼西亞其他島嶼還看得到，是當地人製作獨木舟的材料（或許比棕櫚樹更佳）。所有玻里尼西亞人都知道利用垂桉草（*Triumfetta semitriloba*）這種小灌木的樹皮做繩索，也許復活節島民就是用這種繩索來拖拉雕像。另外，楮桑也可用來做成樹皮布；魚骨木（*Psydrax odorata*）的樹枝筆直且有彈性，是製成魚叉和舷外浮材的素材；馬來蒲桃（*Syzygium malaccense*）的果實可食；繖楊（*Thespesia populanea*）這種海洋檀木和其他八種樹木木質堅硬，可做為雕刻和建築之用；托羅密勒樹的木材像刺槐和牧豆樹，是做柴薪的絕佳木料。這些樹木物種都是歐里艾克從焚燒後的碎片中分析出來的，證明這些樹木都曾被用來當做生火的木柴。

還有人從安納克那沙灘早期的貝塚挖掘出六千四百三十三根骨頭，加以仔細分析、辨識。這些骨頭有些是鳥骨，有些則是其他脊椎動物的骨頭。完成這項研究的就是動物考古學家史戴德曼，他會選擇安納克那這個地點，是因為這裡可能就是人類在這島上初次登陸、殖民的地點。儘管我是個鳥類學家，我還是無法分辨知更鳥和鴿子的骨頭有何不同，甚至看不出知更鳥骨和老鼠骨頭的差異，而史戴德曼竟然能分辨十來種近似的海燕骨頭。他這等高超的辨識能力和眼力，已不是明辨秋毫一詞可以形容，讓我不得不佩服得五體投地。他還證明，今天看不到任何一種陸上禽鳥的復活節島，在遠古時代至少有六種存活，包括一種蒼鷺、兩種秧雞、兩種鸚鵡和一種倉鴞。更令人驚異的是，至少有二十五種海鳥在此築巢產卵，因此復活節島等於是全玻里尼西亞（甚至可能是整個太平洋地區）最重要的海鳥繁殖地。這些海鳥包括信天翁、鰹鳥、軍艦鳥、管鼻、海燕、細嘴鋸、水薙鳥、叉尾海燕、燕鷗、鶲等。牠們被吸引前來復活節島繁殖，主要是因此地偏遠、沒有捕食者，可無憂無慮地棲身、繁殖。當然，人類入主之後，就不可同日而語了。此外，史戴德曼還發現了幾種海豹的骨頭。這些海豹今天仍在復活節島東邊的加拉巴哥群島（**Galápagos Islands**）和胡安費爾南德斯群島（**Juan Fernández Islands**）繁殖，但我們無法確定的是，史戴德曼發現的海豹骨是過去在復活節島繁殖的海豹，或只是偶然從別的繁殖地游過來的。從安納克那沙灘貝塚挖掘出的鳥骨和海豹骨，我們可略窺最初人類在復活節島定居吃的食物和生活型態。在那六千四百三十三根辨識出的骨頭中，最常見的一種約占總數的三分之一，也就是真海豚（*Delphinus delphis*）。真海豚是島民可以獵取的最大動物，重達七十五公斤左右。這真是非比尋常的發現。在玻里尼西亞其他地區的貝塚中，這種海豚的骨頭只占其中的百分之一。真海豚一般在大海中生活，不會接近岸邊，因此不可能用繩釣或從岸邊投射魚叉來捕捉。島民必然是乘坐大型、穩靠的獨木舟出海捕獵，而獨木舟又是用歐里艾克辨識出的那些樹木打造的。

在安納克那沙灘的貝塚中，魚骨只占所有骨頭的二三%，但在玻里尼西亞其他地區，魚則是主食（魚骨占所有骨頭的九〇%以上）。復活節島民之所以魚吃得不多，是因為海岸地形崎嶇、陡峭，又多斷崖，因此沒有幾個地方可以撒網捕魚，且幾無可以繩釣的淺水區。可以想知，島民能食用的軟體動物和海膽也很少。雖然復活節島的海鮮不多，海鳥和陸上禽鳥倒是很多，可讓島民大快朵頤。島民不但燉煮鳥肉，還會加上很多鼠肉一齊烹煮——老鼠是當初藏身於先民的獨木舟中偷渡上岸的。在所有玻里尼西亞島嶼的遺址中，只有復活節島一地的鼠骨多過魚骨。如果想到鼠肉，諸君就覺得噁心，認為實在難以下肚，且聽我說說一九五〇年代末我在英國親眼所見：對我那些英國生物學家朋友來說，老鼠不但是實驗用的動物，在戰時食物配給的年代，還可變成奶油鼠肉等珍饈佳肴，讓饑腸轆轆的他們打打牙祭。

海豚、魚、貝介類、鳥類、老鼠，復活節島先民菜單上的食物不只是這些。除了先前提到的海豹，貝塚中還有其他動物的骨頭，證明島民偶爾還有海龜可大飽口福，或許還有大蜥蜴可以加菜。這些山珍海味大抵是火烤來吃，用的柴火就是來自島上的森林。

如果比較那些早期遺址和史前時代晚期的垃圾堆，並與現在復活節島的情況互相對照，就會發現島民的食物出現很大的變化。那眾多的山珍海味逐一從菜單上消失了，海豚和鮪魚等海水魚幾乎完全沒得吃了，原因我們會在後面詳述。魚類只剩下近岸水域可捕捉到的，陸上禽鳥也都沒了，原因很簡單：由於過度捕獵、森林濫伐，加上鼠類掠食，於是一一絕種。對太平洋島嶼的鳥類來說，這真是萬劫不復，比紐西蘭和夏威夷的情況更慘。雖然紐西蘭和夏威夷的一些鳥類物種已經滅絕，如恐鳥（**譯注：一種無翼大鳥**）和一種過大而不會飛的野雁等，但是劫後餘生的禽鳥也不少。像復活節島這樣空空如也、連一隻本土禽鳥都看不到的島嶼，在太平洋諸島中絕無僅有。復活節島以前還有二十五種或更多的海鳥在島上築巢產卵，因為過度獵殺和鼠輩橫行，後來有二十四種不在本島繁殖。目前仍在繁殖的九種只在本島外的幾個小島上產卵，而且卵的數量極少，其他十五種更是已經絕跡。即使是貝介類，也因人類的口腹之欲在劫難逃。由於美味的大螺愈來愈少，島民只好退而求其次，多吃比較小的渦螺。時間愈晚的貝塚，發現的螺殼愈小，可見大的早就因過度捕食而滅絕了。

關於歐里艾克、符蘭里和金莎拉等考古學家辨識出的巨棕櫚等樹木滅絕之因，算起來可能有半打之多。歐里艾克從遺址火爐中取得的木炭標本，證明復活節島先民以樹木為柴火來煮食。再者，遺體火化也會用到樹木。復活節島的火葬場有幾千具的遺骸和大量人類骨灰，要焚燒這麼多的屍體必然需要很多燃料。此外，除了地勢最高的地方，島上很多樹木都被砍伐，清理出空地來做園圃，以便栽種作物。從早期貝塚發現的許多海豚和鮪魚骨頭，可以推論出：像是麥珠子樹和大果杜英這樣的巨木，都被砍伐做成可在大海航行的獨木舟。羅格文見到的那些簡陋、容易滲水的木筏，必然難以讓人們在上面站穩、投射魚叉，更何況根本就划不遠。我們也可推論：搬運、豎立雕像所需的木頭和繩索也都來自樹木。樹木的用途還多著呢。偷渡上岸的老鼠也不會輕易放過島上的棕櫚樹等樹木，在復活節島挖掘出的每一顆棕櫚堅果都有老鼠啃噬的齒痕。這些堅果一旦被啃咬過，就不能發芽了。

復活節島森林濫伐的問題可能始自公元九〇〇年，也就是人類抵達之初。到了一七二二年，島上的森林可能已被砍伐殆盡，因此羅格文上岸時才會發現這個島是個不毛之地，沒有一棵樹超過三公尺高。然而，在公元九〇〇年至一七二二年這段時間內，我們能否更進一步推斷森林確實被砍伐光的年代？目前我們有五種證據可為導引。島上大多數的棕櫚堅果經放射性碳元素年代測定，發現都是一五〇〇年前之物。也就是說，一五〇〇年後棕櫚樹變得非得稀少或是絕種了。科學家發現波伊卡半島的棕櫚樹在公元一四〇〇左右消失，由於這裡的土壤是全島最肥沃的，或許樹木最先被砍伐光；森林清理留下的木炭都是公元一四四〇年之前的，之後就沒有了，後來的農業遺跡顯示這裡成為人類的地盤。歐里艾克從遺址中的爐子和垃圾坑取得樣本進行放射性碳元素年代測定，發現木炭在公元一六四〇年之後就不見了，取而代之的是草本植物。連當地貴族的家也沒有木頭可用，更何況是平民。符蘭里也以花粉分析證實：在十世紀和十四世紀之間，棕櫚樹、雛菊樹（*Montanoa hibiscifolia*）、托羅密勒樹和灌木的花粉都消失了，取而代之的是草本植物的花粉。然而，以放射性碳元素測定柱狀沉積樣本來估算森林砍伐殆盡的年代，還是隔了一層，不如直接估量棕櫚樹及其堅果得到的年代精準。最後，根據史蒂文森的研究，島民在高地栽種的時期——也就是十五世紀之初到十七世紀間——或許正是雕像打造最登峰造極之時，用了大量的木頭和繩索。種種證據顯示人類在復活節島定居後不久就開始砍伐森林，到了公元一四〇〇年左右砍伐得最如火如荼。在十五世紀初到十七世紀之間，島上各地的森林陸續被砍伐殆盡。

自食惡果

復活節島因森林濫伐而變成不毛之地，這種景象不僅是全太平洋地區最極端的例子，這種慘況也是世界之最：整個森林都消失了，所有的樹木物種都滅絕了。對島民來說，立即受到的衝擊便是沒原料可用，沒有野生食物可吃，作物產量也減少了。

由於本土植物和禽鳥的銳減、消失，很多原料如木頭、繩索、製造樹皮布的樹皮、羽毛等也跟著沒了。沒有大型原木和繩索，雕像的搬運和豎立就中止了，也不能建造紮實的獨木舟。一八三八年，有艘法國船隻在復活節島海岸附近停泊。島民於是分乘五艘簡陋的小木筏，打算跟他們交易。根據法國船長的紀錄：「所有的土著看到我們，不斷興奮地叫道：『米路！米路！』見我們聽不懂的樣子，不由得氣急敗壞。原來他們口中的『米路』就是玻里尼西亞人做獨木舟的木頭。他們要的就是這個……」復活節島最大、最高的山叫做「泰拉瓦卡」，意思就是「取得獨木舟之地」。過去島民把泰拉瓦卡山上的樹砍伐下來做木材，現在山坡上仍有不少木工或做獨木舟的工具棄置在那裡，像是石頭鑽子、刮刀、刀子、鑿子等。沒有大型原木，島民就沒有木頭可以生火取暖。在復活節島，下大雨的冬夜又溼又冷，氣溫可能降到攝氏十度。一六五〇年之後，島民只能焚燒草本植物、甘蔗皮等作物殘渣來當燃料。剩下來的一點小灌木，還是可以用來覆蓋屋頂、製成木製工具或樹皮布，但大家搶得厲害。就連葬禮也受到影響，因為沒有足夠的木頭可做燃料來火化屍體，島民只好把屍體做成木乃伊，或在屍體入墓成為白骨後再挖出來放入骨甕改葬。

大多數的野生食物也沒了。沒有能在海上航行的獨木舟，就不能像最初在此殖民的頭幾百年那樣捕捉海豚來當主食。到了一五〇〇年，島民完全沒有海豚可吃，也沒有鮪魚等遠洋魚類可以享用。愈晚期的貝塚，魚鉤和魚骨愈少，最後只剩淺水處和岸邊的魚可以捕食。陸上禽鳥完全絕種了，海鳥的種類也減少了三分之二，剩下來的只在幾個海岸外的小島繁殖。棕櫚堅果、馬六甲蒲桃等野生水果也沒得吃了，可以吃到的貝介類愈來愈小，也比以前少很多。唯一沒有減少的野生食物就是老鼠。

除了野生食物來源遽減，作物產量也減少了，原因有以下幾項。森林濫伐使得土壤受到雨水和風的侵蝕，如符蘭里從沼澤取得的沉積物樣本就出現大量來自土壤的鐵離子。我們也可自波伊卡半島的遺址發現那裡的田地原來矗立著一棵棵棕櫚樹，樹蔭可保護下方的土壤和作物，免得受到烈日曝曬，也可減少蒸發、風害或大雨侵害。棕櫚樹被砍光了之後，因為大規模的土壤侵蝕，低地的阿胡和房子都遭到土石流掩埋。到了公元一四〇〇年左右，島民不得不放棄波伊卡的田地。後來這裡的田地長出青草，農業也在一五〇〇年左右回復，但一個世紀之後又發生第二波土壤侵蝕，只好二度放棄田地。森林濫伐對土壤的破壞除了有侵蝕作用，還有乾旱和肥力流失，致使作物產量銳減。野生植物的葉子、果實、嫩枝等可做堆肥的材料也所剩無幾。

將森林砍伐殆盡，災難必接踵而來，人類環境將遭受不少重大衝擊，像是饑荒、人口遽減，甚至出現人吃人的慘事。島上除了莊嚴巨大的摩埃，還有一些小小的雕像，也就是「卡瓦卡瓦摩埃」（*moai kavakava*），刻的是雙頰凹陷、瘦得只剩皮包骨的人兒。這些雕像證實歷經饑荒的島民所述為真。庫克船長一七七四年對復活節島民的描述是：「瘦小、膽怯的可憐蟲」。約在一四〇〇至一六〇〇年間，靠近海岸的低地房舍數量最多；但是到了一七〇〇年，住宅數目足足少了七〇%，顯示人口少了七成。野生動物一一絕種，島民在無肉可食的情況下，把腦筋動到陸上唯一尚未享用過的肉——人肉。在復活節島上，人骨不只出現在墳場或火葬場，晚期的廚餘、垃圾堆也常有人骨（當地人會把骨頭敲碎，吸取骨髓）。島民的口傳歷史也提到這種人吃人的真實夢魘，島民辱罵敵人最惡毒的話莫過於：「你老母的肉在我的牙縫。」

以前復活節島的酋長和祭司常標榜自己和神明的關係，以證明自己身分、地位的正當性，也承諾會給人民繁榮富足和豐收。他們以宏偉的建築和儀式來加深這種印象。由於向人民徵收餘糧，才有可能打造出那麼多巨大、莊嚴的雕像和平台。當他們的承諾落空、老百姓民不聊生以人肉果腹之時，酋長和祭司的地位也就岌岌可危，最後在一六八〇年被當地叫做「馬塔托亞」（*matatoa*）的軍事領袖推翻了。先前由多個氏族組成的統一社會，也因內戰連連變得四分五裂。今天，復活節島上還能看到不少以玄武岩做矛頭的武器（「馬塔亞」〔*mata's*〕），這些武器都是內戰時期遺留下來的。海岸原本是權貴住宅區（哈瑞．帕安家），如今平民也可以住在那裡。然而，很多人為了安全還是選擇以洞穴為家。他們把洞穴挖大做為居住空間，出口的通道刻意做得狹窄，以利防衛。考古學家在這些洞穴遺址發現了廚餘、骨頭做的縫衣針、木工工具和修補樹皮布的工具，顯然島民在這裡長住而不是暫時藏身。

當復活節島的玻里尼西亞社會即將崩壞時，酋長被推翻，舊的政治意識型態瓦解了，島民也就不再信奉原來的宗教。根據口傳歷史，最後的阿胡和摩埃大約是一六二〇年豎立的，帕洛就是最後打造出來的雕像，也是最高的一尊。一六〇〇年到一六八〇年間，貴族管理的高地園圃也漸漸廢棄，無法再餵養雕像的工作團隊。晚期雕像之所以更加高聳，原因除了酋長之間的互相競爭，也反映出島民在環境危機四伏、生活艱苦的情況下對祖宗的熱切祈求。大約在一六八〇年的軍事政變中，敵對的氏族開始把敵人的雕像推倒。他們在平台前放置石板，把雕像往前推下，雕像倒下、撞到石板，就會碎裂。復活節島社會在人口膨脹到極限、建築登峰造極、生態環境受到衝擊之後，崩壞的噩運就來了。第四、五章所述的馬雅和阿納薩齊社會也是這麼走向覆亡。

我們不知道歐洲人最初來到這個島嶼時，雕像的毀壞已到什麼程度。羅格文在一七二二年上岸時，只在一個地方短暫停留。一七七〇年，西班牙探險家岡薩雷茲（González）來到這裡，除了航海日誌，也沒做什麼記載。首先對復活節島有所描述的歐洲人，便是一七七四年來到此地的庫克船長。他在島上待了四天，派了一個勘察隊在島上各處進行調查。幸運的是，還有一個能用玻里尼西亞方言和島民溝通的大溪地人隨行。庫克提到島上可見一些傾圮的雕像，然而還有一些依舊屹立。歐洲人最後一次提到豎立的雕像是在一八三八年，一八六八年記載的雕像全部都是傾倒的。根據島民的口傳歷史，最後一尊被推倒的雕像就是帕洛（約在一八四〇年）。這尊雕像是一個女人為了她的丈夫豎立的，後來被仇家推倒，因而從中斷裂。

阿胡本身也被破壞了。有些很好的石板被抽出來，做成阿胡旁邊園圃四周的矮牆（「馬納瓦伊」〔*manavai*〕），有的則拿來蓋墳墓。至今大多數的阿胡仍未修復，乍看之下就像一堆亂石。我和提爾柏格、克利斯提諾、桑妮．郝亞和羅利特等人開車在島上進行研究，看著一個又一個殘破的阿胡和傾圮、碎裂的雕像，想到島民的祖先窮盡精力雕刻，又大費周章地搬運到平台上，好不容易才豎立起來，這些心血一下子都被子孫毀掉了，令人不勝唏噓。

復活節島民親手把祖先的摩埃毀了，也讓我想起俄國和羅馬尼亞共黨政府的垮台，人民把獨裁者史達林（Joseph Stalin, 1879-1953）和齊奧塞斯庫（Nicolae Ceausescu, 1918-1989）的雕像拆除。可能島民對酋長積怨日深，才會對雕像發洩，就像俄國人和羅馬尼亞人一樣。我很想知道有多少雕像是在氏族內鬥時被推倒的（如帕洛），還有哪些是島民在憤恨不滿、希望破滅之下群起破壞的。我還想起新幾內高地一個名叫波買（Bomai）的村落所發生的悲劇。一九六五年，當地一位基督教傳教士對我誇口說，有一天他把改信基督教的土人找來，要他們把村子裡所有的「偶像」（也就是他們的傳統藝術品）全部拿到廣場燒掉，而這些土人果然遵命。也許復活節島的軍事領袖（即當地人口中的馬塔托亞）也對他們統治的島民下達類似命令。

我不想把一六八〇年後的復活節島社會描述成完全沒有希望的煉獄。存活下來的島民還是很努力地適應、過日子，也有宗教信仰。一六五〇年之後，雖然盛行吃人肉，雞舍也如雨後春筍般冒出來。考古學家如史戴德曼、瓦爾嘉思、克利斯提諾等人在安納克那最古老的貝塚挖掘出雞骨，那些雞骨只占所有動物骨頭的〇．一％還不到。馬塔托亞以新宗教支持自己的軍事政變，令島民崇拜創造之神梅克梅克（Makemake）。以前島民信奉的神明很多，梅克梅克只是其中之一。拉諾考火山凹地的歐朗哥村（Orongo）特別盛行崇拜梅克梅克的宗教儀式，那裡面對著附近海面三個面積最大的小島——也就是海鳥築巢產卵的最後據點。新的宗教也帶來新的藝術風格，島民轉而雕刻女人的生殖器、捕鳥人和鳥（一開始刻的鳥還很多，後來愈來愈少）。島民不只在歐朗哥的石碑上雕刻，也以在別處倒塌的摩埃和普卡奧上雕刻。歐朗哥村每年舉辦游泳大賽，參賽的年輕人必須忍受冰冷的海水、冒著被鯊魚果腹的危險，從本島游到一公里半左右以外的小島，撿拾烏領燕鷗繁殖季節下的第一顆鳥蛋，然後帶著鳥蛋游回本島，途中不得使蛋碎裂，得勝者就是翌年的「捕鳥王」。歐朗哥村最後一次舉行這個活動是在一八六七年，當時在島上的天主教傳教士還曾觀看過。復活節島被自己的島民親手毀了大半，在苟延殘喘中又遭到外面世界更徹底的破壞與凌辱。

外人欺壓，還是自作孽？

歐洲人對復活節島的衝擊是個悲慘的故事，我們可簡明扼要地交代這個經過。自庫克船長一七七四年踏上這塊島嶼，之後其他的西方人也絡繹不絕而來。復活節島的境遇也和夏威夷、斐濟等太平洋島嶼一樣，歐洲人上岸之後也把傳染病帶來了，使得許多從來沒接觸過這類疾病的島民一命嗚呼。前文提過，根據文獻紀錄，復活節島第一次爆發天花是在一八三六年。如我們所知，太平洋島嶼的土著常被人綁架、抓去當奴工，當然復活節島民也難逃此劫。早在一八〇五年，就有島民被綁走了。到了一八六二至六三年間，竟有一千五百個島民（約當時島上倖存人口的半數）被二十來艘秘魯船隻綁走，送到奴隸市場拍賣，在秘魯的鳥糞礦區[3]或其他地方當奴工。這真是復活節島歷史上最悲慘的一年。大多數被綁架的島民都淪落天涯、客死異鄉。秘魯在國際輿論的壓力下，把十來個還活著的島民遣返。不幸的是，這些人又把天花帶回島上，造成另一波天花流行。一八六四年，天主教傳教士在該島居住。到了一八七二年，復活節島民只剩一百一十一人。

一八七〇年代，歐洲商人把羊引進復活節島，並占據土地。一八八八年，智利政府併吞了復活節島，把島上土地租給一家總部在智利的蘇格蘭牧羊公司來管理。島民只能住在一個村落，為牧羊公司工作，公司只提供生活物資，沒有薪資。一九一四年，島民叛亂，智利政府派戰艦前來平息。島上的土地經過數十年放牧，飼養綿羊、山羊、馬等，土壤侵蝕嚴重，半數本土植物因此面臨絕種的命運，包括垂

3鳥糞礦：數百萬噸鳥糞經壓縮及長期化學變化而形成的高純度磷酸鈣，亦即磷酸鹽礦。

桉草和托羅密勒樹。一九三四年之後，這些植物永遠從復活節島消失了。直到一九六六年，島民才成為智利公民。今天的島民已開始進行文化復興，以自己的文化為傲，島上的經濟也因觀光業興盛而有回春跡象。智利航空公司每週有幾班飛機從聖地牙哥和大溪地飛來，載著像我和羅利特這樣的旅客來看著名的巨石人像。然而，在此一眼就可看出島民和智利人之間格格不入。以人口數目而言，雙方算是旗鼓相當。

復活節島著名的「朗格朗格板」（*rongorongo*，譯注：意指「會說話的木頭」），也就是刻了象形文字的板子，無疑是島民發明的，但發明的時間已不可考。最先提到這種文字的是一八六四年在此居住的天主教傳教士，目前留下來的二十五塊朗格朗格板顯然是島民與歐洲人接觸後的產物。有些木板不是當地的木頭，有些則是用歐洲人的船槳刻的，還有一些可能是島民為了出售而製造的。大溪地天主教主教對當地文字非常感興趣，希望取得樣本，於是派人前來購買。紐西蘭語言學家費雪（Steven Fischer）在一九九五年宣稱他已破譯一些朗格朗格板的文字，發現上面刻的是像「綿綿瓜瓞」這般祈求多子多孫的頌歌，有些學者並不同意這樣的詮釋。但大多數研究復活節島的專家都同意，朗格朗格板是島民在一七七〇年與西班牙人接觸後受到啟發而發明，或是一八六二年至六三年間秘魯人綁架島民事件的產物。由於很多島民遭到屠殺，口述知識恐有失傳之虞，於是島民想到發明書寫文字來相佐。

正如前述，島民破壞生態環境證據確鑿，羅格文於一七二二年抵達之時，此島早已成了失樂園。儘管如此，由於西方剝削、壓迫的悲慘歷史，島民和學者都不願承認島嶼覆亡是島民應得的報應。島民自己的說法是：「我們的祖先絕不會做那種事。」在此訪問的科學家也說：「這裡的人這麼好，不可能會做出那種事。」例如米歇・歐里艾克（Michel Orliac）論及大溪地環境變化時，也探討過類似的問題：「……至少這樣的環境變化可能是自然造成的，而非源於人類的所作所為。我對玻里尼西亞人有很深的情感，寧可相信這樣的環境破壞是大自然造成的（例如颱風）。然而，這是個非常有爭議的問題，許多學者都提出不同的意見（McFadgen 1985; Grant 1985; McGlone 1989），我也還不能下定論。」

這些同情島民的意見或理論主要有以下三種：

首先，羅格文在一七二二年踏上復活節島，眼中的不毛之地並非島民一手造成的。在羅格文之前，已有西方人來到這裡並造成破壞。的確，很可能在羅格文抵達前已有一些西方人來到此地，只是沒有紀錄罷了。例如十六世紀和十七世紀，很多西班牙大帆船已駛過太平洋海域。島民面對羅格文所表現出的冷靜、無畏和好奇，顯示他們已有和西方人接觸的經驗。如果他們在羅格文抵達前過著完全遺世獨立的日子，沒跟任何外人接觸過，應該會以為自己是這個世上唯一的人類。他們看到其他人類上岸，如羅格文等人，應該會有驚嚇的反應，但他們卻表現出一副見怪不怪的樣子。不管怎麼說，一七二二年以前，西方人在島上有何活動，我們一無所知。縱使西方人真來到此地，我們也不知道他們到底如何把這個地方變成不毛之地。一五二一年，葡萄牙航海家麥哲倫（Magellan, 1480-1521）才完成首度橫越太平洋的壯舉。然而，在此之前人類對復活節島生態環境造成巨大衝擊，證據確鑿：所有的陸上禽鳥都已滅絕；海豚和鮪魚從島民的菜單上消失；一三〇〇年之前的樹木花粉已大幅減少；波伊卡半島的森林在一四〇〇年已被砍伐殆盡；以放射性碳元素年代測定法來分析，發現一五〇〇年之後棕櫚堅果已經消失了。

第二種理論是復活節島森林的消失可能肇因於氣候改變，例如乾旱或是聖嬰現象[4]。會有這種說法，我絲毫不感到驚訝。我們發現，如果生態環境已遭人類破壞，氣候轉變確實會有雪上加霜的效果。不少人類社會也遭遇過這樣的問題，如阿納薩齊（第四章）、馬雅（第五章），以及中古時期的格陵蘭（第七、八章）等。有關復活節島在十世紀到十八世紀之間的氣候變化，我們沒有資料，因此不知道那個時期的氣候有何變化，是變得乾旱、暴風雨侵襲更甚，還是更有利於森林生長。我認為復活節島森林的消失和鳥類滅絕似乎不是氣候變化造成的，證據有以下幾項：從泰拉瓦卡火山熔岩中發現的棕櫚樹幹遺跡，可證明巨棕櫚已在島上生存了幾十萬年；符蘭里分析沼澤沉積物也發現，從三萬八千年前到二萬一千年前，復活節島除了有棕櫚樹、雛菊樹、托羅密勒樹，還有其他六種樹木的花粉。復活節島的植物應已歷經無數次乾旱和聖嬰現象的考驗，何以熬不過再一次的乾旱或聖嬰現象？事實上，符蘭里的紀錄顯示，在二萬六千年前到一萬二千年前，復活節島還曾遭遇更乾冷的氣候，近一千年來世界任何地區還未出現過這麼嚴酷的氣候。然而，那個時期的氣候變化只是使島上的森林從高地退到低地，更何況後來高地的森林也復育了。這些都是相當有信服力的證據。

第三種理論是復活節島民不可能明知故犯，愚蠢到把所有的樹全都砍伐下來，到一棵不剩的地步。正如凱薩琳．歐里艾克所言：「森林是島民物資的來源，也是精神生活所需，把森林砍伐殆盡等於自斷生路。他們為什麼要做這種事？」這的確是個重要的疑問。為這個問題大惑不解的，不只是凱薩琳．歐里艾克和我，我的加州大學學生也對這種生態自殺感到迷惑。我常常問自己這麼一個問題：「復活節島民在砍下島上最後一棵樹的那一刻，曾說過什麼？」他們是否像現代的伐木工人叫喊：「我們顧的是生計，不是樹木！」或者：「問題就交給科技去解決吧。別擔心，我們可以找出木頭的替代品。」或是振振有辭地說：「怎見得復活節島其他地方也都沒有樹木了？我們得進行更進一步的研究。禁止伐木未免言之過早，真是杞人憂天。」在每一個大意破壞生態環境的社會中，都有人提出這樣的質疑。我們會在第十四章探討這個問題，也會了解社會犯下這種錯誤的背後有著一連串原因。

復活節島的環境為何脆弱？

為何復活節島最後變成光禿禿的一片？為何出現如此極端的結果？話說太平洋可以居住的島嶼有好幾千個，每一個島嶼的居民都把樹砍下來，也清出空地做園圃、以木材為柴薪、打造獨木舟，或是用木頭、繩索來蓋房子或製作其他東西。然而，在這幾千個島嶼中，只有三個島像復活節島那樣光禿禿的，也就是夏威夷群島中的兩個小島——聶克特島（Necker）和尼霍亞島（Nihoa）——還有一個較大的島嶼尼豪島（Niihau），但都不及復活節島嚴重。這三個島都比復活節島來得乾旱，而尼霍亞島現在還有一種大棕櫚樹，我們甚至還不能確知面積僅十六公頃的聶克島是否曾有樹木生長？為何唯獨復活節島民把自己島上的森林砍伐殆盡，到一棵不剩的地步？有人曾做此解釋：「那是因為復活節島的棕櫚樹和托羅密勒樹生長速度緩慢。」如果這些樹在復活節島長不出來，為什麼至少有十九種同類樹木在東玻里尼西亞很多島嶼都長得很好？我懷疑這也許是有些科學家不忍怪罪復活節島民的結果，再者島民也不願承認。如果說這是島民一手造成的，豈不是暗示復活節島民罪大惡極、短視近利？

---

4 聖嬰現象：El Niño，指的是太平洋東南部及秘魯、厄瓜多爾西部海域海水面溫度猛烈上升，造成全球各地之氣候異常，出現嚴重乾旱和水災現象。

我和羅利特對復活節島光禿禿的獨特景象感到困惑。事實上，在這個問題之外還有一個更大的問題：為什麼太平洋群島的森林毀滅程度不一？例如下一章討論的芒阿雷瓦島、大部分的庫克群島與奧垂斯群島、夏威夷本島和斐濟群島的背風面等地區，很多森林都已砍伐，但不像復活節島那樣砍到精光。社會群島、馬貴斯群島、夏威夷本島和斐濟群島的向風面等地區，高地森林仍在，低地則有次生林[5]、蕨草地和青草地。東加、薩摩亞、大部分的俾斯麥群島與索羅門群島、馬卡泰阿（Makatea，土阿莫土群島中最大的一個）等依然森林蒼翠。為何會有這樣的差異？

羅利特爬梳早期歐洲探險家的太平洋航海日誌，查看這些最初踏上太平洋島嶼的歐洲人對每個島嶼的描述，特別是島上森林砍伐的程度，再將其中八十一個島嶼的森林資料整理出來，藉以研究在歐洲人上岸的幾百年或數千年以前，太平洋島嶼原住民對環境造成的衝擊程度為何。就那八十一個島嶼來看，我們可以列出九個地理特徵，檢視各島嶼的差異和森林砍伐之間的關聯。有些傾向一看便知，但我們還是用統計分析的方式來處理資料，以便按照重要程度排出順序。

影響太平洋島嶼森林的變因（森林消失的情況在前者比較嚴重）

乾旱的島嶼／潮溼的島嶼

寒冷的高緯度島嶼／溫暖的赤道島嶼

古老的火山島／年輕的火山島

沒有落塵的島嶼／有落塵的島嶼

遠離中亞塵暴的島嶼／靠近中亞塵暴的島嶼
沒有磷酸岩的島嶼／有磷酸岩的島嶼
地勢低平的島嶼／地勢高的島嶼
偏僻的島嶼／鄰近島嶼較近的島
小島／大島

以上九個變因都可能影響到森林。其中最重要的一個就是雨量和緯度：離赤道較遠（緯度較高）、乾旱、寒冷的島嶼，森林消失的情形要比較為潮溼的赤道島嶼來得嚴重。這個結果和我們預期的一樣：植物及樹苗生長的速率和雨量、溫度成正比。如果在新幾內亞炎熱、潮溼的低地伐木，不到一年原地就能長出六公尺高的樹木，但在寒冷、乾燥的沙漠地區，樹木生長的速率就相對緩慢很多。因此，在潮溼、炎熱的島嶼，森林的砍伐如果能有所節制，樹木的再生速率可以趕上砍伐的速度，島嶼就可一直保有蒼翠蓊鬱的林地。

其他三個變因（島嶼的年齡、落塵和塵暴）的影響則是我們一開始未預期到的，這是因為我們對土壤肥力研究的科學文獻不熟悉之故。如果一個古老島嶼上的火山已有一百萬年以上沒有活動，與最近有火山活動的島嶼相比，森林更容易消失。這是因為新近噴發熔岩所形成的土壤含有較多養分，利於植

5次生林：secondary forest，包括曾經游耕或放棄耕作而後原生樹種完全覆蓋之森林，以及曾遭受不同程度與頻率砍伐但保持原生樹種或灌木之森林。

物生長。如果是較古老的島嶼，經過長時間的雨水沖刷，土壤中的養分就會慢慢流失。此外，火山爆發的落塵也有益於養分的還原。但是太平洋中有一道明顯的界線，即地理學家熟知的安山岩線（Andesite Line）。在靠亞洲大陸那邊的太平洋西南區，火山噴發的火山灰可能被風吹到幾百公里外的島嶼上。即使那些島嶼沒有火山（如新喀里多尼亞群島〔New Caledonia〕），土壤也可能因火山塵飄落而變得肥沃。安山岩線的另一邊，也就是太平洋中部和東部，土壤則需仰賴中亞草原吹來的沙塵。因此，安山岩線以東的島嶼以及離亞洲塵暴較遠的地區，較不利於森林生長。

另一個變因是磷酸岩。在太平洋諸島中，只有六個島嶼由磷酸岩構成。基本上，這是自海中上升的珊瑚礁地形。最有名的磷酸岩島嶼就是土阿莫土群島中的馬卡泰阿島。磷酸岩地表不但崎嶇難行、有很多深溝，岩石表面銳利如刀，還會劃破鞋底，手腳一碰就傷痕累累，簡直寸步難行。我第一次見識這種可怕的地面是在索羅門群島中的倫納爾島（Rennell Island）。我足足花了十分鐘，才走十公尺。一路戒慎恐懼，手臂張開保持平衡，一不小心碰到岩石就會被割傷。只要在磷酸岩上走個幾天，再怎麼強韌的靴子都會報銷。可想而知，如果島民赤腳在上面行走，會有多麼困難。如果有人曾在磷酸岩地上走過，就知道在太平洋中何以有磷酸岩的島嶼森林砍伐得比較少。

剩下三個變因造成的結果較為複雜。這三個變因就是海拔高度、距離和面積。地勢高的島嶼（即使是在該島地勢較低處）森林較少砍伐，因為高山多雲雨，雲雨落到低地就成為溪流，水分本身可以促使植物成長，同時水分也會帶來植物所需的養分和落塵。如果山區海拔高度過高或過於陡峭，不適合做園圃，或許依然蒼翠。再者，在偏僻、孤立的島嶼上，森林會消失得比較快，或許島民只能待在島上，所作所為都在島上，因此對島上環境造成較大的影響。如果島民容易與鄰近島嶼接觸，就會多把時間和精力放在貿易、掠奪或擴展殖民地。大島森林消失的速度不像小島那麼快。大島比小島地廣人稀，要把森林砍伐殆盡也需要更久的時間，不適合做園圃的地方也比較多。

從這九個變因來看復活節島，這個島嶼的森林注定有何命運？在我和羅利特研究的八十一個太平洋島嶼中，復活節島的緯度是第三高，降雨量則敬陪末座，火山灰最少，來自亞洲的沙塵極少，沒有磷酸岩，與鄰近島嶼的距離第二遠，地勢低平，而且面積很小。這八個變因都是復活節島森林容易消失的原因。復活節島的火山平均年齡很小（只有二十萬年到六十萬年），最古老的波伊卡火山其森林最先被砍伐殆盡。今天，這個地區的土壤侵蝕也是最嚴重的。我們把這些變因總合起來進行統計，預測森林砍伐最嚴重的三個島嶼將是復活節島、尼霍亞島和聶克特島。這三個島嶼的現況和我們預測的完全相同：尼霍亞島和聶克特島沒有人跡，島上只長一種樹（尼霍亞棕櫚）；復活節島完全是個不毛之地，沒有半棵樹，人口也少了九成。

復活節島森林消失的情況為何如此嚴重？表面看來親切和善的島民，是不是砍伐森林的劊子手？連最後一棵樹都不放過？不是的。他們只是不幸生存在一個環境極其脆弱的島嶼，森林消失的風險特別高。在本書討論的所有人類社會中，復活節島環境脆弱的原因比較可以逐一詳細列舉出來。

今日地球村：另一個復活節島？

一個社會如果過度利用自己的資源，會有什麼後果？孤立的復活節島就是個最鮮明的例子。如果我們回頭檢視序曲所述的環境崩壞五因素，其中強鄰入侵和失去友邦支持這兩項可以刪去。我們實在看不出來，復活節島的社會建立後曾與鄰近島嶼發生過什麼關係。即使其他島嶼的人後來划著獨木舟來到這裡，人數也不多，難以造成威脅，也談不上結盟。就第三個因素——氣候變化——來說，雖然未來可能有新發現，但目前我們並未掌握什麼證據。最後只剩下兩個因素：一個是人類對環境的破壞，特別是把森林砍伐殆盡，也使得鳥類在島上絕種；另一個則是這種破壞背後的政治、社會和宗教因素。復活節島的孤立讓島民插翅難飛，難以向外發展。此外，由於氏族和酋長間的競爭，拚命攫取島上的資源，如木頭、繩索和食物，且競相豎立更大的雕像，這種竭澤而漁終於把自己送上絕路。

為何復活節島社會的覆亡比起任何一個史前社會更教人怵目驚心？也許是由於他們的孤立。然而，今天我們賴以生存的地球無疑是另一個復活節島。由於全球化、國際貿易、噴射客機、網際網路，地球上所有的國家共同享用資源，也很容易影響到彼此。每一個國家就像過去復活節島上那十來個氏族。復活節島是太平洋上的孤島，今天的地球何嘗不是宇宙中的孤島？過去的復活節島民插翅難飛，也不知上哪兒求援。今天的地球人在這個星球遭遇浩劫時，一樣無路可逃。這也就是為何有人把崩壞的復活節島當做世界末日的隱喻。

當然，這種隱喻並不見得完全恰當。我們今天的情況和十七世紀的復活節島民有很大的差異，有些差異固然也更加凸顯今日的危機。舉例來說，過去的復活節島不過是幾千人，光靠石頭和人力就摧毀了自己的社會，今天的地球有幾十億人，擁有各種金屬工具和機器，要毀滅自己豈不是更快？然而我們還是可從其他差異看出今日的優勢，且待最末一章再說分明。

CHAPTER 3

死絕之島：皮特肯島和亨德森島

叛艦喋血之前的皮特肯島

好幾百年前，有人落腳於一塊肥沃的土地。此地自然資源豐富，似乎享用不盡，雖然還缺幾種原料，只要坐船出海交易就可取得。即使是附近比較窮困的地區，也很樂意把多出來的原料拿出來交易。有一段時間，大家日子都過得不錯，人口也成長了數倍。

然而，這塊沃土上的人口終於增加到當地資源不堪負荷的程度。森林砍伐光了，土壤也遭受侵蝕，不再可由農業生產獲得餘糧。居民沒有打造船隻的材料，甚至到三餐不繼的地步。由於與外地的貿易萎縮，進口材料愈來愈少。接下來，內戰連連，原來的統治階級被推翻，地方群雄蜂起，一個倒台換一個上台。原來豐衣足食的樂園成了人間煉獄，哀鴻遍野、餓殍載道，甚至出現人吃人的慘況。原先跟這塊土地做交易的地區更是時運不濟，因為失去賴以維生的進口物資，只得在自己的環境竭澤而漁。最後四時失序、山河變色，所有的人全部死絕。

美國與其貿易夥伴未來也會走上這樣的絕路嗎？我們還不知道，但這樣的悲劇已經在三個太平洋熱帶島嶼上演了，其中鳥不生蛋的皮特肯島因《叛艦喋血記》而聲名大譟。一七九〇年，英國皇家海軍恩澤號（H. M. S. Bounty）船員叛逃到這裡，的確因為當時這裡是個偏遠的無人島，是很好的藏身之地，可以躲過英國皇家海軍的追緝。但船員上岸後在島上發現了祭祀平台、岩畫、石器等，證明這裡曾是古代玻里尼西亞人的家。皮特肯島的東邊還有一個更偏僻的小島，也就是亨德森島，現在也沒有人煙。今天的皮特肯島和亨德森島仍是全世界最偏遠的島嶼，沒有任何飛機航班飛到這裡，也沒有定期船舶運輸，只是偶爾有人會開著遊艇到此一遊。即使如此，亨德森島也有不少玻里尼西亞人留下的遺跡。皮特肯島上的原住民究竟怎麼了？為何亨德森島上的人也消失了？

不知有多少書本和電影如《叛艦喋血記》以這個精采的真實故事為藍本，然而皮特肯島和亨德森島的住民消失之謎一樣耐人尋味。不久前，紐西蘭奧塔哥大學（University of Otago）考古學家魏斯樂（Marshall Weisler）花了八個月時間在這兩個人跡罕至的島嶼上進行考古挖掘，我們才對曾在這兩個小島上活動的族群有基本認識。最初在皮特肯島和亨德森島殖民的族群，命運其實與幾百公里外的一個島嶼相繫，也就是他們的貿易夥伴芒阿雷瓦島[1]。芒阿雷瓦島的生態環境經過長時間破壞，不但自身難保，也使得皮特肯和亨德森這兩個島嶼受到牽連。正如我們在前面章節所見，復活節島的生態浩劫幾乎完全是人類一手導致的結果，這是環境破壞造成覆亡最鮮明的例子，而皮特肯和亨德森則是唇亡齒寒的最佳寫照。在天涯若比鄰的今天，這也是可能顯現的危機。皮特肯島和亨德森島本身的環境破壞問題也是當初社會崩壞之因，至於氣候變化和敵人的影響，目前我們還未發現什麼證據。

島嶼大不同

在東南玻里尼西亞，只有芒阿雷瓦、皮特肯和亨德森這三個島嶼可以居住。除此之外，只有幾個地勢低平的環礁，可短期停留或遊覽，但沒有人在此長住。大約在公元八〇〇年左右，有人前來這三個可居住的島嶼殖民。正如前一章所述，這是玻里尼西亞人往東擴張的部分結果。即使是三島之中最西邊的芒阿雷瓦島，距離最近的大型島嶼也在一千六百公里之外，如芒阿雷瓦西邊的社會群島（包括大溪地）和西北邊的馬貴斯群島。在東玻里尼西亞，最大且人口最多的島嶼就是社會群島和馬貴斯群島，而這兩個群島和西玻里尼西亞地勢高聳的島嶼間，最近距離也在一千六百公里以上，且殖民時間也許比西玻里尼西亞晚了將近二千年。因此，在偏遠的東玻里尼西亞，芒阿雷瓦島和其鄰近的島嶼又算是特別孤立的一群。島民可能來自馬貴斯群島或社會群島，時間約當玻里尼西亞人往更遠的夏威夷和復活節島推進之時。至此，太平洋中南部所有的島嶼都被玻里尼西亞人占領了。當跑的路終於跑盡（參看第一四二至一四三頁和第一九〇頁地圖）。

在東南玻里尼西亞這三個可以居住的島嶼中，唯一發展出最大人類聚落、擁有最多重要自然資源的

1芒阿雷瓦是太平洋東南部法屬玻里尼西亞的島群，由芒阿雷瓦等四個較大的島嶼和一系列小島組成，以芒阿雷瓦島最大，長八公里，寬一．五公里。皮特肯群島則包括皮特肯島及其附近的三個環礁：亨德森島、迪西和奧埃諾。

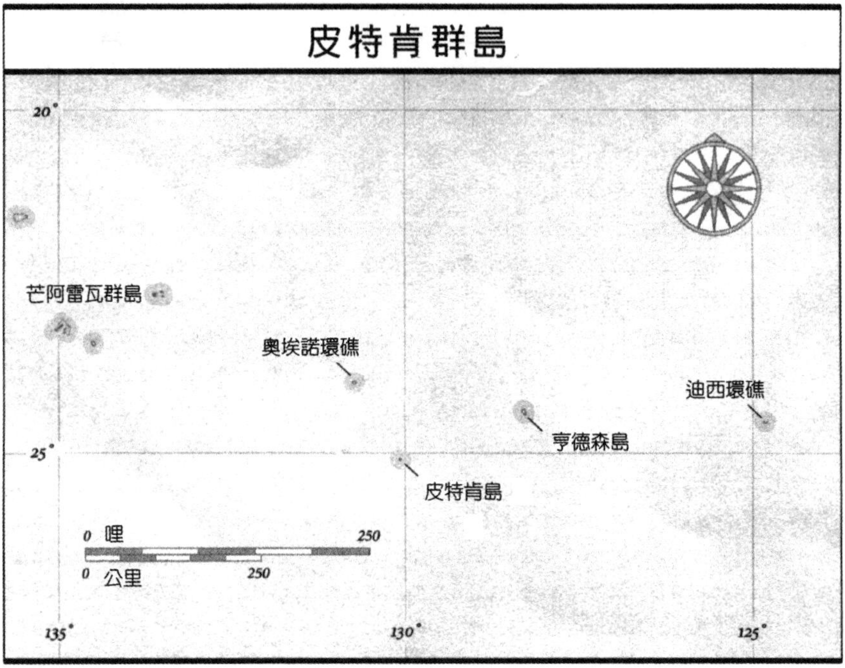

就是芒阿雷瓦島。芒阿雷瓦群島中有一個直徑足足二十四公里、由珊瑚礁圍起的大潟湖，當中有二十來個火山島，還有幾個環礁，土地總面積約二十六平方公里。在芒阿雷瓦的潟湖、珊瑚礁和潟湖旁的海洋裡，魚兒川游不息，貝介類也很多。在那些貝介類中有一種特別珍貴，也就是珠母貝（*Pinctada magaritifera*）。芒阿雷瓦潟湖中的珠母貝又多又大，似乎取之不盡，今天價值連城的黑珍珠就是利用這種牡蠣養殖出來的。牡蠣是美味的海鮮，那直徑可達二十公分的厚殼更是玻里尼西亞人做魚鉤的好材料，也可做成削皮器、用來磨碎食物或當作裝飾品。

芒阿雷瓦潟湖區地勢較高的島嶼雨量充沛，島上因而有泉水和間歇溪，原先林木蒼翠。海岸邊的帶狀低地是玻里尼西亞人聚落的所在。他們在村子後面的斜坡上種甘薯和薯蕷，在山泉下方梯狀山坡和平地種芋頭，用泉水灌溉，也在高地種麵包樹和香蕉。如此看來，作物豐饒、漁獲可觀，加上貝介類多而肥美，養活芒阿雷瓦的幾千人應該不是問題。在玻里尼西亞的古代，芒阿雷瓦加上皮特肯和亨德森的人口可能有好幾萬人。從玻里尼西亞人的角度來看，芒阿雷瓦最大的缺點就是缺少可做石錛等石器的上等石材。（好比美國幾乎所有重要的自然資源都有了，只欠精良的鐵礦。）芒阿雷瓦潟湖中的珊瑚環礁完全沒有好的岩石，即使是芒阿雷瓦群島中的火山島，也只有粗糙的玄武岩。然而，這種玄武岩還是可用來蓋房子、為園圃砌牆，也可用於石爐、製作獨木舟的錨、石杵或較差的石錛。

幸運的是，芒阿雷瓦東南方四百八十公里處的皮特肯島剛好可彌補這個缺憾。皮特肯島是個死火山形成的島嶼（面積約六．五平方公里），地勢陡峭。我們可以想像芒阿雷瓦島民初次划著獨木舟，在浩瀚無際的海洋上航行了幾天幾夜，終於發現這個島嶼，多麼喜出望外。他們在唯一可以靠岸的沙灘上著陸，爬上陡峭的斜坡，然後下坡來到下纜石場（Down Rope Quarry）——這裡就是東南玻里尼西亞唯一生產火山玻璃的地方。火山玻璃的碎片可製成尖銳的工具，玻里尼西亞人的工具箱從此多了剪刀和小刀等利器。他們沿著海岸往西走，走了不到兩公里，又發現讓他們喜出望外的寶藏——質地細緻的玄武岩，於是這裡成了東南玻里尼西亞最大的石錛產地。

然而，從其他方面來看，皮特肯島實在乏善可陳，不像芒阿雷瓦資源豐富。皮特肯島雖有間歇溪，也有可做獨木舟的巨木，由於地勢陡峭、總面積小，可以耕作的平原很少。另一個嚴重的缺點是海岸線沒有珊瑚礁，地形陡峭、險惡，因此可釣到的魚或捕到的貝介類要比芒阿雷瓦少得多。尤其皮特肯島也沒有珠母貝——這種既可做美食又可做工具的牡蠣。因此，在玻里尼西亞時代，皮特肯島的總人口或許還不到一百人。一七九〇年，恩澤號的九個叛變船員帶著十八個大溪地男女在皮特肯島定居繁衍，直到今天子孫總數也不過五十二人。但在一八五六年，人口數量曾多達一百九十四人。這樣的人口用盡島上的農業資源，使小島不堪負荷，英國政府（**譯注：一八三八年皮特肯已成英國殖民地**）於是准許大部分人口遷徙到遙遠的諾福克島。

在東南玻里尼西亞還有一個可以居住的島嶼，也就是亨德森島。亨德森雖是這個區域最大的一個島（面積約三十六平方公里），也位在地球最偏僻的角落（此島在皮特肯東北方一百六十公里，距芒阿雷瓦六百四十公里）。亨德森不像芒阿雷瓦或皮特肯，不是火山島，而是個從海平面突出三十公尺的珊瑚礁島嶼。因此，亨德森沒有玄武岩等適合製成石器的岩石。對於仰賴石器的玻里尼西亞人來說，這樣的環境有著嚴重限制。此外，亨德森島由多孔的石灰岩構成，既沒有溪流，也沒有可靠的淡水來源，這對生存來說是更大的限制。如不期然下了幾天的雨，雨水從岩洞滴下來，地面就能有些積水。在海岸六公尺之外的海洋，也有淡水湧出。魏斯樂在亨德森島上做研究那幾個月，所需飲用水是用他帶去的防水布收集雨水而來，用來煮飯差不多足夠，但洗滌和洗澡仍必須使用海水。

亨德森島上的土壤不多，局限於石灰岩間的小塊區域。島上最高的樹只有十五公尺高，用來做獨木舟的船身還不夠大。低矮的樹木和灌木倒是長得異常濃密，只有用大彎刀才能突破重圍。該島只有北端有狹窄的沙灘，可以登陸。南部沿岸都是峭壁，船隻無法靠岸。最南端更是磷酸岩和石灰岩交錯的地形，表面崎嶇不平，就像刀山一樣寸步難行，且有很多裂縫。西方人只到過南端三次，其中之一就是魏斯樂的研究小組。魏斯樂穿著厚底靴子從北岸走到最南端，一共走了五個小時，才走完這八公里長的路。他很快就在南岸發現古玻里尼西亞人棲身的岩洞，那些古人可是打赤腳走到這裡來的。

儘管地形險惡，亨德森島也不是一無是處。珊瑚礁和淺水處有龍蝦、螃蟹、章魚和少數的魚類和貝介類，只可惜沒有珠母貝。亨德森島的沙灘是東南玻里尼西亞唯一的綠蠵龜（*Chelonia mydas*）產卵地，綠蠵龜會在每年一月到三月間到沙灘上產卵。過去至少有十七種海鳥曾在此繁殖，光是海燕就多達數百萬隻。巢穴中的海燕成鳥或雛鳥都很容易捕捉。如果島民百來個人，每人每天吃一隻，經年累月下來也不會讓牠們絕種。亨德森島也是九種陸上禽鳥的家，其中五種不會飛或飛不高，也很容易捕捉，包括三種特別美味的大鴿子。

由於這些特點，亨德森島倒不失為午後郊遊的好去處。來這裡度假幾天，大啖海鮮、海鳥和烏龜這些野味也不錯，但要在這裡過一輩子恐怕很不容易。根據魏斯樂在此地做的挖掘調查，這裡還是曾有一小撮人竭盡所能地生存下去，或許有幾十個人。對曾來過或聽過這個島嶼的人來說，這個發現有如天方夜譚。魏斯樂在島上挖掘出來的人骨和牙齒多達九十八件，至少分屬十個成人（男人、女人都有，有些已是四十歲以上的人）、六個青少年，還有四個年齡在五歲和十歲之間的兒童。兒童的骨頭特別是這裡有人長住的證據。現代的皮特肯島民來亨德森島拿木頭或捕捉海鮮時，通常不會帶孩子同行。

更進一步的證據是一個埋在地下的大型貝塚。這個貝塚是目前東南玻里尼西亞所發現最大的一個，長約二百七十公尺、寬二十七公尺，位在北邊海岸的沙灘，面對亨德森裙礁（**譯注：直接覆蓋於相鄰陸地或島嶼海岸的珊瑚礁**）的唯一出口。貝塚的垃圾堆有許多食物殘屑，魏斯樂和他的同事在一個小小的試坑就挖掘出大量魚骨（光是〇・五立方公尺的沙堆就挖出一萬四千七百五十一根魚骨！），還有四萬二千二百一十三根鳥骨（多半是海燕、燕鷗和鸏）和幾千根陸上禽鳥的骨頭（不會飛的大鴿子、秧雞和鷸為數最多）。我們可從魏斯樂試坑發現的骨頭推算整個貝塚中的骨頭，得知島民在此生活的幾百年間必然留下了幾千萬根的魚骨和鳥骨。科學家在島上進行放射性碳元素年代測定，發現最早有人類遺跡的就是北岸的貝塚，其次是海龜產卵的東北岸，顯示這兩個地方正是島民最初的落腳之處，有不少野味可以果腹。

如果只是一塊高出海面、長滿矮樹的珊瑚礁，人類何以長住久安？在所有玻里尼西亞的無人島中（不管是否曾有人居住），亨德森島最獨特的一點就是幾乎完全看不到房舍或廟宇。我們只能在三個地方看出建築的遺跡：石板地面和貝塚中的柱子（也許是地基）、小小的防風矮牆，以及用幾片海灘岩砌成的墳墓。然而，靠近海岸的每一個洞穴或岩洞幾乎都有人類居住的遺跡。雖然這些洞穴很小，約莫只有二・七公尺寬、一・八公尺深，只容得下幾個人在此躲避酷熱的太陽，但洞穴內都有平坦的地面，出入洞口也很方便。魏斯樂在島上發現十八個這樣的洞穴，其中的十五個分布在北岸、東北岸和西北岸，靠近唯一的海灘，其他三個（都非常狹小）則在東岸或南岸。由於亨德森島很小，魏斯樂得以調查整個海岸線，研究那十八個洞穴，加上人類在北部海灘的棲身之地。過去亨德森島民所有的「住所」或許就是這些地方了。

木炭、石堆和作物遺跡顯示曾有人在亨德森島東北部進行山田燒墾，把小塊土壤變成園圃，且為了擴大園圃把土壤上面的石頭挪開，挪開的石頭於是堆成石丘。亨德森島民曾努力地引進玻里尼西亞的作物和有用植物，考古學家已經在遺址辨識出一些，還有一些是今天島上仍然可見的野生植物，包括椰子、香蕉、沼芋（*Cyrtosperma chamissionis*），或許也有芋頭。此外還有好幾種林木、種仁可榨油用來照明的燭果樹（*Aleurites molucana*）、纖維強韌可做繩索的黃槿（*Hibiscus tiliaceus*）以及朱蕉（*Cordyline terminalis*）。朱蕉的根部甘甜，是玻里尼西亞其他地區居民的緊急食物，但顯然是亨德森島民的主食。朱蕉葉可做衣服、用來覆蓋屋頂或包裹食物。上述種種甘甜且多澱粉的作物使島民飲食中的碳水化合物偏高，因此魏斯樂挖掘出的下頷骨和牙齒都顯示島民生前多半有一口爛牙，有牙周病、牙齒磨損和牙齒脫落等問題。島民所需的蛋白質多半來自野鳥和海鮮。由於島上也挖掘出幾根豬骨，可見島民偶爾也養豬。

互通有無

由此可見，東南玻里尼西亞可以居住的島嶼並不多。芒阿雷瓦島是可以養活最多人口的島嶼，資源豐富，除了上等石材，皆可自給自足。其他兩個可以居住的島嶼——皮特肯島太小了，而亨德森島過於偏遠——能養活的人口很少，無法發展出有點規模的人類社會。況且這兩個小島都缺乏重要資源，特別是亨德森島。我們這些現代人週末想在那兒逍遙一下，必得攜帶完備的工具箱、飲用水和食物。實在難以想像古代的玻里尼西亞人完全沒有這些東西，一日三餐盡是海鮮。但皮特肯島和亨德森島卻有芒阿雷瓦島沒有的東西：皮特肯島有上等石材，而亨德森島有取之不盡的海鮮和海鳥。

魏斯樂的考古調查挖掘出三個島嶼互通有無的許多證據。即使他們交易之物（如石頭）沒有可做放射性碳元素年代測定的有機碳，還是可從同一考古層中找出可供測定的木炭。因此，魏斯樂確認這些島嶼至少在公元一〇〇〇年開始進行貿易，也或許打從人類入住這些島嶼之初就開始了，而且進行了好幾百年。魏斯樂在亨德森島挖掘出的很多東西也是進口貨，因為島上根本無法生產這些東西，像是牡蠣殼做的魚鉤和剝皮器、火山玻璃做的切割工具、玄武岩做的石錛和爐石等。

這些輸入物資從何而來？牡蠣殼做的魚鉤可能來自芒阿雷瓦島。這是合理的猜測，因為不管皮特肯島或亨德森島都沒有牡蠣，而其他有牡蠣繁殖的島嶼甚至比芒阿雷瓦島還遙遠。考古學家還在皮特肯島發現幾件牡蠣製品，這些也可能來自芒阿雷瓦島。至於亨德森島的火山玻璃工具就比較難斷定是從何而來，因為芒阿雷瓦島和皮特肯島都有，其他較遠的玻里尼西亞島嶼也有這項資源。因此，魏斯樂研究出區分火山岩來源的方法。火山噴發出來的熔岩有很多種，其中玄武岩可由化學成分和色澤來判定（芒阿雷瓦和皮特肯的火山岩就是玄武岩）。不過，來自各個島嶼的玄武岩（甚至是同一個島嶼不同採石場的玄武岩），化學組成都不盡相同，例如主成分（如矽與鋁）和次要成分（如鈮和鋯）的含量或多或少都有差異。更進一步地細分會發現，主要元素還可能以不同形式存在於大自然中，也就是所謂的同位素（原子量略有不同）。因玄武岩的來源不同，同位素的比例也會有所不同。對地質學家來說，岩石的化學成分就像指紋，可以藉此辨識岩石出自哪一個島嶼或採石場。

魏斯樂和一位同事分析了幾十件石器和岩石碎片（或許是石器在製作或修理時掉下來）的化學成分，以了解主要元素的同位素比例。那些石器和碎石都來自亨德森遺址中已測得年代的考古層。為了比較，他也分析了芒阿雷瓦和皮特肯採石場的火山岩與突出的岩壁——亦即亨德森進口岩石最有可能的來源。此外，他也自其他遙遠的玻里尼西亞島嶼取得火山岩進行分析，包括夏威夷、復活節島、馬貴斯群島、社會群島和薩摩亞等較不可能輸出岩石到亨德森的島嶼，以進行確認。

這些分析的結果一清二楚。所有在亨德森島發現的火山玻璃都來自皮特肯的下纜石場。其實在化學分析之前，用肉眼觀察也可看出這樣的結果，因為皮特肯的火山玻璃有黑、灰色的斑點。亨德森島上大多數的玄武岩石錛和岩片（可能在製作石錛的過程中掉落）也來自皮特肯，然而也有一些來自芒阿雷瓦。有些芒阿雷瓦的石錛顯然也利用皮特肯的玄武岩打造，由於芒阿雷瓦的玄武岩過於粗糙，於是從皮特肯進口。反之，亨德森島挖掘出來的多孔玄武岩大都來自芒阿雷瓦，只有一小部分來自皮特肯。這種多孔玄武岩在整個玻里尼西亞地區多半用來做爐石，也就是岩燒的廚具。在亨德森島上的爐洞中可發現不少這樣的爐石，上面也有燒烤的痕跡，證明先前猜測的烹飪之用沒錯。

總而言之，考古研究已證實這幾個島嶼之間的原料交易相當熱絡，或許還包括工具成品：皮特肯和亨德森有芒阿雷瓦的牡蠣殼；亨德森出現皮特肯的火山玻璃；皮特肯的火山岩輸送到芒阿雷瓦和亨德森，也從芒阿雷瓦來到亨德森。此外，玻里尼西亞的豬隻、香蕉和芋頭等主要作物，也是人類到這幾個島嶼殖民之後才帶過去的。在這三個島嶼中，由於芒阿雷瓦離其他玻里尼西亞島嶼最近，因此可能是三島中最早有人入住的，然後島民再從芒阿雷瓦將重要作物和豬隻帶到皮特肯和亨德森。芒阿雷瓦的島民在皮特肯和亨德森建立聚落之後，利用獨木舟將物資運送出來。這獨木舟正像那兩個小島賴以為生的臍帶，後來更成為島民生存的命脈。

至於亨德森拿什麼和皮特肯與芒阿雷瓦交易？我們目前只能猜測。亨德森沒有值得輸出的石材或貝殼，或許用以交易之物無法長存，因此在皮特肯和芒阿雷瓦的考古遺址都沒能發現。比較可能的一種是活海龜。在東南玻里尼西亞的島嶼中，只有亨德森有海龜繁殖。在整個玻里尼西亞地區，海龜可是難得的人間美味，就像今天的松露或魚子醬一樣珍貴，只有酋長才能享用。另一個可能是紅色鳥羽。亨德森的鸚鵡、果鳩、紅尾鸏都有紅豔的羽毛。這種羽毛是奢華的裝飾品，可拿來製作斗篷，和今天的黃金及貂皮一樣價值連城。

然而，原料、貨物或奢侈品的交易並非出海或旅遊的唯一動機。即使皮特肯和亨德森的人口成長到最大規模，充其量不過百來人，適婚年齡島民的結婚對象還是寥寥無幾，不易避開近親結合的亂倫禁忌。因此，與芒阿雷瓦島民交易，另一個重要的目的就是通婚。芒阿雷瓦人口眾多，因此不會阻止工匠前往皮特肯和亨德森。這些工匠不但可把技術帶去，如果皮特肯和亨德森島的某些作物全數死亡，他們也可重新引進這些作物。同理，歐洲船艦進駐美洲和澳洲，不光是為了殖民和物資，也為了鞏固他們的海外殖民地。但是海外殖民地不是一朝一夕就可建立，必須經過長時間努力才能達到最基本的自給自足。

從芒阿雷瓦和皮特肯島民的角度來看，與亨德森交易還有另一個目的。如果乘坐玻里尼西亞的獨木舟，從芒阿雷瓦到亨德森要四、五天的時間，從皮特肯到亨德森也要一天。我自己曾幾次乘坐這種原住民獨木舟，在大洋上漂蕩，不過是幾個小時的光景，因為擔心獨木舟翻覆或解體而心驚肉跳，有一次還真的差點喪命。想到要在大海上漂流個幾天，我就覺得苦不堪言。除非為了活命，不得已才會這麼做。但對善於航海的太平洋原住民而言，划個幾天的獨木舟去買包菸，也是家常便飯。因此，以前芒阿雷瓦或皮特肯島民航向亨德森，在那兒過個一個禮拜，大啖海龜和龜蛋、燒烤海鳥，這種度假方式應該相當不錯。由於皮特肯沒有珊瑚礁，加上沿岸水域不平靜，島民很難捕到魚。亨德森島的魚和貝介類都很豐富，實在是令人嚮往之地，也許只要上岸蹓躂蹓躂就覺得不虛此行了。恩澤號船員的後代也是如此，若厭倦了皮特肯這座小島，就會出海到幾百公里外的珊瑚環礁去散散心。

從地理位置來看，芒阿雷瓦是一個更大的交易樞紐。朝東南前進幾百公里到皮特肯和亨德森其實是最短的輻條。較長的輻條都在一千六百公里左右，如前往西北偏北的馬貴斯群島、西北偏西的社會群島，或許還有西邊的奧垂斯群島。土阿莫土群島那幾十個低平的環礁，正好可做長途航行的跳板，讓島民暫時歇息。芒阿雷瓦有幾千個居民，相形之下皮特肯和亨德森的人口少得可憐。但是芒阿雷瓦與社會群島或馬貴斯群島相比（各約一萬人），又成了寡民小島。

由於魏斯樂的玄武岩化學成分分析，我們得到更明確的證據，得知這個更大的貿易網絡確實存在。他在芒阿雷瓦收集了十九件石錛並進行分析，幸運地辨識出其中兩件源於馬貴斯群島，還有一件來自社會群島的採石場。其他證據則來自工具樣式風格的分析。每一個島嶼做出來的工具，如石錛、石斧、魚鉤、章魚釣鉤、魚叉、石銼等，樣式皆有不同。各個島嶼工具樣式的類似，或一個島的工具出現在另一個島，便可以證明島嶼之間有交易行為。例如公元一一〇〇年到一三〇〇年間，很多馬貴斯群島的工具出現在芒阿雷瓦島，顯示當時兩個島嶼的島民往來密切。更進一步的證據是紐西蘭語言學家費雪做的研究。費雪認為，近代芒阿雷瓦島的語言是他們的祖先帶到島上，後來因與馬貴斯群島東南方的人頻頻接觸（馬貴斯東南方正是最靠近芒阿雷瓦之處），因此近代芒阿雷瓦語深受馬貴斯東南部方言的影響。

至於更大網絡中的貿易和接觸，顯然有其經濟目的，正如芒阿雷瓦／皮特肯／亨德森這個較小的網絡，具有資源互通有無的好處。馬貴斯是東南玻里尼西亞島民的「故鄉」，土地大、人口多，也有一個採石場可以取得優質的玄武岩，但由於缺乏潟湖和裙礁，海洋資源乏善可陳。「第二故鄉」芒阿雷瓦有巨大而資源豐富的潟湖，土地面積不大，人口不多，也沒有好的石材。芒阿雷瓦在皮特肯和亨德森的殖民地也有土地狹小、人口稀少的問題，但皮特肯有上等石材，亨德森有豐美的海鮮和海鳥。土阿莫土群島土地也很小，沒有岩石，但有美味的海鮮，且位置便利，可做跳板。

結局

東南玻里尼西亞諸島間的交易從公元一〇〇〇年左右持續到一四五〇年，這是以亨德森島考古層挖掘出的人工製品進行放射性碳元素年代測定的結果。到了公元一五〇〇年，東南玻里尼西亞的交易已經終止，不只是從芒阿雷瓦到皮特肯、亨德森，連芒阿雷瓦和馬貴斯等較遠之處的往來也停止了。在亨德森島較晚的考古層，已沒有芒阿雷瓦輸入的牡蠣殼，沒有來自皮特肯的火山玻璃或製成切割工具的玄武岩，也沒有來自芒阿雷瓦或皮特肯的玄武岩爐石。顯然，在那之後就沒有獨木舟從芒阿雷瓦或皮特肯駛來。由於亨德森島上的樹木太小，不能做成獨木舟，幾十個島民就被困在這個世界最偏遠、地形最險惡的島嶼，沒有別的出路。亨德森島民如何面對這樣嚴酷的挑戰：在一個沒有金屬、沒有好的石材、沒有任何物資可以進口、只有石炭岩的地方存活下去？這樣的難題，即使是我們這些現代人也似乎難以解決。

為了活下去，島民想出種種辦法，讓我覺得他們真是豁出去了，既聰明又可憐。他們用大蛤蜊殼做石錛，用鳥骨做打洞的錐子，爐石則用石灰岩、珊瑚或大蛤蜊殼。這些材料不像玄武岩那樣有保溫效果，加熱後又容易龜裂，經常無法重覆使用。至於魚鉤，則改用囊貝（purse shell）來做。囊貝比珠母貝小很多，一個只能做一個魚鉤（不像珠母貝的殼，一個可做十來個），而且囊貝很小，樣式難有變化。

我們可從放射性碳元素年代測定得知，亨德森那幾十個島民，與芒阿雷瓦和皮特肯的聯繫完全斷絕後還是存活了好幾代，或許超過一百年以上。但是到了公元一六〇六年，也就是歐洲人「發現」亨德森島那一年，一艘西班牙船隻行經此島，於是上岸瞧瞧，並沒有發現任何人跡。亨德森島上的人已經滅絕了。最晚在一七九〇年，皮特肯的人口也消失了。（這也就是為何恩澤號的船員上岸後發現這裡是個無人島。）也許，島上早就沒有人煙了。

為何亨德森與外界的接觸不能繼續？這種結果是源於芒阿雷瓦和皮特肯的生態浩劫。在整個玻里尼西亞地區，所有的島嶼在沒有人類干擾下發展了幾百萬年，人類入住之後漸漸造成棲地破壞和動植物大規模滅絕。前一章我們曾分析影響太平洋地區森林的變因，就芒阿雷瓦而言，森林特別容易遭到破壞的原因是高緯度、低落塵和遠離中亞塵暴等。芒阿雷瓦島民為了種植作物，將內陸山丘的森林砍伐殆盡，動植物棲地因而遭到極度破壞。結果，雨水把山坡上的表土沖刷下來。森林不見了，取而代之的是一片蕨原。在芒阿雷瓦光禿禿的土地上，能長出的植物沒有幾種，其中之一就是蕨類。山坡土壤遭受侵蝕的結果，原來的園圃和木本作物全都不見了。森林的砍伐也間接影響到漁獲量：沒有樹，就不能打造獨木舟；沒有獨木舟，就難以出海捕魚。歐洲人在一七九七年「發現」芒阿雷瓦時，島民已無獨木舟，只有木筏。

人口眾多，食指浩繁，食物卻只有一丁點兒，芒阿雷瓦因而陷入內戰，長年飽受饑饉之苦。現代的島民仍能細述當年發生的慘劇：為了取得蛋白質，島民開始吃人肉，不但吃剛死掉的人，也把墳墓挖開來，以屍體果腹。島民為了搶奪最後一點可以耕作的土地，互相殘殺；贏家占領輸家的土地，再來重新分配。世襲的酋長制已被推翻，沒有井然有序的政治制度。群雄並起，各自為政。芒阿雷瓦島全長不過八公里左右，有如一個小人國，但東西兩邊的獨裁者為了爭奪地盤，不時爆發血腥衝突。如果不是悲劇的話，這樣的事實在可笑。在這種混亂的政治局勢之下，領導人難以號召一群人乘獨木舟出海一個月，況且敵人乘虛而入、侵占自己的家園該怎麼辦。再說，島上也沒有木頭可以做獨木舟了。芒阿雷瓦這個貿易軸心崩壞之後，整個東玻里尼西亞的貿易網絡也就瓦解了。從此以後，芒阿雷瓦與馬貴斯群島、社會群島、土阿莫土群島、皮特肯、亨德森等地的關係都斷絕了。魏斯樂的石錛來源研究正證明這一點。

雖然我們對皮特肯的環境改變了解不多，從魏斯樂有限的考古挖掘已可看出島上也有大規模森林砍伐和土壤侵蝕等問題。亨德森島本身也有環境破壞的問題，因此可以養活的人口數量愈來愈少。島上九種陸上禽鳥中的五種（包括所有的三種大鴿子）都滅絕了，在此繁殖的海鳥有六種也絕種了。這些鳥類的滅絕是幾個原因相加的結果：除了人類捕食、棲地遭到破壞，藏身於玻里尼西亞人獨木舟偷渡上岸的老鼠也對牠們虎視眈眈。今天，仍存活在島上的海鳥，不管是雛鳥或成鳥都有可能遭到老鼠掠食。那些海鳥的祖先在沒有老鼠的環境中演化，後來碰到老鼠就不知道如何保護自己。考古證據發現，亨德森島上的園圃是在那些鳥類消失之後才開墾的，顯示島民因野生食物來源減少，只好自行耕作。在亨德森東北海岸年代較近的考古層中，已看不到角螺（*Cerithidea pliculosa*）這種可食的貝類，榮螺（*Battilus cornutus*）也變少了，由此可見貝介類也漸漸被人類吃光了。

因此，環境破壞衍生出社會動盪、政治混亂的問題，同時也因缺乏可以製造獨木舟的木頭，東南玻里尼西亞島嶼之間的貿易因此中止。貿易中止必然會使芒阿雷瓦的問題雪上加霜。從此之後，芒阿雷瓦成了孤島，不能再從皮特肯、馬貴斯群島和社會群島取得製造工具的上等石材。對皮特肯和亨德森的島民而言，這是更嚴酷的考驗，最後甚至所有島民全部死絕。

皮特肯和亨德森島民的消失，必然是因為與芒阿雷瓦相連的臍帶斷了。亨德森島民的生活本來就很困苦，沒有火山岩的輸入，勢必更加艱難。島民是否全部在一場大災難中喪生，還是人口漸漸凋零，剩下一人獨活，最後帶著記憶死去？南加州海岸附近有個聖尼可拉斯島（San Nicolas Island），島上的印第安部落幾乎全部死絕，只剩一個女人獨活了十八年。最後的亨德森島民是否一代接著一代，孤獨地在海灘上度日，望眼欲穿地看著無邊無際的大海，等待著獨木舟再度駛來？還是連獨木舟的記憶也模糊了，不知斯為何物？

皮特肯和亨德森島民最後如何在島上活下去？答案我們仍不得而知。這個謎樣的劇碼一再於我心頭盤旋。我以其他孤絕社會發生的真實故事為根據，猜測有幾種可能。如果島民被困在島上，插翅難飛，就不可能隔離敵對的派系，以解決內部衝突。這種衝突可能導致血腥屠殺，恩澤號叛變船員在皮特肯島建立的殖民地幾乎就是這麼毀掉的。殺戮可能是為了搶奪食物不擇手段，或是覬覦人肉，如同曾經在芒阿雷瓦和復活節島上演的慘劇。或者如美國西部拓荒史最血腥的一頁——十九世紀四〇年代，打算前往加州的唐納探險隊（Donner Party）因雪暴而困於荒山上，為了求生，不得已只好吃同伴屍體。也許那些人在絕望之下，最後決定集體自殺，如聖地牙哥附近邪教團體天堂之門（Heaven's Gate），其三十九名信徒在一九九七年集體服毒自殺。絕望也可能使人陷入瘋狂，如一八九八年至九九年船隻受困於浮冰長達一年以上的比利時南極探險隊。此外，在二次大戰期間，日本衛戍部隊受困於威克島（Wake Island），最後也面臨活活餓死的命運，或許再加上乾旱、颱風、海嘯等天災打擊，使人陷於絕境。

然後，我又想到另外幾種不是那麼悲慘的結局。皮特肯或亨德森島民在孤絕的環境中繁衍了幾代，在這百來個或幾十個人組成的小小社會中，人人都有血緣關係，近親繁殖將是無法避免的事。島民也可能一起老去，不再生養後代，正如加州最後的雅希族（Yah）印第安人伊席（Ishi）[2]。如果最後剩下的幾個人無視亂倫禁忌，繼續生育、繁衍，就可能生下畸型或有遺傳性疾病的後代，如麻州附近的瑪莎葡萄園島（Martha's Vineyard Island，**譯注：島上聽障人士比例高達四〇%**）或有「氣喘之島」之稱的崔斯坦火山島（Tristan da Cunha）。

我們也許永遠不知道皮特肯和亨德森的結局究竟為何。儘管我們無法掌握最後的細節，但整個故事的輪廓已呼之欲出。芒阿雷瓦、皮特肯和亨德森的島民都對環境造成重大破壞，漸漸失去許多自己賴以生存的重要資源。雖然芒阿雷瓦島民的生存環境惡劣，生活水準下降很多，但人數眾多，不致於滅絕。但皮特肯和亨德森的島民在環境尚未遭到破壞之前，就相當依賴芒阿雷瓦，包括農產品、技術、岩石、牡蠣殼的輸入和人員支援。當芒阿雷瓦日漸衰頹、無法輸出物資時，就算皮特肯和亨德森最後的島民適應本領高強，也會無以為繼，難以存活。也許讀者會認為這幾個偏遠小島與我們的現代社會何干？事實上，現代世界的全球化和經濟相互依賴正如那幾個小島的翻版。這種唇齒相依有好處，也有危機。很多生態環境脆弱但有重要經濟地位的地區（如石油產區），如有風吹草動，世界其他地區也會受到波及，正如芒阿雷瓦對皮特肯和亨德森的影響。

2伊席：由於這個人不肯吐露自己的名字，人類學家於是以雅希族語言中的「人」——也就是「Ishi」（伊席）——為他命名。他的族人當年為躲避白人追殺而藏身於加州山林間，過著石器時代的生活。最後他的族人一一死去，只剩他一個人。他在一九一一年走出孤獨的石器世界，來到現代的美國城市。

CHAPTER 4

史前時代的大廈：阿納薩齊印第安遺址

沙漠中的農夫

就本書討論到的崩壞社會，前一章敘及的皮特肯和亨德森可謂遠在天邊。然而對美國人來說，也有近在眼前的，如美國西南部恰克文化國家歷史公園（Chaco Canyon National Historic Park）的阿納薩齊印第安遺址（圖九、十）和綠台國家公園（Mesa Verde National Park），前者在新墨西哥州七五號公路附近，後者近六六六號公路，距離我在洛杉磯的家都不到一千公里。這兩個古老的美洲原住民遺址和下一章探討的馬雅一樣，都是熱門的觀光景點，每年吸引成千上萬第一世界的人民前往遊覽。在美國西南部這些古印第安「名勝」當中，明布雷斯（Mimbres）一地也是藝術品收藏家的最愛，此地的陶器因幾何圖案、以天真素樸的寫實線條描繪的人物和蟲魚鳥獸，令人愛不釋手。這獨特的文化可能是出自於不到四千人的小型社會，並在幾百年之間登峰造極、大放光華，然後突然黯淡無光。

我同意美國西南部的人類社會比馬雅古城小得多，人口只有數千，而非數百萬人之譜。因此，馬雅的城市規模大得多，建築、石碑和藝術品都相當可觀——這是一個以國王為首、階級嚴明的社會所締造出的文明，也有自己的文字。然而，阿納薩齊印第安人還是建造出北美最大、最高的建築物，直到一八八○年代才被芝加哥的鋼樑摩天大樓超越。儘管阿納薩齊印第安人沒有書寫系統，不像馬雅文化有銘文可詳考年代，我們還是能推斷許多美國西南部建築的年代，且誤差在一年之內。考古學家因而得以在更佳的「時間解析度」內了解美洲古代原住民社會的歷史，這就不是在復活節島、皮特肯島或亨德森島進行考古研究做得到的。

在美國西南部傾圮的文化不是單一的，而是一連串的（參看第二一三頁地圖）。這是區域性的崩壞，文化歷經徹底重組或在另一個時間、另一個地點重起爐灶，包括公元一一三○年的明布雷斯文化，以及十二世紀中晚期的恰克峽谷、北黑台地（North Black Mesa）和維京阿納薩齊（Virgin Anasazi），還有公元一三○○年左右的綠台和卡彥塔阿納薩齊（Kayenta Anasazi）、公元一四○○年左右的莫戈永（Mogollon），還可能包括晚至十五世紀、以複雜的灌溉農業聞名的霍霍坎（Hohokam）。儘管新世界在一四九二年哥倫布抵達前已有劇烈轉變，阿納薩齊印第安人並未滅族，他們的後裔有些被美國西南部其他印第安部族同化了，如霍比族（Hopi）和尊尼族（Zuni）。這麼多相鄰的印第安社會為何衰頹或突然發生變動？

就這個區域的文化崩壞來看，常見的單因素解釋為環境破壞、乾旱或戰爭與互相殘食。沒錯，美國西南部史前史的確可從單因素分析下手。雖然有人進行多因素分析，歸根究柢還是會回到美國西南部的環境問題，即生態環境脆弱和地處農業的邊緣地帶。然而，今日世界有很多地區也是如此。美國西南部降雨量少且難以預期，森林再生率非常低。至於環境問題，特別是大旱和河床侵蝕，發生的時間很長，甚至比人的一生還長或超過人類口傳記憶。在如此惡劣的自然環境之下，美國西南部的印第安原住民竟可發展出如此複雜的農業社會，實在令人嘆為觀止。現在這些地區的人口相當稀少，但依然像古老的阿納薩齊印第安人一樣耕作、自食其力。對我來說，在美國西南部沙漠區開車是令人感動且難忘的經驗。

無邊無際的荒漠，點綴著古老的阿納薩齊石屋、水壩和灌溉系統，偶爾冒出一、兩棟有人居住的民宅。阿納薩齊和其他印第安部族的殞落不只是扣人心弦的故事，更具有啟發性，切合本書的主題：首先，人類對環境的衝擊和氣候變化這兩者如何對社會產生影響；其次，環境和人口問題如何演變成戰亂；再者，一個複雜的社會如果與其他社會相依相賴、不能自給自足，將有何優勢和風險；最後，社會為何在人口數量衝上高峰、權力鼎盛之後，隨即衰頹。

年輪

考古學家之所以能掌握美國西南部史前史的細節，多虧兩種測定年代的研究方法。其一是下面將介紹的林鼠貝塚（**packrat midden method**）。這種貝塚猶如凍結的時光膠囊，讓我們得以研究某一年代幾十年間貝塚方圓十公尺內生長的所有植物，古植物學家因此可以重建某一地植群的變化。另一個則是從遺址的建築木樑去推斷最可能的年代，誤差可縮小到一、兩年內。如果靠放射性碳元素年代測定法，則無可避免有五十年到一百年的誤差。

如其他溫帶氣候區，美國西南部的降雨和溫度四季分明，樹木生長率因季節而異，因此可以利用樹木年輪測定法來判定年代。溫帶地區的樹木每年春長秋止，因此會在樹幹橫切面上形成疏密相間的圓圈。至於熱帶雨林因終年高溫、潮濕，樹木不會有生長停滯的現象，因此年輪不明顯。由於美國西南部特別乾燥，木樑保存得很好，即使是千年以上的木頭也不腐爛、毀壞，因此又比其他溫帶氣候區更適合利用樹木年輪測定法。

年輪年代測定法（dendrochronology，源於希臘字根的「樹木」〔*dendron*〕加上「時間」〔*chronos*〕）的原理如下：如果你在二〇〇五年砍下一棵樹，可從橫切面由外向內計數（最外一層就是今年長出來的年輪），你計數之後發現從樹皮到中心共有一百七十七圈，可見此樹是從一八二八年開始生長的（二〇〇五減一七七）。由於我們不知道阿納薩齊遺址中的木樑是何時砍下的木頭，因此年代沒有那麼容易推斷。儘管樹木輪距每年因雨量和乾旱程度不同或寬或窄，但還是有特定的順序，這種順序就像以前發送電報用的摩斯密碼（Morse code）。如摩斯密碼是以「・：—・—」來表示某種意思，而樹木年輪中「寬、寬、窄、寬、窄」順序也可代表某一段時間。事實上，樹木年輪法要比摩斯密碼更容易鑑別，代表的訊息也更豐富。樹木年輪的輪距寬度有許多差異，不像摩斯密碼只有「・」和「—」。

年輪專家是這麼進行研究的：首先記錄近年已知年分砍下的樹木輪距寬窄序列，也記錄過去未知年分砍伐下來的樹木輪距序列，然後進行比對，找出部分相同的序列。例如你在二〇〇五年砍下一棵四百歲的老樹，此樹的年輪就有四百圈。你發現從一六四三年往前到一六三一年那十三圈的輪距序列是五寬、二窄、六寬。如果你有一棵不知過去年分而砍伐下來、具有三百三十二圈年輪的老樹，從第八圈開始往內也發現同樣的輪距序列，就可推斷那棵老樹是在一六五〇年砍下的（也就是一六四三年往後推七年），且那棵樹是一三一八年開始生長的（一六五〇年往前推三百三十二年）。這麼一來，從一三一八年到一六五〇年之間的年輪譜就建立起來了。接下來，如果有一三一八年之前開始生長且一三一八年之後砍伐下來的樹，又可將其輪距序列與前述的年輪譜銜接，使年輪譜得以延伸到更久遠的年代。年輪專家就用這個方法為某些地區建立長達數千年的年輪譜。目前每一份年輪譜只適用於某一個地區，尚無全球共通的年輪譜。由於地區不同、氣候不同，樹木生長的速率各有不同，所以年輪譜深受一地氣候的影響。以美國西南部的樹木年輪譜而言，與北墨西哥州和懷俄明州的大同小異。

由於每一圈年輪的寬度、結構可反映某一年的雨量和降雨季節，因此年輪研究使我們得以重建過去的氣候資料，這是樹木年輪年代測定法附帶的好處。例如一連串的寬輪代表潮溼多雨的年代，而連續出現窄輪則代表乾旱。年輪年代測定法讓研究美國西南部的考古學家得以準確推斷年代，而且可掌握每一年的環境和氣候變化資料。

農業策略

最初來到美洲落腳的人類過著狩獵—採集生活，約在公元前一萬一千年來到美國西南部。由於美洲最早的人類遺址是來自亞洲的族群所留下，他們就是現代美洲原住民的祖先，因此人類在美洲落腳的時間或許還要更早。美國西南部可馴化的野生動植物寥寥無幾，所以沒能獨立發展出農業，這個地區的作物是從墨西哥引進的。墨西哥已馴化了不少作物，如玉米、南瓜和豆類等。玉米約在公元前二〇〇〇年引入今天的美國，南瓜則是在公元前八〇〇年左右，豆類稍遲，至於棉花則是在公元四〇〇年才引進。美洲原住民也養火雞，然而火雞究竟是先在墨西哥馴化然後引進美國西南部，還是先在美國西南部馴化再引進墨西哥，或者兩地分別獨立馴化出來，至今還沒有定論。一開始，美國西南部的原住民只是像十八、十九世紀的阿帕契族（Apache），除了原來的狩獵—採集行當，也略事耕作。（阿帕契族於作物生長時期在一地居住、栽種，收成之後，又四處游獵、採集。）到了公元元年，有些美國西南部原住民已經在村落定居，挖掘灌溉溝渠，以農業做為主要的行當。自此之後，人口急速成長，向各地推進，直到公元一一一七年才開始遭遇瓶頸。

美國西南部至少出現三種不同的農業形式，這些都是為了解決當地的根本問題因應而生：在一個降雨量稀少且不可預期的環境下，如何取得作物生長必需的水？即使是今天，這個地區也幾乎寸草不生。其中一個解決之道就是實行旱地農業（dryland agriculture），也就是在地勢較高之地耕作，因為這裡有足夠的雨水可讓作物生長。第二種做法不是直接仰賴落在田地的雨水，而是尋找地下水位接近表面的地區，讓作物根部得以深入地下水層。此法常施行於有間歇溪或常流溪經過的峽谷底部，以及地下水資源豐富的沖積層，如恰克峽谷。第三個辦法是霍霍坎族的絕招，在恰克峽谷也有人這麼做，也就是以溝渠或運河收集逕流來灌溉。

以上三種策略就是美國西南部對抗雨水稀少的主要方法。美洲原住民以這些方法在不同地點進行各種實驗，發展出更多不同的方法。這種農業實驗進行了幾乎一千年，有很多方法成功運作了幾百年，但是到頭來因人類對環境造成的衝擊或氣候變化，除了一種之外，其他全部宣告失敗。說起來，每一種策略都不是萬無一失，也都有潛在的缺點。

如綠台的莫戈永族和村落一期（Pueblo I，譯注：約從公元七〇〇年到九〇〇年的洞屋時期）的早期農業階段，就在雨量較為豐沛的高地耕作。在此耕作的風險是氣候要比低地寒冷，如果是特別嚴寒的一年，就無法栽種任何作物。反之，若在較溫暖的低地耕作，又會面臨雨量不足的問題。霍霍坎族於是在秘魯以外的美洲地區建立規模宏大的灌溉系統，主運河有十九公里長、深達四・八公尺、寬二十四公尺，由主運河延伸出去的旁支長度總計更多達幾百公里。在這種灌溉系統下，居民挖掘的溝渠或河道可能因豪大雨使徑流突增，讓乾河道（arroyo）進一步下蝕，最後水位變得太低，不用幫浦就無法灌溉。再者，如果雨勢太大，洪水氾濫，水壩和運河也可能被沖毀。也許霍霍坎族最後就是遭逢這樣的命運。

另一個比較保守的策略就是只在泉水或地下水充裕的地方耕作，如明布雷斯族和村落二期（Pueblo II，譯注：大約是公元九〇〇年至一一五〇年的大廈時期）在恰克峽谷耕作的印第安人。但這種策略可能失之太過，最後無法收拾。人們很容易在氣候潮溼、宜於耕作的年代大肆擴展農地，甚至擴展到泉水或地下水不夠充沛的邊緣地帶，連這些地帶也人煙稠密。然而，一碰上無可預期的大旱，住在這些邊緣地帶的人就會遭遇到沒有水、無法栽種作物的困境，最後只得活活餓死。明布雷斯族就曾面臨這樣的考驗。他們一開始在水源可靠的洪氾原[1]耕作，當洪氾原不足養活日漸增加的人口時，進而利用洪氾原上方的土地，以栽種更多的作物。這等於是一場賭注。在氣候潮溼的豐年，所需糧食的半數能靠洪氾原以外的農地生產，而得以順利過關；一旦碰上大旱，作物歉收，就會有半數以上的人沒飯吃。明布雷斯社會就是在這種人口壓力之下突然瓦解。

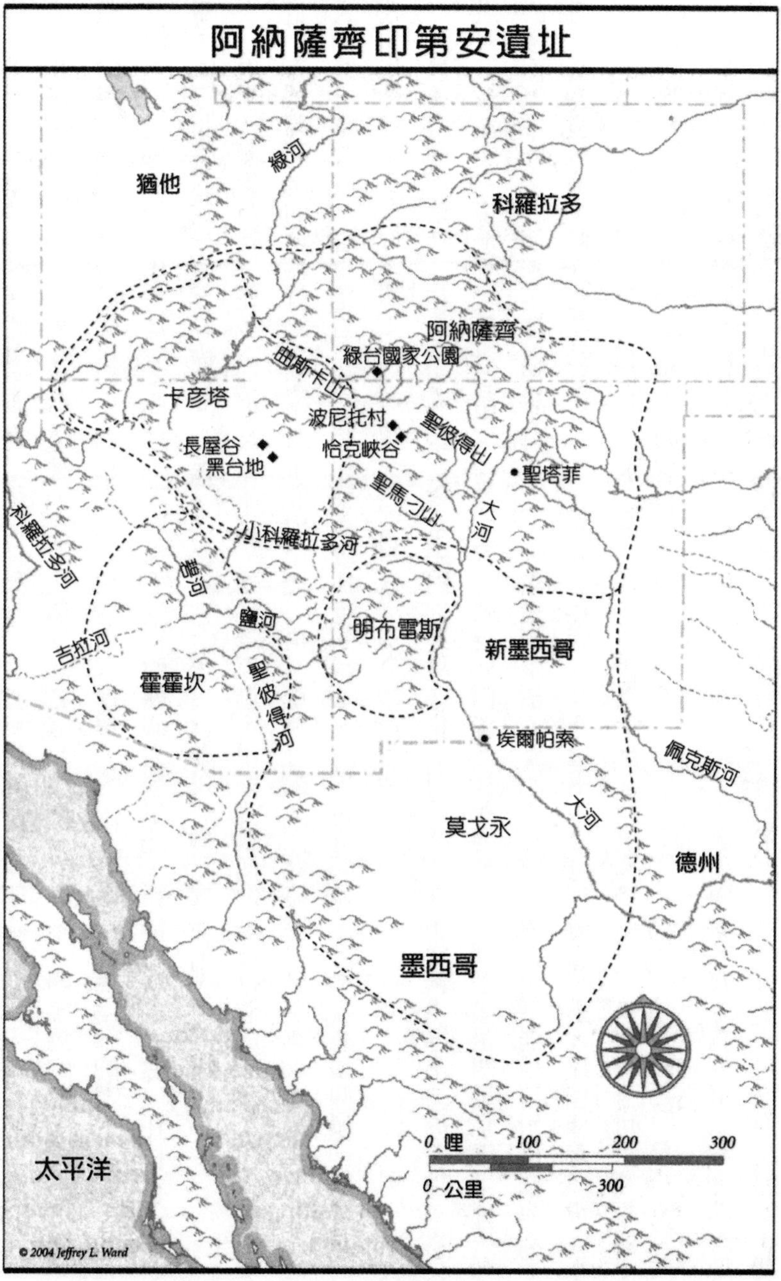
阿納薩齊印第安遺址
猶他
綠河
科羅拉多
阿納薩齊
綠台國家公園
曲斯卡山
卡彥塔
波尼托村
恰克峽谷
聖彼得山
長屋谷
黑台地
聖塔菲
聖馬刁山
大河
科羅拉多河
小科羅拉多河
鹽河
吉拉河
明布雷斯
新墨西哥
霍霍坎
聖彼得河
埃爾帕索
佩克斯河
大河
莫戈永
德州
墨西哥
太平洋
0 哩 100 200 300
0 公里 300
© 2004 Jeffrey L. Ward

還有一個解決辦法，也就是只在一地居住幾十年，直到該地的土壤不堪耕作，飛禽走獸也都捕獵光了，就轉往下一地。人口密度低的時候，這不失為可行之道，能找到許多未曾開墾過的地方重新開始。原來的耕作之地經長時期休耕，植物和土壤的肥力還有恢復的一天。很多美國西南部的考古遺址都是古代印第安人居住幾十年的地方，即使是現在世人注目的幾個大型遺址，如恰克峽谷的波尼托村（Pueblo Bonito），也不過住了幾百年而已。然而，人口稠密之後，就難以找到一塊新的地方東山再起。

再來一個策略就是在多個地點栽種作物。既然降雨無可預期，哪個地點可以收成，就交給老天爺決定。有足夠雨水的地點就能生產，有了收成之後，再來重新分配，因此沒能得到足夠雨水來生產作物的人也能分享收成。這也是恰克峽谷原住民最後採行的辦法。但重新分配並不容易，必須仰賴一個複雜的政治和社會系統進行協調，一旦這個系統解體，很多人就要餓死了。

最後一個策略就是在永久水源或可靠水源附近栽種作物，但是必須在主要蓄洪區上方的階地，以免洪水氾濫淹沒了田地和村落，到頭來一無所有。同時他們實行多元經濟，也就是盡量開發生態環境不同的多個地帶，使各個部落得以自給自足。今天美國西南部的霍比族和尊尼族仍仿效老祖宗用這個方法過活。就這個策略而言，他們已有千年以上的成功經驗。今天這兩族眼見周遭的美國人那樣揮霍浪費，不禁搖頭嘆息：「我們老早就在這塊土地落腳，那時你們還沒到。將來你們走了，我們還是可以在這塊土地上長長久久。」

然而，以上種種辦法都面臨一個很大的危機——若是連續多年風調雨順，有足夠的雨水和充沛的地下水，人口勢必大幅成長，社會也會日益複雜，各地區相互依賴，不再能自給自足。在這種狀態下，萬一連年歉歲，這麼一個社會就會因無法應付而動盪不安，難以重建。先前的社會因人口少、相互依賴程度低且較能自給自足，反而容易度過難關。長屋谷（Long House Valley）的阿納薩齊印第安部落就因為這種窘況無法生存，或許其他地區的部落也是如此。

恰克峽谷的問題與林鼠貝塚

阿納薩齊印第安人在新墨西哥西北恰克峽谷的遺址，是科學家研究得最為詳盡的一個廢墟，也是最壯觀、規模最大的一個。恰克的阿納薩齊社會在公元六〇〇年左右開始繁盛，享受了五百年以上的昌隆歲月，在公元一一五〇年和一二〇〇年間消失。這個社會組織複雜、幅員廣大，可整合各個區域，在前哥倫布時期的美洲建立了最大的建築。恰克峽谷的荒涼貧瘠比復活節島更甚，今日杳無人煙，只能見到幾個國家公園管理員休息處，但那深深的乾河道與零星從地面冒出的耐鹽灌木，還是讓我們大開眼界。為什麼有人會在一片荒地上興建這麼宏偉的建築？為什麼費了九牛二虎之力蓋出的房子，又棄若敝屣？

最初的美洲農夫大約於公元六〇〇年在恰克峽谷落腳，一開始住在地下的洞屋，今天美國西南部的某些印第安人還住在這樣的洞屋。公元七〇〇年左右，恰克峽谷的阿納薩齊印第安部落即使對中美洲文明一無所知，還是自個兒發明了建造石屋的技術。事實上，當時在一千六百公里外的墨西哥南部也有石頭建築。阿納薩齊印第安人最後以毛石做為牆芯，再切割石板做為面層（圖十一）。原先他們只蓋一層樓

1洪氾原：floodplain，洪水時河流氾濫所及的谷床。洪氾原如由河流側蝕谷壁而形成者，是為侵蝕洪氾原，通常僅覆薄薄堆積層。如果谷床上覆厚厚的堆積層，則為堆積洪氾原，一般分布於河流的中下游或山間盆地，如長江中游的江漢平原。

高的房子，但是到了公元九二〇年左右，恰克峽谷最大的村落——波尼托村——已出現兩層樓屋子。兩個世紀之後，他們已經蓋出五、六層樓高的建築，多達六百多個房間。每個房間的天花板都是用巨大的木頭支撐，每一根木頭長約四．八公尺，重達三百公斤以上。

在所有阿納薩齊的遺址中，為什麼唯有恰克峽谷村落的建築技術登峰造極，政治與社會的複雜程度如此之高？原因可能是恰克峽谷具有環境的優勢，意即那起初有如新墨西哥西北部的綠洲。許許多多的溝渠把雨水帶入狹窄的峽谷，上方廣闊高地的雨水徑流也流到峽谷，谷地因水流沖積，地下水充裕，谷地一些地區甚至不靠降雨也可耕作，同時徑流也提高了土壤的復育力。因此，儘管此地乾燥，峽谷宜於人居處的最大區域及其方圓八十公里能養活相當多的人口。此外，恰克峽谷的野生動植物種類眾多，可供果腹。再者，這裡地勢低平，作物的生長季節長。起先峽谷附近的樹林有很多核果松（*Pinus edulis*）和杜松（*Juniperus communis*），可做建築所需的木頭或柴火。因樹木年輪研究之賜，我們已可斷定最早用於屋樑的木頭的年代。由於美國西南部氣候乾燥，這些木頭仍保存得很好。其實這些木頭就是當地的核果松，在最早的遺址火爐中發現的木柴，也是附近的核果松和杜松。阿納薩齊印第安人的主食是玉米，也有南瓜和豆類可吃。但早期考古層的挖掘研究顯示，他們也吃很多野生植物，如核果松的核果（蛋白質含量高達七五%），也獵鹿來打牙祭。

儘管恰克峽谷有這些天然優勢，卻因地處環境脆弱的美國西南部而有兩大問題。第一個問題就是水資源管理。起先平坦谷地的雨水溼流經過區域廣闊，洪氾原的作物因而有溼流灌溉，也可汲取地下水。然而，在阿納薩齊人把水引入灌溉溝渠之後，雨水溼流就集中到溝渠中，加上清除土地上的樹木以利耕作及一些自然因素，到了公元九〇〇年左右，乾河道下蝕嚴重，水位因此低於農地。如此一來就無法灌溉，作物根部也汲取不到地下水，必須等到乾河道滿水才能耕作。這種河道切割下蝕的現象可能突如其來，讓人措手不及。例如一八八〇年代末，亞利桑那土桑的居民挖掘截水渠，以截取淺層的地下水並引到洪氾原。不幸的是，一八九〇年夏天因暴雨出現洪水使渠頭下蝕，發生向源侵蝕，三天內河道就朝上游方向延長了將近十公里，使得土桑附近的洪氾原無法耕作。美國西南部的印第安部落或許也用過類似的溝渠截水，結果一樣差強人意。為了解決乾河道的問題，恰克峽谷的阿納薩齊人想出幾個辦法：在高於主峽谷的側峽谷之內興建水壩，儲存雨水；建立以雨水灌溉的農田系統；儲存峽谷北面兩個側峽谷間斷崖流下的雨水；在主峽谷興建石壩。

另一個嚴重的環境問題和森林砍伐有關，這是分析林鼠貝塚後所發現。如果你從來沒看過林鼠貝塚（我也是幾年前才見識到），不知道這種貝塚到底是什麼東西，或是無法想像這種貝塚和阿納薩齊史前史的關聯，我們可以來上一門速成課：一八四九年，幾個金礦礦工在內華達沙漠行走，餓得頭昏眼花之際，發現一處懸崖上有幾顆圓圓的、晶晶亮亮像是糖果的東西，就拿來舔舔，甚至吃了下去。這東西果然像糖果一樣甜甜的，但是令人噁心。後來，科學家才發現這些像糖果一樣的小球原來是林鼠貝塚裡的東西，因為被林鼠的尿浸透，最後硬化、結晶。林鼠（*Neotoma spp.*）是一種小型嚙齒動物，牠們會在附近撿拾樹枝、植物碎片、哺乳動物的糞便來做自己的巢穴。除了上面那些東西，牠們也會使用食物殘屑、丟棄的骨頭和自己的糞便。這些沒經過大小便訓練的野鼠當然隨處便溺，於是巢穴中的東西都被牠們的尿浸溼了。由於尿液中的化學物質，那些東西乾硬之後，就成為含有糖分的結晶物，而且不會腐爛，於是貝塚像凍結的時空膠囊被保存下來。事實上，那幾個礦工撿來吃的「糖果」正是乾掉的鼠尿、糞便和垃圾。

自然而然，林鼠為了節省力氣與避免被其他動物掠食，不會走遠，只會在巢穴附近撿拾東西。過了幾十年，林鼠的後代就會捨棄這個巢穴，遷徙到另一個地方另起爐灶。原來巢穴裡的東西因受林鼠尿液浸透、結晶，不會腐爛。古生物學家只要辨識林鼠貝塚內因尿液結晶保存的數十種植物，就可重建林鼠存活時代巢穴附近的植物生態，動物學家也可從貝塚裡的昆蟲和脊椎動物殘骸來了解當時的動物群。其實林鼠貝塚正是古植物學家夢寐以求的時空膠囊：貝塚保存了幾十年內方圓幾十公尺植物的樣本，還可利用放射性碳元素來測定。

一九七五年，古生態學家貝唐柯特（**Julio Betancourt**）在新墨西哥旅行，開車路經恰克峽谷。他居高臨下，環顧四周，發現波尼托村附近盡是荒涼貧瘠、林木不生之地，不禁忖度：「在這有如蒙古大草原的荒漠中，當初的人去哪兒取得木頭和柴火？」來這裡考察遺址的考古學家也問過自己同樣的問題。三年後，貝唐柯特的一個朋友以完全不相干的原因，請他提交一篇以林鼠貝塚為主題的研究計畫書。貝唐柯特突然想起三年前造訪波尼托村最初的印象，於是他立刻打電話給研究貝塚的專家鄧凡德（**Tom Van Devender**），得知他已在波尼托村附近的國家公園服務處營區內收集到幾個貝塚，也證明這些貝塚幾乎每一個都有核果松和杜松。今天，在波尼托村附近幾公里內一棵樹也沒有，但在建村的早期，應該是以這些樹木的樹幹做屋樑。貝唐柯特和鄧凡德因而了解，這些貝塚必然是古老年代遺留下來的。在那時，貝塚附近應該有核果松和杜松，只是他們不知道年代究竟有多麼久遠。他們猜想，或許只是一百年前。因此，他們把貝塚中的樣本送去做放射性碳元素年代測定。測定結果送到實驗室時，兩人不禁大吃一驚：原來這些貝塚已有千年以上的歷史。

這個意外發現引發林鼠貝塚的研究熱潮。這種貝塚在美國西南部乾燥氣候下腐爛速度極慢，如果貝塚上有懸崖保護或位在洞穴內，甚至可以留存四萬年以上，因此沒人猜得到這種貝塚的年代。我第一次見識到這種貝塚，就是在恰克阿納薩齊印第安人的黃屋村（Kin Kletso）遺址，正是貝唐柯特帶我去看的。那貝塚依舊如新，教我看得目瞪口呆，心想林鼠在做這個巢穴之時，長毛象、大地懶、美洲獅等冰河時期滅絕的哺乳動物還活躍在北美這塊土地上呢。

貝唐柯特在恰克峽谷收集了五十個貝塚，進行放射性碳元素年代測定，發現這些貝塚的年代從公元六〇〇年到公元一二〇〇年，涵蓋了整個阿納薩齊印第安文化時期，貝唐柯特因而得以重建恰克峽谷在阿納薩齊印第安人居住時期植物群落的變化。由於這樣的貝塚研究，恰克峽谷在公元一〇〇〇年左右出現的環境問題終於水落石出。原來恰克峽谷的人口發展除了帶來水資源不足的問題，另一個大問題就是森林砍伐。在公元一〇〇〇年之前的貝塚還有核果松和杜松的松針，例如貝唐柯特分析的第一個貝塚，他帶我去看的那個貝塚也有。因此可以得知，恰克峽谷的阿納薩齊部落附近起初還有長滿核果松和杜松的樹林，不像今天已成不毛之地。在那個時代，取得柴火和建築原木應該很方便。然而，公元一〇〇〇年之後的貝塚已找不到核果松和杜松，可見那時整片樹林都已被砍光。直到今天，遺址附近仍是光禿禿的一片。恰克峽谷的森林為什麼這麼快就消失了？原因如第二章的討論所述。在乾燥的氣候下，砍伐之後的樹木需要很長的時間才能再生，然而砍伐的速度又那麼快，根本來不及生長，因此在復活節島等乾燥的太平洋島嶼上，森林消失的速度要比潮溼的島嶼快。也因為同樣的原因，恰克峽谷的森林在劫難逃。

區域整合

核果松消失了，阿納薩齊印第安人就沒有這種松樹的核果可吃，同時也沒有蓋屋子的木樑，在這年代之後的恰克峽谷建築因此看不到核果松做的木樑。然而，他們還是不得不去尋找其他的木頭來源，於是跑到八十公里外的高山上砍黃松、雲杉、冷杉。他們沒有畜力可用，只得靠自己的力氣把大約二十萬根原木搬下來，每一根重達三百多公斤。

至於那些巨大的雲杉和冷杉究竟是從哪一座山運送下來的？貝唐柯特的學生英格利希（Nathan English）與貝唐柯特、狄恩（Jeff Dean）和奎德（Jay Quade）最近合作的研究終於解開這個謎題──恰克峽谷地區附近有三座高山都有可能，也就是曲斯卡山（Chuska）、聖馬刁山（San Mateo）和聖彼得山（San Pedro）。這三座山的樹種都相同，看起來也一模一樣。英格利希利用鍶的同位素進行辨識，鍶的化學性質和鈣很類似，因此和鈣一起被動植物吸收。鍶能以不同的形式存在於大自然中，這幾種就是鍶的同位素，原子量都有些微的差異，最常見的就是鍶八七和鍶八六。岩石中鍶八七和鍶八六的比例會因年代及岩石中銣含量多寡而不同，這是因為鍶是銣的同位素衰變產生的。英格利希等人的研究顯示，那三座山上活針葉樹的鍶八七和鍶八六比例各有不同。英格利希佐以年輪分析，從恰克峽谷的六個遺址中採集五十二根屋樑為樣本，這些屋樑都是公元九七四年到一一〇四年間砍伐的針葉樹。英格利希研究這些屋樑鍶八七和鍶八六的比例，發現有三分之二來自曲斯卡山，三分之一來自聖馬刁山，沒有任何一根來自聖彼得山。因此，恰克峽谷中某間房子使用的原木可能來自曲斯卡山和聖馬刁山，而且在同一年砍伐；或者某一年用某座山上的樹木，另一年再用另一座山的，而同一座山、同一年砍伐的樹木也可能供好幾間屋子之用。顯然地，阿納薩齊有一個組織良好的長途運送網絡，把所需物資運往恰克峽谷的中心部落。英格利希等人的研究結果就是鐵證。

儘管恰克峽谷有兩個嚴重的環境問題，致使作物減少，峽谷本身也成了不毛之地，不再生產原木，峽谷的人口還是持續增加。從公元一〇二九年開始，房子蓋得特別多，也許是峽谷的人已找到因應對策。拜氣候潮溼之賜，這股建築風潮持續了好幾十年。多雨，作物收成多，可養活更多的人，也就需要更多的房子。這時期著名的「大屋」（Great Houses）就是人口稠密的明證（如波尼托村）。這些「大屋」位在恰克峽谷北側，相距約一公里半。「大屋」之間的懸崖下方還出現一長排的崖屋，居民在崖下鑿洞，架樑而居。峽谷南側還有好幾百個比較小的聚落。這時峽谷的總人口數仍未有定論。阿納薩齊人蓋的屋子雖然宏偉，但長住的只有祭司，其他房間則是舉辦祭典時供農民暫時棲身，因此很多考古學家認為峽谷的人口少於五千人。其他考古學家則注意到，光是波尼托村的屋子就是一個擁有六百個房間的大型建築，這樣的大廈建築在恰克峽谷還不只一棟，加上峽谷兩側還有很多洞屋，因此推算這裡的人口應比五千人多。人口總數究竟為何？考古學界經常辯論，如我們先前討論過的復活節島，還有隨後即將登場的馬雅。

不管峽谷在鼎盛時期有多少人，如此稠密的人口終究難以為繼，必須靠衛星聚落來支援。恰克峽谷有向四面八方輻射的道路，每一條路長達幾百公里，通往各個聚落，這些道路今天還看得到。衛星聚落的建築風格和峽谷的房子類似，也都建造了承接雨水的水壩。由於降雨難以預期，並且可能只落在某幾個地方，例如一場暴風雨或為一處的乾河床帶來豐沛雨水，而一、兩公里外之地依舊乾涸。如有一處有雨水進帳，水進了水壩，人們就可趕緊栽種、灌溉，那一年就能有餘糧供應其他缺水的衛星聚落。

峽谷有如一個黑洞，物資源源不斷送入恰克峽谷，卻沒有什麼送出去。進到峽谷的東西琳瑯滿目：數萬根用來蓋屋子的巨大原木；陶器（由於峽谷晚期已無柴火可以燒陶，晚期所有的陶器都是進口的）；可製造石器的上等石材；來自新墨西哥其他地區的綠松石（做為裝飾之用）；金剛鸚鵡的羽毛、貝殼首飾和來自霍霍坎與墨西哥的銅鈴等奢侈品。最近也有科學家仿效英格利希追蹤波尼托村木樑來源的方法，利用鍶同位素年代測定法追蹤波尼托村挖掘出的玉米芯，證明此地的糧食非本地生產，而是外面送進來的。結果顯示，在九世紀時，玉米已從波尼托村西邊八十公里的曲斯卡山運來（此山也是該地的兩個原木來源之一）；到了十二世紀，也就是波尼托村面臨廢棄的最後幾年，村子的玉米芯卻來自北方九十六公里的聖胡安河（**San Juan River**）附近。

阿納薩齊印第安人在恰克峽谷建立的社會就是一個迷你帝國。這個社會有兩個階級：一個是養尊處優的貴族階級；另一個則是辛辛苦苦種植作物供養貴族、卻未必能獲得溫飽的農民階級。道路系統與各區域建築的標準化，證明恰克峽谷的經濟、文化和其衛星聚落乃是區域整合的合作實體。從建築風格來看，這個社會有三個次序等級：最大的建築——也就是所謂的「大屋」——都在峽谷中（中央統治階級／大酋長的宅？）；位於峽谷外各衛星聚落的「大屋」（地方統治階級／小酋長的住所？）；以及只有幾個房間的小屋（農民的家？）。和較小的屋子相比，大屋石牆砌得精細得多，祭祀用的地下洞屋很大（叫做

「大基瓦」（Great Kiva），儲藏物品的總空間也比較大。大屋裡有最多外地送來的奢侈品，如綠松石、金剛鸚鵡的羽毛、貝殼首飾、銅鈴等，還有來自明布雷斯和霍霍坎的陶器。波尼托村的第三十三號房間迄今擁有最多的寶物。該處是十四個人的葬身之處，陪葬品有五萬六千顆綠松石和幾千件貝殼飾品，其中包括一條由兩千顆綠松石串成的項鍊，還有一個籃子——籃蓋由綠松石鑲嵌而成，籃中裝滿了綠松石和貝殼珠飾。在大屋附近挖掘出來的垃圾有不少鹿和羚羊的骨頭，而從農家挖出的垃圾坑就較少這樣的發現，可見酋長吃得比農民好。由大屋挖掘出來的人骨加以推斷，這些人生前比較高大、營養良好，較少貧血問題，嬰幼兒的死亡率也較低。

為什麼恰克峽谷衛星聚落的人如此恭順盡責，把木頭、陶器、石材、綠松石和糧食送進峽谷，甘心空手而回？事實上，今天的國家首都何嘗不是如此？例如羅馬和倫敦本身沒有木材，也不生產糧食，而是政治和宗教中心。恰克峽谷的人就像今天的義大利人和英國人，身處一個複雜且相依相賴的大型社會，不可能走回頭路，回復成小規模、自給自足的原始社會。峽谷的樹都砍光了，乾河道下蝕嚴重，而且人口稠密，沒有其他合適的地方可以搬遷。核果松和杜松一棵不剩，土壤的養分也都流失了。即使是八百年後的今天，只有公元一〇〇〇年之前的林鼠貝塚內有核果松和杜松遺跡，峽谷仍是不毛之地。遺址的食物殘屑也證明當年居民三餐不繼：鹿漸漸沒得吃了，於是以兔子和老鼠果腹。遺址裡的人類糞便化石中甚至有無頭鼠，可見當時居民飢不擇食，抓了老鼠，砍了頭，整隻囫圇吞下去。

末日

波尼托村最晚建造的屋子大約是公元一一一〇年之後的十年間所蓋，也就是將廣場南面包圍起來的那一長排屋子。廣場南面本來是開放的，可讓外面的人進入，如今封閉意謂著這裡變得不大平靜：有人進入波尼托村不是為了參加祭典或接受酋長命令，而是來製造事端。根據樹木年輪研究，波尼托村最後用以建造房屋的木樑——亦即契托羅・凱特爾（Chetro Ketl）大屋附近房屋的屋樑——是用公元一一一七年砍伐的樹木，恰克峽谷其他地區最後用於興建的屋樑原木則是一一七〇年砍下的。其他阿納薩齊遺址還有更多動亂的證據，包括人吃人。此外，卡彥塔阿納薩齊部落也搬到了陡峭的懸崖上方，遠離田野和水源，可想而知這是個易於防守的安全地點。其他在美國西南部撐得比恰克峽谷久的部落，在公元一二五〇年之後還在苟延殘喘。這時防禦工事增多，防衛牆、壕溝、塔樓等處處可見，幾個小村子也聯合起來在山丘頂上形成更大的要塞。有些遭到焚毀的村子裡還有未埋葬的屍體，有的頭蓋骨因頭皮被剝而有砍劈的痕跡，此外也有骸骨插著箭頭，顯然這時戰亂已如火如荼。環境和人口問題惡化，演變成騷動與戰爭。這個主題會在本書中一再出現，不但是古代社會的迴盪悲歌（如復活節島、芒阿雷瓦島和馬雅），也是現代社會的悲劇（如盧安達、海地等）。

阿納薩齊末年，天下動亂，以人為食。這以人為食之事，很值得一提。若身處絕境，為了活命，被迫以同類為食，這我們還可以理解，例如一八四六年到四七年間的冬天，唐納探險隊從懷俄明州出發前往加州，途中遭遇雪暴被困於荒山，為了求生只得吃同伴屍體；二次大戰期間被封鎖而成為孤城的列寧格勒（譯注：今稱聖彼堡），俄國人在飢寒交迫之下，不得不吃人肉。如果不是為了活命而大啖人肉，就有可議之處。事實上，在近幾個世紀內歐洲人初次接觸的社會，其中據說有好幾百個也有吃人肉的習俗。有的是吃敵人的屍體，有的則是吃自然死亡的親友遺體。在過去四十年的研究工作中，我時常必須求助於我的新幾內亞友人。他們面不改色地提到當地吃人肉的事，好像這是家常便飯，同時認為西方人埋葬親友的風俗太對不起死者。死後被自家人吃掉，才算是哀榮備至。記得一九六五年，我在新幾內亞最得力的助手突然向我告別。他說，他的準女婿不幸過世，他得回去幫忙「消化」他的遺體。有關人吃人的風俗，考古學研究也多有發現。

然而，多數歐美人類學家仍認為以人肉為食恐怖之至。這和成長背景有關，因為他們所成長的社會視吃人肉為驚世駭俗之事。這些學者發現自己研究且敬愛的族群竟然以人肉為食，不禁驚愕萬分。於是他們拒絕接受這個事實，認為這是有人歧視這些族群，於是加以毀謗。他們認為這些族群自述的食人風俗為無稽之談，或者說這是早期歐洲探險家以訛傳訛，除非有人提出官方錄影為證，他們才會採信，當然這錄影最好出自人類學家之手。不過，我們看不到這樣的錄影帶。原因很明顯，最初的歐洲人與那些據說是食人族的族群接觸時，對這種駭人的風俗總是表示極度厭惡，並揚言要逮捕他們。

無論如何，考古學家還是在阿納薩齊遺址發現不少和人吃人有關的人類遺骸，並提出報告。最有力的證據來自於遺址中的一間房子：裡裡外外全都被搗毀了，屋內的七人身首異處，顯示他們是慘死在敵人手裡，沒有被好好安葬。有些人骨碎裂的樣子就像人吃剩的動物骨頭，被人折斷以吸吮其中香肥滑爽的骨髓；還有一些骨頭兩端平滑，就像鍋子裡久煮慢熬的動物骨頭。遺址中有些陶鍋碎片上還殘留肌紅蛋白（也就是人類肌肉蛋白質），可見此鍋烹煮過人肉。但還是有人不相信阿納薩齊遺址曾發生人吃人這種事，認為儘管鍋子裡有人肉或人骨被人折斷，這人肉、骨頭和骨髓不一定就祭了某個人的五臟廟。（可是誰又會沒事大費功夫地煮了老半天的人肉後，敲碎骨頭，再到處亂扔？）在這個遺址，人吃人最直接的證據還是來自人類的糞便化石。美國西南部的氣候乾燥，這糞便也就千年不朽。科學家證明這糞便化石含有人類肌肉蛋白質。一般人的糞便中不會有這種蛋白質，就算是消化道出血的病人糞便也不會有。由此可見，很可能有人攻擊這個村落，殺了住在裡面的人，斷其骨、烹其肉，飽食一頓之後，把吃剩的骨頭隨手亂扔，最後還把屋子裡的爐坑當糞坑撇大條。

根據年輪研究，恰克峽谷從公元一一三〇年開始連年大旱。對峽谷的人來說，這樣的天災是個致命的打擊。在公元一〇九〇年前後及一〇四〇年間左右，也曾出現這樣的旱災，但公元一一三〇年之後的恰克峽谷已不堪一擊。此時，峽谷人滿為患，沒有別的出路，而且相當依賴衛星聚落。大旱使得地下水位下降到植物根部吸收不到水分的程度，因此無法耕作；大旱也使前述依靠降雨的旱地農業和灌溉農業運行不得。由於阿納薩齊村落的玉米頂多只能儲藏個兩、三年，連續三年大旱，再多的玉米也會因腐爛或生蟲而不能食用。再者，峽谷祭司求雨不靈，先前供應物資的衛星聚落可能也失去信心，不再把糧食送進峽谷。其實在一六八〇年之時，今日新墨西哥一帶的印第安部落反抗西班牙政權，正是阿納薩齊末日的翻版，只不過沒有歐洲人親眼看到阿納薩齊在十二世紀敗亡。十七世紀的西班牙人正像在恰克峽谷坐享其成的阿納薩齊人，橫征暴斂，要求地方農民繳納糧食。但是大旱來臨，民不聊生，農夫自己都要餓死了，哪有糧食可以送進峽谷，因此起而反抗。

在公元一一五〇年和一二〇〇年之間，恰克峽谷已人去樓空，一直到六百年後，納瓦荷族（Navajo）的牧羊人發現這裡，恰克峽谷的大廈才又有人入住。納瓦荷人不知道這麼宏偉的建築是什麼人蓋的，就以「阿納薩齊」來稱呼在這裡消失的族群，在納瓦荷語裡的意思就是「古人」。恰克峽谷最後剩下的幾千人究竟如何？一六七〇年代，有人看到因旱災而遭到廢棄的印第安村落並記錄成史，或許我們可以想像阿納薩齊最後是怎麼消失的：可能很多人活活餓死，也有人自相殘殺，倖存者於是流亡到美國西南部其他地區。這必然是有計畫的撤退行動。阿納薩齊遺址中大多數的房間都沒有陶器等日常用品，因此可能是居民在撤退時帶走了。至於前述留下來沒走、不幸遭到殺戮且被吃掉的居民，他們的房間內就有陶器。那些從峽谷逃出去的人，可能前往其他印第安人村落，如現代尊尼印第安人居住的地區。尊尼印第安村落的建築和恰克峽谷的建築風格類似，也有恰克峽谷風格的陶器，製造年代約是恰克峽谷廢村之時。

狄恩和同事艾思泰爾（Rob Axtell）、埃柏斯坦（Josh Epstein）、古默曼（George Gumerman）、麥克凱羅（Steve McCarroll）、帕克（Miles Parker）和史威德倫（Alan Swedlund）等人進行了一項鉅細靡遺的古印第安村落資料重建計畫，主角就是亞歷桑納東北長屋谷約一千個卡彥塔阿納薩齊人的村落。根據房屋的數目，他們計算長屋谷從公元八〇〇年到一三五〇年間各個時期的實際人口數。由於不同時期的陶器呈現不同風格，因此可利用屋內的陶器來推斷房屋年代。他們也從樹木年輪和土壤研究得知當地雨量變化與地下水位的高低，以計算長屋谷每年的玉米產量。結果顯示，在公元八〇〇年之後，人口的消長曲線和每年玉米產量多寡相當。唯一的例外是公元一三〇〇年，也就是卡彥塔阿納薩齊人廢村之時。那時玉米產量雖然很少，仍可養活四百人，也就是谷地全盛時期人口（一千零七十人）的三分之一。

儘管長屋谷三分之二的卡彥塔印第安人都走了，為什麼最後剩下的四百人沒能留下來？根據研究人員計算出來的模型，谷地除了農業潛能大幅降低之外，或許在公元一三〇〇年，環境已經惡化到難以居住的程度，如土壤肥力盡失，或森林砍伐殆盡而找不到木頭來建築或做柴火，和恰克峽谷的末日如出一轍。另一個解釋是，也許複雜的人類社會還是需要一定的人口數才能運作。如果紐約有三分之二的市民不是餓死了就是逃往別處另謀生路，沒有地鐵，也沒有計程車，所有的公家機關、私人行號和商店都關門了，剩下的三分之一有多少人會決定留下來？

恰克峽谷的訊息

除了恰克峽谷和長屋谷阿納薩齊人的故事，本章一開始曾提到，於公元一一〇〇年至一五〇〇年之間，明布雷斯、綠台、霍霍坎、莫戈永等許多在美國西南的族群，也都面臨崩落、重組或廢村的命運。這些社會的崩落或轉變是不同的環境因素所造成，而這也牽涉到各個族群的文化。例如森林砍伐光了對阿納薩齊族是個問題，因為沒有樹木，他們就沒有屋樑可以蓋房子；但是這對霍霍坎族就不是問題，因為他們並不用原木來做屋樑。灌溉農業引起的土壤鹽化問題，讓需要灌溉農田的霍霍坎族面臨困境，但綠台族不灌溉田地，因此不受影響。由於莫戈永族和綠台族生活在農業邊緣的高地，氣候寒冷就會面臨困境。其他西南部地區的族群也有地下水位下降（如阿納薩齊族）或土壤養分耗竭（莫戈永族可能就是如此）的問題。乾河道下蝕對恰克峽谷的阿納薩齊族是個問題，對綠台族就不是問題。

儘管各個印第安部落廢村的近因各有不同，根本的原因卻相同，也就是生存在脆弱且艱困的環境中，於是想出種種高明的辦法「暫時」度過難關，最後還是因外在環境變化或人類自身引起的環境問題，禁不起時間的考驗而失敗了，長遠下來甚至形成更嚴重的致命傷。這些問題既無史可考，當時也沒有考古學家可以預測這樣的問題，讓人未雨綢繆。前面我說阿納薩齊人「暫時」度過難關，這「暫時」其實有六百年之久，自哥倫布在一四九二年發現這個新世界，歐洲人在此殖民至今，甚至還不到六百年。美國西南部各個印第安部落在他們生存的年代實驗了半打左右的經濟型態（參見第二一〇至二一五頁農業策略的論述），幾百年後才發現，原來能歷經千年以上考驗的只有一種——自給自足的村落經濟。讓我們以恰克峽谷為借鏡——他們在登峰造極後不久，於公元一一〇〇年至一一二〇年間殞落。恰克峽谷的阿納薩齊人哪能知道末日會這麼快到來。因此，現代美國人也不可過於自信，以為第一世界的經濟型態就能歷久不墜。

先前討論過社會崩壞的五個框架，其中四項可在阿納薩齊社會的覆亡中獲得印證。包括人類對環境造成的各種衝擊，尤其是森林的砍伐和乾河道下蝕。和降雨與溫度有關的氣候變化，使得已遭受破壞的環境更加惡化。友善的貿易夥伴在此也是個重要因素：不同的阿納薩齊部落相依相賴，形成一個複雜的社會，交換糧食、陶器、石器和珠寶等，然而這個社會一旦崩落，所有的部落也無法獨活。在這麼一個複雜的社會中，宗教和政治也占有重要地位。物資的交換由一個中樞來支配，衛星聚落的人在這個中樞的命令下把糧食、木頭資源和陶器等資源送進來。在這五點框架中，唯一和阿納薩齊部落沒有明顯關係的就是敵人入侵。當人口膨脹、物資缺乏以及連年大旱之時，阿納薩齊印第安人雖有互相殘殺的情事，但美國西南部印第安文明距離其他人口眾多的社會非常遙遠，因此不曾遭受強敵壓境的威脅。

恰克峽谷的廢棄到底是人類破壞環境所造成，還是因為旱災的緣故？從上面的觀點來看，或許我們可以得到一個簡單的答案：兩者皆是。在阿納薩齊印第安人居住在峽谷的六百年中，人口逐漸增加，對環境的影響日深，環境的資源卻減少了，最後環境敗壞到幾乎讓人無法生存的地步。這就是恰克峽谷廢棄的**遠因**。至於**近因**，我們可用「壓死駱駝的最後一根稻草」來形容，最後的旱災把恰克峽谷推向毀滅。如果當時人口沒那麼多，阿納薩齊社會應該可以再次通過試煉。結果在這個社會崩落之後，剩下來的人無法像老祖宗在此重建家園。峽谷附近已無蓊鬱的林木，汲取不到地下水，洪氾原也消失了，何來東山再起的條件？

這樣的結論或許也適用於其他過去文明的崩壞（包括下一章討論的馬雅），以及我們今日的社會。今天經濟繁榮，現代人儘管可過著奢侈浪費的生活，拚命消耗環境資源。哪一天環境有了大變動，出現無法預期的考驗，到了山窮水盡之時，要如何活下去？

CHAPTER

5

馬雅文明的殞落

叢林深處的謎樣古城

至今已有幾百萬名現代遊客造訪墨西哥的尤卡坦半島（Yucátan Peninsula）和鄰近的中美洲地區，為的就是一睹一千多年前成為絕響的古馬雅文明。人人愛聽神祕又傳奇的故事，而馬雅近在咫尺，就在美國大門之外，幾乎和阿納薩齊遺址一樣近。要造訪馬雅古都，你從美國搭機直航墨西哥的梅里達（Mérida），出了機場，租輛車或搭乘小型巴士，在高速公路上奔馳，一個鐘頭左右就到了（參看第二三六頁地圖）。

直到今天，很多馬雅遺址——如宏偉的神廟和石碑——仍為密林掩蓋，遠離人煙（圖十二）。然而，這些遺址在歐洲人來到之前，曾經是新世界最燦爛的文明。在所有神祕的古文明中，只有馬雅留下大量的文字，而且很多已經破譯出來。今日，在這片蠻荒之地上，連農夫都寥寥無幾，古代的馬雅人如何建立起那麼複雜的都市？古馬雅人的城市不只神祕、壯麗、令人神往，又位於人跡罕至的叢林，成為純粹的考古學遺址，原貌大抵都在，不像很多古城早已湮沒於後世的建築中，例如羅馬，或是只能從現代墨西哥城地底下去尋找的阿茲特克帝國首都特諾奇提特蘭（Tenochtitlán）。

古馬雅城市在叢林中不知沉睡了多少個世紀，不為世人所知，直到一八三九年，美國人史蒂文斯（John Stephens）和英國人嘉瑟伍德（Frederick Catherwood）聯手探察，才發現了這個廢墟。史蒂文斯本來是個富有的律師，後來放棄本行，在各國漫遊，而嘉瑟伍德是個精於素描和繪圖的藝術家。他們早就聽說中美洲叢林中有神祕的廢墟，史蒂文斯以這個探險計畫說服美國的范布倫總統（Martin Van Buren）任命他做駐中美洲聯盟（Confederation of Central American Republics）的領事。其實所謂的中美洲聯盟早已在一八三八年解體，史蒂文斯只是在此頭銜掩護下進行考古探險。史蒂文斯和嘉瑟伍德兩人從現代的瓜地馬拉到尼加拉瓜，一共走訪了四十四個馬雅古城，發現城裡的建築和藝術精美得教人嘆為觀止。他們了解這絕非野蠻人的作品，代表了一個已經消逝的高度文明。他們也看出有些石碑上的銘文可能是文字，更猜測這些文字和歷史事件有關，當中有些還是人名。史蒂文斯回到紐約後，將這次探險考察的紀錄寫成兩本書，並加上嘉瑟伍德的插圖，兩本書都暢銷一時。

馬雅的浪漫、迷人從史蒂文斯書中的描述可見於一斑：「這古城湮沒於叢林中，不見城民的後代在這裡徘徊，也看不到任何代代相傳的文化傳統。這座廢城有如大海中的一艘破船，船桅不見了，船名無法辨識，船員也滅頂了，沒有人可以告訴我們這艘船的故事：何時啟程、是何人的船、在海上漂流了多久、遭遇什麼不測……這裡的建築、雕刻和繪畫，所有將人生變得華美的藝術都曾在這濃密的叢林中大放光彩；辯士、戰士、政客、美人，多少風流人士都已遠去，所有的野心與榮耀也都化為塵土。現在沒有人知道這裡的故事，更沒有人能述說這個傳奇……這是一個文明、文雅又特別的族群遺留下來的廢墟。他們經歷了興衰，在登峰造極之後，從歷史的舞台退下……我們步入蒼苔漫漶的神廟和傾圮的祭壇，發現處處呈現高超的品味和藝術技巧……牆上刻了許多奇異的人物，栩栩如生，以憂愁的眼神凝視。我們想像他們身穿絢麗的衣裝，插著羽飾，在宮殿和神廟的台階拾級而上……眼前的奇觀，這個消失在叢林中偉大而美麗的城市，讓我深深震懾。世界史上，沒有一處比得上這裡……我們甚至不知怎麼稱呼這個在密林深處的廢墟。」今天到馬雅廢墟觀覽的旅客也有同樣的感動，因此這個文明的殞落是個特別令人入迷的故事。

馬雅文明提供了幾個絕佳的視角，讓我們得以窺視史前人類社會的崩壞。首先，馬雅仍有文字流傳下來，雖然不夠完整，解讀起來困難重重，但還是可用來重建馬雅歷史。這樣重建出來的歷史資料要詳盡得多，這是我們在復活節島上做不到的，甚至勝過以樹木年輪研究和林鼠貝塚重建的阿納薩齊歷史。如果馬雅人只是沒有文字的狩獵—採集社群，以簡陋的棚屋做為棲身之處，考古學家可以研究的東西將乏善可陳。但馬雅人留下了瑰麗的藝術和宏偉的建築，考古學家就可大展身手。其次，最近氣候學家和古生態學家也從古代氣候和環境變化資料下手，找出馬雅文明崩壞的原因。最後，目前中美洲還有為數不少的馬雅人住在祖先留下來的故居，口操馬雅語。儘管馬雅古城已成廢墟，古馬雅文化還有不少流傳至今。最早來到中美洲的歐洲人對當時的馬雅社會多有紀錄，這對我們了解古馬雅社會也有很大的幫助。歐洲人最早和馬雅社會接觸是在一五〇二年，也就是哥倫布「發現」新世界的十年後。哥倫布在他的第四次（也是最後一次）勘察航行中，遇見一艘馬雅商人的獨木舟。一五二七年，西班牙人急於征服馬雅，然而直到一六九七年才降服它最後一個君主。因此，西班牙人有幾近兩個世紀的時間可以近觀獨立的馬雅社會。特別值得一提的是，西班牙主教蘭達（Diego de Landa）在一五四九年到一五七八年進駐尤卡坦半島傳教，為了消滅「異教」，大肆搜刮馬雅人的古籍抄本，將之付於一炬。這真是馬雅文化史上最大的災厄，幸好四卷倖免於難。不過，此人也將馬雅社會的一切詳盡記載下來，也找來通曉馬雅文字的人為他粗解馬雅象形文字。由於這個線索，幾近四個世紀之後，馬雅文字才得以破譯。

我們用整整一個章節來探討馬雅文明，原因是這個古文明可和其他章節論述的古代人類社會做個對照。那些人類社會的規模比馬雅小得多，生態環境脆弱，且位於孤絕之地，不只與當代文化斷絕，更是科技的沙漠。這些社會實在無法與馬雅相提並論，不但有高度的文明（在前哥倫布時期的美洲堪稱世界之最），也是唯一留下大量文字的，更位於新世界文明（中美洲）的心臟地帶。馬雅的環境雖然也有問題，除了與石灰岩地形有關，另一個難題是雨量時多時少，無法預期。但以全世界的標準來看，這樣的環境並不算特別脆弱，至少比古代的復活節島、阿納薩齊印第安人居住的美國西南部、格陵蘭或現代的澳洲來得好。因此，我們切莫以為只有生態環境脆弱的小型邊緣社會才有崩潰危機，馬雅的覆亡警告我們：即使是最先進、最有創造力的社會還是可能滅亡。

從人類社會崩壞的五個框架來看，馬雅可印證其中的四項：馬雅人的確戕害了自己的生存環境，主要問題是森林砍伐和土壤侵蝕；氣候變化（乾旱）也是一個因素，或許馬雅經常遭逢大旱；馬雅各個城邦之間的衝突和戰爭也是個大難題；最後還牽涉到政治／文化面向，特別是國王和貴族間的競爭，連年征戰，競相豎立石碑，卻沒解決社會的根本困境。在五個框架中剩下的一個就是和其他友邦的關係（貿易關係的延續或中斷），這點似乎與馬雅的覆亡無關。雖然馬雅的黑曜石（他們喜用這種岩石來製造石器）、玉石、黃金、貝殼都仰賴外地輸入，但後面三種都是奢侈品，不是生活必需品。在馬雅社會的政治體系崩潰之後，各地區一直還有黑曜石製造的工具，可見黑曜石未曾短缺。

馬雅的環境

讓我們先從環境層面來了解馬雅。一提到馬雅，總讓人想起「叢林」或「熱帶雨林」，其實這是錯誤的印象。熱帶雨林生長在雨量豐沛、終年潮溼的赤道地帶，而馬雅中心區域離赤道有一千六百公里，在北緯十七度到二十二度之間，這裡的棲地可稱為「季風雨林」。雖然五月到十月多雨，一月到四月還是旱季。如果以多雨潮溼的季節為著眼點，或可稱馬雅為「季風雨林」；如果把著眼點放在乾旱的季節，那馬雅就位於「季風沙漠」了。

尤卡坦半島從北到南，北部的每年雨量約是四百五十七公釐，往南遞增，到了南部可能高達二千五百公釐，因此土壤變得豐厚。半島南部宜於墾殖，可生產大量作物，養活稠密的人口。但馬雅中心區域的每年降雨量不定，近年來曾出現比往年多達三、四倍的雨量。此外，每年的降雨時節也難以預料。常常農夫播了種，一心期待雨水的滋潤，結果老天就是不下雨。因此，現代農夫如果在古馬雅的中心區域種植玉米，特別是在北部，常常徒勞無功。關於這個問題，古馬雅人或許更有經驗，也有因應之道，但還是必須經常面對乾旱和颶風的考驗。

雖然馬雅南部的雨量比北部多，反而出現缺水的問題。這個問題不僅讓古代住在南部的馬雅人大傷腦筋，現代的考古學家也難以了解這個弔詭：何以乾旱問題在潮溼的南部比乾燥的北部還嚴重？可能尤卡坦半島下面有地下水，但地勢從北到南逐漸升高，因此愈往南，地下水位就愈低。由於半島北部相當低平，因此古馬雅人只要在地陷之處或深坑中挖掘「穴井」（cenote），就可汲取到地下水。所有造訪過馬雅古城奇琴伊薩（Chichén Itzá）的人，應該都記得那裡的巨大穴井。地勢低窪的北部沿岸雖然沒有地陷處，馬雅人只要打個二十二公尺深的水井，也可汲取到地下水。在尤卡坦半島東部的貝里斯地區，很多地方都有河流，半島西部也有烏蘇瑪辛達河（Usumacinta River），半島南部的佩騰地區（Petén Area）也有幾個湖泊。但大抵而言，南部地勢太高，地下水位太低，無法挖掘穴井或水井。更糟的是，尤卡坦大部分都是如海棉般多孔的石灰岩地形，雨水會直接流入地底，無法留在地面上。

那麼，馬雅南部的人民如何解決缺水問題？很多馬雅古城不是建在境內少數的幾條河流旁，反而建在高地上。這個發現起初讓我們很驚訝。原來馬雅人挖掘凹地，或利用天然凹地，將這石灰岩地形中凹地底部的縫隙孔洞填補起來，做為貯水池或蓄水槽，貯存雨水，以備旱季之需。例如馬雅的提卡爾城（Tikal）蓄水槽貯存的水，就可供給一萬人在十八個月內需要的民生用水。馬雅人也在寇巴城（Coba）的湖泊周邊修築土堤，以升高湖水水位，使水的來源更加穩定。但是像提卡爾等藉著蓄水槽取得飲用水的城市，如果大旱持續十八個月以上，居民就欲哭無淚。此外，由於作物需要雨水滋潤才能生長，不能用蓄水槽的水來灌溉，儘管乾旱的時間不到十八個月，也會嚴重影響收成，居民還是飽受饑饉之苦。

馬雅的農業

要解開馬雅文明殞落之謎，我們必須深入了解馬雅的農業。馬雅農業本是仰賴在墨西哥馴化的作物，主要是玉米，豆類次之。科學家以古馬雅人的骨骸進行同位素分析，發現不管是貴族或平民，玉米都是主食，膳食的七〇%以上都來自玉米。他們的家畜只有狗、火雞、番鴨，另外也養殖一種無刺蜜蜂以採擷蜂蜜。最重要的野味是鹿肉，只有貴族才能享用這種珍饈美味，也有幾個地點有魚可以捕捉。但在馬雅遺址出土的動物骨頭很少，可見肉品來源少。

過去學者莫不以為馬雅的主要耕作方式是刀耕火種（也就是所謂的山田燒墾農業）——焚燒林地、清理出一片空地，耕種個一、兩年或好幾年，直到土壤肥力耗盡，再來休耕個十五年或二十年，等到土壤肥力復原、野生植被重生，才能重新耕作。由於這種刀耕火種的農業方式，大多數的耕地都處於休耕狀態，因此收穫有限，只能養活稀少的人口。然而，考古學家以馬雅遺址的農舍地基數目估算，發現馬雅古城竟是人口稠密的都市，遠遠超出刀耕火種能養活的人口數量。雖然實際數字未有定論，顯然各地區的數目也有出入，但大抵而言，每平方公里約有九十五人到二百九十人，甚至可能多達五百七十九人。（即使在今天的非洲，人口最稠密的盧安達和蒲隆地，每平方公里的人口數也不過是二百九十人和二百零八人。）因此，古馬雅人應該不是只靠刀耕火種來耕作，想必還有其他方法以提高作物的生產量。

馬雅很多區域的確可見到能提高作物產量的農業建築工程，如在山坡上修築梯田以防止水土流失與增加溼度、興建灌溉系統、挖河排澇及修築台田。挖溝修田的工程浩大，但是可以大大提高作物產量。不只是馬雅，世界其他地區也看得到這種耕作方式。農民在易澇之地挖掘平行溝渠做為排水系統，以溝渠間隆起之地為台田，把溝渠中挖出富含腐殖土和水浮蓮的淤泥傾倒在台田做肥料，同時避免田地被淹沒。除了在台田上耕作，溝渠中還能讓魚類和烏龜自行生長，之後再來捕捉，這也就成了其他的食物來源。然而，其他地區如考古學家研究透徹的古城科潘（Copán）和提卡爾，卻看不到什麼梯田、灌溉溝渠或排澇築田的遺跡。這些地區的居民必然利用其他方式來提高作物產量，只不過沒有遺跡可考。他們可能利用石塊覆蓋法、在洪氾區耕作、縮短休耕時間、翻鬆土壤以利肥力恢復，或完全不休耕，年年耕種，在特別潮溼的地帶甚至一年兩作。

在階級分明的社會中，主要的生產者是農夫，而貴族和士兵等不事生產之人則消耗糧食，有如農夫的寄生蟲。因此，農夫必須生產足夠的糧食，不但供一己之需，還得負擔其他人的需要。一個社會到底能讓多少人不事農作而有飯吃，就得看這個社會的農業生產效率。就拿今天的美國來說，農業生產效率很高，農夫只占全部人口的二%，平均每個農夫提供的糧食能養活其他一百二十五人（非農民以及利用美國出口糧食的外國地區人民）。古埃及農業雖然沒有像現今機械化農業的生產效率高，每一個農夫生產的糧食除了養活自己的家人，還可提供其他四個家庭所需。回頭看馬雅，除了自家需要的糧食，每一個馬雅農夫多生產的部分只能再養活另一個人家。農夫占馬雅社會人口的七成以上，足以顯示當地農業有好幾個限制。

首先，蛋白質太少。到目前為止，馬雅人最重要的作物還是玉米，但玉米所含的蛋白質比起舊世界的主食──小麥和大麥──都來得少。前述可供食用的家畜也沒有體積龐大的，因此肉品的量比不上舊世界的牛、綿羊、豬和山羊。馬雅農夫能栽種的作物種類比安地斯山的農夫少（除了玉米，安地斯山的農夫還能種植馬鈴薯、富含蛋白質的藜麥等多種作物，也可宰殺駱馬來吃），若和中國和歐亞大陸西部的農夫相比，就更自嘆弗如了。

其次，馬雅的玉米農業集約程度不高，生產力也較低，比不上阿茲特克的「水中田畦[1]」（*chinampa*，一種生產力高的人工地塊）、安地斯山蒂瓦納庫文明（Tiwanaku civilization）的台田、莫切人在秘魯海岸建立的灌溉系統，以及歐亞大陸常見以畜力耕作的田地。這是馬雅農業的另一個限制。

1 水中田畦：農民用樹枝、蘆葦編成排筏，用淤泥並摻上其他泥土，敷在筏上，然後種植菜蔬花卉，通常若干排筏相連，用木樁插入水底來固定。

還有一個限制是馬雅地區氣候潮溼，因此玉米難以貯藏一年以上。像美國西南部阿納薩齊印第安部落，因環境乾燥，玉米貯藏的時間就可長達三年。

最後，馬雅人不像安地斯山的印第安人有駱馬可用，也不像舊世界的人有馬、牛、驢和駱駝等畜力可用來運輸或耕田。馬雅所有的陸上運輸都必須依賴人力，也就是靠挑夫來運送。如果你派一名挑夫背負一袋玉米跟著軍隊前往戰場，這一路挑夫的糧食就靠這袋玉米，回程也是，剩下能給軍人吃的已經不多了。路途愈遙遠，剩下的玉米就愈少。只是走個幾天到一個禮拜也許還可以，再多幾天的話，派挑夫為軍人背負玉米或送到遠方的市場，實在划不來。因此，鑑於馬雅農業生產力低，加上無畜力可用，行軍的時日和距離都有嚴重限制。

我們常以為打勝仗的關鍵是武器精良，不是糧食補給。但我舉一個鮮明的例子來證明糧食補給也可能是致勝關鍵，這個例子出自紐西蘭毛利人的歷史。毛利人是第一個在紐西蘭殖民的玻里尼西亞族群。長久以來，鄰近部落之間經常發生激烈戰爭。毛利人的主食是甘薯，但產量有限。若戰爭時間拉長或遠征其他部落，戰士必然會面臨糧食短缺的問題，無以為繼。歐洲人來到紐西蘭之後，也帶來馬鈴薯。自一八一五年左右開始，毛利人的作物產量增加不少，可供給戰士好幾個禮拜所需的糧食。結果從一八一八年到一八三三年這十五年中，從英國人那兒獲得馬鈴薯和毛瑟槍的部落就可遠征幾百公里，打敗那些沒有馬鈴薯也沒有毛瑟槍的部落。毛利人的戰爭因引進馬鈴薯才得以突破。相形之下，馬雅人的戰爭便受到玉米產量的限制。

像這樣的糧食限制，或可解釋馬雅社會為何一直處於多個小國或城邦互相征戰的局面，從未出現大一統的帝國，不若墨西哥河谷的阿茲特克帝國或安地斯山的印加帝國。阿茲特克帝國的人民以水中田畦等集約農業方式為生計，而印加帝國作物種類較多，不但可利用駱馬馱運，還有修築完善、四通八達的道路系統。此外，馬雅城邦軍隊和官僚組織也不大，難以進行長征。（甚至到了一八四八年，馬雅人舉兵反抗西班牙人的統治，儘管勝利在望，卻無法乘勝追擊，時間一到就會從戰場抽身，打道回府去採收玉米。）很多馬雅城邦的人口數只有二萬五千人到五萬人（實際的人口數目，目前考古學界未有定論），沒有一個超過五十萬人。城邦也都不大，從宮殿出發，不管往哪個方向筆直前進，走個兩、三天就到了盡頭。因此，從一個宮殿的高處，還可能望見鄰近王國的宮殿。馬雅城都很小（大都不到二・五九平方公里），人口不多，市集規模遠遠不如墨西哥河谷的特奧蒂瓦坎和特諾奇提特蘭，或秘魯的昌昌（Chan-Chan）和庫斯科（Cuzco）。至於馬雅的糧食儲存和貿易，也無考古證據證明如古希臘和美索不達米亞，是由皇室管理、掌控。

馬雅的歷史

現在我們來簡單回顧馬雅的歷史。馬雅文化屬於古代中美洲文化的一部分，範圍大約是從今日的墨西哥中部以南到宏都拉斯，在歐洲人來到以前，和南美的印加並稱為新世界的兩大發明中心。馬雅和其他中美洲社會有很多共通之處，不只是擁有相同的東西，也缺乏相同的東西。如果現代西方人以對舊世界文明的認知來看中美洲，會很驚訝他們沒有金屬工具、滑車等機械，也沒有輪子（有些地區把輪子當成玩具而非工具）。他們的船沒有風帆，沒有馱獸代步，也不會用犁。所有馬雅的神廟都是使用石器或木頭工具以人力打造出來的。

就馬雅文明的諸多要素來看，很多是從古代中美洲其他地區傳入的，例如古代中美洲的農業、城市和書寫系統都源於西部或西南部的河谷和海岸低地：公元前三〇〇〇年馴化玉米、豆類和南瓜為主食；公元前二五〇〇年出現陶器；公元前一五〇〇年出現村落；公元前一二〇〇年墨西哥沿岸低地的奧爾梅克出現城市；文字則在公元前六〇〇年左右或更晚源於瓦哈卡（Oaxaca）的薩巴特克文明（Zapotec）；公元前三〇〇年左右，最早的城邦興起。此外，兩種相輔相成的曆法——一年三百六十五日的太陽曆和一年二百六十日的神曆——也源於馬雅以外的地區。至於其他文明要素，不是馬雅人創造出來的，就是馬雅人採用別人的，精益求精而成。

在馬雅地區，村落和陶器的出現時間約在公元前一〇〇〇年左右或更晚，堅實的房屋出現在公元前五〇〇年，書寫系統則出現在公元前四〇〇年。古馬雅文字可見於石頭或陶器上雕刻的銘文，總數約有一萬五千個，訴說的盡是國王、貴族和他們的豐功偉業（圖十三），未有隻字片語關於平民。西班牙人踏上他們的土地時，他們還在用浸泡石灰水的樹皮紙[2]做為手稿。西班牙的蘭達主教將馬雅人珍貴的手抄本焚毀，倖存的四卷就是馬雅天文和曆法的古抄本。古馬雅人做為陪葬品的陶器上也常刻有樹皮紙上那種圖文並茂的圖譜。

著名的馬雅長曆（Long Count calendar）始於公元前三一一四年八月十一日，這一天就好比公元元年一月一日——西方曆法的初始之日，也就是耶穌降生的那一天。想必馬雅表曆的初始之日也有特別的意義，只不過直到現在這個謎題尚未解開。考古學家在馬雅地區石碑上發現第一個可考的長曆年代是公元一九七年，在馬雅以外的地區也發現公元前三六年的石碑，進而遠溯長曆的初始之日為前述的公元前三一一四年八月十一日。公元前三千多年的當時，新世界沒有任何文字，之後在長達二千五百年的歷史中仍有語而無文。

我們的曆法分為日、週、月、年、十年、百年和千年。例如我在公元二〇〇三年二月十九日提筆寫下這段有關馬雅曆法的論述，這一天指的是自耶穌降生以來的第三個千年、第一個百年、第一個十年之第四年第二個月的第十九日。馬雅長曆累積計日單位的一日為「金」（*kin*）、二十日為「烏因納」（*uinal*）、三百六十日或一年為「敦」（*tun*）、七千二百日或二十年為「卡敦」（*katunn*），十四萬四千日或四百年則為「巴卡敦」（*baktun*）。馬雅歷史皆發生在八、九和十巴卡敦之間。

所謂的馬雅古典時期即從八巴卡敦開始，約是公元二五〇年左右（公元二五〇年＝八巴卡敦＋八卡敦＋四敦），最初的國王登基，出現第一個朝代。研究馬雅文字的學者發現，某一個遺址石碑約有幾十個文字重覆出現，後來才發現原來這些文字跟朝代和王國的名稱有關。每一個馬雅王國的國王都有代表自己名字的象形文字和宮殿，很多貴族也有自己的銘文和宮室。馬雅社會的國王有如最高祭司，能觀測天象，根據神曆祭祀天神，為人民帶來風調雨順、國泰民安。國王以天神的後裔自詡，因此宣稱自己能呼風喚雨。由此可見，君民之間有一種不言而喻的條件交換：農民願意把玉米和鹿肉獻給國王和他的臣子，為他們修築宮殿，讓他們過著富貴奢華的生活，為的就是國王保證豐年稔歲。然而，如果大旱來

2 樹皮紙浸石灰水，乾了之後紙上會留下一層石灰，紙因而可以更白、更平滑，又可減少透光度，使紙面緊密，容易吸墨。

臨，赤地千里，民不聊生，國王失信於民，王位也就岌岌可危。

自從公元二五〇年開始，馬雅的人口數（從可考的房屋遺址來推算）、石碑和建築數、石碑和陶器上銘刻的長曆年代數目幾乎呈指數成長，到了公元八世紀達到巔峰。最大的石碑都是在古典時期接近尾聲時豎立的。前述三個複雜社會的指標在公元九世紀間往下滑落，一路下滑到最後一個已知的長曆年代，也就是十巴卡敦（公元九〇九年）。此時，馬雅人口、建築和年代可考的紀事石碑皆大幅減少，代表馬雅古典時期從燦爛走向黯淡。

科潘

古典馬雅的崩落可用位於宏都拉斯西部的遺址科潘城為例來研究。科潘只是座小城，但房屋稠密，街道縱橫。最近考古學家魏伯斯特（David Webster）即以科潘為題，出版了兩本書。在科潘，最肥沃之地是河谷沖積土形成的五塊平坦土地，這幾塊土地總面積不過是二十六平方公里，當中最大的一塊叫做「科潘地」（Copán pocket），也只有十三平方公里。科潘四周都是陡峭的丘陵，將近半數的丘陵坡度皆在一六％以上（約是最陡的美國公路坡度兩倍）。和谷地土壤相比，丘陵的土壤較為貧瘠，酸性較高且所含的磷酸鹽較少。以今日的情況而言，谷地的玉米產量約是丘陵所產玉米的二到三倍。此外，丘陵上的土壤很快就出現侵蝕的問題，不到十年，生產力只剩原來的四分之一。

以房屋數目來計算，科潘的人口成長從第五世紀開始直線攀升，到公元七五〇年至九〇〇年間，人口最多之時約有二萬七千人。根據馬雅的歷史記載，科潘約在公元四二六年興起，後來的石碑銘文也曾追述提卡爾和特奧蒂瓦坎貴族的親戚在那個年代來到此處。為國王歌功頌德的石碑在公元六五〇年和七五〇年間大量出現。公元七〇〇年之後，國王以外的皇親貴族大興土木，紛紛建立自己的宮殿。到了公元八〇〇年，這樣的宮殿約有二十所，其中的一所有五十棟建築，可容納二百五十人。由於貴族為數眾多，加上國王及其臣子，農民的負擔必然很大。科潘最後的大型建築約興建於公元八〇〇年，有一處尚未完工的祭壇，上有國王之名和長曆紀年，推算起來是公元八二二年。

根據科潘谷地不同居住環境的考古調查研究，發現最先開墾的土地是谷地中最大的科潘地，然後是谷地其他四塊地。當時人口已開始成長，但丘陵地仍無人居住。後來由於谷地施行集約農業，加上休耕期變短及二熟制，或許還有灌溉系統之助，人口因而大幅成長。

到了公元六五〇年，丘陵上的斜坡也有人住了，但這些丘陵地的開發不過只是一百年的光景。科潘丘陵人口最繁多之時約占全科潘人口的四一%，然後走下坡，最後人口又集中在河谷土地。人口從丘陵回流到河谷的原因為何？科學家在谷底建築底下進行考古挖掘，發現這裡的土壤在第八世紀堆積了很多沉積物，顯示山坡已有土壤侵蝕的問題，或許土壤肥力已經流失。丘陵貧瘠的酸性土被沖刷到河谷，覆蓋了原來肥沃的土壤，河谷的作物產量因而降低。最後，古馬雅人不得不放棄丘陵地。事實上，現代馬雅人也遭遇同樣的問題，丘陵土壤的肥力很快就耗竭，無法耕作。

丘陵土壤侵蝕的原因很明顯：丘陵樹木砍伐殆盡，下面的土壤就得不到保護。從花粉樣本的年代來考證，丘陵斜坡上方本有一片松林，後來全砍光了。根據計算，這些砍伐下來的松樹大部分用做柴薪，剩下的則用於建築，或為了開採石灰而砍。前古典時期的馬雅遺址常塗上厚厚的石灰，為了生產石灰，必須大面積地砍伐山林。砍伐森林除了造成谷地沉積物堆積、谷地居民日後無原木可用，也會在谷底造成「人為旱災」。因為森林在水循環中扮演重要角色，大肆砍伐，也會致使雨量減少。

科學家研究從科潘遺址出土的數百副骸骨，發現有疾病和營養不良的問題，如骨質疏鬆等。這些骨骼研究顯示，在公元六五〇年到八五〇年間，科潘居民的健康情況愈益惡化，不只是平民，貴族也如此，當然平民的健康更糟。

前述科潘丘陵地在有人入住之後，人口直線上升，後來放棄了這裡的土地，表示多餘的人口不再能依賴丘陵生產的作物，谷地那二十六平方公里的農地必須供給更多人糧食。僧多粥少，農民為了搶奪最好的農地，甚至只為了搶到土地，導致衝突四起，正如現代的盧安達（第十章）。由於科潘王在大旱之時未能喚來及時雨，農田乾裂，面臨絕收，大禍也就來到他的頭上。這或許可解釋何以公元八二二年後不再有科潘王的紀錄，而國王的宮殿更在公元八五〇年左右焚毀。然而，在公元八五〇年後仍有奢侈品的生產，這表示國王雖然被推翻了，直到公元九七五年仍有一些貴族繼續過著奢華的生活。

從遺址出土的黑曜石碎片年代來判斷，科潘總人口數逐漸減少的情況很明顯。公元九五〇年，估計人口仍有一萬五千人左右，約是巔峰時期二萬七千人的五四%。公元九五〇年之後，人口繼續凋零；到了公元一二五〇年，科潘谷地已無人跡。後來再出現的森林樹木花粉顯示谷地已空無一人，森林終於得到再生的機會。

馬雅崩壞的撲朔迷離

從上述的馬雅簡史以及科潘一地的變遷，可見馬雅文明殞落的端倪。但這故事格外錯綜複雜，原因至少有五個。

首先，馬雅除了古典時期大崩壞，先前也出現過兩次較小的崩壞事件：其一為公元一五〇年左右米拉多爾（Mirador）等城市的衰亡（即所謂前古典時期崩壞）；另一則是六世紀末至七世紀初出現的馬雅文明中斷期（Maya hiatus），在提卡爾——這個考古學家研究得相當透徹的古城——有一段時間沒豎立任何石碑。古典時期崩壞後，仍有一些人設法生存下去，人口甚至還有些許增加，重新建造繁榮的城市。然而，奇琴伊薩這樣的大城還是在公元一二五〇年左右廢棄，馬雅潘（Mayapán）也約在公元一四五〇年人去樓空，這就是所謂的後古典時期崩壞。

其次，古典時期的崩壞顯然不完全，仍有成千上萬的馬雅人存活下來，後來與西班牙人交戰。這樣的人口數量雖遠遜於古典時期，但已比本書討論的其他遠古社會人口來得多。存活下來的馬雅人集中在水源可靠之地，特別是多穴井的北方、有井水的海岸低地、靠近南方湖泊之地以及有河流和潟湖的低地。此時，南部地區——亦即古典馬雅文明上演的舞台——已完全沉寂。

第三，從某一些例子來看，人口減少（根據房屋數目和黑曜石工具數目來估算）的速度比較緩慢，不像長曆年代那樣遽減，如前面討論過的科潘。可見古典時期快速崩壞的是王權，連帶使長曆紀年也變少了。

第四，很多城市的敗落其實是權力興替的結果，也就是城市從興起、衰頹、被其他城市的人征服，然後又再崛起，捲土重來，征服鄰近的城市。在興替的過程中，總人口並沒有多大的變化。例如公元五六二年，提卡爾被敵人卡拉科爾（Caracol）和卡拉克穆爾（Calakmul）兩個城邦夾擊，國王被俘後來慘遭殺害。然而，提卡爾後來日益強大，最後在公元六九五年征服敵人。再經過兩百多年，提卡爾與其他馬雅城邦才在古典時期一起走向衰亡（提卡爾的最後石碑年代是公元八六九年）。同樣地，科潘在六、七世紀之間興盛，到了公元七三八年，國王十八兔（Waxaklahuun Ub'aah K'awil）被敵對城邦基里瓜（Quirigua）俘虜，斬首示眾。十八兔死後，科潘在繼任國王的治理下力求圖強，繼續輝煌了五十年。

最後，馬雅地區各城市的興衰軌跡各有不同。例如尤卡坦西北部的普克地區（Puuc region），在公元七〇〇年時幾乎空無一人，但從公元七五〇年開始（也就是南部城市衰敗之後），人口就有爆炸性的成長，人口數在九〇〇年和九二五年達到高峰，在九五〇年和一〇〇〇年間遽減。馬雅中部大城米拉多爾的金字塔堪稱世界之最，這個城市在公元前二〇〇年開始有人居住，到了公元一五〇年之後，即遭廢棄，而科潘的興起還是很久以後的事。尤卡坦北部的奇琴伊薩則在公元八五〇年後才崛起，直至公元一〇〇〇年左右一直是北方的中樞，到了公元一二五〇年左右才毀於內戰。

基於以上五個原因，馬雅文明的崩壞很複雜，不可同一而論，有些考古學家甚至認為沒有古典時期崩壞這回事。如果所謂的古典時期崩壞不存在，以下明顯的事實要如何解釋：公元八〇〇年後，馬雅人口消失了九〇%到九九%，特別是以往人口稠密的南部低地幾乎沒有人跡，國王沒了，長曆消失了，其他複雜的政治和文化體系也不見了。這也就是我們討論馬雅古典時期崩壞的原因：這崩壞不只是人口消失，也是文化的失落。這個輝煌的文明驟然而逝，要如何解釋？

戰爭和乾旱

先前大略提到戰爭和乾旱可能是馬雅文明殞落的因素，現在讓我們詳細探討這兩個因素。

長久以來，考古學家相信古代馬雅人性情溫和、愛好和平。現在我們已知道，由於糧食短缺、運輸困難，馬雅各個城邦世代陷入苦戰、窮兵黷武，仇恨難解，沒有任何一個國王可以把整個區域統一成一個大帝國，如墨西哥中部的阿茲特克帝國和安地斯山的印加帝國。考古證據顯示，在古典時期崩壞之前，烽煙四起，戰況格外激烈。近五十五年來研究得到的證據如下：在多個馬雅遺址周圍挖掘出大型的防禦工事；石碑栩栩如生地刻畫戰爭和俘虜（圖十四）；一九四六年偶然被人發現因而讓舉世驚豔的博南帕克壁畫（Bonampak painted murals）[3]，加上馬雅文字的破譯，其中的描述很多和皇家歌功頌德的銘文相符。馬雅王國之間的戰爭，除了爭城奪地，也會俘虜敵國之君，科潘王十八兔就不幸成為階下囚。馬雅的石碑和壁畫也刻畫了對待俘虜的酷刑，教人慘不忍睹（例如猛拉手指拉到指關節脫臼、拔牙、用利刃切除下巴、切掉嘴唇或指尖、拔指甲、將針刺入嘴唇等），後來更出現以俘虜獻祭的殘酷做法（如讓俘虜身子貼著大圓球，手腳綁在一起，從神廟的階梯上滾下去）。

馬雅的戰爭包括幾種形式，也都有詳盡的紀錄：王國之間互相討伐；王國中的城市反抗首都，藉以

3博南帕克壁畫：馬雅文明最重要的壁畫遺跡，位於墨西哥恰帕斯州博南帕克的一座馬雅神廟內。年代約當公元第六至第八世紀，屬於馬雅古典時期之作，色彩鮮豔，秘不示人，直到一九四六年才被新聞記者偶然發現。壁畫保存較好，表現貴族儀仗、戰爭與凱旋、慶祝遊行和舞蹈等。壁畫人物眾多，動作生動，筆法穩健，為馬雅文明的藝術瑰寶。

脫離首都的控制；欲篡位者掀起內戰。這些事件的主角是國王和貴族，因此碑文多有描述。至於平民間的暴力衝突顯然更常發生，只不過碑文不予以記錄。由於人口過剩、土地有限，為搶奪土地，平民之間必然時常暴力相向。

另一個了解馬雅文明傾頹的重要因素就是每隔一段時間發生的乾旱。吉爾（Richardson Gill）在最近出版的著作提到佛羅里達大學（University of Florida）研究人員博蘭納（Mark Brenner）、何德爾（David Hodell）和已故的狄維（Edward Deevey）等人在這方面做的研究。[4]他們採集馬雅湖泊底部的沉積物柱狀樣本，以了解當地的乾旱和環境變化。例如乾旱來臨，湖水蒸發，水中的石膏（亦即硫酸鈣）就會析出沉澱於湖泊底部。在乾旱期間，水中含有的一種較重的氧——氧的同位素氧一八——濃度就會升高，如果水中有較輕的氧一六就會蒸發。湖泊中的軟體動物和甲殼動物也會吸收湖水中的氧，氧於是殘留在牠們的殼中。即使這些生物死掉很久，氣候學家仍可從湖泊的沉積層中挖出牠們的殼，分析其中的氧同位素。只要一層層地測量湖泊中沉積的石膏和氧同位素濃度，科學家就能「讀出」過去年代雨量的變化。湖中的沉積層再經放射性碳元素年代測定，大概的年代就出爐了。若是從事花粉研究的科學家，也可藉由湖芯樣本分析以了解當地森林砍伐的情況（森林砍伐愈嚴重，林木的花粉就會減少，相對地草的花粉則增加）以及土壤侵蝕的問題（土壤沖刷，黏土沉積物和礦物質就會增多）。

根據湖泊沉積物進行放射性碳元素年代測定所得的資料，氣候學家和古生態學家得知馬雅地區從公元前五五〇〇年到公元前五〇〇〇年都相當潮溼。接下來從公元前四七五年到公元前二五〇年出現乾旱，這是在馬雅前古典文明興起之前。公元前二五〇年之後，由於氣候再度變得潮溼，也許有助於馬雅前古典文明的萌芽與茁壯。但在公元一二五年到二五〇年間，又出現大旱，前古典時期的米拉多爾等城市因此衰頹。之後，氣候又變得潮溼，古典時期的城市如雨後春筍般一一興起。公元六〇〇年左右出現短暫的乾旱，致使提卡爾等城市衰亡。最後，在公元七六〇年左右，出現了近七千年來最嚴重的乾旱，在公元八〇〇年左右旱象更達到高峰，科學家因而懷疑這就是馬雅古典時期崩壞的原因。

如果我們仔細分析馬雅地區頻繁出現的乾旱，將發現這種狀況幾乎每二百零八年就出現一次。乾旱的週期可能源於太陽輻射的一些小變化，加上尤卡坦半島降雨梯度（半島雨量從南到北遞減）南移的結果。太陽輻射變化的影響所及應不只是馬雅地區，整個地球或多或少都會受到影響。氣候學家注意到，乾旱週期的高峰也衝擊到馬雅地區以外的史前文明，如世界第一個帝國（美索不達米亞的亞喀得帝國〔Akkadian Empire〕）在公元前二一七〇年崩塌、公元六〇〇年左右秘魯海岸莫切文明的覆亡，以及安地斯山蒂瓦納庫文明在公元一一〇〇年左右的衰敗。

因此，關於馬雅古典時期的崩壞，最簡單的假設就是公元八〇〇年左右的大旱所促成。這次大旱影響整個馬雅地區，也使得馬雅所有重要城市衰亡。然而，就我們所見，在公元七六〇年至九一〇年間，各個重要城市遭受的衝擊不一，有的甚至得以倖免於難。這個事實使得馬雅專家猜測或許乾旱不是古典時期崩壞的主因。

儘管如此，明辨慎思的氣候學家不會把乾旱的假設和馬雅古典時期的崩壞畫上等號。由於河流會

4 參看 Hodell 等人在《科學》（*Science*）發表的報告（Vol. 292, May 18, 2001）或網頁 www.deas.harvard.edu/climate/pdf/hodell_2001.pdf。

把沖積物帶到離岸不遠的海洋盆地，沖積物每年都會在海岸盆地形成沉積層，讓科學家能更精細地研究每一年的雨量差異，藉此發現公元八〇〇年左右出現的大旱其實有四個高峰：第一個較不嚴重，在公元七六〇年左右，有兩年出現乾旱；第二個在八一〇年至八二〇年之間，情況更加嚴重；第三個則是公元八六〇年左右的三個年頭；最後一個則是公元九一〇年左右的六個年頭。吉爾在書中論道，從馬雅各個主要城市石碑最後出現的年代來看，崩壞的年代皆圍繞著三個時間點，即公元八一〇年、八六〇年和九一〇年，和上述大旱的高峰期吻合。[5]當然，某一年乾旱，各個地區的旱象也會有差異。儘管馬雅連年大旱，使得多個城市遭到廢棄的命運，一些有穴井、井水和湖泊等可靠水源的城市還是得以倖免於難。

南部低地的崩壞

受古典時期崩壞影響最深的就是南部低地。原因我們先前提過：其一此地人口最為稠密；其二是這裡地下水位過低，汲取不到地下水，也沒有穴井或水井可用，只要不下雨，居民的生活就難以為繼。在古典時期的崩壞過程中，南部低地的人口少了九九％以上。例如在古典時期的黃金時代，佩騰中部約有三百萬人到一千四百萬人之多，但在西班牙人來到這裡的時候，只剩三萬人。一五二四年至二五年，西班牙大將柯提茲（Hernán Cortés）率兵經過佩騰中部，此地已是一片荒涼，前不著村，後不著店，難以取得能果腹的玉米，差一點餓死。柯提茲一行人經過馬雅古典時期的大城遺址提卡爾和帕倫克（Palenque）附近，由於那裡已湮沒於叢林之中，荒蕪死寂，杳無人煙，柯提茲就此與世上最偉大的遺址擦身而過。

那幾百萬甚至上千萬的人何以消失？我們面對阿納薩齊空無一人的史前大廈（第四章），也有同樣的疑問。在美國西南部大旱之時，阿納薩齊印第安人於是從恰克峽谷出走，轉往其他衛星聚落發展。或許馬雅南部低地的人民也是如此，見此地不可留，於是前往有穴井和水井的尤卡坦半島北部。因此在馬雅古典時期崩壞之後，半島北部的城市崛起，人口快速增加。然而，這種數百萬人大規模遷徙的事件已不可考。當然，因為當時資源短缺，難免會有餓死、渴死或互相殘殺的情況。在那大災大難的年代，出生率和兒童的存活率也比較低。因此，人口的銳減也牽涉到死亡率的高升和出生率的下降。

鑑往知來，馬雅文明的崩壞也是很值得謹記的教訓。打從西班牙人來到之後，佩騰中部的人口凋零得更厲害，到了公元一七一四年甚至只剩三千人左右。西班牙人不只是征服這個地方，也帶來疾病和死亡。到了一九六〇年代，佩騰中部的人口才增加到兩萬五千人，但和馬雅古典時期登峰造極的時候相比，仍不及那時人口的一％。之後，移民人口不斷湧入這個地區。到了一九八〇年代，人口終於有三十萬人之多，人們又開始砍伐森林，土壤再度遭到侵蝕。這樣的生態破壞只是歷史的重演，最後肯定在劫難逃。今天，佩騰半數地區的林木已砍伐殆盡，生態日益惡化。從一九六四年到一九八九年，這二十五年間宏都拉斯四分之一的森林已經消失了。

馬雅給後世的訊息

5 吉爾（Richardson Gill）或許是最早提出這個大乾旱假說的人。他本來在德州從事金融業，後來因為銀行不景氣，於是改行研究他喜愛的考古學。論馬雅大乾旱的專著見：*The Great Maya Droughts*（Albuquerque: University of New Mexico Press, 2000）。

我了解研究馬雅的考古學家對馬雅崩壞的原因各持己見，未有共識。首先，馬雅地區很複雜，崩壞的原因不一，不可一概而論。其次，只有幾個遺址的考古研究做得比較詳盡，還有很多遺址尚待研究。再者，馬雅心臟地帶仍有一個讓人大惑不解的謎：為何當崩壞已成千古往事，森林又回復蓊蓊鬱鬱的面貌，此地還是沒有人煙？儘管如此，我們還是可試著為馬雅古典時期的崩壞找出五個線索。

首先是人口過剩、資源短缺的問題。這樣的困境正如馬爾薩斯（Thomas Malthus, 1766-1834）在一七九八年提出的人口論觀點。今日的盧安達（第十章）和海地（第十一章）等地也上演過人口過剩的劇碼。考古學家魏伯斯特說得好：「農夫太多，種太多，不該種的地方也都種了。」的確，如此一來也種下苦果。人口和資源的失調就是第二個線索：森林砍伐和丘陵地的侵蝕致使可用的農地變少，居民需要的農地卻日增。此外，可能因人類濫墾濫伐引發乾旱、土壤肥力耗竭、與大自然爭地阻止蕨類生長，讓問題更加嚴重。

第三個線索是爭鬥愈演愈烈。資源愈來愈少，搶奪的人卻愈來愈多。馬雅各城邦本就窮兵黷武，在崩壞之前的烽火更是熾烈。試想，五百萬人以上擠在一個比科羅拉多州還小的土地上（約二十七萬平方公里），可用的農地又是那麼少，會出現何種慘況？此外，由於戰爭，有些土地即使宜於耕作，卻位在兩個城邦交界處，成了兵家必爭之地，農民何以能安心栽種？氣候的改變使得這個地區出現更大的危機，這是第四個線索。古典時期出現的乾旱雖然並非馬雅的第一個乾旱，卻是最嚴厲的一次考驗。先前乾旱出現的時候，馬雅很多地方還無人居住，因此遭逢大旱的居民可以前往他地東山再起。但是在馬雅古典時期，宜於人居之地皆人滿為患，沒有地方可另起爐灶。儘管還找得到水源豐沛之處，也容納不了所有的人口。

第五個線索是問題明明擺在眼前，馬雅各城邦的國王和貴族何以視若無睹，只顧著向農民橫征暴斂，累積自己的財富、發動戰爭、豎立石碑、互相較量。其實不獨馬雅的國王和貴族這般短視近利，人類史上這樣後知後覺的領導人比比皆是。我們會在第十四章探討這個主題。

最後，在我們把目光轉到現代世界之前，回顧一下第二章到第四章討論過的過去人類社會，與馬雅社會進行對比，其中有些相似之處，讓人震懾。馬雅社會正如復活節島、芒阿雷瓦島和阿納薩齊印第安部落，環境和人口問題漸漸演變成戰爭和內部衝突。馬雅和復活節島、恰克峽谷一樣，盛極而衰，人口數衝上巔峰之後，接下來就是政治和社會的全面崩潰。你看，復活節島上的農民從海岸低地逐步往高地發展；阿納薩齊印第安人的作物從明布雷斯的洪氾原長到山丘上；科潘的居民在人口壓力下，也從谷地發展到比較脆弱的丘陵地，以養活更多的人。復活節島上的酋長競相豎立雕像，一個比一個高，雕像頭上最後還加上普卡奧，以笑傲群倫；阿納薩齊酋長戴著兩千顆綠松石串起來的項鍊；馬雅國王也拚命興建最宏偉的神廟，石灰愈塗愈厚——今日美國大企業老闆的窮奢極侈，亦不遑多讓。想想復活節島酋長和馬雅國王面臨大旱那樣的重大危機，也只能坐以待斃。面臨嚴重的生態浩劫時，我們又有什麼高明的因應之道？

CHAPTER 6

維京：前奏與賦格

大西洋的實驗

我這一輩的影迷只要聽到「維京」，就會想起柯克．道格拉斯（Kirk Douglas）。他在令人難忘的一九五八年史詩鉅片《七海霸王》（*The Vikings*）中飾演維京首領——身穿釘皮甲，帶領一群大鬍子海盜在海上橫行，燒殺劫掠。那部電影是我在大學時代和女友約會看的片子，歲月如梭，一轉眼幾乎過了五十年，然而電影一開始的場景至今仍歷歷在目：維京海盜攻陷城堡大門，城裡的人還在狂歡飲宴，海盜衝進來見人就砍，城裡的人驚聲尖叫。道格拉斯虜獲珍妮．李（Janet Leigh）飾演的摩嘉娜公主。懷中的美人愈反抗愈讓他樂不可抑。片中的血腥景象並非全是虛構，也述說了不少事實：有好幾個世紀，中古時期的歐洲人聽到維京人來了，就膽顫心驚。在維京人自己的語言（古斯堪地那維亞語）中，「vikingar」即指「掠奪者」。

但維京人不光只有海盜頭子和公主的故事，維京人的歷史一樣引人入勝且和本書主題相關。維京人除了是讓人聞之色變的海盜，也善於農耕、貿易，還很會開疆拓土。他們是第一批在北大西洋探險的歐洲人，積極擴張，四處攻城掠地，建立殖民地。維京人橫行歐洲，後來出現的民族國家如俄國、英國和法國，苗裔中多有他們的血統。但這些維京人建立的殖民地，結局各有不同：在歐陸和不列顛諸島定居的維京人，最後與當地族群同化；溫蘭（Vinland，原意為「酒之鄉」）代表歐洲人最初在北美洲殖民的嘗試，但維京人不久就放棄了這塊殖民地；維京人在格陵蘭建立的殖民地歷時四百五十年，地處歐洲社會的邊陲，最後消失；維京人在冰島建立的新家園，在貧窮和動盪不安的政治下掙扎了好幾個世紀，終於在近代蛻變，躋身世界最富足的社會；至於在奧克尼群島（Orkney）[1]、雪特蘭群島（Shetland）與法羅群島（Faeroe）[2]的殖民則很順遂，沒有多少阻礙。所有維京人殖民地其實皆源於同一個古老的社會，在環境的影響下有了不同的命運。

因此，維京人在北大西洋往西擴張，猶如一個可做為殷鑑的自然實驗（參看第二六二頁至二六三頁地圖），就像玻里尼西亞族群在太平洋往東擴張的翻版。在這個大型的自然實驗中，格陵蘭就是當中的一個小型實驗：維京人在此與另一個族群——因紐特人（第七章）——相遇，面對同樣的環境問題，兩個族

1奧克尼群島：奧克尼群島共有七十個島嶼，其中的三分之一有人居住。有非常多的海豹在此出沒，「Orkney」在古冰島語即指「海豹群島」。

2法羅群島由十八個小島組成，其中十七個小島無人居住，總面積約一千四百平方公里，最大島面積三百七十三．五平方公里，現今人口約四萬七千人。

群採取截然不同的生存策略。這個小型實驗歷時五個世紀後宣告結束，格陵蘭的維京人全數滅絕，把格陵蘭拱手讓給因紐特人。維京人在格陵蘭的發展雖以悲劇收場，因紐特人的成功還是留給我們一個充滿希望的訊息：即使在艱困的環境下，人類社會的崩壞並非無可避免，就看人類怎麼因應。

維京人在格陵蘭建立的社會沒有通過環境的考驗而走上絕路，另外還有冰島翻身的故事，其實這些已有前車之鑑。如復活節島、芒阿雷瓦、阿納薩齊印第安社群、馬雅社會，以及其他許許多多前工業時期的人類社會，也遭遇類似的命運：環境問題愈演愈烈，最後成了社會覆亡的推手。然而，格陵蘭和冰島留下大量的文字紀錄（尤其是冰島），同一時代的貿易夥伴也記載了當時發生的事，讓我們得以深入了解這兩個地區的問題。雖然這些紀錄只是斷簡殘篇，遠比沒有人留下任何見證的文字來得好。像阿納薩齊印第安人不是死亡就是流落各地，而倖存的復活節島民都被外來的人同化了，但現代冰島人大都是冰島第一批移民者的後代，這最初的殖民者就是維京男人和他們的凱爾特（Celtic）妻子。特別值得一提的是，維京人殖民的格陵蘭和冰島也是中古歐洲基督教社會的延伸，再直接發展為現代的歐洲基督教社會。因此，面對他們留下來的教堂廢墟、藝術和考古研究挖掘出來的工具，我們馬上就能知道那是什麼。舉例來說，在格陵蘭的哈瓦思（Hvalsey），我面對一棟大約興建於公元一三〇〇年的石頭建築，站在西邊那堵牆的開口，由於我熟知西方教堂的樣式，馬上就知道這也是座教堂。這教堂甚至和挪威哈丹格峽灣（Hardangerfjord）支灣（Eidfjord）的教堂一模一樣，西邊那堵牆的開口正像其他教堂的大門入口（圖十五）。反之，復活節島的石雕就令人大費猜疑。

維京人在冰島和格陵蘭發展的故事，比起復活節島、芒阿雷瓦及其鄰近島嶼、阿納薩齊和馬雅更加複雜，也更發人深省。本書一開始所列出影響人類社會的五個因素，這裡都出現了。維京人破壞了自己的生存環境，深受氣候變化之苦，面對挑戰的反應和文化價值也影響他們的命運。我們可在前幾章的描述中清楚看到復活節島、芒阿雷瓦及其鄰近島嶼如何受到第一和第三個因素的影響，而阿納薩齊和馬雅則受到前述三個因素的影響。至於友善的貿易夥伴，對冰島、格陵蘭、芒阿雷瓦其及鄰近島嶼和阿納薩齊都很重要，復活節島和馬雅則不受影響。最後，在這些社會中，只有格陵蘭的維京人遭遇強敵（即因紐特人）的威脅。因此，復活節島也好，芒阿雷瓦及其鄰近島嶼的歷史也好，猶如兩、三個聲部交織起來的賦格；冰島史則有四聲部，如巴哈溘然辭世留下的未竟之作《賦格的藝術》（*The Art of Fugue*）。只有格陵蘭是五聲部賦格，就連巴哈生前也還沒有機會創作出這麼複雜的曲式。所以，除了本章，我們還要再以兩個章節說明維京社會的發展，這三章合起來就是本書這巨蚺吞下去的第二頭羊。

波瀾壯觀的擴張行動

冰島和格陵蘭的前奏就是維京人始自公元七九三年在中古歐洲的擴張行動。他們的足跡遍及愛爾蘭、波羅的海附近以及君士坦丁堡。中古歐洲文明的種子於一萬年前左右在肥沃月彎一帶發芽——即位在西南亞、如一輪新月的高地地區，從約旦北部到土耳其東南，東到伊朗。最初的作物、家畜、以輪子為運輸工具、冶鑄紅銅、青銅和鐵器的工藝、城鄉、酋邦、王國以及組織化的宗教都源於這個地區。打從公元前七千年，農業從安那托利亞（Anatolia，即現代土耳其的亞洲部分）傳到希臘，以上種種文明的種子也從歐洲的東南逐漸飄到西北，進而改變歐洲。斯堪地那維亞位在歐洲西北隅，也是歐洲距離肥沃月彎最遙遠之地，因此是最後開化的，直到公元前二五〇〇年，農業才傳到這個角落。在這麼一個邊陲地帶，羅馬文明亦鞭長莫及。羅馬商人的足跡未曾踏上此地，羅馬帝國的疆界也未曾擴展到這裡。因此，在中古時期以前，斯堪地那維亞一直僻處於歐洲的一方。

然而，斯堪地那維亞還是有些天然資源可用。北方森林動物的毛皮、海豹皮和蜂蠟等，都是可輸往歐洲其他地區的珍貴物資。挪威的海岸線和希臘一樣，曲折綿延，多是鋸齒狀的峽灣，因此走海路要比陸路來得快，對於能夠發展航海技術的人來說，可謂得天獨厚。在中古時期之前，斯堪地那維亞人只有靠以划槳做為動力的划艇，沒有風帆。打造帆船的技術終於在公元六〇〇年左右從地中海傳來，那時氣候和暖加上犁具改良，作物產量因而大增，人口也跟著快速成長。由於挪威地形陡峭、多高山，只有三%的土地可以耕作，到了公元七〇〇年，農地已難養活多餘的人口，這種情況在挪威西部特別嚴重。既然家鄉沒有新的農地可以耕作，生計沒有著落的人只好以海為家，去海上開拓新天地。風帆技術傳入之後，對善於航海的斯堪地那維亞人來說，如虎添翼，很快就發展出速度快、吃水淺、轉向靈活、風帆和木槳兩用的船隻，載滿珍貴物資，前往歐洲和不列顛進行交易。他們的船隻不但能在波濤洶湧的大海中載重航行，也方便在淺灘上停靠或在河中行駛。由於深水港很少，船隻就不必受制於港口的深淺，可在任何海岸停泊。

但對中古時期的斯堪地那維亞人以及其他善於航海的族群來說，今日的貿易路線等於是為明日的劫掠鋪路。斯堪地那維亞人循海路和歐洲其他地區的富人交易，拿毛皮來換取金銀財寶。他們的同胞腦筋動得很快，不久就想到不必拿任何東西出來交易，也能得到同樣的金銀財寶——利用原來做生意的路線，神不知鬼不覺地出現在岸邊或河口，或沿著河流深入內陸，偷偷上岸進城奇襲，進行搶劫掠奪的勾當。自此，斯堪地那維亞人不再是精明的商人，成了無惡不作的海盜，人稱「維京人」。維京人撈了一票就遠走高飛，被他們光顧的歐洲人船行速度比不上他們，只能瞠目其後。那些苦主也從未反擊，沒有直搗維京人的北歐巢穴。今日的挪威和瑞典那時仍是群雄並起的局面，許多酋長、領主各據一方，熱中於海外劫掠，以戰利品吸引小嘍囉。在家鄉權力爭霸戰中落敗的酋長，也可能轉往海上發展。

公元七九三年六月八日，維京人突然發動攻擊，血洗英格蘭東北海岸林迪斯法恩島（Lindisfarne Island）的修道院，將這毫無防備的修道院洗劫一空，揚長而去。之後，每年夏天風平浪靜、利於揚帆出海之際，就來光顧，秋天再打道回府。多年後，維京人嫌這一來一往過於麻煩，索性不走了，就這麼住下來，提早在翌年春天奇襲。維京人很會衡量敵我情勢，以不同的策略搜刮財富，先是客客氣氣地做買賣，接著燒殺劫掠。若敵寡我眾，就趁虛而入，占領對方的土地，要求收稅和徵兵的權利，宣稱如此一來就可相安無事。維京人就這麼在歐洲各地攻城掠地，長趨直入，建立海外殖民地。

維京人從斯堪地那維亞半島各地兵分多路往外發展。打從今日瑞典來的維京人叫瓦倫吉安人（Varangian），他們往東航行，進入波羅的海，沿著海流深入今日的俄羅斯地區，之後繼續南行，來到窩瓦河（Volga River）流域，然後進入黑海和裡海，與富有的拜占庭帝國貿易。人稱他們為「羅斯人」（Rus），他們不但成為貴族，還統治當地的斯拉夫人，後來更建立羅斯基輔公國，即現代俄羅斯的前身。另一批維京人從現代的丹麥出發，往西襲擊歐洲西北部和英格蘭東部海岸，並沿著萊茵河和羅亞爾河（Loire River）進入歐陸。他們在河口住了下來，在英格蘭東南部建立「丹麥區」（Danelaw）領地，在法

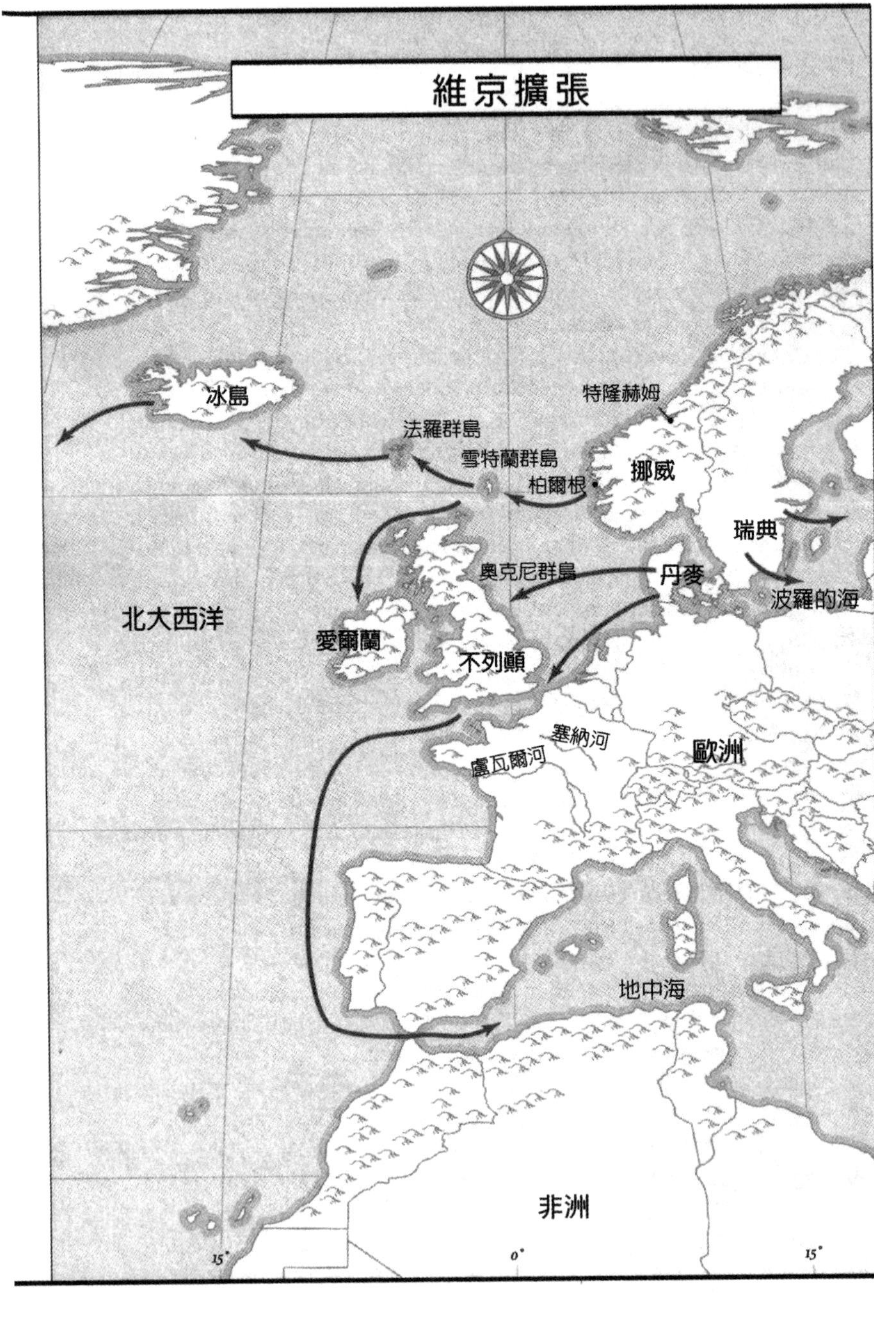
維京擴張
冰島
法羅群島
雪特蘭群島
柏爾根
特隆赫姆
挪威
瑞典
丹麥
奧克尼群島
波羅的海
北大西洋
愛爾蘭
不列顛
塞納河
盧瓦爾河
歐洲
地中海
非洲
15°
0°
15°

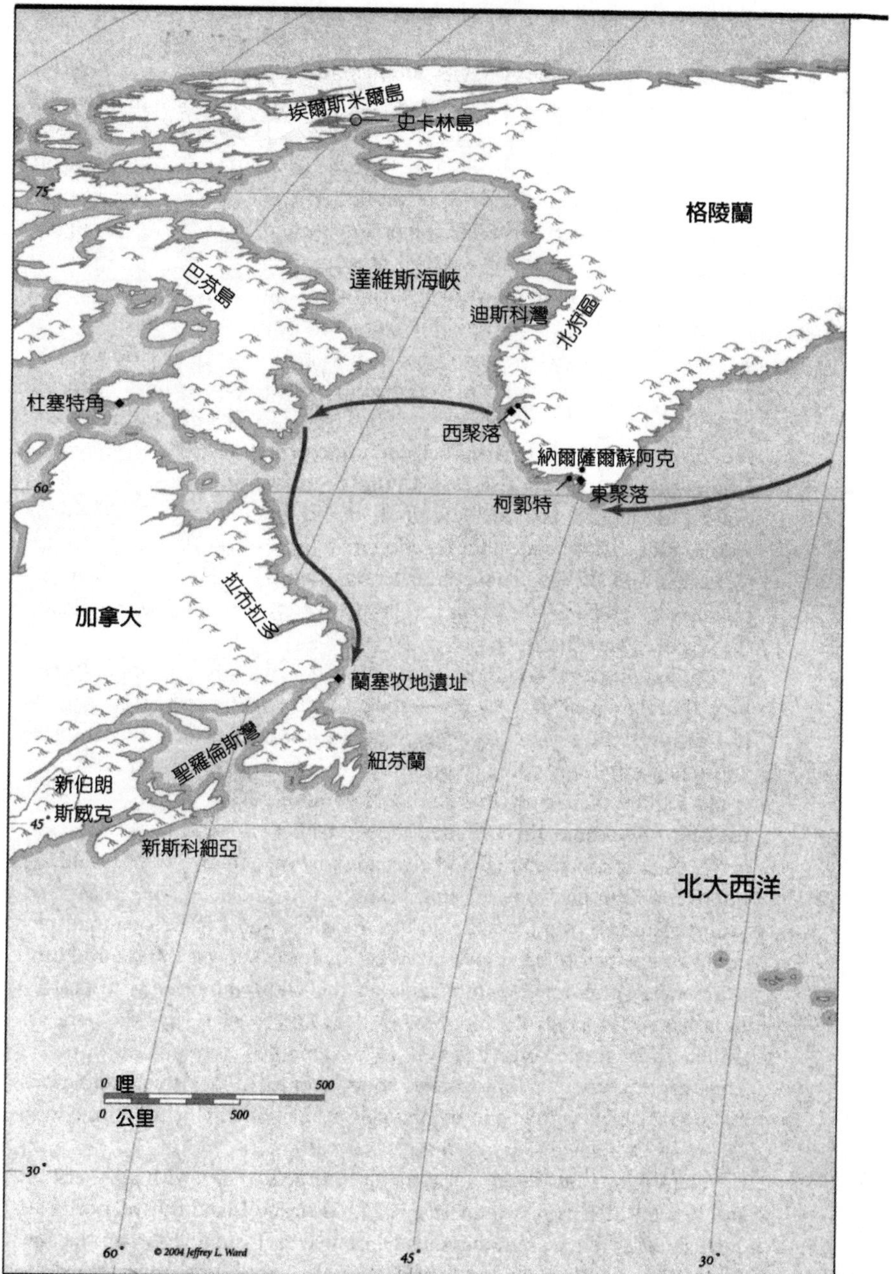
埃爾斯米爾島
史卡林島
格陵蘭
巴芬島
達維斯海峽
迪斯科灣
北狩區
杜塞特角
西聚落
納爾薩爾蘇阿克
柯郭特
東聚落
加拿大
拉布拉多
蘭塞牧地遺址
聖羅倫斯灣
紐芬蘭
新伯朗
斯威克
新斯科細亞
北大西洋
0 哩 500
0 公里 500
75°
60°
45°
30°
60°
45°
30°
© 2004 Jeffrey L. Ward

國建立諾曼第公國[3]，繞過西班牙海岸，從直布羅陀海峽進入地中海，然後襲擊義大利。還有一批維京人從今天的挪威出發，航向愛爾蘭，入侵不列顛的北岸和西岸，且占領都柏林做為貿易港灣。維京人在殖民地定居之後，即與當地人通婚，沒多久就被當地族群同化，不再使用斯堪地那維亞語，殖民地最後也消失了。來自瑞典的維京人後來成為俄國人，丹麥的維京人變成英國人，在諾曼第定居的維京人後代最後也放棄了自己的語言，以法語為母語。在這族群同化的過程中，歐洲也吸收了來自斯堪地那維亞的語言和基因，例如現代英語中的「awkward」、「die」、「egg」、「skirt」等幾十個日常用字，追本溯源都是當年入侵的維京人流傳下來的。

維京人航向其他沒有人居住的島嶼時，船隻常常被風吹偏，因而進入北大西洋。在氣候和暖的時候，沒有浮冰的阻礙，但是當天候寒冷出現浮冰，海路就變得凶險。挪威人在格陵蘭建立的殖民地最後就是因此陷入孤絕，一九一二年的鐵達尼號也是因為撞上浮冰而沉沒。但在當時，那些被風吹偏了的船隻反倒因此發現沒有人知道的島嶼：例如公元八〇〇年之後發現的法羅群島、公元八七〇年左右發現的冰島、約在公元九八〇年發現的格陵蘭（那時島上北端只有美洲原住民杜塞特人〔Dorset〕，即因紐特人的先驅），以及公元一〇〇〇年發現的溫蘭，亦即今天的紐芬蘭（Newfoundland）和聖羅倫斯灣（Gulf of St. Lawrence），或許北美東北部的海岸也包括在內。維京人在此遇上了為數眾多的美洲原住民，自知寡不敵眾，待了十年就放棄這個地方。

由於歐洲人漸漸懂得防備，加上歐洲的君王變得強勢，不再是任人欺負的軟柿子，因而維京人在歐洲的劫掠不再勢如破竹。同時，挪威國王也開始約束下面的領主，禁止他們在海外惹事生非，希望臣民以崇尚禮義的貿易大國形象重新面世。自公元八五七年起，維京人開始在歐陸遭受一連串的挫敗：法蘭克人把他們逐出塞納河一帶；公元八九一年，在今日比利時地區的魯汶之役（Battle of Louvain）又慘遭敗北；最後在公元九三九年，布列塔尼（Brittany）也無他們的立足之地。維京人在不列顛群島也開始走霉運：公元九〇二年，被趕出都柏林；在英格蘭建立的丹麥區也在公元九五四年瓦解了；公元九八〇年，維京人捲土重來奪回這個地方，到了一〇一六年還是失守。一〇六六年，諾曼第的威廉公爵（即征服者威廉）帶領操法語的士兵入侵英格蘭，在著名的海斯廷斯之役（Battle of Hastings）把英人打得落花流水，而那些士兵其實是維京人的後裔。但在海斯廷斯之役之前的九月二十五日，英國國王哈若德（King Harald）才和入侵的挪威國王在英格蘭中部的史丹佛橋（Stamford Bridge）決一死戰，擊斃了挪威國王，為維京人的入侵畫下休止符，怎料十月十四日諾曼第的威廉又率兵來犯。哈若德國王於是緊急揮兵南下，走了三百五十公里的路，終於來到東南海岸的海斯廷斯，卻因長途跋涉、精疲力竭而不堪一擊，於是敗給了威廉。自此以後，斯堪地那維亞的王國不再往外擴張、燒殺劫掠，偶爾才會捲入戰爭，他們多半安分守己地和其他歐洲國家做買賣。挪威從此不再是聲名狼藉的海盜王國，而以鱈魚乾的出口國遠近馳名。

3 諾曼第：Normandy，源於「Norman」，即指維京人這些「北方來客」。

自我催化

從上述歷史來看，維京人離鄉背井、四處征戰或是在格陵蘭這樣惡劣的環境落腳，所為何來？千年以來，他們一直蟄居斯堪地那維亞，有如歐洲的局外人，何以從公元七九三年突然大肆擴張，不到三百年又歸於沉寂？就人類社會的擴張行動而言，有兩種驅力：一種是「推」（家鄉人滿為患、僧多粥少，苦無發展機會）；另一種則是「拉」（海外開闊的天空、廣大豐饒的土地在向他們招手）。很多擴張的浪潮都是這兩股力量相加的結果。維京人的擴張行動就是因為國內人口大增，加上為了鞏固王權的政治鬥爭不斷，迫使很多人出走。相形之下，海外機會無窮，不但有廣大的處女地可以開墾、定居，還有很多富裕且沒有防備的地方可以劫掠。同理，歐洲人也是因為這兩股力量的驅動前往北美洲移民，並在十九世紀和二十世紀初達到高峰：家鄉有人口成長、饑荒和政治壓迫等問題，而美國和加拿大沃野千里，要想翻身致富就不得不到海外找個新天地來發展。

至於這兩種驅力的作用總和為何在公元七九三年突然大增，到了一〇六六年又快速消退？維京人在歐洲的擴張和消聲匿跡正是自我催化的最佳實例。「催化」是化學名詞，指的是化學反應因某種化學物質（如酵素）的加入而加速。有些化學反應的產物也有催化作用，使化學反應增快，於是產生更多具有催化作用的產物，再進一步加快化學反應，因此愈演愈烈。這種連鎖反應就叫自我催化，原子彈的爆炸就是很典型的例子：鈾的原子核分裂時會釋放中子，中子又會擊中已分裂的原子核，造成更進一步的分裂，原子的裂變就這樣持續進行，同時不斷放出能量。

人類社會的擴張也有這種愈演愈烈的效應。一開始有人得到好處，其他人於是群起效尤，得到利益或有了發現又會促使更多的人競相仿效，追求更大的利益與發現，直到無利可圖才善罷干休。維京人擴張的連鎖反應是由兩個事件促成的：一是公元七九三年襲擊林迪斯法恩島上的修道院，由於大有斬獲，維京人食髓知味，翌年又來侵犯，結果得到更多金銀財寶；另一則是法羅群島的發現，維京人認為這是個很適合牧羊的處女地，接著努力尋找，結果在更遠處發現一個更大的島嶼，也就是冰島。這個發現讓他們再接再厲，果然又發現更大的島嶼，也就這麼踏上格陵蘭。維京人不但滿載而歸，還為家鄉同胞勾勒出美好遠景，說海外還有更多的財富和土地，因此有更多的人躍躍欲試。這種自我催化式的擴張行動，除了維京人，古玻里尼西亞人始自公元前一二〇〇年於太平洋的往東擴張也是如此，還有十五世紀葡萄牙人和西班牙人開啟的大航海時代。哥倫布在一四九二年「發現」新大陸更是這擴張大戲的高潮。

維京人的擴張和玻里尼西亞人、葡萄牙人和西班牙人一樣，當所有的地方都跑遍了，能搶的都搶了，能住的也都住下來，接下來的擴張行動就不再那麼順心快意：其一是公元一〇六六年的史丹福德之役，從此以後維京人嘗到一連串的敗績；另一則是公元一〇〇〇年左右好不容易橫越大西洋踏上了溫蘭，不過十年光景就鎩羽而歸。古代挪威人流傳下來的英雄傳說曾明確交代棄捨溫蘭是因寡不敵眾。乘船飄洋過海到北美的維京人不過一小撮人，哪打得過為數眾多的美洲原住民。法羅群島、冰島和格陵蘭都已是維京人的天下，而溫蘭既然是別人的地盤，死賴著不走只會凶多吉少。至此，維京人了悟，繼續在北大西洋的驚濤駭浪出生入死，不是白白送命，就是空手而回。

農業

來自海外的移民在新的土地上落腳，常會把家鄉的生活方式融入新生活中。生活方式也是一種「文化資本」，包括原來的知識、信仰、謀生方法和社會組織等。維京人也不例外，找到一塊還沒有人跡的地方就開始過自己的日子。如果殖民地已有別的族群住在那兒了，維京人則會好自為之，幾乎不跟他們打交道。即使是今日的美國，新移民在美國人的社會中打滾，每一個移民團體還是保留自己的特色。以我居住的洛杉磯為例，各個移民團體如越南人、波斯人、墨西哥人或衣索比亞人，文化價值觀、教育水準、工作和財富都有很大的差異。不同的移民團體適應的程度也不同，就看他們依循何種生活方式。維京人也是如此，他們在北大西洋島嶼上建立的社會，都以斯堪地那維亞的老家為模子所打造出來。他們的文化遺產對殖民地農業、鐵器生產、階級架構和宗教都有深遠影響。

我們印象中的維京人可能是強盜或海上梟雄，然而他們可是以農夫自居。維京人前往海外殖民，必然會以家鄉的家畜和作物做為著眼點。他們前往冰島和格陵蘭殖民，也把這些牲口和作物帶去，當成生計的基礎。此外，這些牲口和作物的種類也反映出他們的社會價值觀。每一個族群對每一種食物或生活方式都有定見，例如美國西部的牧場主人就重牛輕羊。移民者依老家的習慣在新家園栽種作物、豢養家畜，若這些動植物水土不服，問題就來了。例如澳洲人當初殖民時把綿羊從英國帶來豢養，直到今天還為了此事苦惱，不知這麼做是否弊多於利。同樣地，格陵蘭的維京人也因為老家帶來的牲口、作物和新環境格格不入，最後面臨嚴重的後果。

在挪威寒冷的氣候下，牲口仍可餵養得肥肥壯壯，作物就差強人意了。維京人的牲口是牛、綿羊、山羊、豬和馬——這五種牲畜正是肥沃月彎和歐洲數千年來食物生產的五大支柱。在這些牲畜之中，維京人最看重的是做為肉品來源的豬、可提供乳酪等乳製品的牛，以及做為運輸工具且可彰顯身分地位的馬。在古代北歐人的傳說中，戰神歐定（Odin）的戰士光榮戰死，靈魂就能進入天國的神宮瓦爾哈拉（Valhalla），日日歡宴，享用豬肉。維京人認為綿羊和山羊是不入流的牲畜，不吃羊肉，但其乳製品和羊毛仍有利用價值。

考古學家在九世紀挪威南部領主的農場垃圾堆進行挖掘，計算其中的骨頭數目，以調查他們吃的動物種類。在那貝塚的骨頭中，幾近半數是牛骨，三分之一是豬骨，只有五分之一是綿羊或山羊骨。想在海外大展鴻圖的維京領主，在建立農場之時必然也會豢養這些動物。在格陵蘭和冰島的早期維京農場垃圾堆中，的確也發現了這些動物的骨頭。然而，這些動物骨頭的比例在晚期有所不同，顯然有些物種在格陵蘭和冰島的環境下適應不良：牛愈來愈少，豬到後來幾乎消失，綿羊和山羊卻增加了。

在挪威較北處，冬天時人們得把牲畜趕到可遮風避雨的棚舍裡餵養，不讓牠們自行在戶外覓食。因此印象中威風凜凜的維京戰士必須在夏天和秋天收割牧草並曬乾、捆綁起來，讓牲畜好過冬，不是一年到頭都在外征戰。

在氣候較為和暖、可以耕作的地區，維京人也會種植一些耐寒的作物，主要是大麥，還有燕麥、小麥、黑麥等次要穀物（因較不耐寒）。蔬菜則種包心菜、洋蔥和豆類，此外還種植可用來織布的亞麻和釀造啤酒的蛇麻草（俗稱啤酒花）。在挪威愈北方，作物的重要性就愈比不上牲畜。除了家畜，居民也捕食野生動物來補充蛋白質，尤其是魚。因此，在挪威維京人的貝塚中，魚骨占所有動物骨頭的半數甚至更多。除了魚，維京人也吃海豹等海洋哺乳類動物及馴鹿、麋鹿和其他小型陸上哺乳動物，還有本地繁殖的海鳥、鴨子或其他水鳥。

鐵器

我們可透過考古學家在維京遺址發現的鐵器得知這些工具的用途：有些是粗重的農具，如犁、鍬、斧頭和鐮刀；有些是小型家用工具，包括刀子、剪刀、縫衣針；有些則是釘、鉚等建築五金；還有劍、矛、戰斧、鎧甲等武器。我們可從熔渣堆和燒製木炭的坑洞推測維京人如何製鐵。當時鐵礦開採沒有中央管理的大工廠規模，都只是農場上的小鐵鋪。鐵的原料來自沼鐵礦，沼鐵是沉積於沼澤或湖泊的氧化鐵因酸度變化或細菌作用而沉澱析出，斯堪地那維亞半島正富含這種鐵礦。現代鐵礦開採公司多使用氧化鐵含量三〇％至九五％的礦砂，但維京人連氧化鐵含量只有一％的礦砂也拿來煉鐵。一旦找到含有沼鐵的沉積物，就使之乾燥，然後在熔爐中加熱到熔點，以分離鐵和雜質（熔渣），再經錘鍊、純化，就可熔鑄成各式各樣的工具。

光是焚燒木頭並無法達到鑄鐵所需的高溫。木頭必須先燒成炭，木炭才能產生足夠的溫度。一般而言，四公斤的木頭才能燒成一公斤的炭，加上斯堪地那維亞沼鐵中的氧化鐵含量不高，鑄鐵就需要大量木頭燃燒成炭。由於格陵蘭林木不多，對那裡的維京人來說，必然是一大限制。

領主

維京人從斯堪地那維亞帶到海外殖民地的社會制度是一種階級制度：最下層是掠奪來的奴隸；上一層是自由人；最上層則是領主。在維京擴張時期，斯堪地那維亞才開始出現大一統的王國（過去領主雖然也稱王，但只統領一小塊領地）。殖民海外的維京人終歸要臣服於挪威國王和後來出現的丹麥國王，儘管冰島或格陵蘭領主在殖民地掌握實權，卻都沒有稱王。其實這些領主擁有的不多，只有船隻和家鄉的各種牲畜（包括高貴的牛和低賤的綿羊、山羊）。領主手下的人則有奴隸、自由勞工、佃農和獨立自由的農民。

領主之間不免龍爭虎鬥，有時是和平競爭，有時也會互相攻伐，或者時常比較誰的賞賜大方、誰的宴會盛大，藉以稱雄一方，縱橫捭闔或以貿易、掠奪和農場生產累積財富。維京人是個好勇鬥狠的民族，不只在祖國互鬥，也轉往海外侵略其他民族。在家鄉鬥爭失利的領主，就有可能轉往海外發展。例如九八〇年左右，一個名叫紅毛艾瑞克（Erik the Red）的挪威人跟隨父親移居冰島，他因殺人罪流亡海外，於是帶領手下到格陵蘭找尋肥沃的農地另起爐灶。

維京社會的重要決策都由領主決定，他們為追求個人名望不擇手段，儘管個人利益和目前社會或下一代的利益衝突，還是一意孤行。復活節島的酋長和馬雅國王也是如此，到頭來自食惡果（第二章和第五章）。維京人在格陵蘭建立的殖民地最後因此付出很大的代價。

宗教

維京人在九世紀往海外擴展時還是「異教徒」，膜拜日耳曼宗教的神祇，例如司豐饒、和平及耕耘之神富瑞（Frey）、雷神索爾（Thor）和戰神歐定。維京人在歐陸橫行，讓歐洲人覺得最恐怖的一點就是他們不是基督徒，會任意違背基督教社會的禁忌。更令人髮指的是，這些野蠻人似乎特別喜歡攻擊教堂和修道院。例如公元八四三年，一艘大型的維京戰艦襲擊法蘭西的羅亞爾河地區，劫掠了河口的南特教堂，殺光主教和所有的教士。事實上，維京人並非特別喜愛攻擊教堂，哪裡有利可圖，他們就去，教堂和修道院不過是易於宰殺的肥羊罷了。如有機會，維京人也會向富裕的貿易城鎮下手。

一旦在基督教社會落腳，維京人倒很會入境隨俗，與當地人通婚，也跟著擁抱基督教。維京海外殖民地皈依基督教，領主回斯堪地那維亞的老家也把福音帶過去，祖國的領主和國王也開始了悟改信基督教有助政治勢力的鞏固，基督教於是漸漸在斯堪地那維亞興起。有些領主在國王之先，私底下已改信了基督教。基督教在斯堪地那維亞昌盛有個關鍵事件：統一丹麥的國王藍芽哈若德（Harald Bluetooth）[4]，在公元九六〇年左右公開信奉基督教。挪威在公元九九五年左右改信，瑞典在下一個世紀也成為基督教王國。

挪威皈依基督教之後，海外殖民地如奧克尼、雪特蘭、法羅、冰島和格陵蘭等地也都跟進。一個原因是這些殖民地自己的船隻很少，貿易皆仰賴挪威船隻；另一個原因是祖國挪威既已成為基督教社會，這些殖民地就無法繼續以異教徒自居。例如挪威國王歐拉甫（King Olaf）改信基督教之後，就下令人民不得與冰島的異教徒交易，監禁來到挪威的冰島人為人質，也威脅冰島領主——要是他們不信基督教，人質就會殘廢或喪命。公元九九九年的夏天，冰島經議會同意，終於確立基督教為國教。同年，紅毛艾瑞克之子艾瑞克生（Leif Erikson）也把基督教引入格陵蘭。

公元十一世紀後建立於冰島和格陵蘭的教堂，與現代的教堂不同，尚無自己的土地與建物。這些教堂是當地領主或農民在自己土地上興建的，所有權屬於興建者。教堂向當地民眾課徵什一稅[5]，稅收的若干部分也得交給所有權人。領主有如「加盟商」，可以興建自己的建築，「貨品」完全按照「母公司」的標準，自己可以留存一些獲利，還有一些則必須繳交給母公司。在此，母公司就是羅馬教皇，由駐尼達羅斯（Nidaros，即今天的特隆赫姆〔Trondheim〕）的大主教為代表。各地的教堂自然希望獨立，不是歸屬於農夫或領主。一二九七年，冰島教堂的所有人在教廷的命令下，終於把所有權交給主教。由於無史可考，不知格陵蘭的教堂是否也如此。不過，格陵蘭在一二六一年接受挪威統治（至少名義上是挪威屬地），當地教堂的所有權人或許也會遭受來自教廷的壓力。我們確知的是，一三四一年，柏爾根[6]教區主教令一個叫做巴爾達生（Ivar Bardarson）的教士到格陵蘭擔任督察官。巴爾達生回到挪威之後，將格陵蘭的所有教堂一一列出，詳加說明，並建議教廷嚴加掌控格陵蘭的教堂，最好能像冰島收回教堂的所

4藍芽哈若德：因統一丹麥而名留青史。一千年後的今天，易利信公司認為他們在統一消費性電子商品世界所做的貢獻，可媲美藍芽哈若德國王，於是將他們研發的無線傳輸技術命名為「藍芽」。
5十一稅：tithe，教區民眾繳納農作的十分之一做為稅捐。
6柏爾根：Bergen，挪威西南港市，中世紀斯堪地那維亞的商業中心。

有權。

對維京人的海外殖民地而言，改信基督教是巨大的文化衝擊。信奉基督教必須以耶穌為唯一真神，以基督教為唯一的宗教，不得膜拜其他神祇，也就得棄絕原來的異教傳統。至於藝術和建築，則開始模仿歐陸的基督教風格。維京人在海外殖民地興建的大教堂，宏偉壯觀的程度可以媲美祖國的教堂。由於殖民地人口稀少，興建出這樣宏大的教堂特別不容易，殖民地的人民更是虔誠到向羅馬教廷繳交什一稅。根據歷史記載，格陵蘭主教在一二八二年以海象長牙和北極熊皮為稅金，繳交十字軍稅[7]給教皇。另外還有一張來自教廷的收據，開立於一三二七年，證明格陵蘭已繳交六年的什一稅。歐洲思想也隨著教堂傳布於格陵蘭，每一位格陵蘭的主教都來自斯堪地那維亞，而非由格陵蘭本地人擔任。

或許殖民地人民改信基督教最重大的影響在於自我價值觀。這樣的結果讓人聯想到澳洲：一七八八年英國人在澳洲建立殖民地之後，仍有很長一段時間認為自己還是海外的英國人，而非亞洲太平洋地區的族群。因此於一九一六年，不少澳洲年輕人在遙遠的加里波利（Gallipoli）與英軍併肩作戰，對抗土耳其，這樣奮不顧身其實無關澳洲本身的利益。同樣地，在北大西洋殖民的維京人也認為自己是歐洲的基督徒，不管是教堂建築風格、喪葬禮俗或度量衡單位，都亦步亦趨地跟隨歐洲的祖國。這樣的認同感有助於格陵蘭幾千個島民互相提攜，一同過著堅苦卓絕的生活，在惡劣的環境下熬過四個世紀。倘若他們不是如此執著於那種文化價值觀，向因紐特人學習或許仍可生存下去。

奧克尼群島、雪特蘭群島與法羅群島

維京人在北大西洋島嶼上建立的六個殖民地，等於六個同源社會的平行實驗。正如我在這一章開頭提到的，這六個實驗的結局大不相同：奧克尼、雪特蘭和法羅諸島的殖民地順利發展了一千年以上，從來沒遇上嚴重的生存問題；冰島歷經貧窮和政治動盪的考驗，最後還是撐下去了；維京人在格陵蘭的殖民地生活了四百五十年左右，最後消失了；至於在溫蘭則待不到十年就知難而退。這些殖民地有如此不同的結果，顯然和環境差異有關，最主要的四個變因如下：船隻從挪威或不列顛航行而來的距離、來自其他族群（非維京人）的阻力、是否適合發展農業（特別是緯度和氣候），以及環境脆弱的程度（是否特別容易發生土壤侵蝕或森林砍伐殆盡的問題）。

在這北大西洋的平行實驗中，只有六個實驗結果，用以解釋這些結果的變因有四個。這實在和太平洋地區不可同日語，太平洋地區的島嶼實驗共有八十一種結果（八十一個島嶼），用以解釋這些結果的變因則有九個。如果要進行相關分析[8]，還需要更多不同的實驗結果。以太平洋地區為例，由於有那麼多的島嶼可供研究，藉由統計分析就可斷定各個變因的重要程度。然而，在北大西洋的自然實驗數量還不夠，因此無法達成目標。當統計學家分析維京人的問題時，如果僅能掌握這麼一點資料，必然會宣稱問題無解。史學家企圖以比較方法來探討人類歷史的問題，也常碰到這種困境：可能的變因太多，實驗結

7 十字軍稅：crusade tithe，為維持十字軍作戰所繳交的特別稅捐，但此捐在十字軍東征結束後還繼續徵收。

8 相關分析：correlational analysis，分析一個群體中兩個或兩個以上變因之間的關係。

果卻寥寥無幾，因此無法統計每一個變因的重要程度。

不過，史學家對人類社會的了解不只是一開始的環境情況和最後的結果，他們也掌握了自始至終每一個環節的資料。特別是研究維京社會的學者，可藉由船隻數目和載貨量紀錄來分析航行時間的重要性，從史載維京人和當地土著的戰爭來了解土著抗拒的情況，且根據當地生長的動植物物種資料來評估該地是否適合發展農業，並藉由森林消失和土壤侵蝕等證據（如花粉的計數或植物化石碎片）來驗證環境的脆弱程度，還可對當地使用的建築材料（如木頭）進行鑑定。有了這些資料和已知的結果，我們就可依孤立的程度（從最不孤立到最孤立）、由富裕到貧窮，逐一檢視維京人在北大西洋建立的殖民地。本章先簡明扼要地討論其中的五個，即奧克尼群島、雪特蘭群島、法羅群島、冰島和溫蘭，後面兩章再來詳盡闡述維京人在格陵蘭的命運。

奧克尼群島位在不列顛北端不遠的海面上，被斯卡帕灣（Scapa Flow）這個天然海港包圍，自古以來即是北海最重要的船舶掩蔽所，在兩次世界大戰中都是英國海軍的重要基地。從蘇格蘭最北的約翰岬角（John O'Groats）到奧克尼群島的最近距離只有十七．七公里，從奧克尼群島航行到挪威不到二十四小時就可抵達。因此，挪威的維京人很容易入侵這個地方，然後從挪威或不列顛諸島進口所需物資，貨物要運送出去也很便利。奧克尼群島就是所謂的「大陸島」，過去曾與大陸相連，到了一萬四千年前冰河期告終之時，冰河融化，海平面上升，遂與不列顛的主島分離。主島的哺乳動物包括麋鹿（在不列顛又叫紅鹿）、水獺、野兔等便從陸橋而來，使奧克尼群島成為狩獵的好去處。奧克尼群島的原住民是皮克特人（Pict），維京人上岸後很快就把他們制服了。

維京人在北大西洋的殖民地中，如果溫蘭不算，最南的一個就是奧克尼群島。奧克尼群島位在溫暖的墨西哥灣流中，氣候和暖。此地土壤肥沃、厚實，因冰川作用使養分得以再生，且不會遭受嚴重侵蝕。在維京人來到之前，皮克特人早已開始墾殖，後來居上的維京人也繼續耕種，直到今天作物的產量仍然很高。今天奧克尼群島出口的農產品包括牛肉、蛋、豬肉、乳酪以及一些作物。

維京人在公元八〇〇年左右拿下奧克尼群島，並以這些島嶼為基地，好染指附近的不列顛和愛爾蘭。他們在奧克尼群島建立了一個富強的社會，有一段時期儼然是個獨立王國。維京人在公元九五〇年左右把重達七．七公斤的銀塊藏在地下，這樣的財富足以笑傲北大西洋各殖民島嶼，斯堪地那維亞最大的銀塊也不過如此。另一個富饒的指標是建造於十二世紀的聖馬格納斯大教堂（St. M agnus Cathedral），宏偉壯麗，顯然是嚮往英格蘭東北德倫大教堂（Durham Cathedral）之作。公元一四七二年，由於丹麥公主嫁給蘇格蘭的詹姆斯三世（James III）沒有原先允諾的豐厚妝奩，詹姆斯三世於是要求挪威（當時受丹麥管轄）把奧克尼群島割讓給他，做為失信的賠償。儘管奧克尼群島歸蘇格蘭統治，居民在十八世紀之前依然說挪威方言。今日奧克尼群島的農夫都是皮克特人和挪威人的後裔，拜北海石油開挖之賜，生活富足。

以上對於奧克尼群島的描述有些也適用於下一個殖民地，也就是雪特蘭群島。最早在雪特蘭群島定居的原住民是皮克特人。維京人在公元九世紀征服此地，但在一四七二年和奧克尼群島一起割讓給蘇格蘭。儘管如此，雪特蘭群島的居民依舊使用挪威語，後來也因北海油田而獲利。雪特蘭群島與奧克尼群島的差異在於地理位置，雪特蘭位在更北方且較為偏遠（在奧克尼群島北方八十公里、蘇格蘭北方二百零九公里處），風力強勁，土壤比較貧瘠，農業生產力較低。雪特蘭和奧克尼一樣，以養羊、生產羊毛為經濟支柱。奧克尼仍可養牛，在雪特蘭牛就無法飼養，於是愈來愈倚重漁業。

法羅群島的孤立程度則比奧克尼和雪特蘭更高，位在奧克尼北方三百二十公里、挪威西方六百四十公里處。因此，維京船隻搭載移民者或貿易物資往西就能來到這個島嶼，但早期船隻航行距離有限，於是到不了。維京人踏上法羅群島之時，島上只有幾個愛爾蘭僧侶在此隱居，這只是傳說，沒有考古學的證據。

法羅群島位處北極圈南方四百八十公里，緯度在挪威西岸兩大城（柏爾根與特隆赫姆）的緯度之間，屬溫和的海洋性氣候。然而，由於法羅比奧克尼和雪特蘭更北，能施行農牧的季節也就比較短。法羅群島面積小，各地都逃不過海風的吹蝕，海風不但帶有鹽霧而且強勁，因此島上無法長出茂密的林木，原生植物只有低矮的柳樹、樺樹、山楊和杜松，不久就被最初的居民砍光，新長出來的嫩芽也被羊群吃完，無法再生。如果氣候乾燥，就可能有土壤侵蝕的問題，但法羅群島非常潮溼、多霧，每年平均二百八十天有雨，雨勢多半還不小。不過居民還是設法減少土壤侵蝕的問題，例如築牆或修築梯田以避免土壤流失。至於冰島和格陵蘭的維京人則比較難控制土壤侵蝕的問題，冰島的狀況尤其嚴重，不是因為他們輕忽，不像法羅群島的居民積極，而是冰島的土壤特別容易遭受侵蝕，格陵蘭則是氣候的緣故。

維京人在第九世紀來到法羅群島定居。他們只栽種一些大麥和少數幾種作物。直至今日，法羅群島的農地只占全部土地的六%，種植馬鈴薯和一些蔬菜，沒有他種作物。挪威的重要牲畜牛和豬到了法羅群島，居民不到兩百年就放棄飼養，甚至連低賤的山羊也不養了，以避免過度放牧。法羅群島漸漸以綿羊的豢養為主，以出口羊毛做為經濟支柱，後來增加鹹魚的出口，今日則又出口鱈魚、大比目魚和養殖鮭魚製成的魚乾。法羅群島的居民一方面出口羊毛和魚乾，另一方面則從挪威和不列顛進口大量生活所需物資，因為自己無法生產這些物資或是產量不足。法羅群島當地除了被海浪推送上來的漂流木，沒有林木可以砍伐，為了建築必須進口很多原木。島上完全沒有鐵礦，所以鐵也完全仰賴進口，以製造鐵具。此外，島民也進口石材或礦物，如輪形磨石、磨刀石和滑石。滑石硬度較小，可刻製成餐具，以取代陶瓷器皿。

維京人在法羅群島殖民之後，約在公元一〇〇〇年左右改信基督教，和維京人在北大西洋建立的殖民地大約同時，後來還興建一座哥德式教堂。法羅群島在十一世紀成為挪威屬地。一三八〇年起，挪威國王駕崩，由於其子已獲得丹麥王位，法羅群島就和挪威一同受丹麥管轄，最後在一九四八年成為丹麥自治區。[9]今天島上四萬七千個居民說的是源於古挪威語的法羅語，和現代的冰島語很像，因此法羅群島的居民和冰島人可以語言溝通，也能閱讀古挪威文。

總之，法羅群島的發展比較幸運，不像冰島土壤容易侵蝕又有活躍的火山，也沒有格陵蘭的問題，諸如生長季節短、氣候乾燥、偏遠，不巧當地又有非我族類。雖然法羅群島比奧克尼群島或雪特蘭群島偏遠，自然資源也少，由於可以進口大量物資，生存便不成問題，不像格陵蘭人別無選擇。

9 法羅群島有自己的旗幟、郵票、特別護照和貨幣，丹麥克朗也可流通。

冰島的環境

我初次前往冰島是去參加北大西洋公約組織（NATO）贊助的國際生態研討會，討論如何復原遭到破壞的生態環境。在歐洲國家中，冰島的生態破壞問題最為嚴重，北大西洋公約組織選擇此地做會議地點再合適不過了。至今，此處大多數原生的樹木和植物都消失了，島上約有一半的土壤也受到海水侵蝕。在維京人上岸之時，這個島嶼的很多地方還是一片青翠碧綠，現在卻已寸草不生，沒有建築物、道路，人跡杳然，死氣沉沉，有如棕色沙漠。美國太空總署（NASA）初次把太空人送上月球之前，就在地球上找尋一個類似月球表面的地區，讓初次登月的太空人能在類似月球的環境中受訓，他們選定的地點就是冰島一塊光禿禿的土地。

形成冰島環境的四個要素即是：火、冰、水、風。冰島位在挪威西邊九百六十公里的北大西洋中，這裡就是所謂的大西洋中脊（Mid-Atlantic Ridge），即歐亞板塊碰撞擠壓之處。火山從海中隆起，遂成為島嶼，冰島就是這個地區最大的火山島。冰島火山眾多，每十年或二十年至少有一座火山會大噴發。除了火山，冰島地熱資源豐富，處處有溫泉，因此大多數地區都利用地熱能源來取暖而不使用化石燃料（即煤炭、石油、天然氣等），例如首都雷克雅維克[10]，整座都市都使用地熱。

冰島環境的第二個要素就是冰。冰島最北端靠近北極圈，加上中部高原地勢高（海拔高度達二千一百一十八公尺），大都在冰帽覆蓋之下，因此非常寒冷。雨雪從天而降，形成冰川或河流，再匯入海洋。冰島的河流不時氾濫，偶爾也會出現壯觀的大洪水，那是因為熔岩或冰形成的天然水壩崩潰，或是冰帽下的火山噴發，很多冰突然融化所造成。冰島也是個風力強勁的島嶼。冰島因火、冰、水與風四個要素交互作用，特別容易出現土壤侵蝕的問題。

維京人初次踏上冰島時，島上的火山和溫泉讓他們嘖嘖稱奇，不管老家挪威或近鄰的不列顛都沒有這種奇特的景觀。除了火山和溫泉，冰島和他們的家鄉很像，看來大有可為。島上所有的動植物物種都是他們熟悉的。低地長滿了一大片低矮的樺樹和柳樹，很容易清理出來做為牧場。在那些清理出來的地點，有些本來就是樹木不生的低地（如泥沼地），有些則是林線以上的高地，維京人在此發現了豐美的牧草、植物和苔蘚，正是飼養牲畜的好所在。這裡土壤肥沃，有些地方深達十五公尺。儘管冰島緯度高，多是冰帽，且接近北極圈，卻因為附近有墨西哥灣流，低地氣候溫和，有一段時期南部還可種植大麥。湖泊、河流和周圍的海洋魚兒成群而游。這裡的海鳥和鴨子未曾遭到獵殺，因而不知躲避人類。沿岸也有很多不怕人類的海豹和海象。

冰島雖然貌似挪威西南部和不列顛，其實只是幻影。我們可從三個重要層面來看：首先，與挪威西南部的主要農業地相比，冰島的位置要再往北幾百公里，因此氣候更加寒冷，生長季節更短，農業也就更邊緣化。到了中世紀末，歐陸氣候變得更加嚴寒，冰島也就更加酷寒，維京人只好放棄耕作，以放牧維生。其次，火山噴發之時，火山灰飄散的面積很廣，使農作物和家畜的飼秣遭到毒害。翻開冰島歷史來看，火山噴發帶來的饑饉之苦是屢見不鮮的災難，例如一七八三年冰島南部的拉奇火山（Laki）爆發，

10雷克雅維克：Reykjavik，在冰島語中即為「冒煙的峽灣」，全市鋪設了近六百公里長的熱水管道，首都十個區的熱水來自四個地熱區，此外還建立了十個自動化熱水站，為全市居民提供熱水和暖氣。

冰島五分之一的人口因此餓死。

最大的問題是土壤的差異。維京人不了解冰島土壤其實很脆弱，與挪威及不列顛截然不同。這不能怪維京人，辨別土壤性質不是那麼容易，即使是專家也不一定能完全了解各地土壤的差異。此外，這種差異一開始看不出來，可能要幾年下來才會發現問題。換言之，與挪威和不列顛相比，冰島土壤的形成速度比較緩慢，更容易遭受侵蝕。維京人初次踏上冰島，島上看來肥沃的土壤讓他們大喜望外，有些地方的更深達十幾公尺。這樣的喜悅就像得到一筆為數龐大的銀行存款，如果存款利率優厚，每年就可增生不少利息。冰島的土壤和茂密的林地乍看之下雖然可觀，卻是自上一次冰河期累積下來的，這樣的累積速率其實十分緩慢（有如利率極低）。維京人最後發現，他們無法靠冰島生態的利息度日，反而一直在蝕老本。那本金累積了一萬多年才這麼多，但是沒多久就消耗殆盡。只有資源再生的速率高於取用的速率，資源才能源源不絕（如管理良好的漁場或林地），但維京人做不到這樣的永續經營。冰島土地資源再生速率之慢有如礦物的形成，一旦用光，就是山窮水盡。

冰島的土壤為何如此脆弱，形成速率這般緩慢？主要原因和土壤的來源有關。不管是挪威、不列顛北部或格陵蘭，都沒有活躍的火山活動，在冰河時期完全被冰河覆蓋，土壤因海泥上升或冰河沉積物而變得肥沃豐厚。相形之下，冰島火山經常噴發，也一併噴出大量的火山灰。火山灰的粒子很細，加上島上風力強勁，當火山灰四處飄散，地面上因而出現一層如滑石粉般的火山碎屑（tephra，譯注：源於希臘文，意思是「灰」）。由火山灰形成的土壤很肥沃，有利於植物生長，植被也能保護土壤，避免侵蝕。如果植被不見了（被羊群吃光或被農夫燒光），火山灰就會暴露出來，土壤也就容易遭到侵蝕。火山灰很輕，能被風吹來，當然也會被風吹走。除了這種風蝕的問題，冰島有些地方常下豪大雨，加上洪水氾濫，暴露出來的火山灰也很容易被水帶走，斜坡尤其嚴重。

冰島土壤脆弱的另一個原因和當地植物的脆弱有關。植物的根可以緊抓土壤，保護土壤不受侵蝕。然而，冰島位置偏北，氣候嚴寒，生長季短，植物生長緩慢。土壤脆弱加上植物生長緩慢，土壤侵蝕的問題因而變本加厲：植被因羊群啃噬或被農夫燒光，土壤侵蝕就開始了；土壤侵蝕一旦開始，植物就更難生長，問題於是愈來愈嚴重。

冰島的歷史

冰島的墾殖期大約從公元八七〇年至九三〇年（譯注：這一年冰島議會成立，是為世界最古老的議會，冰島從此成為一個獨立的國家）。到了公元九三〇年，幾乎島上所有宜於耕作的土地都有人居住或有了主人。大多數的殖民者都直接來自挪威西部，其他則是先前待過不列顛的維京人，有的還娶凱爾特人為妻。這些殖民者設法在島上複製挪威和不列顛的牧業經濟，飼養故鄉的五種牲畜，結果羊一枝獨秀，數量遠超過其他牲畜。羊奶可製成奶油、乳酪和一種叫做「思客」（*skyr*）的冰島特產，嘗起來像濃郁的優酪乳，非常美味。動物學家在冰島的貝塚挖掘，憑藉著無比的耐心，辨識出四萬七千根骨頭，因此發現他們不但捕獵野生動物來吃，也愛吃魚。原來在島上繁殖的海象很快就滅絕了，不久後海鳥也被獵殺殆盡，冰島獵人於是轉而以海豹為目標。最後，除了自個兒飼養的牲畜，主要的蛋白質來源就是魚。冰島的湖泊和河流有非常多的鱒魚和鮭魚，海岸則有無數的鱈魚。冰島人就是靠著鱈魚熬過小冰河期，冰島的經濟有今天的成就，也是靠鱈魚得來的。

在冰島墾殖之初，島上四分之一都是蓊蓊鬱鬱的森林。殖民者接著大刀闊斧地清理林地來做牧場，砍伐下來的樹木則做為柴薪、木材或木炭。幾十年過後，島上的森林已消失了八〇％，到了近代九六％的森林都砍伐光了，今天森林甚至只剩一％（圖十六）。考古學家在島上最早的遺址發現中大塊焚燒過的木頭，顯然大部分的木頭不是浪費掉就是燒掉了。冰島人最後才發現，在不久的將來，島上將剩下不到幾棵樹木，但為時已晚。這樣的結果看來似乎不可思議。島上的樹林清理後做牧場，植被為羊群啃噬或被豬隻翻起，就不再長出來了。今天你在冰島開車，你會看見一個奇觀：這裡的樹寥寥無幾，碩果僅存的幾棵大都有籬笆防護，以免被羊啃噬。

冰島林線以上的高地有肥沃的淺層土，綠草茵茵，有如天然牧場，更何況不必清理林木，真是維京人眼中的福地。但高地更加嚴寒、乾燥，植物再生速率很慢，又沒有林木的保護，土壤其實比低地更脆弱。一旦這天然的草地被牲畜吃光，源於火山灰的土壤暴露出來，很容易受到風的侵蝕。再者，從山坡上流下的水，不管是雨水還是雪水，也會自溪谷侵蝕到下方的土壤。而且在溪谷形成或溪谷的水位下降到底部之時，土壤就會喪失水分，更容易遭到風的侵蝕。在殖民初期，冰島高地的土壤就開始被沖刷到低地和海洋。高地沒有土壤，也沒有植物，以往碧綠的中部高地於是變成了「人造沙漠」（也可說是「羊造沙漠」），就連低地也有大塊區域出現侵蝕的問題。

今天，我們不得不問這麼一個問題：那些維京人為什麼對這麼明顯的傷害視若無睹，以如此愚蠢的方式利用土地？難道他們不知道這有什麼後果？他們最後知道自己已鑄成大錯，但在一開始的時候實在看不出問題所在。對他們來說，這種土地經營的難題是陌生的考驗。如果島上沒有火山和溫泉，這裡的環境看來就像是另一個挪威或不列顛。維京人無從得知冰島的土壤和植物如何脆弱，和故鄉土地有多大的差距。高地看來既是天然的牧場，維京人自然而然會在那裡養羊，因為他們在蘇格蘭就是這麼做的。怎知冰島的高地不能養這麼多羊？怎知低地也有過度放牧的問題？總之，冰島會變成生態破壞最嚴重的歐洲國家，不是因為向來謹慎的維京人踏上冰島後變得輕忽魯莽，而是遭到環境的欺騙。那綠草如茵的天然牧場引誘他們放牧，卻不知這裡的環境非常脆弱，其實不適合放牧。過去在挪威和不列顛的經驗反倒害了他們。

最後他們恍然大悟，於是開始亡羊補牢。他們不再任意丟棄大塊木頭，不再飼養會對生態造成傷害的豬和山羊，也放棄大部分的高地。幾個相鄰的農場也團結合作，共同商討避免土壤侵蝕的對策，例如大家約定在晚春青草繁茂之時，把綿羊趕到公有的高地牧場度過夏天，秋天再把羊兒趕下山。由於公有牧場能飼養的綿羊數量有限，所有的農夫必須遵守約定，不得超過分配的數量。

這樣的決策是有彈性的，也很靈活，但當地人的態度還是趨於保守。我的冰島友人就以「保守」和「死板」來形容自己的社會。自一三九七年起統治這個島嶼的丹麥政府，有意改善冰島人民的生活，但冰島人的保守和固執經常使他們倍感挫折。丹麥政府想出一連串的改進方案：種植穀物；改良魚網、改用有甲板的船而非開敞船來捕魚、出口的漁產除了曬成魚乾也可用鹽醃、促進繩索製造業及毛皮鞣製加工業發展；開採硫磺礦來出口等。每一個提議都代表改變，改變或許能帶來不少利益，但是丹麥人和比較具有改革思想的冰島人士發現，一般冰島人的反應總是敬謝不敏。

我的冰島友人解釋，這種保守其來有自，只要想想冰島的環境多麼脆弱就明白了。冰島人為長久的歷史經驗制約，結論是一動不如一靜，改變往往只會弄巧成拙。在冰島早期殖民史的前幾年，維京人也設計出或多或少可行的經濟和社會制度來實驗，結果大多數的人依然貧窮，還有不少人餓死，幸好社會還在，沒有滅亡。其他實驗的結果也常常慘不忍睹。面對過去的慘痛教訓、如月球表面般光禿禿的高地、廢棄的牧場以及土壤遭受侵蝕的農場，冰島人不得不認命：實驗的代價太大了，這脆弱的島嶼實在禁不起。至少照目前的方式能活下來就好，別要求我們改變。

冰島自公元八七〇年起的政治史可簡述如下：幾個世紀以來，冰島一直處於自治狀態，到了十三世紀前半，島上五大家族互鬥，死傷無數，農地多遭焚毀。一二六二年，島民於是請求挪威國王來治理他們，一來因為這位國王遠在天邊，應該不會對他們造成威脅，島民仍可享有自由；二來有個共主總可結束島上各大家族惡鬥殺戮的局面。一三九七年，斯堪地納維亞皇室的聯姻使丹麥、瑞典和挪威結合成卡爾馬聯盟（Union of Kalmar），以丹麥國王艾瑞克七世（Erik VII）為盟主。艾瑞克七世最在意的當然是丹麥，因丹麥是最富裕之地，對挪威和冰島這兩個貧窮地區則興趣缺缺。一八七四年，冰島立憲；一九〇四年，取得內部自治權；一九四四年，正式脫離丹麥，成為獨立的冰島共和國。

自中世紀晚期以來，冰島的經濟主要靠魚乾出口。歐陸新興都市的人口需要更多的食物，冰島水域盛產的鱈魚製成的魚乾遂成最重要的出口商品。由於冰島本身沒有巨大的樹木可用來造船，漁產品出口就依靠外國船隻，挪威的船最多，其他還有英國、德國、法國和荷蘭等國的船隻。到了二十世紀初，冰島造船業開始勃興，漁產品的生產和出口就有了工業規模。到了一九五〇年，漁產品已占冰島總出口量的九〇%以上，農牧產品相形之下變得微不足道。打從一九二三年開始，冰島都市的人口總數已超越鄉村的人口。目前在斯堪地那維亞地區，冰島是都市化最高的國家，將近半數的人口都居住在首都雷克雅維克。直到今天，人口仍不斷從鄉村來到城市。放棄農地的冰島農夫愈來愈多，紛紛把農村改成夏日度假別墅，搬到城市來就業，暢飲可口可樂，擁抱全球文化。

由於豐富的漁產品、地熱能源、河流水力發電，加上有了打造船隻的材料（金屬），今日的冰島不再苦於無木材可用，從歐洲最窮苦的國家搖身一變成為全世界最富有的國家，平均國民所得名列世界前茅。冰島的成功故事可和第二章至第五章所述的人類社會崩壞例子進行對比。曾戴上諾貝爾文學獎桂冠的冰島小說家拉克斯內斯（Halldór Laxness, 1902-1998）在其小說《莎卡・瓦卡》（*Salka Valka*）中，藉女主角莎卡之口道出冰島人的心聲：「話說到底，我們的人生沒有鹹魚就什麼也沒有了。」但是漁業就像森林和土壤，也有經營的難題。過去對森林和土壤的破壞，冰島人已竭盡全力補救，以避免類似的遺憾發生在漁業上。

大環境中的冰島

了解冰島的發展史之後，我們再來比較冰島和其他五個北大西洋殖民地。正如前述，影響這些殖民地命運的變因有四個：從歐洲航行來的距離、是否因為其他族群而遭受阻力、是否適合發展農業，以及環境是強韌還是脆弱。如以這四個變因來檢視冰島，其中兩項有利，另外兩項不利。對冰島的殖民者來說，好消息是這裡幾乎杳無人煙，而且從歐洲航行到這裡不算太遠（雖然比奧克尼群島、雪特蘭群島和法羅群島遠，還是較格陵蘭和溫蘭來得近），即使是中古時期的船隻，也可載運大量進出口商品。由於冰島不若格陵蘭偏遠，每年都有船隻往返本島和挪威或不列顛。很多生活所需的重要物資（特別是木材、鐵，後來還有陶瓷）都仰賴進口，島上漁產品也藉由船隻運送。特別值得一提的是，公元一三〇〇年後，在氣候遽變之下，冰島的魚乾仍可出口，勉強保住經濟命脈。格陵蘭因為遙遠，通往歐洲的航行路線經常冰封，生路也就斷了。

對冰島不利的一個因素是位置偏北，食物生產限制很大，是僅次於格陵蘭最不適合發展農業的地區。即使是殖民早期氣候溫和的年代，也只能生產一點大麥，到了中世紀晚期氣候變得嚴寒，就無法耕作了。在貧窮的年代，或有一點以牛和綿羊為主的游牧。幸好，綿羊在冰島向來繁殖得不錯，自從維京人在此落腳，有好幾百年羊毛出口是其經濟支柱。冰島最大的問題就是環境脆弱：冰島是維京人在北大西洋殖民地中最脆弱的一個，植物也容易遭受侵害，不易再生，僅僅比格陵蘭好一點。

試以影響人類社會的五個框架來檢視冰島發展史，包括自我造成的環境破壞、氣候變化、來自其他社會的威脅、和其他社會的友善貿易關係與文化態度。其中四個對冰島的發展產生影響，這四個因素交互作用的效應很明顯，只有來自其他社會的威脅沒什麼影響（冰島只有一段時期遭到海盜侵犯）。冰島先天環境不良已是不幸，加上小冰河期氣候變得更加嚴酷，環境問題也就變本加厲。儘管環境問題嚴重，幸好冰島和歐洲的貿易關係良好，才得以生存下去。冰島人對環境做出的反應和他們的文化態度有關。有些文化態度來自故鄉挪威，特別是牧業經濟，還有一開始過度喜歡飼養牛和豬。這樣的做法在挪威或不列顛都沒什麼問題，但到冰島問題就大了，讓他們吃足苦頭。不過，他們也得到教訓，知道如何面對脆弱的環境，不再飼養那麼多的豬和山羊，也減少牛隻數量，且態度趨於保守。他們的固步自封讓丹麥政府大傷腦筋，或許有時也害了自己。然而，不去冒險或許也避免了一些災難。不管怎麼說，他們最後還是靠著這種保守的態度活了下來。

土壤侵蝕和羊群過度放牧就是冰島長久以來的詛咒。由於這樣的詛咒，這個島嶼有很長一段時間都很窮苦。今天的冰島政府當然很重視環境問題，因此由一整個部門來負責水土保持、森林再生、促進高地植物生長以及控制羊群放牧的速率。在冰島如月球表面光禿禿的高地上，我看到了一點綠意，那就是這個部門努力種植的植物，以保護下方的土壤，避免侵蝕面積擴大。冰島人費了九牛二虎之力，才使不毛的高地稀稀疏疏地冒出幾棵樹來。他們的環境問題既已病入膏肓，這麼做豈不是死馬當活馬醫？儘管成果渺小，冰島人還是做出了一點成績。

我的考古學界朋友要說服世界任何一個地方的政府，讓他們了解考古學的實用價值，總是費盡唇舌，也不見得有用。他們向各個機構申請研究經費之時，希望他們能了解，研究過去人類社會的命運，就可知道今天在同一地區生存的社會將有什麼問題。他們認為尤其重要的一點：今天的社會也可能重蹈覆轍，破壞生態環境，最後自取滅亡。因此，我們應該好好了解過去，鑑往知來，以免一錯再錯。

大多數政府都把那些考古學家的建言當成耳邊風，冰島則是少數的例外。冰島打從一千一百三十年前就有土壤侵蝕的問題，至今已成惡土之島，植物寥寥無幾，半數土壤已經流失，環境破壞就是冰島人千年來揮之不去的夢魘。現在有不少專家學者研究冰島中古時期殖民生活和土壤侵蝕模式。我的一位考古學界友人也和冰島政府接觸，他滔滔不絕地陳述考古學研究的好處。冰島政府給他的回應是：「研究中古時期土壤侵蝕的問題，當然有助於解決今天的困境。這點我們已經非常了解。不用再說了，經費在這兒，動手吧。」

溫蘭

維京人在北大西洋殖民地中最遙遠的一站就是溫蘭，雖然維京人沒待多久就宣告放棄，這個殖民的故事還是相當引人入勝。這可說是歐洲人首次嘗試在美洲殖民，這個壯舉比哥倫布開闢北美航線幾乎早了五百年，引發不少遐想，也是很多探險名著的主題。維京人勇闖溫蘭的故事不僅啟發人心，最後鎩羽而歸的經過也可使我們學到重要的一課。

維京人從挪威出發，在北大西洋航行幾千公里，才能抵達北美洲的東北海岸，因此維京船隻無法直航至北美，而是從北大西洋最西邊的殖民地格陵蘭出發。以維京人的航行標準來看，即使從格陵蘭到北美也很遙遠。若從格陵蘭到維京人的紐芬蘭大本營，光走直線就將近一千六百公里。由於維京人的航行能力還很原始，繞行海岸必須走個三千兩百公里，歷時六個星期之久，才能抵達北美。而且適合航行的季節只有夏季，扣除往返耗費的時間，能留在溫蘭探險的時間就不多了。因此維京人在紐芬蘭建立了一個據點過冬，以便翌夏在北美的新天地大展身手。

紅毛艾瑞克不但在公元九八四年帶領第一批冰島移民落腳格陵蘭，後來還派兩個兒子、一個女兒和一個女婿前去北美探險。他們的動機是探勘那兒的土地，看看有何物產，是否適合定居。根據斯堪地那維亞傳奇，他們也帶了牲畜，看來有殖民的打算。維京人在殖民的希望幻滅之後，仍不斷造訪北美海岸，時間長達三百年以上，主要是取得格陵蘭短缺的木材，也可能是為了開採鐵礦及鑄鐵。熔鑄鐵製工具需要大量柴薪，此地有許多林木，柴薪來源無虞，所以是鑄鐵的最好地點。

有關維京人在北美的探險歷程，我們的了解主要來自兩方面的資料：書寫紀錄和考古挖掘的證據。書寫紀錄包括兩個用口述方式流傳好幾百年的英雄傳奇，描述維京人在溫蘭的發現與探險，冰島人最後在十三世紀書寫下來。由於這些傳奇沒有別的佐證，學者向來以為這是虛構的故事，懷疑維京人並未到過新世界。一九六一年，考古學家在紐芬蘭發現維京人的遺址，終於確定維京人的足跡到過北美。有關溫蘭的英雄傳奇故事，出現在《格陵蘭傳奇》（*Granlendinga Saga*）和《紅毛艾瑞克傳奇》（*Eiriks Saga Rauða*）這兩份手稿中，雖然其中若干細節正確與否仍有爭議，無疑是北美維京人最早的文字描述。這兩份手稿的描述大致相同，但很多細節有差異，述及維京人從格陵蘭到溫蘭的五次探險，前後不過十年，每次探險維京人都只用一艘船隻，最後一次則用了二、三艘船。

在那兩則英雄傳奇中，維京人不但簡要地描述了他們的北美據點，也為這些地點命名，如荷盧蘭、馬克蘭、溫蘭、雷夫斯布狄爾、斯特姆灣和霍普。[11]學者仔細研究其中的描述，希望辨識出這些地方。（例如：此地平坦，林木茂盛，斜坡緩緩下降，通往大海，且多白沙海灘……他們於是把這個地方叫做「馬克蘭」，意為林地。）現在我們大概知道荷盧蘭在加拿大北極地區巴芬島（Baffin Island）東岸，而馬

11荷盧蘭（Helluland），意思是「山之國」；馬克蘭（Markland），意為「林地」；溫蘭（Vinland）意為「酒之鄉」，此地多野生葡萄；雷夫斯布狄爾（Leifsbudir），意為「雷夫的營地」，「雷夫」即指紅毛艾瑞克之子雷夫．艾瑞克生；斯特姆灣（Straumfjord），意為「新峽灣」，霍普（Hop）則為其南方聚落之名。

克蘭則在巴芬島南邊的拉布拉多海岸（Labrador coast）。巴芬島和拉布拉多都在格陵蘭西邊，中間以狹窄的達維斯海峽（Davis Strait）相隔。維京人為了將更多的海岸線收入眼底，因此不直接航向紐芬蘭，而是橫越達維斯海峽來到巴芬島，再沿著海岸南行。其他如溫蘭、雷夫斯布狄爾等地，顯然是指拉布拉多南邊的加拿大地區，紐芬蘭當然包括在內，或許還有聖羅倫斯灣、新伯朗斯威克（New Brunswick）和新斯科細亞（Nova Scotia），溫蘭就是指這一帶，也可能包括新英格蘭部分海岸。維京人踏上北美之後，四處探險，找尋可以利用的土地。他們當初踏上格陵蘭也是如此，發現有兩個峽灣附近的牧地草肥水美，就此安家落戶。

關於維京人在北美的發展，我們還有考古學方面的史料可參考。儘管考古學家辛辛苦苦上下求索，最後只找到一個遺址，也就是紐芬蘭東北角的蘭塞牧地（L'Anse aux Meadows）。考古學家以此地挖掘出的古物做放射性碳元素年代測定，發現這個遺址的年代約為公元一〇〇〇年，和傳奇中艾瑞克生領導的溫蘭探險年代相當。蘭塞牧地似乎就是傳奇提到的雷夫斯布狄爾。這個遺址有八棟建築，其中三棟是可以居住的房舍，總計可住得下八十個人。還有一棟是鐵匠工作的地方，他們在此熔煉鐵礦、製造船隻用的鐵釘。另外有一棟是木匠工房，剩下的幾棟則是船隻修理所。沒有農舍，也沒發現任何農具。

根據傳奇所述，雷夫斯布狄爾只是方便維京人過冬和夏季探勘的據點。後來，維京人還是在溫蘭找到了他們想要的資源。考古學家從蘭塞牧地的遺址挖掘出兩個野生胡桃，也就是白胡桃。紐芬蘭當地沒生長這種白胡桃（*Juglans cinerea*）。這兩個胡桃雖小，卻是重要發現。在始自公元一〇〇〇年氣候和暖的幾個世紀中，最接近紐芬蘭的白胡桃產地就在聖羅倫斯河谷南部，此地也相當接近傳說描述的野葡萄生長之地。或許正因為這些葡萄，維京人才把這一帶命名為溫蘭，也就是「酒之鄉」。

傳奇所描述的溫蘭富含格陵蘭沒有的珍貴資源。溫蘭最大的優勢就是氣候溫和，這是緯度較低的緣故，因此生長季節要比格陵蘭來得長，青草豐美加上冬季和暖，可在外放牧，夏季就不必忙著準備牛羊在畜欄過冬所需的乾草。此外，這裡林木茂盛，到處都可取得上等木材。此地河流、湖泊鮭魚成群，任何一條魚都比格陵蘭能捕獲的來得大。這裡可以捕獵的飛禽走獸則有鹿、馴鹿和在此築巢繁殖的鳥類，也有鳥蛋可以撿拾。

儘管在溫蘭探險的維京人可將寶貴的木材、葡萄和動物毛皮運回格陵蘭，但畢竟無法在此長待，最後還是放棄了蘭塞牧地的據點。雖然考古學家在蘭塞牧地的發現令人興奮，證明維京人的確在哥倫布之前就到了美洲，可惜維京人沒留下什麼有價值的東西，只是一些他們丟棄或遺失的小東西，包括九十九根碎鐵釘、一根完整的鐵釘、一支銅針、一個磨刀石、一個紡錘、一顆玻璃珠以及一根織針。顯然他們不是匆匆忙忙離去，而是有計畫地撤退，把所有工具和有價值的物件都帶回格陵蘭。今天我們已知，維京人在北大西洋發現的殖民地中，北美才是最大、最有價值的地方。雖然維京人在北美所到之處有限，但此處山川壯麗、物產豐饒，已讓他們大開眼界。為什麼維京人要放棄溫蘭這豐饒之地？

北歐的英雄傳說提供了一個簡單答案：當地有眾多滿懷敵意的印第安人，維京人無法與他們為友。根據傳說的描述，維京人初次與印第安人相遇，他們共有九人，維京人殺了其中的八人，還有一個逃了。這可不是友誼的開端。後來印第安人乘著小船，成群結隊前來復仇，以弓箭射向維京人。紅毛艾瑞克之子索瓦德（Thorvald）腹部中箭。據說奄奄一息的索瓦德把箭拔出，在臨死之前嘆道：「我們發現了一片大好河山，然而我已肚破腸流。雖然此地資源豐富，我們大概沒份了。」

維京人後來幾次再度登上北美，曾和當地的印第安人交易（用衣服與牛奶和印第安人帶來的毛皮交換）。有個維京人為了偷武器，殺了一個印第安人，雙方又操戈相向。就算維京人殺了不少印第安人，但他們心裡有數，會有更多的印第安人前來尋仇。正如《紅毛艾瑞克傳奇》的佚名作者所言：「儘管他們知道那是塊肥土，但已被人捷足先登。賴著不走，必然吃不了兜著走。於是準備打道回府。」

維京人放棄溫蘭之後，再度來到北美時則以印第安人較少的拉布拉多海岸為目標，砍伐林木、開採鐵礦。考古學家在分布於加拿大極區的維京遺址找到他們遺留之物，如小塊熔鑄的銅、鐵和山羊毛織成的毛線，證明維京人曾來到這裡。最重要的發現則是緬因印第安遺址（拉布拉多南邊數百公里）找到的一枚挪威銀幣。那銀幣鑄造於一〇六五年至一〇八〇年間（人稱「寡言王」的奧拉夫三世〔King Olav〕統治時期），印第安人從中穿孔，做成項鍊的垂飾。這個緬因的印第安遺址是個交易活絡的大村落，考古學家還在此挖掘出不少石頭和工具，有的源於拉布拉多，有的來自新斯科細亞、新英格蘭、紐約和賓州各地。也許那枚銀幣是維京人來到拉布拉多時掉落，也或許是交易之物，後來經由印第安人的交易網絡來到緬因。

冰島一三四七年的編年史也提到維京人繼續在拉布拉多探險之事：一艘載著十八名船員、失了錨的格陵蘭船隻，從馬克蘭返回家鄉的途中被風吹得偏離航道，最後來到冰島。這段記載非常簡略，好像再平常不過，無須多做解釋：「年中記事：每年夏天前往馬克蘭的船隻中有一艘失了錨；凱提斯多提爾（Thorunn Ketilsdóttir）把一大壺的牛奶倒在農場上；博拉森（Bjarni Bollason）的羊死了一頭，皆尋常小事。」

總之，維京人在溫蘭的發展受挫與格陵蘭的後援無力有關。由於他們在格陵蘭建立的聚落既小又貧窮，沒有木材，也沒有鐵礦，與歐陸和溫蘭的距離都相當遙遠，沒有多少可做遠洋航行的船隻，更沒有財力組成龐大的探險船隊。維京人乘著一、兩艘船來到北美，也不過幾十個人，哪裡打得過新斯科細亞和聖羅倫斯灣為數眾多的印第安人。公元一〇〇〇年，在格陵蘭這個殖民地可能不超過五百人，因此蘭塞牧地那八十人算是精銳盡出了。在公元一〇五〇年後，歐洲人才又來到北美，企圖在此殖民。儘管歐洲各國人口眾多、財力雄厚、船堅炮利，艦隊規模龐大，中古時期的維京人實在望塵莫及，但歐洲人的殖民大業也不見得一帆風順。英國人和法國人在麻州、維吉尼亞和加拿大殖民的第一年，就因饑荒和疾病死了一半的人。人口僅有五百的格陵蘭是挪威最遙遠的殖民地，挪威又是歐洲的窮國，無怪乎來自格陵蘭的維京人無法征服北美。

維京人在溫蘭發展不到十年即鎩羽而歸，此事最重要的意義就是預示四百五十年後維京人在格陵蘭的命運。維京人在格陵蘭發展了好幾百年，這是由於格陵蘭與挪威的距離較近，且維京人在此地殖民之初未逢對手。但格陵蘭和溫蘭一樣孤立無援，格陵蘭的維京人一樣無法和美洲原住民和平相處。要不是美洲原住民，格陵蘭的維京人或許可以熬過生態試煉，不至於滅絕。而在溫蘭也一樣，如果沒有印第安人，維京人在此處的發展將勢如破竹，人口急速成長。如此一來，公元一〇〇〇年後，北美就會漸漸成了他們的天下。今天在二十一世紀北美提筆寫作的我，就會像現代的冰島人或法羅群島居民，使用源於古挪威文的語文，而不是英文。

CHAPTER 7

繁華如煙：維京人在格陵蘭

在天之隅

格陵蘭給我的第一印象是：「Greenland」這綠意盎然的芳名未免名不符實，有如殘忍的玩笑。島上放眼望去只有三種顏色：白、黑和藍，絕大部分是白。有些史學家認為，當初發現這個島嶼的挪威人紅毛艾瑞克是故意這麼命名的，好把其他人也騙來。我搭乘的飛機從哥本哈根起飛，接近格陵蘭東岸之時，在深藍色海洋中第一個躍入眼簾的就是一大片耀眼的白——這就是格陵蘭，僅次於南極大陸、世界第二大的冰蓋。雪白高地倏地從海岸邊升起，冰川從高山往下，向著海洋移動。我們的飛機在千里冰凍的雪地上方飛行了幾百公里，偶或看到黑漆漆、光禿禿的山頭從雪地中冒出來，就像零零星星的黑色島嶼。只有在飛機從高地上空慢慢下降登陸於西海岸之前，我才瞥見島嶼邊緣鑲著其他兩種顏色：棕色的砂礫和淺綠的苔蘚。

飛機在格陵蘭南部主要機場納爾薩爾蘇阿克（Narsarsuaq）降落之後，我越過冰山漂浮的峽灣，前去紅毛艾瑞克在布拉塔利德（Brattahlid）[1]定居之地憑弔一番。我很訝異，在冰天雪地的格陵蘭竟然冒出這麼一片綠地，也許艾瑞克說的「Greenland」不是幌子。千里迢迢從洛杉磯飛到哥本哈根，再來到格陵蘭，跨越了十三個時區，真是令人精疲力竭。我在布拉塔利德的青年旅舍下榻，背包擱著，隨即走訪那古挪威人的遺址。沒多久眼皮就張不開了，我累得無法走動，索性在青草地躺下。這裡的草地茂密豐軟，有如綠色長毛地毯，還有厚厚的苔蘚，點綴著鵝黃的毛茛和蒲公英、藍紫的藍鐘花、雪白的紫苑和粉紅的柳蘭。我無須床墊、枕頭，就在大自然這張最柔軟、最美的大床上沉沉睡去。

我的友人挪威考古學家凱勒（Christian Keller）說道：「在格陵蘭只要找到有資源可供利用的土地，就像挖到了寶，生存就不是問題。」格陵蘭九九%土地都是不能居住的白色雪地或黑色山頭，只有西南海岸兩大峽灣之間的綠地適合人居。長、窄峽灣深入的內陸區，土地平坦，牧草豐美，就像我小憩的青草地，實在是天然的牧場（圖十七）。靠近海岸之處則因洋流冰冷、冰山漂浮，加上鹽霧和強風吹襲，草木很難生長。從公元九八四年到十五世紀這五百年間，歐洲文明在這兩大峽灣地區開花結果，斯堪地那維亞人在這歐洲最偏遠的一角、距挪威二千四百公里之地興建教堂，用拉丁文和古挪威文寫作，製作鐵器，飼養牲畜，按照歐洲最新流行的樣式剪裁衣裝——但這文明的花朵最後還是凋謝了。

哈瓦思教堂（Hvalsey Church）遺跡就是維京人在格陵蘭消失之謎的象徵。這座教堂是格陵蘭最著名的建築，每一本介紹格陵蘭的旅遊指南，都能看見這座教堂的圖片。哈瓦思教堂座落在峽灣盡頭的草地

1布拉塔利德：即今天的卡莎爾蘇克（Qassiarsuk）。

上，依山傍水，一旁就是長而廣的峽灣，放眼望去，附近幾十公里的景色盡收眼底。教堂的牆面、西邊大門、壁龕和三角牆依舊完好，只有屋頂不見了。教堂附近還有維京人當年住的房子、穀倉、倉庫、船屋和牧場。在所有中古時期的歐洲社會中，古蹟保存得最好的就屬格陵蘭，這正是因為這些遺址在維京人放棄之後一直保持原樣，不像不列顛或歐陸的中古遺跡，因為有人居住或原地冒出更多建築物而遭到破壞。今天，我們來到哈瓦思，看到這裡的教堂、房舍一如當年，好像維京人會從裡面走出來似的，但此刻這裡只是一片寂靜：方圓三十公里內，完全沒有人居住（圖十五）。不管這教堂當初是何人興建的，他們也在此建立了一個歐洲社會，並且生活了好幾百年，可惜無法長長久久。

在中世紀格陵蘭出現的人，除了維京人，還有另一個族群——也就是因紐特人（又稱愛斯基摩人）[2]——使得這個歷史之謎更加複雜。在冰島發展的維京人就幸運多了，只要專心應付自己的問題就好，沒有外來族群攪局。但維京人最後還是從這個島嶼上消失，然而由於因紐特人活了下來，證明人類並非無法在此地生存，維京人也並非除了死路之外無路可走。在今天的格陵蘭牧場，我們還是可以看到兩個族群：因紐特人和斯堪地那維亞人。一七二一年，也就是中古維京人在格陵蘭滅絕的三百年後，其他斯堪地那維亞人（丹麥人）掌控了這個島嶼。到了一九七九年，格陵蘭人脫離丹麥統治，成立自治政府。我在這北國遊歷，看到許多金髮碧眼的斯堪地那維亞人在此工作。當年在此用石塊砌成哈瓦思教堂的人也來自斯堪地那維亞，然而那些人早就死絕了。撫今追昔，令人不勝唏噓。為什麼中古的斯堪地那維亞人無法克服問題生活下去，而因紐特人卻辦到了？維京人在格陵蘭的命運多舛就像美國西南部的阿納薩齊印第安人，可以單刀直入地探究，但這原因究竟為何，見仁見智，至今未有定論。最多人採信的理論是氣候變化。考古學家麥高文（Thomas McGovern）就一言以蔽之：「太冷了，所以他們活不下去了。」其他理論如維京人被因紐特人滅了、歐洲人見死不救任其自生自滅、因為生態環境破壞或是維京人保守不求變通，最後坐以待斃等等。事實上，我們可從維京人在格陵蘭的滅絕學到很多教訓。他們會有這樣的命運，前文列舉的五個原因都牽涉在內。這不僅是個活生生的例子，也有不少史跡可考。維京人留下許多有關格陵蘭的描述（復活節島民和阿納薩齊印第安人就沒留下多少文字紀錄），更何況我們比較熟悉中古歐洲社會，對玻里尼西亞或阿納薩齊印第安人的社會相當陌生。儘管如此，維京人在格陵蘭的滅絕並非昭然若揭，還是留下幾個重大疑點讓人百思不解。

今日的氣候

從維京人踏上格陵蘭到滅亡為止，那幾百年間的格陵蘭環境是何種風貌？維京人在格陵蘭西岸建立的兩個聚落都在北極圈南方，約在北緯六十一度和六十四度之間。這樣的緯度約當冰島南部和挪威西岸的柏爾根和特隆赫姆，但格陵蘭更為酷寒，這是因為格陵蘭受到來自北極的西格陵蘭洋流（West Greenland Current）影響，不像冰島和挪威有溫暖的墨西哥灣流從南邊流經。雖然維京人在格陵蘭建立聚落的地點已是首選，是全格陵蘭氣候最溫和的地方，但當地氣候型態還是有下列四個特點：嚴寒、多變、多風和多霧。

2愛斯基摩人：Eskimos，在印第安語中為「吃生肉的人」。該族群認為這個名稱是對自己的蔑稱，因此改稱為因紐特人（Inuit），在因紐特語中為「人」的意思。

今天格陵蘭西南部靠近海岸之處，夏日平均氣溫約為攝氏五至六度，峽灣內部較溫暖，約是攝氏十度。雖然聽起來不是很冷，但這可是在一年當中最熱的月分。此外，來自冰蓋的乾冷強風不時從北方吹來，也把浮冰帶來，即使是夏日，峽灣常被冰山阻塞，而且經常出現濃霧。我也領教了當地的多變氣候，一下子下大雨，一下子刮強風，不一會兒又霧茫茫了（濃霧時常阻礙航隻航行）。由於格陵蘭多曲折深邃的峽灣，最主要的運輸工具還是船。（即使到了今天，格陵蘭各個主要城鎮之間仍無道路相通。有路可通的城鎮多半位在同個峽灣的同一側，或是位在無崇山峻嶺阻隔、道路可以穿過低平山丘的鄰近峽灣。）我第一次計畫前往哈瓦思教堂的時候，就因暴風雨而無法成行。記得那天是七月二十五日，我坐船到柯郭特（Qaqortoq），當天還是晴朗的好天氣，翌日就碰上了強風、大雨、濃霧和冰山，只能坐困愁城。幸好二十七日天氣好轉，我才能順利前往哈瓦思一遊。隔天，當我離開柯郭特返回布拉塔利德時，又是晴空萬里。

我在盛夏來到格陵蘭的最南邊，正是格陵蘭最怡人之時。然而，對我這個習慣豔陽天的加州人來說，那樣的天氣卻是「冷颼颼」的。我在風衣下從裡到外穿了汗衫、長袖襯衫、運動棉衫，往往還要再加上連帽羽絨長雪衣。這長雪衣是我第一次去北極時買的，如今又派上用場。格陵蘭的天氣說變就變，忽冷忽熱，還不到一個小時，老天又翻臉了。在格陵蘭戶外行走，我光是為了因應天氣變化，雪衣穿穿脫脫，就忙得不可開交。

現代格陵蘭的氣候不但瞬時生變，沒走多遠天色就大不相同，就算今年氣候一個樣，來年可能又有不同的風貌。難怪我的友人凱勒說，在格陵蘭討生活，地點非常重要。每年氣候的變化會影響牧草的年產量，牧草就是維京人的經濟支柱，同時氣候也會影響海面浮冰的多寡。浮冰一多，甚至冰封，不但不易獵取海豹，水路貿易也會中斷，如此一來，維京人的生路就有問題了。格陵蘭適宜種植牧草的地點只有氣候較溫和的邊緣地帶，地點稍差或是哪一年的氣候比起往年來得嚴寒，就無法生產足夠的牧草，到了冬天牲畜就要挨餓了。

氣候依所在地點不同而有很大的差異，這點可從兩大維京聚落看出來。這兩個一北、一南，相距四百八十公里，不叫北聚落和南聚落，反而以東聚落和西聚落命名，因此很容易讓人誤解。（幾個世紀後，歐洲人前往格陵蘭尋找消失已久的維京人，在格陵蘭東岸遍尋不著東聚落，不知所謂的東聚落在西岸。）雖然偏北的西聚落夏季和東聚落一樣溫暖，但生長季節較短（西聚落零度以上的月分只有五個月，東聚落卻有七個月），這是因為位置愈北，陽光燦爛、溫暖和煦的夏日就愈少。此外，因直接受到西格陵蘭洋流的影響，愈北就愈寒冷、潮溼，峽灣出口也比較多霧。至於離海洋較遠的峽灣內部因有屏障，氣候較為和暖。

我在格陵蘭遊歷，印象很深刻的就是有些峽灣有冰川覆蓋，有些則否，這也和地點的差異有關。有冰川覆蓋的峽灣，常出現冰山；沒有冰川的峽灣，峽灣內偶爾有從海洋漂流過來的冰山。就以我七月造訪過的伊嘉立庫峽灣（Igaliku Fjord，維京人的哈瓦思教堂就在此處）為例，由於沒有冰川，峽灣內看不到冰山。至於艾瑞克峽灣（Eirik's Fjord，布拉塔利德所在地），因有一條冰川流入，峽灣內零零星星漂著冰山。鄰近布拉塔利德北邊的瑟密里克峽灣（Sermilik Fjord），因為有許多大冰川，一片雪白。（儘管格陵蘭的大地顏色單調，峽灣卻呈現另一種多采多姿的風貌，實在引人入勝。）前面提到的友人凱勒就在艾瑞克峽灣內一處遺址做考古研究，他常徒步爬過山頭到北邊的瑟密里克峽灣，那裡也有個遺址，幾個瑞典同行在那兒工作。那些瑞典人駐紮的營地要比凱勒的來得寒冷，過去維京人在那裡生產的牧草也比較少。

我們可從近代格陵蘭人的經驗來看每年天氣變化的影響。自從一九二〇年代開始，格陵蘭人又開始在牧場上養羊了。如果氣候潮溼、草木茂盛，對牧羊人來說可是個好消息。這麼一來，羊群可以吃的糧草就多了，野生馴鹿也有更多豐美的青草可吃（當地人又可獵捕這些馴鹿來打牙祭）。如果在八、九月間收割牧草之時，雨下個不停，牧草就不易曬乾做成乾草，乾草的產量就會變少。若是夏天太冷，乾草生長季縮短，那就不妙了。冬天太長也是壞消息，因為牲畜就得在圍欄內多待幾個月，如此又會消耗更多的乾草。再者，夏季有浮冰從北方漂來也是問題，這樣夏天就會多霧，多霧又不利牧草生長。所以今天在格陵蘭養羊等於是看天吃飯，而老天要怎樣，沒個準兒。想必中古時期的維京人也得聽天由命。

古代的氣候

今天我們可觀察到格陵蘭每一年或每十年的氣候變化，那麼過去的氣候變化呢？例如維京人剛踏上格陵蘭之時，那時的氣候如何？接下來的五百年又有什麼改變？要掌握過去格陵蘭的氣候變化，我們有三方面的資料可參考：書寫紀錄、花粉和冰芯研究。

首先，殖民於格陵蘭的維京人已有文字，加上已有讀寫能力的冰島人和挪威人不時來訪，如果他們願意記錄一下當時的天氣情況，對後世將有很大的參考價值。可惜的是，目前我們尚無有關中古格陵蘭氣候的第一手紀錄。即使如此，我們還是可從中古時期冰島人偶然在日記、編年史和報告中提到的天氣狀況，推測格陵蘭的情形。雖然兩地的氣候不完全相同，如果冰島某一段時期的氣候特別寒冷，格陵蘭應該也差不多。如果冰島附近出現海冰，使得格陵蘭和冰島或挪威之間的水路不通，格陵蘭受到的影響就大了。

有關格陵蘭的古代氣候研究，第二種資料是花粉研究。花粉研究學家從格陵蘭的湖泊和沼澤中取出柱狀沉積物來分析，藉以了解當年植被的情況。我們討論復活節島和馬雅時，也曾提到這種研究（第二章和第五章）。一般人不見得對湖泊或沼澤的底部有興趣，但那可是花粉學家的極樂世界——挖得愈深，就愈接近過去；愈深層的泥巴就是愈久遠年代沉積下來的東西。以沉積物樣本中的有機物質進行放射性碳元素年代測定，科學家就可推測沉積物形成的年代。再者，每一種植物的花粉在顯微鏡下看起來的形態各有不同，因此我們可從沉積物樣本中的花粉得知，在哪個年代那湖泊或沼澤附近有什麼植物。花粉學家發現，隨著時間的演進，愈來愈多的花粉來自耐寒的草或莎草，愈來愈少來自需要溫暖氣候的樹木，可見中古時期的格陵蘭氣候變得愈來愈寒冷。這樣的結果也可能是維京人砍伐森林所造成，花粉學家已知如何區分花粉減少是因氣候變化還是砍伐森林所造成。

第三，有關格陵蘭古代氣候最詳盡的資料是來自冰芯研究。由於格陵蘭氣候寒冷，時而潮溼，樹木不但矮小，而且只生長在部分地區，木頭很容易腐壞。格陵蘭不像氣候乾燥的美國西南部，木頭可保存數百年之久，留下美麗的年輪，讓研究阿納薩齊印第安社會的考古學家得以重建每一年的氣候資料。雖然格陵蘭沒有樹木年輪可供參考，但是科學家可以利用冰的年紋層來研究。年年落在格陵蘭冰蓋上的雪，堆積得愈來愈厚、愈來愈重，下層的雪就會被擠壓成冰。冰雪含有三種不同的氧，這三種都是氧的同位素，也就是三種原子量略有不同的氧（質子數和電子數相同，但中子數不同）。最多的是自然氧（占九九・八%），也就是氧一六（原子量為十六的氧），但還有少許（〇・二%）的氧一八，氧一七的量就更少了。這三種氧的同位素都很穩定，沒有放射性，但還是可利用一種稱為質譜儀（mass spectrometer）的儀器區別出來。冰雪形成的時期愈和暖，雪中所含氧一八的比率就愈高。因此，每一年夏天降下的雪，其中氧一八的比率要比同一年冬天的來得高。同理，如果某一年氣候特別溫暖，和寒冷的一年相較，同一月分雪中的氧一八比率也會較高。

因此，如果你在格陵蘭的冰蓋往下鑽（在格陵蘭進行冰芯研究的科學家目前已鑽了三公里深），然後測量每一層冰氧一八的比率，逐漸往下之後，你會發現氧一八的比率會出現高高低低的波動。因為你從某一年夏天的冰層鑽到前一年冬天的冰層，再進入前一年夏天的冰層，這是可以預期的季節性氣溫變化。接下來，你也會發現每一年夏天或冬天的氧一八比率也有差異，這就是無可預期的每年溫度波動。因此，在格陵蘭研究冰芯，就像考古學家在阿納薩齊印第安部落研究年輪，可以得知每一年夏季和冬季的氣溫變化。研究冰芯還有一個額外的好處：測量連續兩個夏季（或冬季）之間的冰層厚度，就可看出那一年的降雪量。

冰芯還暗藏著另一種氣候證據——風暴度，這就不是研究樹木年輪可以得到的資料。暴風雨的強風把格陵蘭近海的鹽霧吹到內陸，鹽霧飛到冰蓋上空有些會變成雪落下來，這種雪就含有海水的鈉離子。強風也會把遠方大陸的沙塵吹到冰蓋上，而沙塵內含鈣離子。純水形成的雪就沒有鈉、鈣這兩種離子。

如果在某一年形成的冰層中含有高濃度鈉離子和鈣離子，那一年必然多狂風暴雨。

總之，我們可從中古時期冰島人的紀錄、花粉和冰芯研究重建格陵蘭古代的氣候資料，特別是冰芯研究的解析度高，可讓我們重建每一年的詳細資料。那麼到目前為止，我們又有什麼發現？

結果我們發現一萬四千年前——也就是上一次冰河期結束後——氣候變得和暖，這與我們預期的不謀而合。那時格陵蘭的峽灣只是「沁涼」，而非「酷寒」，還長出一片低矮的森林。但格陵蘭的氣候不是從一萬四千年前之後就趨於穩定、沒有變化。有幾個時期，氣候還是逐日寒冷，然後氣溫又回升，變得比較溫和。這樣的氣候變化對美洲原住民移居格陵蘭也有很大的影響。北極地區可供捕獵的野生物種雖然寥寥無幾，只有馴鹿、海豹、鯨魚和魚，但一般而言每一種的數量都不少。如果這些野生物種死光了或遷徙到其他地方繁殖，這些美洲原住民為了生存下去，只好轉往物種較多、緯度較低的地區發展。簡而言之，極地史（包括格陵蘭）就是這樣的歷史：人類族群在一大片土地上落腳、生存了好幾百年之後，因為氣候變化使獵物減少，最後人口也漸漸凋零或是消失。

這種氣候變化對原住民捕獵野生動物的影響，我們已有二十世紀格陵蘭的第一手觀察資料。二十世紀初，海水升溫使得海豹幾乎在格陵蘭南部絕跡。後來氣候轉為寒冷，大群海豹才又現身。在一九五九年和一九七四年間，因為冰封，隨著季節遷移的海豹數量變少，那個期間的總捕撈量也很少。格陵蘭人於是改以環斑海豹（*Phoca hispida*）為捕獵對象。這種海豹會在冰上鑽洞，藉以呼吸，因而可以不受冰封影響。來自美洲的原住民（即因紐特人）也因為類似的氣候波動，為了追逐獵物來到格陵蘭。他們大約在公元前二五〇〇年建立第一個聚落，在公元一五〇〇年左右式微或消失，之後又捲土重來，最後在公元九八〇年左右維京人來到之前，完全放棄了格陵蘭南部。因此，維京人一開始在格陵蘭落腳之時，並沒有看到任何因紐特人，然而他們還是發現了那些原住民的遺跡。氣候和暖對初抵格陵蘭的維京人自然是件好事，但也是個不幸，因為這正是因紐特人擴張的契機，也為維京人的滅亡埋下伏筆。氣候和暖，加拿大北邊諸島冰封之處在夏季融化，水路通暢，因紐特人不但可大肆捕獵出現在這個海域的北極鯨（*Balaena mysticetus*），也迅速越過白令海峽往東擴張，最後在公元一二〇〇年左右來到格陵蘭西北部。

我們從冰芯研究得知，從公元八〇〇年到一三〇〇年，格陵蘭的氣候相當溫和，和今天的氣候差不多，甚至還要更溫暖一點。這個時期就是所謂的中世紀暖期（Medieval Warm Period），維京人就在此時踏上格陵蘭，在島上種植牧草、飼養牲畜。以格陵蘭一萬四千年以來的氣候而言，這樣的氣候算是不可多得了。從公元一三〇〇年開始，北大西洋的氣候轉為嚴寒，每年的差異也愈來愈大，於是漸漸步入寒冷的小冰河期，一八〇〇年後氣候才又轉為和暖。公元一四二〇年左右，正是小冰河期威力最強的時候，夏季的格陵蘭、冰島和挪威附近海域都是浮冰，格陵蘭通往外界的水路因此中斷。對過去在極地生活的因紐特人來說，這種氣候不算是難以忍受的酷寒。再者，因天候寒冷而出現大量環斑海豹，反而是好事一樁。但對種植牧草為生的維京人來說，碰上這種天候就要大嘆生不逢時。後來，格陵蘭的維京人果然都死絕了。這個不幸背後的一個原因就是小冰河期。不過，從中世紀暖期到小冰河期的轉變非常複雜，我們不能以「天氣變得愈來愈冷，他們就活不下去了」這種簡略說法來解釋維京人的命運。在公元一三〇〇年之前，格陵蘭也曾零零星星地出現幾次冷期，維京人還是熬了過去。在公元一四〇〇年之後，氣候幾度又轉溫和，維京人卻沒能活下來。我們大惑不解的是：維京人眼見因紐特人成功克服小冰河期的挑戰，為何不能見賢思齊？

本土動植物

思及格陵蘭的環境因素時，我們先來看看原產於此地的動植物。格陵蘭最宜於植物生長的地帶就在西南部海岸峽灣內部，即東、西聚落所在地點。這裡氣候溫和，加上峽灣的屏障，可以避免鹽霧的入侵。除了牛羊吃的牧草，其他在格陵蘭生長的植物依地點而異。在寒冷的高地和峽灣的出海口，因為嚴寒、霧茫茫，加上鹽霧，一般植物很難生長，只見營養價值低、小小的莎草。莎草比牧草耐旱，甚至在乾巴巴的礫石地都可生長。在沒有鹽霧的內陸、陡坡、冰川附近強風凜冽之處則寸草不生，只有光禿禿的岩石。氣候條件不是那麼惡劣的內陸區則有一些低矮的灌木。內陸也有這樣的好地方——地勢低平、土壤肥沃、沒有風害、水源無缺、向南（日照充足）——於是長出一片樹林。有小小的樺樹、柳樹，還有些杜松和赤楊，雖然高度大都不及五公尺，但在最好的地點也能長出九公尺高的樺樹。

在今天的綿羊和馬匹放牧之地，景觀又截然不同，想必在維京人放牧的中古時期應該也是如此（圖十七）。例如嘉德和布拉塔利德附近，斜坡平緩，草地滋潤，野花繁多，綠草豐美，長度可及三十公分。此處叢生的柳樹和樺樹非常矮小，約莫四、五十公分高，常被綿羊啃噬。在比較乾燥、坡度較陡或是空曠的原野上，長出來的草或柳樹更只有一、二十公分高。只有在沒有羊或馬啃噬的綠地，像是納爾薩蘇阿克附近有圍籬保護的地方，我就看到高達二公尺的柳樹或樺樹。由於附近有冰河，寒風強勁，樹都被吹彎了腰。

至於格陵蘭的野生動物，對維京人和因紐特人來說，最重要的是陸地和海洋哺乳動物、鳥類、魚類和海洋無脊椎動物。在維京人過去活躍的地區，原產於格陵蘭的大型陸地食草動物只有馴鹿（因此北方的麝牛不算）。後來，極地的拉布蘭人（Lapps）和歐亞大陸其他的原住民族群將馴鹿馴化了，但維京人和因紐特人卻未曾做到這點。北極熊和狼只出現在維京人聚落的北方。比較小的獵物則包括野兔、狐狸、陸上禽鳥（最大的是雷鳥，為松雞的一種）、淡水鳥（最大的是天鵝和雁）、海鳥（特別是冰洋雁和海雀）等。最重要的海洋哺乳動物是六種海豹，這六種海豹對維京人和因紐特人的重要性各有不同，與牠們的分布和行為有關，下面再來詳述。這六種當中最大的是海象。此外，格陵蘭海岸附近的鯨魚有好幾種，因紐特人是捕鯨好手，維京人則否。格陵蘭的河流、湖泊和近海漁產豐富，可食的海洋無脊椎動物當中最有價值的是蝦子和貽貝。

聚落

根據北歐傳奇和中古史，紅毛艾瑞克——一個脾氣暴躁的挪威人——在公元九八〇年左右被控謀殺，不得不離開挪威前往冰島。沒想到他到了冰島又殺了幾個人，在冰島遭到追殺。後來他和人發生口角，再起殺心，又有幾個人慘死在他的手下，被判自公元九八二年起流放三年，期間不得踏上冰島一步。

艾瑞克依稀記得，幾十年前有一個叫做鄔爾夫森（Gunnbjörn Ulfsson）的人航向冰島，被風吹離航道、偏向西邊航行，結果發現幾個光禿禿的小島。今天，我們已知那些小島就在格陵蘭東南海岸不遠處。公元九八七年，艾瑞克的遠親嘉爾提（Snaebjörn Galti）也登上這些小島，結果因為跟同船水手發生口角，被人殺死。艾瑞克於是前往那幾個小島試試運氣，他在接下來的三年勘察了格陵蘭大部分的海岸，在峽灣深處發現良好的牧地。放逐期滿回到冰島後，他再次跟人發生衝突，因為落敗又不得不遠走他鄉。這一回，他宣稱他將前往不久前發現的格陵蘭，那裡有美麗的綠地，是放牧的天堂。不少人就打算跟他前去，因此他帶領了二十五艘船浩浩蕩蕩航向格陵蘭。在接下來的十年，冰島人聽說格陵蘭名不虛傳，前一批的移民已在那裡安家立業，由於需要更多的人手，冰島又派了三艘船過去。到了公元一〇〇〇年，格陵蘭東、西聚落已具規模，所有適合放牧的土地都已經利用了。那時候格陵蘭的維京人總數約有五千人：西聚落約一千人，東聚落則在四千人左右。

維京人從他們的聚落出發，不時在新的地方探險，每年也會沿著西岸往北狩獵，直至北極圈附近。最北甚至曾到北緯七十九度之地，離北極只有一千公里左右。考古學家在那兒的一個因紐特人遺址發現很多維京人遺留之物，如部分鍊甲、木工刨子、船用鉚釘等。他們在北緯七十三度的石堆紀念碑上發現更多維京人在北方探險的證據，包括公元一三〇〇年左右豎立的石碑，上面刻有維京人用北歐古文字母書寫的碑文：席瓦特生（Erling Sighvatsson）、索達生（Bjarni Thordarson）與奧茲生（Eindridi Oddson）三人於小祈禱節（Minor Rogation Day，四月二十五日）前一個禮拜六立碑。

牧業

維京人在格陵蘭的生計主要靠放牧（飼養牲畜）和捕獵野生動物。由於挪威和冰島的氣候比較溫和，人們所需食物大多來自放牧和栽種的作物（特別是挪威）；格陵蘭因氣候條件惡劣，維京人無法光靠自己飼養的牲畜生存下去，必須捕獵許多野生動物來吃。

前去格陵蘭殖民的維京人，起先也希望自己的牧場像家鄉領主的牧場一樣「六畜興旺」：他們飼養很多的牛和豬，綿羊的數量少一些，山羊再少一些，再加上馬、鴨和鵝。在不同世紀格陵蘭維京人定居地的貝塚，考古學家進行放射性碳元素年代測定，並辨識當中的動物骨頭，發現維京人打算飼養的牲畜到了寒冷的格陵蘭有些水土不服。鴨和鵝等院子裡飼養的家禽馬上不見，或許在航向格陵蘭的旅程中已經死得差不多了。考古學家在格陵蘭進行挖掘研究，沒有發現任何飼養鴨和鵝的證據。雖然挪威的豬隻在森林裡有很多核果可吃，維京人也認為豬肉是所有肉品當中最珍貴的，但格陵蘭沒有多少林地，豬隻也會對脆弱的植物和土壤造成很大破壞，因此養豬實在沒有多大的好處。沒多久，豬隻的數量就變得非常少，最後甚至滅絕了。考古學家在島上發現了馱鞍和載運用的雪橇，顯示維京人利用馬來當運輸的畜力。由於基督教禁止吃馬肉，貝塚中很少發現馬的骨頭。在格陵蘭的氣候下養牛，比養綿羊或山羊都來得辛苦。只有在沒有下雪的三個夏季月分才能在青草地上放牧，其他九個月都得飼養在室內牛舍，以乾草等草秣來餵食。因此，維京人夏天時就得忙著準備這些糧草。養牛很辛苦，而且費事，如果維京人不養牛，應該可以省去一些麻煩。維京人在格陵蘭飼養的牛隻數量的確愈來愈少，但由於他們很看重牛這種動物，一直未能完全放棄。

然而，維京人食用的肉品還是以羊肉為主，畢竟綿羊和山羊比較能適應寒冷天候。綿羊和山羊還有一個長處：牠們能在冬天的冰雪之下挖掘出青草來吃。在今天的格陵蘭，綿羊一年有九個月都可在外放牧（牛只有三個月），只有在雪下得最大的那三個月才必須在畜棚內過冬。在維京人早期殖民的地點，綿羊和山羊加起來還沒有牛隻的數量多，後來愈來愈多，總數足足變成牛的八倍之多。至於綿羊和山羊的比例，冰島人飼養的綿羊數量比山羊多六倍以上，在格陵蘭早期聚落最好的牧地也差不多如此。但隨著時間的推進，山羊的數量愈來愈多，急起直追，最後甚至和綿羊數量相當。這是因為山羊比綿羊更能適應惡劣的環境，就算是粗硬的樹枝、灌木或矮小的樹木，山羊也能啃食。雖然維京人初抵格陵蘭之時對牛情有獨鍾，其次是綿羊，再來才是山羊，最適合在格陵蘭飼養的牲畜卻是山羊，其次是綿羊，再來才是牛。大多數的牧場（特別是偏北、勉強得以放牧的西聚落）到頭來都是山羊一大堆，牛隻寥寥無幾。這是莫可奈何的事，只有牧草最為豐美的東聚落還能繼續以牛為重。

目前在格陵蘭還看得到中古時期維京人留下的牛舍——牛隻一年有九個月都待在裡面。牛舍是用石頭和草皮砌成的狹長建築物，牆造得很厚，讓牛隻在寒冬入內避寒。格陵蘭的綿羊和山羊比較耐寒，冬天仍可養在戶外。牛舍中每一頭牛都獨自關在一個長方形的獸欄內，以石板和隔壁的獸欄相隔。今天，很多牛舍遺跡內還可見到那些石板好端端地立著。從獸欄的尺寸、牛隻出入口的高度以及考古學家挖掘出來的骨骸來判斷，若拿來和現代世界的牛相比，維京人在格陵蘭養的牛可說是最小的，肩高不到一百二十公分。那些牛整個冬天都待在牛舍裡，糞便在牲畜周圍堆積如山。到了春天，養牛人家就得忙著把這些糞便剷到外面。冬天時，牛舍裡的牛以乾草為食，如果乾草不夠，就以海藻充數。格陵蘭的農夫很辛苦，不但必須跟著住在牛舍、忍受滿地牛糞，當牛變得愈來愈虛弱瘦小、又吃不下海藻的時候，就須強迫餵食。五月，當冰雪開始融化、綠草再生之際，牛隻終於可以去戶外吃草。只不過那時牛已經虛弱到無法走動，農夫又得把牠們抬到外面。碰上特別嚴酷的冬天，貯存的乾草和海藻在夏天綠草長出來之前就吃光了，農夫於是得將楊柳和樺樹剛長出的枝葉採來給牛吃，免得牠們餓死。

維京人在格陵蘭養牛、綿羊和山羊的主要目的是利用牠們的奶，而不是吃牠們的肉。牛羊在五、六月間生產，在夏季短短的幾個月內會分泌乳汁。維京人會將牛奶或羊奶製成乳酪、奶油和吃起來很像優酪乳的「思客」。他們用大桶子把這些乳製品裝起來放在山間溪流中或草皮屋內，冬季每天都以這些為食。由於氣候嚴寒，格陵蘭的綿羊毛和山羊毛富含油脂，可以防水，是高級羊毛的原料。維京人也吃牛肉或羊肉，但這些肉品都來自淘汰的牲畜。每年秋季，農夫會計算貯存的乾草可供多少牲畜過冬，然後養不起的加以宰殺。即使如此，可以宰殺的數量還是有限，肉品一樣不足。因此農夫宰殺牲畜之後，幾乎會把每一根骨頭都敲碎，連骨髓都不浪費。只有格陵蘭的維京人才這麼做，其他地區的維京人不至於節省到這個地步。獵術精湛的因紐特人捕獵到的野生動物要比維京人多，他們的遺址就留下很多腐爛的骨髓和脂肪，引來大批蒼蠅。考古學家在他們的遺址中發現許多蒼蠅幼蟲的化石，而維京遺址的蒼蠅就沒有這等豪華大餐。

要養一頭牛，光是一個冬天，就得準備好幾千公斤的乾草，養羊就省事得多。因此，大多數的維京農夫從夏天就開始忙著收割青草，然後曬乾、貯藏起來。貯藏多少乾草關係到冬天可以餵養的牲口數量。如果冬天拖得太長，原來貯藏的量就會不夠，而冬天的長短很難預估。所以，每年九月就是維京農夫大傷腦筋的時候：他們必須根據準備的草秣量和預估的冬天長度，決定留下多少牲畜。如果宰殺太多，到了翌年五月乾草吃不完，剩下的牲畜也不多，就會悔不當初，怨自己沒留下多一點牲畜跟老天賭一賭；要是宰殺太少，在五月到來之前，乾草可能已經吃得精光，到頭來所有的牲畜都要活活餓死。

維京人在格陵蘭利用三種不同的田地生產乾草。生產效能最高的是農舍附近的田地，也就是所謂的「內田」（infield）。內田完全用來生產乾草，農夫用籬笆把田地圍起來，免得牲畜跑進去踐踏、啃噬。他們也在田中施肥，以促進牧草的生長。像在嘉德牧場等古老的維京牧場遺跡中，還可見到以前留下來的水壩、溝渠等引山間溪流到田地的灌溉系統，為的是增加田地的產量。第二種是所謂的「外田」（outfield），也就是離農舍較遠的田地。最後一種叫做「棚屋放牧」（shieling/saeter），是維京人從挪威和冰島引進的放牧方式。夏季，他們在適合種植乾草、放牧的高地上建造棚屋，就近照料牲畜。冬天一到，天候嚴寒，他們就得下山。雖然這種放牧有季節性，但是有些地點看來就像迷你牧場，有農夫住的房子。夏天時農夫就在這裡照顧牲畜、生產乾草，冬天才返回山下的農舍。每一年，最先融雪、長出青草的總是低地，然後才輪到地勢較高的地區。新長出的草富含營養，而且比較細嫩、容易咀嚼。格陵蘭的可用低地有限，棚屋放牧不失為一個解決之道，趁著夏季高地冰雪融化、長出新草，就把牛羊趕上山吃草。

先前提過我的友人凱勒所言——在格陵蘭只要找對地方，就像挖到了寶，生存就不是問題。即使在格陵蘭最適合做牧場的兩個峽灣中，也根本沒有幾個好地點，而且分散在各處。我在格陵蘭的峽灣上下四處遊走，儘管我是個四體不勤、五穀不分的都市人，漸漸也能掌握選擇放牧地點的訣竅。雖然來自冰島和挪威的維京人是經驗豐富的農夫，但是我有後見之明的優勢：我已經知道哪些地點是他們試過的，結果差強人意或是最後放棄了。當年的維京農夫可沒有未卜先知的本事，他們往往必須得嘗試多年，甚至幾代之後才能從錯誤中學到教訓，知道哪些看來明明是天然的牧場卻只是幻影。下面就是我研究出的一套「中古格陵蘭牧場擇地學」：

一、廣大平坦或斜坡平緩的低地（海拔二百一十公尺以下）是首選，最適合開墾為生產乾草的「內田」。這是因為低地的氣候最為和暖，沒有雪的生長季也最長，而地勢平坦更有利於牧草生長（陡坡的草長得比較差）。嘉德牧場就是最好的例子，面積大且地勢低平，瓦特納佛非（Vatnahverfi）的一些牧場則次之。

二、如果找不到面積廣大的低地，退而求其次，地勢中等（海拔四百公尺以下）、面積廣大之地也是「外田」的好地點。根據統計，大多數維京牧場低地生產的乾草都不夠。考古學家實地至牛舍和獸欄遺跡估量，發現牲口的數量大於低地乾草能餵食的產量。因此，往地勢較高的地區發展不失為變通之道。紅毛艾瑞克的布拉塔利德牧場就是一個典型的例子。

三、在北半球，向南山坡可以得到最多的日照。春天時這樣的坡地冰雪最快融化，牧草的生長季就可多幾個月，每天的日照時數也比較多。在格陵蘭，最好的牧場都是向南的，如嘉德、布拉塔利德、哈瓦思和桑內斯（Sandnes），無一例外。

四、附近要有溪流或灌溉系統，牧場所需的水才能源源不絕，以增加乾草產量。

五、切忌面向冰川或把牧場設在冰川附近，否則在凜冽寒風的吹襲下，不但牧草長不好，土壤也會因為牲畜放牧致使侵蝕問題更加嚴重。像納沙克（Narssaq）和瑟密里克峽灣的牧場就受到冰川詛咒，一直無法擺脫貧窮困苦的命運。此外，在柯若克河谷（Qoroq Valley）源頭和瓦特納佛非地勢較高處的牧場也是，維京人最後都不得不放棄。

六、如果可能，牧場座落的峽灣最好有良好的港口，以便物資運輸。

狩獵和漁業

光靠乳製品，哪能餵飽在格陵蘭過活的那五千個維京人？種植作物恐怕也於事無補。格陵蘭氣候嚴寒、生長季又短，種什麼都很勉強。根據中世紀挪威人的紀錄，大多數格陵蘭的維京人終其一生不知小麥為何物，從來沒看過麵包，也沒喝過啤酒。今天格陵蘭的氣候已經回暖，和維京人剛來到這塊土地的時候差不多。我在過去維京人開墾的嘉德牧場看到兩個小園圃，今天的格陵蘭人在此種了些耐寒的蔬菜，像甘藍、甜菜、大黃、萵苣和馬鈴薯。除了馬鈴薯，中古時期的維京人可能也種過這些作物。馬鈴薯是格陵蘭的維京人滅絕後才從歐洲傳入的。那時的維京人在氣候特別和暖的年頭或許也種過一些大麥。在以前的嘉德牧場所在地和東聚落其他兩個牧場，我還看到有人在懸崖下方栽種作物。或許此處陽光帶來的熱能不至於流失太快，比較暖和，加上有天然屏障，不會受到強風吹襲，羊群也不會前來啃噬。至於維京人在格陵蘭栽種作物最直接的證據，還是亞麻花粉和種子的發現。亞麻是源於中古歐洲的作物，格陵蘭本來沒有，必然是維京人帶過去的。亞麻能織布，也可榨油，非常實用。如果維京人在格陵蘭真種了些什麼作物，想必也不夠吃，也許只是幾個領主或主教偶爾嘗嘗的珍饈。

反之，讓這些維京人得以填飽肚子的是野生動物的肉，特別是馴鹿和海豹，吃的數量遠超過挪威或冰島維京人。格陵蘭的馴鹿喜歡成群結隊，夏天在山間悠遊，冬天就會下山。考古學家在維京人的貝塚中發現馴鹿的牙齒，顯然牠們是在秋天遭到捕獵。或許維京人集體行動，帶著獵狗（貝塚中也發現大型獵麋犬的骨頭）、拿著弓箭，一行人浩浩蕩蕩地去獵殺馴鹿。至於維京人捕獵的海豹主要有三種：一種是常年以格陵蘭海岸為家、春天會到峽灣內產子的斑海豹（*Phoca vitulina*，又稱港海豹），維京人很容易用網或船捕獵，或是亂棒將之擊斃；另外兩種是生於紐芬蘭、在五月間大群遷徙至格陵蘭海岸的菱紋海豹（*Pagophilus groenlandicus*）和冠海豹（*Cystophora cristata*）。由於菱紋海豹和冠海豹不會進入峽灣，只在海岸徘徊，維京人只好在離牧場幾十公里的峽灣外側設季節性捕獵據點。五月，這兩種海豹來得正是時候。因為前一年夏天製造、貯藏的乳製品吃得差不多，前一年秋天獵殺的馴鹿也快吃完了，牧場上的積雪還沒融化，不能在外放牧，牲畜也還沒產子、分泌乳汁，正是青黃不接之際。幸好還有菱紋海豹和冠海豹可捕獵來吃，不然維京人真的要餓死了。由此看來，在格陵蘭討生活實在很不容易，要是哪一年冰封嚴重，海豹無法前來或是受到因紐特人阻撓，生活就會陷入絕境。如果碰上特別寒冷的年頭，夏天變冷，乾草產量大減，到了冬天又處處冰封，生路恐怕就會斷絕。

由於人體骨骼會留下所吃食物的同位素特徵，透過古代骨骼的碳同位素分析，我們就可計算出格陵蘭的維京人或島上動物一生中食用的海產或陸生食物比例。從格陵蘭出土的維京人骨骼經過同位素分析，發現在東聚落建立之初，維京人吃的食物只有二〇％是海產（大部分是海豹），到了維京人快滅絕之時，海產的比例已高達八〇％。原因可能是他們無法生產足夠的乾草，冬季能飼養的牲畜大減；也可能是人口增加，牲畜提供的乳製品和肉品無法讓這麼多人飽足的結果。至於西聚落，無論在哪一個時間點，維京人吃的海產總是要比陸生食物來得多。這是因為西聚落偏北，乾草產量本來就少。實際上，維京人吃的海豹可能還要更多。考古學家傾向在較大的牧場遺址進行挖掘，因此研究得到的數字是根據大牧場的維京人骨骼而來。至於比較貧窮的小牧場，那裡的農夫可能只能養一頭牛，可以吃的牛肉或乳製品更少，只好以海豹為主食。以一個西聚落貧窮牧場的貝塚研究為例，廚餘中的動物骨頭竟有七〇%是海豹骨頭。

維京人除了大啖海豹和馴鹿，也吃其他小型野生哺乳動物（特別是野兔），還有海鳥、雷鳥、天鵝、冰洋雁、貽貝和鯨魚。因為格陵蘭的維京人沒有魚叉等獵鯨工具，鯨魚該是偶爾擱淺在海灣才遭到獵殺。不管是牲畜或野生動物的肉，維京人如果沒有吃完，就會放在當地人叫「思凱默」（*skemmur*）的石屋中貯藏、風乾。這種石屋通常蓋在山頂多風處，石頭間留有縫隙，使通風的效果更好。

令人驚異的是，考古學家在格陵蘭維京遺址找到的魚骨少之又少。格陵蘭維京人的挪威或冰島祖先很多都是漁夫，也很愛吃魚。格陵蘭維京遺址貝塚中挖掘出的魚骨不到全部骨頭的〇・一%，約莫同時期的冰島、挪威北部和雪特蘭群島，那些維京遺址中挖掘出的魚骨卻占所有骨頭的五〇%至九五%。例如考古學家麥高文在瓦特納佛非的一個牧場遺址進行研究，只在貝塚中發現三根魚骨。那個牧場附近就是一個池塘，魚兒川游不息。另一位考古學家耐家德（Georg Nygaard）從名為「ö34」的維京牧場遺址挖出三萬五千塊動物骨頭，也只發現兩根魚骨。即使是魚骨出現最多的葛斯遺址（GUS），總共發現了一百六十六根魚骨，也只是該遺址挖掘出的動物骨頭總數之〇・七%——其中的二十六根來自一隻鱈魚的尾部；即使是單一種鳥類的骨頭（如雷鳥）就是魚骨的三倍，哺乳動物的骨頭更比魚骨多上一百四十四倍。

格陵蘭向來漁產豐富，今日最大宗的出口品也是鹹水魚（特別是黑斑鱈和軟鰭鱈），何以中古時期島上的魚骨寥寥無幾，真是令人匪夷所思。格陵蘭的河流和湖泊中的鱒魚及鮭魚數量都相當可觀。我在布拉塔利德青年旅舍下榻的第一晚，和一個來自丹麥的旅客共用廚房。她煮了兩條大鮭魚，每一條都重達九百公克，足足有五十公分長。這魚可是她徒手從附近小池塘抓起來的。維京人的手腳顯然不會比她笨拙，既然能用網子在峽灣捕獵海豹，也應該可以撈捕到魚。就算維京人不想吃魚，也可以餵狗吃魚，就不必把海豹肉等分給狗吃，為自己多留一點。

每一個在格陵蘭進行挖掘研究的考古學家，一開始都不相信格陵蘭的維京人不吃魚，猜想魚骨必然是被藏起來了。或許只有住在岸邊的維京人才吃魚，而這些遺址因為地層下陷已入海中？還是他們把每一根魚骨都留存起來做肥料、燃料，或是輾碎餵給牛吃了？或是維京人養的狗把他們吃剩的魚都叼走了，最後魚骨再埋到沒有人可以挖得到的地方？還是維京人有吃不完的肉，不必吃魚？如果有吃不完的肉，又何必為了那一丁點的骨髓費事地把每一根骨頭敲碎？或者所有小小的魚骨到了地下已腐爛、分解了？可是格陵蘭貝塚裡的東西，即使是綿羊身上長的蝨子或糞粒也完整地保存下來了。然而，維京人在冰島或挪威留下的遺址或是格陵蘭的因紐特人遺址，都留下大量的魚骨。另一個疑點是，格陵蘭的維京人遺址中幾乎沒有任何魚鉤、釣線用的沉子或魚網沉石等，而在其他地方的維京人遺址中，這些漁具都是常見之物。

既然看不到魚骨，我寧可單純推斷，儘管維京人世世代代都吃魚，但來到格陵蘭之後還是出現了禁止吃魚的禁忌。每一個社會都有一套食物禁忌，這也是文化特徵之一。在食物的禁忌當中，其中禁吃魚與肉的最多。有些民族的珍饈佳餚可能讓另一個民族反胃作嘔，無法消受。像法國人愛吃蝸牛、青蛙和馬肉，新幾內亞人吃老鼠、蜘蛛和甲蟲幼蟲，墨西哥人吃山羊，玻里尼西亞人吃海蠕蟲——這些動物或昆蟲營養豐富，如果你敢吃的話，說不定還覺得美味可口。但是，這類食物還是會讓絕大多數的美國人嚇得退避三舍。

至於魚與肉成為禁忌食物的終極原因，可能是這類食物比起植物性食物更易產生細菌或寄生蟲，造成食物中毒或寄生蟲病。像冰島或斯堪地那維亞居民會用細菌發酵法來醃製鹹魚，他們使用的細菌可能會引發致命的肉毒桿菌中毒。我這一生病得最厲害的一次就是吃蝦子引起的食物中毒，簡直比瘧疾還難受。那蝦子是我在英國劍橋的市場買來的，顯然不夠新鮮，讓我下肚之後在床上躺了好幾天，腹痛如絞、上吐下瀉、肌肉疼痛、頭痛欲裂。這個痛苦的經驗給了我一個聯想——也許格陵蘭的維京人也曾有過類似的遭遇。也許紅毛艾瑞克在初抵格陵蘭之時，有一次因吃魚而食物中毒，康復後就不斷好心奉勸別人不要吃魚，要大夥兒吃東西講究一點，別像冰島人或挪威人那樣飢不擇食，免得因為吃了不乾不淨的東西而送命。

整合經濟

由於格陵蘭發展牧業的條件很勉強，島上的維京人必須發展出複雜的整合經濟，才能生存。這種整合包括時間和空間上的：不同季節從事不同的活動，不同的牧場生產不同之物，再來互通有無。

讓我們從春天來開始細說維京人在格陵蘭一年四季的行事：五月底、六月初是獵海豹時節，為期雖短卻是維京人生存的關鍵，彼時從紐芬蘭遷徙而來的菱紋海豹和冠海豹，成群結隊地出現在峽灣外側海岸，而一年到頭在此居住的斑海豹也出來在岸邊產子，正是最容易捕捉的時候；六月到八月則是農忙季節，維京農夫一面放牧，一面收集牛羊乳汁，製成可以儲藏的乳製品，同時也有人駛向拉布拉多砍伐木材，還有人乘船到北方獵捕海象，這時還有從冰島或歐洲前來做貿易的貨船；八月到九月初，維京人為了牧草的收割、曬乾和儲藏忙得不可開交，不久又得把牛牽回牛舍，也得把綿羊和山羊趕到畜棚附近；九月和十月則是獵馴鹿的季節；接下來從十一月到翌年四月的冬季，冰封大地，維京農夫便照顧牛舍和畜棚裡的牲畜，若還有時間則織布、用木頭蓋房子、修理房舍，或處理夏日狩獵得來的海象牙，並祈禱這一年儲藏的乳製品、乾肉、草秣及燃料能撐到大地回春之時。

除了時間的安排，格陵蘭的經濟整合也牽涉到空間。即使是最富裕的牧場，也無法不假外求、自給自足地度過一整年。這種整合包括各地物資的調度，如峽灣內外、低地和高地的牧場、東西聚落，以及富有和貧窮的牧場。例如最好的牧場都在峽灣盡頭的低地，高地因嚴寒、生長季短，不是放牧的最佳地點，但有馴鹿可以捕獵。至於海豹多集中在峽灣外側，那裡因鹽霧、多霧和寒冷，難以發展農牧。再者如峽灣冰封或冰山阻隔，峽灣內的人就無法到峽灣外打獵。為了解決空間的限制，維京人就把海豹、海鳥從峽灣外運到峽灣內，把高地捕獵到的馴鹿運到低地。例如在地勢最高的內陸牧場貝塚中，仍可挖掘出海豹骨，必然是從峽灣口運送幾十公里而來。在內陸的瓦特納佛非牧場，貝塚裡除了綿羊骨和山羊骨，海豹骨也很常見。反之，在富裕的低地大牧場，發現的馴鹿骨甚至比高地牧場來得多，而那些馴鹿卻是在高地捕獵到的。

由於西聚落位在東聚落北方四百八十公里處，同面積牧場生產的乾草不到東聚落的三分之一。雖然如此，西聚落比較靠近獵取海象和北極熊之地。海象牙和北極熊毛皮都是格陵蘭輸往歐洲的主要商品。東聚落大多數的遺址中都可發現海象牙，顯然這些海象牙在冬天處理，然後送到嘉德牧場等東聚落的大牧場與歐洲人交易。因此，雖然西聚落比東聚落小得多，但是仍占格陵蘭經濟的一席之地。

貧富牧場之間的整合也很重要。乾草產量和牧草生長特別取決於兩個重要因素：溫度和日照的時間長度。夏季的生長季因氣溫上升、日照時間變長，牧場得以生產更多的牧草或乾草，也就能飼養更多牲畜。若豐年稔歲，地點好的牧場，如座落於低地、峽灣內或日照充足的向南坡地，這一年的乾草就能豐收或牲畜興旺；要是牧場地點不佳，如位在高地、靠近峽灣外側或不在向南坡地，牧場生產的乾草或牲畜只能小有剩餘。若不幸碰到災年，天氣變得更加嚴寒或多霧，各地牧草歉收，原本富裕的牧場乾草減產但還夠用，但貧窮的牧場就沒有足夠的乾草可讓所有牲畜過冬，因此得在秋天宰殺一些牲畜，在最壞的情況下，甚至所有的牲畜在春天來臨前都會餓死。至於貯存的乳製品，可能都得拿來餵小牛、小羊或自己的小孩，農夫自己只能靠海豹或馴鹿的肉來填飽肚子。

我們可從維京人牧場遺跡牛隻所占的空間，來判斷一個牧場的發展情況。在中世紀的格陵蘭，最好的牧場就是東聚落的嘉德牧場，養了最多頭牛。這座牧場有兩個大型牛舍，總計可容納一百六十頭牛。規模次之的，如布拉塔利德和桑內斯的牧場，則各養了三十到五十頭。但在貧窮的牧場，只能養個幾頭牛，甚至只有一頭。因此，在災年來到之時，富有的牧場會在春天出借幾頭牲畜給貧窮的牧場，讓牲畜進行繁殖，也讓貧窮的牧場得以東山再起。

由此可見，格陵蘭維京社會相互依賴深，也會分享，例如在海岸捕獵到的海豹和海鳥往內地送、高地捕獵的馴鹿運往低地、海象牙南運，富有的牧場也會出借牲畜給貧窮的牧場。雖然貧富之間相互依賴、互助合作，但健康情況依然有別，格陵蘭貝塚裡不同動物的骨頭足以反映出不同的飲食水準。像東聚落的牧場或比較富有的牧場，維京人比較能吃到牛肉，綿羊和山羊吃得較少；而西聚落的牧場或貧窮的牧場，多半只有山羊或綿羊可吃，牛肉很少。西聚落飼養牲畜的條件差，常以海豹果腹，遺址就比較常出現海豹骨，也因為靠近馴鹿棲地，馴鹿骨也很常見。而馴鹿又比海豹受歡迎，因此富有的農夫較常吃（特別是嘉德牧場的農夫），貧窮的農夫只好多吃海豹。我到格陵蘭旅遊考察，也曾在好奇心的驅使下嘗過海豹肉。吃了一口之後，我已經無法拿起叉子再試一口。基於飲食背景的考量，我可以理解為何來自歐洲的維京人喜歡鹿肉遠勝過海豹肉。

讓我們以實際的數據來看這個飲食傾向。例如西聚落一個叫做尼亞夸薩特（Niaqusat或稱W48）的貧窮牧場，居民吃的海豹肉居然高達肉類的八五％，山羊肉只占六％，馴鹿肉只有五％，綿羊肉為三％，而牛肉只有一％（不知是什麼大日子才能吃到牛肉！）。同時，在西聚落最富有的桑內斯牧場，居民吃的馴鹿肉高達肉類的三二％，牛肉占一七％，綿羊肉則是六％，山羊肉占六％，剩下的三九％才是海豹肉。至於東聚落的大牧場，如紅毛艾瑞克在布拉塔利德的牧場，居民就大有口福，吃的牛肉要比馴鹿肉或綿羊肉都來得多，很少吃山羊肉。

即使是同一個牧場，有錢有地位的人可大啖美食，沒錢沒地位的人只好有什麼吃什麼，能填飽肚子就不錯了。試以兩個考古研究結果來為這種貴賤差距做佐證：考古學家從嘉德牧場的聖尼可拉斯教堂（Cathedral of St. Nicholas）遺跡地下挖掘出一副手執主教權杖、戴著戒指的男人骨骸，這人可能是公元一一八九年到一二〇九年駐格陵蘭的主教史麥瑞爾（John Arnason Smyrill）。這骨骸經古代骨骼的碳同位素分析，發現他生前吃的東西七五％是牲畜的肉和乳製品（或許大都是牛肉和乳酪），只有二五％來自海產（大部分是海豹）。埋葬在主教附近的同代人，地位顯然也不錯，但他們吃的海產比較多（四五％）。其他一些在東聚落遺址發現的骨骼，經碳同位素分析，海產有多達七八％的；至於西聚落的骨骼，更發現有些更高達八一％。第二個研究是在桑內斯牧場（西聚落最富有的牧場）進行，領主住宅附近貝塚中的動物骨頭大都是馴鹿和牲畜骨頭，海豹骨不多。但在距離只有四、五十公尺的一個牛舍——該處不但是養牲畜的地方，也是牧場工人居住的地方——這裡挖出的動物骨頭多半是海豹骨，馴鹿或羊的骨頭很少。

如前所述，維京人在格陵蘭建立的社會依靠複雜的整合經濟生存下去，主要以牲畜的飼養和野生動物的捕獵為主。由於環境惡劣，兩者都很重要，缺一不可。既然如此，這樣的經濟就很脆弱，或許這正是格陵蘭維京人最後滅絕的原因。很多氣候因素都可能使格陵蘭被饑荒的陰影籠罩：夏季短暫、寒冷、多霧；八月過於潮溼，不利乾草生產；寒冬太長，牲畜因而消耗更多的乾草，甚至到牲畜和馴鹿都凍死或餓死的地步；峽灣內有冰山阻礙，影響五、六月間的海豹捕獵；海洋溫度變化影響魚群，進而使以魚為食的海豹也受到影響。此外，紐芬蘭的氣候變動也會影響到菱紋海豹和冠海豹的繁殖。諸如此類的狀況在現代格陵蘭多有紀錄，例如格陵蘭一九六六年和一九六七年的冬季格外寒冷、風雪肆虐，二萬二千頭綿羊因此死亡；還有在一九五九年至一九七四年，這段期間特別寒冷，遷徙來此的菱紋海豹數量只有往年的二%。即使是氣候和暖的年頭，西聚落也只是勉強生產乾草，只要夏季溫度下降個攝氏一度，也許就沒有產量了。

如果只是一個夏季或冬季氣候特別惡劣，尚有足夠的海豹和馴鹿可以捕獵，維京人還可忍受。怕的是氣候一年接連一年沒有好轉，甚至變本加厲，夏季生產的乾草不足，冬季牲畜欠缺草秣，加上海豹數量大減，或因冰山阻礙春天出不了峽灣等，那就糟了。西聚落就曾遭遇如此嚴酷的生存考驗，這個悲慘的故事後面會再詳述。

社會

我們可用五個特徵來描述維京人在格陵蘭建立的社會：過著群體生活、有暴力傾向、階級分明、保守和歐洲本位。這幾項有點互相矛盾的特徵都源於古代冰島和挪威社會，到了格陵蘭之後表現得更加極端。首先，格陵蘭的維京人約有五千人，住在二百五十個牧場，平均每個牧場有二十個居民。居民以十四個教堂為中心，組成各個社區，平均每二十個牧場就有一間教堂。由於不可能獨自過活，格陵蘭的維京社會非常團結，像是春季捕獵海豹、夏季北狩（Nordrseta，譯注：乘船北上獵海象或北極熊）、夏末收割乾草、秋天獵馴鹿或建造房舍，都必須大夥兒一起出動，一個人是做不來的。（諸君可想像碰上一大群馴鹿或海豹的情景，或是興建教堂時要抬起一塊四噸重的大石頭。）從另一方面來看，合作對不同牧場或社區之間的經濟整合也很重要。格陵蘭各地所產的物資不同，必須互通有無以補己之不足。先前已經提過：在峽灣外捕獵到的海豹會運到峽灣內；低地居民也能分享高地抓到的馴鹿；碰上嚴酷的冬季，富有的牧場也會出借牲畜給貧窮的牧場去繁殖。嘉德牧場養的一百六十頭牛遠超過當地所需，必然會與其他地區分享。像格陵蘭最珍貴的出口品海象牙，就是西聚落獵人北上獵來的，由於出口前的處理耗時費事，便有賴東西聚落的居民同心協力。

在格陵蘭，如果一個人脫離了牧場，不但無法生存，更什麼也不是了。在東、西聚落中，每一塊有用的土地都屬於某一個牧場或某一個社區的農夫，這些農夫享有所有的土地資源——不只是牧場、乾草，還有馴鹿、草皮、莓子，甚至包括當地的漂流木。格陵蘭的維京人一向團體行動，不可能一個人單槍匹馬去打獵。在冰島，如果你被所屬的牧場趕出來，還可以找到另一個地方發展，例如附近的小島、廢棄的牧場或內陸高地。但在格陵蘭，如果你離開原來生活的牧場，真的是無路可走。

在這樣的社會中，個人受到極大的約束，少數幾個領主或富有的牧場主人因而能防止農夫圖謀不軌，以免威脅自己的利益。什麼創新、實驗，如果對自己沒有好處，全部免談。西聚落最有勢力的就是桑內斯牧場，這座牧場控制了峽灣的出口；東聚落則由嘉德牧場掌控，嘉德不但是東聚落最大的牧場，裡頭也有主教坐鎮。這樣的社會結構，也和格陵蘭維京社會最後面臨的命運有關。

維京人從冰島和挪威把團結合作的精神帶過來，而凶殘暴力的本性不但沒改，反而變本加厲。史書就有這樣的紀錄：一一二四年，挪威國王約薩拉伐里（Sigurd Jorsalafari）命一個名叫亞諾德（Arnald）的主教擔任長駐格陵蘭的第一任主教，亞諾德因格陵蘭民風殘暴不願接受這項任命。老謀深算的國王便對他說：「不經一番寒徹骨，怎得梅花撲鼻香？對你來說，這正是最好的試煉，試煉愈大，更能彰顯你的能力，你也能得到更大的賞賜。」亞諾德見無法推卻，於是要求國王賜給他一個隨身護衛。他說格陵蘭有個德高望重的領主，只要領主之子索卡生（Einar Sokkason）誓死保護他和教堂的一切，為他剷除異己，他才同意去格陵蘭。正如下面的索卡生傳奇所描述，亞諾德到了格陵蘭果然捲入一場腥風血雨，當事人自相殘殺（連索卡生也一命嗚呼），幸好亞諾德自己毫髮無傷，繼續穩坐主教寶座。

格陵蘭主教一週記事——索卡生傳奇

納嘉生（Sigurd Njalsson）和十四個友人前去狩獵，發現岸邊有艘貨船擱淺，滿載珍貴物資。接著，他們在附近的一個小屋發現發出屍臭的船員死屍，船長安柏炯（Arnbjorn）也已餓死。納嘉生把船長和船員的遺骸送到嘉德教堂安葬，使他們的靈魂得以安息，而船就送給亞諾德主教。至於船上的貨物，他堅持誰發現就該是誰的，由他和朋友均分。安柏炯的姪子奧澤（Ozur）聽說了這事，率同船員家屬前來，告訴主教他們才是有權繼承這批貨物的人。主教表示，根據格陵蘭法律，誰發現就是誰的，因此貨船和船貨已歸為船員舉辦彌撒的教堂所有，你們這些人還來索取，真是大膽無恥。奧澤等人於是向格陵蘭法庭提出訴訟，以取得船貨。結果，法庭裁決奧澤敗訴。奧澤等人不但失望，也覺得顏面無光，索性把安柏炯貨船（已歸主教所有）的甲板毀了。主教在盛怒之下，宣稱要奧澤以性命賠償。

主教在教堂主持彌撒時，奧澤混入會眾當中，並向主教的僕人說主教的不是。索卡生見狀，就從一個會眾手裡把斧頭拿過來，往奧澤頭上砍去，奧澤隨即斃命。主教問索卡生：「索卡生，奧澤是你殺的嗎？」索卡生答道：「沒錯。」主教說：「這樣殺人是不對的，不過此人死有餘辜。」主教不想為奧澤安葬，索卡生憂心忡忡說道，如此一來，恐怕大難臨頭。

奧澤有個叫做賽門（Simon）的親戚高頭大馬、孔武有力。他說，這種深仇大恨，說什麼都沒用，於是找了梭喬特生（Kolbein Thorljotsson）、卡爾夫生（Keitel Kalfsson）等友人前去興師問罪，西聚落還有很多人也前去助陣。這時有個叫做梭瑞生（Sokki Thorisson）的老人出面為賽門和索卡生協調。為了補償奧澤的死，索卡生願意獻出傳家之寶，亦即他家老祖宗留下的甲冑。賽門說他不願接受這樣的垃圾。梭喬特生偷偷拿了把斧頭溜到索卡生後面，往他的背後用力一砍。同時，索卡生的斧頭也已砍入賽門的腦袋。賽門和索卡生雙雙倒地之時，索卡生嘆道：「早知會有今天。」索卡生的同奶兄弟梭爾德（Thord）見狀，也拿斧頭衝向梭喬特生，往他的喉嚨砍去。

索卡生和梭喬特生雙方人馬於是砍殺起來。一個名叫史坦格林（Steingrim）的人叫道住手，要大家不要再打了。但雙方已殺紅了眼，甚至給史坦格林一箭。梭喬特生那邊的人，像克拉克（Krak）、梭瑞爾（Thorir）和維格瓦特（Vighvat）都死了，賽門也已慘死。索卡生那邊，柏中（Bjorn）、梭拉林（Thorarin）、梭爾德和梭爾芬（Thorfinn）都喪了命，索卡生本人一命嗚呼，還有史坦格林也算他們的人。受傷的人也不在少數，真是傷亡慘重。最後，雙方同意好好談談，由頭腦冷靜的農夫哈爾（Hall）主持這場和談會議。由於索卡生的人馬死傷比較嚴重，梭喬特生那邊必須負責賠償。儘管如此，索卡生的人還是覺得判決不公。後來梭喬特生帶了一頭北極熊駛向挪威，做為獻給哈拉德國王（Harald Gilli）之禮，同時抱怨他在格陵蘭受到的凌辱。哈拉德國王聽了之後，對梭喬特生斥道，簡直是一派胡言，也不願給賞。梭喬特生在盛怒之下攻擊國王，國王因此負傷，梭喬特生隨後揚帆駛向丹麥，不料在半途溺斃。這個傳奇就說到這裡。

有關中古時期格陵蘭的暴戾之氣，最明確的證據來自於那個時代的骸骨。在布拉塔利德教堂墓地，除了有許多骸骨保存完整、排放整齊的個人墳墓，還有一個亂葬崗，約為維京人在格陵蘭殖民初期埋葬的，有十三個成年男性和一個九歲孩童被胡亂埋在一起。這十四個人或許都屬於同一派人馬，在一場派系械鬥中喪命。其中五具骸骨的頭骨有利刃造成的傷痕，看來是被斧頭或刀劍砍傷。這五具骸骨中的兩個頭骨傷口有癒合痕跡，顯示傷者沒有立即死亡；其他三個則沒有骨頭癒合痕跡，可見是當場斃命。如果你看了這些頭骨的照片就更不覺得奇怪了：有一個頭骨被砍掉一塊，缺口長七．六公分、寬五公分。頭骨的傷痕不是出現在正面的左側就是後面的右側，顯示攻擊者是用右手拿武器從正面或後腦袋砍下去。（由於大多數的人都是右撇子，因此在戰場上被砍傷的傷痕常呈現這種型態。）

同一個墓地的另一具男性骸骨肋骨間還插著刀刃。桑內斯墓地有兩具女性骸骨的頭骨也出現砍傷痕跡，顯示不只是男性，女性也會被捲入械鬥之中。另外有四個成年女性和一個八歲兒童的頭骨，年代鑑定後發現是殖民晚期的維京人。每個頭骨都有一、兩個傷口，傷口呈圓孔狀，直徑約一公分到二．五公分，顯然是十字弓矢或箭所傷。那個時期因為鐵短缺，斧頭和劍都很罕見。嘉德教堂墓地一具五十歲女性的骸骨有舌骨骨折的跡象——在法醫勘驗中，這種舌骨骨折常是被人掐死或用繩索勒斃的證據。也許這個女性是家庭暴力的受害者。

所謂江山易改，本性難移，來到格陵蘭的維京人一樣凶猛、好勇鬥狠，但他們倒是很注重團結合作。此外，他們也把階級分明的社會組織從冰島和挪威帶到格陵蘭。島上由幾個領主掌控大權，下面有小牧場的主人和佃農，在殖民初期還有一些奴隸。中古時期的格陵蘭和冰島一樣，仍非統一的國家，而是群雄並起的封建局面，沒有貨幣，也無市場經濟。維京人在格陵蘭殖民的頭一、兩個世紀，奴隸消失了，成了自由人。然而，獨立農夫因為漸漸被迫做領主的佃農，因此變少了。冰島也有這樣的歷程，而且有詳盡的紀錄。雖然格陵蘭沒有相關紀錄，這樣的社會結構變化似乎在格陵蘭更加明顯。這種變化主要是氣候促成的：碰到困苦的年頭，貧窮的農夫不得不向富有的農夫借乾草和牲畜，最後因無力償還，只好以土地相抵，做別人的佃農。我們可從今日格陵蘭牧場的遺跡看出這種階級分別：地點好的牧場占盡優勢，有面積廣大、豐美的牧草地，牛舍、畜棚、穀倉、住宅、教堂和打鐵鋪也都比較大，貧窮的牧場就什麼都比不上。從古代牧場貝塚挖掘出的動物骨頭也可看出這種分別：富有牧場遺址出土的牛骨和馴鹿骨比例較高，而貧窮牧場挖掘出來的多是綿羊和海豹骨頭。

維京人在格陵蘭建立的社會和冰島一樣保守，墨守成規，抗拒改變，甚至要比挪威的維京人更加嚴重。幾個世紀下來，工具樣式和雕刻風格幾乎沒有改變。維京人在踏上格陵蘭之初就放棄捕魚，在之後的四、五百年未曾再考慮以捕魚維持生計。他們也不從因紐特人那兒學習捕獵環斑海豹或鯨魚的技術，即使當地漁產豐富，他們寧可餓死也不吃魚。追根究柢，格陵蘭的保守和冰島社會的保守可能十分相似。不同於冰島的是，格陵蘭的生存環境更加惡劣。格陵蘭的維京人發展出互通有無的整合經濟，同舟共濟過了好幾百年，發現任何變革都弊多於利，因此寧可守成，不思改變。

和歐洲交易

維京人在格陵蘭建立的社會還有一個特徵就是「歐洲本位」。格陵蘭從歐洲輸入了貿易物資，但更重要的是精神思想的輸入，也就是宗教和文化。我們先來討論貿易物資：格陵蘭從歐洲進口了哪些東西，又拿出哪些東西來交易？

以中古時期的船隻而言，從挪威航向格陵蘭需要一個禮拜以上才能抵達，而且這趟海路險象環生。年鑑紀錄不時提到海難，或者船隻揚帆而去便不復返。因此，歐洲的船隻並不常來到格陵蘭，一年通常只有二、三次，有時甚至二、三年才來一次。再者，那個時代的船隻載貨量很小。如以商船往來的頻率、船隻的載貨量和格陵蘭的人口來估算，每年每人能從歐洲商船得到的物資平均約三公斤。由於大部分物件都是教堂或貴族需要的奢侈品，一般格陵蘭維京人能拿到的進口物資應該遠遠少於三公斤。此外，船隻載貨量不大，進口的可能是比較不占空間、有價值的東西。尤其格陵蘭所需的食物必須自給自足，無法從歐洲進口大量穀物等主要糧食作物。

至於中古時期格陵蘭從歐洲進口的貨物項目，我們除了可參考挪威方面的清單紀錄，還可看看從格陵蘭考古遺址挖掘出來的歐洲物品。格陵蘭進口的生活必需品主要有三種：包括當地非常短缺的鐵和木材（用在建築和家具製造上），以及做為潤滑劑和木材防腐油的焦油。進口的非生活必需品多半是教堂用的器皿，如大鐘、彩繪玻璃窗、銅燭台、聖酒、織品、絲、銀、神職人員聖袍、珠寶等。從農舍遺址挖掘出來的奢侈品則有白鑞器皿、陶器、玻璃珠、鈕釦等。進口的珍貴食材則有蜂蜜（用來發酵成蜜酒）

和保存食物所需的鹽。

由於船隻載貨量的限制，為了得到這些進口物資，格陵蘭的維京人必然不會像同時代冰島人或現代格陵蘭人出口大量漁產品。再說他們也不願捕魚，因此出口品一樣是量少珍貴之物，如羊皮、牛皮和海豹皮。中古時期的歐洲人正需要大量動物皮革來製造皮衣、皮鞋和皮帶。另外，格陵蘭的羊毛可以防水，也是價值很高的出口品。但就挪威史冊所載，格陵蘭有五項來自極地動物的奇珍異寶是歐洲人難得一見、夢寐以求之物：海象牙、海象皮（可製成最堅固的船纜）、活的北極熊或北極熊毛皮（可為身分地位的表徵）、獨角鯨（*Monodon monoceros*）[3]的角和活的矛隼（*Falco rusticolus*，格陵蘭的矛隼是世界最大的隼）。中古歐洲的回教徒控制了地中海地區，切斷象牙輸往歐洲基督教世界的通路，海象牙就變得炙手可熱。一三九六年，勃根第公爵為了從撒拉遜人[4]手裡救回兒子，就以十二隻格陵蘭矛隼做為贖金，可見格陵蘭矛隼價值連城。

海象和北極熊只有在格陵蘭北部（當地人所謂的北狩獵地）才捕獵得到，位置大約在西聚落北方好幾百公里的西海岸邊。每年夏天，格陵蘭的維京人分乘數艘有風帆的六槳小船，日行三十二公里到北方狩獵，總計可帶回一．三公噸的獵物。狩獵小隊在六月捕完菱紋海豹之後動身，從西聚落前往北狩區費時兩個禮拜，如從東聚落出發則要四個禮拜，然後在八月底打道回府。由於船隻不大，顯然載不回幾百頭海象和北極熊，光是海象或北極熊一隻就重達一．三公噸。因此，維京獵人就在原地宰殺獵物，只帶

3 獨角鯨：小型白鯨，雄鯨上頷左側有一長齒，呈螺旋狀長角。
4 撒拉遜：Saracen，阿拉伯古稱，撒拉遜人即指十字軍東征時之回教徒。

回連著海象牙的海象下巴和保留熊掌的北極熊毛皮（偶爾也會把活著的北極熊帶回），到了冬天再來慢慢處理。他們也把海象的陰莖骨帶回家。海象的陰莖骨約有五、六十公分長，有的甚至長達七十公分，形狀和尺寸適合做斧頭或鉤子的把柄（或許也用來吹噓自己的能力）。

在北方狩獵不但危險，也必須付出很大的代價。首先，圍捕海象或北極熊不用槍枝談何容易。試想，你只帶了長矛、魚叉、弓箭或棍棒去對付海象或北極熊這樣的猛獸，不趕緊下手，恐怕自己反成了獵物。即使活捉了一隻北極熊或幾隻小熊，把牠們牢牢綁住之後，你還得在小船上和牠們朝夕相處數週，才能抵達家園。即使沒有活生生的大熊做伴，冬日的格陵蘭西海岸多驚濤駭浪，不知有多少人在此因船難葬身海底。除了危險重重，這樣的狩獵行動得出動船隻、耗費人力和利用寶貴的夏日時光。格陵蘭又缺乏木材，擁有船隻的人寥寥無幾，一旦船隻出動到北方獵海象或北極熊，就不能去拉布拉多載運木材了。夏季正是收割乾草的季節，壯丁去狩獵，人力必然吃緊。此外，維京人去遙遠的北方狩獵，拿出生入死得到的海象牙或北極熊毛皮和歐洲人交易，但交易所得之物不外乎是獻給教堂和領主的奢侈品。從我們現代人的觀點來看，船隻、人力和時間或許應該用在更重要的地方才划算；但從維京人的觀點看來，這樣的狩獵除了是維京獵人的榮耀，也使格陵蘭的維京社會有著和歐洲相連的感覺——這種感覺對他們來說非常重要。

格陵蘭和歐洲的貿易主要透過挪威的兩個港口——柏爾根與特隆赫姆。一開始，為格陵蘭載運交易貨品的遠洋貨船不是格陵蘭人自己的船就是冰島人的船。由於冰島和格陵蘭都缺乏木材，船隻老舊之後不能汰舊換新，後來便全靠挪威的船隻。到了十三世紀中期，常常好幾年都沒有船開往格陵蘭。

一二五七年，挪威國王哈康生（Håkon Håkonsson）為了鞏固自己在北大西洋維京社會的主權，派了三個官員前往格陵蘭說服格陵蘭人臣服於他，並要求獻上貢品。雖然雙方協議的細節未曾保留下來，但根據當時留下的一些文件，可知哈康生國王同意每年派兩艘船前往格陵蘭，因此格陵蘭自一二六一年起成為挪威的屬地。同時，冰島也與挪威達成協議，因此每年有六艘挪威商船航向冰島。至此，格陵蘭的貿易完全為挪威皇室獨占。由於格陵蘭遠在天邊，令挪威有鞭長莫及之感，難以掌控。我們只知挪威在十四世紀曾派官員進駐格陵蘭。

自我形象

對格陵蘭的維京人來說，歐洲物資的輸入雖然重要，但宗教和文化的移植也一樣重要。今天以後見之明來看，格陵蘭的維京人以歐洲基督徒自居，也難怪他們終究和當地環境格格不入，最後甚至全數凋零。然而，也由於這樣的自我認同和價值觀，他們才能在中古歐洲最困難的環境下苦撐了四、五百年。

格陵蘭在公元一〇〇〇年左右皈依基督教，挪威本身、冰島等維京人在北大西洋建立的殖民地也差不多同時接受基督教。格陵蘭信奉基督教一百多年後，島上的教堂還很小，只是牧場上的一間草皮屋。這時候的教堂就像冰島的一樣，屬於私人財產，由牧場主人興建，產權也歸牧場主人，因此牧場主人有權收取部分會眾繳交給教堂的什一稅。

至此，格陵蘭尚無駐島主教，無法舉行堅信禮，也不算是真正的聖所。因此，在公元一一一八年左右，格陵蘭一個領主之子索卡生（和前述索卡生傳奇的主人翁是同一人）擔任格陵蘭代表前往挪威，請求挪威國王派一位主教到格陵蘭。當時索卡生還帶了大禮獻給國王，包括大量的海象牙、海象皮，還有一頭活生生的北極熊，藉以打動國王。這招果然見效。國王於是指派亞諾德擔任駐格陵蘭的第一任主教，在接下來的四、五百年間，大約還有九位主教被派到格陵蘭。這些主教都在歐洲出生、受教育，只是在國王的指派之下才來到格陵蘭。這些主教自然心向歐洲，喜歡吃牛肉，討厭吃海豹肉，並促使當地人前往北方狩獵，以寶貴的社會資源換來歐洲美酒和錦衣華服供自己享用，教堂也才有美麗的彩繪玻璃。

亞諾德主教到了格陵蘭之後，就以歐洲教堂為藍本，在當地大興土木。這股教堂建築風潮一直持續到公元一三〇〇年左右，哈瓦思教堂正是最後興建的教堂。格陵蘭因此教堂林立，除了有一座大教堂，還有十三個大型教區教堂，更有許許多多的小教堂，還有一間修道院和一間修女院。雖然大多數教堂都是底部用石頭、上面用草皮覆蓋的結構，至少有四間教堂（包括哈瓦思教堂在內）完全用石頭興建。格陵蘭的社會很小，相形之下教堂的規模實在大得不成比例。

以嘉德牧場的聖尼可拉斯大教堂為例，教堂長三十二公尺、寬十六公尺，冰島最大的兩座教堂也是這般規模，但冰島的人口卻是格陵蘭的十倍。這教堂底部石牆的沙岩從二、三公里之外的採石場運來，每一塊重達二．七公噸。主教宅第前面有一塊石板甚至重達九公噸。教堂旁邊的鐘樓有二十四公尺高，還有一個面積達一百三十平方公尺的禮拜大廳，這是格陵蘭最大的禮拜大廳，約是挪威特隆赫姆大主教的禮拜大廳的四分之三。教堂的兩座牛舍也很壯觀，其中一個長達六十三公尺（在格陵蘭首屈一指），其楣石更重達三．六公噸。教堂地板鑲嵌了二十五隻海象和五隻獨角鯨的頭骨做為裝飾，真是富麗堂皇，格陵蘭其他維京遺址都比不上。一般遺址頂多只能找到海象牙的碎片，完整的海象牙非常寶貴，幾乎全數運往歐洲。

格陵蘭的木材也極其珍貴、稀少，絕大多數都用在嘉德牧場的大教堂和其他教堂的樑與頂。從歐洲進口的教堂器皿和用品，如銅鐘和聖酒，都是格陵蘭獵人去北方狩獵流血流汗換來的。海象牙和北極熊換了教堂用品之後，還能換多少鐵？格陵蘭人甚至繳交什一稅給羅馬教廷，也盡基督徒的本分繳交十字軍稅。為了繳交這些稅金，格陵蘭的出口品運抵挪威柏爾根後必須先轉換為銀兩。根據現存教廷收據，在一二七四年至一二八〇年的六年間，格陵蘭繳交的十字軍稅包括宰殺一百九十一頭海象所得的六百六十七公斤海象牙，挪威大主教出售後得到十二公斤的純銀再交給教廷。格陵蘭的主教能讓會眾繳交什一稅，並大興土木建造出這麼多宏偉的教堂，可見宗教在格陵蘭有很大的影響力。

在格陵蘭，教堂擁有的土地也多半是最好的，例如東聚落有三分之一的土地都屬於教堂。格陵蘭繳交給教廷的什一稅和其他出口品都從嘉德轉運出去，現今在嘉德教堂西南仍可見一棟大倉庫的遺跡。嘉德有全格陵蘭最大的倉庫、最多的牛隻、最肥沃的土地，因此控制了嘉德等於是控制了整個格陵蘭。不過，我們不知道嘉德等教堂牧場的所有權歸於教堂，還是當地的牧場主人。不管所有權歸於主教還是領主，格陵蘭依然是個階級分明的社會，教堂非常富有，人民奉獻給教堂的財物多不勝數。以現代人的眼光來看，我們不禁猜想，如果格陵蘭進口的教堂銅鐘少幾個、鐵多一些，用以製造工具和對抗因紐特人的武器，或是進口一些可以和因紐特人交換肉品之物，維京人在格陵蘭的境遇會不會好一點？當然這也是後見之明，但維京人會這麼做必然是受到文化傳統的影響。

格陵蘭的維京人除了以基督徒自居，崇尚歐式生活風格，從歐洲進口銅燭台、玻璃鈕釦、金戒指等，風俗也亦步亦驅地跟隨歐洲，特別是喪葬禮俗。根據考古學家在斯堪地那維亞和格陵蘭教堂墓地所做的詳盡研究，中古時期的挪威人把早夭幼兒和死產兒埋在東面的三角牆附近，格陵蘭人也這麼做。中古挪威人早先把死者安放在棺木中，女性埋在教堂南邊，男性則埋在北邊。後來挪威人不用棺木，只是用屍布或壽衣包裹起來就入土了，埋葬的地點也沒有男女之別，格陵蘭的喪葬禮俗也有同樣的改變。在中古時代歐陸的墓地，死者一直是平躺的姿勢，頭朝向東，腳朝向西（使死者得以「面向東方」），但手臂擺放的姿態則有改變：公元一二五〇年以前，手臂和身體平行；一二五〇年左右，則略彎向骨盆；後來雙手放在肚子上面；到了中古時代晚期，雙手則置於胸前。格陵蘭人也依循這些改變。

格陵蘭的教堂建築也模仿歐洲。對歐洲大教堂印象深刻的旅客，若今日來到格陵蘭的嘉德教堂遺跡，一眼就可看出那長形中殿、朝向西方的正門入口、東端的聖壇和南北耳堂等都是歐洲教堂的翻版。哈瓦思教堂和挪威哈丹格峽灣支灣的教堂幾乎一模一樣，可見格陵蘭人不是把整座教堂搬過來，就是參照挪威教堂的藍圖所興建。在公元一二〇〇年和一二二五年間，挪威建築度量衡單位放棄了沿用已久的國際羅馬制，改採希臘制，呎的長度因而變短，格陵蘭人也跟著這麼做。

格陵蘭人就連梳子和服裝等日常用品也跟著歐洲流行風潮。挪威的梳子本來只有一排梳齒，到了一二〇〇年左右，這樣的梳子不流行了，取而代之的是兩邊都有梳齒的雙排梳，格陵蘭人也改用這種雙排梳。（這樣的模仿令人想起梭羅〔Henry Thoreau, 1817-1862〕在《華爾騰湖》〔*Walden*〕中對世人瘋狂追逐流行的諷刺：「在巴黎做頭的猴子戴上旅行帽，美國所有的猴子也爭相模仿。」）從格陵蘭殖民晚期賀喬夫斯內斯教堂〔Herjolfsnes Churchyard〕凍土出土的死者壽衣看來，格陵蘭人一直在追求歐洲最新流行樣式：女性穿低領細腰長袍；男性則穿胡普蘭衫（*houpelande*，一種前面有釦子、須繫腰帶、袖口寬鬆的有褶外套），還加上一頂高高的禮帽。格陵蘭天寒地凍，這樣的服裝顯然並不實穿，像因紐特人的一件式大衣就方便、保暖得多，袖子緊而合身，還連著禦寒風帽。

顯然格陵蘭非常熱中於追逐歐洲流行，緊緊追隨歐洲的腳步。這種行為反映出這樣的心態：「我們是高尚的歐洲人，也是虔誠的基督徒，不要把我們和那些粗俗的因紐特人混為一談。」一九六〇年代我在澳洲看到的澳洲人也一樣，甚至比英國人更英國。儘管格陵蘭在歐洲最偏遠的一隅，情感上仍與歐洲緊緊相連。如果格陵蘭的維京人只是梳子樣式或死者手臂擺放姿態跟著歐洲走，倒是無傷大雅。但是以下這些心態就大有問題，關乎整個民族的存亡絕續：無視氣候條件嚴酷，堅持和歐洲人一樣養牛；為了和歐洲交易，在農忙的夏日還出動人力到北方狩獵；不屑向因紐特人學習生存的本事；寧可餓死還是要做個「歐洲人」。然而，格陵蘭的維京人有其困境與心理障礙，我們很難從現代的世俗眼光來衡量。如果他們考慮到生存的問題，應當知道不要什麼都奉獻給教堂，而該向因紐特人學習或和他們通婚，或許就能再熬過一個嚴寒的冬天。但是來世呢？要是因而上不了天堂，永遠被打入地獄，又該如何？格陵蘭的維京人也許就是以歐洲基督徒自居，才會這麼保守。他們比歐洲人更像歐洲人，因為被這種自我形象禁錮了，無法改變生活型態，最後只好走上絕路。

CHAPTER 8

輓歌

在前一章，我們看到維京人曾在格陵蘭建立一個繁華的社會。他們踏上格陵蘭之初，會逢其適，那時的環境條件有助於他們鴻圖大展。他們發現了從沒有人利用過的處女地，綠草茵茵，有如天然牧場，而且氣候和暖，大多數的年頭都得以生產足夠的乾草。同時，他們通往歐洲的海路暢行無阻，可把海象牙運往歐洲交易。在他們的聚落或狩獵地點附近，也還沒見到美洲原住民的人影。

然而有一天，這些有利於他們生存的因子漸漸消失了。會有這麼一天，他們也有責任。雖然氣候變化、與歐洲交易的衰退和因紐特人的崛起等都不是他們能控制的事，但他們還是得面對這種種變局。至於他們一手破壞賴以生存的生態環境，就是自作孽不可活，怪不得別人。在這一章，我們將看到環境條件的改變和心態固步自封，何以使格陵蘭維京人走上死路。

森林砍伐

維京人對格陵蘭環境的破壞至少包括三方面：天然植被的破壞、土壤侵蝕以及切割草皮。他們一踏上格陵蘭就焚燒樹林、清理林地、開墾牧場。為了取得木材和柴薪，他們又繼續砍伐所剩無幾的林木。由於牲畜的放牧和踐踏，林地無法再生。植物冬日生長緩慢，更不敵冰雪摧殘。

根據我的花粉學家友人分析，格陵蘭湖泊和沼澤底部沉積物經碳元素年代測定後，可以估量格陵蘭天然植被遭到破壞的程度。這些沉積物樣本至少顯示五種環境指標：從植物的葉子和花粉，可辨識在該地附近生長的植物物種；以炭粒子做為附近曾發生火災的證據；由於湖泊底部沉積物含有被沖刷入內或強風吹蝕的表土，透過沉積物的磁化率分析，可了解附近表土的鐵礦物含量；還有被沖刷或風吹，最後沉積在湖泊底部的沙粒。

藉由這些研究，我們可重建格陵蘭維京牧場一帶的植被史：上一次冰河期結束，氣溫上升，花粉數量顯示林木愈來愈茂密，取代了禾草和莎草。在接下來的八千年當中，植物生態幾乎沒有什麼變化，也沒有森林砍伐或土壤侵蝕的跡象——這一切在維京人來到格陵蘭之後都改觀了。湖泊中的木炭層顯示，維京人為了開闢牧場，曾放火燒山，清理林地。維京人飼養牲畜之後，柳樹和樺樹的花粉減少，而禾草、莎草、雜草和牧草的花粉則增加了。湖泊沉積物磁化率的增加也顯示表土失去具有保護作用的植被，因而遭受水的沖刷或風的侵蝕。最後，由於整個谷地失去植被、土壤侵蝕嚴重，表土下面的砂土也被吹到湖泊中。在公元十五世紀維京人滅絕之後，土壤和植物又得到重生。但從一九二四年開始，在丹麥政府統治下的格陵蘭人重新在島上飼養綿羊，五百年前環境惡化的劇碼又重演了。

那有什麼大不了的？認為環境問題沒什麼了不起的人也許會這麼說。柳樹的不幸對人類又有什麼影響？維京人就是因為森林砍伐、土壤侵蝕和切割草皮而必須承擔嚴重的後果。森林砍伐出現最明顯的一個問題就是很快沒有木材可用，這也是冰島人和芒阿雷瓦島民曾經面臨的窘況。格陵蘭最後只有矮小的柳樹、樺樹和杜松可用，枝幹又細，充其量只能製成小小的木製器皿。至於建造房舍的屋樑、造船材料、雪橇、木桶、牆板和床架等所需的大塊木材，來源有三：撿拾從西伯利亞漂流到格陵蘭海岸的木頭、從挪威進口木材，以及前往林木蓊鬱的馬克蘭伐木。馬克蘭在今天的拉布拉多海岸一帶，是維京人在溫蘭勘察時發現的林產地。維京人向來短缺木材，木製器皿、家具或建材往往捨不得丟棄，盡量回收利用。除了西聚落最後的人家，維京人的格陵蘭遺址絕大多數都看不到大塊牆板或木製家具。西聚落有一個著名的遺址名叫「沙下牧場」（Farm Beneath the Sands），這個遺址被埋在冰凍的河沙之下，保留得相當完整，而木材多集中在遺址上層而非底層。這是因為木材珍貴，新房子裝潢或整修很少有新的可用，就拆下舊房子的木材來用。為了解決木材短缺的問題，維京人於是想出以草皮疊砌為牆的辦法。然而，這也不是萬全之道，後來又衍生出一些問題。

林木砍伐殆盡，還有一個後果就是人們將沒有柴火可用。維京人不像因紐特人懂得利用鯨脂等海獸脂肪來生火、照明。根據考古學家在維京遺址爐灶所做的研究，維京人一直利用柳樹和赤楊木做為柴火。對維京人來說，柴火還有另一個重要用途，這個用途則是一般現代都市人想不到的，也就是生火煮水來為牛奶桶消毒。牛奶營養豐富，但容易滋生細菌，如果不經低溫消毒或冷藏，很快就壞了。古代維京人當然不知道什麼是低溫消毒，也沒有冰箱，但他們知道用沸水消毒貯存牛奶的桶子或製造乳製品的器皿。如果是牛奶桶，一天用沸水清洗兩次。於是夏季在棚屋放牧區泌乳的牛羊也只能待在海拔四百公尺以下之地，因為再往上就沒有樹木可當柴火。沒有柴火，就不能消毒桶子或器皿。即使在七百六十公尺以上的高地仍有牧草，由於沒有柴火，正值泌乳期的牛羊就無法在那裡放養。冰島或挪威的農夫都知道，如果一個地方的柴火用光了，棚屋區就得關閉，這個道理格陵蘭的農夫應該也很清楚。因為木材稀少，維京人也以其他東西做燃料，如動物骨頭、糞肥和草皮等。但動物骨頭或糞肥有更好的用途，也就是做為肥料來增加乾草產量，而燃燒草皮無異於自挖牆腳。

林木砍伐殆盡，除了造成木材和柴火短缺，鐵的產量也連帶受到影響。維京人的鐵多半從氧化鐵含量不多的沼鐵礦礦砂提煉出來。格陵蘭與冰島、斯堪地那維亞一樣，也有沼鐵礦。我和友人凱勒就曾在東聚落嘉德牧場看到一個鐵紅色的泥炭沼，考古學家麥高文也曾在西聚落看到這種泥炭沼。因此，格陵蘭不是找不到沼鐵礦，而是提煉的問題。這是因為提煉需要燃燒大量的木炭，才能達到鑄鐵所需的高溫，木炭又是木頭燃燒而來。即使格陵蘭人從挪威進口鐵塊，熔鑄時還是需要木炭。原來的工具常常需要磨利、修理或重鑄，也少不了木炭。

我們已知格陵蘭人有鐵製工具，也常打鐵。很多大牧場的遺址都可看到打鐵鋪子和鐵礦渣，只是不知他們的鐵是進口鐵塊，還是自己從沼鐵礦所提煉。此外，也可看到各式各樣中古維京社會常見的鐵製工具，如斧頭、鐮刀、刀子、羊毛剪、船的鉚釘、木工用的刨子、打孔用的錐子和鑽孔用的鑽子。

從那些遺址出土的工具也可看出格陵蘭缺乏鐵，遠遠比不上其他斯堪地那維亞地區。例如英國和雪特蘭群島的維京遺址，可以發現不少鐵釘和鐵製工具；即使在冰島和蘭塞牧地遺址，能找到的鐵釘也比較多。在蘭塞牧地遺址常可發現廢棄的鐵釘，儘管冰島的木材和鐵都短缺，也還可找到很多廢棄鐵釘。在格陵蘭的考古層中，最下層能找到的鐵釘已寥寥無幾，上層則幾乎完全沒有鐵釘。由此可見，格陵蘭極度缺乏鐵，使得鐵極度珍稀。在格陵蘭的遺址，考古學家連一把劍都找不到，也沒發現頭盔，只找到鎖子甲的碎片，這些碎片可能來自同一件鎖子甲。格陵蘭所有的鐵器都一用再用，不斷磨利，直到鐵刃磨到剩下一點點。像我在郭勒托克谷地（Qorlortoq Valley）的遺址看到一把刀子，刀刃幾乎磨光了，刀柄長得不成比例，真是可憐。顯然，只要刀刃還在，維京人還是會繼續磨利使用。

我們也可從格陵蘭遺址出土的一些工具看出鐵的短缺。如果在其他地區，這些工具都是鐵製的，格陵蘭人卻別出心裁，用各種意想不到的材料來做，如木釘和馴鹿角做的箭頭。根據冰島史冊記載，一一八九年冰島人發現一艘格陵蘭船隻偏離航道，漂流到冰島，這船居然不用鐵釘而用木釘，再用鯨鬚捆緊，讓冰島人開了眼界。維京人揮舞戰斧的英姿不再，只能用鯨骨當武器，對維京勇士來說，真是情何以堪。

格陵蘭的鐵短缺也使得經濟效能受到影響。鐵製鐮刀、切刀、羊毛剪愈來愈少，這些重要工具改用骨頭或石頭來製造，不管是收割牧草、宰殺牲畜或剪羊毛，都變得事倍功半。沒有鐵，最致命的一個後果就是失去對抗因紐特人的軍事優勢。在世界各地，歐洲殖民者和殖民地原住民之間發生過無數戰役，歐洲人因為有刀劍、盔甲，攻勢凌厲。例如一五三二年至一五三三年之間，西班牙與秘魯印加帝國一共打過五次仗。在這五次戰役中，西班牙出動的人馬各有一百六十九人、八十人、三十人、一百一十人和四十人，卻宰殺了成千上萬的印加人，西班牙未損失一兵一卒，只有少數幾個人受了傷。這是因為印加人的棉衣不敵西班牙人的利劍，印加人用石頭或木頭做的武器卻傷不了西班牙人的盔甲。維京人在格陵蘭發展的前幾個世代還有金屬武器或盔甲可用，之後就無以為繼。考古學家只找到一些鎖子甲的碎片，也許這是某個歐洲人帶來的，不是格陵蘭人之物。格陵蘭的維京人和因紐特人一樣使用弓、箭和長矛。西班牙人征服印加帝國和阿茲特克帝國之時，曾用上戰馬，然而考古學家並未發現格陵蘭維京人以馬匹作戰的證據，冰島維京人也未曾用過戰馬。此外，格陵蘭的維京人缺乏軍事訓練，遇到因紐特人不但手無寸鐵，而且技不如人，最後悲劇果然發生在他們身上。

土壤和草皮的破壞

維京人破壞了格陵蘭的天然植被，損失慘重，面臨木材、燃料和鐵樣樣短缺的窘況。他們不好好愛護土壤和草皮，最後可堪使用的土地也變少了。我們在第六章談到冰島由火山灰形成的土壤很脆弱，非常容易發生侵蝕的問題。格陵蘭的土壤雖然不像冰島土壤那麼脆弱，但是此地寒冷、生長季短，而且植物生長速率低，土壤形成緩慢。加上表土層很淺，以世界的標準來看，脆弱的程度也是數一數二。植物長得慢，土壤所含的腐殖質和有機黏土也比較少，水分因而容易蒸發、流失。加上時常遭到強風吹刮，土壤就會更加乾燥。

格陵蘭土壤侵蝕的問題始自維京人在島上砍伐樹木和灌木，土地變得光禿禿的，只剩下草，水土保持的效果就變得更差。由於格陵蘭天候惡劣，維京人在青草地放養羊群，青草再生的速率很慢。如果草地在羊群啃食之下禿了一塊，土壤暴露出來，經風吹雨打，表土可能被吹到谷地之外幾公里遠的地方。如果連表土下面的砂土層都暴露出來，例如河谷地區，砂土就會被吹到下風處。

湖芯樣本和土壤剖面研究則顯示，自維京人踏上格陵蘭之後，即出現嚴重的土壤侵蝕問題，表土和砂土在強風吹襲和水流沖刷之下沉積於湖底。例如柯若克峽灣出口的一個牧場遺址，我發現這冰河下風處的土壤幾乎被強風吹光了，只剩下石頭。格陵蘭的維京牧場也常看到風吹沙：瓦特納佛非地區的一些遺址甚至被埋在三公尺深的沙子下面。

除了植被破壞造成的土壤侵蝕，維京人切割草皮來砌牆或是以草皮為燃料，也使土地遭受傷害，最後變得不堪利用。在格陵蘭，幾乎所有的屋子都是草皮屋，充其量用石頭做地基，再用木頭做屋樑來支撐屋頂。即使是嘉德的聖尼可拉斯大教堂，只有底部一．八公尺的牆是用石頭砌成，其餘的牆都是草皮，屋頂以木樑支撐，正面還有木頭牆板。雖然哈瓦思教堂的牆完全用石頭砌成，屋頂還是使用草皮。格陵蘭的草皮牆極厚（厚達一百八十公分！），保暖效果很好。

在格陵蘭地區，一間大屋子大概要用掉四百公畝的草皮。然而，用草皮蓋房子無法一勞永逸，畢竟草皮會漸漸碎裂、瓦解，每隔一、二十年還得用新的草皮重新裝修。維京人稱割除草皮來蓋房子為「剝皮」，這麼說很貼切，草皮從地面上切割下來之後，就像被剝了一層皮。格陵蘭的草皮再生速度很慢，這代表切割草皮將在土地上留下長久的傷痕。

同樣地，或許有人會對土壤侵蝕和草皮切割的問題不以為然，說道：「那又怎麼樣？」答案很簡單。別忘了，維京人在北大西洋島嶼建立的島嶼殖民地中，格陵蘭在有人入主之前已是最寒冷的島嶼，地處乾草和牧草生產的邊緣地帶，島上植被很容易因為過度放牧、牲畜踐踏、土壤侵蝕和草皮切割而遭到破壞。牧場要有足夠的草地面積，在下一個長長的寒冬來臨之前，最少也得飼養某一個數量的牲口，才不會因為折損過多而無法生存。根據估算，東聚落或西聚落的牧場總面積即使只減少四分之一，都會使牲畜的數量降到危機門檻以下。西聚落就曾出現這樣的危機，或許東聚落也曾發生過。

格陵蘭的維京人也和冰島同鄉一樣，為了環境問題大傷腦筋。五百年後，他們終於活不下去，全數凋零，島上只剩因紐特人，連牲畜也沒有，之後成為丹麥屬地。到了一九一五年，丹麥人試著把冰島的綿羊引入格陵蘭；一九二四年，布拉塔利德又重現大牧場的風貌。丹麥人也曾嘗試在格陵蘭養牛，由於過於艱辛，最後還是放棄。至於人類對中古格陵蘭環境影響的研究是後來才展開的。

今天，格陵蘭約有六十五個養羊人家，再度出現過度放牧引發的土壤侵蝕。格陵蘭湖芯樣本分析顯示，自一九二四年以降，環境惡化和中古維京人殖民時期的狀況如出一轍：樹木的花粉減少，禾草和雜草的花粉增加，表土也被沖刷到湖泊裡。打從一九二四年開始，如果冬季氣候還可以，農家還是會在外頭放牧。可是這麼一來，植物就沒有機會再生。特別脆弱的是杜松，冬天被羊群和馬匹啃噬光了，很難再長出來。一九七六年，友人凱勒在布拉塔利德做研究的時候還看得到杜松；到了二〇〇二年我至島上一看，只看到一棵枯死的杜松，沒看到任何一株活的。

格陵蘭在一九六六年到六七年間碰到酷寒的冬天，半數以上的綿羊都餓死了，格陵蘭政府於是建立格陵蘭生態系統試驗站（Greenland Experimental Station），研究綿羊放牧對環境的影響，比較牧場大量放牧、少量放牧以及草地用籬笆保護等三種情況下植被和土壤的變化。研究計畫的一部分包括請考古學家來此研究中古維京時期的牧場變遷。格陵蘭人了解這個島嶼的脆弱之後，就以籬笆保護最容易受到傷害的牧場，冬天也不再在外頭放牧，改在獸欄內餵食。為了增加冬季可用的乾草量，他們為天然的牧草施肥，也種燕麥、黑麥、梯牧草，還有一些從其他地區引進的牧草。

儘管做了這麼多的努力，土壤侵蝕仍是格陵蘭的一大問題。我在東聚落的峽灣看到有些地區因放牧使植被遭到破壞，石頭和礫石都露了出來。過去二十五年來，建立在郭勒托克谷地（古代維京牧場遺址）之上的現代牧場不斷遭到強風高速吹蝕，正可做為我們研究七百年前維京牧場的參考模型。格陵蘭政府和島上的養羊人家雖然都了解放牧對土地造成的長期傷害，但島上失業率高，無法貿然廢止牧業。諷刺的是，放牧其實沒有為格陵蘭帶來近利：格陵蘭政府每年必須發放一萬四千美元給每一戶養羊人家，貼補損失，讓他們得以養家活口，鼓勵他們在島上繼續養羊。

因紐特人的先驅

因紐特人可說是維京人在格陵蘭滅絕的推手。格陵蘭的維京人命運多舛，冰島的維京人卻得以轉危為安，因紐特人就是重要關鍵。雖然冰島的氣候沒有格陵蘭來得惡劣，且通往挪威的貿易路線較短，但是最明顯的優勢在於冰島完全是維京人的天下，沒有任何敵人威脅，如因紐特人。因紐特人至少代表格陵蘭維京人錯失的機會：如果這些維京人能向因紐特人學習或與之進行交易，或許就有機會生存下去，可惜維京人坐失良機。不過，因紐特人對維京人發動攻擊，威脅到維京人的生存，所以也可說是因紐特人直接將維京人送上死路。因紐特人的存活更證明一點：在中古時期的格陵蘭，人類社會還是可能生存下去。為什麼維京人最後無法存活，而因紐特人卻可以？

今天，我們認為因紐特人就是格陵蘭和加拿大極地的原住民。事實上，從公元前三千年左右至維京人踏上格陵蘭，至少有四個族群已從美洲北部越過加拿大往東擴張，進入格陵蘭西北部。這樣的擴張行動發生過好幾波，這些族群在格陵蘭待了幾個世紀，然後就消失了。他們的消失就像格陵蘭的維京人、阿納薩齊印第安部落和復活節島這幾個社會的崩壞，令人好奇。然而，我們對這些族群所知甚少，無法納入討論，只能做為探討維京人命運的背景資料。雖然考古學家根據工藝品出土的遺址、語言和他們自己的命名，稱這些早期文化為點獨立一期（Point Independence I）、點獨立二期（Point Independence II）與薩卡克文化（Saqqaq），這些早期文化已經永遠失落。

在因紐特人之前來到格陵蘭發展的族群是杜塞特人，他們來自加拿大巴芬島的杜塞特角（Cape Dorset），因以為名。他們占據加拿大極地的大部分地區，在公元前八〇〇年左右來到格陵蘭，居住期間長達一千年，足跡遍布格陵蘭各地，包括格陵蘭西南部——也就是後來維京人發展之地。不知何故，他們在公元三〇〇年左右完全放棄格陵蘭和加拿大極地的大部分地區，局限於加拿大的幾個核心區。大約在公元七〇〇年左右，他們再度擴張，重新占據拉布拉多和格陵蘭西北部，但這次擴張未及格陵蘭南部。維京人最初來到東西聚落之地，描述他們只看到一些已成斷瓦殘垣的房子、獸皮船的碎片和石器，猜想那些是北美洲原住民遺留下來的，就像他們在溫蘭勘察時狹路相逢的美洲原住民。

從考古遺址挖掘出來的骨頭，我們得知杜塞特人以狩獵為生，捕獵的動物種類很多，包括海象、海豹、馴鹿、北極熊、狐狸、野鴨、飛雁和海鳥等，各個遺址和各個時期捕獲的獵物各有不同。加拿大極地、拉布拉多和格陵蘭的杜塞特人也會互通有無，從相距一千公里的出土石器種類可見於一斑。他們和後來的因紐特人與一些更早出現在極地的族群不同：杜塞特人沒有狗（因此也沒有狗拉雪橇），也不用弓箭。他們也不像因紐特人懂得以皮為舟——用海豹皮等獸皮覆在船的支架上，做成皮筏去獵鯨。

沒有狗拉雪橇，交通運輸就沒那麼方便；不去獵鯨，就無法養活很多人口。這使得杜塞特人的聚落很小，只有一、兩戶人家，幾個成人加上小孩，總共不到十個人。因此，在維京人遇上的三個美洲原住民族群（即杜塞特人、因紐特人和加拿大印第安人）當中，杜塞特人最不會讓人有受到威脅的感覺。加拿大南方的溫蘭就有大批凶猛的印第安人，格陵蘭的維京人自知寡不敵眾，於是放棄殖民溫蘭的計畫。但是在之後的三、四百年間，他們仍大膽前往杜塞特人占據的拉布拉多海岸去砍伐木材。

至於維京人是否曾在格陵蘭西北部與杜塞特人相遇？目前沒有明確的證據，但似乎很有可能。維京人在格陵蘭西南部發展的前三個世紀，杜塞特人仍在格陵蘭西北部生活，而維京人每年總要前往格陵蘭北方的狩獵地區捕獵海象和北極熊，那兒離杜塞特人落腳之處只有幾百公里。再者，維京人也可能再往北勘察。下面還將提到維京人史冊曾載與原住民族群相遇的經過，這個族群很可能是杜塞特人。至於其他可供參考的證據，還包括加拿大極地和格陵蘭西北部杜塞特人遺址出土之物——有些顯然源於維京人，如鑄鐵碎片，鑄鐵就是製造工具的寶貴材料。當然，我們不知道杜塞特人當初怎麼取得這些東西：是與維京人面對面和平交易得來的？還是從廢棄的維京村落搜刮來的？不管如何，我們可以想見維京人和杜塞特人應該沒有什麼大衝突，與因紐特人之間的關係則比較劍拔弩張。

因紐特人的生計

大約比公元一〇〇〇年略早之時，因紐特人從白令海峽一帶崛起。他們是捕鯨高手，有大型船隻可乘風破浪，也會利用狗拉雪橇在陸地上奔馳。有這種海陸兩棲的本事，他們自然要比杜塞特人來得強。由於中古時期極地氣候變得比較和暖，加拿大極地諸島間的海冰融化，因紐特人就尾隨北極鯨，在公元一二〇〇年從加拿大東邊的水路進入格陵蘭西北部，然後沿著格陵蘭西岸南下，到達維京人的北方狩獵地。他們約在公元一三〇〇年來到西聚落附近，在公元一四〇〇年左右抵達東聚落。

因紐特人捕獵的目標和杜塞特人相同，但他們有弓箭可用（杜塞特人則無），因此外出狩獵更能手到擒來、滿載而歸。因紐特人還有一項絕活，也就是獵鯨，時常可以大啖鯨肉，杜塞特人或維京人就沒有這樣的口福。由於食物比較沒有匱乏之虞，因紐特人就能多養幾個老婆和孩子，聚落也比較大。一般而言，因紐特聚落中的男女老少共有好幾十人，其中獵人有一、二十人。因紐特人也在格陵蘭北部，亦即維京人狩獵之地，建立了一個叫做瑟默繆特（Sermermiut）的大型狩獵聚落，有幾百戶人家聚集在這裡。夏季，成群結隊來到北方打獵的維京人不過是幾十人，試想他們被幾百個或是上千個因紐特人團團包圍，雙方又未能握手言歡，會有什麼下場？

因紐特人和維京人不同，他們代表極地族群經過數千年磨練、克服惡劣環境、文化登峰造極的結果。在漫長、黑暗的冬日，格陵蘭的維京人為了缺乏木頭而苦惱，不能蓋房子、取暖，照明也成了問題。但對因紐特人來說，沒有木材不是問題：他們用雪塊蓋屋子，用鯨脂或海豹脂來做燃料和照明。沒有木頭可造船？因紐特人也克服了這個問題：他們以海豹皮覆在船的支架上做成小皮艇（圖十六），也用同樣的材料來製作一種叫做「烏米亞克」（*umiaq*）、可以出海捕鯨的大皮艇。

儘管我看了一些資料，知道因紐特人的皮艇設計精巧，也在第一世界坐過類似因紐特皮艇的現代橡皮艇，第一次在格陵蘭看到傳統因紐特皮艇還是讓我目瞪口呆，有百聞不如一見之感：那皮艇看來就像迷你的愛荷華級戰艦（U.S.S. Iowa class），即美國海軍在第二次世界大戰建造之航速飛快（譯注：極速三十五節）、造形流線的戰艦。愛荷華級戰艦的甲板上架設著一座座主砲、高射砲等武器，而因紐特人的皮艇船身雖然只有五．八公尺長，已經比我想像的來得長，狹長的甲板上也堆滿了武器：把手附有魚叉投擲器的魚叉桿；長約十五公分、以繩針與魚叉桿相連的魚叉頭；射海鳥用的鏢槍（除了一個箭頭，還有三個前向倒鉤，萬一箭頭沒中，還有倒鉤可以補救）；海豹皮製成的浮台；以及長矛（給被魚叉射中的動物來個致命一擊）。因紐特人的皮艇有一個獨特處：不同於戰艦或其他船艇，皮艇乃根據划船人的身材、重量和手臂長度所量身定做。皮艇中央有個孔洞可讓划船人鑽入座位，座位上的防水布可和划船人的羽絨長雪衣連在一起，看來真是「人船一體」。而且當冰冷的海水潑灑到船上時，划船人也不會被打溼。在格陵蘭進行考古研究的凱勒，一回他在當地結交的朋友要他坐上這種皮艇，結果凱勒發現自己的大腿太粗，進不了座位的孔洞。

以狩獵的策略來說，在極地史上，因紐特人堪稱最知變通、手法最巧妙的獵人。除了和維京人一樣，在陸上獵殺馴鹿、海象和大型禽鳥等，他們還能划著皮艇在近海飛快穿梭，用魚叉捕獵海象，用鏢槍射海鳥，也能以大型皮艇和魚叉出海捕鯨，可謂海陸通吃。獵殺鯨魚這樣的龐然大物，不是單單一個因紐特人划著一艘皮艇就能做到，必須乘著大型皮艇集體行動——有人拿著魚叉瞄準鯨魚，有人負責划艇。這可不是容易的事。如果諸君是福爾摩斯探案的書迷，必然會想起《黑彼得案》（*Adventure of Black Peter*）壞蛋船長黑彼得的離奇死亡案件。退休後的某天，他在自己的小屋內被魚叉刺死。原來掛在牆上做為裝飾的魚叉穿透他寬闊的胸膛，刺入他背後的木牆。為了這個案件，福爾摩斯一早跑到肉鋪，使盡全力用矛戳著掛在天花板下方的死豬，但是怎麼戳也戳不進去。福爾摩斯推斷，凶手必然是高竿的魚叉手，生手絕不可能有這種一叉致命的功力。因紐特人就是厲害的魚叉手。首先，他們的魚叉投擲器可增加射程，增加投擲的威力。其次，正如黑彼得案中的凶手，投擲魚叉這種絕活需要經年累月的訓練。因紐特人從小就學著投擲魚叉，長大成人之後，手臂孔武有力，好像天生的魚叉投擲器。

鯨魚被射中，魚叉頭深入體內，與魚叉頭相連的繩針就鬆脫了，鯨魚體內的魚叉頭就可以和魚叉桿分離。如果不分離，魚叉頭和魚叉桿還有繩索相連，在水中掙扎的鯨魚可能把整艘船都拖入水中，船員也會跟著滅頂。和魚叉頭相連的是海豹皮做的浮台，被魚叉射中的鯨魚因而無法離開浮台，愈想沉入海底，就又被浮台拖了上來，再次冒出水面呼吸，這時因紐特人再補上一枝魚叉和一個浮台。受了傷的鯨魚漸漸精疲力竭，無力掙扎。這時，因紐特人將船駛近，再以長矛給那海中巨獸最後一擊。

因紐特人也想出一個巧妙的方法來捕獵環斑海豹。環斑海豹雖然是格陵蘭水域中數量最多的一種海豹，但習性特別，難以捕捉。環斑海豹不像格陵蘭其他種類的海豹，牠們可以在格陵蘭沿岸的海冰下過冬，靠的就是在冰層鑽一個和頭差不多大小的孔洞來呼吸。由於環斑海豹懂得用雪柱把這些孔洞蓋起來，因此冰上看不到這些孔洞。每一隻環斑海豹都有好幾個呼吸孔，就像狡兔三窟。因紐特人不會把雪杜敲開，這麼一來就會把環斑海豹嚇跑了，而是在冬夜的冰上守株待兔。由於不知環斑海豹何時會來，這一等可能要好幾個小時。他們一聽到環斑海豹呼吸的聲音，看都不看即以迅雷不及掩耳之姿把魚叉射入孔洞之中。魚叉頭連著繩索，被射中的海豹精疲力竭之後，就被獵人拖回來，再用長矛射殺。維京人從來就沒學會這種複雜的獵殺行動。當其他種類的海豹大幅減少，只剩環斑海豹的時候，因紐特人就會獵殺環斑海豹來果腹。維京人不會這種本事，就有餓死的危險。

因此，以極地生活的本領來說，因紐特人要比維京人和杜塞特人來得高強。短短幾個世紀，因紐特人就從加拿大北部來到格陵蘭西北部，杜塞特文化不久後就從加拿大極地和格陵蘭消失了。和因紐特人有關的族群消失之謎，不只是一個，而是兩個：先是杜塞特人，然後是維京人，兩者都在因紐特人出現於格陵蘭之後不見了。因紐特人來到格陵蘭西北部之後，杜塞特人仍在此地生存了一、兩百年，因此這兩個族群應該知道彼此的存在。然而，目前尚無雙方有所接觸的直接證據。今日，考古學家並未在杜塞特人的遺址中發現因紐特人的工具或文物，也未在因紐特人的遺址中發現屬於杜塞特人的東西。不過還是有些間接證據：格陵蘭的因紐特人後來顯現一些杜塞特人的文化特質，這是他們在來到格陵蘭之前沒有的，如用來切割雪塊的骨刀、圓頂雪屋、皂石以及一種叫做「極北五式」（Thule 5）的魚叉頭。顯然，因紐特人不只有機會向杜塞特人學習，杜塞特人的消失他們也**脫不了關係**。畢竟，杜塞特人在極地生存了兩千年，怎會無緣無故地消失？我猜想，在那遙遠的古代，因為某個特別嚴寒的冬天，杜塞特人飢寒交迫，而因紐特人卻大啖北極鯨和環斑海豹。杜塞特人的女人於是離家出走，走向因紐特人的營地。

當維京人遇上因紐特人

因紐特人和維京人的關係又是如何？這兩個族群雖然有好幾個世紀都在格陵蘭討生活，令人匪夷所思的是，在維京人的史冊中，有關因紐特人的記載只有兩、三處。

第一個描述的是十一世紀或十二世紀發生的事件，其中提到的人雖然可能是因紐特人，也可能是杜塞特人，因為那時杜塞特人仍在格陵蘭西北部過活，而因紐特人才剛來到這個地方。在《挪威史》（*A History of Norway*）這份十五世紀的手稿中，記載了維京人和格陵蘭原住民初次相遇的經過：「我們的獵人從聚落往北走，前往北部，在那兒碰上了身材矮小的原住民。獵人們稱他們為『史卡林人』（*skraeling*）。他們被刀子刺到，如果傷勢不嚴重，就不會流血，傷口看起來白白的，傷勢嚴重才會流血不止。他們沒有鐵，而是用海象牙做矢頭，用尖銳的石頭做工具。」

這段描述很簡短，語氣平淡無奇，可見維京人根本不把那些人放在眼裡，如此也為自己埋下禍根。維京人把他們在溫蘭或格陵蘭遇見的美洲原住民統統叫做史卡林人——除了因紐特人，還包括杜塞特人和印第安人——在他們的語言裡，意思大概是「壞蛋」。如果送給對方的見面禮是捅刺一刀，看看那個人會不會流很多血，人家必然會以牙還牙，也就沒有稱兄道弟的可能。第六章提過維京人在溫蘭與一群印第安人相遇的情景：對方來了九個，他們殺了八個。如此逞凶鬥狠，如何交好？想必維京人遇見因紐特人不會以禮相待，也沒能和他們進行交易。

第二個提到史卡林人之處一樣簡短，提到他們和公元一三六〇年維京人西聚落的滅亡有關，我們會在下面討論這一點。這裡提到的史卡林人必然是因紐特人，因為那時杜塞特人已從格陵蘭消失了。還有一處只有一個句子，出現在冰島的編年史，提到一三七九年發生的事：「史卡林人攻擊格陵蘭人，殺了十八個男人，擄走了兩個男孩和一個女僕，使其為奴。」除非此處所述有誤，把挪威寫成格陵蘭，不然此事應發生在格陵蘭的東聚落。當時挪威的確發生薩米人（即拉布蘭人）[1]入侵之事。那時西聚落已經成為廢墟，且維京人前往格陵蘭北部狩獵的團體不大可能有女性同行，因此不可能發生在西聚落。我們要如何解讀如此簡略的故事？以現代人的眼光來看，十八個維京人被殺似乎沒有什麼了不起，像二十世紀的世界大戰，死亡人數可是高達幾千萬。但回頭看中世紀的格陵蘭，東聚落的人口或許還不到四千人，死亡的十八個男性就占所有成年男性總數的二%。如果人口二億八千萬的美國遭到敵人攻擊，成年男性有二%喪生，死亡的成年男性就多達一百二十六萬人。因此，姑且不論格陵蘭在一三八〇年、一三八一年等等有多少人死亡，就冰島史冊記載的一三七九年攻擊事件，對維京人來說就是一場浩劫。

有關維京人和因紐特人的關係，史冊所載只有上述簡短的三段。考古方面的證據則包括從因紐特人遺址挖掘出的維京文物或仿維京文物之作；至於維京人遺址，也有因紐特人的文物或仿造品出土。從因紐特人遺址挖掘出來的一百七十件文物，包括幾件完整的工具（一把刀、一把羊毛剪、一個點火器），大部分是金屬碎片（如鐵、紅銅、青銅或錫）。對因紐特人來說，這些金屬可是無價之寶，因為他們也利用這些金屬來打造自己的工具。而這些文物出土之處，不只是維京人居住過的因紐特遺址（如東、西聚落）或維京人到過的地方（北方狩獵區），也出現在維京人足跡未至之處，如格陵蘭東部和埃爾斯米爾島（Ellesmere Island）[2]。可見因紐特人對維京人用的東西很感興趣，也才會用這些東西和幾百公里之外的族人交易。因紐特人究竟用什麼手段從維京人手裡得到這些東西？交易？殺害？掠奪？還是在維京人放棄的村落大肆搜刮？我們已無從得知。然而，有十塊金屬碎片是來自東聚落教堂的銅鐘。說什麼維京人也不會拿教堂的聖物來交易，這些銅鐘應該是維京人滅亡後才到因紐特人手中。因紐特人在維京人遺址上蓋屋子的時候，就地取材，拿過去維京人的東西來利用。

關於維京人和因紐特人曾面對面接觸的明確證據，來自因紐特人的雕刻。考古學家自因紐特人遺址發現了九件雕刻，上面刻出的人形，從髮型、服裝以及十字架裝飾物來看，毫無疑問是維京人。因紐特人也從維京人身上學到一些東西。有些因紐特人的工具形狀和歐洲的刀或鋸子相仿，可能只是模仿從維京人廢墟搜刮到的工具，雙方未必曾有友善的接觸。但是因紐特人也會做桶板和有螺紋的箭頭，可見因紐特人曾看過維京人做螺絲等木工。

反之，從維京人遺址出土的因紐特文物少之又少，不過是一把鹿角做的梳子、兩枝射鳥鏢槍、一個海象牙做的拖纜把手和一塊隕鐵[3]，總計只有五項。這五項似乎都不是什麼有價值、可以拿來交易的東西，可能只是維京人無意中撿到的。因紐特人有那麼多實用的工具值得仿造，但令人大惑不解的是，維

---

1 薩米人：Saami，極地的少數族裔，主要分布在斯堪地那維亞北部、芬蘭北部和俄羅斯的科拉半島。以前外界通常稱他們為拉布蘭人（Lapps），有貶抑之意。薩米人長久以來即以狩獵、採集及捕魚為生，直到中世紀才有部分的薩米人放牧馴鹿。他們依循自然的節奏，過著季節性的游牧生活。

2 埃爾斯米爾島：北冰洋中的一個島，在加拿大北部。

3 隕鐵：隕石中的自然鐵，是鐵與鎳的合金。

京人一樣也沒學著去做。考古學家從未在任何維京遺址發現魚叉、魚叉投擲器、小皮艇或出海捕鯨的大皮艇。

如果因紐特人和維京人確實存在過交易行為，海象牙必然是重要交易物資，畢竟海象牙是維京人輸往歐洲最有價值的物品，而因紐特人又是獵殺海象的高手。至於那麼多來自維京牧場的海象牙，到底是維京人自個兒獵殺海象得到的，還是從因紐特人那兒得來的？沒有直接證據可以斷定。如果曾經進行過交易，因紐特人必然也會用環斑海豹來交易。在格陵蘭過寒冬，維京人食物短缺，就快餓死了，雖然環斑海豹到處都是，他們卻不會捕獵這種海豹。因紐特人既然精於捕獵環斑海豹，以環斑海豹來交易不只是舉手之勞，對維京人來說更是雪中送炭。但是維京人遺址卻沒有出現任何環斑海豹的骨頭，可見雙方不是沒有交易行為，就是極少進行交易。從考古證據來看，這兩個族群就像分別住在兩個不同的星球，而不是共同在一個島嶼打獵、過活。從骨骸或基因研究也找不到雙方曾經通婚的證據。考古學家仔細研究從格陵蘭維京人墓地出土的頭骨，發現頭骨特徵近似斯堪地那維亞人，卻沒找到任何因紐特人和維京人混血的證據。

維京人不但沒能和因紐特人交易，也不會見賢思齊。在我們看來，實在是很大的損失。顯然，維京人有自己的想法。維京人並非沒有機會向因紐特人學習，他們必然在格陵蘭北方的狩獵區看過因紐特人打獵，後來在西聚落的峽灣外側也見識過他們捕獵技巧的卓越。維京人划著笨重的木船，看到因紐特人乘著輕巧靈活的皮艇在海上呼嘯而去、滿載而歸，難道不動心？歐洲探險家在十六世紀晚期踏上格陵蘭，就為因紐特人在大海上飛奔的神采感到驚異，嘆道因紐特人必然是半人半魚，才會這番如魚得水，任何歐洲船隻都無法像因紐特人的皮艇那樣神速。因紐特人狙擊獵物的神準程度，用海豹皮縫製的衣服、船隻和手套，他們的魚叉、浮台、狗拉雪橇和捕獵海豹的技巧，在在都教歐洲人嘆為觀止。丹麥人從一七二一年開始在格陵蘭殖民，不久就學會了因紐特人的絕活，乘著大皮艇在格陵蘭沿岸航行，學會使用魚叉，知道怎麼捕獵環斑海豹，也和因紐特人交易。幾百年前的維京人就做不到。然而，有些在格陵蘭殖民的丹麥人和中古時期的維京人一樣，都是自視不凡的基督徒，懷有種族偏見，看不起因紐特人這些異教徒。

我們可從近幾百年歐洲人與世界各地原住民接觸的經過，客觀地看維京人和因紐特人進行交易的可能模式。歐洲人諸如西班牙人、葡萄牙人、法國人、英國人、俄國人、比利時人、荷蘭人、德國人、義大利人，還有斯堪地那維亞的丹麥人和瑞典人，很多人來到原住民居住的地方後成為中間商，發展出貿易經濟：歐洲商人帶來原住民垂涎的物品，和他們交換歐洲人渴求的東西。例如因紐特人苦於無鐵可用，甚至以格陵蘭北部約克角（Cape York）發現的隕鐵冷鑄，製成魚叉金屬頭等工具。因此，我們可以想像，如果維京人能和因紐特人交易，就可以拿歐洲輸入的鐵來和因紐特人交換海象牙、獨角鯨的角、海豹皮和北極熊，再把這些珍貴物資送到歐洲。維京人也可以拿布料或乳製品來和因紐特人交易。萬一因紐特人有乳糖耐受力差的問題，喝牛奶容易拉肚子，也可食用不含乳糖的乳製品，如乳酪和奶油。今天的格陵蘭就從丹麥進口不少這樣的乳製品。再說，在格陵蘭這樣惡劣的生存環境下，不只是維京人可能會餓死，因紐特人也可能有三餐不繼的問題。如果能和維京人交易，因而有乳製品可吃，又何嘗不是好事？自一七二一年開始，斯堪地那維亞人和因紐特人就發展出這樣的交易模式，為什麼中古時期的維京人和因紐特人不相往來？

原因可能是文化障礙。即使維京男人娶了因紐特女人為妻，發現這個女人不會織布，不會紡毛，不會照顧牛羊，不會擠奶，也不會做「思客」、奶油和乳酪等乳製品，這老婆就稱不上「賢內助」。即使維京人和因紐特人稱兄道弟，因紐特人願意把皮艇借給維京人，維京人就能像他們一樣笑傲四海嗎？再說，因紐特人的皮艇是他們老婆為他們量身訂做的（這是因紐特女人從小開始學習的「女紅」），如果身材不合，維京人恐怕坐不進去。維京人見因紐特人的皮艇酷炫實用，回家跟老婆說：「給老子做一艘來。」維京女人做得出來嗎？

如果你想說服因紐特女人為你量身訂做一艘皮艇，或娶她的女兒為妻，總得先討好丈人或丈母娘吧？可是維京人一看到這些原住民就動手，而且出言不遜，不管是北美的印第安人或格陵蘭的因紐特人，都是他們口中的「壞蛋」，來幾個殺幾個，要如何交好？維京人和中古時期的歐洲人一樣，以基督徒自居，對異教徒根本不屑一顧。

雙方交惡的另一個原因是：維京人認為，格陵蘭北方的狩獵區幾百年來一直是他們的地盤，不容許晚來的因紐特人搶地盤，也不希望他們來捕獵海象。儘管因紐特人對維京人的鐵深感興趣，但在他們相遇的時候，維京人自己也極度缺乏鐵，更別說拿出來跟因紐特人交易了。

在今日世界，除了亞馬遜地區和新幾內亞最偏遠的少數幾個原始部落，幾乎所有的「原住民」都跟歐洲人有所接觸，所以我們現代人不了解與原住民接觸的困難。但是我們可以猜想，維京人最初在格陵蘭北方的狩獵區碰到一群因紐特人會有何反應：是否大聲叫道「哈囉！」面露微笑走向他們，然後開始比手畫腳，手裡拿著鐵塊，比著因紐特人的海象牙？我在新幾內亞進行生物學田野調查時，也曾有過這種「第一類接觸」的經驗，見到那些原始部落有如看到凶神惡剎，嚇得魂不守舍。同理，歐洲人給原住民的第一印象也是來者不善、有入侵企圖的樣子，可能使自己的健康、生命、財產受到威脅。由於不知道對方會有什麼行動，雙方都戒慎恐懼、嚴陣以待，嚴密觀察對方的一舉一動，看是要轉身逃跑還是先發制人。可想而知，要化解這種緊張對立，握手言歡是多麼困難，連全身而退都不容易，還必須以極度的謹慎和耐心伺機而動。歐洲殖民者累積了不少經驗之後，才知道如何和原住民打交道；但在中古時期，初次和因紐特人接觸的維京人顯然認為該先下手為強。

十八世紀在格陵蘭的丹麥人，以及在其他地區和原住民接觸的歐洲人，也曾面對類似的難題：他們對那些「原始的異教徒」懷抱偏見，不知該把那些野人殺了，搶奪他們的東西、占據他們的土地，還是跟他們交易或通婚？如何說服他們不要逃走、不要攻擊？後來歐洲人在面對這些問題的時候，漸漸學會衡量情勢，做出最好的選擇，例如敵眾我寡還是敵寡我眾、我方有無足夠的女性同胞隨行（關係到我方香火的傳承）、原住民有無歐洲人想要的貿易物資，以及原住民的土地是不是殖民的好地點等等。中古時期的維京人遇見因紐特人之時，並沒有考慮這麼多。不管他們是不屑向因紐特人學習還是學不會，加上他們也沒有強大的武器或兵力，最後還是遭到滅絕，而因紐特人還好端端地活到今天。

末日

有人以「千古奇謎」來形容維京人在格陵蘭的消失。事實上，這麼說不完全正確，這個歷史迷團有一部分已經煙散霧消。我們已經可以區分維京社會消失的遠因（也就是維京社會崩壞的長期因素）和近因（即孱弱的社會禁不起最後一擊而瓦解、敗亡，族人全數死絕或者被迫離去，任自己的聚落變成廢墟）。雖然維京社會崩壞的近因尚未完全明朗，遠因其實呼之欲出，包括先前詳細討論過的五個變因：維京人對環境的影響、氣候變化、失去挪威的奧援、與因紐特人交惡，以及維京人保守的民族性。

簡而言之，維京人破壞了自己賴以生存的環境資源，大肆砍伐林木、切割草皮、過度放牧，使土壤侵蝕的問題變本加厲。在維京人殖民之初，以格陵蘭的自然資源而言，要建立起一個略具規模的歐洲農牧社會其實已很勉強，每一年的乾草產量也有很大的波動。因此，一碰上壞年頭，維京社會便因自然資源短缺而岌岌可危。其次，從格陵蘭冰芯研究的結果來看，維京人初抵格陵蘭之時，氣候尚屬溫和（和今天的氣候差不多），在十四世紀遭逢幾回大寒的考驗，到了十五世紀初小冰河期全面發威，連年酷寒，直到十九世紀氣候才又轉為溫和。在大寒來臨之時，乾草的產量更少，格陵蘭和挪威之間的海路也因冰封而中斷。第三，格陵蘭的重要物資（如鐵和木材）都仰賴挪威的輸入，文化方面更亦步亦驅地跟隨歐洲，之後與挪威關係變得冷淡甚至斷絕，原因說來很複雜，海冰的阻隔只是一個原因而已。一三四九年至一三五〇年，挪威黑死病大流行，約有半數人口的性命被死神奪走，挪威可謂自身難保。一三九七年，挪威、瑞典和丹麥結盟，推派丹麥國王為盟主，國王對挪威這個貧乏之地根本看不上眼。再者，格陵蘭出口到歐洲的海象牙本是搶手的貿易商品，但在十字軍占領君士坦丁堡後，被阿拉伯人切斷的地中海貿易路線又重新暢通，亞洲和東非的象牙又可輸往歐洲，格陵蘭海象牙不若往日吃香。到了十五世紀，歐洲不再流行象牙雕刻品，不管是來自海象或大象的象牙都不再炙手可熱。這些轉變不但使挪威本身的資源受到影響，也失去派遣商船前往格陵蘭交易的動機。古往今來，受到貿易夥伴牽連而身陷危機（甚至危及生存）的不只是格陵蘭維京人。美國過度依賴波灣地區，一九七三年波灣產油國以石油為武器，對西方國家禁運，美國就深受其害；又如芒阿雷瓦島的森林砍伐殆盡，連帶使皮特肯和亨德森島遭到池魚之殃。像這樣的例子實在不勝枚舉。今日的全球化將使這種禍福與共的現象更加顯著。最後，維京人面對來勢洶洶的因紐特人，仍固步自封、不知變革，到頭來只能坐以待斃。以上五個因素共同譜成格陵蘭維京人的輓歌。

所謂冰凍三尺非一日之寒，格陵蘭維京社會的覆亡也是上述五個因素長久作用的結果。因此，我們可以料想到，維京人的各個牧場在不同時期變成廢墟，不是一下子全部死絕。在瓦特納佛非最大牧場的一間大屋子地板上，考古學家發現一個二十五歲男性的頭骨，經放射性碳元素年代測定，約是公元一二七五年。我們可以推測整個瓦特納佛非地區大概是那個年代撤廢的。那位男性應該是該地區最後的居民，如果還有人活著，他們應該會為他安葬，不會讓他的屍首大剌剌地躺在地上。考古學家在東聚落的郭勒托克谷地進行年代測定，發現最後的年代約是公元一三〇〇年左右；西聚落的「沙下牧場」則約在公元一三五〇年變成廢墟，並為冰河流沙掩蓋。

在維京人的兩個聚落當中，第一個滅絕的是比較小的西聚落。由於西聚落位置較為偏北，生長季較短，地處格陵蘭牧業發展的邊緣地帶，即使是豐年，乾草的產量也比較少，萬一夏季要比往年來得冷或潮溼，就無法生產足夠的乾草讓牲畜過冬。西聚落另一個致命傷是只有一個峽灣出海口，如果這個出海口被因紐特人堵住了，無法到峽灣外側的海岸捕獵海豹，暮春就沒東西吃了，等於是斷了生路。有關西聚落的敗亡，我們有兩方面的資料可以參考，即文字紀錄和考古研究的發現。目前留存下來的紀錄是巴爾達生所寫。他是挪威柏爾根主教派駐到格陵蘭的教士，負責報告格陵蘭教會的情況，也擔任督察官和稅官。他在一三六二年回到挪威後寫了一本《格陵蘭風物誌》(*Description of Greenland*)，手稿雖已亡佚，但抄本仍流傳於世。巴爾達生記載的多半是格陵蘭教會及其所屬財產，也潦草地交代了西聚落的末日：「西聚落有一間大教堂叫做桑內斯教堂，一度有主教留駐。如今，整個西聚落已落到史卡林人的手裡……根據在嘉德駐守多年的督察官巴爾達生所述，他親眼看到了這一切，也曾被派往西聚落驅逐史卡林人。但他們到了西聚落，發現此地已成斷壁殘垣，杳無人跡，沒有基督徒的人影，也沒有半個異教徒。」

我實在很想把巴爾達生從墳墓中搖醒，問他一些沒有交代清楚的事情：他在哪年、哪月前往西聚落？在西聚落有無發現任何居民貯藏的乾草或乳酪？為什麼西聚落那一千個人全都不見了？有無任何打鬥或殺人放火的跡象？有沒有發現任何屍體？但巴爾達生已成白骨，無法為我們解惑。

因此，我們得往地面下尋找答案。在西聚落幾個牧場遺址的最上層，考古學家挖掘出最後維京人的遺物，發現了門、柱子、做屋頂的木頭、家具、碗、十字架等。這實在很不尋常。由於木頭非常寶貴，住在斯堪地那維亞北部的人在舊房舍廢置之前，必然會把房子裡的木頭全部拆下來帶走，蓋新房舍之時再來利用。像維京人在紐芬蘭蘭塞牧地建立了營地，一旦計畫撤離，幾乎什麼都帶走了，只剩下九十九根碎釘子、一根完整的鐵釘和一根縫衣針。顯然，西聚落的維京人不是在倉促之中逃離，就是東西還來不及搬走就已經身亡。

遺址最上層挖掘出來的動物骨頭似乎訴說一個悲慘的故事：包括小鳥和野兔的足骨（小鳥和野兔因

為太小，維京獵人不會去捕獵，除非快餓死了，萬不得已，才會捕獵這麼小的動物）；小牛或小羊的骨頭（可能是暮春出生的牲畜）；不少牛蹄骨（從蹄骨的數目來看，約和原來牧場飼養的牛隻頭數相當，顯示所有牛隻都宰殺來吃，連腳蹄都不放過）；以及大型獵犬的部分骨骼（骨頭上有刀痕；一般而言，維京人家的廚餘幾乎沒有狗骨頭，維京人大概和現代人一樣不吃家裡養的狗）。把獵犬殺了，秋季就不能捕獵馴鹿；小牛、小羊也殺了，牲畜就沒了。西聚落最後的居民可能快餓死了，飢不擇食，所以顧不了未來。在遺址下層挖掘出來的腐蠅化石，是當初從人類糞便中孳生的，屬於比較喜歡溫暖的種類；上層挖掘出來的腐蠅已屬比較耐寒的種類，可見最後的居民不但沒有東西吃，也沒有可以取暖的燃料。

從這些考古學證據來看，西聚落牧場最後的居民可能是在春天餓死或凍死的。可能前一個冬天特別嚴寒，應該在春天來到峽灣外側報到的海豹沒有來；或者峽灣被冰封了；也有可能因紐特人不忘親友曾被維京人捅刺一刀，南下尋仇，把峽灣出口堵住了，不讓維京人捕獵海豹。如果夏天氣溫太低，沒能生產多少乾草，冬天牲畜的草秣就沒有著落。維京人應該是不得已才把剩下的牛隻都吃掉，腳蹄都吃了，連獵犬也宰殺來吃，最後甚至捕獵小鳥、兔子來吃。我們覺得奇怪的一點是：何以考古學家在西聚落的房舍中沒發現維京人的骨骸？我想巴爾達生率眾抵達西聚落之後，可能依照基督教儀式為那些已成白骨的同胞舉行葬禮。另一個可能是巴爾達生的手稿雖有記載，但後世抄本遺漏了這一段。

至於東聚落的末日，最後一艘由挪威皇家派往格陵蘭的商船於一三六八年成行，翌年那艘船就沉了。之後，根據紀錄，只有四艘船曾航行到格陵蘭（分別在一三八一年、一三八二年、一三八五年和一四〇六年）。那四艘船都是私人船隻，船長宣稱他們的目的地是冰島，因為被風吹離航道才會開到格陵蘭。挪威國王曾經下令，只有皇家有權和格陵蘭進行貿易，私人船隻不得擅自前往格陵蘭和當地人交易。那四艘船都在不知情的狀況下航向格陵蘭，可真是令人驚異的巧合。有個船長還說，海上濃霧迷茫，他們實在倒楣，到不了目的地，迷迷糊糊到了格陵蘭。這種說法很可能只是藉口。那些船長心裡可雪亮，這麼些年來，極少有船隻航向格陵蘭，如果能帶一些貨物賣給格陵蘭人，肯定可以大撈一票。一四〇六年在格陵蘭上岸的挪威船長歐拉夫生（Thorstein Olafsson），應該不會為了這趟意外的航程而悔恨不已，要不然他也不會在格陵蘭待了四年，直到一四一〇年才回到挪威。

歐拉夫生回到挪威之時，也帶回三則格陵蘭方面的消息：首先，有一個叫做寇爾格林（Kolgrim）的男人，因為利用巫術引誘一個名叫絲丹嫩（Steinunn）的女人，在一四〇七年被綁在火刑柱上燒死。絲丹嫩是當地治安官雷文（Ravn）之女，索爾瓦生（Thorgrim Sölvason）之妻。其次，可憐的絲丹嫩後來發瘋，不久香消玉殞。最後，一四〇八年九月十四日，歐拉夫生和當地一個叫做碧嬌絲達特（Sigrid Bjornsdotter）的女孩於哈瓦思教堂成婚。這個喜訊在大喜之日的前三個禮拜日當眾宣布，沒有人提出異議，於是兩人幸福快樂地結為連理，由霍爾鐸生（Brand Halldorsson）、喬倫達生（Thord Jorundarson）、巴爾達生和鍾生（Jon Jonsson）當證婚人。歐拉夫生提到的火刑啦、發瘋啦或是婚禮，都是中古基督教社會常見的新聞，看不出當地有何動亂。這也是有關格陵蘭維京人的最後文字紀錄。

我們目前還不知道東聚落消失的確切日期。從一四〇〇年至一四二〇年，北大西洋地區變得更加寒冷，也多暴風雨。自一四一〇年之後，很長一段時間都沒有船隻航向格陵蘭的紀錄。考古學家從東聚落的賀喬夫斯內斯教堂墓地挖掘出一件女人衣裳，經放射性碳元素年代測定的結果是一四三五年左右之物。因此，最後一艘挪威船隻在一四一〇年告別格陵蘭之後，格陵蘭島上的維京人可能繼續存活了二、三十年。然而，放射性碳元素年代測定法可能有幾十年的誤差，因此一四三五年這個年代不見得可靠。我們確知的是，到了一五七六年至一五八七年，又有歐洲人來到格陵蘭。英國探險家佛洛畢雪（Martin Frobisher）和戴維斯（John Davis）在尋找通往新世界的西北航道時，發現了格陵蘭，上岸之後遇見了因紐特人。他們為因紐特人的狩獵技術折服，也抓了幾個因紐特人回英國展覽。一六〇七年，一支由丹麥人和挪威人組成的探險隊，打算前往維京人的東聚落，但為東聚落之名誤導，在格陵蘭東岸遍尋不著維京人遺跡。從那時起一直到十七世紀結束之前，又有不少丹麥人和挪威人前來勘察，荷蘭人和英國人不但來此捕鯨，也抓了幾個因紐特人回國。儘管因紐特人身材矮小、膚色和臉部輪廓像東方人，而維京人金髮碧眼、高頭大馬，兩個族群使用的語言也完全不同，十七世紀的歐洲人還是以為因紐特人是維京人的後代，真是不可思議。

十八世紀，挪威路德教會傳教士艾吉德（Hans Egede）認為，那些被抓到歐洲的因紐特人本來該是維京天主教徒，在宗教改革運動之前被歐洲人放棄了，才淪為異教徒，但他們的內心必然渴望基督，於是在一七二一年動身前往格陵蘭，希望把福音傳給他們。他先來到西聚落的峽灣，對此地只有身材矮小、相貌和歐洲人大不相同的原住民（即因紐特人）非常訝異。那些原住民帶他去看維京人的遺址，他知道這些人並不是維京人。艾吉德也相信東聚落就在格陵蘭東岸，於是去東岸找尋維京人，當然徒勞無功。一七二三年，因紐特人又帶他去看更多的維京遺跡，包括位在格陵蘭西南部的哈瓦思教堂——他想要找尋的東聚落就在這裡。這時艾吉德才恍然大悟，原來維京社會已如過往雲煙，從過去的時空消失了。但維京人從格陵蘭消失的這個謎，還是讓他魂牽夢縈，於是他又踏上了解謎之旅。艾吉德從因紐特人訴說的回憶中，零零星星拼湊出維京社會的樣貌，包括他們與因紐特人的關係。艾吉德暗自忖度，也許格陵蘭的維京人是因紐特人滅絕的。不只是艾吉德，後來不知有多少遊客和考古學家也想解開這個千古奇謎。

其實這個謎題的部分答案已經呼之欲出，如維京社會式微的遠因。另外，考古學家在西聚落遺址上層進行的考古挖掘也提供了一些線索，讓人推敲維京社會崩壞的近因。儘管如此，我們對東聚落末日發生的事件仍然一無所知，也許遺址上層考古調查完成後可以水落石出。既然這個故事已經說到這裡，我還是忍不住提出我個人的臆測。

東聚落的崩壞似乎快得教人措手不及，有如世界末日突然降臨。格陵蘭的維京社會像小心翼翼疊起的一副牌，以教會和領主的權威為基礎。挪威國王不再派遣商船到格陵蘭，居民必然大失所望，也不再像從前那樣尊敬領主和主教。一三七八年，挪威派駐格陵蘭的主教過世，在後繼無人的情況下，格陵蘭的牧師如何取得主教的任命？牧師得不到任命則無法主持洗禮、婚禮和葬禮。如果最後一任主教任命的最後一個牧師也歸天了，這樣的基督教社會要如何運作？至於領主的權威則是在於資源分配權，如果沒有資源可以分配，農夫一個個餓死了，到嚥下最後一口氣之前，還會繼續服膺領主的指揮嗎？

與西聚落相比，東聚落偏南，發展牧業的條件沒有西聚落那麼差，也養活了更多的人口（約四千人，西聚落則只有一千人），因此東聚落覆亡的風險應該比西聚落來得小。當然，連年大寒，不只是西聚落熬不下去，東聚落的牲口數目愈來愈少，餓死的人愈來愈多，最後也會撐不下去。我們可以想見，碰到這種嚴酷的打擊，比較小、農牧條件差的東聚落牧場會先倒下去。然而，嘉德牧場不是有一百六十頭牛、數不清的羊，怎麼也變成廢墟？

在我的想像裡，末日的嘉德牧場就像一艘擠滿了人的救生艇。在東聚落其他比較貧窮的牧場無法生產乾草、或牲畜死光了、或牲畜全部被宰殺果腹之後，因為走投無路，這些牧場的農夫必然只能走向還有牲畜的牧場，像是布拉塔利德、哈瓦思、賀喬夫斯內斯等大牧場，最後當然連嘉德也無法倖免。如果嘉德的神職人員和當地領主能保護教區居民，當然還是會受到尊敬。但居民在飢寒交迫之下，也就變得目中無人。希臘史學家修昔提底斯（Thucydides, 460-400 BC）曾描寫兩千多年前雅典發生瘟疫的情況，死屍遍地，飢民四起，這樣的慘狀必然也在嘉德再現：飢民不斷湧入嘉德牧場，少數幾個領主和牧師哪阻擋得了這人山人海，只好任他們把牧場剩下的牛羊宰殺來吃。如果嘉德牧場可以不讓外來的飢民進來，或許可以靠既有的資源生存下去。但嘉德就像一艘小小的救生艇，每一個人都想擠上去，最後或許就像西聚落敗亡之前一樣，把家裡養的狗、剛出生的牛、羊都宰殺來吃，連牛腳蹄都吃得只剩骨頭。

也許嘉德牧場的末日就像一九九二年的洛杉磯大暴動，到了全面失控的地步。那次洛杉磯暴動是因四名白人員警瘋狂毆打超速行駛的黑人青年金恩（Rodney King）被送上法庭，陪審團最終判定毆打金恩的員警無罪，引發群情激憤，幾千個來自貧窮地區的居民到處縱火、施暴、搶劫商家。由於警力有限，他們只能在富有地區的周圍拉上黃色隔離帶，禁止暴民入內。區區的黃色隔離帶哪擋得住目無法紀的暴民？我們也曾在電視上看過窮苦國家的非法移民拚命湧向富有國家的邊境，連鐵絲網、機關槍掃射都阻擋不了他們的腳步。因此，我們切莫以為格陵蘭維京人的悲劇只是一個中古時代、地處歐洲邊陲的社會不幸滅亡、與我何干。雖然東聚落比西聚落來得大，最後還是面臨相同的命運，只是撐得久一點而已。

覆亡的種子

格陵蘭的維京社會是否在建立之初已埋下覆亡的種子？那樣的生活方式根本行不通，遲早還是會餓死？在維京人踏上格陵蘭之前的幾千年，已有幾個以狩獵—採集營生、來自美洲的原住民族群分別在格陵蘭居住了一段時間。這些原住民族群是否比維京人更具生存優勢？而維京人注定不幸？

我認為維京人沒有那麼不幸。不要忘了，在因紐特人之前，至少有四波美洲原住民從加拿大極地來到格陵蘭，最後一一死絕。極地氣候的變化使得大型獵物（如馴鹿、海豹和鯨魚）遷徙到他方或者週期性地放棄原來的棲地，這些獵物的數量也會跟著改變。以捕獵為生的美洲原住民因而也會跟著獵物遷徙到新的地方。雖然因紐特人來到格陵蘭之後已經撐了八個世紀，直到今天還活著，一旦獵物數量變化，他們也會受到影響。考古學家就發現不少因紐特人的雪屋被冰封死，有如時空膠囊，一家人的屍體都被凍結在裡面。他們應該是沒能熬過寒冬的考驗，在雪屋裡活活餓死。到了丹麥殖民時期，也常看到因紐特人形單影隻、蹣蹣跚跚地走向丹麥人聚落，說族人全都餓死了，只剩他一個人。

事實上，與因紐特人和先前在格陵蘭過活的狩獵—採集族群相比，維京人有一項食物資源是他們沒有的，也就是牲畜。這算是維京人的一大優勢。對美洲原住民來說，格陵蘭植物的唯一用途就是做為馴鹿（以及野兔）的食物，他們再捕獵這些野生動物來吃。維京人也吃馴鹿和野兔，還利用格陵蘭生長的植物餵養牛、綿羊、山羊等牲畜，然後吃這些牲畜的肉、喝牠們的奶。從這方面來看，維京人的食物基礎比較廣，比起以前在格陵蘭討生活的美洲原住民，維京人的生存機會應該比較大。維京人和美洲原住民一樣，也捕獵馴鹿和春天遷徙至格陵蘭的海豹（如菱紋海豹、冠海豹和斑海豹），然而還是有一些野生動物他們沒有捕獵（如魚、環斑海豹和海上的鯨魚）。如果他們也能捕獵這些野生動物，可以吃的東西變多了，也許就能活下去。他們必定看過因紐特人捕獵環斑海豹、魚和鯨魚，顯然不是不能做，而是決定不這麼做。格陵蘭漁產豐富，有很多環斑海豹和鯨魚可以捕獵，維京人還是活活餓死了。為什麼他們會做這樣的決定？以後見之明來看，這種決定豈不是自殺？

的確，從維京人的看法、價值觀和先前的生活經驗來看，會做出這樣的決定並不奇怪。如果我們易地而處，也可能做出一樣的決定。且讓我們從四個角度來看他們的表現。首先，在格陵蘭不穩定的環境下，要生存下去實在很困難。即使是現代的生態學家和農業科學家，也不一定可以在那裡長住久安。維京人何其幸運，在氣候和暖的時候踏上格陵蘭。過去幾千年，他們沒有在那裡生存的經驗，未曾經過一系列冷期和暖期的氣候變化，怎知格陵蘭的氣候將來變得異常寒冷，不適合飼養牲畜。二十世紀丹麥人重新把牛和綿羊引進格陵蘭，也因過度放牧造成土壤侵蝕，重蹈維京人的覆轍，於是不久後放棄養牛。今天的格陵蘭除了向歐盟國家收取漁撈權利金，也非常依賴丹麥的援助，還沒辦法做到自給自足。即使以今天的標準來看，中古時期維京人在格陵蘭發展出這麼複雜的經濟社會體系，生存了四百五十年，實屬不易。

其次，維京人踏上格陵蘭之時，不是一張白紙。他們就像史上所有的殖民者，也把自己的知識、文化價值觀、生活方式帶過去——也就是維京人世世代代生活在挪威和冰島的經驗。他們的自我形象是：酪農、基督徒、歐洲人，特別是來自斯堪地那維亞的維京人。他們的祖先在斯堪地那維亞實行酪農業長達三千年。他們和挪威血脈相連，有共同的語言、宗教和文化，關係密切，就像過去美國和英國或澳洲和英國之間的文化臍帶難以切斷一樣。格陵蘭的每一任主教都是挪威派來的，並不是在格陵蘭出生、長大的維京人。如果不是和挪威具有同樣的價值觀，格陵蘭的維京人可能難以團結合作，以求共同生存下去。我們可以理解他們為何在牛隻、北方狩獵區和教會投注那麼多的心力，即使從純經濟的角度來看這麼做不見得最有效益。當初他們靠著這種文化價值觀在冰天雪地中團結合作、克服險阻，開創自己的新天地。然而，也由於死守這樣的文化價值觀，不思變革，最後還是走上覆亡之路。這種成也文化、敗也文化的主題，在古今社會經常出現，正如第一章討論的今日蒙大拿社會：人們當年靠著一套文化價值觀度過難關，今天那套價值觀雖然已經不合時宜，人們寧可保殘守缺。但是，也不是所有的人類社會都這麼蒙昧執迷。有些社會就適時通變，知道應該緊緊抓住哪些核心價值，該揚棄的就棄若敝屣。我們會在下一章繼續討論這個問題。

第三，維京人正如其他歐洲中古時期的基督徒，鄙視歐洲人以外的異教徒，也缺乏和他們打交道的經驗。自從哥倫布在一四九二年為大航海時代揭開序幕，歐洲人踏上各個未知地域之後，才知道如何以奸巧和權謀來利用原住民，儘管他們還是看不起這些人。因此，維京人拒絕向因紐特人學習，其來有自，他們在原住民面前表現得自尊自大、目中無人，更為自己招致殺機。後來到極地探險的歐洲人，同樣也因為輕視因紐特人或和他們交惡，最後無法通過極地的考驗，客死異鄉。例如英國人法蘭克林（John Franklin），他帶領一百三十八人組成一支探險隊，前往極地探險。儘管這支探險隊財力雄厚、裝備齊全，[4] 通過因紐特人居住的加拿大極地時，還是遭到不測，結果無人生還。成功的極地探險家——

如第一個踏上北極的美國人佩里（Robert Peary, 1856-1920）和第一個踏上南極的挪威人亞蒙德森（Roald Amundsen, 1872-1928）——都曾向因紐特人取經。

最後，格陵蘭的維京社會是由少數幾個領主和神職人員主掌大權。大部分的土地都歸他們所有（包括所有最好的牧場），船隻是他們的，與歐洲的貿易往來也由他們一手操控。大部分的進口物資都是用來彰顯自己的身分地位：如華服、珠寶、銅鐘和彩繪玻璃等富有人家用的奢侈品或宗教器具。船隻多半開往北方狩獵區，以獲得價值連城的出口品（如海象牙和北極熊毛皮），好和挪威人交換那些奢侈品。領主不顧過度放牧的問題，飼養大群綿羊的動機主要有二：一、羊毛也是格陵蘭的出口商品，可用來和挪威人交易；二、可以擁有更多的佃農。獨立農夫在過度放牧的土地上難以生存，只好被迫成為佃農，為領主工作。領主手下的佃農愈多，權勢就愈大。因此，維京人並非別無選擇，如果他們能多進口一些鐵，少進口一些奢侈品，多派一些船隻前往馬克蘭，把鐵和木材載回來，生活物資就不會那麼短缺。再說，他們也可以向因紐特人學習，或是以不同材質建造船隻、研發新的狩獵技巧。但是這些改變都會威脅到領主的權勢、地位和一己利益，因此領主只希望社會保持現況，大權還是由自己一手掌控，不願意看到任何改變。

從維京人的社會結構來看，有權有勢者的短期利益和整個社會的長期利益互相衝突。領主和教士所

4 法蘭克林探險隊：他們帶了可以吃上五年的食物前去，包括八千罐的罐頭，有肉、蔬菜和湯。最後還是得了壞血病，那些罐頭也不夠吃，不少隊員活活餓死。

執著的，最後對社會造成傷害。這樣的社會價值觀是他們生存的根源，不管有何利弊也已根深柢固，不可能連根拔起。雖然格陵蘭的維京人最後還是消失在冰天雪地中，我們切莫急著為他們貼上失敗者的標籤。不管怎麼說，他們在歐洲最偏遠的一隅建立一個獨特的歐洲社會，生存了四百五十年。而我們這個立足於北美洲的英語社會，從殖民時期發展至今還不到四百年，孰勝孰敗還很難說。再回頭看看維京領主的末日，還不是落得眾散親離，一無所有。權勢不過是讓他們晚一點餓死而已。

CHAPTER

9

另闢蹊徑：新幾內亞高地、蒂蔻皮亞島和日本等成功的故事

兩種策略：「由下而上」以及「由上而下」

我們在前面章節看到六個被環境問題拖垮的人類社會：復活節島、皮特肯島、亨德森島、阿納薩齊印第安部落、古典時期的馬雅低地以及維京人在格陵蘭建立的社會。有的環境問題是人類社會一手造成的，有的則是環境本身的問題。前車之覆，後車之鑑，也許我們可從這幾個社會的覆亡得到寶貴的教訓。然而，並非過去每一個人類社會都亡於生態浩劫：像生態環境脆弱的冰島社會還是撐了一千一百年以上，更有許多社會千年不墜，如今依然屹立。這些成功的故事可以帶給我們希望和啟發。由這些成功例證可看出克服環境問題的兩種策略：一個是「由下而上」，另一個則是「由上而下」。

這種想法主要是源於考古學家克爾希（Patrick Kirch）研究太平洋地區島嶼的結果。克爾希發現，

一個島嶼社會的命運和島嶼面積大小有關：例如人類在小小的蒂蔻皮亞島（面積四．六平方公里）建立的社會已發展了三千年以上；而南太平洋庫克群島中的中型島嶼芒嘉亞島（Mangaia，約七十平方公里）和復活節島的命運類似，森林過度砍伐引發生態浩劫，社會因而崩壞瓦解；至於在東加群島（共有一百七十多個島嶼，總面積約七百四十五平方公里）這個大型群島上出現的東加王國，歷經四個王朝的興衰，好歹也撐了三千二百年，直到今天。為什麼小島和大島最後都可以克服環境問題，而中型島嶼就沒有辦法？克爾希認為，這是由於大小島各自採取不同的環境管理策略，最後都成功了，但是這兩種策略在中型島嶼行不通。

有些小島上的小型社會採取「由下而上」的環境管理策略。由於島嶼很小，沒幾步路就「走透透」了，島民親如一家，島上有什麼風吹草動，人人都會受到影響，因此有休戚與共之感。每一個人也都了解，環境保護必須從自己做起，只有左鄰右舍攜手合作、盡心盡力，大家才能獲益。

不管在我們居住或工作的地方，我們大都參與過「由下而上」的事務經營。像我住在洛杉磯，我們社區裡的住戶就組成一個屋主協會，共同為了社區安全、和諧、美好而努力。這是利人利己的事。我們每年推派委員，在年度大會討論各項規章，每一個屋主每年也必須繳納一筆費用做為協會運作基金。有了經費，協會就可以做很多事了，例如路口的植栽維護、要求社區裡的人不要隨便砍伐樹木、審核新的建設案（以免醜陋或大而無當的建築破壞社區景觀）、社區協調服務（解決鄰居紛爭等）或是為了社區事務向市府官員進行遊說。另一個例子是第一章提到的苦根谷漢彌爾頓附近的居民。這個在地社群為了維護泰勒野生生物保護區而通力合作，為當地社區創造很大的利基：土地增值、生活水準提高，且讓苦根谷再度成為狩獵和釣魚的天堂。雖然美國或世界的問題仍得不到解決，至少社區有所改善。

另一個策略則完全相反，也就是「由上而下」，適用於中央集權的大型社會，例如東加群島。東加群島幅員廣大，在群島某一角落討生活的農夫，完全不知道群島另一個角落發生的問題，就連自個兒居住的島嶼也大到怎麼走也走不完。但在群島另一頭發生的問題，最後還是可能使那個農夫的生計受到影響。就算他打從一開始就知道問題，也可能認為事不關己、自己的未來不會受到影響而漠不關心。即使是本地發生的問題（如森林砍伐），他也可能認為不打緊，反正別的地方還有很多樹木可以砍。事實上，他並不知道其他地方的情況。

然而，以東加的面積而言，還是足以產生一個由酋長或國王統領的集權政府。國王不像一般農夫那樣目光如豆，他居高臨下、高瞻遠矚，整個群島都在他的監視和掌握之下。國王也不像一般農夫短視近利，他的著眼點是整個群島的長期利益，因為他的財富和權勢來自於整個群島。先王把王位傳給他，他有責任鞏固基業，讓自己的後代子孫繼續統領這個群島，直到千秋萬世。因此，就環境資源來看，國王或統治者是以「由上而下」的管理方式，下令所有臣民遵照辦理。臣民或許只知國王聖明，這必然是他的深謀遠慮，但不知這樣的策略是怎麼來的。

對第一世界的公民來說，他們不只熟悉「由下而上」的策略，「由上而下」的策略應該也不陌生。照理來說，政府官員應該高瞻遠矚，以整個州或全國為著眼點，要比一般老百姓看得廣，因此他們制定的政策（如環保政策等）有著全面性的影響力。舉例來說，泰勒野生生物保護區雖然歸苦根谷居民所有，但苦根谷有一半的土地所有權人還是聯邦政府或是歸政府管理，如國家森林或土地管理局（Bureau of

Land Management）管理的土地。

在中型島嶼上的傳統社會，社會規模不大也不小，不管是「由上而下」或「由下而上」可能都行不通。這麼一個島嶼說小不小，當地一個小小的農夫無法具有舉足輕重的地位，著眼點也不可能涵蓋整個島嶼。再說，如果鄰近谷地的酋長勢不兩立，不但不可能有什麼共識或合作，甚至會對當地環境造成破壞，如酋長率領眾人把樹砍光或破壞對方的土地。這樣的島嶼說大不大，因此也不能產生掌控全島的集權政府。芒嘉亞島的社會就是因此走向滅亡，過去還有許多中型島嶼也是如此。今日世界的政區單位以國家為主，進退兩難的中型社會比較少。不過，如果一個國家的掌控力變得薄弱，還是會面臨中型島嶼那樣的困境。

我將以幾個社會來闡明上述兩種成功策略。首先以兩個小型社會為例（即新幾內亞高地和蒂蔻皮亞島），觀察「由下而上」的策略如何奏效，然後再看一個大型社會（德川幕府時代的日本）如何採行「由上而下」的策略。這三個例子共同的環境問題是森林砍伐、土壤侵蝕和土壤肥力流失。不只是這三個社會，過去許多社會也曾採用類似策略來解決水資源不足和過度狩獵的問題。此外，在大型、層級分明的社會中，上述兩種策略可並行不悖。例如在美國等民主國家，在地社群會採用「由下而上」的經營模式，而各級政府組織（如市、郡、州和全國）則運用「由上而下」的管理模式。

新幾內亞高地

第一個例子是新幾內亞高地。新幾內亞「由下而上」的經營策略是全世界最成功的例子。過去四萬六千年來，新幾內亞高地的玻里尼西亞人一直過著自給自足的日子，直到近代才輸入一些用以表示身分地位的奢侈品（如貝殼和天堂鳥羽毛），無重要經濟物資輸入。新幾內亞是澳洲北方的大島，離赤道很近（參看第一四二至一四三頁地圖），低地熱帶雨林繁茂，內陸崇山峻嶺與深谷交錯，不但有海拔五千公尺以上的高山，也有冰河。新幾內亞高地崎嶇險峻，與世隔絕，讓四百年來到此探險的歐洲人視為畏途，以為那裡只是叢林蠻荒，不敢越雷池一步，只在海岸和低地逗留。

到了一九三〇年代，生物學家和礦場老闆包機初次飛越新幾內亞高地上空，赫然發現這裡有個人煙稠密的世外桃源：平坦開敞的谷地點綴著幾棵綠樹，良田沃野，阡陌縱橫，有如荷蘭的田園風光（圖十九），陡峭的丘陵上有層層疊疊的梯田，讓人想起爪哇或日本的鄉野，村落四周還有防禦圍牆。更多的歐洲人來此一探究竟，發現這裡的居民以務農為生，種植芋頭、香蕉、薯蕷、甘蔗、甘薯，也飼養豬和雞。我們現在已知，前面四種主要作物（加上其他次要作物）都是在新幾內亞馴化的。說來新幾內亞高（地名列世界九大植物馴化中心，農業已經在此發展了七千年以上——持續農業實驗的時間長度堪稱世界之最，新幾內亞人不斷實驗自然資源的永續利用，以求作物產量的增加。

新幾內亞高地居民給歐洲探險家和殖民者的第一印象是「野蠻無文」。他們住茅屋，部落之間不時爭戰，沒有國王、酋長，沒有文字，不管天氣變冷或下大雨，幾乎都是赤身裸體。他們沒有金屬，所有工具都用石頭、木頭或骨頭製成，他們用石斧砍樹，用木棍挖溝渠或在園圃挖土，也用木製弓箭和竹刀做為武器。

雖然他們外表看來野蠻、原始，農耕技術可是先進得很。至今歐洲農業技術專家仍不了解，為什麼有時候新幾內亞人的老方法成功了，而他們好意引進的新技術卻會失敗。例如一個歐洲的農業顧問發現，潮溼地區斜坡上的甘薯田排水道居然是垂直的，他告訴村民改正這個可怕的錯誤，把排水道做成平行的，沿著斜坡的地面走──這正是他們在歐洲的做法。村民敬畏這位來自歐洲的農業技術專家，於是遵照他的指示把排水道改成平行的，結果水蓄積在排水道後方。後來發生豪大雨，土石流把所有的田地沖刷到下面的河流。事實上，早在歐洲專家來到之前，新幾內亞農夫對高地的雨量和土壤情況已相當了解，知道垂直排水道的好處。

新幾內亞年雨量高達一萬公釐，地震頻繁，時常發生土石流，地勢較高之處常被濃霧籠罩。幾千年來，新幾內亞的農夫一直在這樣的環境下種植作物，所有的技術都是不斷嘗試錯誤得來的寶貴經驗，包括上述的垂直排水道。此外，在高地的人口稠密區，由於必須生產足夠的糧食，他們必須持續不斷地耕作，休耕期短或甚至沒有休耕期，因而發展出一整套的方法來維持土壤肥力，包括下面將討論的育林學（silviculture）。首先，他們會把雜草、禾草、老藤等有機物質倒在土壤上做堆肥，一公畝田地約有三百六十公斤的堆肥。休耕的田地上也堆了垃圾、草皮灰、剷刈下來的穢草、腐爛的木頭、雞糞等做為肥料和覆蓋物（防止土壤水分蒸發、抑制雜草生長等）。他們還在田地四周挖溝，以降低地下水位，避免水流受到阻塞，也把溝裡的腐殖土挖到土壤表面。豆類作物的根可固定土壤中的游離氮，提高土壤中的氮含量，以與其他種類的作物輪作──事實上，新幾內立獨立發展出來的輪作技術，目前在第一世界農業也很常見。新幾內亞人在陡峭的斜坡修築梯田，並以攔土柵護坡，當然還利用垂直排水道來排除多餘的水。新幾內亞高地的年輕人必須學習多年，才能學會這些技術。這些技術就是一個龐大的知識體，難以速成。我在那兒結交的朋友告訴我，他們小時候到外地求學，長大成人回到村子，發現自己居然笨手笨腳，什麼都種不好。

新幾內亞高地的持續型農業不只有土壤肥力不足的問題，也有森林過度砍伐的問題。農夫為了開墾園圃和建立村落，把林地清理出來。此外，高地居民對木材的依賴很深，蓋房子、做柵欄用木頭，工具、器皿和武器也用木頭，還用柴火煮食、冬天生火取暖等。以前新幾內亞高地有一大片橡樹和山毛櫸，但是經過幾千年的開墾之後，人口最稠密的地區（特別是巴布亞紐幾內亞的瓦基谷〔Wahgi Valley〕和印尼所屬巴布亞省的巴里姆谷〔Baliem Valley〕）海拔二千四百公尺以下的林地已經砍伐光了。那麼高地居民所需的木材從何而來？

一九六四年，我來到新幾內亞高地的第一天，就注意到這裡的村落和園圃種了很多木麻黃。木麻黃別名番麻黃、鐵木等，分成粗枝木麻黃、細枝木麻黃、千頭木麻黃等六十多種，葉子細長如針，原產於太平洋島嶼、澳洲、東南亞和熱帶東非等地，現在世界各地都有種植。木麻黃的木質堅硬如鐵，但很容易剖開。新幾內亞高地原產的木麻黃是小頭木麻黃（*Casuarina oligodon*），原先在溪流兩岸自然生長，居民於是把這種木麻黃的幼苗移植到高地各處。除了木麻黃，居民也種植了其他樹種，但是木麻黃長得最繁茂。這種大規模、有計畫的造林行動也就是現代的育林學。

歐洲森林學者後來才漸漸了解小頭木麻黃的獨特優點，以及這些樹叢為新幾內亞高地居民帶來的好處。這種樹長得很快，木質優良，可做木材和燃料，根部瘤節可以固定土壤中的氮，大量落葉更可為土壤帶來氮和碳。在作物的園圃種植木麻黃，可增加土壤肥力；在休耕的園圃種植木麻黃，更可縮短休耕的時間，不久就可再種植新的作物。陡坡種植木麻黃也有利於水土保持，減少土壤侵蝕的問題。新幾內亞的農夫還說，木麻黃可以對抗一種會吃芋頭的甲蟲。從他們的經驗來看，這種做法顯然沒錯，然而農業專家至今仍不知這種木麻黃為何具有防蟲之效。高地居民認為木麻黃很實用，喜歡在樹蔭下乘涼，也愛聽風吹拂過木麻黃枝葉的聲音，所以對這種樹情有獨鍾。儘管谷地的原始林完全砍伐光了，這個深深依賴木頭的社會還是因大規模種植木麻黃而重獲生機。

新幾內亞高地居民的育林行動已經進行了多久？前面二至八章討論過，花粉學家在復活節島、馬雅地區、冰島和格陵蘭等地自湖芯研究尋找線索，以重建當地的植物史。在新幾內亞高地進行研究的古植物學家也使用類似方法：分析湖芯中的花粉，辨識花粉來自哪些種類的植物；找尋火災（天然火災或人為火災，即為了清理林地焚燒山林）產生的炭粒子或碳化粒子；是否因清理林地、土壤侵蝕造成沉積物增加；利用放射性碳元素年代測定法。

結果顯示，在四萬六千年前左右，人類划著木筏或獨木舟從亞洲經印尼群島來到新幾內亞和澳洲。那時新幾內亞仍和澳洲相連，多個考古遺址的發現證明當時已有人跡。由炭粒子看來，三萬兩千年前經常出現火災，與森林的樹木種類相比，非森林樹木的花粉增加了。再從新幾內亞高地的遺址來判斷，那時經常有人來到高地，可能是來此狩獵或在林中撿拾露兜樹（*Pandanus tectorius*）的核果來吃，就像現在的新幾內亞高地居民。大約在七千年前，森林持續清理的跡象和谷地沼澤人工排水道的出現，顯示新幾內亞高地出現農業了。一千二百年前左右，非森林花粉持續增加，森林花粉不斷減少，東邊的瓦基谷和西邊的巴里姆谷雖然相距八百公里，幾乎同時出現大量的木麻黃花粉。今日，這兩個最廣闊的高地谷地是森林砍伐最多的地區，人口也最為稠密，一千二百年前的情況也差不多。

如果我們把木麻黃花粉的大量出現解讀為高地居民開始大量、有計畫地種植木麻黃，他們為什麼要這麼做？為何在兩個不同的地方同時出現這種做法？這麼做應該是因應林木短缺的危機，而原因可能有兩、三個。一個原因是高地居民從七千年前開始不斷增加，為了耕作與林爭地。其次是火山灰落塵嚴重。新幾內亞東半部都在奧哥維拉火山灰（Ogowila tephra）的覆蓋之下（包括瓦基谷），不過火山灰沒吹到西半部的巴里姆谷。奧哥維拉火山灰是距新幾內亞東部海岸不遠的長島（Long Island）火山所噴發。一九七二年，我到長島一遊。長島中央是一個巨大的火口湖，是太平洋島嶼中最大的湖泊，四周有山巒環繞，山脈寬度約有二十五公里。正如第二章所述，火山灰富含養分，可刺激作物生長，人口連帶地也會成長，對木材和燃料的需求更大，新幾內亞大規模種植木麻黃就可解決林木不足的問題。再者，我們可由秘魯海岸觀察到的聖嬰現象，推論新幾內亞高地可能出現乾旱和多霧的問題。

三百年前到六百年前新幾內亞高地出現更多的木麻黃花粉，這應該是擴大育林的結果。這個結果可能由兩個事件刺激而生：一是提比多火山灰（Tibito tephra），火山噴發地點一樣是在長島，但規模更大，因此對土壤和人口的刺激都比奧哥維拉火山灰來得大。我看到的火口湖就是這次火山爆發的遺跡。另一個事件可能是安地斯山的甘薯引進新幾內亞高地，作物產量因而增加好幾倍。自從瓦基和巴里姆出現大量人工栽種的木麻黃，高地其他地區後來也在不同時期跟進。直到二十世紀，一些高地邊緣地區也開始種植麻黃。這種育林行動的擴展或許牽涉到技術傳遞，從最先開始的兩大谷地逐漸傳到其他地區，也可能是其他地區自行發展出來的。

我以新幾內亞高地遍植木麻黃的做法，做為「由下而上」解決環境難題的例子。新幾內亞高地沒有文字紀錄，我們無從得知他們如何決定採行這種技術。但是新幾內亞高地是個極度民主的社會，所有決策都是「由下而上」、大家不斷討論得來的，這個育林的決定應該也不例外。荷蘭和澳洲的殖民政府在一九三〇年代才來到這裡，在此之前高地從未出現任何政治統一的局面——村落與村落之間忽敵忽友，每一個村落也沒有什麼村長或酋長等領導人。每一個人的地位都差不多，比較具有影響力的個人叫做「大人」，但還是跟大夥兒一樣住茅屋，也要下田。村裡有什麼大事，都是大家一同坐下來促膝長談（今天仍是）。「大人」不能命令任何人，也不一定能說服別人採用自己的提議。今天，在外人（不只是我，還有新幾內亞的官員）的眼中，這種「由下而上」的決策方式或許讓人很傷腦筋。凡事都得經過一番冗長討論才能決定，無法從村長那兒得到簡單的答覆。你得有耐心，等上幾個小時或幾天，待村子裡的每一個人暢所欲言、反覆辯論之後，才能得到答案。

種植木麻黃應該是這麼討論出來的，其他實用的農耕方式也是大夥兒腦力激盪的結果。村子裡的人看到周遭森林愈砍愈少，發現土壤肥力下降、作物產量減少，感受到木材和燃料缺乏的窘況，於是群策群力共商解決之道。新幾內亞人比我看過的任何一個族群更具好奇心和實驗精神。以前我在新幾內亞看到一個人拿到一枝鉛筆，那個人不知這東西是做什麼用的，就百般嘗試：髮飾？戳東西的？可以吃嗎？棒狀耳環？用來塞在鼻中隔鼻環穿孔處？除了拿來寫字，他都試了。記得我曾雇用幾個新幾內亞人擔任助手，請他們到離村子比較遠的地方工作。他們每到一個地方，就會採擷當地植物，問當地人那種植物的用途，還採了一些回去，打算在家裡的園圃種種看。我們可以想像，一千兩百年前的新幾內亞人也是如此，他們注意到溪畔長了許多木麻黃，也試著回家種種看，結果發現這種樹優點很多。其他人看到有人在田地附近種了木麻黃，於是群起效尤。

除了林木缺乏和土壤肥力下降的問題，在人口不斷成長之後，新幾內亞高地的居民也面臨人口過多的問題。除了戰爭會削減人口，他們也利用種種方法來控制人口，如殺嬰、用植物來避孕或墮胎、禁慾或利用泌乳期不排卵來避孕。這些做法一直延續到六、七〇年代，因此新幾內亞不像復活節島、芒阿雷瓦、馬雅、阿納薩齊印第安部落等社會，因為森林過度砍伐和人口過度成長而面臨滅亡的命運。事實上，在新幾內亞還未出現農業之前，新幾內亞人在高地建立的社會已經運作了好幾萬年。在農業出現之後的七千年來，儘管氣候已有改變，生態環境也不斷受到人類影響，這個社會依然生生不息。

今天的新幾內亞由於公衛的成功、新作物的引進與部落戰爭的減少，面臨新一波的人口問題。他們不再利用殺嬰這種殘忍的手段來控制人口。幾萬年下來，他們歷經不少重大轉變，如更新世大型動物滅絕、冰河融化和冰河時期結束的氣候暖化，以及近一萬年來農業的發展、森林過度砍伐、火山灰落塵、聖嬰現象、甘薯的引進和歐洲人的到來等，最後否極泰來，可見他們適應環境的能力很強。面臨最近一波的人口暴增，他們是否也能化險為夷？

蒂蔻皮亞島

蒂蔻皮亞島——西南太平洋上一個丁點兒大的熱帶小島——也是另一個「由下而上」策略的成功例證（參看第一四二至一四三頁地圖）。雖然這個小島面積不過四·六平方公里，人口總數為一千兩百人，農耕地的人口密度卻是每平方公里三百零八人。對一個沒有現代農業科技的傳統社會來說，人口密度算相當高，而島上的社會也已經有三千年以上的歷史。

離蒂蔻皮亞島最近的島嶼是一百三十六公里外的亞倫特島（Anuta），甚至比蒂蔻皮亞更小（面積只有〇．三七平方公里），亞倫特島的人口只有一百七十人。至於蒂蔻皮亞島附近比較大的島嶼，則是二百二十五公里外屬於萬那杜群島的芳努亞火山島（Vanua Lava）和索羅門群島的凡尼柯羅島（Vanikoro），面積皆不過二百五十九平方公里。英國社會人類學之父佛斯（Raymond Firth, 1901-2002）曾於一九二八年至一九二九年在蒂蔻皮亞進行為期一年的田野調查，後來多次回到這個小島做研究。他筆下的蒂蔻皮亞島如下：「沒在這個小島住過的人，很難了解這個島嶼與世隔絕的情況。面積小到一舉目就看到海，耳裡也滿盈海浪之聲（離海最遠的島中央，距離海岸也只有一．二公里）。當地人的空間認知都和海有關。那裡的人也想像不出廣闊的陸地是什麼樣子……一群島民有一次認真地問我這麼一個問題：『老兄，世界上有什麼地方聽不到海的聲音？』由於生活空間脫離不了海，他們的方向表達法也分成兩種，不是向著海，就是背著海。例如房子地上有把斧頭，島民會說那斧頭是在向著海、還是背著海那邊的地上。我還曾經聽見有一個島民對另一個人說：『你向著海那邊的臉頰有髒髒的東西。』過了一天又一天，一個月又一個月，海洋線永遠平直，未曾望見其他陸地的模糊身影。」

由於西南太平洋多颱風，蒂蔻皮亞小小的獨木舟要航向附近任何一個島嶼都很危險。對島民來說，每一次的航行都是壯舉。獨木舟很小，航行次數又少，因此進口的東西稀少，僅限於可以用來製造工具的石材。來這小島的人，多半是從亞倫特島來尋找結婚對象的年輕未婚男女。因為島上石頭品質低劣，無法製造工具（如第三章討論的芒阿雷瓦和亨德森島），島民必須從芳努亞火山島與凡尼柯羅島進口黑曜石、火山玻璃、玄武岩和燧石，而這兩個島嶼上的石頭有些從更遙遠的島運來，如俾斯麥群島、索羅門群島或薩摩亞群島。其他輸入品則包括可做為裝飾品的貝殼、弓箭，以前還有陶器。

島民所需的食物當然不可能進口，他們必須生產足夠的糧食，並把餘糧貯存起來，好因應五、六月的旱季以及園圃會遭到強風暴雨蹂躪的颱風季。（蒂蔻皮亞島地處西南太平洋颱風盛行區，平均每年兩個颱風掃過全島。）因此，三千年來蒂蔻皮亞島民生存的兩大挑戰就是：一、如何生產足夠的糧食，養活島上的一千二百人？二、如何避免人口成長？如果人口不斷增加，糧食短缺，島民就會餓死。

有關蒂蔻皮亞島民的傳統生活型態，我們主要的參考資料來自佛斯在島上做的人類學研究。雖然早在一六〇六年歐洲人已「發現」這個小島，由於此島與外界隔絕，受到歐洲的影響不大。一八五七年才開始有傳教士上岸，直到二十世紀也才有島民信奉基督教。因此，在一九二八年至一九二九年間來到蒂蔻皮亞島的佛斯，要比後來到這裡進行研究的人類學家幸運得多，那時的蒂蔻皮亞島剛受到歐洲影響，轉變還不大，很多傳統文化的東西都還在。

我們曾在第二章討論影響太平洋島嶼社會的幾個變因，了解哪些社會比較容易受到環境惡化的影響。從這些環境因素來看蒂蔻皮亞島的糧食生產，我們發現多項利多：降雨量高、緯度適中、火山灰落塵多（附近島嶼火山爆發飄來的火山灰）以及來自亞洲的沙塵多。這些利多和蒂蔻皮亞島本身的環境有關，和個人無關。但蒂蔻皮亞島可以生存這麼久，島民的努力功不可沒。刀耕火種雖然在許多太平洋島嶼大行其道，蒂蔻皮亞島則不行此法，島民以永續農法細膩地經營農地。幾乎島上所有的植物都有用途，例如拿野草覆蓋在園圃上，饑荒時更以野樹果腹。

如果你在蒂蔻皮亞，從海邊往內陸的方向走，你會以為整座島都是鋪天蓋地、層層疊疊的原始熱帶雨林，就像許多杳無人煙的太平洋島嶼。然而，一旦你走入林中，就會發現這裡別有洞天，原來雨林只長在最陡峭的懸崖，裡面盡是果樹園圃。島上大部分土地都已開墾成多層次的果園，果園中種了許多樹，最高大的樹有的原產於本地，有的則從外地引進。這些樹都有食用價值，能產水果或核果，最重要的是椰子樹、麵包樹以及樹幹含有大量澱粉的蘇鐵（*Cycas revoluta*）。數量較少但枝葉繁茂、價值匪淺的樹包括本地原產的杏仁樹（*Canarium harveyi*）、會結核果的山欖（*Burckella ovovata*）、大溪地栗樹（*Inocarpus fagiferus*）、盤腳樹（*Barringtonia procera*）和欖仁樹（*Terminalia catappa*）等。種植在中間層的小喬木包括檳榔（*Areca catechu*，含檳榔鹼等尼古丁類物質，有興奮中樞神經的效果）、果實有蘋果香的太平洋溫桲（*Spondias dulcis*）和箭毒木（*Antiaris toxicaria*）。箭毒木或稱見血封喉，雖有劇毒但樹皮特別厚，富含細長柔韌的纖維，可以做衣服。其他玻里尼西亞島嶼的樹皮布則是用楮桑。最下層則是種薯蕷、香蕉和大沼芋（*Cyrtosperma chamissonis*）等。雖然很多品種的沼芋都得種植在潮溼的沼澤地，但蒂蔻皮亞島民還是培養出一種比較耐旱的品種，種在排水良好的山坡果園。這種多層次的果園在太平洋地區獨樹一幟，層層疊疊、錯落有致，結構就像熱帶雨林。[1]不過蒂蔻皮亞島上的植物皆可食，而大多數雨林樹木都不可食用。

除了廣大的果園，還有兩種沒有樹木的小塊區域也用來生產糧食。一種是小的淡水林澤，用來種植性喜潮溼的沼芋。另一種則是休耕期短、採取勞力密集耕作方式的區域，幾乎沒有休止地生產根菜，如芋頭、薯蕷和南美洲引進的木薯。近年來木薯大量種植，取代了很多本地原產的薯蕷。種這些根菜很辛苦，得時時除草或把野草、樹枝覆蓋在田地上，避免水分蒸發。

蒂蔻皮亞島上的果園、林澤和田地生產的糧食以富含澱粉的植物為主。島上沒有比雞、豬來得大的家禽或家畜，島民蛋白質的來源主要是大海捕撈的魚及貝類，其次則是鴨及島上鹹水湖產的魚類。在蒂蔻皮亞島捕魚或吃魚，都得經過酋長的允許。有人管理、控制，就可避免竭澤而漁的問題。

每年旱季來臨，作物歉收，或是颱風來襲使園圃遭到破壞，蒂蔻皮亞島民便必須依賴兩種緊急食物維生。一種是果醬，將多餘的麵包果放在坑洞中發酵，製成後可貯藏二、三年。另一種則是原始雨林生長出來的果實、核果等可食部分，雖然不是島民喜歡的食物，至少能避免餓死。一九七六年，我在索羅門群島中的倫內爾島（**Rennell**）進行研究。島上有幾十種樹，我問島民哪一些樹可以吃，哪一些不能吃。島民答道，有些樹的果實可以吃，有些樹不能，還有一些則是在「航基．肯哥」（*hungi kenge*）之時，萬不得已才吃。我從未聽過什麼「航基．肯哥」，就問他們那是什麼意思。島民告訴我，那是他們記憶中最強烈的一次颱風，大約在一九一〇年左右侵襲倫內爾島，由於所有的作物都被摧毀，島民差點餓死，最後只好以森林中的野生果實果腹。這是他們應急的食物，平常不吃這種東西。蒂蔻皮亞島每年平均兩個颱風來襲，因此應急的野生果實對他們來說可能更重要。

以上就是蒂蔻皮亞島民避免斷糧之道。然而，島民要豐衣足食的另一個先決條件：人口必須

1 熱帶雨林長得高大茂密，一般高度在三十公尺以上，從林冠到林下樹木分為多個層次，彼此套迭。最上層是刺破雲端的參天古木；底層落葉深厚，花草叢生；中層喬木、蔓藤盤根錯節，纏繞不休。

保持一定的數量，不能有所成長。根據佛斯一九二八年至一九二九年做的調查，當時人口總數是一千二百七十八人。從一九二九年到一九五二年，每年人口的成長率是一．四％。儘管這樣的成長率很低，如果打從三千年前二十五個玻里尼西亞人乘獨木舟來到這個島開始，以這樣的人口成長率計算，一千年後這個小小的島將擠滿二千五百萬人，到了一九二九年將高達二百五十萬兆人（2.5X1018）。當然，這是不可能的事，人口不可能這樣永無止境地成長。自從有人開始在蒂蔻皮亞島落腳，過了二百八十三年，島上的人口已經達到目前的數量，也就是一千二百七十八人。之後島上的人口數量如何保持不變？

一九二九年，佛斯發現島民使用六種人口調節法，還有一種已經絕跡。這六種方式包括現代人的節育法，如避孕或墮胎。我們可能是在人口壓力或家庭無法負擔之下決定節育，但蒂蔻皮亞島民明確表示，他們節育的動機是為了避免島上人口過剩，若是生太多孩子，光靠家裡那一點田地也養不起。例如蒂蔻皮亞的酋長每年都會舉行一個儀式，宣揚「人口零成長」（Zero Population Growth）的理想。很巧的是，自從一九六〇年代以來，第一世界也有個「人口零成長組織」（不過自二〇〇二年起已改名），致力於同樣的目標，只是島民完全不知道世界上有這麼一個組織跟他們有志一同。在蒂蔻皮亞島，一對夫婦的長子到了適婚年齡，這對夫妻就不再生育了。島民一般最多只生四個孩子，有些只生兩個（一男一女），或生一個兒子加上一個或兩個女兒。

在蒂蔻皮亞傳統的七個人口調節法中，最簡單的避孕法就是性交中斷法。另一個方法是墮胎，在孕婦臨盆前按壓她的腹部或用熱燙燙的石頭壓在她的肚子上。殺嬰也是一個手段，將嬰兒活埋、悶死，或者讓新生兒趴著、口鼻朝下窒息而死。貧窮人家年紀較小的兒子經常不結婚，因此很多女孩到了適婚年紀沒有結婚對象，也保持單身，不會當人家的姨太太。（但在蒂蔻皮亞，單身的定義是指不生孩子，單身者也可以有性生活，利用性交中斷法避孕，萬一懷孕只好墮胎或殺嬰。）還有一個方法是自殺。

在一九二九年到一九五二年間，已知有七個人上吊自殺（六男一女）和十二個女人投海自殺。送死要比蓄意自殺更尋常。在一九二九年到一九五二年間，就有八十一個男人和三個女人乘船航向波濤洶湧的大海，結果一去不返。在島上年輕男子的死亡案例中，三分之一以上都在海上死於非命。雖然年輕人出海不一定是有意自殺，也可能是不顧一切想去海上闖蕩，動機因人而異。然而，在這麼一個小島，饑荒來臨時不易生存，貧窮人家食指浩繁，大哥下面的小弟們可能就得自行了斷。一九二九年在蒂蔻皮亞島做研究的佛斯聽說了這麼一個故事：島上有個叫做帕・努苦麻拉（Pa Nukumara）的人，他是酋長的弟弟，一回碰上了嚴重的旱災和饑荒，他就帶著兩個年紀比較小的兒子出海去，說道寧可沒兩下子就被大海吞噬，也不想在島上慢慢餓死。

第七種人口調節的方法到了一九二九年已經消失了，佛斯從島民的口傳歷史才得知。據說在十七世紀或十八世紀初，原本和海洋相通的海灣出海口出現沙洲，海灣因而封閉，成了今天的鹹水湖。海灣變成鹹水湖之後，其中的貝類和魚群減少很多，住在附近的納嘉・亞里奇族（Nga Ariki）於是面臨饑荒的衝擊。這個氏族為了取得更多的土地和海岸，就對另一個氏族納嘉・拉文家族（Nga Ravenga）發動攻擊，殲滅全族。過了一、兩個世代，納嘉・亞里奇族又攻擊剩下的納嘉・法愛亞族（Nga Fawa）。納嘉・法愛亞族於是乘獨木舟亡命大海（等於是送死），以免慘遭納嘉・亞里奇族的毒手。從島上鹹水湖和一些村落遺址來看，這些口傳歷史應該真有其事。

不過，自從步入二十世紀後，蒂蔻皮亞島漸漸受到歐洲的影響，這七種調節人口的方法很多都已經消失了。由於蒂蔻皮亞島屬於英屬索羅門群島的一部分，英國殖民政府禁止出海和部落戰爭，基督教傳教士也在島上勸大家不要墮胎、殺嬰和自殺，結果島上人口在一九二九年原本是一千二百七十八人，到了一九五二年已增加到一千七百五十三人。那時又有兩次強烈颱風來襲，相距不過十三個月，島上半數以上的田園遭到破壞，很多地方出現饑荒。為了因應危機，英國殖民政府不但送救災的糧食到島上，為了長遠著想，也鼓勵島民移民到索羅門群島中人口較稀少的島嶼，以減輕蒂蔻皮亞島的人口壓力。今天，蒂蔻皮亞島上的酋長將人口數控制在一千一百一十五人，接近過去用殺嬰、自殺等手段控制的人口數，但島民已不再採用那些不人道的方法。

蒂蔻皮亞島的持續型經濟又是從何時開始的？如何產生的？根據考古學家克曲（Patrick Kirch）和古植物學家道格拉斯·顏（Douglas Yen）在島上進行的挖掘研究，發現這種經濟型態不是突然出現的，而是將近三千年來不斷發展的結果。正如第二章所述，公元前九〇〇年現代玻里尼西亞人的祖先拉皮塔人最先在蒂蔻皮亞島落腳，這些拉皮塔人對島上環境產生巨大的衝擊。從考古遺址挖掘出的木炭顯示他們曾焚燒山林、清理林地，也捕食島上的海鳥、陸鳥、食果蝙蝠、魚、貝類和海龜。不到一千年，島上的五種鳥類就滅絕了，包括阿波特鰹鳥（*Papasula abbotti*）、奧氏鸌（*Puffinus lherminieri*）、秧雞（*Rallus philippensis*）、暗色塚雉（*Megapodius freycinet*）和烏領燕鷗（*Sterna fuscata*），後來紅腳鰹鳥（*Sula sula*）也跟著絕種。考古學家研究島上貝塚後發現，在人類入主的頭一千年，食果蝙蝠完全消失，魚類和鳥類的骨頭減少到三分之一，貝類只剩十分之一，巨大的蛤蜊和銀口蠑螺（*Turbo argyrostomus*）更幾乎絕跡（人類特別喜歡捕撈最大的來吃）。

大約在公元前一〇〇年左右，島上原有的食物資源消失了或被吃光，蒂蔻皮亞島的經濟型態開始有所轉變。考古學家在島上遺址中發現，在接下來的幾千年間，木炭沉積物變少了，本地原產杏仁樹的殘餘物再現，這代表島民放棄刀耕火種的農業型態，轉而在果園中種植堅果樹。為了彌補鳥類和魚類的減少，島民開始密集養殖豬隻。在島民攝取的蛋白質中，豬肉幾乎占了一半。到了公元一二〇〇年左右，玻里尼西亞人從東而來，他們獨特的文化也在斐濟、薩摩亞、東加和拉皮塔人殖民的蒂蔻皮亞島落地生根。在坑洞內貯藏麵包果使之發酵的技術，就是玻里尼西亞人帶來的。

公元一六〇〇年左右，根據口傳歷史和考古遺址的發現，蒂蔻皮亞島民做了一個重大決定：把島上所有的豬隻全都宰殺掉，所需的蛋白質以魚、貝類和烏龜來取代。根據蒂蔻皮亞人的描述，他們的祖先之所以做這個決定，是因為豬隻會破壞園圃，把植物連根拔起，和人類搶奪食物，因此豬肉養殖的效益就大打折扣（平均十公斤的蔬菜餵豬才能得到一公斤的豬肉），最後變成專供酋長享用的珍貴食品。約和放棄養豬同時，蒂蔻皮亞島的海灣也變成鹹水湖。到了十九世紀歐洲人開始來此島定居，蒂蔻皮亞島的經濟型態已經定型。在二十世紀殖民政府和基督教傳教士發揮影響力之前，蒂蔻皮亞人已在這麼一個小小的、遙遠的島嶼，細膩地經營自己的土地，自給自足地過了三千年。

今天的蒂蔻皮亞島民分為四個氏族，每一個氏族都服膺世襲的酋長。蒂蔻皮亞酋長要比新幾內亞高地的「大人」來得有權力。儘管如此，蒂蔻皮亞島民的生計經營可以形容為「由下而上」，而非「由上而下」的發展。只消半天，你就可沿著蒂蔻皮亞島的海岸走完一圈，因此每一個島民對他們生存的島嶼瞭如指掌。由於人口很少，島上所有的居民都相互認識。在這個島上，每塊地都有名稱，且歸某個家族所有，每一戶人家擁有的土地分布在島上不同的地方。如果有一塊園圃沒有人使用，任何人都可以暫時利用這塊土地種植作物，不必請求地主同意。任何一個人也可在島上的任何一個礁石區捕魚，即使是在某一戶人家的前面也沒關係。要是颱風來襲，整個島都會遭受強風暴雨肆虐。由此可知，雖然蒂蔻皮亞島民分屬不同氏族，擁有的土地有大有小，但是屬於同一個命運共同體，面臨的危險和問題完全一樣。社會人類學家佛斯出版的第一本書就是《我們蒂蔻皮亞人》（*We, the Tikopia*），因為蒂蔻皮亞島民向外界人士介紹自己的社會時，開口閉口都是「*Matou nga Tikopia*」，也就是「我們蒂蔻皮亞人」。

蒂蔻皮亞島上各個氏族的土地和獨木舟也都由酋長管理、分配。以玻里尼西亞的標準來看，蒂蔻皮亞島的階級是最不分明的，酋長的權力也是最小的。酋長和其家族就像一般島民，一樣得在自己的土地、園圃和果園上辛勤栽種，自食其力。正如佛斯所言：「這種生產模式已成社會傳統的一部分，酋長不過是最主要的代理人和代言人。酋長和一般島民有著相同的價值觀：傳說和神話強化了親屬關係、儀式和道德等意識型態。酋長也是這種傳統的捍衛者，但是捍衛傳統的不只是他一個人，他的長輩、其他酋長、氏族的每一個人，甚至他的家人，也都會以同樣的價值觀來對他的行動提出忠告或批評。」因此，蒂蔻皮亞酋長並不是高高在上、統御他人的人，和我們下面所要討論的社會領導人大異其趣。

德川幕府的難題

另一個成功的故事發生在和蒂蔻皮亞島一樣人口稠密、與世隔絕的島嶼社會。這個島嶼社會幾乎沒有經濟物資進口，島民長久以來一直過著自給自足、不假外求的生活。不過，相似之處就只有這麼多而已。這個島嶼的人口比蒂蔻皮亞島多上十萬倍，有一個強勢的中央集權政府，算得上是第一世界的工業強國，社會階級分明，最上面是富有、有權勢的貴族，當環境出現危機之時，則是「由上而下」雷厲風行地解決問題。這個例證就是一八六八年以前的日本。

日本以科學方法來經營森林已有相當長遠的歷史，但是大多數的歐洲人和美國人都不知道。很多森林學者還認為，今天傳播到世界各地的森林管理技術，最先是在十六世紀的德國發展出來，十八、十九世紀再傳到歐洲其他地區。結果歐洲森林總面積雖在九千年前農業萌芽後不斷減少，從公元一八〇〇年開始已漸漸增加。印象中的德國一直是個人口稠密、高樓林立、工業發達的國家，但我在一九五九年初次到德國一遊，看到那一大片鬱鬱蔥蔥、整齊劃一的森林，不禁對這個工業國家刮目相看。

事實上，日本也和德國同時間獨立發展出「由上而下」的森林經營策略。日本和德國一樣是個人口稠密、都市化程度很高的工業國，因此讓人頗為驚奇。日本是第一世界當中人口密度最高的國家，以國土總面積而言，每平方公里有三百八十六人，農地的人口密度更高達每平方公里一千九百三十人。儘管人口如此之多，日本有五分之四的面積都是人口稀少的山區（圖二十），因此大部分的人口和農業區都集中在全國面積僅五分之一的平原。日本的森林保護和經營都相當得法，雖然砍伐一些林木做為木材，森林仍在增加。日本的森林覆蓋率很高，日本人因而自稱自己的島為「綠色列島」。雖然日本森林的外觀看來像是原始林，其實大部分的森林在三百年前已砍伐殆盡，目前所見的林地（像德國和蒂蔻皮亞島一樣）是經過仔細經營之後再生的。

日本的森林政策是因應環境和人口危機而生，但環境和人口危機卻是和平與繁榮帶來的問題。自公元一四六七年開始的一百五十年間，是日本的戰國時期，天皇失去實權，軍政大權都在各地封建諸侯（大名）手裡，各霸一方，征戰不休。到了十六世紀末期，大將豐臣秀吉擊敗各個諸侯，統一全國，掌軍政大權。豐臣秀吉死後，德川家康於一六一五年揮軍攻陷大阪，秀吉之子秀賴自殺身亡，豐臣氏陣營徹底被殲滅，德川家康於是把持全國政權，結束戰國時代。

一六〇三年之時，天皇已賜給德川家康「將軍」稱號，成為諸侯之首。從此之後，德川家康在江戶（也就是現代的東京）開設幕府，統攬大權。京都的天皇只是日本的象徵，無任何實權。幕府將軍的直轄領地占全國土地的四分之一，剩下四分之三的領地則劃分為藩，雖由全國二百五十個大名管轄，但幕府將軍對大名控管嚴厲。此外，軍權由將軍一把抓，大名之間不再互相攻打，甚至婚姻、修城或將財產傳給兒子都得經過將軍同意。從一六〇三年到一八六七年，在德川幕府的統治下，日本無內戰也無外犯，過了兩百多年的太平歲月。

和平與繁榮讓日本人口數量激增，經濟大幅成長。戰國時代結束之後不到一百年，由於以下幾個因素讓人口數目翻倍：和平安樂、不像同時期的歐洲遭到傳染病肆虐（主因是鎖國政策，嚴禁日本船出海貿易和日本人與海外往來）、新作物（如馬鈴薯和甘薯）的引進使農業生產力增加、溼地改良、防洪以及灌溉水稻產量的增加等。人口激增，都市成長的腳步更快，到了一七二〇年，江戶已經成為全世界人口最多的都市。這個時候，和平加上強有力的中央政府帶來幣制和度量衡的統一，並免除國內關稅、興建道路、改善沿海各港口間的海上運輸，這種種措施都有助日本國內貿易的興盛。

幕府統治前的日本對外貿易比較發達，統治後幾乎全面封鎖與外國的貿易。十六世紀，隨著新航線的開闢，葡萄牙人以貿易或征服為目的向亞洲進軍。他們在一四九八年繞過非洲來到印度、一五一二年前進到印尼東部的摩鹿加群島（Moluccas）、一五一四年踏上中國，並在一五四三年登上日本。最初來到日本的葡萄牙人是因海難漂流到九州的幾個船員，也是第一批來到日本的歐洲人，洋槍因而輸入日本。六年後，天主教會的教士也來了，為日本帶來更大的影響，信奉天主教的人民多達數十萬人，還包括一些大名。由於耶穌會和天主教方濟會的競爭，出現一些傳言，說西人傳教只是序曲，最後目的還是征服。

一五九七年，六名外籍教士及二十名日本信徒因違反豐臣秀吉的禁教令，遭到處死。信奉天主教的大名有的向官員賄賂，有的甚至暗殺官員，德川家康因而認為歐洲人和天主教威脅幕府和日本的穩定。（回顧歷史，歐洲總是以通商和傳教為由，踏上中國、印度等國，之後再進行軍事侵略，可見德川家康的確有遠見，使日本免於淪為西方殖民地。）一六一四年，德川家康頒布禁教令，迫害傳教士與拒絕棄教的民眾。一六三五年，幕府更全面實施海禁，禁止日本船出海貿易，也不允許日本國民與海外往來。四年後，執政的三代將軍——德川家光——更把所有滯留在日本的葡萄牙人驅逐出境。

從此日本進入長達兩百年的鎖國時代，閉關自守，比較注重與中國、朝鮮的關係，幾乎不與歐洲人來往。其中，由於荷蘭是信奉新教的國家，而且表明絕不傳教，因此破例可以繼續在日本貿易。然而，唯一對荷蘭開放的窗口僅限長崎港附近的一個扇形小島（譯注：以人工填海方式填出的島，面積約為一萬五千平方公尺，名曰出島），以避免日本國民接觸到如同病菌的外國人，人員出入都有守衛監督。其他貿易點則包括朝鮮海峽中央的對馬島（日韓貿易窗口）、南邊的琉球，以及北邊的北海道。北海道那時稱為蝦夷，還不算日本的一部分，十八世紀以前的日本史書記載歸於「異國」，島上有原住民愛奴族人。日本與外界的接觸僅限於此，沒有和任何一個國家發展外交關係，甚至和中國也沒有官方往來。一五九〇年代，豐臣秀吉兩度侵略朝鮮皆鎩羽而歸，此後沒有向外擴展的企圖。

在閉關自守的兩個世紀中，日本大抵能夠自給自足，特別是自產的糧食、木材和大多數的金屬都足以應付國內所需。進口物資只限於糖、香料、人蔘、藥材、水銀、中國的生絲、鹿皮等用以製造皮革的動物毛皮，以及鉛、硝石等火藥原料，加上每年進口一百四十四公噸的珍貴木材。後來日本國內自產的生絲和糖增加了，就不再進口那麼多的生絲和糖，另外也因火槍管制最後甚至禁用，火藥原料的進口也少了。這種自給自足、遺世獨立的局面，到了一八五三年還是難以為繼：美國艦隊司令官海軍准將培理（Matthew Perry, 1794-1858）率領艦隊叩關江戶浦賀港，逼迫日本開放通商，要求准許美國捕鯨船和商船在日本港口停泊，以便補給燃料等必需品。西人挾船堅炮利而來，德川幕府無法用現有武力驅逐外國人以保護日本，幕府勢力式微。最後一代將軍德川慶喜遂於一八六八年將政權歸還天皇，從此日本自一個半封建的社會急起直追，沒多久就躋身現代國家之林。

所謂福兮禍之所伏，日本在十七世紀雖享受了和平與繁榮，森林砍伐帶來的環境危機和人口壓力也一一浮現。隨著人口增長，耗費的木材也愈來愈多（幾乎所有的木材都是國產）。十九世紀晚期之前，日本大多數的建築物都是木造，不像其他國家多使用石頭、磚塊、水泥、泥土或瓷磚。日本木造建築的傳統，部分源於日本人對樹木情有獨鍾，特別欣賞木材的典雅簡樸；部分是因為早期森林遼闊，木材似乎取之不盡、用之不竭。當社會變得繁榮富足，都市和鄉村人口激增，住屋需求量大，便需要非常多的木材。一五七〇年左右開始，豐臣秀吉、繼任將軍的德川家康及許多大名競相建造大城和廟宇，以展現雄魄的氣象，笑傲群雄。光是德川家康修築的三大名城，[2]就必須砍伐約二十六平方公里的森林。在豐臣秀吉、德川家康和其子德川秀忠的統治時期，日本總共興建了二百個城町。德川家康死後，城町所需的木材甚至要比貴族建造大城來得多。城町的木造房屋櫛比鱗次，又用茅草做為屋頂，冬日用火爐取暖，一個不慎便引發大火，因此城町常因火災而重建。[3]災情最慘重的一次即一六五七年（明曆三年）的江戶大火，半個江戶城都被焚毀，死者多達十萬人。江戶重建所需的木材都從其他港口運來，而海運的船隻又都是木頭打造的木船，所以需要相當多的木材。再者，豐臣秀吉率兵遠征朝鮮，也需要數量龐大的木造戰船。

木造建築並非日本人砍伐森林的唯一動機。日本人也用木頭做燃料，包括生火取暖、烹煮食物，製鹽、瓷磚和陶瓷等工業也必須使用大量柴火。鑄鐵需要的溫度很高，得用木炭做燃料，才能達到所需的高溫。另外，日本人口不斷增加，需要更多的糧食，只好把更多的林地清理出來做為農地。農夫以「草肥」（也就是葉子、樹皮、樹枝）來施肥，也以草秣來餵養牛馬。草肥也好，草秣也好，都來自森林。每

2德川家康興建的三大名城：江戶城、駿府城和名古屋城。除了這三大名城，德川家康還建造了許多城、堡壘、寺院和神社。

3從一六〇一年到一八六六年，江戶地區總共發生過九十三次火災，平均每兩年九個月發生一次。

一公畝田地所需的草肥來自五到十公畝林地的樹木。在一六一五年戰國時代結束之前，大名和諸侯以大量的草秣餵養戰馬，以竹子製作武器和木柵，都利用了不少森林資源。大名的領地若有森林，每年必須以木材做為年貢獻給幕府將軍。

一五七〇年至一六五〇年間是日本建築大興之時，也是森林砍伐的高峰期。後來木材變少了，建築也開始走下坡。起初只要將軍或大名一聲令下，整片森林就應聲而倒，農民也可依自己的需要到山裡砍樹。但是到了一六六〇年，商人砍伐的樹木數量已凌駕在幕府之上。舉例來說，繼一六五七年的大火之後江戶又發生火災，富商紀伊國屋文左衛門就料到木材需求量會變大。大火還沒撲滅，這個富商就開船前往木曾地區，買了一整船的木材回江戶販售，大撈一票。

早在公元八〇〇年，畿內盆地的森林已砍伐殆盡。這是日本森林消失的起點。畿內盆地位在日本的最大島本州，即大阪、京都所在地。到了公元一〇〇〇年，本州附近面積較小的四國島森林也漸漸消失。到了一五五〇年，日本約四分之一的林地都砍伐殆盡（主要是本州中部和四國東部），其他地區的低地森林和老齡木森林大抵還在。

一五八二年，豐臣秀吉為了興建大城等建築，因直轄領地生產的木材不夠，於是向全國各地徵收木材。他也是日本第一個大規模開發森林資源的統治者。日本大部分有價值的森林都歸他掌控，大名也得向他繳納木材做為年貢。將軍和大名除了將領地上的森林占為己有，也有權取得村落或私人林地上的珍貴樹種。幕府為了取得遠方的木材，先清除河流上的障礙物，好讓原木漂流而下，到了岸邊再用船運輸送。伐木在日本既有三個島嶼上大行其道，從九州南端、四國、到本州北端。一六七八年，伐木產業更已擴展到北海道南端。到了一七一〇年，日本主要島嶼（本州、四國、九州）和北海道南部可及的森林全都被砍伐光了，只剩陡坡上、險峻的高山或以當時技術很難運送下山的山區老齡木。

森林的消失對德川時代的日本傷害很大，除了木材、燃料和牲畜草秣的短缺，重大建築也得停擺。物以稀為貴，木材變得珍貴之後，村落之間、大名之間，甚至大名和將軍之間經常為爭奪林木起紛爭。至於河流的用途也出現爭議，有人要利用河流運送原木，有人則希望在河流上釣魚或利用河水灌溉作物。正如我們在蒙大拿所見，林地砍伐之後，再生出來的小樹很容易著火，釀成森林火災。老齡木森林比較沒有這樣的問題。此外，林木的覆蓋有助於水土保持，樹砍光了之後，土壤侵蝕的速率就會變快。加上日本多雨、融雪水多，又常發生地震，土壤侵蝕的問題只會變本加厲。山坡地光禿禿的，徑流增加，低地就容易淹水，而土壤侵蝕和河流泥沙淤積，也會使低地灌溉系統的水位增高。如此一來，暴風雨來襲所造成的破壞就更嚴重。草肥和草秣的減少更進一步影響農業，作物產量大不如昔。自十七世紀晚期以降，幕府時代的日本就遭受過幾次大饑荒的打擊。

解決之道

一六五七年江戶大火，重建江戶需要大量木材，加上都市人口激增，幕府因而驚覺國內已出現木材短缺的窘況。這樣的危機可能使日本變成另一個復活節島。然而，在接下來的兩個世紀，日本的人口數量漸趨穩定，資源的補充幾乎也抵得過消耗的速率。這種轉變是好幾代將軍「由上而下」雷厲風行的結果，他們崇尚儒家思想，提倡儉約、累積資源，才能逃過資源耗竭的災難。

部分轉變包括更加依賴海產、和愛奴族貿易來獲得食物，以減輕農業的壓力。日本人也採用新的漁業技術，如使用大型魚網與進行深水捕撈。所有海岸也劃分為各個大名和村落所有，嚴加控制，不准任何人恣意捕撈，以免過度漁撈造成海洋資源枯竭。島民也不再利用森林做為草肥的唯一來源，盡量少用草肥，改用魚粉做肥料。此外，他們也開始捕獵大型海洋哺乳動物（如鯨魚、海豹和海獺），也組織漁業工聯，資助捕魚所需的船隻、設備和人力。他們與北海道愛奴族的交易也擴大許多，愛奴族以煙燻鮭魚、乾海參、鮑魚、巨藻、鹿皮和海獺皮，和日本人交換米、米酒、香菸和棉布。結果北海道的鮭魚和鹿少了許多，愛奴族不再能以狩獵過著自給自足的生活，變得依賴日本輸入的商品，最後毀於經濟崩潰、傳染病和軍事征服。由此可見，德川幕府為了解決日本本身資源耗竭的問題，其中一個手段就是剝削其他地區的資源（直到十九世紀，北海道才正式納入日本國土範圍）。今天的日本和很多第一世界發達國家也是如此，為了自己脫困，不惜把資源耗竭的問題轉嫁到其他地區。

人口零成長也有助於日本轉危為安。從一七二一年到一八二八年，日本人口從二千六百一十萬人增為二千七百二十萬人，增加幅度極小。和早先幾個世紀的日本人相較，十九、二十世紀的日本女性哺乳期變長，也拉長生育間隔，以收哺乳閉經避孕之效。日本人也以避孕、墮胎、殺嬰等手段來控制人口。生育率下降也反映了一般夫婦面臨糧食等資源短缺的因應之道。在德川幕府時代，米價愈高，生育率就愈低。

其他轉變還包括木材的使用變少。打從十七世紀晚期開始，日本人漸漸改用木炭來做燃料，而不是直接燃燒木頭；興建房舍也不再使用大量的木材；烹煮食物也改用比較省燃料的爐子，不再使用開放式火爐；取暖也改用小小的、容易攜帶的木炭暖爐而非在屋子裡生火，或利用陽光來為房屋保暖。

幕府也「由上而下」貫徹一些做法，以矯正過去濫伐造成的森林資源失衡，除了消極地減少砍伐，也積極種樹。明曆年間江戶大火的九年後，也就是一六六六年（寬文六年），幕府發布水土保持法（「諸國山川掟」），警告國民濫伐森林將帶來土壤侵蝕、溪流泥沙淤積和洪水等問題，並鼓勵國民多種樹。大約同時，幕府即明令社會各階層不得任意砍伐森林。到了一七〇〇年，全國林地經營的體系已經建立。根據專攻日本近代史的史學家托特曼（**Conrad Totman**）所言，這樣的體系特別著重於執行，包括執行的人、事、地、時、方法、程度和代價。因此，德川幕府因應森林問題的第一步驟是消極地減少濫伐。雖然林木的產量還不能回到以前的水準，至少可以爭取時間，避免問題惡化，同時下令禁止社會各階層爭奪變得稀少的森林資源。

幕府的消極做法主要是從木材供應鏈的三個環節下手：林地管理、木材運輸和城鎮的木材消耗。以第一個環節而言，由於日本有四分之一的森林直接歸幕府將軍掌控，將軍於是從財務省指派一個資深官員（御林奉行）負責森林事務。將軍之下的二百五十個大名，幾乎每一個也都有自己的山林奉行。山林奉行封閉已經砍伐過的林地，使森林得以再生，禁止山田燒墾。農民如需砍伐林木或在國有林地放牧，都必須向山林奉行申請。至於屬於村落的林地，若非將軍或大名領地上的森林，就由村中的「大庄屋」管理。「大庄屋」以森林是村落共同的財產、供所有村民使用為原則，制定砍伐規則，禁止村民以外的人砍伐，並雇用守衛（山守）以防止盜伐。

將軍和所有大名都下令由各藩負責森林管理的機構（御林奉行所）記錄森林帳冊，計算、調查領地

森林的每一棵樹。以江戶西北一百二十八公里的輕井澤附近林地為例，一七七三年的紀錄之詳盡，令人嘆為觀止：[4]

面積：七八〇町步（七．七三三平方公里）

林木總數：四千一百一十四棵，其中的五百七十三棵不良（曲木或多瘤節之木）

解說

巨大針葉樹	七十八棵	幹材長七．三公尺至十一公尺，幹圍一．八公尺至二．一公尺，其中十二棵不良。
中型針葉樹	二百九十三棵	幹材長一．八公尺到二．七公尺，幹圍一．二公尺至一．五公尺，其中四十棵不良。
小針葉樹	一千四百七十四棵	幹材長一．八公尺至五．四公尺，幹圍〇．三公尺至〇．九公尺），其中一百三十棵不良。
小針葉樹	二百五十五棵	幹材長一．八公尺到五．四公尺，幹圍〇．三公尺到〇．九公尺），預定於一七七八年砍伐。
山坡上的針葉樹	一百二十棵	幹材長四．五公尺到五．五公尺，幹圍〇．九公尺到一．二公尺），其中十六棵不良。

山坡上的針葉樹	三百二十棵	幹材長三・六公尺至七・二公尺，幹圍〇・二公尺至〇・三公尺），其中七十九棵不良。
山坡上的針葉樹	十五棵	幹材長三・六公尺到七・二公尺，幹圍〇・二公尺到〇・三公尺），預定一七七八年砍伐。
櫧	四百八十八棵	幹材長三・六公尺至七・二公尺，幹圍〇・九公尺至一・六五公尺），其中三十六棵不良。
小樹	一百棵	

這種計算與紀錄顯示幕府「由上而下」管理的一絲不苟，沒有任何一個農民可擅作主張、恣意砍伐。至於第二個環節則是木材運輸。將軍和大名在要道和河流設立崗哨，檢查運送木材的船隻，確保人人遵守林木管理規定。最後一個環節是使用者和用途的控管。如果有一棵樹被砍伐下來，必須先經過崗哨檢查，了解砍伐者為何人、用途為何。貴重的杉木和橡木專供幕府使用，一般農民無法入手。一戶人家建築房舍可用多少木頭，視主人的社會地位而定：管理多個村落的「大庄屋」可用三十間（一「間」

4參看托特曼專書（*The Green Archipelago: Forestry in Preindustrial Japan*）的日文譯本《日本人はどのように森をつくってきたのか》，熊崎實譯，東京：築地書館，一九九八。

指長一．八二公尺的樑）；「大庄屋」的繼承人可用十八間；村長（「小庄屋」）十二間；村子裡的幹部（「組頭」）八間；有錢可向幕府繳納稅金的農民六間；一般農民、商人或漁民只能用四間。將軍還頒布一些法令，規定什麼樣的木材不得用於比較小的器物。一六六三年，有一項命令就禁止任何江戶人用杉木製作小木盒，家庭用的器皿也不准用杉木製造，但大木箱例外。一六六八年，將軍更進一步禁止利用杉木等上等木材製作公共場所的看板。三十八年後，更禁止販賣門松[5]（松樹做的新年裝飾品）。

以上都是消極防制山林砍伐和木材消費，以解決日本的森林危機，也只有將軍或大名雷厲風行才辦得到。當然，將軍和大名以身作則，不再濫伐山林也很重要。除了這些消極的做法，要徹底解決過度砍伐的問題必須種更多的樹，並做好水土保持以避免土壤侵蝕。日本從十七世紀就發展出精密的育林技術。政府和商人雇用農學者進行觀察、實驗，並出版農書。日本第一部最重要的農書《農業全書》[6]（1697，全十一卷）就是日本農學之祖宮崎安貞（1623-1697）所著。《農業全書》詳述種子的選擇、乾燥、貯存和備用；如何施肥以及準備平整、土壤鬆緊度適宜的苗床；如何浸泡種子；播種後覆蓋稻草保護幼苗；如何拔除種床上的雜草；如何移植並使樹苗保持一定的間隔；在接下來的四年將生長不良的幼苗拔除，補植新苗；長得太密的樹苗使之間隔加大；修剪樹枝，以促進樹幹生長等。種樹除了從種子開始栽種，有些樹種則利用扦插或強剪法（從基部強剪，讓枝條從基部再度成長）。

日本於是漸漸獨立發展出人工林。日本人把樹木當成一種成長極為緩慢的作物來長期培育。政府或私人也開始購地或租地來種樹，首選之地是可帶來經濟價值的地帶，如城市附近。然而，從一方面來看，人工育林風險大，也需要大量資金，代價很高。不但要雇用工人種樹，往後數十年還得有人照料，直到小樹長成大樹、砍伐上市之後，投資才能回收。在樹木還沒長成之前，隨時都可能因為森林火災或病蟲害而損失慘重。在種樹之時，又難以預料數十年後木材市場的價格波動。從另一方面來看，人工林業也有幾個好處是砍伐天然森林比不上的。首先，可以挑選有價值的樹種栽種。其次，可以提高樹木的品質，以更好的價格販售，例如修剪樹枝使樹幹長得又直又美。第三，可以選擇靠近城市或河流等方便運輸的地點來種樹，減少運輸費用。如果從偏遠山區把笨重的原木運下山，花費就相當可觀。最後，樹木以一定的間隔栽種，長得整齊劃一，較容易砍伐。有些日本林場的林木品質優良，遠近馳名，價格自然居高不下，如吉野林場的杉木就是做酒樽的最好材料，可使樽酒飄散杉香。

日本人工育林的興起是由統一的機構（御林奉行所）、以同樣的辦法在全國執行。當時的歐洲分成好幾百個公國或王國，而幕府時代的日本是一個由集權政府統治的國家。西南部是亞熱帶氣候，北部屬溫帶氣候，全國多雨潮溼，地形陡峭，屬於火山地形，土壤容易受到侵蝕，不是崇山峻嶺就是平坦的農地，育林的生態環境相當一致。過去日本的原始森林有多重用途，木材大都歸貴族使用，農民所需的肥料、飼養牲畜的草秣和燃料也都來自森林。人工林則主要用來生產木材，其他用途不多，以免影響木材的生產。此外還雇用「山守」來守護森林，避免盜伐。因此，日本人工林在一七五〇年到一八〇〇年之間大幅增加，林木短缺的危機終於解除了。

5門松：日本人過年時裝飾於家家戶戶房屋門口的傳統飾物。門松常用常青的松枝和生命力極強的竹子製作，象徵健康、長壽。

6《農業全書》：日本學者指出，宮崎安貞的《農業全書》受到明末徐光啟著《農政全書》（1639，明崇禎十二年付梓）的影響很深，《農業全書》甚至可說是《農政全書》「精煉化的日本版」。

日本的成功之道

任何外人在一六五〇年到日本一看，可能會預測日本將因森林濫伐瀕臨社會崩壞的命運，人口日多，資源漸少，最後必然你爭我奪，民不聊生。為什麼幕府時代「由上而下」的森林經營策略得以奏效，進而轉危為安？古代的復活節島民、馬雅人、阿納薩齊印第安人、現代的盧安達（第十章）和海地（第十一章）卻難逃一劫？這個問題屬於一個更大的問題，也就是第十四章將討論的群體決策：群體決策的成敗關鍵為何？決策失誤可分為哪幾個階段？

一般以為，中晚期幕府時代的日本治林有道，原因在於愛好自然、日本禪文化的見性尊生或受到儒家價值觀的影響。其實並非如此，這幾個原因兩三下就可以戳破。日本森林經營的成功說來複雜，非三言兩語就可道盡。如果是愛好自然或文化的影響，幕府早期就不愛好自然嗎？為何濫墾濫伐？難道現代的日本不再見性尊生，不再行儒家中庸之道，因而大肆利用海洋資源，不惜耗竭其他國家的資源？說起來，日本人工育林的成功原因之一是環境優勢：有些環境因素我們在第二章曾討論過，研究為何像復活節島等玻里尼西亞島嶼的森林容易被砍伐殆盡，而蒂蔻皮亞、東加等島嶼的森林仍然蓊鬱蒼翠。如蒂蔻皮亞島和東加群島等，生態環境強韌，樹木再生得快。日本也像這些島嶼，降雨量多、火山灰多，來自亞洲的沙塵也多，土壤肥沃而年輕，有利於樹木的再生。另一些利於育林的原因和日本社會有關：日本不飼養山羊和綿羊，因此沒有過度放牧、破壞山林的問題；再者，幕府終結了長久以來的內戰，沒有戰爭，也不再需要飼養那麼多的戰馬；海產豐富，使得農業壓力得以減輕。日本社會雖然利用牛、馬等獸力來犁田、翻土，但是為了因應森林砍伐和草秣減少等危機，這些牲畜的數量漸漸減少，農民改用鏟子、鋤頭等農具來耕種。

其他原因包括：日本各個社會階層無分貴賤都體認到，森林的保育對子子孫孫有莫大的好處。例如幕府時代的將軍剷除異己、統一天下之後，社會和平繁榮，預期無內憂外患，往後將是他們德川家族的時代。沒錯，日本足足有兩個半世紀在他們的掌握之下。和平、政治安定與自信，讓幕府時代的將軍放心為國土做長遠的投資與計畫。反之，馬雅國王、海地和盧安達的總統不知自己能在位多久，也不知道自己的兒子有沒有希望繼承王位或繼續擔任一國之尊。此外，日本種族和宗教的同源性很高（至今仍是），不像盧安達、馬雅或阿納薩齊印第安部落社會分歧、岌岌可危。最後，幕府時代的日本相當孤立，不與外國貿易，也不向外擴張，顯然必須倚靠自己的資源生存下去，不可能掠奪他國資源來解決國內所需。幕府時代社會太平，人民守法，自然也不會搶奪鄰人的木材。由於社會穩定，也沒有外來影響，日本的貴族和農民相信未來就像現在，未來的問題必須現在著手解決。

在德川時代的日本，不管是富有的農民或是貧窮的村民，一般都會把土地傳給自己的子孫。因此，擁有日本林地的人愈來愈多是願意對森林長期投資的人，他們期望子孫會繼承森林的使用權，或者亦有人因長期租賃而願意做長遠投資。例如很多村落的公有林地分割成若干塊，供農民個人租用，因而避免第十四章所述的「公有地悲劇」。村落還有一些林地專供木材砍伐、販售，經營合約（「年季契約」）則在砍伐之前就簽訂了。至於國有林地，則是政府與村落或商人簽訂長期合約，由他們來經營。以上種種政治和社會因素，使得將軍、大名和農民致力於森林的永續經營。在一六五七年的江戶大火之後，日本人更能體認森林經營是長遠的事業，短視近利地剝削森林資源是愚不可及的行為。

當然，即使人們能著眼長遠利益，也不一定能做出明智的決策，但一旦他們以眼前的目標為重，就時常會做出對短期和長期都不利的事。這就是為何人生和歷史要比化學反應複雜得多，而且難以預料，因此本書也不是為環境決定論做喉舌。一個社會的領導人如果不是消極地走一步算一步，而能預見危機、當機立斷，「由上而下」雷厲風行，社會的命運就會有很大的不同。同樣地，一般的老百姓也能以勇氣與積極態度參與地方事務，「由下而上」經營自己的社會。日本幕府時代的將軍和蒙大拿那些為了泰勒野生生物保護區努力的朋友，都是社會經營的典範——只不過一個是「由上而下」，另一個是「由下而上」——為了大我著想，追求長遠的目標。

其他成功的範例

我們在前七個章節看到許多社會因森林濫伐等環境問題面臨崩壞，也提到幾個成功之例（奧克尼群島、雪特蘭群島、法羅群島和冰島）。在這一章則一連探討了三個成功例證，即新幾內亞高地、蒂蔻皮亞島和幕府時代的日本，這樣的論述並非暗示成功的例子很少。過去幾個世紀，德國、丹麥、瑞士、法國等西歐國家也像幕府時代的日本，在穩定中求進步，也利用「由上而下」的策略經營森林、擴大森林面積。公元十三世紀左右，崛起於中安地斯山區的印加帝國也是。印加人在美洲創造出最大、組織嚴明的原住民社會，幾千萬的臣民在國王的領導下，大規模重新造林，以梯田防止土壤侵蝕，增加作物產量，並使木材源源不絕。

其他「由下而上」經營、小規模的農牧、狩獵或漁業經濟，成功的例子也不在少數。其中一個例子就是第四章略微提到的美國西南部印第安部落。比起龐大的印加帝國，這些印第安部落實在很渺小，但他們還是想出種種方法來解決問題，發展出可以長遠經營的經濟型態。雖然阿納薩齊、霍霍坎和明布雷斯族採取了不同的農業策略，最後都沒有成功，但霍比族和尊尼族發展的多元經濟還是成功了，讓族人生存了一千年以上。又如格陵蘭的維京人雖然滅絕，但島上的因紐特人自公元一二〇〇年來到這裡，還是過了五百年以上的狩獵—採集生活。澳洲的巨型動物在四萬六千年前的更新世滅絕後，澳洲原住民也以狩獵—採集維生，直到公元一七八八年歐洲人前往殖民之後才有轉變。現代還有不少自給自足的小型農業社會，例如有農田灌溉系統的西班牙和菲律賓農村、瑞士阿爾卑斯山區的農牧混合經濟，這些都有好幾百年的歷史，也是很多學者的研究主題。至於這些社會如何經營公共資源，當地都有詳盡的規定。

我所提到每一個實行「由下而上」經營策略的例子，都是能掌握土地上所有經濟活動的小型社會。印度雖然也實行「由下而上」的經營策略，但是複雜得多。印度因種姓制度使整個社會可分為幾十個次社會，分工合作，從事不同的經濟活動，如捕魚、務農、放牧或狩獵—採集。不同種姓階級的人不相來往，也不能通婚，可利用的環境資源和生活方式也都不同。即使一樣以捕魚為生，因種姓不同，捕魚的地點和方式也有細分。就像蒂蔻皮亞島民和幕府時代的日本人，種姓社會中的印度人知道賴以為生的資源有限，也還要把這些資源傳給子孫。他們也很認命，恪遵嚴苛的社會規範，對有限資源進行永續利用。

那麼，為什麼本章討論的社會得以長治久安，而第二章到第八章討論的那些社會最後還是變成廢墟？其中一個原因是環境差異：有些社會的生存環境比較脆弱，生存的試煉也比其他社會來得嚴酷。我們已在第二章比較過太平洋島嶼的環境差異，從這些差異來看何以復活節島和芒阿雷瓦島上的社會難以為繼，而小小的蒂蔻皮亞島卻能屹立到今天。本章討論的新幾內亞高地和幕府時代的日本也很幸運，擁有強韌的生態環境。但是，環境差異並不能解釋一切——如格陵蘭和美國西南部。在這些地區生存的社會不止一個，各自以不同的經濟策略維生，有的成功，有的卻失敗了，可見選擇適合環境的經濟策略也非常重要。最後，社會的存亡還有一大關鍵：無論採用何種經濟型態，是否能永續經營。經濟依賴的資源有很多種，如開墾農地、放牧、漁業、狩獵、採集或捕捉小動物等。有些社會懂得趨吉避凶，避免資源枯竭；有些社會還是竭澤而漁，最後自取滅亡。我們將在第十四章檢視種種應該避免的錯誤。然而，接下來的四個章節我們將繼續探討現代社會，和前面一到八章討論的過去人類社會進行比較。

PART 3 MODERN SOCIETIES

第三部

現代社會

CHAPTER 10

非洲的人口悲劇：盧安達的種族屠殺

十年前，也就是我那對雙胞胎兒子十五歲那年，我和內人帶他們去東非度假。當非洲那巨大的野生動物、一望無際的草原以及黝黑的非洲人出現在我們眼前時，我們家四口人也和其他觀光客一樣，內心悸動不已。先前，數不清有多少次，我們坐在客廳沙發上舒服地收看國家地理頻道的非洲特集，看黑尾牛羚在電視螢幕上奔馳。親自踏上塞倫蓋提大平原（Serengeti Plains），眼見幾百萬隻黑尾牛羚，那影像、聲音和氣味，真是百聞不如一見。有時候，我們坐在休旅車內被無數的動物包圍，舉目望去，從我們乘坐的車子到地平線，四面八方都是，壯觀的程度令人屏息。我們也無法從電視畫面感受恩戈羅恩戈羅（Ngorongoro）火山口的遼闊、平坦。你從火山口一側頂端的旅店下行，才知山壁如此高聳、陡峭。

東非人的友善、對孩子的熱情讓我們受寵若驚，人們的服飾豔麗，引人注目。此外，此地人口之多更是到了令人咋舌的地步。在書上看到「人口爆炸」是一回事，親眼一看又是另一回事。每天，街道兩旁總有無數的非洲兒童——很多看來跟我兒子差不多年紀，也差不多高矮——向開車經過的觀光客行乞，即使是一枝鉛筆也好，在學校才有筆可以寫字。不只是近處，道路遠端依稀能看得到密密麻麻的人群，可見這裡人口之多。牧地上的草稀稀疏疏，被成群的牛羊啃得光禿禿的。不久前被雨水沖刷、侵蝕形成的溝壑，淌著渾濁的泥水。

由於那些多不勝數的小蘿蔔頭，東非人口成長率已躍居世界第一：根據最近資料，肯亞的每年人口成長率是四．一%，依照這個比率，每十七年人口就會加倍。人類在非洲落腳的時間要比其他地區長得多，因此我們可能會天真地以為非洲人口早就達到平衡。事實上，非洲最近人口暴增的原因很多，包括種植來自新世界的作物（特別是玉米、豆類、甘薯和木薯）使得糧食產量大增、農業基礎的擴大、衛生改進、預防醫學、母親和兒童接種疫苗、使用抗生素、瘧疾等非洲流行病受到控制、國家統一以及國界確立等。例如相鄰族裔必爭之地原來杳無人煙，界線劃分清楚後就能安家落戶。

有關東非的人口問題，我們常常想到馬爾薩斯的人口理論。馬爾薩斯是英國的經濟統計學家，他在一七九八年出版的《人口論》（*Essay on the Principle of Population as It Affects the Future Improvement of Society*）論道：人口按照幾何級數增長，但是糧食只照算數級數增加，如果人口沒有節制，成長的幅度必然大大超越糧食增加的速率。舉例來說，人口增加為原來的兩倍需要三十五年時間，假設公元二〇〇〇年某一地的人口為一百人，在毫無節制的發展之下，到了二〇三五年人口將變為二百人，到了二〇七〇年則為四百人，到了二一〇五年就成八百人，以此類推。然而，糧食產量的增加頂多只是多個二五%或二〇%。除非饑饉、戰爭、疾病或人們刻意節制（如避孕或晚婚）來減緩人口成長率，增加的人口最後必然會把所有糧食吃光。馬爾薩斯如是說：如果我們只是增加糧食產量，人口成長毫無節制，只有餓殍遍野，幸福快樂必然無望。

馬爾薩斯的悲觀看法是否正確，引發許多學者辯論。事實上，已有一些現代國家人民自願配合（如義大利和日本）或政府施以鐵腕（如中國的「一胎化政策」）來降低人口成長率。就現代盧安達的慘況來看，似乎就是馬爾薩斯人口悲劇最可怕的一幕。一般而言，支持馬爾薩斯理論的人或是批評他的人都贊同這一點：即使因為資源不能永續利用，而造成人口和環境的問題有多麼嚴重，最後還是可以解決，使人口成長的曲線再度趨於平緩。有些解決方法出於我們自己的選擇，有的則不是我們樂見的，如馬爾薩斯預言的戰爭、疾病、饑饉等。

幾個月前，我在加州大學洛杉磯分校（UCLA）向大學部學生講述人類社會的環境問題，討論社會為解決環境問題經常面臨的爭端。一個學生就提到，這些爭端可以在衝突的過程中得到解決。他說的解決不是指利用殺戮做為手段，而是說：環境問題引發的衝突，在美國常可在法庭上解決，法律不失為解決爭端的理想方式。這些學生因而有所體認，如果未來欲以解決環境問題為職志，必須熟稔法律。我們也從盧安達學到一課：我的學生說得沒錯，有些問題可以透過衝突來解決，但是有些衝突往往非常血腥暴力，不像訴諸法律途徑那樣平和。

盧安達屠殺大事記

近幾十年來，一提到盧安達和相鄰的蒲隆地，我們就聯想到兩件事：人口眾多與種族屠殺（圖二十一）。這兩個是非洲人口最稠密的國家，人口密度在全世界數一數二：以平均人口密度而言，高居第一的盧安達，甚至是非洲人口密度排行第三的奈及利亞之三倍，更是鄰國坦尚尼亞的十倍。就全世界自一九五〇年以來種族屠殺的死亡人數，盧安達排第三位，僅次於七〇年代赤棉屠殺柬埔寨人民和一九七一年巴基斯坦士兵在孟加拉（那時稱東巴基斯坦）的血腥屠殺。由於盧安達的總人口只有孟加拉的十分之一，以屠殺人口占本國人民的比率來看，盧安達超過孟加拉，僅次於柬埔寨。蒲隆地的種族屠殺規模比盧安達來得小，受害者不過幾萬人「而已」。然而，這樣的死亡人數已使蒲隆地在一九五〇年以來的世界種族屠殺中名列第七，以屠殺人口占本國人民的比率而言，更高居第四。

我們向來認為，盧安達和蒲隆地的種族屠殺是種族暴力事件。事實上，這不只是種族暴力事件，還有其他原因。在了解這點之前，我們先來探討盧安達種族屠殺的背景、在什麼樣的歷史之下使盧安達走上悲劇的舞台，以及一般對盧安達種族屠殺事件的詮釋（我會在後文解釋為什麼這種詮釋有誤、不完整或過分簡化）。盧安達和蒲隆地兩國的人口都是由兩大族群組成：一個是胡圖族（原占所有人口的八五%），另一個是圖西族（占一五%）。傳統上，這兩個族群有著不同的經濟角色：胡圖族大多數是在田地耕種的農夫；圖西族則以游牧維生。常有人說這兩個族群有體質上的差異：大抵看來，胡圖族人比較矮小結實、膚色黝黑、扁鼻厚唇、下巴方正；圖西族人身材則較瘦長、膚色較白、嘴唇較薄、下巴尖削。一般以為，來自南方和西方的胡圖族最先在盧安達和蒲隆地定居，[1] 而圖西族比較晚到，是來自北方和

1胡圖族人大約在公元初年進入盧安達。

東方的尼羅語族（Nilotic people），[2]卻後來居上，成為統治階級。一八九七年，盧安達淪為德國的殖民地。第一次世界大戰後（一九一六年），德國戰敗，國際聯盟遂將此地委託比利時管理。由於圖西族人的皮膚較白，長得像歐洲人或「含族人」（Hamite，指白種人），[3]因此在歐洲殖民政府的心目中比胡圖族人優秀，也被歐洲人做為間接統治的工具。一九三〇年代，比利時殖民政府規定每一個人必須隨身攜帶身分證，上面載明是胡圖族人或圖西族人，這種做法更加凸顯早就存在的族群差異。

一九六二年，盧安達和蒲隆地都獨立了。在踏上獨立之路時，兩國的胡圖族人都設法掙脫圖西族人的掌控，希望奪得政權。胡圖族人和圖西族人的衝突從小規模開始，之後愈演愈烈，冤冤相報，互相殘殺。蒲隆地的胡圖族人在一九六五年和一九七〇年至七二年間發動叛變，結果幾萬個胡圖族人被圖西族人殺害（死亡人數其實難以估計正確，下面提到的死亡人數和難民人數也是，只是大概的數字），圖西族人占了上風，繼續執政。而在一九六三年，盧安達的胡圖族人則贏得勝利，圖西族人被殺了兩萬人（保守估計或許只有一萬人）。在接下來的二十年中，約有一百萬盧安達人（多半是圖西族人）逃往鄰近國家，不時返鄉復仇，結果造成更多圖西族人被胡圖族人殺死。一九七三年，胡圖族將軍哈比亞瑞馬納（Habyarimana）透過軍事政變上台，推翻以前的胡圖政權，決定放圖西族一馬。

盧安達在哈比亞瑞馬納總統的治理下過了十五年的太平日子，外援源源不絕，可望成為一個和平、安定的國家，人民的健康、教育和經濟都有進步。不幸的是，後來由於乾旱和環境問題惡化（主要是森林砍伐、土壤侵蝕和土壤肥力喪失），盧安達的經濟發展因而停滯不前。一九八九年，世界咖啡和茶葉價格大幅下滑（這兩樣都是盧安達主要的出口商品），加上世界銀行（World Bank）緊縮銀根和南部旱災，盧安達的經濟因此遭受嚴重打擊。一九九〇年十月，圖西族人從鄰近的烏干達向盧安達東北部進軍，哈比亞瑞馬納藉這個機會整肅異己，並屠殺境內的圖西族人，以鞏固自己黨派的勢力。這些內戰使得一百萬個盧安達人顛沛流離，有些走投無路的年輕人就去當民兵。一九九三年，哈比亞瑞馬納與圖西族叛軍在坦尚尼亞的阿魯夏（Arusha）簽署停戰和平協議，雙方同意共組臨時政府，進行國會全面改選以建立多黨政治。雖然如此，親近哈比亞瑞馬納的商人還是進口了五十八萬一千把開山刀（開山刀要比槍枝來得便宜）。哈比亞瑞馬納的胡圖政府把這些刀發放給胡圖族人，讓他們去砍殺圖西族人。

哈比亞瑞馬納已經很放任胡圖族人，讓他們為所欲為，恣意殺害圖西族人，但是胡圖族的強硬派還是不滿意（這些胡圖族人甚至比哈比亞瑞馬納更偏激），他們擔心阿魯夏和平協議會有後遺症，削減他們的權力。於是這些人訓練自己的民兵、進口武器，準備徹底殲滅圖西族人。圖西族人不時帶兵來犯，也在蒲隆地殺了不少胡圖族人和胡圖政治人物，加上胡圖族人過去在圖西族人的統治下忍氣吞聲，現在終於能踩在圖西族人的頭上，當然希望趕盡殺絕，以絕後患。一九九三年，蒲隆地的胡圖總統被圖西族強硬派軍官刺殺，胡圖族人為了復仇殺了圖西族人，圖西族人又殺害更多的胡圖族人。盧安達的胡圖族人眼看族人在蒲隆地的遭遇，更有芒刺在背之感。

一九九四年四月六日，盧安達總統哈比亞瑞馬納搭乘總統座機前往坦尚尼亞開會，回程蒲隆地新任

2圖西族人屬蘇丹尼格羅人種的尼羅支系，大約在十三世紀後從尼羅河上游擴散到現在的盧安達境內。

3閃—含語族屬於白種人。為了使圖西族人的統治合理化，歐洲殖民者處心積慮地編造「含族神話」，宣稱圖西族人屬於含族人，是比胡圖族人更高等的種族和天生的統治者，而且體質、頭腦和能力等都比胡圖族人和特瓦族人優越。

臨時總統也在最後一刻上了飛機，結果降落盧安達首都吉佳利（Kigali）機場之時，遭不明人士所發射的飛彈擊落，機上人員全部罹難。飛彈是從機場周邊發射的。這是誰幹的好事？為什麼挑上哈比亞瑞馬納的總統座機？至今仍未水落石出。有好幾個團體都有嫌疑，都有殺他的動機。不管凶手是誰，這個事件還是成了種族屠殺的導火線。胡圖族強硬派在機毀人亡的一個小時內展開一連串行動，刺殺胡圖總理等溫和派人士、主張民主的反對派和圖西族人——這一切像是事前精心策畫。在剷除反對勢力之後，強硬派即掌控政府和電台。儘管盧安達的圖西族人因先前的殺戮和流亡使人口大減，還剩下一百萬人左右。掌控政府的胡圖族人打算把這一百萬圖西族人全數殺光。

這場大屠殺是胡圖軍方的強硬派發動，他們用槍枝掃射圖西族人。不久後又將胡圖族的平民組織起來，發武器給他們，設下路障，如有圖西族人出現在路障內，格殺勿論。電台廣播要每個胡圖族人不要放過任何一隻「蟑螂」（指圖西族人）；另一方面又對圖西族人喊話，要他們一起躲在「安全的地方」，其實為的是一網打盡。國際的譴責聲浪終於出現，胡圖政府和電台隨即改變語氣，不再號召族人殺死「蟑螂」，而要盧安達人在面對敵人之時自我防衛。至於胡圖政府中的溫和派官員，不但沒有人聽從他們的意見，還遭到恐嚇、撤職，甚至殺害。

胡圖政府廣播的「安全之地」原來是這場種族屠殺的最大刑場。幾萬個圖西族人在教堂、學校、醫院或政府辦公處避難，結果被胡圖族人團團包圍，活活用刀砍死或燒死。很多胡圖平民都加入劊子手的行列，等於是一場全民犯罪，有人說參與暴行的胡圖族人多達三分之一，也有人宣稱參與人數沒有那麼多。胡圖軍人以步槍對圖西族的男女老幼掃射，胡圖平民接著就手持開山刀或鐵釘狼牙棒殺過來，很多人的手腳都被砍斷，有的婦女乳房被割下來，兒童活活被扔到井裡，被強姦的婦女更是不計其數。

雖然這場大屠殺是由胡圖政府強硬派組織動員，執行者多半是胡圖平民。至於盧安達境內的重要機構和國際社會，不是成為幫凶，就是冷眼旁觀，如盧安達天主教會的神父就把前來避難的圖西族人大批交給胡圖族劊子手。盧安達境內本有一小撮聯合國的維和部隊在此駐紮，聯合國卻要求所有維和部隊撤出。法國政府雖然派遣一支人道救援部隊前往盧安達，最後卻和胡圖政府站在同一陣線，一起對付反政府軍；[4]而美國則拒絕干預。聯合國、法國和美國政府後來為自己的政策辯護，都以「混亂」、「複雜難解」或「種族衝突」來形容發生在盧安達的事件，彷彿這只是另一次種族衝突，是非洲一天到晚都在上演的戲碼，沒什麼好大驚小怪的，對盧安達胡圖政府精心策畫屠殺的種種證據視若無睹。

百日之內，約有八十萬圖西族人遭到屠殺，即盧安達境內圖西族人口的四分之三，約當盧安達總人口的一一%。在種族屠殺開始還不到二十四小時，圖西族人領導的盧安達愛國陣線（**Rwandan Patriotic Front**，**譯注：過去流亡烏干達的圖西族難民組成的軍事組織**）即前進盧安達。隨著盧安達愛國陣線主力部隊的推進，胡圖族人的政府軍節節敗退，各地區的種族屠殺終於告終。一九九四年七月十八日，盧安達愛國陣線獲得全勝。一般認為，盧安達愛國陣線的部隊紀律嚴明，並不徵召平民加入殺戮行動，但奪取政權之後還是不忘復仇，反過來殺害胡圖族人（估計死亡人數「只有」二萬五千人到六萬人，算是小

4法國企望透過這次行動顯示法國的力量，證明自己是法語非洲國家的當然保護人。由於當時反對胡圖政府的盧安達愛國陣線幾乎已控制盧安達一半的國土，準備繼續對政府軍施壓，一舉奪取勝利，他們擔心法軍介入會使即將到手的成果化為泡影，因此堅決反對法軍介入。他們於是以強硬的姿態宣稱法軍是侵略者，如在戰區內相遇將毫不猶豫地向法軍開槍。

意思）。盧安達愛國陣線建立新政府之後強調「大和解」，以族群團結為目標，要全國人民以盧安達人自居，不要再分胡圖族人和圖西族人。約有十三萬五千個盧安達人因涉嫌參與種族屠殺，遭到監禁。由於監獄人滿為患，絕大多數的人都被釋放，被審判或定罪的人只是少數。在盧安達愛國陣線勝利之後，過去流亡到鄰近國家、為數約七十五萬的盧安達人（大多數是圖西族人）紛紛返回家鄉，同時卻有二百萬難民（大多數是胡圖族人）逃往鄰近國家（主要是剛果和坦尚尼亞，圖二十二）。

不只是種族仇恨

一般對盧安達和蒲隆地種族屠殺的描述，多是政客為了一己之利，煽動存在已久的種族仇恨。正如人權觀察組織（Human Rights Watch）出版的《滅口：盧安達的種族屠殺》（*Leave None to Tell the Story: Genocide in Rwanda*）一書所言：「這次的種族屠殺不是宿怨引發的暴民動亂……而是現代精英階級精心策畫的結果，他們刻意激起人民的仇恨與恐懼，以保有自己的權力。這一小撮權貴人士起先見反對派勢力擴大，於是利用多數人對抗少數人。後來盧安達愛國陣線不但在戰場上告捷，在談判桌上也有所斬獲，少數幾個握有權力的人於是見風轉舵，不再利用族群對立的策略，乾脆一不做二不休，進行種族屠殺。他們相信，這樣的種族滅絕行動可使胡圖族在自己的領導下重新鞏固勢力，有助於贏得戰爭……。」不少證據支持這樣的觀點和描述。

然而，我們還可從其他證據發現盧安達的悲劇有其他因素。除了胡圖族和圖西族，盧安達還有第三個族群——也就是非洲矮黑人（pygmy）的支系特瓦族（Twa）。這些原住民只占全國人口的一％，在社會的最底層討生活，不會威脅到任何人。但是在一九九四年的大屠殺發生時，很多特瓦族人還是難逃一劫。一九九四年的盧安達大屠殺並非只是胡圖族人和圖西族人之間的衝突，其中的派系衝突其實更加複雜：光是胡圖族人就分成三派，互相敵對，胡圖總統哈比亞瑞馬納被刺身亡，可能就是反對他的另一派幹的好事；回國對抗政府軍的盧安達愛國陣線，雖是由圖西族人領軍，當中也有胡圖族人。此外，胡圖族人和圖西族人之間的差異並不像一般描述的明顯。這兩個族群說同一種語言，很多人一樣是天主教徒，去同一所學校，上同一間酒吧，而且住在同一個村莊，由同一個酋長領導，或是在同一間辦公室工作。胡圖族人也和圖西族人通婚，(在比利時殖民政府引進身分證制度之前)胡圖族人有時會改稱自己為圖西族人，圖西族人也是如此。一般而言，雖然胡圖族人和圖西族人外貌有差異，但是光從外表來看，很多人還是難以判定究竟是胡圖族人還是圖西族人。約有四分之一盧安達人的曾祖父母當中有胡圖族人及圖西族人。(胡圖族人和圖西族人根源不同的傳統說法是否正確，仍有待商榷，也可能兩者源於同一種族，只是後來經濟地位和社會地位有別。)這種血緣混合使得胡圖族人和圖西族人難分你我，胡圖族人的老公或老婆可能就是圖西族人。在一九九四年大屠殺發生期間，胡圖政府呼籲每個胡圖族人出來砍殺圖西族人，這些人又該怎麼辦？胡圖族人一面砍殺圖西族人，一面保護圖西族配偶、親友、同事、顧客，甚至用錢收買其他胡圖族人，請他們放過自己的圖西族親友。因此，在一九九四年盧安達那場腥風血雨中，拿起開山刀或斧頭來砍殺你的人，可能是你的醫師、病人、老師、學生、鄰居或同事。胡圖族人見圖西族人就砍殺過去，卻努力保護自己的圖西族親友。我們不得不問這麼一個問題：何以這麼多的盧安達人受到強硬派政客操縱，以最殘忍的方式自相殘殺？

如果這只是胡圖族人和圖西族人之間的種族仇恨，為什麼在盧安達西北部幾乎為胡圖族人的社群中也出現大屠殺？在這個社群中，儘管只有一個圖西族人，整個社群「至少有五％」的人還是遭到殺戮。這個現象實在令人大惑不解。雖然這個社群被屠殺的人口比率不及全國（一一％），卻是遭到同族人的毒手。為何在缺乏種族仇恨的動機之下，屠殺仍然大行其道？其他地區亦然，在圖西族人被屠殺得差不多的時候，有些胡圖族人轉而拿刀砍向同族人。

從這些事實來看，盧安達大屠殺不光是種族仇恨所造成，背後還有其他原因。

山雨欲來風滿樓

首先，我們來看看先前提到盧安達人口密度高的問題。在十九世紀歐洲人來到之前，盧安達（和蒲隆地）已是人口稠密的地區。這裡的降雨量適中，且因地勢高得以逃過瘧疾和采采蠅（譯注：非洲睡眠病的病原體）侵襲，加上新世界作物的引進、醫藥衛生進步和國界確立等因素，人口成長很快。雖有起伏，但平均每年人口成長率約超過三％。鄰近地區——如肯亞和坦尚尼亞——也有人口暴增的現象。到了一九九〇年，儘管盧安達已歷經數十年動亂，人民死傷、出走的不計其數，平均人口密度仍達每平方公里二百九十三人，超過英國（二百三十五人），逼近荷蘭（三百六十六人）。但是英國與荷蘭都有高效率的機械農業，農夫在總人口中占的比率很低，生產的糧食卻足以養活全國人民。盧安達的農夫不使用機械，以手鏟、鎬頭和開山刀在田裡辛苦耕種，生產效能低。因此農夫雖占總人口的多數，生產的糧食幾乎只夠自己家裡的人吃，少有餘糧。

盧安達獨立之後，人口快速增加，但他們的人民還是以傳統方式耕種，農業未能走向現代化，未引進產量更多的作物種類或是擴大農產品出口，也沒有推行有效的家庭計畫。結果為了更多人的生計，只好砍伐森林或將沼澤抽乾以獲得更多的農地，更加縮短休耕時間，有些田地甚至一年兩作或三作。在一九六〇年代和一九七三年，很多圖西族人遭到殺害或流亡至鄰近國家，他們的田地落入胡圖族人手中，胡圖族人因而有足夠田地可讓自己和家人過著豐衣足食的生活。然而到了一九八五年，除了國家公園之外，所有可以耕種的土地都已開墾，使得人口和作物產量都增加了。從一九六六年到一九八一年的平均每人糧食產量因而增多，但一九八一年之後又下滑到六〇年代早期的水準，這果然應驗了馬爾薩斯的人口論：糧食產量變多，但人口增加得更快，最後每一個人能分到的糧食還是沒有多少。

我的一些朋友在一九八四年去了一趟盧安達。那時他們已經感覺到生態浩劫的腳步近了，整個國家看來不是農田、園圃就是香蕉園。陡峭的山坡上也種滿了作物，一直種到山頂。就連最基本的水土保持都沒有實行——例如梯田、在山坡上沿著等高線而非以垂直的方式耕種、在休耕期間以草肥覆蓋田地等。結果土壤侵蝕的情況相當嚴重，河流夾帶大量泥沙。一個盧安達人寫信給我：「農夫一早醒來，可能發現整個田地（至少包括表土和作物）在夜裡被沖走了，鄰居田地的東西和岩石出現在自己的田地。」森林砍伐造成溪流乾涸，降雨量也愈來愈不規則。到了八〇年代晚期，饑荒再度出現。一九八九年，盧安達乾旱，加上局部或全球氣溫上升的影響與森林砍伐的效應，糧食短缺的現象更加嚴重。

比利時經濟學家安德瑞（Catherine André）和蒲拉圖（Jean-Philippe Platteau）曾深入研究環境變化和人口增長對盧安達西北部一個胡圖族人市鎮（卡納馬地區〔Kanama commune〕）的影響。安德瑞是蒲拉圖的學生，她曾在一九八八年和一九九三年兩度前往盧安達進行調查研究，在當地居住了十六個月。一九九三年正是種族屠殺爆發的前一年，社會相當動盪不安。該地區大部分的人家她都訪問過。在那兩年的訪問中，她仔細計算每一戶人家的人數、擁有的土地面積和全家在務農以外得到的總收入。她也製表統計該地土地的交易或轉移案件，並記錄需要調解的土地糾紛。在一九九四年大屠殺發生後，她追蹤倖存者的下落，希望找出胡圖族人自相殘殺的原因，了解什麼樣的胡圖族人會遭到其他胡圖族人的殺害。安德瑞和蒲拉圖分析這些龐大的資料，從中尋找意義。

由於卡納馬的土壤是由火山灰構成，非常肥沃，當地人口眾多。在人口稠密的盧安達，這裡的人口密度甚至比其他地區更高：一九八八年，人口密度是每平方公里六百七十一人；到了一九九三年，更高達七百八十七人（這樣的人口密度，可與全世界人口最稠密的農業國孟加拉一較高下）。由於人口密度極高，農場規模因而變得非常小：一九八八年，一般農場只有三十六公畝；到了一九九三年，一般農場的面積更縮小為二十九公畝。每一個農場又大約分成十塊地，給十個農夫耕種，因此每個農夫能耕種的土地在一九八八年還有三．六公畝，到了一九九三年只剩二．九公畝，真是小得可以。

由於卡納馬地區所有的土地都有了主人，年輕人很難取得土地來耕種，進而成家立業。因此，年輕人愈來愈晚婚，與父母同住的時間也愈來愈長。例如在二十歲到二十五歲的年齡層中，與父母同住的女性比率從一九八八年的三九%上升到一九九三年的六七%，男性更從一九八八年的七一%上升到一九九三年的一〇〇%。也就是說，二十來歲的年輕男子完全沒有獨立在外自立門戶。已經長大成人卻遲遲無法成家，這樣的壓力必然會出現問題。因為與父母同住的年輕人愈來愈多，每一戶的人口在一九八八年為四．九人，到了一九九三年則增為五．三人。也由於每一戶擁有的土地面積已從三十六公畝減為二十九公畝，土地短缺的現象更為嚴重。一九八八年，每人賴以維生的土地面積尚有八公畝，到了一九九三年只剩五公畝。

農田這麼小，要吃飯的人卻這麼多，難怪人人吃不飽。以最低卡路里的攝取量而言，每一戶盧安達農家從自家農田得到的卡路里僅是所需的七七%。因此，在務農之餘，他們還必須從事其他的工作（如做木工、製磚、裁縫或做生意等）賺錢來買東西吃。三分之二的家庭除了務農之外，家庭成員還做其他工作；其他三分之一的家庭則只是務農。一九八二年，每日攝取卡路里低於一千六百卡者（也就是挨餓的人），只占該地區人口的九%；到了一九九〇年，比率卻高達四〇%；後來又更高了。上面引用的數字都是平均值，因此不是每一個人都如此。有些人擁有的農場比較大，其他人的農場勢必更小，這種差距從一九八八年到一九九三年變得更大。如果我們把「大農場」定義為大於一百零一公畝，而「小農場」則小於二十四公畝（請回想第一章所述，你就可了解盧安達農民多麼可憐。在蒙大拿，即使是十六公頃的農地還不夠一個農夫養家活口），從一九八八年到一九九三年，大農場從五%增加為八%，而小農場則從三六%增加為四五%。由此可見，卡納馬地區貧富懸殊愈來愈大，富有的更富有，貧窮的更貧窮，介於貧富之間的人則變少了。而老一輩要比年輕人富有：五十歲到五十九歲之間的人，擁有的農場平均是八十三公畝；二十歲到二十九歲之間的人，平均只有十五公畝。當然，老一輩的人可能家裡人多，食指浩繁，因此需要更多的土地。但老一輩家中每個成員賴以維生的土地，平均而言還是比年輕人的家庭成員多上三倍。

弔詭的是，擁有大農場的人來自農耕以外的收入反而比較高：農場面積平均有五十三公畝的才有這樣的收入，而農場面積小於二十公畝的則完全沒有。農地面積狹小，生產的糧食不足，除了務農所得，不是更需要其他收入？大農場的規模已經比較大，加上更多來自農耕以外的收入，如此一來卡納馬地區的貧富差距將更懸殊。在盧安達，照理說小農場的主人出售自己的土地是違法的，這種事還是經常發生。土地銷售調查顯示，雖然有的農民只擁有一點土地，但是在需錢孔急之時——例如需要糧食、就醫、打官司、賄賂、受洗、婚喪喜慶或酒癮犯了——還是會拿土地出來賣。相形之下，大農場主人買賣土地往往是為了增加農場生產效率（如賣掉離家較遠的一塊土地，以便買進比較近的一塊）。

大農場主人「不務正業」的所得讓他們能買下其他的小農場，最後大者恆大，小者恆小。幾乎沒有大農場是只賣不買的。但是在一九八八年卻有三五%的小農場出售農地，同時並無購買任何農地；到了一九九三年，小農場出售農地的更高達四九%，一樣只賣不買。若觀察以務農之外收入來購買土地的情況，有農耕以外收入的農場都買了土地，而且若出售一筆土地，還會買下一筆；但是對只有農耕收入的農場，僅有一三%購買土地，六五%只是出售，並無購買。所以，農地面積小得可憐的農場非但無法購買更多土地，反而因為需要用錢，逼不得已只好把土地賣給大農場。這裡雖然說是「大農場」，在盧安達所謂的「大農場」頂多只有四十或八十公畝。

因此，在卡納馬地區大都是吃不飽、走投無路的窮人，只有少數人日子過得還可以。然而，還有一些人更貧窮，更沒辦法過日子，而且被貧窮逼急的人愈來愈多。日子不好過，人與人之間就常常發生嚴重衝突，有時雙方無法和解，必須找村子裡的人來調解，再不成只好上法院。安德瑞和蒲拉圖調查了二百二十六個衝突事件，請調解人或當事人描述衝突的原因。結果發現大部分都是因土地而起：不是直接為了土地的事起衝突（四三%），就是夫妻或親屬之間為爭奪產權反目成仇（見下文）。還有偷竊（飢寒起盜心），有人最後幾乎失去所有的土地，除了務農，沒有其他收入，只好淪為盜匪（這類案件約占所有衝突事件的七%，有這種問題的家庭約占所有家庭的一〇%）。

層出不窮的土地糾紛，讓盧安達社會的傳統人倫綱常失序。過去，比較富有的地主會對窮苦的親戚伸出援手。現在即使是大地主日子一樣難過，無法幫助貧窮的親戚。如此一來，社會中弱勢的一群將更難生存，例如與丈夫分居或離婚的婦女、寡婦、孤兒、同父異母或同母異父的弟妹等。過去若一個女人因為和丈夫分居或離婚，沒有經濟來源，通常會回娘家，請娘家的親人幫忙；現在娘家兄弟深怕已婚的姊妹回來，將來分土地時自己孩子的權益會受影響，所以拒絕分居或離婚的姊妹回家。要不然就只能帶女兒回娘家，不能帶兒子。這是因為盧安達傳統社會重男輕女，只有兒子才能繼承財產。如果分居或離婚婦女只帶女兒回去，兄弟才不會擔心別人家的兒子來跟自己家的爭財產。那麼兒子該怎麼辦？婦女在分居或離婚之後，兒子通常會交給丈夫撫養，然而若丈夫死亡或無法保護自己的兒子，兒子就難以從丈夫的親人那兒分到土地。寡婦也很可憐，丈夫死了，丈夫的家人不會照顧她，帶著幾個小蘿蔔頭投靠娘家，娘家那邊的兄弟也不會給好臉色。過去，孤兒都是由祖父母輩撫養，祖父母死了之後則由叔叔伯伯來照顧。現在則不然，那些伯伯、叔叔為了自己兒子繼承權著想，顧不了親情，迫不及待把這些沒爹沒娘的孩子攆走。還有一些小妾生的孩子，或是父母離異後父親娶了新老婆所生的孩子，一樣會遭到異父母兄弟的排斥。

更悲哀的莫過於：為了爭奪土地，父子反目成仇。從前，父親亡故後，所有的土地都由長子繼承，長子於是擔負照顧整個家庭的重責大任，也會把一些土地分給下面的弟弟去耕種。由於一個家庭擁有的土地愈來愈少，做父親的擔心自己死後幾個兒子為了爭奪財產發生衝突，就在生前把財產分好。但是不管怎麼分，總會有人不甘心。例如弟弟見已經成家的哥哥分到一塊比較大的土地，不免眼紅，於是要求公平對待。傳統上，由於么子必須照顧年邁的父母，因此也吵著要比較大塊的土地。若有人因答應照顧父母而分到較多的土地，其他兄弟姊妹也會不甘心。還有做兒子的抱怨父親死守土地不肯放手，要父親多拿一些來分。也有人擔心老早把土地分給兒子，自己老來無依無靠，因此遲遲不肯分家。這種為了爭奪土地，兄弟鬩牆、父子反目、最後只好請村裡的人來調解的事件很多，對簿公堂的也有。這種糾紛使得人倫蕩然無存。

手足相殘

長期發展下來，這種土地糾紛愈演愈烈，構成一九九四年大屠殺的背景。然而在一九九四年之前，盧安達已經相當不平靜，暴力、竊盜事件不斷。沒有土地也沒有其他收入、餓著肚子的年輕人四處犯案。如果我們比較盧安達各地二十一歲到二十五歲的年輕人犯罪比率，大部分的地區差異，和人口密度與每人可攝取的卡路里多寡有關：人口密度愈高、飢餓情況愈嚴重的，犯罪率就愈高。

在一九九四年大屠殺慘劇落幕後，安德瑞尋找卡納馬居民的下落。根據當地人給她的消息，有五．四%的居民已經死亡。由於有些人下落不明，實際死亡人數應該更多。不過我們仍不知這裡的死亡人數比率是否和全國的一一%相當。可以確定的是，其他地區的受害者大多數是圖西族人，也有胡圖族人，而這裡幾乎都是胡圖族人，死亡率至少是其他地區死亡率的一半。

在卡納馬地區，什麼樣的人會遇害？首先，有一個寡居的圖西族女性遭受殺害。她的不幸是否和身為圖西族人有關，這點仍不清楚，不過其他胡圖族人有不少殺害她的動機：她繼承了不少土地；之前曾多次捲入土地糾紛；她的丈夫妻妾成群（其他姨太太和她們的家人因而視她為眼中釘）；她的丈夫生前曾把異父母兄弟趕出土地。

其他兩種人則是胡圖族大地主：一種占大多數，即年紀超過五十歲的大地主，兒子也已成長成人，鬧著要分財產；另一種人比較少，也就是年紀較輕的大地主，農耕以外的收入不少，並用這些收入來購買田產，讓人見了格外眼紅。

還有一種人是愛製造事端的人，常為了土地等糾紛和人發生衝突。

另一種人則是年輕人和兒童，特別是窮人家的孩子，他們在走投無路之下去當民兵，最後被敵人殺害。安德瑞在調查死者屬於哪一支民兵部隊時無法問太多問題，以免為自己帶來殺身之禍，因而這方面的死亡人數很可能比安德瑞統計的數目要多。

最後，最多的一群人其實死於營養不良，特別是沒有什麼土地又沒有農耕以外收人的窮人。他們顯然是餓死的，沒有錢買糧食吃，過於虛弱不支而死，或是沒有錢拿去賄賂路障守衛以活命。

因此，安德瑞和蒲拉圖下了這麼一個結論：「一九九四年的大屠殺事件在當地社會出現洗牌效應，和仇家算總帳，土地重新分配，即使是胡圖族人之間也是如此……直到今天，有時還可以聽見盧安達人為戰爭辯護，口口聲聲說道這是解決人口過剩的手段，使耕者有其田。」

罪惡的源頭

我很驚訝，盧安達人居然如此為他們的種族屠殺辯護。我一直以為，一般人很難看出人口壓力和殺戮的直接關聯。我向來認為，人口壓力、環境破壞和乾旱是遠因，這些因素就像火藥桶當中的火藥，長期下來，慢慢陷入一觸即發的狀態。除了遠因，我們還需要近因，也就是點燃火藥桶的那根火柴。在盧安達大部分地區，這根火柴就是政客為了把持權力所煽起的種族仇恨。（我說「大部分地區」，是因還有像卡納馬地區——幾乎完全是胡圖族人的地區——也出現同族人互相殘殺的大屠殺。）正如研究東非的法國學者普魯尼耶（Gérard Prunier）所言：「殺戮當然是政客為了自己的政治利益做下如此決定，但是至少還有部分原因和人口過剩的問題有關。一般基層的農民都拿起刀來砍殺。或許他們覺得土地太少、人滿為患，剷除一些人，能活命的人就能分到比較多的土地。」

普魯尼耶、安德瑞和蒲拉圖看到人口壓力和盧安達種族屠殺的關聯，然而也有人批評這樣的觀點過度簡化，甚至譏諷這是「生態決定論」。例如盧安達爆發種族屠殺事件後不過十天，美國報紙刊出的一篇文章就把盧安達人口過剩的問題和種族屠殺連結，論道：「像盧安達這類種族屠殺事件，是我們這個世界固有的病症。」這種宿命的、過度簡化的結論自然引來不少反彈，讓人誤解普魯尼耶、安德瑞和蒲拉圖的觀點。

首先，對種族屠殺的任何「解釋」都可能被誤解為「藉口」。但就種族屠殺成因的剖析而言，不管最後只發現一個因素，或者找到七十三個原因，那些進行種族屠殺的劊子手必須承擔的責任還是一樣，其他罪人也一樣，必須為自己的行動負責。在探討罪惡的源頭時，有人常把「解釋」和「藉口」混為一談，對任何解釋皆表反彈。事實上，了解盧安達種族屠殺的根源非常重要，這麼做不是在為殺人凶手開脫。我們了解種族屠殺的源頭之後，才能避免同樣的事再度發生在盧安達或其他地區。同樣地，也有人畢生努力追查納粹大屠殺的根源，或鑽研連續殺人犯或強暴犯的心理。他們這麼做並不是為希特勒、連續殺人犯或強暴犯開脫責任，而是希望了解為什麼發生這樣的悲劇，以及日後該如何避免類似事件。

其次，我們當然不能說人口壓力就是盧安達種族屠殺的唯一原因。事情沒有這麼簡單。盧安達種族屠殺的背後有許多原因。在我看來，有些原因不可小覷，在本章前面已探討過。有關這個主題的專書和論文也有不少，可以參看書末延伸閱讀的介紹。這些原因包括：胡圖族人過去長期被圖西族人統治；圖西族人在蒲薩地殺了很多胡圖族人，在盧安達也有一些胡圖族人被圖西族人殺害；圖西族人入侵盧安達；盧安達的經濟危機；乾旱；國際因素（咖啡價格的下滑和世界銀行緊縮銀根）；幾萬個年輕盧安達男子淪為難民或被徵召為民兵；盧安達政治派系的惡性競爭，為了把持權力不擇手段。人口壓力只是其中一個原因。

最後，雖然盧安達的種族屠殺和人口壓力有關，人口壓力並**不必然**引發種族屠殺事件。在這個世界上，許多國家都有人口過多的問題，卻沒有發生種族屠殺事件。孟加拉就是一例（自一九七一年的種族屠殺之後，再也沒有出現大屠殺），其他如荷蘭和族群多元的比利時也是，這些國家的人口密度都比盧安達來得高。反之，種族屠殺也可能不涉及人口過多的問題，如希特勒在第二次世界大戰期間對猶太人和吉普賽人的迫害；又如一九七〇年代發生種族屠殺的柬埔寨，人口密度也僅有盧安達的六分之一。

然而，就盧安達而言，人口壓力還是一個重要因素。馬爾薩斯人口論所預言的悲劇即在盧安達上演。其實像人口過剩、環境破壞和氣候變化等問題，都是一時的，如果我們不積極採取行動來解決，這些狀況再嚴重最後還是會自然消弭，如透過戰爭（盧安達的種族屠殺）或其他我們不樂見的方式。就盧安達社會的崩壞來看，我們看得到罪魁禍首的模樣和動機。本書第二部探討過去人類社會的崩壞，如復活節島、芒阿雷瓦島和馬雅社會，我們看不到禍首的臉，但是還可以猜測是什麼樣的動機在運作。類似的因素也可能影響到我們的未來或其他國家，如果不能從根本解決問題，社會可能崩壞，種族屠殺的悲劇就可能在盧安達重演。目前盧安達每年人口成長率依然是三%，女性在十五歲就生第一胎，一般家庭生養五到八個孩子，難怪來到盧安達的觀光客老是覺得被數不清的兒童團團圍住。

「馬爾薩斯人口危機」不過是個客觀、抽象的名詞，光是這個名詞實在無法讓人聯想幾百萬盧安達人互相殘殺、殺人如麻的慘況。讓我們以一個旁觀者和一個倖存者的話來總結這一章。法國學者普魯尼耶的觀察如下：「那些慘遭殺害的人，死前都有田地，有的還有牛。他們死了，田地和牛都變成別人的。在貧窮和人口不斷增加的國家，這是個不可輕忽的誘因。」普魯尼耶訪談的一個圖西教師是大屠殺的倖存者。他的妻子和五個孩子當中的四人都被殺死了，當時他因出門在外而逃過一劫。他說：「沒有錢幫孩子買鞋的人，把有錢幫孩子買鞋的人殺了，自己的孩子就不必赤腳上學。」

CHAPTER 11

一屋二家：多明尼加與海地

一個島，兩個世界

佛羅里達東南方的加勒比海有一個大島——伊斯巴紐拉島（Hispaniola，意思為「小西班牙」），島上有兩個國家，一個是多明尼加共和國，另一個是海地，其間有一條鋸齒狀的界線，長達一百九十二公里（參看第四三五頁地圖）。任何一個對現代世界問題感興趣的人，都可試著去了解這條邊界的意義。如果你搭乘飛機從空中俯瞰這個島嶼，你會發覺這邊界就像刀子一樣，把整個島切成兩半，東半部（多明尼加共和國）是深綠色，西半部（海地）則是淺黃色。如果你站在邊界上，往東眺望，可見一大片蓊蓊鬱鬱的松林；轉過頭來面向西邊，卻是一片光禿禿的黃土。

在邊界所見這種截然不同的景象，也象徵這兩個國家的差異。起初島嶼兩邊都有茂密的森林，綠意盎然：最先來到這裡的歐洲人對此地的第一印象就是林木深秀，良木處處。後來分據島嶼兩邊的國家幾乎都把樹砍光了，但是海地那邊更嚴重（圖二十三、二十四），至今只剩下七片林地——其中只有兩片是國家公園保護區，但是連保護區也難以阻擋盜伐者的腳步。至今多明尼加的森林覆蓋率仍有二八%，海地僅剩一%。在多明尼加南北兩大城——聖多明哥（Santo Domingo）和聖地牙哥（Santiago）——之間最富庶的農業區，還能看到大片的林地，讓我十分驚訝。海地與多明尼加就和世界其他地區一樣，因濫墾濫伐、破壞森林而自食惡果，如木材等建築材料的減少、土壤侵蝕、土壤肥力喪失、河流沉積物增加、水土流失、無法利用水力發電和降雨量減少等。然而，海地濫伐的情況要比多明尼加嚴重得多。由於海地人煮食主要還是利用木炭，毀林為海地帶來迫在眉睫的問題就是燃料愈來愈少。

海地和多明尼加不僅森林覆蓋率有別，經濟表現也有相當的差異。海地和多明尼加都是窮國，也和大多數曾淪為歐洲殖民地的熱帶國家一樣具有下列缺點：政治腐敗、政府效能不彰、衛生條件低劣、農業生產力不如溫帶氣候區的國家。儘管如此，海地的問題比多明尼加更為嚴重。海地不但是美洲地區最落後的一國，也是非洲以外最窮的國家。長期的政治腐敗使得公共設施和建設嚴重落後，電力時有時無，遑論自來水的供應、汙水處理、醫療和教育。海地也是美洲地區人口最稠密的國家，面積還不到伊斯巴紐拉島的三分之一（約二萬七千平方公里，台灣的四分之三），人口幾乎占了整個島的三分之二（約一千萬人），平均人口密度為每平方公里三百八十六人。大多數的海地人都是農夫，市場經濟沒什麼發展，出口商品只有一些咖啡和蔗糖。在自由貿易區內，只有兩萬勞工以成衣和其他出口商品製造賺取微薄工資。毒品走私倒是大行其道，海地已成重要的毒品轉運站，哥倫比亞的毒品源源不斷地從這裡輸入美國（這也就是為何海地又有「毒品王國」之稱）。觀光業僅限於海濱幾個「與世隔絕」的度假勝地，讓

今日的伊斯巴紐拉島

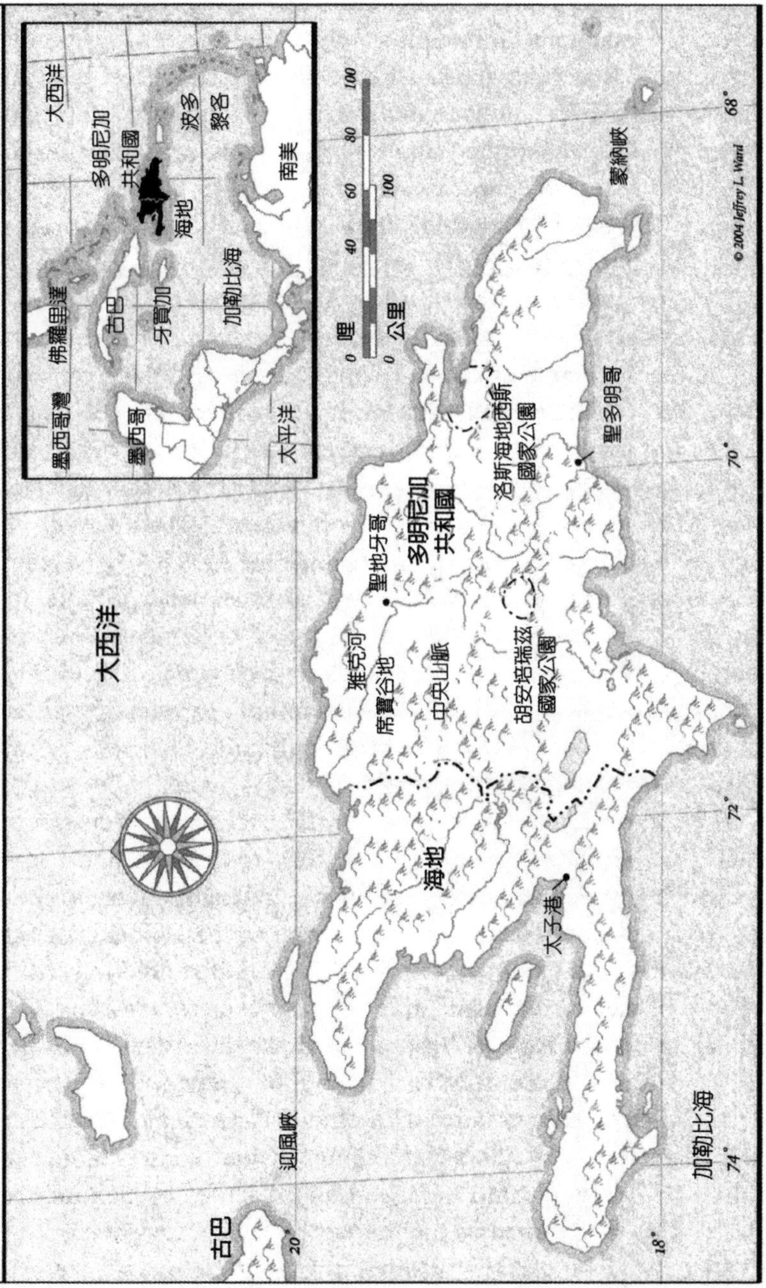
大西洋
古巴
迎風峽
加勒比海
海地
太子港
多明尼加共和國
聖地牙哥
雅克河
席寶谷地
中央山脈
胡安培瑞茲國家公園
洛斯海地西斯國家公園
聖多明哥
蒙納峽
墨西哥灣
佛羅里達
大西洋
多明尼加共和國
古巴
牙買加
海地
波多黎各
加勒比海
南美
墨西哥
太平洋
哩
公里
© 2004 Jeffrey L. Ward
20°
18°
74°
72°
70°
68°

觀光客眼不見為淨。海地的鄉村有很多窮苦農民，首都太子港（Port-au-Prince）也聚集了很多貧民，還是有少數權貴可以到離太子港市中心半小時車程的佩勳村（Pétionville），在涼爽的山間享受法國美食與美酒。海地人口成長率高，愛滋病、肺結核和瘧疾等疾病罹患率也高居美洲第一。如果你問來到這裡的觀光客，這個國家有沒有希望？幾乎每一個人都會告訴你這裡是絕望的國度。

多明尼加也是一個開發中國家，與海地有著相同的問題，但是比海地來得進步，問題也沒那麼嚴重。平均每人所得是海地的五倍，人口密度和人口成長率都比海地來得低。過去三十八年來，多明尼加的政壇雖然暗潮洶湧，至少還是個沒有軍事政變的民主政體。自一九七八年以降，多明尼加即使舉辦了多次總統大選，以不正當手段獲得勝選的現任者就算黯然下台，後來又能重施故技，以欺騙和恐嚇對手的伎倆奪回總統寶座。多明尼加經濟蓬勃，工業帶來外匯收益，礦產豐富——有鐵礦、鎳礦和金礦，以前還有鋁土礦；有二十萬名工人在自由貿易區工作，並將商品運往國外；出口農產品包括咖啡、可可、菸草、雪茄、鮮花和酪梨（多明尼加是世界第三大酪梨輸出國）；電訊科技發達；觀光業也發展得不錯。

多明尼加可供水力發電的水壩就有好幾十座。美國所有的球迷都知道，多明尼加也是棒球明星的輸出國。（本書寫到這一章的時候，我看著多明尼加出身的王牌投手馬丁尼茲〔Pedro Martinez〕效忠我最喜愛的波士頓紅襪隊，在二〇〇三年美國職棒大聯盟季後賽最後一場比賽，與死對頭洋基隊決一死戰，鏖戰至九局後的延長賽，最後終於痛宰洋基隊，這一刻真教我欣喜欲狂。）多明尼加棒球好手在美國揚名立萬的如過江之鯽，包括阿魯兄弟（Felipe & Matty Alou）、安杜哈爾（Joaquin Andujar）、貝爾（George Bell）、貝爾雀（Adrian Beltre）、卡提（Rico Carty）、唐肯（Mariano Duncan）、佛南德茲（Tony Fernandez）、葛雷羅（Pedro Guerrero）、馬力蕭（Juan Marichal）、歐佛曼（José Offerman）、培納（Tony Peña）、羅德瑞葛茲（Alex Rodriguez）、薩穆埃爾（Juan Samuel）、維吉爾（Ozzie Virgil）等，當然還有全壘打王索沙（Sammy Sosa）。如果你在多明尼加開車，沒走多遠就可以看到「*bésibol*」的路牌，指向最近的棒球場。

這兩個國家的國家公園也大大不同。海地的國家公園很小，只有四座，農民還是常常為了製造木炭侵入盜伐。反之，多明尼加卻有美洲最完整也最大的自然保護區。多明尼加全國土地面積的三二％是林地，共有七十四座國家公園或自然保護區，包含所有重要的棲地類型。儘管他們的自然保育體系仍有不少問題，經費短缺，對一個還有很多狀況急需解決的窮國來說，實在難能可貴。這個自然保育體系是由當地自然資源保護運動與不少民間組織努力推行，而非抱著「遠來和尚會念經」的心態由外國顧問主導。

儘管海地與多明尼加兩國的森林覆蓋率、經濟發展和自然保育體系有相當的差異，兩國還是同在一個島嶼。此外，兩國一樣有著殖民地的歷史軌跡，多信仰天主教和巫毒教[1]（voodoo，海地人信巫毒教的尤其多），祖先有著非洲和歐洲人的血統（海地人口中多數是非洲人後裔），甚至歷史上有三個時期兩地曾經統一。

這些相似之處使得現今的差異更加明顯。其實海地過去比多明尼加更富有、勢力更強大，曾在十九世紀多次大舉入侵多明尼加，並進行二十二年的統治。為何今天卻有天壤之別？衰敗的為何是海地，不

1 巫毒教源於西非貝南，意為「靈魂」。巫毒教屬於自然信仰的一種，但被許多詭異傳說抹上恐怖色彩。這種宗教結合了非洲、西印度群島印第安原始宗教特點，還加上天主教的儀式和聖禮。

是多明尼加？伊斯巴紐拉島的東西兩半雖然環境有別，以致今天的結果不同，但這只是一部分的原因。基本上還是和兩地的歷史、態度、自我認同和法制有關，近代的政府領導人也是關鍵。多明尼加和海地的對比將使「環境決定論」不攻自破，無法用以曲解環境史。沒錯，環境問題會影響人類社會，但是一個社會將有何種命運，還是要看這個社會如何因應。領導人做出行動或沒有作為也會產生影響。

本章將探討多明尼加和海地政治、經濟的發展軌跡，以了解兩國為何有目前的差異。我也將討論多明尼加環境政策的發展，包括「由下而上」以及「由上而下」的管理策略。最後再來檢視兩國目前的環境問題、未來的發展和希望，以及這樣的結果對彼此和全世界有何影響。

分道揚鑣

哥倫布在一四九二年首度橫越大西洋，即來到伊斯巴紐拉島。那時，美洲原住民阿拉瓦克印地安人（**Arawak Indian**）已在這島上居住了五千年之久。這些印第安人屬於泰諾族人（**Taino**），以農業維生，在島上建立五個酋邦，人口總數約為五十萬人（估計數目從十萬到二百萬都有）。所謂人善被人欺，這些印第安人個性溫和友善，因而慘遭西班牙人踐踏。

對泰諾族人來說，擁有西班牙人覬覦的黃金實在很不幸。西班牙人垂涎島上的黃金，又不自己開採，於是瓜分這裡的土地，且把島上印第安人當做奴隸。非但如此，他們還把歐亞大陸的疾病帶來，讓印第安人染病，甚至死亡。一五一七年，也就是哥倫布上岸二十七年後，原來島上的五十萬居民已銳減為一萬一千人。那年因天花流行，又奪走大多數人的性命，最後只剩三千人。在接下來的幾十年內，倖存者不是漸漸死去就是和異族同化。由於島上的印第安人凋零殆盡，西班牙人不得不去他處找尋奴工。

一五二〇年左右，西班牙人發現伊斯巴紐拉島適合栽種甘蔗及生產蔗糖，於是從非洲進口黑奴。島上甘蔗園欣欣向榮，這個殖民地在十六世紀為西班牙帶來不少財富。後來西班牙人對伊斯巴紐拉島漸失興趣，原因有好幾個：他們在美洲發現人口稠密、更富庶的印第安社會，以墨西哥、秘魯和玻利維亞為最，那兒有更多印第安人可以利用，政治也比較進步，玻利維亞還有豐富的銀礦。西班牙把注意力轉向別處，在伊斯巴紐拉島投資的資源銳減，尤其像是從非洲購買黑奴再輸入必須付出不少代價，而如果在美洲，他們就可大占便宜，只要征服該地，那些原住民就都是他們的人了。此外，在加勒比海出沒的英、法、荷等國海盜，也會攻擊西班牙人在伊斯巴紐拉島等地的殖民地。再者，由於英、法、荷等國的崛起，西班牙漸漸日薄西山，政治與經濟勢力都走向式微。

除了法國海盜，法國商人和探險家也在伊斯巴紐拉島西端——即遠離西班牙人結集的東半部——建立了殖民地。此時法國已比西班牙富有，政治勢力也更強，他們大肆進口奴隸，在伊斯巴紐拉島西部建立一大片又一大片的甘蔗園——這不是捉襟見肘的西班牙做得到的。伊斯巴紐拉島東西兩半自此分道揚鑣，發展出不同的歷史軌跡。到了十八世紀，西班牙在東半部建立的殖民地人口稀少，奴隸不多，經濟規模小，居民以牧牛和牛皮販賣維生；而西半部的法國殖民地人口眾多，奴隸也很多（在一七八五年擁有七十萬個奴隸，反之在西班牙統治的東半部只有三萬個奴隸），非奴隸人口比率小（只有一〇%，東半部的非奴隸人口比率卻高達八五%），經濟以生產蔗糖為主。法國統治的西半部叫聖多明克（Saint-Domingue），是歐洲在新世界中最富裕的殖民地。此地正是法國的搖錢樹，法國四分之一的財富都來自這個殖民地。

一七九五年，西班牙把沒有利用價值的東半部讓給法國，伊斯巴紐拉島暫時在法國的統治下統一。法屬聖多明克的黑奴在一七九一年和一八〇一年兩度發動武裝起義，法國派遣軍隊鎮壓卻遭黑奴擊敗，另外也在當地得了傳染病而死了不少人，元氣大傷。一八〇三年，在路易斯安那州交易（**Louisiana Purchase**）中，拿破崙把西班牙歸還的路易斯安那州，加上密西西比河以西至洛磯山之地賣給美國。同年，法國也放棄了伊斯巴紐拉島。接下來，在伊斯巴紐拉島西半部當家的人，自然是原來被法國人壓迫、剝削的黑奴。他們出頭之後，為自己的國家重新命名為「海地」（**Haiti**，即原來島上泰諾印第安人給這個島嶼的名字，意思是「多山之地」），並屠殺當地的白人，焚毀所有的甘蔗園、咖啡園和基礎建設，企圖把法國人建立的奴隸體系連根拔起，然後將原來的甘蔗園和咖啡園細分為小塊的家庭農場。雖然海地的黑奴追求個人的人權與自由，最後卻毀了海地的農業、出口和經濟，接下來執政的海地政府也未能幫海地農夫發展可在市場交易的現金作物（**cash crops**）。此外，海地獨立後，當地白人不是慘遭屠殺就是趕緊逃往其他地區，海地於是無白人人才可用。

無論如何，海地在一八〇四年獨立時還是富裕之邦，比東半部強勢，人口也比較多。一八〇五年，海地兩度入侵東半部的聖多明哥。四年後，聖多明哥請求成為西班牙殖民地。可惜西班牙政府管理不彰，也對此地沒什麼興趣，聖多明哥於是在一八二一年宣布獨立，不久後併入海地，直到一八四四年多明尼加共和國獨立為止。直到一八五〇年代，海地還不斷出兵進攻多明尼加。

一八五〇年，西半部的海地雖然領土面積比多明尼加小，但是人口較多，以農業經濟維生，卻僅供溫飽，出口作物極少，人口絕大多數是非洲黑人的後代，少數是黑白混血種。海地的黑白混血貴族說法語，以法國為精神故鄉，但是海地對奴隸制度極為恐懼，憲法甚至明定外國人不得擁有土地或以投資手段來操控作物生產。至於大多數海地人說的語言，則是源於法語的克里奧語（Creole）。東半部的多明尼加領土面積比較大，人口卻少得多，經濟以牧牛為主，歡迎移民，說的是西班牙語。十九世紀時，多明尼加的移民人數雖然不多，但這些移民對該國經濟有很大的幫助。移民來自世界各國，如來自庫拉索島（Curaçao）的猶太人、來自加那利群島（Canary Islands）的島民、黎巴嫩人、巴勒斯坦人、古巴人、波多黎各人、德國人、義大利人，一九三〇年後還有來自維也納的猶太人、日本人和更多的西班牙人。海地和多明尼加共和國雖然各自為政，但兩邊的政治一樣動盪，軍事叛變是家常便飯，各地軍閥擁兵自重，進而奪權。海地自一八四三年到一九一五年的二十二任總統當中，有二十一人遭到暗殺或驅逐；從一八四四年到一九三〇年，多明尼加總共換了五十個總統，還有三十次流血革命。在這島上做總統的人都一樣，無視民間疾苦，窮奢極欲。

世界列強對海地與多明尼加的觀感不同，對這兩個國家也有差別待遇。在歐洲人簡單的刻板印象中，多明尼加是說西班牙語的國家，具有部分歐洲社會的特徵，對歐洲移民和貿易展開雙臂歡迎；海地則是一個說克里奧語的非洲社會，封閉仇外，居民多半是曾遭受法國奴役的黑人。多明尼加先後接受不少來自歐洲和美國的投資資金，發展出口市場經濟；海地則無外資，經濟也愈來愈落後。多明尼加的經濟以可可、菸草、咖啡為主，從一八七〇年代也開始種植甘蔗，甘蔗園的榮景從海地消失後轉移到多明尼加。不過兩邊一樣政爭頻仍，動盪不安。十九世紀末，有一個多明尼加總統向世界各國借貸卻沒有償還，迫使歐洲各國如法國、義大利、比利時和德國派軍艦前來討債，威脅再不還錢就要占領土地。美國深怕多明尼加被歐洲各國瓜分，於是先聲奪人，搶先接管多明尼加的關稅徵收，等於擒下了多明尼加政府唯一的金雞母，以半數關稅收入來償還外債。第一次世界大戰期間，由於加勒比海地區暗潮洶湧，美國擔心巴拿馬運河不保，讓德國勢力延伸到自家「後院」，於是以維持秩序、提供軍事保護為由，進駐伊斯巴紐拉島全島。美軍從一九一五年進駐海地直到一九三四年，在一九一六年占領多明尼加，一九二四年撤退。美軍一走，多明尼加也好，海地也好，政黨惡鬥的時代又回來了，三天兩頭就鬧政變。

一九三〇年代之後，杜希友（**Rafael Trujillo, 1891-1961**）崛起，結束多明尼加群雄爭霸的局面。二十多年後杜華利（**François Duvalier, 1907-1971**）上台，海地也安定下來。不過，杜希友和杜華利都是心狠手辣的暴君，一前一後在拉丁美洲長期實行獨裁統治。杜希友是美軍一手訓練出來的，到了美軍撤出時，已高升至國民警衛隊總司令。一九三〇年，多明尼加總統大選，杜希友不擇手段登上總統寶座，打造唯我獨尊的王朝。他勤於政事，有知人之明，但狡詐奸滑、殘忍無情，所作所為表面上看來是為了社會的福祉，其實自私自利到骨子裡。他將可能的反對者全數剷除，把多明尼加變成警察國家，實行嚴密監控的恐怖政治。

杜希友致力於多明尼加的現代化，發展全國經濟、基礎建設與工業，但把國家當做私人產業來經營，國家經濟最後落入杜氏家族之手。杜希友分派親戚或親信掌管所有重要的國營事業，獨占全國牛肉出口、水泥、巧克力、香菸、咖啡、保險、牛奶、米、鹽、肉品、菸草和木材等產品的生產與銷售。多明尼加大部分的森林歸他掌控，蔗糖生產也是，他還擁有航空公司、銀行、飯店、土地和海運。所有公務員薪資的一〇%都得給他，就連妓女賺的皮肉錢，他也要抽頭。此人狂妄自大到了寡廉鮮恥的地步：首都從聖多明哥改名為「杜希友市」、多明尼加的最高峰也從杜亞提山改稱為「杜希友山」、要各級學校灌輸他是一代偉人的思想、公共場所每一個水龍頭都標示著「有杜希友才有水」。為了避免國內有人起兵反抗或其他國家入侵，杜希友政府把一半預算用於擴張軍備。多明尼加的軍事武力因而成為全加勒比海地區最強大的，甚至比墨西哥還可觀。

杜希友以恐怖統治、發展經濟和分配耕地給農民建立自己的王朝，到了一九五〇年代開始走下坡，失去人民的支持。最重要的因素是經濟惡化：為了上台二十五週年的慶典揮霍，還大肆購買私人製糖廠和電力公司，又遭逢國際咖啡價格下滑，多明尼加其他出口商品的價格也紛紛下跌，另外還以巨資投資國營製糖業最後宣告失利。一九五九年，流亡在外的多明尼加反抗軍在古巴撐腰之下入侵，結果沒有成功，古巴電台更以廣播煽動人心，鼓勵動亂和造反。杜希友政府的因應之道就是變本加厲的恐怖統治，逮捕、暗殺更多的人，刑求的手段也更加殘酷。一九六一年五月三十日，杜希友深夜搭乘座車前去和情婦幽會，結果遭到反對派包抄，在一陣飛車追逐、槍林彈雨中喪生。這事件背後的主導者顯然是美國中情局。

當多明尼加在杜希友王朝之時，海地的政治依然動盪不安，不知換了幾任總統，直到一九五七年人稱「大夫爸爸」的獨裁者杜華利上台，政治情勢才穩定下來。杜華利是醫生出身，也比他的兵痞子鄰居杜希友知書達禮，論狡詐和權謀一樣是佼佼者，也利用秘密警察進行恐怖統治，更是殺人不眨眼的魔頭，殺起人來比杜希友更厲害。杜華利在一九七一年壽終正寢，由兒子小杜華利（Jean-Claude Duvalier）

繼位，直到一九八六年見江山已去，於是流亡外國。

杜華利王朝灰飛煙滅之後，海地的政治又動盪不安，原已脆弱的經濟更加退步，雖然還有咖啡出口，但出口量並未隨著人口的激增而增加。海地的人類發展指數（human development index）——也就是量度人民預期壽命、教育情況和生活水準的指數——是非洲以外國家中最低的。在杜希友遭到暗殺之後，多明尼加的政治一樣擺盪不安，一九六五年還爆發內戰，美國海軍再度進駐，多明尼加人也大批移民美國。一九六六年，民選總統巴拉格（Joaquin Balaguer）上台，這段風雨飄搖的時期才結束。巴拉格得到杜希友生前手下將領的擁護，這些將領恐嚇反對派，讓巴拉格得以上台。巴拉格是個特別的人物，下面將詳細介紹。在接下來的三十四年中，他在多明尼加政壇翻雲覆雨：一九六六年到一九七八年、一九八六年到一九九六年擔任總統，一九七八年下台後到一九八六年重新上台前的在野期間，他還能左右政壇。二〇〇〇年，他高齡九十四歲，儘管目盲，加上病魔纏身，壽命只剩兩年，還在努力拯救全國的自然保育體系。這也是他最後一次干預多明尼加的政治。

在後杜希友時代（從一九六一年至今），多明尼加的工業化和現代化仍在持續進步。有一段時間的出口經濟主要靠蔗糖，後來被採礦業、自由貿易區的工業出口品、蔗糖以外的作物（如本章前面所述）等所取代，成為重要出口商品。另外，對兩國經濟大有幫助的則是在海外打拚的勞工。一百萬的多明尼加人和一百萬以上的海地人在國外當外勞，在美國工作的人尤其多。他們把薪資寄回老家，對母國經濟貢獻良多。多明尼加雖然還是窮國（平均每人所得每年只有二千二百美元），但有多項指標顯示他們的經濟一直有成長。我去多明尼加考察的時候，發現這裡的建設工程如雨後春筍，都市車水馬龍，明顯感受到該國強烈的經濟脈動。

差異的由來

對兩國的歷史背景有所認識後，讓我們回到本章開頭所述令人驚異的天壤之別：兩國政治、經濟和生態史的發展為何有這麼大的差異？

我們可從環境差異找到部分答案。伊斯巴紐拉島的降雨從東而來，因此多明尼加所在的東半部雨量較多，有利於作物生產。再者，伊斯巴紐拉島的最高峰（高達三千零四十八公尺）位在多明尼加境內，源於這些高山的河流多往東流到多明尼加。多明尼加多寬廣的谷地、平原和台地，土壤也比較厚，北部的席寶谷地（Cibao Valley）是世界上最肥沃的農業區。相形之下，海地所在的西半部由於高山阻隔來自東邊的雨，比較乾燥。西半部的山地比例也較東半部高，可發展集約農業的平地少很多，且多屬於石灰岩地形，土壤比較淺薄、貧瘠，復育力較差。弔詭的是，海地所在的西半部雖然環境先天不良，早先的農業經濟發展卻超過多明尼加。為什麼呢？當初海地農業的欣欣向榮不過是竭盡森林和土壤資源換來的，只是曇花一現。就像一個存款數目龐大的銀行帳戶，隱藏起負現金流，只出不入，最後還是被掏空。我們會在最後一章回來討探這個主題。

雖然環境差異導致經濟走向不同的軌跡，還有更重要的原因——社會和政治的差異。海地經濟為這方面的差異付出相當大的代價。多個因素促成兩國朝不同的方向發展，就像在蹺蹺板的一邊堆石頭，愈來愈重之後，必然向那個方向傾斜。

在這些社會和政治差異當中，其中一個是海地為富有的法屬殖民地，也是法國在海外最有價值的殖民地；多明尼加則是西班牙殖民地，到了十六世紀末，西班牙本身已走向疲弱，經濟和政治勢力都大不如前，自顧不暇，沒有餘力顧及伊斯巴紐拉島。因此，法國得以在海地投資以奴隸為主、精密的栽培農業，西班牙卻沒有在東半部發展出這樣的農業。這不但是「不能」，也是「不為」，西班牙選擇不這麼做使得法國引進的黑奴比西班牙多很多。結果，在殖民時期，海地的人口就比東邊的鄰居多上七倍；今天的人口數約為一千萬，也比鄰居的八百八十萬來得多。但海地的面積只比多明尼加的一半再多一點點，人口密度因而是多明尼加的兩倍。海地高人口密度加上降雨量低的結果，就是森林很快就砍伐光了，土壤肥力也喪失了。當初在殖民時期，法國船隻不但從非洲把黑奴運來，也把海地的木頭運回歐洲，因此到了十九世紀中，海地低地和山坡下半部的林木已被砍伐殆盡。

另一個社會和政治差異是多明尼加人的祖先多半來自歐洲，說西班牙語，歡迎歐洲移民和投資人。這樣的地區對移民和投資人也比較有吸引力。海地人民多半是以前的黑奴，說克里奧語，在一八〇四年後對移民和投資有很多限制，移民和投資於是轉到多明尼加，成為多明尼加經濟發展的命脈。移民多明尼加者很多是中產階級的商人和專業人士，對該國的發展是一大助力。一八〇八年至一八二一年，多明尼加甚至**自願**回歸西班牙懷抱，後來又在一八六一年至一八六五年重新隸屬西班牙。

另一個差異和黑奴史與奴隸的反抗有關。海地脫離殖民統治之後，大多數的海地人都擁有自己的土地，但耕種僅能得到溫飽，政府未協助發展出與歐洲國家交易的現金作物，而多明尼加卻得以發展出口經濟和對外貿易。至於海地的精英階級則心向法國，對家鄉沒什麼認同感，沒有土地也不發展有商業價值的農業，只是藉由橫征暴斂來累積自己的財富。

近代的差異則和獨裁者的風格有關：杜希友致力於工業經濟和國家現代化（儘管是為了一己之利），杜華利卻沒這麼做。這或許關乎獨裁者的個人好惡，然而這樣的差異最後還是反映在社會發展上。

最後，近四十年來海地森林濫伐和貧窮問題變本加厲。多明尼加還保有大部分的森林，也不斷努力朝向工業化發展。這樣的計畫始自杜希友時代，繼任的巴拉格等人蕭規曹隨，也建造水力發電的水壩。為了森林保育，巴拉格進口丙烷和液化天然氣，不砍伐林木來做燃料。貧窮的海地無力進口燃料，還是繼續使用木炭，最後一片森林眼看就要消失。

多明尼加的經濟

濫伐等環境問題在海地由來已久，已成沉痾，狀況都比多明尼加來得嚴重。這些問題背後的原因有好幾個，我們若以本書一開始提到的五個框架來檢視，將發現海地與多明尼加的對比牽涉到其中四個：人類對環境造成的衝擊、與鄰國交好或交惡，以及社會和領導人是否因應得當。除了第八章討論的格陵蘭維京人和因紐特人，海地和多明尼加也是一個對比，讓我們清楚看到社會的命運其實掌握在自己手裡，就看自己如何選擇。

多明尼加的環境問題又是如何，採取何種因應措施？我們可利用第九章介紹的環境經營術語來解說。多明尼加的環境保護策略一開始是「由下而上」，到了一九三〇年之後轉為「由上而下」，現在則是兩者並行。多明尼加的森林危機出現在一八六〇年代和一八七〇年代，有些地區的珍貴樹種消失不少，甚至滅絕。十九世紀末，為了栽種甘蔗等現金作物，多明尼加開始砍伐森林、清理林地；到了二十世紀初，由於都市化，加上修築鐵路需要枕木，又大肆砍伐森林。多明尼加一邁入二十世紀，就發現苗頭不對，雨量低的地區多砍伐森林來做燃料，使得森林不保，還有農耕造成的溪流汙染問題，因此政府在一九〇一年即明令禁止森林砍伐，也不得汙染溪流。

多明尼加「由下而上」積極保護環境的做法，始自一九一九年和一九三〇年間的聖地牙哥地區。聖地牙哥是多明尼加的第二大城，附近也是最富庶的農業區，但環境已完全失去原始、自然的面目。當地律師藍西耶（Juan Bautista Pérez Rancier）以及身兼環境監測員的醫師拉薩洛（Miguel Canela Lázaro）對森林砍伐、鐵路修築和水文地質的破壞憂心忡忡，於是四處奔走，向聖地牙哥的商會遊說，希望他們能買下土地做為森林保護區，同時向社會大眾募款以籌措基金。他們的努力終於在一九二七年有了重大成果，農業部同意以政府基金來購買林地，成立第一座森林保護區，即在境內第一大河——雅克河（Yaque River）——一帶成立雅克森林保護區（Vedado del Yaque）。

一九三〇年獨裁者杜希友上台後，環境經營的動力改為「由上而下」。他在任內不但擴展雅克森林保護區的範圍、增設其他森林保護區，更在一九三四年建立第一座國家公園，派遣一支森林護衛軍加強森林保護，同時禁止山林燒墾，沒有得到他的許可也不准在中央山脈的康斯丹薩（Constanza）附近砍伐松樹。雖然這些做法都以森林保護為名，或許他的動機是來自經濟考量，包括他個人的經濟利益。一九三七年，杜希友政府委任著名的波多黎各環境科學家夏東（Carlos Chardón）評估多明尼加的自然資源（農業、礦業和林業潛力）。多明尼加擁有加勒比海地區最廣闊的松林，夏東特別計算了多明尼加可以砍伐販售的松樹數量，估量這些松木約達市值四千萬美元。這在那個年代可是個大數目。基於夏東的報告，杜希友開始參與伐木業，也是全國主要鋸木廠的合夥人。杜希友在砍伐林木時，也顧及森林保育，留下一些成熟的樹木，讓這些樹木的種子落地生根，再長成大樹。直到今天，我們仍可在再生的樹林中找到那些壯碩的老樹。一九五〇年代，杜希友委任瑞典學者研究多明尼加水力發電的潛能，計畫興建水壩，並在一九五八年召開全國第一次環境保護會議，也設立更多國家公園。至少設立國家公園可以保護集水區，有利於水力發電。

杜希友的獨裁統治是標準的「只許州官放火，不許百姓點燈」。他大肆砍伐山林，卻禁止他人砍樹，也不許人非法在林地內定居。一九六一年，杜希友被暗殺身亡之後，多明尼加的環境保護牆也瓦解了：有人開始非法在林地內居住，占據土地，燒墾山林；大批鄉村居民往城市流竄；聖地牙哥四個富有家族也開始砍伐森林，砍伐的速度甚至比杜希友在世時有過之而無不及。杜希友死後兩年，民選總統博許（Juan Bosch）苦口婆心地對伐木業者說之以理，希望他們刀下留情，留給國內的松林一條活路，因為計畫中的雅克水壩和尼朝水壩（Nizao dam）正仰賴這一片森林做為集水區。伐木業者不但不聽博許好言相勸，還勾結其他利益團體推翻博許。多明尼加的森林自此劫難重重，直到一九六六年巴拉格上台才轉危為安。

巴拉格認清多明尼加的當務之急是保護森林集水區，才能進行水力發電，也才可滿足工業用水和民生用水之需。他上台不久後就施以鐵腕，禁止所有商業伐木並關閉每一家鋸木廠。在他的雷厲風行之下，權貴家族砍伐林木不敢堂而皇之地進行，只能在偏遠山區偷偷砍伐，在夜裡鋸木。巴拉格只好採取更激烈的手段來保護山林。他宣布森林保育的業務不再由農業部管轄，而由軍方負責，盜伐將視同危害國家安全的犯罪行為。巴拉格更布下天羅地網，從空中查勘到地面巡邏，全面禁止盜伐。一九六七年，軍方在一次夜間掃蕩行動中查獲一個大型地下伐木營地，十來個盜伐者在軍方的槍林彈雨中身亡。這等於是給伐木業者當頭棒喝，這也是多明尼加環境史上具里程碑意義的事件。雖然後來還有盜伐情事，但軍方繼續出擊，進行更進一步的掃蕩，遇盜伐者格殺勿論。在巴拉格第一次上台執政的十二年內（從一九六六年到一九七八年三屆總統任期），盜伐已大幅減少。

巴拉格有許多影響深遠的環境政策，這只是其中之一。在他於一九七八年到一九八六年的八年下台期間，繼任總統放任伐木，伐木營地和鋸木廠又開始忙碌，木炭生產業也變得興旺。一九八六年，巴拉格回到總統寶座的第一天，就發布行政命令，令伐木營地和鋸木廠關閉，翌日就派空軍直升機偵測，查勘是否有人非法伐木或入侵國家公園。凡是伐木者都遭到逮捕、打入牢獄，住在森林中的貧民遭到驅逐，富人的森林農場或別墅也遭到拆除（有些還是巴拉格友人的產業）。巴拉格甚至在一九九二年強制驅逐洛斯海地西斯國家公園（Los Haitises National Park）的幾千個居民。兩年後，他又親自指揮將座落在胡安培瑞茲國家公園（Juan B. Pérez National Park）內的私人豪宅全部夷為平地。巴拉格不但禁止山林燒墾，還通過一項法令——規定以活樹為籬，不可用砍伐下來的木頭做籬笆（結果執行之後困難重重）。為了減少國內對木製產品的需求，巴拉格除了找尋可替代木材的資源，也開放從智利、宏都拉斯和美國進口原木，並進口液化天然氣做燃料，減少木炭生產（不像海地拚命砍伐林木來做木炭）。為了鼓勵民眾放棄木炭，改用天然氣，政府不但予以補貼，還免費提供天然氣爐具。巴拉格進一步擴大自然保護區的範圍，在海岸成立兩座國家公園，並在領海水域內設立座頭鯨禁捕區。他也規定，河流兩岸十八公尺內的土地、距海岸五十五公尺之內的陸地都是應受保護的溼地，還參加在里約召開的環境會議，簽署協定，承諾往後十年不捕捉野生動物。巴拉格也對工業界施壓，要他們妥善處理廢棄物，大幅提高礦業公司的稅金。雖然他也有心改善空氣汙染的問題，但成果有限。為了保護環境，他不惜讓一些重大建設案胎死腹中，包括穿過國家公園到桑切斯港（Port of Sanchez）的道路工程、中央山脈縱貫公路、馬德里哥水壩（Madrigal Dam）、聖地牙哥國際機場以及一個超級港口的興建案。他甚至拒絕維修高地一條年久失修、難以通行的道路。他在聖地牙哥建立水族館、植物園、自然史博物館，還重建國家動物園。這幾個地方都成為聖地牙哥的重要景點。巴拉格下台後，在他高齡九十四歲那年，眼見現任總統費南德斯（Leonel Fernández）計畫縮減自然保護區，他怎能袖手旁觀？所幸後來費南德斯敗選，梅西亞（Hipolito Mejia）上台，他就和梅西亞合作在立法機關運作，將費南德斯任內通過的法案加上一個附加條款，把自然保護區改為依照國家法令所設，而非以總統的行政法令為根據。法令在巴拉格一九九六年下台前就是如此，後來在費南德斯的運作下才改變。巴拉格為了多明尼加的環境保護可說是鞠躬盡瘁，死而後已。

巴拉格可說把「由上而下」的環境經營策略發揮得淋漓盡致。事實上，「由下而上」的環境經營在杜希友被刺身亡之後便復甦了。在一九七〇年代和一九八〇年代，科學家努力調查多明尼加海岸、海洋和陸地的自然資源。多明尼加本來就有公民參與環境事務的傳統，在杜希友的獨裁統治下中斷了幾十年，人們只好慢慢撿回這個良好的傳統。一九八〇年代，多明尼加出現很多非政府組織（NGO），包括幾十個環保團體，他們的效能也愈來愈顯著。在許多開發中國家，環保方面的努力常常靠國際環保組織的分支機構推動，但是多明尼加除了總統「由上而下」雷厲風行，當地非政府組織「由下而上」的努力也不可小覷。多明尼加非政府組織協同大學與多明尼加科學院進行研究，已成為多明尼加本土環保運動的急先鋒。

巴拉格：謎樣的人物

為何巴拉格如此大刀闊斧地推行各項環境保護政策？很多人難以理解，為何這麼一個令人反感的人，竟會不遺餘力矢志保護環境？巴拉格在暴君杜希友底下工作了三十一個年頭。一九三七年，杜希友大肆屠殺海地人，巴拉格還為他辯護。雖然他最後成了杜希友的傀儡總統，但他在杜希友底下做事（如擔任國務卿），還是得以一展長才。話說回來，像杜希友那樣十惡不赦的暴君，誰願意做他的走狗？只要跟他有所牽連，都會被懷疑和鄙視。杜希友死後，巴拉格的罪行一樣罄竹難書——這都是他自個兒所作作為，不能怪罪到別人頭上。一九八六年，巴拉格靠公平選舉上台，但是在一九七〇年、一九七四年、一九九〇年和一九九四年為尋求連任，像一九六六年那樣為了勝選不擇手段，耍欺騙、暴力和恐嚇等伎倆。他還養了一票刺客，暗殺成百成千個反對派。他下令強制驅離國家公園內的非法居民，也放任軍方射殺盜伐者（也許軍方只是執行他的命令）。全國各地的官員貪汙，他卻視若無睹，延續拉丁美洲政治「強人」或「軍事獨裁者」（*caudillo*）的傳統，還留下這樣的名言：「憲法不過是一張紙罷了。」

環境保護政策推動與否，背後的原因常常很複雜。我們將在第十四章和第十五章討論這一點。我在多明尼加考察時，很想知道巴拉格的環境政策是因什麼動機而產生。於是我去訪問跟巴拉格有過接觸的人或經歷巴拉格統治的多明尼加人。我請他們說說自己對巴拉格的看法。我跟這二十個多明尼加人進行深度訪談，結果發現沒有任何人看法相同。很多人因為和巴拉格有深仇大恨，所以唾棄他，例如曾被他打入黑牢、被他效忠的杜希友政府監禁或刑求，或是近親朋友被他殺害。

雖然大家看法分歧，還是有不少人不約而同提出一樣的觀點。幾乎在每一個人的眼中，巴拉格都是一個複雜、謎樣的人物。他很愛掌權，他的政策也是基於權力的考量而規畫，他擔心不做就會失去權力（然而有些政策因得不到人民支持，他還是有失去權力的危險）。不管怎麼說，他是個極度高明的政治人物，既憤世嫉俗又務實。在多明尼加近四十二年來的政治史中，沒有第二個人和他一樣能幹，可說是馬基維利式[2]的君王。他在軍方、群眾和敵對陣營之間維持巧妙的平衡，在軍方之間挑撥離間，避免軍方連成一氣發動政變，而且如有軍官敢破壞森林或國家公園，包準讓他們嚇破膽。一九九四年，多明尼加電視新聞曾播出一段精采對質，據說這段新聞播出後，巴拉格怒氣沖沖把一個反對森林保護策略的上校找來，結果那個上校竟嚇得尿褲子。我訪問的一位歷史學家以生動的描述來形容巴拉格：「他就像一條蛇，會因需要而蛻皮或變換體色。」巴拉格放任官員貪汙，但他自己又不像杜希友那樣愛錢，套句他的話：「貪汙到我辦公室門口就打住了。」

最後，讓我們再來聽聽一個人的結論。這個人曾被巴拉格打入黑牢、折磨得死去活來。他說：「巴拉格雖然邪惡，卻是多明尼加民主發展史的必要之惡。」他是指一九六一年杜希友被暗殺之時，多明尼

2馬基維利：Niccolo Machiavelli（1469-1527），義大利政治理論家，主張若是為了國家利益及統治者權威，可以運用不道德的權宜手段。

加海內外不少人具有遠大的抱負，這些人雖然有滿腔熱血，從政經驗卻遠遠不及巴拉格。巴拉格以行動鞏固多明尼加中產階級、朝資本主義發展，經濟大幅成長，多明尼加才有今天。因此很多多明尼加人願意容忍巴拉格的惡行。

至於巴拉格在什麼動機之下執行環境政策？答案見仁見智，每個人給我的回答都不同。有人認為巴拉格的環境政策不過是幌子，為的是騙取選票和增進自己的國際形象。巴拉格把偏遠山區的非法居民趕出來，是他防微杜漸的手段，怕這些農民在卡斯楚的煽動下造反。另外如拆除森林中的別墅或豪宅，則是擔心那些土地落入多明尼加富人、富有的度假開發公司或軍方之手。還有人認為，巴拉格這麼做是為了使自己與軍方的關係更加緊密。

雖然這些動機都有可能，從巴拉格在環境保護的各種作為來看，有些得不到大眾的支持，其他作為民眾根本沒有興趣，因此我認為他的環境政策應該不是幌子。有些行動——尤其是動用軍力強制驅離山區非法居民——不但讓他灰頭土臉，同時也失去一些選票（雖然已經賣力做票），更失去權貴人士和軍方支持（雖然對他別的政策表示支持）。在前述巴拉格的眾多環境政策當中，我實在看不出是為了打擊度假開發公司、避免謀反或是拉攏軍方。像巴拉格這麼一個老謀深算的政治人物，似乎對他的環境政策非常固執，甚至失去一些選票或某些有力人士支持都在所不惜，只要不會引發軍方叛變，他都不遺餘力地去做。

有些接受訪問的多明尼加人表示，巴拉格的環境政策是有選擇性的，有時並沒有什麼成效，還有一些盲點。例如他允許自己的支持者破壞環境，如濫採河床砂石做為建築材料。有些法令如禁獵、空氣汙染防治法或以樹為籬等只是徒勞無功。當政策遭到阻力，他也有退縮的時候。他的另一大缺點就是忽視鄉下農民的需求。若要得到更多大眾對環境政策的支持，他還必須更努力。不管如何，在多明尼加或其他國家，都沒有其他政治人物像他這樣積極推動多樣、激進的環境保護政策。

我就巴拉格的環境政策左思右想，認為最有可能的原因似乎就是他真如自己所言那麼在乎環境。幾乎每一次演講，他都提到環境問題，他說保護森林、河川和山巒是他從小到大的夢想。在一九六六年甫就任總統的幾場演說中他就強調這點，在一九八六年和一九九四年（最後一次連任）的總統就職演說也不忘提及環境保護。後來繼任總統的費南德斯表示，全國領土的三二%做為自然保護區已經走火入魔，巴拉格則反擊道，多明尼加全國領土都應該在自然保護區的範圍內。至於他的環境觀點從何而來，沒有人有相同的看法：一個人說，巴拉格可能早年在歐洲接受環境運動思潮的洗禮；另一個人說，巴拉格徹頭徹尾反海地，因此刻意綠化多明尼加，好和海地的「不毛」成為對比；也有人說，巴拉格和姊妹很親，她們對杜希友王朝砍伐森林、河川淤積的問題痛心疾首，連帶也使巴拉格受到影響；還有一個人論道，巴拉格在後杜希友時代登上總統寶座時已經六十歲了，他會大力執行環境政策應該和他前半生看到的變化有關。

巴拉格其人其事實在有許多地方令人費解。要摸清像他這樣的一個人，或許是不切實際的期待。我們可能下意識地認為，人總是善惡分明——不是好人，就是壞人——如果有人具有一種了不起的美德，似乎就不會做出什麼壞事。然而，當我們看一個人的嘉德懿行之時，說不定也不免發現這人做了些不光明磊落的事，似乎不值得人尊敬。人其實很複雜，是正義和邪惡的混合體，在不同的經驗影響下會有不同的作為。

如果我們把巴拉格當做真格的環保鬥士，想到他做的那些壞事，環保運動是否會蒙上陰影？我的一個朋友曾說：「如果希特勒愛狗，而且每天刷牙，我們是不是就得討厭狗，也不要刷牙了？」我回想起自己從一九七九年到一九九六年在印尼進行的工作。我對印尼的軍事獨裁相當反感，除了不贊同他們的政策，還有個人因素，除了有發生在我新幾內亞朋友身上的事，我自己也差點慘遭印尼士兵殺害。我萬萬想不到，這樣的獨裁政權竟能在印屬新幾內亞設立周全且有成效的自然保護體系。後來去了巴布亞紐幾內亞，我希望能在這個民主政體下看到更進一步的環境政策，可惜事與願違。

在我訪問過的多明尼加人當中，沒有人自認了解巴拉格這個人。他們提到巴拉格的時候，常說他是個「充滿矛盾的人」、「爭議性的人物」或是「謎樣的人物」。也有人用邱吉爾（Winston Churchill, 1874-1965）對俄國的形容套在巴拉格身上，說他有如「謎中謎」，巴拉格的真面目恐怕無法輕易地拼湊出來。我因此了悟，歷史就像人生一樣複雜難解，不管人生或歷史都無法用三言兩語道盡一切。

多明尼加的今日環境

我們既已回溯多明尼加的環境史，多明尼加現在的環境又是如何？自然保護區運作得如何？我們將在第十六章逐一探討十二大類環境問題，而多明尼加的主要環境問題包括其中八個：森林資源、海洋資源、土壤、水、有毒廢棄物、外來物種、人口成長和人口對環境的衝擊。

在杜希友執政時代，某些山區松林砍伐的情況非常嚴重；在杜希友死後那五年，更是到處有人砍伐森林。巴拉格即使嚴格禁止森林砍伐，但是繼任者睜一隻眼、閉一隻眼。雖然多明尼加鄉下居民大量湧向城市和海外，森林地區的人口壓力因此減輕，但在多明尼加和海地邊境的山區，海地人常越過邊界偷偷砍伐多明尼加境內的森林來做木炭，也有賴著不走乾脆清理林地、墾殖定居的人。二〇〇〇年，多明尼加執行森林保護任務的不再是軍方而是環境部。環境部沒有軍方強勢，經費也少，因此森林保護的成效比不上一九六七年到二〇〇〇年這段期間。

目前多明尼加海岸線、海洋棲地和珊瑚礁大部分已遭破壞，也有過度漁撈的問題。

森林砍伐造成的土壤流失也很嚴重。有人擔心土壤流失使水壩後方的水庫泥沙沉積嚴重，水力發電會受到影響。某些灌溉區也出現土壤鹽化的問題，如巴拉奧納（Barahona）的甘蔗栽種區。

由於土壤侵蝕造成沉積物堆積，加上有毒物質的汙染和廢物傾倒，多明尼加河川的水質非常低劣。幾十年前，多明尼加的河流還清澈見底，而且可以游泳，現在都是黃澄澄的泥水，沒有人敢下水。工廠把廢棄物傾倒在河川，在汙水處理系統還不完善的市區，居民也任意地將垃圾倒在溪流中。河床因濫採砂石，破壞的情況也很嚴重。

打從一九七〇年代開始，多明尼加富庶的農業區（如席寶谷地）就使用大量的農藥、殺蟲劑和除草劑。海外生產國自己老早禁用這些藥劑了，但多明尼加還在使用。由於農業的收入很可觀，政府也就放任農民繼續使用這些藥劑。鄉下工人噴灑農藥，頭、手一般都沒有防護，有時到田裡噴灑農藥的還是兒童。如果想知道農藥對人類身體健康的影響，多明尼加有非常詳盡的紀錄可查。在席寶谷地這個農業區，幾乎看不到鳥。這個發現讓我心頭為之一振：如果農藥會殘害鳥類，對人類應該也好不到哪裡去。

其他有毒物質的問題主要來自生產鐵、鎳的鷹橋礦區（Falconbridge）。這個大礦區冒出來的煙，使得聖多明哥和聖地牙哥之間的高速公路上空盡是烏煙瘴氣。該國產金的羅薩里歐礦區（Rosario）沒有處理氰化物和酸性汙水的能力，只得暫時關閉。聖多明哥和聖地牙哥這兩個城市的老舊車輛過多，加上能源消耗的增加，霾害嚴重。由於公共電力系統經常故障，很多家庭和商家都自備發電機。（我在聖地牙哥的時候，一天就碰上好幾次停電。回美國後，我收到多明尼加友人的來信，說他們又停電了，這次甚至長達二十一個小時。）

至於外來物種，近一、二十年來，為了使砍伐過的林地和颶風肆虐過的土地重新長出樹木，多明尼加於是從外地引進長得比本土松樹快的樹種。我在多明尼加考察時，發現溼地松（*Pinus elliottii*）、木麻黃、柚木還有好幾種刺槐等外來物種長得很繁茂。然而，也不是每一種外來樹種都長得不錯，有的還是長不好。有的外來樹種很容易得病，不像本土的多明尼加松抗病力強。如果這些外來樹種遭到疾病侵襲，種植這些樹的山坡將失去植被。

雖然多明尼加的人口成長率不再飆升，但根據估計，每年成長率還有一．六%左右。比起人口增加，更嚴重的問題是每人對環境的衝擊（per-capita human impact）[3]也快速增加。（這裡說的「每人對環境的衝擊」在本書後面章節還會出現，指每人平均消耗的能源和產生的廢物：第一世界的每人對環境的衝擊要比第三世界的來得大，也比過去來得大。將一個社會的總人口數乘以每人對環境的衝擊，就是社會整體對環境的衝擊。）多明尼加觀光旅遊業興盛，也有不少人出國旅行大開眼界，加上電視節目的介紹，多明尼加人明顯感受到波多黎各和美國的生活水準比較高。多明尼加的商品廣告看板到處都是，城市熱鬧的路口常可見到小販販售行動電話配備和光碟唱片。多明尼加漸漸成為一個消費社會，但這樣的消費並不是本國經濟和資源所能支持的，部分是靠多明尼加外勞寄回家鄉的薪資。消費多了，廢物也增加了，市區的廢物處理系統幾乎到了難以負荷的地步。河川、路邊、街道或鄉村，到處有人傾倒垃圾。一個多明尼加人告訴我：「我們的世界末日不是地震或颶風帶來的天崩地裂，而是被垃圾活埋。」

在多明尼加，除了人口成長和消費衝擊的問題，森林、海洋、河川、土壤等都在自然保護體系之內。多國的自然保護體系很周全，包括七十四個自然保護區（國家公園、海洋保護區等），面積多達全國領土的三分之一。多明尼加地狹人稠，平均每人所得只有美國的十分之一，有這樣的成績實在很了不起。然而，這樣的成果不是國際環境組織的功勞，而是多明尼加非政府組織促成和規畫的，殊屬難得。

我曾與多明尼加的三個非政府組織進行討論，包括位於聖多明哥的科學研究院、摩斯科索佩友協會（Fundación Moscoso Puello）和自然保育協會（Nature Conservancy）在聖多明哥的分支機構（只有最後一個是國際自然保育組織的附屬機構，不是純粹本土的組織），這些組織的所有成員都是多明尼加人。巴布亞紐幾內亞、印尼、索羅門群島等開發中國家的自然保育組織就不是如此，都是由外國科學家擔任重要幹部和顧問。

3「每人對環境的衝擊」另一種說法是「生態足跡」（ecological footprint），指用來生產所需資源及消化廢物所需的土地面積大小，如我們的生態足跡從一九六一年以來已成長了二．五倍。當今人類平均生態足跡指數為平均每人使用二．二公頃土地提供的自然資源，實際上地球所能提供的限度是每人最多只能使用一．八公頃。

未來

多明尼加的未來會如何？他們的自然保護體系能在重重壓力之下度過難關嗎？這個國家還有未來嗎？

對於這些問題，很多人都持不同看法，包括我的多明尼加友人。有人對環境悲觀，原因是多明尼加自然保護體系已失去巴拉格的鐵腕守護，近年來的多明尼加總統在環境保護挹注的基金比較有限，環保政策也乏善可陳，有人還企圖縮減、甚至出售自然保護區土地。大學當中專司環境科學的教授很少，因此無法訓練出生力軍。政府對環境研究的獎助也很少。我有些朋友開始擔心多明尼加的自然保護區將名存實亡。

然而，也有人對多明尼加環境的未來表示樂觀，他們認為多明尼加的環保運動組織完善、「由下而上」的動力很強，這在開發中國家幾乎絕無僅有。他們的環保組織勇於向政府挑戰。這些組織當中有些人是我的朋友，他們雖然曾經為了環保運動入獄，出獄後還是繼續堅持下去，不向政府低頭。多明尼加的環保運動和我熟知的國家相比並不遜色。未來會如何？我的一位多明尼加友人描述他們國家就和世界其他國家一樣：「就像賽馬，才剛起跑，所有的馬兒一股腦兒向前衝，結果還不能斷定。」各國都有破壞性和建設性的兩種力量。多明尼加環境的威脅日大，但環保運動仍方興未艾，未來將如何還無法鐵口直斷。

同樣地，多明尼加經濟和社會的前景會如何，大家的看法仍然分歧。在我的多明尼加友人當中，有五個人對自己國家的未來非常悲觀，認為將來沒希望了。政府無能、腐敗，官員似乎只會結黨營私，近年來經濟又數次遭受重大打擊，這些友人因此痛心疾首。多明尼加經濟衰退的原因包括：蔗糖出口市場幾乎完全崩解、披索貶值、自由貿易區出口商品不敵其他國家以更低的工資競爭、兩大銀行倒閉、政府不但債台高築且支出浮濫。多明尼加已進入消費時代，但這樣的消費卻不是國家所能負荷。對我這些對未來悲觀的友人來說，多明尼加正在走下坡，就像海地滑向絕望的深淵，而且下滑的速度甚至比海地更快：海地經濟到今天這步田地，是五十年來持續衰退的結果，而多明尼加只消一、二十年就已經完了。多明尼加首都聖多明哥恐怕不久就和海地首都太子港一樣黯淡無光：大多數的居民都住在貧民區，過著三餐不繼的日子，沒有公共設施，權貴則在郊區別墅啜飲法國美酒。

這就是多明尼加未來運勢的下下籤。然而，我還有一些多明尼加友人並不認為國家已經山窮水盡。他們說，過去四十年來多明尼加的政權興替令人眼花撩亂，沒錯，目前政府效能特別差，貪汙腐敗，但這樣的政府畢竟過不了下次選舉的考驗，每一個有意角逐下任總統的候選人似乎都比現任總統好。此外，多明尼加只是個小國，環境問題因此更顯而易見，而且人民可以直接找上政府官員，不像美國官員那樣高高在上、遠在天邊。最重要的是，多明尼加既然沒有在過去的驚濤駭浪中滅頂，應該也不會栽在目前的風浪中。多明尼加曾有二十二年遭到海地占領的歷史，從一八四四年到一九一六年之間不知換了幾個總統，一九二四年到一九三〇年又動盪不安，一九一六年到一九二四年以及一九六五年到一九六六年則由美國軍事保護，後來又歷經魔頭杜希友長達三十一年的獨裁統治。總之，從一九〇〇年到二〇〇〇年，多明尼加社會及經濟變動之劇烈，新世界各國無出其右者。

由於全球化，發生在多明尼加的事件影響到的不只是多明尼加人，世界其他地區也會受到波及。美國就在九百六十公里之外，境內有一百萬多明尼加人，因此美國受到的衝擊將特別大。除了多明尼加首都聖多明哥，紐約是次一個擁有最多多明尼加人的城市。加拿大、荷蘭、西班牙和委內瑞拉也有不少。加勒比海地區猶如美國後院，一九六二年伊斯巴紐拉島西邊的古巴爆發飛彈危機，就讓美國寢食難安。多明尼加若能否極泰來，美國就能鬆一口氣。

至於海地的未來呢？海地目前是新世界最貧窮、人口問題最嚴重的國家，未來只會更貧窮、更人滿為患，每年人口成長率逼近三%。海地不但貧窮又沒有天然資源，訓練有素或學有專長的人才也寥寥無幾，實在看不出有任何改善的可能。如果仰賴外援、非政府組織或個人的努力呢？但海地甚至沒有整合外界援助的能力。例如美國國際開發署（USAID）在海地投入的經費是投入多明尼加的七倍，但是海地方面的成果遠不如多明尼加，原因是沒有人才，組織效能也很差。我如果碰到熟悉海地問題的人，問道這個國家的前景如何，幾乎每一個人都告訴我，這個國家「沒有希望」了。大多數的人真是看不到希望才這麼說。雖然有人認為這個國家還是有希望，但總先坦白他們是少數。這些人認為，海地現有的森林保護區雖然很小，還是有復育、擴大的可能，海地的兩個農業區已可生產多餘的糧食，送到首都太子港以及北邊海岸的觀光區。最值得一提的是，海地成功地削減軍力，沒有陷入分裂和民兵四起的泥沼。

因為全球化，海地也像多明尼加，一有什麼風吹草動，世界其他各國都受到影響。他們在美國、古巴、墨西哥、南美洲、加拿大、巴哈馬群島、小安地列斯群島和法國也都有僑民。兩個國家同處一島，因此休戚與共。很多海地人每天越過邊境到多明尼加，為的是掙一口飯吃，或者帶一些木頭回家當柴燒。有些則在多明尼加邊境非法居留，務農維生。這裡土地貧瘠，一般多明尼加農夫根本不屑一顧。在多明尼加境內討生活的海地人在一百萬人以上，大都是非法打工或耕作。多明尼加本身雖然也是個窮國，但就工作機會和土地而言，還是比海地來得多。多明尼加有超過一百萬人在海外，又有一百萬以上的海地人進來。目前多明尼加的海地人約占全國人口的一二%。海地人在多明尼加從事工資低且辛苦的工作，如建築工人、砍甘蔗的工人、觀光景點守衛或是用腳踏車載貨的工人或小販，多明尼加人大都不願意做這些工作。多明尼加雇用許多低廉的海地勞工，由於本身資金不足，公共設施也不夠完善，無法提供教育機會、醫療和住屋給他們。多明尼加境內的多明尼加人和海地人不但經濟地位有別，文化也截然不同：使用的語言不同、穿著打扮不同、吃的東西不一樣、外表看來也大不相同（海地人膚色黝黑，比較像非洲人）。

聽了多明尼加友人描述海地人在多明尼加的處境後，我不禁聯想到在美國非法工作的墨西哥等拉丁美洲移民。我從友人口中聽到這樣的話：什麼本國人不願意做的工作啦；錢再怎麼少，還是比家鄉好啦；那些海地人把愛滋病、肺結核和瘧疾帶進來啦；他們說不同的語言，看起來比較黑啦；我們沒有義務提供醫療、教育和住的地方給那些非法移民，再說我們也沒有能力這麼做啦。話中的「海地人」和「多明尼加人」換成「拉丁美洲非法移民」和「美國人」，正可反映出拉丁美洲非法移民在美國的情況，以及美國人對這些非法移民的態度。

人往高處爬，多明尼加人紛紛轉往美國和波多黎各發展，海地人則往多明尼加跑。結果多明尼加的海地人愈來愈多，而美國的西班牙語裔（拉美裔）人口也日漸增多。[4]因此，海地問題如果能得到解決，對多明尼加來說很有利；拉丁美洲的問題解決了，美國也比較能高枕無憂。對多明尼加來說，最會影響到自己的就是海地。

多明尼加是否能成為海地未來發展的助力？乍看之下，多明尼加似乎泥菩薩過江，自身難保。多明尼加很窮，自己更是問題一籮筐。這兩個國家不但語言和自我形象不同，產生文化隔閡，長久以來也一直敵對。多明尼加人把海地視為非洲的一部分，瞧不起海地人，而很多海地人則懷疑外國干預。他們都無法忘懷過去遭受對方欺凌的慘痛經驗。多明尼加人記得海地曾在十九世紀入侵他們的家園，包括被海地人占領的二十二年（忘了對方也有好的一面，如廢除奴隸制度）。在一九三七年十月二日至十月八日之間，杜希友還曾下令砍殺兩萬個住在多明尼加西北部和席寶谷地的海地人，這等血海深仇教海地人如何忘懷。今天，兩國政府不是認為對方虎視眈眈，就是互相敵對，幾乎沒有合作的關係。

然而，這些還是無法改變兩個根本的事實：多明尼加的環境和海地連成一體，且海地是影響多明尼加最大的國家。目前雙方已有一點合作的苗頭，例如我在多明尼加考察之時，發現多明尼加科學家首度組團前往海地，和海地科學家聯合召開會議，海地科學家也將在日後造訪聖多明哥，行程已經排定。如果海地的命運有改善，我認為多明尼加必然功不可沒，雖然這是今天大多數多明尼加人不樂見或幾乎無法想像的事。不管怎麼說，要多明尼加完全袖手旁觀讓海地自生自滅，是更不可思議的事。雖然多明尼加的資源很少，至少還是能當海地向外面世界發展或探索的橋樑。

多明尼加人會這麼想嗎？過去多明尼加人再困難的事都辦到了，與海地化敵為友應該容易得多。即使多明尼加的命運未卜，如果能和海地交好，或許可逢凶化吉。

4美國的西班牙語裔人口在二〇〇三年已經超過黑人，成為最大的少數民族。根據美國人口普查局資料，在二〇〇〇年至二〇〇一年，西班牙語裔人口的成長速度是美國總人口成長速度的四倍。

CHAPTER 12

中國：搖搖擺擺的巨人

舉足輕重

中國是世界上人口最多的國家，已突破十三億大關，占全世界人口總數的五分之一。中國的領土面積在世界排行第三，植物物種的多樣性也是世界第三豐富。[1]中國的經濟規模已龐大得驚人，經濟成長率也最飛快，目前直逼一〇%，是第一世界國家經濟成長率的三到四倍。中國的鋼鐵、水泥、水產品和電視機的生產率也是世界第一；煤、殺蟲劑、肥料和菸草的產量高居世界之冠，消耗量之大也是舉世無雙。電力和化學織品（不久後汽車也將躍上這份清單）的生產在世界名列前茅，木材的消耗量也是。此時，中國正在興建全世界最大的水壩和調水系統。

儘管有這麼多傲人的第一，中國的環境問題也是世界大國當中最嚴重的，而且還在繼續惡化。中國的環境問題包括空氣汙染、生物多樣性的消失、耕地損耗、土地荒漠化、溼地消失、草地退化、外來物種入侵、過度放牧、河川斷流、土壤鹽化、土壤侵蝕、垃圾累積、水汙染、缺水，而人類引起的天然災害也愈來愈巨大、頻繁。這些及其他環境問題將為中國帶來巨大的經濟損失、社會衝突和健康狀況。中國的環境問題怵目驚心，中國人能不擔心嗎？

我們與中國同在一個星球上、共用一個大氣層，海洋也相連。中國的人口、經濟和領土規模又如此龐大，因此休戚與共。中國的環境問題不但會使世界其他地區受到波及，其他地區也會影響中國。由於中國已在二〇〇一年加入世界貿易組織（WTO），與其他國家將有更多互動。中國排放到大氣層的氧化硫、氯氟烴（CFC）等破壞臭氧層的物質都是量最大的，不久還包括二氧化碳。中國的沙塵和空氣汙染物還會向東飄散到鄰近國家，甚至飄洋過海到北美洲。在熱帶雨林原木輸入國中，中國也是數一數二，因此就熱帶森林的砍伐問題而言，中國無法置身事外。

如果中國能有第一世界的生活水準，亦即平均每人對生態環境的衝擊也像第一世界居民，以中國龐大的人口數量來看，整個中國社會對環境造成的破壞將非常巨大，甚至比上述的環境問題更嚴重。我們將在本章和第十六章討論第一世界和第三世界生活水準的差異，以及中國和其他開發中國家急起直追會有什麼嚴重後果。不幸的是，我們經常忽略這樣的後果。以現代世界面臨的十二種環境問題（第十六章將詳細討論）而言，中國即使不是最極端的例子，也是最嚴重的。中國也是討論其他主題的最好例子，如全球化對環境的影響和環境問題對人類社會的重要性（受到環境問題衝擊的不只是現代大型社會，本書其他章節描述的小型社會也不例外）。在壞消息不斷、令人灰心的統計數字紛紛出爐之時，我們如何擁

1 中國生物多樣性僅次於巴西和哥倫比亞。

抱根植於現實的希望？或許我們可從中國這個個案的討論中得到答案。本章將先介紹中國的背景資料，再來討論中國的環境問題，以及這些問題對中國人民和世界其他地區的影響，最後論及中國的因應之道和未來。

中國概況

讓我們先瀏覽一下中國的地理、人口趨勢和經濟概況（參看第四六九頁地圖）。中國環境複雜，部分地區十分脆弱。中國的地理環境風貌多變，有世界最大與最高的高原、世界數一數二的高山、最長的河流（長江和黃河）、湖泊多、海岸線長，還有廣闊的大陸棚。棲地豐富多樣，從冰河、沙漠到熱帶雨林都有。各個生態系統脆弱的原因各有不同：緯度高的北部降雨很不平均，加上強風吹襲和乾旱，草地容易受到沙塵暴的破壞，出現土壤侵蝕的問題；反之，南部不但潮溼，還多暴風雨，山坡易受侵蝕。

至於中國的人口，有兩個舉世皆知的事實：其一是中國人口數量高居世界第一；另一則是中國政府的強制計畫生育政策（現代世界絕無僅有）。在這種生育政策之下，到了二〇〇一年，中國每年人口成長率終於大幅下降到一・三％。基於這種成效，其他國家是否可能跟進？有些國家認為這種解決手段過於殘忍，莫敢效尤，但不這麼做或許會陷於更可怕的人口悲劇之中。

此外，中國的家庭戶數在這十五年來每年的成長率都有三・五％，約是同時期人口成長率的兩倍。這個事實雖然不是那麼眾所周知，對中國一樣是重大的人口衝擊。這是因為平均每戶家庭人口減少了，在一九八五年每戶仍有四・五人，到了二〇〇〇年只剩三・五人，預計到二〇一五年還會下降到二・七

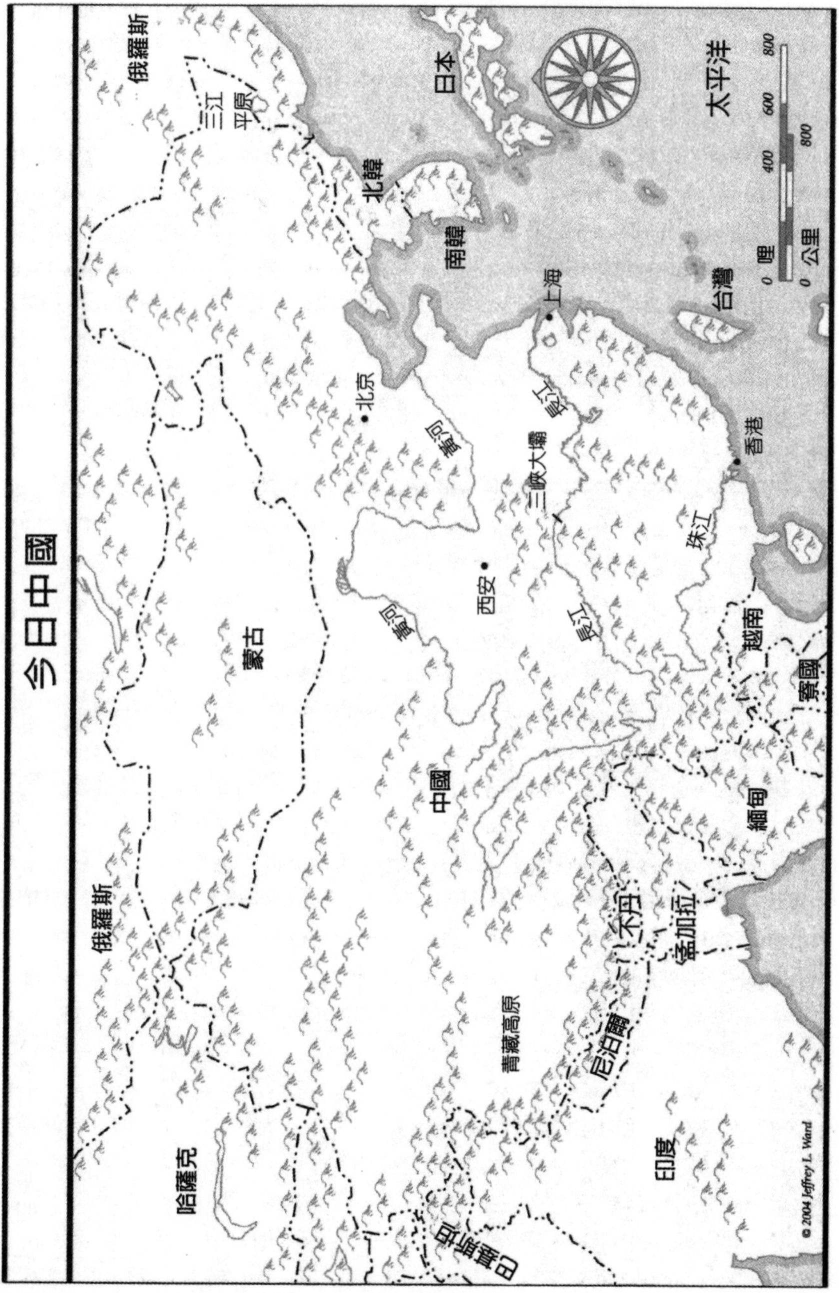
今日中國
俄羅斯
三江平原
日本
北韓
南韓
太平洋
北京
上海
黃河
長江
三峽大壩
台灣
香港
珠江
西安
蒙古
越南
寮國
中國
緬甸
不丹
孟加拉
青藏高原
尼泊爾
印度
俄羅斯
哈薩克
巴基斯坦
0 400 800
哩
0 400 800
公里
© 2004 Jeffrey L. Ward

人。在今天的中國，人口仍在增加，但每戶人口減少，結果就是戶數大增，增加了八千萬戶，增加的戶數甚至比蘇俄全國家庭總數還多。每戶人口減少是社會變遷所造成，特別是人口老化、每對夫妻生養的兒女數目變少、離婚率增高[2]以及三代同堂的情況減少。同時，平均每戶每人居住面積卻增加了幾近三倍。儘管人口成長率下降，由於家庭戶數和每戶居住面積大增，中國的人口衝擊仍有增無減。

中國的人口趨勢還有一點值得一提，也就是都市化的腳步很快。從一九五三年到二〇〇一年，中國的人口總數雖然「只是」變為原來的兩倍，但都市人口比率卻從一三%增為三八%，因此都市人口增加了七倍，現在幾乎有五億人口居住在都市中。都市的數量增加了五倍，將近有七百個都市，原有的都市面積也增加很多。

至於中國的經濟，不但規模龐大，還在快速成長。中國是世界上最大的煤礦生產國和使用國，煤的產量約當全世界總產量的四分之一。中國也是世界肥料生產和使用最多的國家，使用量占全世界的二〇%。自一九八一年以來，全球肥料使用增加的部分有九〇%用在中國。中國的肥料使用量增加了五倍，每公畝農田使用的肥料也比世界平均值高三倍。中國農藥的生產和使用在世界占第二位，約占全球農藥消耗量的一四%，也是重要的農藥出口國。此外，中國也是全球最大的鋼鐵生產國，農業用的敷蓋膜使用量居世界之冠，電力和化學織品的產量為全球第二，也是世界第三大原油消費國。在過去二十年來，中國的鋼鐵、鋼鐵製品、水泥、塑膠和化學纖維產量分別增加了五倍、七倍、十倍、十九倍和三十倍之多，洗衣機的產量更增加了三萬四千倍。

中國人吃的肉品過去以豬肉為主，由於近年來變得富裕，牛肉、羊肉、雞肉等產品增加得很快。目前雞蛋的平均每人消費量已趕上第一世界的居民。從一九七八年到二〇〇一年，肉、蛋、牛奶的平均每人消費量也增加了四倍。因為每一公斤的肉品生產需要十公斤或二十公斤的植物，這表示農業廢物大幅增加。每年牲畜糞便量已是工業廢棄物的三倍，加上水產養殖的魚糞便、魚飼料，陸地和海洋的汙染都增加了。

中國的運輸網路和車輛數量也有爆炸性成長。從一九五二年到一九九七年，鐵路、公路和飛航路線分別增加了二·五倍、十倍和一百零八倍。從一九八〇年到二〇〇一年，大型車輛（主要是卡車和巴士）增加了十五倍，汽車更增加了一百三十倍。一九九四年，中國因全國機動車輛總數已增加了九倍，決定將汽車生產列為四大支柱產業之一，計畫在二〇一〇年再成長四倍。如此一來，中國將在美國和日本之後，成為世界第三大汽車生產國。中國大城市如北京等，由於汽車排放廢氣，空氣品質惡劣，真不知到了二〇一〇年，都市空氣品質會惡化到何種程度。如果中國按照計畫生產更多的汽車，更多的土地因此變成公路和停車場，環境受到的衝擊將更加劇烈。然而，中國經濟這麼多傲人的「第一」，卻是建立在落伍、效能差、又會造成環境汙染的科技之上。中國工業生產的能源效能只有第一世界的一半，例如製紙消耗的水就比第一世界國家多兩倍以上，灌溉系統效率低造成水的浪費，還有土壤養分流失、水的優養化（**eutrophication**）[3]以及河流沉積物增加等問題。中國能源的四分之三都仰賴煤礦，不但帶來空氣汙染、酸雨等後果，也是能源效率不足的原因。舉例來說，中國肥料和紡織品生產所需的氨多來自煤，不

2中國離婚率：中國自一九七八年改革開放以來，離婚率逐年攀升，二〇〇〇年後達到高峰期，根據中國民政局數據，二〇一七年共有四三七·四萬對夫妻離異。

像第一世界以天然氣為原料，於是消耗的水量比用天然氣做原料多四十二倍。

有關中國經濟效率不彰的另一個因素，和鄉鎮企業（township and village enterprise）如雨後春筍般林立有關。這樣的小企業平均只有六名雇員，從事紙、農業和肥料生產。中國內需的三分之一和外銷的半數都靠這些鄉鎮企業，但中國二氧化硫、工業廢水、工業廢棄物的汙染大都是這些鄉鎮企業造成。一九九五年，由於汙染情況嚴重，中國政府不得不緊急勒令十五類造成嚴重汙染的鄉鎮企業停業。

空氣、水、土壤

中國的環境破壞史歷經幾個階段。早在幾千年前，中國就出現大規模的濫墾濫伐。第二次世界大戰和中國內戰結束後的和平時期，森林砍伐、過度放牧和土壤侵蝕的問題更加嚴重。在一九五八年到一九六五年的大躍進運動時，工廠數量瘋狂增加（光是一九五七年到一九五九年的兩年間，工廠就多了四倍），森林砍伐的速度更快（以取得土法煉鋼所需的燃料），汙染問題於是變本加厲。一九六六年至一九七六年文化大革命時期，中國擔心萬一出現戰爭，海岸地區的工廠將會不保，於是把工廠遷至高山和深谷。一九七八年起，由於經濟改革，環境繼續加速惡化。我們可從六個層面來討論中國的環境問題：空氣、水、土壤、棲地破壞、生物多樣性的消失以及超大型工程。

讓我們先從中國最嚴重的汙染問題說起，也就是令人搖頭嘆息的空氣品質。新聞媒體公布的中國「近照」令人印象深刻：在很多大城市的街道上，幾乎每一個人都戴著口罩或以手帕掩住口鼻（圖二十五）。有些大城市的空氣汙染非常嚴重，汙染指標超過正常值數倍，影響居民健康。有些汙染物如氮氧化物和二氧化碳的增加是因汽車日多，排放大量廢氣，除此之外也和能源生成有關。一九八〇年代，中國的酸雨只發生在西南部和南部幾個地區；現在境內大多數地區都有酸雨，四分之一的城市甚至半年以上都降酸雨。

至於水汙染的問題，由於工業和市區廢水排放，加上農業和水產養殖的肥料、農藥與糞便造成的汙染以及優養化，中國大多數河川和地下水水質不良，而且持續惡化。中國七五%的湖泊以及幾乎所有沿海都已遭到汙染，中國附近海域已是紅潮氾濫的局面。所謂的紅潮就是對魚類和其他海洋動物有害的大量紅色有毒海藻，現在每年約有一百次紅潮侵襲，在一九六〇年代每五年才出現一次紅潮。北京的重要水源——官廳水庫，由於透支調水和汙染嚴重，自一九九七年開始已不再能提供飲用水。中國的民生汙水只有二〇%經過處理，反觀第一世界國家，民生汙水處理率皆高達八〇%。

中國的水汙染問題因為缺水和排放汙水而每況愈下。以世界的標準來看，中國的淡水不夠充足，平均每人每年能利用的淡水資源只有世界居民平均的四分之一。[4]更糟的是，中國境內各地水資源又不平均，北部地區每人可利用的水資源甚至只有南部地區居民的五分之一。水源不足加上浪費，致使中國有超過一百個城市飽受缺水之苦，工廠有時也因缺水不得不停工。中國城市所需的水和灌溉用水有三

3優養化：指湖泊或水庫因集水區或水體上人為活動增加，如蔬果栽種、遊憩活動等，將大量營養鹽帶入湖泊或水庫，導致水體中浮游動植物大量繁殖，造成水體生態系急遽變化，水質嚴重惡化。

4根據聯合國第三屆水資源論壇大會召開前發表的報告（「世界水資源開發報告」），中國平均每人每年可利用的淡水資源只有二千二百六十立方公尺。

分之二仰賴地下水，也就是從井中汲取含水層的水。然而，沿海含水層的水被抽光之後，海水就會倒灌，造成地層下陷。中國也是世界河川斷流最嚴重的國家，由於居民仍不斷抽取河水使用，問題因而變本加厲。例如從一九七二年到一九九七年這二十五年間，共有二十年黃河下游出現斷流，而時日也從一九八八年的十日延長到一九九七年的二百三十日。即使在比較潮溼的南部地區，如遇大旱，長江和珠江也會出現斷流，船隻航行因此受阻。

中國也是全世界土壤侵蝕問題最嚴重的國家（圖二十六），共有一九％的土地遭到侵蝕，每年土壤流失量高達四十五億公噸。土壤侵蝕特別嚴重的地區在黃河中游的黃土高原（高原的七〇％已遭到侵蝕），長江流域也愈來愈嚴重，土壤侵蝕造成的排沙量已經超過尼羅河和亞馬遜河（世界最長的兩條河）。中國可航行的河道因泥沙淤積縮短了五〇％（水庫和湖泊也有泥沙淤積的問題），船隻的尺寸也受到限制。土壤的品質、肥力和土壤量都大不如前，加上長期使用肥料和噴灑農藥，蚯蚓數量大減，肥沃的農地面積因而減少了五〇％。九％的中國土地也受到鹽化的影響（下一章討論澳洲再仔細探討土壤鹽化的成因），主要是因為乾旱地區灌溉系統的設計錯誤和管理不當。（這是政府可以力挽狂瀾的環境問題，有些國家的政府已做出不錯的成績。）此外，中國過度放牧和開墾土地，四分之一的土地因而變成荒漠。在過去十年間，中國北部農牧區約有一五％的土地出現了荒漠化。

中國土壤的種種狀況——侵蝕、肥力流失、鹽化和荒漠化——加上都市化及礦業、林業和水產養殖業的開發，農地面積日益縮小。由於中國人口和每人平均消耗的食物還在不斷增加，農地縮小，而有生產潛力的土地又有限，這麼一來糧食就有短缺之虞。中國平均每人占有的農地為〇・一公頃，勉強只有世界標準的一半，幾乎和第十章討論的盧安達西北部一樣少。再者，中國不太做資源回收，大量的工業廢物和家庭垃圾都傾倒在空地上，不但汙染土壤，也使農地受到影響。三分之二以上的中國城市都有垃圾堆積如山的問題。以往的垃圾多半是廚餘、灰土、煤渣，現在多是塑膠、玻璃、金屬和包裝紙。在第十一章，我的多明尼加友人曾預言，他們的世界末日就是慘遭垃圾活埋，如果中國不好好處理垃圾問題，未來也可能葬送在垃圾堆中。

棲地、物種和超大型工程

中國的棲地破壞得從森林砍伐說起。中國是全世界森林資源最少的國家，平均每人森林占有面積只有〇・一二公頃，遠不及世界平均值的〇・六四公頃。森林覆蓋率只有一六％（日本卻有七四％）。由於中國政府大力造林，森林總面積因而略有增加，但是原始林（特別是老齡木）仍在縮減當中。中國土壤侵蝕及洪水氾濫的一個主因就是森林砍伐。一九九六年，中國洪水肆虐，總計造成二百五十億美元的損失；一九九八年，更大的洪水來犯，使得二億四千萬人的家園遭到摧殘（約當中國人口總數的五分之一）。受到震驚的中國政府不得不採取行動，包括禁止原始林的砍伐。中國的旱災也有變本加厲的趨勢，原因除了氣候變化，還可能包括森林砍伐。每年旱災總計有三〇％的耕地受到影響。

除了森林砍伐，另外兩個最嚴重的棲地破壞問題就是草原和溼地的退化。中國草原廣大，在全世界僅次於澳洲。在比較乾燥的北部，土地面積的四〇％都是草原。中國人口眾多，平均下來每人占有的草原面積還不到世界平均值一半。由於過度放牧、氣候變化和採礦等開發行為，中國的草原受到嚴重破壞，九〇%的草原皆已退化。從一九五〇年代至今，每公頃青草的產量已減少了四〇%左右。雜草和毒草不斷增生，高品質的青草反而減少。然而，草原退化不只關乎中國糧食的生產。亞洲各國主要河流都發源於中國的青康藏高原（世界最大、最高的高原），如印度、巴基斯坦、孟加拉、泰國、寮國、柬埔寨、越南，當然還有中國。草原退化便使得黃河和長江氾濫成災，發生頻率和嚴重程度都比以往更甚，也使中國東部沙塵暴的發生頻率及強度增加。（北京尤其常受沙塵暴襲擊，世界各地的人都曾在電視上看到黃沙蔽日的北京。）

中國的溼地面積也漸漸減少，水位高低起伏很大，洪澇調控和貯水的能力都大不如前，很多溼地物種不是瀕臨絕種就是已經滅絕。像東北的三江平原（譯注：由黑龍江、松花江、烏蘇里江匯合形成的平原）——這個中國最大的沼澤地，已有六〇%開墾為農地，如果按照目前排水、開發的速率，剩下的二萬餘平方公里的沼澤地將在二十年內消失。

巨大的經濟衝擊也帶來生物多樣性的消失，例如過度漁撈和汙染使得淡水與海洋漁業產量大減。中國在變得富裕之時，魚類的消耗量也增加了。過去二十五年來，平均每人消費的魚類產品增加了幾乎五倍。中國魚類產品除了外銷漸多，境內人民所需也日益增多。結果高首鱘（*Acipenser transmontanus*）已到了滅絕的邊緣，以往盛產的渤海對蝦如今也只剩一〇%。其他如黃魚（*Pseudosciaena crocea*）和帶魚（*Trichiurus lepturus*）等過去還很多，現在則必須進口。長江野生魚類每年的捕獲量也減少了七五%。自二〇〇三年以來，長江首度禁止魚類垂釣和捕撈。中國的生物多樣性很豐富，擁有全世界一〇%以上的植物和陸棲脊椎動物物種。不過，目前中國原生物種當中已有五分之一瀕臨絕種（最著名的就是貓熊

〔*Ailuropoda melanoleuca*〕），許多珍稀物種（如揚子鱷〔*Alligator sinensis Fauvel*〕和銀杏〔*Gingko biloba L.*〕）也面臨絕種的危機。

在原生物種銳減的同時，入侵的外來物種不斷繁衍擴散。自古以來，中國就積極引進有益物種。近來由於國際貿易增加了六十倍，引進不少有益物種，無意間也讓有害物種潛入。例如光是上海港，在一九八六年和一九九〇年之間，來自三十個國家的三百四十九艘進口貨輪，就帶來了將近二百種中國沒有的雜草種子。有些入侵的植物、昆蟲和魚類物種不但喧賓奪主，甚至讓中國的農業、水產養殖和畜牧業蒙受其害，造成重大經濟損失。

中國目前正在進行的超大型工程計畫，對脆弱的生態環境更是雪上加霜。以三峽大壩的興建為例，這座世界最大的水壩在一九九四年動工，預計在二〇〇九年完工，以水力發電、防洪和航運等三大效益為目標，工程預算高達三百億美元。此外，數百萬民眾的安置、土壤侵蝕造成的環境損害和生態系統的惡化，都需要額外的支出。中國另一項世紀工程甚至更為昂貴，也就是二〇〇二年動工的南水北調計畫**（譯注：也就是從長江上、中、下游調水，以因應西北、華北各地的發展所需）**，預計二〇五〇年才會完工，預算更高達五百九十億美元，還有後遺症，如汙染擴散和江水資源失衡等。更大的開發計畫還在後頭呢。中國領導人已把目標對準國土尚未開發的那一大半——大西部，[5]未來將以大西部開發做為國家

5包括青海、新疆、甘肅在內的十二個西部省市，約占中國國土總面積的七一%、全國人口的三〇%，而生產總值卻只占全國的一七%。

發展計畫重點。

代價

讓我們在此暫時打住，想想這樣的發展分別對動植物和人類有何影響。近年來中國經濟風起雲湧，對這塊土地的蚯蚓和黃魚來說顯然是壞消息，但對中國人民又有什麼不同？這樣的發展不但讓中國人民付出經濟和健康方面的代價，同時也更容易遭受天然災害侵襲。以下就從這三方面來分析。

首先，就經濟代價而言，我們先從小的開始說起，再論及比較大的。如引進巴西空心蓮子草（*Alternanthera philoxeroides*）這種植物，本來是當豬飼料，後來蔓延到園圃、甘薯田和柑橘園，最後不可收拾。為了抑制這種雜草的擴散，每年得耗費七千二百萬美元。這還算是小數目。在中國，光是西安一個城市因缺水使工廠停工造成的損失，每年約二億五千萬美元。這也還好。中國的沙塵暴每年就刮走了五億四千萬美元，而作物和森林經酸雨侵害，七億三千萬美元也就泡湯了。為了阻隔沙塵暴，讓北京免於狂風大作、飛沙走石之苦，中國政府更預計花費六十億美元，準備在戈壁沙漠的邊緣種植長達四千多公里的防護林帶「綠色長城」。此外，由於外來有害物種入侵，則導致每年七十億美元的損失。中國人為洪水付出的經濟代價更是驚人：一九九六年一次水災，即造成二百七十億美元損失（一九九八年洪水再次來襲，又在這個數目之上）。至於荒漠化，每年帶來的損失高達四百二十億美元，然而水和空氣汙染耗費更甚（五百四十億美元）。中國每年為了對抗水和空氣汙染付出的經濟代價，約當國內生產毛額的一四％。

關於中國人民的健康，因為受到環境惡化的影響，我們可用三個例子來說明。中國城市居民的平均血鉛濃度幾乎是世界其他地區的二倍，嚴重威脅健康，同時也會影響兒童的心智發展。中國人民每年三十萬人的死亡和五百四十億美元的醫療支出（約當國內生產毛額的八%）都和空氣汙染有關。中國是世界最大的菸草生產國和消費國，抽菸人口也是全世界最多（三億二千萬人抽菸，約是世界所有抽菸人口的四分之一，每人每年平均抽了一千八百根菸）。因抽菸而死亡的人數，每年約有七十三萬人，而且還有增加的趨勢。

中國近年來自然災害的發生頻率、數量以及造成的損害都大於往年。有些天災其實也是人禍，是人為破壞環境所造成，特別是沙塵暴、土石流、乾旱和洪水，出現得愈來愈頻繁，而且一次比一次可怕。沙塵暴就是一例：森林砍伐、過度放牧、土壤侵蝕以及部分人為造成的乾旱，使得愈來愈多的土地變成不毛之地，當大風吹起地面裸露的沙粒，便形成了沙塵。自公元三〇〇年至一九五〇年，中國西北部平均每三十一年才遭受一次沙塵暴襲擊；從一九五〇年到一九九〇年，每二十個月就出現一次；一九九〇年以降，沙塵暴幾乎每年來襲。一九九三年五月五日出現在西北部的超級沙塵暴，甚至奪走大約一百人的性命。由於森林砍伐，和降雨有關的大自然水文循環受到干擾，乾旱現象大增。此外，過度利用湖泊和溼地、排水為田，可蒸發的水面減少了，或許也是乾旱的原因。現在中國每年遭到乾旱破壞的田地大約是十五萬五千平方公里；反觀一九五〇年代，只有七萬七千平方公里左右。因為森林砍伐，洪水氾濫成災的機率也大大增加，中國近年來最嚴重的洪災發生在一九九六年和一九九八年。最近乾旱和洪水交替出現的情況也愈來愈多，乾旱先破壞地表植被，洪水再來侵襲，土壤侵蝕的情形就更加嚴重。如此輪流出手，對土地交相打擊，破壞力比單獨一種災害來得大。

中國打噴嚏，全球都感冒

即使中國閉關自守，不與世界其他地區的人往來，不通商也不通航，但是由於幅員廣大、人口眾多，光是他們排放到大氣層的廢氣和海洋的廢水，就會使其他地區的人民受到影響。在一九八〇年以前，中國的對外貿易還微不足道（現在則不可同日而語，每年貿易金額已達六千二百一十億美元），外國投資則是從一九九一年才開始興盛。近二十年來，中國與世界其他地區緊密相連、互動頻繁，貿易、投資和外援幾乎都有指數性的成長。然而，中國對外貿易的蓬勃發展也是環境汙染的一個成因。中國的出口商品有一半都是鄉鎮企業所製造，不但能源效率低，也很汙染環境。一艘艘的貨輪把這些商品載往世界各地，汙染則留給中國自己。一九九一年，中國已是外國投資金額次高的國家，僅次於美國。到了二〇〇二年，外資高達五百三十億美元，已躍居世界第一。在一九八一年至二〇〇〇年之間，中國也得到不少外援，包括來自國際非政府組織的一億美元。這已是國際非政府組織預算中的一大部分了，但與其他外援相比猶如杯水車薪。如聯合國發展計畫就提供五億美元給中國，日本國際開發署（Japan's International Development Agency）更是大手筆提供了一百億美元，還有亞洲開發銀行（Asian Development Bank）的一百一十億美元和世界銀行的二百四十億美元。

這些熱錢湧入中國，為中國的經濟成長添火、加油，同時也使中國環境的惡化變本加厲。讓我們再來檢視別的層面，看看世界其他地區如何影響中國，以及中國如何影響世界其他地區。這種相互影響，現在有個耀眼的名詞：「全球化」。本書主旨之一就是討論全球化的問題。今日世界所有人類社會相依相賴，世界的環境問題因而大大不同於過去的人類社會（如復活節島、馬雅社會和阿納薩齊印第安部落等）。我們將在第十六章繼續探討這些重要差異。

在世界其他地區帶給中國的禍害當中，先前已經提到外來物種入侵，造成中國經濟的損失。不少讀者可能會很訝異，另一種大規模入侵中國的東西竟是垃圾（圖二十七）。有些第一世界國家為了減少堆積如山的垃圾，付錢給中國，把這些未經處理的垃圾傾倒在中國，有的還是含有有毒化學物質的廢棄物。中國日益擴展的製造業和各個產業也樂得接受這些垃圾，做為便宜原料來回收使用。真是一個願打，一個願挨。例如根據二〇〇二年九月浙江省海關的紀錄，美國運來一批三百六十公噸的「電子垃圾」，包括廢棄的電子設備和零件，如故障或老舊的彩色電視機、電腦螢幕、影印機和鍵盤等。從國外運抵中國的這類垃圾很難得到完整的數量統計，我們只知道，從一九九〇年到一九九七年，這類垃圾從九十萬公噸增加到一千萬公噸。從一九九八年到二〇〇二年，每年從第一世界經由香港轉運到中國的垃圾，也從二百萬公噸增加到二百七十萬公噸以上。這代表第一世界把汙染這個燙手山芋直接丟給中國。

還有比垃圾更糟的呢。雖然很多外國公司把先進技術轉移給中國，幫中國解決環境問題，有一些公司卻是乾脆把汙染密集產業（pollution-intensive industry）直接遷往中國，本國根本禁止從事這種產業科技。日本早在十七年前就禁止生產對付蚜蟲的農藥福雅滿（Fuyaman），卻把生產這種農藥的技術賣給福建一家中日合資公司，毒害中國人民，造成嚴重的環境汙染問題。外國投資者把破壞臭氧層的氯氟烴大量進口到中國，光是廣東在一九九六年就進了一千六百三十公噸。因此，如果中國本身想減少對臭氧層的破壞，也有「身不由己」的困難。例如一九九五年，中國就有一萬六千九百九十八家汙染密集公司，生產了價值五百億美元的工業產品。

方才討論的是輸入中國的東西，現在讓我們廣義地來看中國輸出了哪些東西。中國原生生物多樣性非常豐富，這意味著中國很多具侵略性的物種也可能輸出其他國家。在中國物種繁多的環境下，這些物種已經適應，是生存競爭的佼佼者。舉例來說，有三種對北美洲樹木為害甚烈的病蟲害都是來自中國或東亞附近，即栗枯病（chestnut blight）、荷蘭榆樹病（Dutchelm disease）[6]和光肩星天牛（*Anoplophora glabripennis*），美國本土的栗樹在栗枯病的肆虐下已經不見了。六十年前，我成長的新英格蘭地區遍栽榆樹，猶如榆樹城，由於荷蘭榆樹病的侵害，所有的榆樹幾乎都枯死了。美國在一九九六年第一次發現光肩星天牛，這種長角甲蟲會鑽入楓樹或白蠟樹的樹幹，使樹木腐爛、死亡。光肩星天牛為美國帶來的樹木損失可能高達四百一十億美元，甚至比栗枯病和荷蘭榆樹病造成的損失加起來還嚴重。近年來，中國的草魚（*Ctenopharyngodon idella*）也已經在美國四十五州的河流和湖泊中安家落戶、大肆繁殖，和美國本土魚類競爭，使水中的水生植物、浮游生物和無脊椎生物族群遭逢巨變。中國還有一項物種數量龐大，對自己的生態和經濟已產生重大衝擊，目前向外輸出的數量也愈來愈多，也就是「人」。在澳洲的非法移民中，中國人的人數已躍居第三（參看下一章）。有些中國人經過合法移民手續登陸美國，也有不少偷渡客企圖橫越太平洋賭命闖關。[7]

中國的昆蟲、淡水魚和移民藉由船隻或飛機輸出海外各國，可能是有意，也可能是無意。還有一些輸出物則是經由大氣層抵達其他國家，這就不是中國故意的。如氯氟烴這種會破壞臭氧層的物質，第一世界國家已在一九九五年決議禁用，[8]中國卻取而代之，成為氯氟烴最大的生產國和消費國。全世界排放到大氣層的二氧化碳是全球暖化的元凶，其中有一二%就是中國排出的。從目前的趨勢看來——中國排放的二氧化碳日增，美國的量固定不變，其他地區逐漸減少——中國將成為全世界最大的二氧化碳排放國。到了二〇五〇年，全世界排放到大氣層的二氧化碳預計約有四〇%來自中國。此外，中國已是世界最大的氧化硫生產國，產量是美國的兩倍。沙漠、退化的草原和休耕農地在強風吹襲下，灰塵、沙土往東飄散，來到韓國、日本、太平洋島嶼，一個禮拜內越過太平洋降落在美國和加拿大。這些懸浮微粒是中國的燃煤經濟、森林砍伐、過度放牧、土壤侵蝕以及不當農耕方式所造成的。

中國與其他國家的另一項交流，不只是輸入，同時也是輸出的問題：中國從其他國家輸入木材，也把森林砍伐的問題輸出出去。中國是世界第三大木材消費國，鄉村能源的四〇%來自柴火，建築需要木材，國內製紙業和紙漿業所需的原料也幾乎都用木材。中國對木製產品的需要日大，國內能供給的木材卻愈來愈少，尤其在一九九八年洪患之後，中國政府明令禁止森林砍伐。自此中國進口的木材量增加

6荷蘭榆樹病：一九二〇年，史華茲博士（Schwartz）在荷蘭找出這種樹木病害的致病菌，因此稱之為荷蘭榆樹病。主要的致病菌有兩種，可能都來自中國。

7中國為全世界非法移民的原鄉，據中國公安部門及中國學者估計，大陸非法移民輸出人數每年約八至十萬人。以義大利為例，來自中國的非法移民每年約五萬多人；美國每年約二萬五千人。

8一九九五年一月二十三日，聯合國大會通過決議，確定從一九九五年開始，每年的九月十六日為「國際保護臭氧層日」，以紀念一九八七年九月十六日簽署的「關於消耗臭氧層物質的蒙特婁議定書」，要求所有締約國根據「議定書」及其修正案的目標，禁用消耗臭氧層的物質。

了六倍，主要是從熱帶林業發達的國家進口，如馬來西亞、加彭、新幾內亞和巴西。中國目前木材的進口量僅次於日本，很快就會超越日本。中國也從溫帶國家進口木材，如蘇俄、紐西蘭、美國、德國和澳洲。由於中國已加入世界貿易組織，木製品的關稅從一五％至二〇％下降到二％至三％，預料中國將進口更多的木材。這代表中國將追隨日本的腳步，保護自己的森林，轉而從其他國家進口，把森林砍伐的問題丟出去。有些木材輸出國如馬來西亞、利幾內亞和澳洲，森林砍伐的情況已經非常嚴重。

很少人討論到中國人民期望能過什麼樣的日子。比起其他方面的衝擊，這點或許更重要。中國人民就像其他開發中國家的人民，希望能像第一世界居民過著幸福富足的生活。對第三世界的居民來說，那樣的生活意味著有能力購買自己的房子、家電、用品、衣服、工廠大量製造的消費性產品（用不著自己生產），也能享受昂貴的醫療照護、食用以人工肥料高效率栽培出來的作物（不使用糞肥或將樹葉、稻草等覆蓋在田地上）、吃工廠加工的食品、有汽車代步（有自己的車更好，就不用走路或騎腳踏車）、購買其他地區生產並以貨運送來的貨品（可購買的物品就不限於居住地生產的東西）。就我所知，有些第三世界居民即使努力維持傳統生活型態，或以原來的生活基礎力求創新，對上述第一世界生活型態的某些特點還是相當肯定。

由於中國人口數量稱霸全世界，加上經濟突飛猛進，最能表現全球居民對第一世界生活型態的渴望。就一個地區的生產或消費總量來看，等於人口數目乘以平均每人的生產或消費率。中國人口總數龐大，雖然平均每人的生產或消費率仍低，生產或消費總量還是偏高。以主要工業用金屬（鋼鐵、鋁、銅和鉛）為例，中國平均每人消費率只有世界主要工業國的九％。但其經濟正急起直追，很快就能達到第一世界的經濟規模。如果中國平均每人消費率也趕上第一世界的水準，即使世界其他地區皆維持不變（人口數量以及生產或消費率都沒有變化），光是中國一地生產或消費率的提高，乘以中國的人口總數，全世界的生產或消費總量（如工業用金屬）就會增加九四％。換言之，當中國的生活水準追上第一世界之後，全世界人類的資源利用及對環境造成的衝擊將會倍增。這也就是為何中國的問題會自動變成全球的問題。然而，我們不知道這個世界的資源還能再用多久、環境是否能一直遭受這樣的衝擊。在魚與熊掌難以得兼之下，我們不得不有所取捨。

未來

中國領導人向來有「人定勝天」的觀念，而且認為環境破壞的問題只會影響資本主義社會，不會及於社會主義社會。然而，現在中國環境破壞的警鐘已經大響，這樣的警報訊號中國應該如雷貫耳。中國領導人的思想轉變始自一九七二年，那年中國也派遣代表團至瑞典參加第一屆聯合國人類環境會議（First United Nations Conference on the Human Environment）。翌年，中國政府成立了環境保護領導小組，一九九八年（也就是洪災特別嚴重的一年）已升格為國家環境保護總局。一九八三年，中國政府宣示環境保護為國家方針，然而這只是宣示。雖然中國政府已經努力控制環境退化的問題，事實上還是以經濟發展為優先。即使是政府官員的能力考核，也以是否有功於國家經濟發展為主要的考量條件。很多環境保護法規和政策雖已明載，並沒有落實。

中國的未來會如何？當然，世界任何一個地區也面臨這樣的難題。雖然環境問題變本加厲，各地區也在努力克服，最後結果還很難論斷。中國的環境問題特別急迫，不只是因為中國舉足輕重，對世界其他地區影響很大，更因為中國歷史的一大特色就是左右搖擺。我在前一本書《槍炮、病菌與鋼鐵》中討論過，從地理層面來看中國，中國就像鐵板一塊，海岸線大抵平直，沒有如義大利或西班牙／葡萄牙那樣的大型半島，也沒有像不列顛或愛爾蘭那樣的大島嶼，主要河流平行由西往東流，因此早在公元前二二一年（始皇二十六年）秦王政已完成統一，自此以後大都維持統一局面，不像地理支離破碎的歐洲未曾達成政治統一。這樣的統一使得中國統治者得以王天下，進而改弦易轍——這就不是歐洲的統治者做得到的。然而，改變可能變得更好，也可能變得更差，常常是一下子好、一下子差（因此，我用「搖搖擺擺」一詞來形容）。中國是個統一和中央集權的國家，因此得以在歐洲文藝復興時代（十五世紀初期）締造最燦爛的航海傳奇，派遣世界性能最優越、規模最大的艦隊遠征印度和非洲。我們也才能理解何以新皇帝一上任，不但停止打造船艦，還進一步下令拆毀所有的遠洋船隻，並把海外殖民地拱手讓給小小的歐洲夷邦。[9]中國儒學官僚當權，剛剛萌生的工業革命之苗就這麼枯萎了。

由此可知，中國統一有其利弊得失，直到現代也是如此。至今，就那些影響環境與人民的重大政策而言，中國仍搖擺不定。一方面來看，中國領導人決定解決問題的魄力遠超過歐洲和美洲等國領導人，例如為了減緩人口成長，以鐵腕執行一胎化政策，以及從一九九八年起禁止境內森林砍伐。從另一方面來看，歐美也鮮少像中國領導人那樣，因決策錯誤造成難以收拾的災難，如大躍進運動、文化大革命。也有人為目前正在進行的三項超大型工程捏一把冷汗，擔心中國生態環境因此萬劫不復。

至於中國的環境問題，結果會如何？由於時間落差加上破壞變本加厲，在否極泰來之前必然備嘗艱辛。自中國加入世界貿易組織之後，國際貿易更加活絡，關稅減免，汽車、織品、農產品等商品進出口量增加，必然對中國有很大的影響。這樣的影響有好有壞。中國出口物品多是運往國外的成品，製造過程中產生的汙染物質則留給自己，這種現象將有增無減。至於進口至中國的東西，如廢棄物或汽車，都是環境的殺手，這個趨勢未來只會愈演愈烈。然而，世界貿易組織中也有採取嚴格環境標準的會員國，當這些國家從中國輸入貨品之時，必然會要求中國遵照國際環保標準。中國大量進口農產品，也能減少境內肥料、殺蟲劑的使用量，並且漸漸放棄生產效能低的農地。同時，進口石油和天然氣也可減少燃煤汙染的問題。

中國加入世界貿易組織的結果有利有弊。雖然進口貨品增加、國內生產減少，環境破壞的問題並沒有消失，而是轉移到國外，木材由國內砍伐到大量進口就是一例（森林砍伐的惡果，讓那些以木材出口賺取外匯的國家承擔）。

持悲觀看法的人，已經注意到中國很多的危險和警訊。其中一個危險就是中國仍以經濟成長為優先，把環境保護或永續經營放在其次。中國民眾的環境意識不高，說來和教育程度有關。中國向來在教育上投資不多，比起第一世界國家教育經費占國內生產毛額的比率，還不到第一世界國家的一半。[10]雖

9 根據歷史記載，永樂年間，三寶太監鄭和率艦隊在公元一四〇五年到一四三三年七下南洋，最遠到達東非海岸，宣揚天朝聲威，比哥倫布一四九二年發現新大陸早了將近六十年。明成祖永樂帝於一四二四年駕崩之後，朝廷政爭連年，結果文人出身的官吏在政爭中得勝。那些官吏為了防止鄭和一類的閹黨再次弄權禍國，除了銷毀鄭和的航海紀錄，並在新皇帝的支持下，逐步解散海軍。一五〇〇年，明朝禁止民間建船，凡建造雙桅船隻者一律處死。一五二五年，更明令拆毀所有遠洋船隻。

然中國人口總數占全世界人口總數的二〇%，但對教育的投資只有全世界教育經費的一%。中國的大學學費昂貴，一年學費約當一個城市工人（或者三個農民）一年的工資，[11]因此大多數中國父母無法負擔孩子上大學的費用。此外，中國既有的環境法規零碎，無法有效落實，政府方面沒有評估長期執行的結果，也缺乏系統方法。以正在快速消失的溼地為例，雖然已有相關法規，但沒有一個整體架構來推展溼地保護的行動。再說，國家環境保護總局的地方官員是由地方政府指派，不是由總局的高級長官派任，因此地方政府常常阻礙國家環境保護法令的推行。重要環境資源的價格過於低廉，反而鼓勵浪費。例如百噸黃河水只值一瓶礦泉水，[12]引水灌溉的農夫就沒有節約的動機。此外，很多土地歸政府所有，再租借給農夫。農夫也不是長期承租，短期內可能就不租了，再換人承租，因此農夫不會想在土地上進行長期投資或好好照顧土地。

中國的環境還面對更多特別的危險。目前車輛數目大增，加上三個超大型工程計畫、溼地快速消失，惡果只會一直累積下去。即使中國的人口總數維持穩定，每戶人口到二〇一五年預計將減少為二·七人，家庭戶數卻增加一億二千六百萬戶（已大於美國的家庭總戶數）。[13]由於中國居民開始變得富裕，消耗的魚肉產品也愈來愈多，肉品生產和水產養殖造成的環境問題，如糞便汙染和水的優養化將更加嚴重。中國已是世界最大的水產品生產國，全世界也只有中國的水產品多來自水產養殖，較少食用野生魚類（如海魚）。當中國居民消費的肉品和第一世界居民等量齊觀，對全世界有何影響？前面已用鋼鐵為例，說明目前第一世界和第三世界每人生產或消費率的差距。如果告訴中國不可向第一世界看齊，不要奢求第一世界的生活水準，中國當然無法忍受。但是如果不光是第一世界國家，中國以及其他第三世界國家，大家都過第一世界居民的豐奢生活，地球恐怕很快燈枯油盡。

儘管中國環境已經傷痕累累，未來亦不樂觀，難免教人灰心，不過還是看得到希望。中國加入世界貿易組織與二〇〇八年主辦奧運之盛事，已刺激中國政府更加關注環境問題。例如為了阻隔沙塵暴，減輕北京遭受沙塵暴襲擊的程度，中國政府已著手在戈壁沙漠邊緣種植長達四千多公里的防護林帶，這「綠色長城」預計耗費六十億美元。此外，為了減輕北京的空氣汙染，北京市政府下令車輛改用天然氣或液化石油氣為燃料。中國只花一年多的時間就達成全面禁用含鉛汽油的目標，歐洲和美國經過多年努力才達成這樣的成果。最近中國決定實施汽車最低燃料效率標準，包括SUV休旅車也須合乎這項標準，而且新車廢氣排放標準將比照歐洲實施。

中國已盡很大的努力來維護境內豐富的生物多樣性，保護一千七百五十七個自然保護區，面積涵蓋國土的一三%，更別提還有動物園、植物園、野生動物繁殖中心、自然博物館、基因庫和細胞庫等。中國也大力推行合乎環保的傳統技術，例如在中國南部推廣水稻養魚。在這種稻魚共生的模式下，魚的糞便可做為稻田的天然肥料，不但可增加水稻產量，更可控制病蟲害和雜草，減少農藥和人工肥料的用

10 公共教育經費占國內生產毛額的比率，第一世界國家通常在五%甚至七%以上，而中國二〇一七年為四・一四%，仍未達五%的目標。

11 中國每個大學生的一年費用將近一萬二千元人民幣，而農民平均一年收入只有三、四千元人民幣。

12 長期以來，黃河下游灌溉區的水費標準是每立方公尺只有三・六釐。

13 根據二〇一〇年人口普查，美國家庭總戶數約為一億一千六百萬戶。

量，從而魚米兩得。如此不但為膳食增添更多的蛋白質和碳水化合物，同時避免破壞環境。中國的森林復育也有一番成績，除了一九七八年開始大規模造林，更從一九九八年後全面禁止森林砍伐並執行森林保護計畫，希望日後能避免更大的洪水來犯。至於對抗荒漠化的努力，自一九九〇年開始，中國已在將近四萬平方公里的土地上育林育草，以恢復天然植被及固定沙丘等方式搶救土地。中國還自二〇〇〇年開始推動「退耕還林工程」，以陡坡、水土流失和風沙危害嚴重的耕地優先實行，以扼止生態環境惡化。還地於林的農民可向政府申請糧食和生活補助費。

中國到底有什麼樣的明天？目前的中國仍在搖搖擺擺，環境在人為破壞之下急遽惡化，同時政府也在大力補救。從龐大的人口數量、飛快成長的經濟和中央集權的政治制度來看，中國左搖右晃的幅度也就更大。這個結果不只影響中國，還影響全世界。我在撰寫這一章的時候，心情起伏很大，一連串發生在中國的環境破壞事件讓我沮喪、麻木，看到中國強力推行環境保護措施，我又變得欣喜、雀躍。中國幅員廣大，加上「由上而下」的決策形式，中國領導人的一舉一動都會造成重大影響，影響力遠遠超過多明尼加總統巴拉格。我個人以為，如果中國政府能了解環境問題甚至比人口成長問題更加急迫，以執行計畫生育政策的魄力與效率來實施環境保護策略，應該能走向光明燦爛的未來。

CHAPTER 13

淘空澳洲？

煤礦、鐵礦等礦脈的挖掘是今日澳洲經濟命脈，礦業也為澳洲帶來最多的出口收益。然而，礦產開採不但是澳洲環境史上最重要的一章，也是今日困境的由來。因為礦藏有限，不斷開採之後，只會愈來愈少，不會隨著時間增生。由於地底下的金礦不會生出更多金子，淘金者不會考慮金子再生率的問題，只是拚命挖掘。淘金就像搶錢，愈快愈好，晚了就沒了，直到金山淘空為止。礦產和其他可再生的資源不同，例如森林和魚類可以經由繁殖生生不息，表土也能一再更新。就可再生的資源而言，如果消耗率小於再生率，就可取之不盡、用之不竭；要是消耗率大於再生率，就像金礦中的金子，在不斷開採下終有耗竭的一日。

澳洲對可再生資源的利用，就像開採礦產，消耗率大於再生率，這些資源因而愈來愈少。按照目前利用的速率來看，澳洲在煤礦和鐵礦開採完畢之前，這個大陸上的樹將被砍得一棵不剩，魚也都捕撈光了。明明可以再生的青山綠水，這麼快就山窮水盡，實在諷刺。

不只是澳洲，還有很多國家也在拚命利用環境資源。本書這一系列針對過去和現代人類社會的探討，以澳洲做為最後一個研究個案是很好的選擇，原因如下：澳洲屬於第一世界國家，就像本書大多數讀者居住的地區，不像盧安達、海地、多明尼加和中國。而在第一世界國家當中，比起美國、歐洲和日本等國，澳洲的人口和經濟規模小很多，沒那麼複雜，因此比較容易掌握。再者，就生態環境而言，澳洲特別脆弱，是第一世界中最脆弱的國家，或許僅次於冰島。雖然澳洲目前看來不像盧安達或海地那樣動盪不安、岌岌可危，有些環境問題如過度放牧、土壤鹽化、土壤侵蝕、外來物種入侵、缺水和人為旱災等，在澳洲早已病入膏肓。這些問題已在第三世界國家出現，第一世界國家也在劫難逃，總有一天將遭遇這樣的問題。可以說，澳洲的今日可能就是其他第一世界國家的明日，因此可做為借鏡。就世界各個地區的環境問題而言，有的是人民草莽無文、恣意破壞的結果，或是走到了窮途末路，顧不得是否竭澤而漁；有的則是政府或企業腐敗、貪婪的緣故。但澳洲的情況不同。澳洲人民教育普及、生活水準高、政治和經濟制度都已上軌道，我相信澳洲還是有希望解決這些狀況。

以澳洲做為本章主題還有一個好處：以澳洲為例，檢視本書提到的生態衰頹或社會崩壞五因素格外清楚。人類對澳洲環境造成的巨大衝擊自不待言，加上氣候變化的問題，更是雪上加霜。澳洲和英國貿易往來密切，更常常向英國看齊，環境和人口政策因此受到英國很大的影響。現代澳洲只是曾經遭到轟炸，[1]未曾真正遭遇敵人入侵，環境和人口政策也不免受到外敵（包括潛在敵人）的影響。此外，澳洲也展現了文化價值觀的力量。從環境受到的衝擊來看，有些從外地輸入的文化價值觀到了澳洲「水土不符」。澳洲人也已開始認真思考這個重要問題：哪些傳統核心價值觀應該保留，哪些則已不合時宜？對於這個問題，他們或許比我知道的第一世界居民更為認真。

我選擇澳洲做為本章主角還有一個原因：澳洲是我深愛的一個國家，這個國家就像是我的老朋友，因此我不但可從最貼近的角度來描述，也以同情的觀點來看這塊土地。我第一次前去澳洲是在一九六四年，當時是在前往新幾內亞途中路過此地。自此之後，我去了幾十次澳洲，還曾利用一年學術假在澳洲首府坎培拉的澳洲國立大學（Australian National University）做研究。在這段期間，我愛上了那一大片美麗的尤加利樹林。行走在高大的尤加利樹之間，我的心不禁充滿寧靜和驚奇。除了澳洲的尤加利樹林，在這世上能給我這種感覺的只有兩個地方，也就是蒙大拿的針葉林和新幾內亞的雨林。如果我真要移民，只有澳洲和英國這兩個國家會列入考慮。本書一系列的個案研究係以我少年時期即鍾愛的蒙大拿開始，我也希望以我青壯年之後深愛的地方作結。

土壤

如果要了解現代人類對澳洲環境造成的衝擊，可從特別重要的三個環境層面著手，即土壤（尤其是所含的養分和鹽分）、淡水資源以及距離的問題（包括澳洲各地之間的距離、澳洲和友邦與潛在敵人的距離）。

1 澳洲遭到轟炸：一九四二年二月十九日，日軍飛機轟炸澳洲北部的達爾文。

一提到澳洲的環境問題，我們第一個想到的就是缺水和沙漠。事實上，澳洲的土壤問題甚至比水的短缺還嚴重。澳洲是農業生產力最低的大陸：土壤全世界最貧瘠，植物生長率也最低，生產力因而敬陪末座。這是因為澳洲的土地大都非常古老，經過幾十億年雨水沖刷，肥力已流失殆盡。現存最古老的岩石就是在澳洲西部默契森山脈（Murchison Range）所發現，已有四十億年以上歷史。

肥力流失的土壤並非沒有起死回生的可能。地殼有三種主要活動，都可使土地重新獲得肥力，可惜澳洲都沒有。第一種是火山爆發。火山噴發的火山灰富含養分，對土壤來說是最好的天然肥料，使之可從貧瘠轉為肥沃。火山爆發為許多地區帶來肥沃的土壤，如爪哇、日本和夏威夷，但是澳洲只有東部幾個小地區在近一億年間有火山活動。第二種是冰河活動。冰河帶前進和後退的磨蝕作用帶來養分，土壤因此變得肥沃。將近一半的北美洲土地（約一千八百萬平方公里）在近一百萬年間都曾遭受冰河作用的影響，但澳洲曾被冰河覆蓋的土地還不到總面積的一％，大約只有東南部阿爾卑斯山（Australian Alps）的五十二平方公里，加上東南方塔斯馬尼亞島（Tasmania）的二千五百九十平方公里。第三，地殼緩慢上升也會帶來新的土壤，北美、印度和歐洲大部分的沃土就是這麼來的。但是，澳洲在這一億年之間上升的地殼面積相當有限，主要在東南部的大分水嶺（維多利亞省和新南威爾斯省）以及南部阿德雷得（Adelaide）一帶（參看第四九九頁地圖）。澳洲大多數地區的土壤貧瘠，少數幾個例外地區因有火山活動、冰河活動，土壤特別肥沃，使得現代澳洲農業生產力的分布嚴重失衡。

澳洲土壤平均生產力低對該地的農業、林業和漁業很不利。澳洲土壤起初看來豐美肥沃，就像歐洲農業興起之初的耕地，但澳洲土壤中的養分很快就耗盡了。最初的澳洲農夫不知這塊土壤中的養分就像礦藏，用完就沒有了，無法再生。接下來，作物所需的養分都得靠人工肥料，農業生產成本於是比世界其他自然肥沃的農業區來得高。土壤貧瘠代表生長率低，平均產量也低。因此，若在澳洲要有相當的產量，就得耕耘更大面積的土地，農業機械如曳引機、播種機和收割機等需要的燃料也增加。澳洲西南部的重要農業區——他們的小麥帶，土壤幾無肥力可言，所有的養分都來自人工肥料。換句話說，這個小麥帶猶如一個巨大的花盆，沙土不過是基質，作物生長全靠人工添加的養分。

由於大量使用人工肥料和燃料，澳洲的農業成本增加很多。儘管海外進口的農產品必須加上運輸成本，澳洲生產的農產品還是無法和海外進口的在本地市場競爭。舉例來說，在全球化的今天，就算在巴西種柳橙，然後把濃縮的柳橙汁運到一萬二千八百公里外的澳洲，成本還是相對低廉，在澳洲自產自銷反而划不來。豬肉和火腿也是，從加拿大進口要比澳洲本地生產來得便宜。然而，如果是高附加價值的產品，生產成本沒有特別高，要是攻下利基市場（**niche market**）就有利可圖，像澳洲生產的葡萄酒在海外市場就有非常亮眼的表現。

澳洲土壤的生產力低也衝擊到混農林業。澳洲森林大多數的養分都保存在林木本身，而非土壤上。來自歐洲的殖民者把澳洲的原始林砍光，現代的澳洲人也砍伐再生的自然林，再加上他們對混農林業的投資，樹木的生長率一直很低，遠不如其他生產木材的國家。像原產於澳洲的藍桉尤加利（*Eucalypts globulus*），在海外許多地區的栽種成本反而更為低廉。

我很訝異，第三個受衝擊的層面竟然是漁業，或許不少讀者也覺得不可思議。漁業和土壤的生產力有何相干？畢竟魚是活在河流和海洋中，不是在土壤中生長。然而，我們不要忘了，河流以及靠近海岸線的海洋養分都來自被河水沖刷下來的土壤。由於澳洲河流和沿海所含養分很少，魚類資源就像農地和森林很快就耗竭了。澳洲的海產因為過度捕撈，不到幾年一種接著一種消失，最後變得沒有經濟效益。在世界將近二百個國家當中，澳洲的漁場面積是全世界第三大，但是漁業產值卻在世界排行第五十五，淡水漁業就更微不足道了。

澳洲土壤生產力還有一個特點就是呈現肥沃的假象，因此最早在此殖民的歐洲人沒有察覺這個問題。他們踏上這塊土地之初，見那森林廣奧，林木高聳入雲（如維多利亞省吉士蘭〔Gippsland〕的藍桉尤加利高達一百二十公尺，堪稱世界之最），誤以為這裡遍地沃土。最初的大樹被砍伐下來，草也被牛羊吃光了之後，居民才發現這裡的樹木和草長得很慢，土地的經濟效益不高。當初為了在此落地生根，花大錢投資興建的農舍、家園、籬笆等，只好忍痛放棄，到其他地方重新開始。從早期殖民時期至今，澳洲土地利用常常沒有好的結局，一次次墮入土地清理、投資、破產、放棄的輪迴。

澳洲農業、林業、漁業的種種問題以及土地開發失敗，罪魁禍首都是土壤生產力低。澳洲還有很多地區的土壤不只是肥力低而已，還有鹽度過高的問題。澳洲土壤鹽度高的原因有三：西南部小麥帶土壤的鹽分源自幾百萬年來印度洋吹來的海風；至於澳洲東南部，另一個可與小麥帶媲美、產量最高的農業區，亦即澳洲最長的水系墨累—達令河（Murry-Darling River），因地勢低窪，下游經常遭到海水倒灌，水退之後鹽分大都留了下來；東部內陸還有一個盆地本來是不能入海的淡水湖，水分蒸發之後，湖水鹽度慢慢升高（就像猶他州的大鹽湖〔Great Salt Lake〕和中東內陸鹹水湖死海），最後完全乾涸，土地的鹽分就被風吹到澳洲東部其他地方。澳洲有些地區每平方公尺的土地含有高達七十五公斤以上的鹽。我們會在後面繼續討論鹽對土壤的影響。簡言之，林地清理和農田灌溉都會使表土鹽化，最後土地變成不毛之地，無法生長任何作物（圖二十六）。最初在澳洲耕種的農夫沒有土壤化學分析的技術，不曉得土壤有多貧瘠，同樣也對土壤中的鹽分一無所知，結果就在農夫辛苦耕種之下，土壤肥力漸漸喪失，鹽化問題也日益嚴重。

水

雖然澳洲土壤貧瘠和鹽化不是那麼顯而易見，最初在澳洲耕種的農夫不知道，澳洲以外的一般大眾也不清楚，澳洲缺水倒是舉世聞名，人盡皆知。一提到澳洲，世界上大多數人第一個聯想到的就是沙漠。由於澳洲大部分地區降雨很少，極度乾旱，不灌溉根本無法發展農業。至今，澳洲還有一大片土地既無法耕種，也不能放牧。即使是生產糧食的地區，靠近海岸的降雨量還是比靠內陸的來得多。如果我們從海岸往內陸走，首先看到的是農田，澳洲半數的牛也都養在這裡，放牧率高；再往內走，就可看到牧羊場；繼續走下去，又可看到養牛場（澳洲另一半的牛就在這裡，但此地放牧率極低），雖然這裡的雨量比養羊區更少，但是養牛還有經濟效益；最後走到內陸深處就是沙漠，完全不可能發展任何形式的農牧業。

有關澳洲的降雨，除了平均雨量低，更難捉摸的是降雨難以預期。雨季穩定時常是農業地帶的發展條件之一，例如我居住的加州南部，幾乎可以百分之百確定冬天會下雨，夏天則沒有幾滴雨。在世界其他農業地帶，不只有雨季，每年雨季來報到的時間也差不多，嚴重乾旱很罕見。農夫每年在一定的季節播種、耕耘，作物在雨水滋潤之下漸漸成熟。

然而，澳洲大部分地區的降雨狀況端視「恩索現象」而定（「恩索現象」〔ENSO〕即聖嬰現象和南方振盪〔El Niño-Southern Oscillation〕的合稱）[2]，不但十年間的每年降雨難以預期，甚至每十年還有很大的變化。最初在澳洲殖民的歐洲農夫和牧人，並不知道澳洲氣候受到「恩索現象」影響。當時歐洲人未察覺聖嬰現象的發生，直到近幾十年氣象專家才知道這是怎麼回事。在澳洲很多地區，最初的農夫和牧人開始耕種、放牧之時，連年風調雨順，他們因而以為此地氣候良好。所謂福兮禍之所伏，這只是假象，欺騙了最初殖民者的眼睛。事實上，在一年當中，澳洲大多數農地只有一小段時間有充分的雨水可使作物成熟：大部分地區有雨水的日子還不到半年，有些農業區甚至十年當中只有兩年可免除乾旱的命運。這使得澳洲農業成本很高，不符合經濟效益：農夫辛勤播種、耕耘，但有半數以上的年頭欠收，等於是做白工。即使有收成，農夫在收成之後，繼續播種、耙土，把雜草剷除，土壤就變得裸露。如果作物無法成熟，農夫就任土壤裸露，甚至不用雜草覆蓋，土壤就會遭受侵蝕，形成另一個窘況。因此，澳洲降雨的難以預料，短期內不但使生產成本變高，長期下來也會增加土壤侵蝕的問題。

澳洲不受「恩索現象」影響的地帶主要是西南部小麥帶，雖然近年有所變化，歷年來冬季的降雨還算穩定，幾乎年年可以豐收。由於此地降雨穩定，近幾十年來，小麥生產異軍突起，超越羊毛和肉類，成為澳洲最有價值的農業出口商品。正如前述，澳洲小麥帶的土壤條件其實很差，不但貧瘠而且鹽度頗高，幸好冬天降雨穩定。然而，這幾年全球氣候變化，澳洲西南部的降雨也變得難以預測。自一九七三年開始，小麥帶的降雨急遽減少，雖然夏天雨量變多了，但雨落在收割後裸露的地面，反而造成土壤鹽

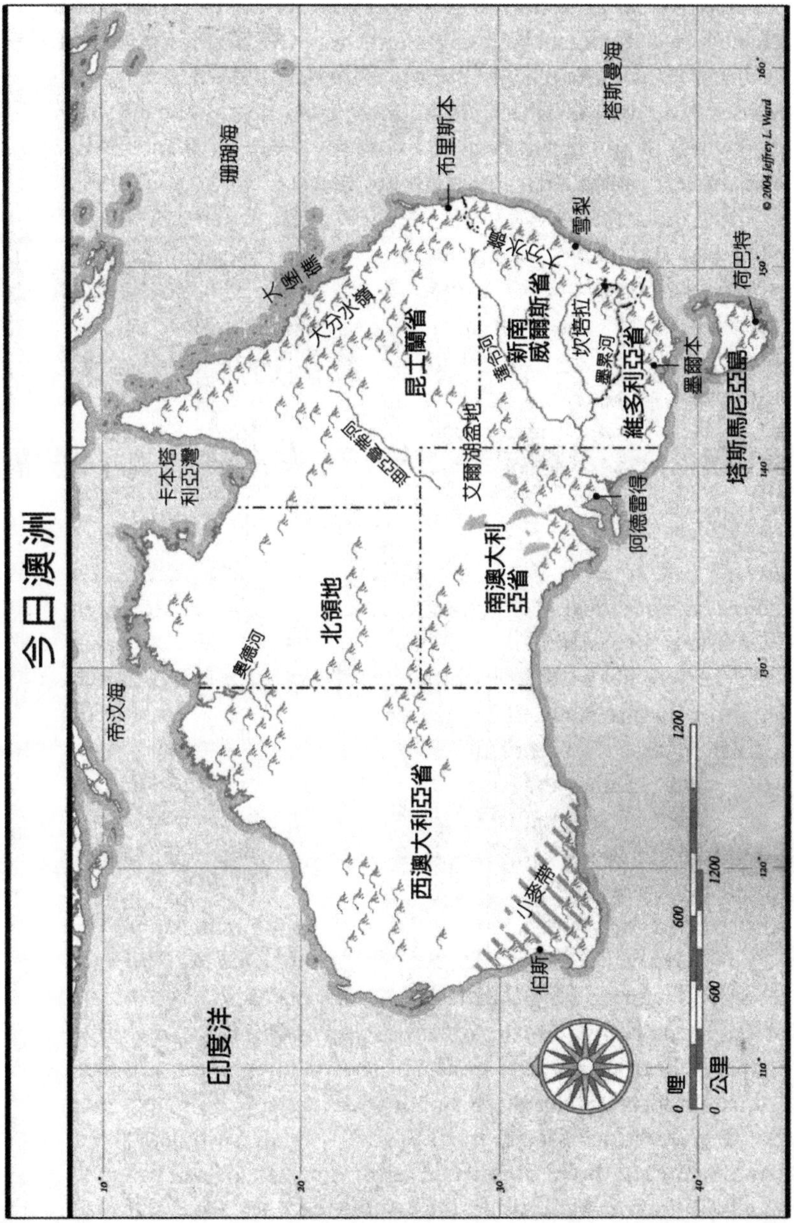
今日澳洲
帝汶海
卡本塔利亞灣
珊瑚海
大堡礁
大分水嶺
布里斯本
昆士蘭省
北領地
奧德河
西澳大利亞省
南澳大利亞省
艾爾湖盆地
達令河
新南威爾斯省
坎培拉
墨累河
維多利亞省
墨爾本
雪梨
塔斯曼海
荷巴特
塔斯馬尼亞島
阿德雷得
伯斯
小麥帶
印度洋
0 哩 600 1200
0 公里 600 1200
© 2004 Jeffrey L. Ward

化。就如第一章討論蒙大拿境況所提到的，在全球氣候變化之下，有贏家也有輸家，蒙大拿雖是輸家，但是澳洲將輸得更慘。

距離決定一切

澳洲大抵位於溫帶氣候區，但離其他溫帶氣候國家有好幾千公里，因此澳洲潛在的海外市場都很遙遠。澳洲史學家曾言，澳洲發展的一大缺點就是「距離決定一切」（tyranny of distance），處處受限於距離。由於海運距離長，如果澳洲要將商品運往歐洲，每公斤或每公升貨品的運輸費用會比新世界運往歐洲的來得高，因此出口商品必須體積小、價值高才有經濟效益。打從十九世紀，礦產和羊毛就是澳洲的主要出口商品。一九〇〇年左右，澳洲食品可藉由冷凍貨櫃出口，澳洲才開始輸出肉品，輸出國家以英國為主。（我有一個澳洲友人在肉品加工廠工作。這個對英國沒有好感的澳洲人告訴我，他和幾個要好的同事有時會在一批準備運往英國的冷凍肝臟偷偷放入一、兩顆膽囊。工廠對小羊肉的定義是：如果供應家鄉消費者，那麼就是六個月即宰殺的羔羊，肉質鮮嫩無腥羶味；如果出口到英國，月齡在十八個月以下的羊都是小羊肉。）今日澳洲的主要出口商品仍是體積小、價值高的貨物，如鋼鐵、礦產、羊毛和小麥；近一、二十年來，酒類和澳洲堅果（別名夏威夷果）也成了出口大宗。澳洲也輸出不少特用作物（*specialty crops*），如杜蘭麥（〔*Triticum durum*〕，譯注：籽粒質硬，特別適合做通心麵製品）等高品質小麥，或不使用農藥等化學藥劑的小麥和牛肉產品。這些產品雖然體積較大，但是價值高，可以在利基市場攻下一席之地，海外的消費者也願意多花點錢購買。

還有一個距離的問題，也就是澳洲國內各地之間的距離。澳洲有生產力的農業區或適合居住的地區不多，而且分散在四處：澳洲人口雖然只有美國的十四分之一，分布面積卻相當於美國本土四十八州。由於澳洲國內運輸成本高，必須花費巨資才能擁有第一世界的生活水準。例如要使家家戶戶和每家公司行號都有電話，鋪設全國電話路線就是極其浩大的工程，甚至必須在幾百公里外的荒漠設站。今日澳洲是全世界都市化程度最高的國家，人口總數的五八%都集中在五大城。（根據一九九九年的人口統計數字，雪梨四百萬人、墨爾本三百四十萬人、布里斯本一百六十萬人、伯斯一百四十萬人、阿德雷得則有一百一十萬人。）在這五大城當中，位於西澳的伯斯可說是全世界最孤立的大城市，方圓二千公里內沒有其他大城市（就連最近的阿德雷得也遠在東邊二千零九十公里處）。難怪兩家澳洲最大的公司——國營的澳洲航空公司（QANTAS）和澳洲電訊（TELSTRA）——都致力於拉近澳洲境內各地的距離。

由於澳洲境內各地受距離的影響極大，加上乾旱的問題，銀行等企業在偏遠市鎮的分支機構經營不易，一家接著一家關閉。從這些偏遠市鎮出走的醫生很多，也是同樣的原因。美歐有大城市，也有中等規模的市鎮和小村子，但在澳洲則呈兩極化——有大城市，也有小村子，但中等規模的市鎮愈來愈少。大多數澳洲人不是住在僅有的幾個大城市，享受第一世界的便利生活，就是在偏遠的小村子裡過日子，沒有銀行、醫院，完全不像第一世界的居民。澳洲的氣候難以預測，乾旱一來有時就是五個年頭。澳洲的小村子通常只有幾百個居民，也沒有什麼商業活動，撐過五年乾旱並非難事。大都市因有整合經濟互

2南方振盪指的是南太平洋氣壓的不穩定。對於氣壓場的變化，氣象界通常以南太平洋東部的大溪地和西部澳洲達爾文之間氣壓場差異值為指標來顯示。一般來說，聖嬰現象都發生在南方振盪指數低時，而聖嬰現象也會使南方振盪指數降低。

通有無，加上集水區大，也能熬過五年乾旱。如果中型市鎮五年乾旱無雨就完了，市鎮的商業機構將因缺水而難以運作，這樣的市鎮不但無法和較遠的城市競爭，也很難擴展規模變成集水區大的都市。事實上，大多數澳洲人對澳洲的大環境倚賴不大：他們只集中在五個地點——也就是和外面世界相連的五大城市，不是遍布於遼闊的澳洲。

早期發展史

過去歐洲國家建立海外殖民地，目的不外乎謀求經濟利益和爭取策略優勢。至於殖民地點，有些只是和當地居民交易的貿易站，沒有幾個歐洲人入住。歐洲人真的攜家帶眷、飄洋過海定居之處，通常是他們認為大有可為、有望發展成一個繁榮富足的社會，或者至少可以自給自足的地方。但澳洲是個例外，有幾十年的時間，來到這裡的移民不是為了尋求財富，而是被迫來到這裡。

澳洲現代社會的前身就是英國犯人的流放地。十八世紀，英國監獄人滿為患，為了防止犯人叛亂，就把這些犯人流放到澳洲，以緩解國內社會罪犯激增的壓力。在那個時代，英國罪犯過多的原因在於法律過於嚴厲，偷竊四十先令以上者即判死刑，而法官傾向以偷竊三十九先令治罪，給人一條生路。因為偷竊和無法償還債款等輕罪被判刑的人很多，監獄大爆滿，英國政府於是將海軍淘汰下來的木帆船改裝為監獄船。一七八三年之前，有些罪犯被流放到北美洲做「白奴」（即契約傭工），監獄擠爆的壓力稍解。不過那時到北美洲的英國人並非全是被流放的犯人，也有追求財富和宗教自由的自願移民者。

美國獨立革命之後，英國緩解罪犯人口壓力的調節閥被關掉了，只好另想辦法。在英國一開始考慮的地點當中，最有可能的有兩個：一個是甘比河北方六百四十公里的熱帶西非，另一個則在現在的南非和納米比亞（Namibia）邊界的橘河（Orange River）河口沙漠地區。只要用點頭腦思考，就會發現這兩個提議都不可行。還有一個備案則是澳洲的波特尼灣（Botany Bay），離現在的雪梨不遠。一七七〇年庫克船長才發現這個大陸，這個地點似乎不錯。因此，英國政府就在一七八八年派遣第一艦隊（First Fleet）載運第一批移民前往澳洲。這些人主要是罪犯，另外還有看守這些犯人的海軍官兵、官員和他們的眷屬等。在往後的六十年當中，澳洲猶如一座大監獄，除了犯人就是看管罪犯的軍人，直到一八六八年英國才停止輸送犯人至澳洲。

由於罪犯人數漸多，除了雪梨之外，澳洲海岸還有四個地點是犯人集中地，位在今日的墨爾本、布里斯本、伯斯和荷巴特（Hobart）附近。這幾個聚落後來成為五個殖民地核心，皆由英國治理，最後演變為現代澳洲六個省當中的五個：新南威爾斯省（New South Wales）、維多利亞省（Victoria）、昆士蘭省（Queensland）、西澳大利亞省（Western Australia）和塔斯馬尼亞省（Tasmania）。英國政府選擇這幾個地點是考量當地有港口或河流，而不是為了發展農業。事實上，這幾個地點都不適合發展農業，甚至連居民生活所需的糧食也無法生產出來，因此英國必須藉由港口或河流運送糧食給這裡的罪犯、士兵和官員。南澳大利亞省（South Australia）的核心城市阿德雷得則是例外，該地由於地殼上升，土壤肥沃，加上冬季有可靠的降雨，吸引了德國人來此移民、耕種。早期澳洲的移民清一色是英國人，只有阿德雷得的移民是德國人。墨爾本東邊土壤貧瘠，一八〇三年曾有一群犯人在此建立農場，結果一無所獲而墨爾本西邊的土壤就很肥美，在一八三五年已發展出成功的農業聚落。

英國人在澳洲最初的斬獲來自海豹和鯨魚的捕獵，羊則是他們下一個財源。一八一三年，有人越過雪梨西邊九十六公里的藍山（Blue Mountains），發現山的那一邊綠草如茵，可做牧場，於是大量養羊，生產高品質羊毛，因而獲利不少。然而，在一八四〇年代之前，整個澳洲還是無法自給自足，必須仰賴英國補足糧食。一八五一年起出現淘金熱潮，澳洲自此從流放犯人的窮鄉僻壤搖身一變為人人嚮往的黃金大陸[3]。

歐洲人在一七八八年才開始在澳洲落腳，但澳洲的土著已在這個大陸定居了四萬年以上，了解如何克服惡劣的環境並永續經營。在歐洲人占領的幾個地點（犯人營）或後來發展成農地的居處，澳洲白人很少利用當地土著，不像美洲白人那樣利用印第安人。美國東部的印第安人至少還是農夫，在歐洲殖民者剛來的頭幾年，就是靠印第安人的作物存活下去，後來白人才種出自己的作物。之後，美洲的白人農夫卻視印第安農夫為對手，不是把他們殺了，就是把他們趕出去。雖然澳洲土著不是農夫，也沒供給糧食給歐洲白人，一樣遭到殺害或驅逐。澳洲白人的發展策略是向可以耕種的土地擴張。他們這麼一路擴展下去，不久就發現有些地方過於乾燥、無法發展農業，但還可以放牧。這時候他們終於覺得當地土著也有好處，可幫他們看守羊群。在澳洲養羊不像在冰島、紐西蘭沒有天敵，必須時時當心羊群遭到澳洲野狗掠食。澳洲白人工人不足，土著正好能填補這個人力缺口。有些土著也為捕鯨者、獵海豹業者、漁夫、海岸貿易商等效力。

文化價值觀

正如格陵蘭和冰島的維京人把挪威的文化價值觀帶到殖民地（參看第六章至第八章），英國人到澳洲殖民也不忘帶去英國的文化價值觀。澳洲也像冰島和格陵蘭，歐洲殖民者帶去的文化價值觀和環境有「水土不符」的現象，有些後遺症今天還看得到。其中對澳洲影響極大的文化價值觀如下：羊的飼養、兔子和狐狸的引進、本土植物、土地價值觀以及對英國的認同。

十八世紀的英國幾乎不生產羊毛，所需羊毛是從西班牙和德國的薩克森（Saxony）進口。拿破崙戰爭（1799-1815）爆發後，羊毛貿易路線被切斷，這時剛好是英國殖民澳洲的初期。英王喬治三世特別重視這個問題，他暗中支持走私西班牙的美麗諾羊[4]到英國，然後再把一些羊送到澳洲。這就是澳洲羊毛業發展的起點，澳洲因而漸漸成為英國羊毛的主要來源。一八二〇年至一九五〇年，因為羊毛體積小、價值高，得以克服距離障礙，成為出口大宗，在海外市場嶄露頭角。澳洲其他體積大的商品就沒有這樣的競爭優勢。

今天澳洲可以生產糧食的土地有一大部分也同時牧羊。這種牧羊農業在澳洲文化根深柢固，沒有一個政治人物可以輕忽鄉村牧羊民眾的選票。澳洲土地其實不適合牧羊：起先看來茂密或經過一番清理後

---

3 黃金大陸：一八五一年到一八六一年的十年間，光是維多利亞的黃金產量就高達六百四十三公噸，澳洲的黃金產量幾乎占世界的一半。

4 美麗諾羊：merino sheep，源於西班牙，為品質最優良的羊毛，纖維強韌、質地細緻、富有彈性和收縮性。

可種出一大片碧綠青草的草地，土地生產力很低（正如前述），因此牧羊人只是不斷消耗土地肥力。很多牧場土地就這樣耗竭，變成不毛之地。澳洲目前的牧羊業其實處於虧損狀態（下面會討論）。過度放牧對土地的傷害很大，造成土地退化。近年來有人提議乾脆不要養羊，養袋鼠好了。袋鼠是澳洲本土物種，不像羊是從外地輸入，早已適應澳洲的植物和氣候。還有人說，袋鼠是軟蹄動物，不像羊蹄那麼硬，蹄子比較不會傷害土地，而且袋鼠肉精瘦健康，美味可口（至少總是讓我食指大動）。袋鼠肉是佳餚，袋鼠皮更能製成高檔的皮革製品。因此，袋鼠牧場似乎可取代羊牧場成為澳洲新興的畜牧業。

然而，由於袋鼠本身特質及文化障礙，袋鼠要取代綿羊成為澳洲牧場的新寵還是不容易。首先，袋鼠不像綿羊那麼溫馴，這些活蹦亂跳的傢伙不會聽從牧羊人和牧羊犬指揮，也不可能乖乖地排成一列跳上貨車好運往屠宰場。如果你要經營袋鼠牧場，必得雇用獵人拿著槍一天到晚追逐這些傢伙。其次，袋鼠除了很會跳遠，更是跳高好手，輕輕鬆鬆就能跳過高高的圍籬。例如你辛辛苦苦在牧場內繁殖了一大群袋鼠，後來因為乾旱，你牧場上的袋鼠想搬家，一下子就能跑到四、五十公里外之地，在別人的牧場落腳。再者，雖然德國人吃袋鼠肉，有些肉可銷往那裡，其他地區就不見得願意進口，就連澳洲人自己也比較愛吃牛羊肉。此外，很多澳洲動物保護人士反對屠殺袋鼠，卻忘了牧場飼養的牛羊不但生活環境比不上野生袋鼠，宰殺方式更是殘忍。在美國人眼裡，袋鼠是可愛的動物，加上一位議員夫人聽說袋鼠瀕臨絕種而為袋鼠請命，所以不願進口袋鼠肉。有幾種袋鼠的確瀕臨絕種，但目前在澳洲宰殺的那幾種，其實已經多到氾濫成災。澳洲政府對袋鼠的宰殺有嚴格規定，也有配額限制。

外地引進的羊對澳洲來說利弊參半，兔子和狐狸的引進則有百害而無一益。來澳洲殖民的英國人發現此地環境和動植物很陌生，和故鄉迥然不同，由於思鄉情切，就從歐洲引進各種他們熟悉的動植物。他們引進了很多鳥類，結果只有兩種遍布澳洲各地，也就是家麻雀（*Passer domesticus*）和椋鳥（*Sturnus vulgaris*），其他如黑鶇（*Turdus merula*）、歌鶇（*Turdus philomelos*）、麻雀（*Passer montanus*）、金翅雀（*Carduelis carduelis*）和綠金翅（*Carduelis chloris*）只在澳洲幾個地方繁衍。不管如何，這些鳥類對澳洲大抵無害。兔子就不同，因為沒有天敵，牠們肆無忌憚地繁衍，數量大得嚇人，牧場上一半的青草都被牠們吃掉了，牛羊反而挨餓（圖三十）。歐洲移民登陸後抑制土著燒荒，加上放牧，棲地因此改觀。尤其是兔子和狐狸的引進，對澳洲本土的小型哺乳動物影響很大，很多都因此滅絕或數量大減。狐狸對這些小型哺乳動物垂涎三尺，而兔子也會和食草動物爭奪食物。

澳洲幾乎同時從歐洲引進兔子和狐狸，我們仍不清楚狐狸是否為了英國傳統獵狐活動而引進，然後又引進兔子做為狐狸的獵物；還是為了狩獵作樂或讓澳洲鄉野看起來比較有英國風，而把兔子帶進澳洲，然後為了控制兔子數量而引進狐狸。不管怎麼說，兔子和狐狸的大量繁衍已成為澳洲人的夢魘。很難想像，當初移民者引進這兩種動物只是為了解悶。更令人感到不可思議的是，澳洲人為引進兔子還真鍥而不捨：頭四次帶的是溫馴的小白兔，無法在澳洲存活，第五次輸入西班牙野兔（*Sylvilagua floridanus*）才成功。

澳洲人引進兔子和狐狸，牠們大量繁殖，不久就氾濫成災，直到今天，澳洲人仍為控制這些動物的數量而大傷腦筋。如果是狐狸，他們以毒藥或陷阱來對付；至於澳洲人的野兔大作戰，看過近年上映的澳洲電影《孩子要回家》（*Rabbit Proof Fence*）[5]的觀眾，應該會對片中那長得不得了的兔籬笆有深刻印象——二十世紀初期，為了抵擋氾濫成災的野兔，澳洲政府修築了一條橫貫西部的籬笆。澳洲農夫麥金塔（Bill MacIntosh）告訴我，他為自己的農場繪製一張地圖，將上面幾千個兔子巢穴全部標示出來。他先用挖土機一個個鏟除，然後再回去檢查，如果發現兔子捲土重來，就用火藥把巢穴炸開，炸死裡面的兔子，再用泥土把巢穴填平。費盡千辛萬苦，他終於摧毀了三千個兔子巢穴。澳洲人為引進兔子付出慘痛的代價，兔子還是生生不息、氾濫成災。一九五〇年代，科學家研究出以多發性黏液瘤（*myxomatosis*）病毒消滅兔子的絕招，一時之間消滅了澳洲九〇%以上的兔子。不久後兔子產生抵抗力，種群數目又漸漸回升。這場兔子大戰還沒完沒了，目前科學家正在嘗試利用杯狀病毒（*calicivirus*）來對抗兔子。

移民澳洲的英國人看不慣澳洲的袋鼠和采蜜鳥（*Philemon citreogularis*），於是引進兔子和黑鶇以解思鄉之情；尤加利樹和相思樹的外觀、色澤和葉子都和英國常見的樹木大不相同，更讓他們思慕故鄉。有些移民把土地上的樹木清理掉，除了眼不見為淨，也為了開墾、耕種。一直到二十年前，澳洲政府還對清理土地的農民給予補助，更要求向政府租地的農民必須把土地清理乾淨。（澳洲很多農地的所有人不是農民而是政府，政府再將農地出租給農民。）向政府租地的農民為清理土地投資的農具和勞力，都可獲得租稅減免，租約也載明他們必須清理的土地面積，如不按照合約清理土地，就會遭到解約。因此，農夫和商人只要買下或租下一塊不適合耕作的土地，把上面的原始植被清除掉，種幾株小麥，耗竭土壤肥力，然後放棄這塊土地，就可以發財。今天，澳洲人終於了解當地土生的植物不但獨一無二，也瀕臨絕種，而土地清理就是土壤鹽度升高、土地退化的兩個主因之一。不久前澳洲政府還拿錢要求農夫清除當地植物，一想到就令人扼腕。澳洲政府終於了解今是而昨非，聘用像楊麥克（Mike Young）這樣的生態經濟學家，來計算澳洲有多少土地因土地清理而失去價值。楊麥克告訴我，他少年時曾幫父親清理家裡的農場土地。他和父親一人開一部曳引機，兩部平行前進，由於兩部曳引機中間連著一條鎖鏈，就可一邊行進一邊拔除土地上的植被，清理乾淨後再種植作物，他們家因而可以減免一大筆租稅。要不是這種租稅優惠，農夫才不會費力去清理這麼多土地。

澳洲移民購買土地或向政府租地，土地價格便參照英國的標準，以英國肥沃的土壤來估算澳洲土地的投資報酬率。在澳洲這意味著土地「過度資本化」（**overcapitalized**），也就是土地發展農業的經濟效益不及購買或租賃的價格。農民貸款買下或租下土地之後，由於土地過度資本化，必須負擔的利息很高，因此必須竭盡所能地利用土地，以求回本。本來每公畝的土地最多只能飼養一定數量的羊群，或種植一定數量的小麥，農民卻拚命飼養或種植，遠超過土地所能負荷的程度。這種做法就是所謂的「鞭笞土地」（**flogging the land**）。澳洲土地過度資本化源於英國的文化價值觀（貨幣價值觀和價值系統），因而面臨過度放牧、土壤侵蝕、農民破產、農地廢棄等問題。

來自英國的移民不管澳洲土地生產力低，以英國土地價值高估了澳洲土地，因此非常重視農業價值。由於這樣的價值觀，一個現代澳洲政治的內在問題更難以解決：澳洲憲法給予鄉村地區農民較大的選票比例。像「鄉村人誠實，城市人狡詐」的迷思，甚至比在歐洲和美國還流行。如果農民破產，必然

5《孩子要回家》：片名又譯《末日小狂花》，二〇〇二年上映，由曾拍攝《沉靜的美國人》、《愛國者遊戲》的澳洲導演諾斯（Phillip Noyce）執導，描述二十世紀初澳洲對黑人採取不人道的隔離政策，企圖「漂白」澳洲人口的灰暗歷史。影片由真人真事改編，講述勇敢的黑人女孩帶著兩個妹妹逃離管訓營，沿著兔籬笆遠走二千四百公里，最後終於重回母親懷抱。

是遭遇不可抗力（如旱災）；都市人破產必然是自作孽，幹了什麼見不得人的勾當，才有這樣的報應。澳洲以農為尊，並給鄉村地區農民較大的選票比例，忽略了前面提到的一個現實：澳洲已是都市化程度最高的國家。受這樣的價值觀所引導，政府長期支持利用環境的作為，如土地清理與間接補助經濟效益差的農村地區，忽略了環境的永續經營。

澳洲移民絕大多數來自英國和愛爾蘭，直到五十年前才有轉變。今天很多澳洲人仍覺得和英國有血濃於水的關係，與英國緊緊相繫。如果有人批評這樣的心態不對，為什麼澳洲老是向英國搖尾巴，澳洲人總是義憤填膺。澳洲人自以為義不容辭的事，看在外人眼中卻是多此一舉，不一定合乎澳洲自身最佳利益。二十世紀的兩次大戰中，英國向德國宣戰，澳洲也表示和德國勢不兩立。事實上，就第一次世界大戰來看，澳洲離歐洲戰場很遠，根本就是局外人（頂多給澳洲藉口，讓他們進軍德國在新幾內亞的殖民地）。至於第二次世界大戰，在英國和德國開打，即使澳洲仍對上一次大戰的死傷慘重記憶猶新，還是毫不遲疑地出兵幫助英國母親。對澳洲（以及紐西蘭）來說，最重要的國定假日就是四月二十五日的澳紐軍團日（Anzac Day），紀念一九一五年在土耳其加利波利（Gallipoli）犧牲的澳紐將士。當時因英國將軍領導不力，跟著衝鋒陷陣的澳紐軍團傷亡慘重，沒能拿下加利波利半島。對澳洲人而言，浴血加利波利象徵他們的國家已經「長大成人」，可以出兵支持英國母親，也可以向世界宣示：澳洲是澳大利亞聯邦，不是六個各自獨立的殖民地。對我這個世代的美國人來說，我們曾經歷一九四一年十二月七日的珍珠港事變，可以了解加利波利對澳洲人的意義。因為珍珠港事變，美國人在一夜之間團結起來，決心參戰，不再抱守孤立的外交政策。不過，珍珠港是美國自家後門，加利波利卻遠在地球另一頭，甚至在赤道另一邊：像加利波利這麼一個遙遠的地方，和澳洲的利益又有什麼相干？

然而，澳洲人今天仍和過去一樣，一心向著英國。我在一九六四年初次造訪澳洲之前，已在英國待過四年，我發現澳洲建築和人民心態甚至比今日的英國還要英國。澳洲政府過去每年提交名單給英國，請女王封爵（這種做法直到一九七三年才廢止）。對澳洲人來說，能得到女王封爵是至高無上的榮耀。至今英國仍指派總督到澳洲代表女王行使政治義務，英國駐澳總督有權罷免澳洲總理，如澳洲總理魏德倫（Gough Whitlam）在一九七五年就遭到總督罷免。[6]一九七〇年代以前，澳洲仍然堅持「白澳政策」，禁止亞洲鄰國人民移民澳洲，這種政策當然使亞洲鄰國反感。近二十五年來，澳洲與亞洲鄰國的互動大有改善，漸漸認清自己也是亞洲國家，開始接受亞洲移民，敦親睦鄰，與亞洲貿易夥伴往來密切。如今在澳洲出口市場的排序中，英國已下降到第八位，排在日本、中國、韓國、新加坡和台灣之後。

貿易與移民

澳洲自認是英屬國家？還是以亞洲國家自居？這個問題關乎本書一個重要主題：對一個社會的穩定，敵、友都是重要關鍵。在澳洲人的認知中，哪些國家是友邦？哪些是貿易夥伴？還有哪些是敵人？這種認知又有什麼影響？讓我們先從澳洲的貿易說起，再論及澳洲的移民政策。

---

6 魏德倫罷免案：由於魏德倫領導的澳洲負債累累，結果不得不向海外舉債，以維持政府的日常運作。魏德倫又一直不肯向人民解釋這些來歷不明的錢財來源。最後，魏德倫領導的工黨政府財政預算遭到參議院拒絕，使得參眾兩院僵持不下，總督於是動用特別權罷免魏德倫。

從十九世紀初到一九五〇年，在這一百多年期間，農產品一直是澳洲的主要出口產品（尤其是羊毛），其次是礦產。今天澳洲雖然仍是世界最大的羊毛生產國，由於合成纖維的競爭，澳洲的羊毛產量和海外需求量都不斷減少。澳洲羊隻最多的時候是一九七〇年，那時共有一億八千萬隻羊（代表平均每一個澳洲人可分到十四隻羊），之後數量逐漸減少。澳洲生產的羊毛幾乎全部用來出口，主要輸往中國和香港。其他重要出口農產品包括小麥（主要銷往俄國、中國和印度）、杜蘭麥、葡萄酒以及有機牛肉等。現在澳洲生產的糧食除了供應國內所需，還有餘糧出口，是為糧食的淨出口國。由於澳洲人口不斷增加，所需糧食愈來愈多，照這個趨勢發展下去，澳洲總有一天會變成糧食的淨輸入國。

現在羊毛和其他農產品為澳洲賺取的外匯值已落到第三位，次於礦產（第一位）和觀光業（第二位）。最有價值的出口礦產是煤，其他依序為金、鐵和鋁。澳洲是世界最大的煤礦產國，鈾、鉛、銀、鋅、鈦和鉭的儲量也是世界第一，煤、鐵、鋁、銅、鎳和鑽石的儲量亦高居全世界前六位。澳洲的煤、鐵儲量短期看來仍取之不盡、用之不竭。過去澳洲礦產多輸出至英國等歐洲國家，現在亞洲國家從澳洲進口的礦產量幾乎是歐洲國家的五倍。目前澳洲出口產品的前三大客戶依序是日本、南韓及台灣。澳洲出產的煤、鐵和鋁幾乎一半銷往日本。

簡而言之，過去半個世紀以來，澳洲最主要的出口商品已從農產品變成礦產品，而最主要的貿易夥伴也從歐洲國家變成亞洲國家。美國一向是澳洲進口商品的第一大供應國，也是澳洲出口產品的第二大進口國（僅次於日本）。

澳洲除了主要貿易夥伴換人，移民政策也大逆轉。雖然澳洲面積和美國相當，人口卻少得多（目前只有二千萬人左右），原因很明顯：澳洲環境生產力低，養活不了那麼多人。儘管如此，在一九五〇年代，不少澳洲人（包括澳洲領導人）看到鄰近亞洲國家個個人口繁茂（尤其是印尼），不禁為澳洲的人口稀少感到憂心。以印尼為例，人口已多達二億。澳洲的移民政策也受到第二次世界大戰的影響。轟炸他們的日本敵人雖然距離較遠，也是人口稠密的國家。相較於鄰國，很多澳洲人認為他們的人口實在少得可憐，會成為生存的一大威脅，如果不趕快把這個空曠的陸地填滿人，就可能成為印尼擴張的對象。因此，在一九五〇年代和六〇年代，吸引移民便成為澳洲的公共政策。

澳洲要吸引移民，就得放棄原來的白澳政策。澳洲在一九〇一年成立澳大利亞聯邦，首先就是阻止非歐洲血統的移民進入澳洲，說穿了就是只允許英國人和愛爾蘭人進來。翻開當年的政府年鑑，官方說法是：「沒有英國背景的移民，將無法適應澳洲生活。」然而，後來澳洲政府感受人口稀少的危機，不得不積極吸引移民進來。移民大門首先對其他歐洲國家敞開，特別是義大利、希臘、德國、荷蘭和前南斯拉夫。到了一九七〇年代，他們希望有更多的移民進來，光是歐洲移民還不夠，加上澳洲漸漸認清自己也是太平洋國家的事實，終於取消了對亞洲移民的限制。雖然澳洲移民主要還是來自英國、愛爾蘭和紐西蘭，目前已有四分之一的移民人口來自亞洲國家。近年來越南、菲律賓和香港移民不斷增加，這一、兩年中國移民更有勁升的趨勢。移民的最高峰出現在一九八〇年代晚期。目前將近四分之一的澳洲人為海外出生的移民，該比例在美國為一二％，在荷蘭則為三％。

由於澳洲環境承載力有限，「填滿澳洲」的政策其實大有問題。即使歐洲人早在兩百多年前落地生根，至今還無法「填滿」到與美國相當的人口密度。澳洲水資源少，糧食生產的潛力也不大，實在無法養活更多的人。以礦產出口的外匯收入而言，人口增加，平均每人分配到的數目將會減少。近年來澳洲每年接受的移民淨額只有十萬人左右，每年人口成長率只有〇．五％。

儘管如此，澳洲許多具影響力的人士——包括前自由黨總理傅雷瑟（Malcolm Fraser）、目前兩大政黨的領導人以及澳洲商會——仍然認為澳洲人口應該繼續增加，並以五千萬人為目標。這種想法引發澳洲人心中的種種矛盾：他們一方面擔心「黃禍」再現，澳洲會被亞洲移民潮淹沒；另一方面又希望澳洲人多勢眾，一躍成為世界強國，如果人口只有兩千萬永遠也達不到這個目標。不過，幾十年前澳洲人已有自知之明，不再期待自己的國家成為世界強國。澳洲要強，不一定要人多，像以色列、瑞典、丹麥、芬蘭和新加坡的人口都比澳洲少（每一個都只有幾百萬），還是經濟強國，對世界科技革新和文化都有很大的貢獻。七〇％的澳洲民眾表示，他們希望移民人數能減少，而不是增多，這個看法和澳洲政府及企業老闆大異其趣。畢竟，長遠看來，澳洲能否讓目前的人口豐衣足食還是問題。就目前澳洲環境的承載力而言，最理想的人口數是八百萬人，還不到目前人口數的一半。

土地退化

我從南澳大利亞省會阿德雷得開車往內陸走，沿途看到一個又一個農場廢墟。南澳大利亞省因為土壤生產力還不錯（以澳洲標準來看算是生產力高的了，但是跟澳洲以外的沃土相比還差得遠），起初還是個可以自給自足的殖民地。我參觀其中一個古蹟，也就是坎雅卡（Kanyaka）。此地目前已成觀光景點：一八五〇年代，英國貴族以鉅資在此打造莊園和牧場，不到二十年光景（也就是一八六九年）此地已經殘破，人去樓空，至今還沒有人入住。一八五〇年代到一八六〇年代初期，南澳大利亞內陸有較多的雨水，芳草萋萋，很多地方都發展成牧場養羊。然而好景不常，自一八六四年開始連年乾旱，赤地千里，羊屍遍野，很多牧場最後都遭到廢棄。澳洲政府在這天災的刺激下，派遣測繪局長郭以德（G.W.Goyder, 1826-1898），調查從海岸到內陸究竟有多少地區可得到可靠的雨水，做為牧場擴張的依據。郭以德畫出可以耕作的北方界線，往北超越這條界線很可能出現乾旱的問題，因此不適合耕種，這條界線後來就叫做「郭以德界線」（Goyder Line）。怎料從一八七〇年代開始，連年雨水豐足，荒地又起死回生，政府就把一八六〇年代廢棄的牧場分成小塊麥田以高價賣出。城鎮也如雨後春筍般從郭以德界線的北邊冒出來，鐵路也延伸過去。開始栽種的那幾年，雨水出奇地多，麥田收成不錯。不久又欠收，到了一八七〇年代晚期已經種不出小麥，於是幾塊田地湊起來變成牧場。後來乾旱又來報到，日頭赤炎炎，很多牧場都撐不下去。至於少數今天還苟延殘喘的牧場，光靠牧羊其實無法溫飽，牧場主人還得從事別的行業，如經營旅遊業或做其他投資，日子才能過下去。

澳洲大多數生產糧食的地區也差不多如此。為什麼這麼多的農地本來還可豐收，不久就種不出東西？話說到底，還是跟澳洲第一大環境問題有關，也就是土地退化。土地退化的成因主要有九種，包括植被清除、過度放牧、兔子氾濫成災、土壤肥力耗竭、土壤侵蝕、人為乾旱、雜草、政策錯誤和土壤鹽化。世界其他地區的土地也有這些問題，造成的衝擊甚至比澳洲更嚴重。針對澳洲的土地退化成因，以下就是進一步的討論。

前面曾經提到，澳洲政府過去曾要求土地承租者清理植被。雖然現在不再這麼做，但澳洲每年清理的植被面積還是比第一世界其他國家來得多，清除速率僅次於巴西、印尼、剛果和玻利維亞。目前澳洲還在清理的地區大都在昆士蘭省，為的是開闢牧場養殖肉牛。昆士蘭省政府已經宣布他們會漸漸放棄這種大規模清理的做法——不過還得等到二〇〇六年。在澳洲，乾地鹽化、土壤侵蝕、逕流含鹽分和沉積物致使水質變差、農業生產力喪失、土地變成無用之地以及大堡礁遭受破壞（見下面討論）都是土地退化的結果。植被剷除後成堆腐爛和燃燒，會產生以二氧化碳為主的溫室效應廢氣，這種廢氣量在澳洲和全澳汽車排放的廢氣量相當。

土地退化的第二個主因就是過度放牧。牛羊養得太多，很快就把草吃光了，來不及再生。如西澳大利亞省的默契森，過度放牧已經對土地造成無可回復的傷害。今天澳洲政府已經深深了解過度放牧的問題，因而訂出最高放牧率的規定，亦即在特定時間每一單位區域內飼養的羊隻不得超過某一個數量。然而，以前澳洲政府規定的卻是最低放牧率，亦即每一單位區域內飼養的羊隻不得低於某一個數量，違反規定者視同違約。澳洲開始詳細記載放牧率始於一八九〇年代，那時的放牧率約是今日土地承載率的三倍；在此之前，放牧率顯然超出土地承載率達十倍之多。可見第一批移民拚命消耗土地上的青草，消耗光了就沒了，而不是把青草看作可更新的資源。土地清理也一樣，澳洲政府要求農民破壞土地做為農地租賃的條件，農民若不配合則會遭到政府解約。

其他三個土地退化的原因前面已經提過。兔子也和羊一樣，會啃噬植被，使得牛羊可以吃的青草變少。為了控制兔子的數量，農夫還得大費周章地用挖土機、炸藥來破壞牠們的巢穴，以籬笆圍堵，甚至利用病毒使之致病。至於土壤肥力耗竭的問題，澳洲土壤肥力原本就不高，耕作不到幾年肥力就已經耗盡。植被變得稀薄或被清除之後，表土在風吹雨打之下，侵蝕現象也會日益嚴重。再者，土壤被沖刷到河流，再流入大海，海岸附近的水域就會變得渾濁，澳洲著名的觀光勝地大堡礁就是因此遭殃（更令人憂心忡忡的是這裡的海洋生態）。

而「人為乾旱」指的是因土地清理、過度放牧和兔子啃噬植被等間接造成的土地退化。植被由於以上種種人為因素遭受破壞，土地失去植被的保護，直接受太陽曝曬，土壤變得更乾、更燙，結果就像自然乾旱一樣，植物難以生長。

至於雜草，我們已在第一章提過蒙大拿的雜草問題。雜草可定義為對農夫沒有價值的植物，可能是滋味比不上牧草的植物（或完全不能吃的植物），牛羊不肯吃，或是與有用作物競爭的植物。有些雜草是無意間從海外地區引進澳洲，然而一五%是刻意引進，本來希望提供農業用途，結果釀成禍害。這些刻意引進做為觀賞之用的植物，有三分之一從園圃擴散到野外，其他種類的雜草則是澳洲本土植物。放牧牲畜只喜歡吃某些植物，牲畜不愛的雜草（有些甚至會使動物中毒）生存空間變大，生長得更茂盛。有的雜草很容易剷除，土地就可以再種植鮮美的牧草或作物；有些則十分頑強，即使付出相當大的代價也不一定能斬草除根。今日澳洲的雜草約有三千種，造成的損失每年高達二十億美元。像大本含羞草（*Mimosa invisa*）這種巨大木本豆科雜草，就相當可怕，卡卡度國家公園（Kakadu National Park）和世界遺產中心（World Heritage Center）這些寶貴的地區尤其遭受重大威脅。這種雜草的莖表面有銳刺，最高的可達六公尺，生出來的種子很多，繁殖力強，不到一年占領面積就會加倍。更可怕的一種是桉葉藤（*Cryptostegia grandiflora*），這是一八七〇年代從馬達加斯加引進昆士蘭的觀賞灌木，希望讓當地灰頭土臉的礦城增添綠意。沒想到，這種美麗的灌木變成科幻小說中的植物怪獸：不但牲畜吃了會中毒，還會阻礙其他植物生長，蔓延開來如一張無可穿透的綠毯。這種蔓藤的莢果可隨著河水漂流到遠方，每一個莢果破裂能釋放出三百顆種子，再被風吹到各地。光是一個莢果的種子就可在一百公畝的土地上長滿桉葉藤。

就政策錯誤的層面來看，除了先前提到的土地清理和過度放牧，澳洲小麥管理委員會（Australian Wheat Board）也有不當的政策。由於委員會高估世界小麥價格，農夫在利誘之下，舉債投資農業機具，在條件不是很好的農地上搶種。結果發現農地不消幾年就報銷了，小麥價格也不如預期，落到血本無歸的地步。

澳洲土地退化的最後一個原因就是鹽化。這點最為複雜，也需要最詳盡的解釋。先前提過澳洲土壤鹽分很高，除了受到含鹽海風吹拂，還有海水倒灌的原因（水退了之後鹽分留下），以及湖泊乾涸。有些植物耐鹽性很高，但大多數植物都無法在鹽分高的土壤中生長，幾乎所有的作物都是如此。如果根區下方土壤的鹽分不會上來，就不是問題。由於灌溉鹽化和乾地鹽化這兩種過程所致，土壤中的鹽分還是被帶了上來。

乾燥地區因降雨量太少或不穩定，為了耕作就必須進行灌溉，如澳洲東南部某些地區。如果農夫採用「滴灌法」（drip-irrigation），也就是透過安裝在毛管上的滴頭、孔口或滴灌帶等灌水器，將水一滴一滴均勻、緩慢地滴入作物根區附近土壤，讓根部吸收水分，水不會浪費，就不會有問題。如果農夫大範圍地灌溉，讓農地全部浸在水裡，或使用噴水器進行大面積噴灌，在根部無法全部吸收之下，多餘的水就會滲到根部下方含有鹽分的土壤層，下方的鹽分就會跑到比較淺的根區和表面，耐鹽性低的植物就難以生長。多餘的水也可能流到地下水層，再流入河川。雖然我們印象中的澳洲是個乾旱大陸，但澳洲的水問題不是水太少而是水太多。因為澳洲水費低廉，有些地區的農夫還是用大面積灌溉法。更確切地說，有些地區雖然有足夠的水進行大面積灌溉，如果要把鹽分沖掉，水還是不夠。如果可以投資滴灌設備，以滴灌取代大面積灌溉，就可解決一部分灌溉鹽化的問題。

除了灌溉鹽化，另一個鹽化問題則是乾地鹽化，可能發生在雨量足以耕作的地區，特別是西澳大利亞省部分地區和南澳大利亞省過去冬季雨量穩定的地區。如果土地終年都有植被，植物根部會吸收大部分的雨水，很少雨水會滲到較深、含有鹽分的土壤層。但是若農夫剷除天然植被、栽種作物，收割之後的一段時期土地就會光禿禿的。雨水落下，水滲入下方含有鹽分的土壤層，就把鹽分帶上來。乾地鹽化的問題要比灌溉鹽化更棘手，花費巨資也不見得能解決問題，讓天然植被重生。

鹽分因為灌溉或乾地鹽化滲入土壤中的水流，水流有如鹽分高的地下河流，這也就是為何澳洲有些地區土壤所含鹽分甚至是海洋的三倍。地下河流就像一般地表上的河流，也會往低處流，只是流動的速度緩慢得多。這地下河流最後也可能滲進地面凹陷處，形成我在南澳大利亞省看到的高鹽度湖泊。如果在高處耕作的農夫土地經營得不好，使土壤出現鹽化的問題，鹽分可能會慢慢往下滲到低處土地。縱使在低處耕作的農夫好好照顧土地，如果鹽分從高處土壤一路滲下來，一樣必須面對土壤鹽化的問題，卻無法向高處耕作的農夫請求賠償。有些地下河流並不是從低處凹陷的地方滲出，而是流入地表上的河流，如澳洲最大的水系墨累—達令河。

土壤鹽化對澳洲經濟帶來三個層面的損失。首先，很多農地（包括澳洲原來最有價值的土地）生產力變得低下，無法種植作物或飼養牲畜。其次，有些鹽分會滲入都市自來水系統。例如墨累—達令河供應南澳大利亞省會阿德雷得四〇%到九〇%的自來水，由於這條河流鹽度升高，如果不經淡化處理、去除鹽分，最後可能影響飲用居民的健康，也不能用來灌溉作物。第三，鹽分還會損害道路、鐵路、機場、橋樑、水管、熱水管路、雨水收集利用系統、汙水處理系統、家庭電器、工業設備、電線、電話線路和水處理廠等，造成的損失更超過前面兩者。據估計，澳洲經濟遭受的損失只有三分之一來自鹽化直接對農業的傷害；而鹽化在農地之外和下游造成的損害（如損害自來水供應系統和基礎建設），損失金額則是農業損失的兩倍。

至於鹽化的範圍，目前澳洲所有清理過的土地已有九%出現鹽化問題，如按照目前趨勢發展下去，將來受到鹽化影響的土地可能高達二五%。現在鹽化問題最嚴重的地區是西澳大利亞省和南澳大利亞省。澳洲西南部小麥帶是世界乾地鹽化最嚴重的例子，原始植被的九〇%已經清除，大都是在一九二〇年到一九八〇年這六十年間所進行。一九六〇年代，西澳大利亞省政府推動「一年一百萬英畝計畫」，正是植被清除最如火如荼的時期。即使是世界上同樣大面積的土地，植被也未曾像這樣消失得這麼快。由於土壤鹽化，小麥帶已不斷縮小，預計在接下來的二十年內，將有三分之一的土地會成為不毛之地。

澳洲受到鹽化之害的土地總面積，可能會擴展到目前鹽化面積的六倍以上，其中西澳大利亞省增加四倍、昆士蘭省增加七倍、維多利亞省增加十倍，而新南威爾斯省更有增加六十倍的危機。除了小麥帶，另一個鹽化問題特別嚴重的地區是墨累—達令河流經的盆地。澳洲農業生產將近半數是在這裡，現在由於地下水流入侵以及河流沿岸有人引水灌溉，靠近阿德雷得的下游地區鹽化日益嚴重（有幾年汲取的水特別多，最後河流竟沒有水可流向海洋）。墨累—達令河水的鹽分升高不只是下游區域引水灌溉所造成，昆士蘭和新南威爾斯居民在水源區大量種植棉花也有影響。栽種棉花對澳洲水土保持是最大的挑戰。棉花是澳洲經濟價值第二高的作物，僅次於小麥，但是種植棉花會使土壤鹽分升高，使用農藥也會使墨累—達令河下游的其他農業受害。

鹽化作用一旦開始，不是很難改善（特別是乾地鹽化），處理起來曠日費時，就是整治費用高得驚人。地下河流的流動極其緩慢，當土地經營不善，使得鹽分上升到上方的土壤，即使第二天就改用滴灌法並使鹽分停止上升，要沖淨土壤鹽分可能需要五百年的時間。

其他環境問題

雖然土地退化是澳洲最嚴重的環境問題，讓澳洲付出很大的代價，還有其他五種環境問題也值得一提，包括森林砍伐、海洋魚類和淡水魚類的減少、淡水不足以及外來物種入侵。

除了南極，澳洲是森林覆蓋率最低的大陸，森林覆蓋的地區大概只占總面積的二〇%。澳洲本來有全世界最高的樹木，也就是澳洲藍桉，可以一較高低的只有加州海岸的紅木（*Sequoia sempervirens*），但澳洲藍桉已經砍伐光了。歐洲人在一七八八年來到這塊大陸時，森林還在，後來有四〇%被清理掉，三五%遭受砍伐，最後只剩二五%。然而澳洲人還在砍伐老齡木，澳洲森林也像有限的礦產，是另一個可能被淘空的資源。

澳洲剩餘的森林除了砍伐下來供國內使用，還輸出國外。出口的半數木製品並非原木或成品，而是變成碎木，絕大部分銷往日本供製紙之用，且日本紙張四分之一的原料都來自澳洲森林。澳洲賣給日本的碎木價格已跌到每公噸六．三美元，而這些碎木在日本製成紙張之後的價格卻高達每公噸九百美元。因此，從澳洲木頭獲利的是日本，不是澳洲。澳洲在出口碎木的同時，進口的木製品幾乎是出口木材的三倍，半數是紙張和紙板製品。

因此，澳洲的木製品貿易有著雙重反諷。首先，澳洲是第一世界森林最少的國家，儘管森林面積愈來愈小，還在繼續砍伐，出口到日本。日本同樣也是第一世界國家，森林覆蓋率卻是世界最高（七四%），而且森林面積還在繼續增加。其次，澳洲木製品貿易其實建立在低價出售原料之上，進口的國家把這些低價原料變成高價、高附加價值的成品，再把這些成品賣給澳洲。想不到同樣是第一世界國家，卻有這種不平衡的貿易關係。一般而言，第三世界殖民地經濟落後、未工業化，交易手腕總比不上第一世界國家，因此任由他們剝削，把原料便宜賣給他們。第一世界國家將便宜的原料製成高附加價值、昂貴的成品，再銷到第三世界殖民地。（日本出口到澳洲的產品主要為汽車、電子通訊設備、電腦設備，而澳洲出口到日本的產品主要是煤礦等礦產。）換言之，澳洲出售寶貴的資源，卻沒什麼賺頭，錢反而都讓別人賺走了。

今日的澳洲為持續砍伐老齡木進行激烈辯論，尤其是在塔斯馬尼亞省。塔斯馬尼亞藍桉可高達九十三公尺，是加州紅木以外最高的樹，目前砍伐的腳步更比以往快。不管在中央或地方，澳洲的主要政黨都贊成砍伐塔斯馬尼亞的老齡木。也許我們可從一個事實看出端倪：澳洲國家黨（National Party）在一九九五年宣布支持砍伐塔斯馬尼亞森林之後，為數最多的三筆政治獻金都來自伐木公司。

除了老齡木的砍伐，澳洲也培育人工林，培育種類包括本土和外來的樹種。正如前述，澳洲土壤肥力不足，降雨量少且無可預期，因此樹木生長緩慢。在世界主要十三個人工林輸出的競爭國家中，澳洲是成本最高、獲利最少的國家。即使塔斯馬尼亞藍桉是最有經濟價值的樹種，這種樹木在世界其他地區（如巴西、智利、葡萄牙、南非、西班牙和越南）都比在塔斯馬尼亞長得快，帶來的經濟利益也更大。

澳洲海洋資源的探採也和森林的情況類似。最初在澳洲落腳的歐洲人見古木參天、綠草如茵，因而高估澳洲土地的糧食生產潛能：用生態學家的術語來說，就是土地上的現有量（standing crops）很多，生產力卻很低。澳洲海洋也如此。澳洲土壤貧瘠，隨著河川流到海洋的養分很少，沿岸水域也沒有富含養分的湧升流，如南美洲西岸的洪博洋流（Humboldt current，又稱南太平洋洋流）。澳洲的海洋生物種群生長率很低，因此很容易竭盡。例如在澳洲和紐西蘭水域捕獲的橘棘鯛（*Hoplostethus atlanticus*），這種肉質鮮美的深海魚受到各地老饕歡迎，短期內也為澳洲和紐西蘭帶來很大的經濟利益，近二十年來兩國皆密集捕撈。但是科學家仔細研究之後，發現這種魚的生長十分緩慢，到四十歲才開始繁殖，被捕撈、進了饕客肚子的常是超過一百歲的老魚。由於橘棘鯛繁殖速度極慢，成魚被捕撈光了之後，必然沒有後繼，這種魚現在已經愈來愈少了。

澳洲過度漁撈由來已久：大肆捕撈一種魚，等到捕不到魚而失去經濟價值之後，接著捕撈另一種，直到沒有魚為止，就像淘金熱。一種新的魚類出現後，海洋生物學家可以研究出最大的捕獲率為何，以求永續經營。但在科學家的研究結果出爐之前，那種魚類就因過度捕撈已瀕臨絕種。在澳洲因為過度捕撈而遭殃的除了上述的橘棘鯛，還有七星斑（*Plectropomus leopardus*）、鑽石魚（Rexea solandri）、埃克斯茅斯灣（Exmouth Gulf）的草蝦（*Penaeus monodon*）、翅鯊（*Galeorhinus galeus*）、南方黑鮪（*Thunnus maccoyii*）和扁頭魚（Neoplatycephalus richardsoni）。澳洲海洋資源永續經營做得好的只有西澳大利螯蝦（Jasus edwardsii），這也是澳洲目前最有價值的出口水產品。目前螯蝦的繁殖與成長由海洋監管委員會（Marine Stewardship Council）獨立評估（見下一章）。

澳洲的淡水魚資源也像海洋魚類，由於流入河川的土壤養分稀少，繁殖力低。雖然淡水魚看來不少，卻和海洋魚類一樣有現有量高、生產力低的問題。例如澳洲曾有為數很多的淡水魚蟲紋石斑（Maccullochella peelii peelii），這種魚可長到九十公分長，生長在墨累─達令河流域，肉質鮮美、價值很高，以前最多的時候大肆捕撈，一卡車一卡車地運到市場販賣。蟲紋石斑的生長速度和橘棘鯛一樣緩慢，過度捕撈使數量大幅減少，墨累─達令河流域已不再出產。再者，河水因引進鯉魚而變濁，加上墨累河在一九三〇年代建造水庫，使河水溫度下降（水庫排放出來的水太冷），且不再定期有洪水為河流帶來養分，這些因素都影響蟲紋石斑的產卵。

今日，澳洲淡水魚帶來的經濟利益可說微乎其微。舉例來說，南澳大利亞省每年的淡水魚產只帶來四十五萬美元的收入，目前捕撈淡水魚出售的人員約有三十人，而且只是兼職。墨累─達令河除了蟲紋石斑還有金鱸魚（*Macquaria ambigua*），這兩種具經濟價值的魚類如能永續經營，必然能帶來更大的利潤，只不過墨累─達令河的魚類生態環境已遭破壞，不知有沒有改善的可能。

至於淡水的問題，澳洲是淡水最少的大陸。澳洲僅有的淡水大都供應人口稠密區的飲水或農業使用。即使澳洲最大的河流，如墨累—達令河，每年有三分之二的水被汲取來用，有些年甚至全部汲取光了。澳洲淡水資源還未被利用的主要是北方的河流，主要是因為距離人口稠密區和農業區很遠。由於澳洲人口不斷增加，還未被利用的淡水又愈來愈少，最後在無水可用之下，只好花費巨資淨化淡水。袋鼠島（Kangaroo Island）已有一座淡水處理場，艾爾半島（Eyre Peninsula）或許不久後也將興建一座。

澳洲過去為了利用更多的淡水資源，進行幾項大型工程，可惜最後皆宣告失敗。例如在一九三〇年代，澳洲政府在墨累河興建好幾個水壩，希望達到船運的目的，半數水壩都由美國陸軍工程兵團（U.S Army Corps of Engineers）負責興建，但這項工程最後還是放棄了。墨累河目前還是無法讓貨船航行，興建好的水壩卻使墨累河蟲紋石斑的生態環境遭到破壞，魚兒數量大減。最浪費的工程計畫莫過於奧德河水壩計畫（Ord River Scheme）。澳洲政府在人口稀少的西北部興建水壩，希望能汲水灌溉農田，種植大麥、玉米、棉花、紅花、黃豆和小麥等。結果只有一小塊地長出棉花，過了十年就再也種不出來了。目前那個地區只生產甘蔗和甜瓜，帶來的經濟效益卻遠不及水壩工程的花費。

除了水量不足、取用不易，澳洲淡水的另一個問題就是水質不佳。有毒物質、農藥和鹽分從河川上游流到下游的都會區和農業區。前面已經提過，供給阿德雷得自來水的墨累河含有鹽分和農藥，而新南威爾斯和昆士蘭的棉花種植區因使用農藥，也使得下游無農藥小麥的栽培和有機牛肉的生產，受到了嚴重影響。

澳洲的本土動物種類比其他大陸來得少，因此容易受到外來物種侵犯，本土動物植若沒有演化出防禦機制對付這些外來物種，數量就會變少，甚至瀕臨絕種。氾濫成災的兔子就是一例，這些兔子把澳洲一半的牧草都吃掉了，否則牛羊就有多一倍的牧草可吃。從外地引進的狐狸也成了許多澳洲本土哺乳動物的天敵。還有幾千種雜草喧賓奪主，改變動植物棲地、讓本土植物的生存空間變小、破壞牧場，有時還會使誤食的牲畜中毒。此外，墨累—達令河因引進鯉魚，水質愈來愈差。

此外，外來物種造成的恐怖事件也值得一提。有些水牛、駱駝、驢子、山羊或馬野放之後，踐踏牧場、吃掉牧草，破壞不少棲地。澳洲不像其他溫帶氣候國家，沒有嚴寒的冬天，幾百種昆蟲進駐澳洲後有如發現天堂，很容易在此繁衍。如綠頭蒼蠅、疥蟎、扁蝨等來到澳洲後，就危害當地的牲畜和牧場，而毛毛蟲、果蠅等又蠶食很多作物。為了對付甘蔗病蟲害在一九三五年引進的海蟾蜍（*Bufo marinus*，又稱蔗蟾），更讓澳洲人深深體會「請神容易送神難」的痛苦。海蟾蜍不但沒能幫忙剷除甘蔗害蟲（澳洲甘蔗田太乾燥，不適合牠們居住，牠們比較偏好郊區潮濕的草坪），反而到處攻城掠地，已經占領了將近三十六萬平方公里的土地。海蟾蜍不但長壽（可存活二十年之久），還多子多孫，一隻雌的海蟾蜍每年可下三萬個蛋。而且海蟾蜍有毒，所有澳洲的本土動物都不能以這種蟾蜍為食。在害蟲防治史上，引進海蟾蜍是最大的錯誤。

最後，由於澳洲四周環海，非常倚賴海運，很多有害物種跟著壓艙水排水或乾壓艙偷渡進來，有的黏附在船身，有的則是跟著進口水產品進入澳洲。這些來自海洋的有害物種包括櫛水母、蟹類、有毒的溝鞭藻、貝類、蟲子，還有一種日本海星會危害粗體澳洲鱧魚（*Brachionichthys hirsutus*）——這種只見於澳洲東南部的珍貴魚類。這些有害物種讓澳洲付出慘痛的代價。為了對付氾濫成災的兔子，澳洲政府每年必須花費幾億美元；蒼蠅和扁蝨對牲畜的危害：六億美元；疥蟎：一億美元；其他有害動物、昆蟲：二十五億美元；雜草防治費用：高達三十億美元。

希望與轉機

總之，澳洲環境極其脆弱，很多方面都受到破壞，導致巨大經濟損失。有些破壞由來已久，現在已經難以彌補，例如土地退化和本土物種的滅絕（近代在澳洲滅絕的物種要比其他大陸來得多）。很多破壞今天還在繼續，甚至變本加厲，如塔斯馬尼亞老齡木的砍伐。有些破壞經年累月下來沒有解決，現在病入膏肓，例如鹽化的地下水流已擴散好幾個世紀。有些破壞是過去的文化態度和政府政策造成的，如今積習難改，例如水政策變革的最大阻礙來自「用水執照」[7]（有此執照的人就可汲水灌溉）。雖然每一年實際分配到的水量通常有限，不如用水執照上面登記的使用量，但花錢申請執照的人自然而然認為水是他們的。

對傾向悲觀或想法比較審慎實際的人來說，有關澳洲的種種事實，讓我們不由得擔心澳洲的生活水準是否會因環境持續惡化漸漸走下坡。這是很有可能的事。當然，澳洲的未來比較不可能像過去的復活節島，一下子面臨政治衰敗、人口凋亡的世界末日，但也不會像澳洲目前政治人物或商界老闆想的那麼

7 澳洲用水執照：澳洲政府對農業用水實行許可證制度，對整個墨累—達令盆地的水資源實施總量控制，全流域一百二十億立方公尺的水，每年使用量不得超過一百億立方公尺，農民只有申請到用水執照，才能「量水種地」。從九〇年代開始，澳洲把水的分配推向市場，首次透過招標方式競賣水權。

樂觀，認為消費率和人口成長率都將不斷提高。後面兩種情況發生的機率可能微乎其微，但前面那種比較切合實際的預測也適用於第一世界其他國家，只不過澳洲或許早一步。

幸好目前澳洲還看得到希望，除了態度轉變、澳洲農夫的反思以及私人倡導之外，澳洲政府也開始有些大刀闊斧的改革。反思關乎一個社會的應變與取捨：一個社會在面臨挑戰之際，應該擁抱有利於社會生存的核心價值，揚棄危及社會生存的價值觀。先前討論維京人在格陵蘭的命運（第八章）曾觸及這個主題，我們會在下一章繼續探討。

四十年前，我初次前往澳洲訪問的時候，發現有人批評地主，說他們沒為後代著想，逕自破壞土地，甚至害人害己。這些地主的反應是：「這是老子的土地，我想要怎樣就怎樣。」今天雖然還可聽到這種論調，大部分的地主已經收斂得多，一般大眾也比較不認為那是理所當然的事。幾十年前澳洲政府執行對土地有所破壞的政策（如要求土地清理）和有害環境的工程計畫（如興建墨累河水壩和奧德河水壩計畫），未遭遇什麼阻力，但今天的澳洲民眾就像歐洲、北美等地的民眾漸漸勇於發聲，表示他們對環境問題的關切。目前澳洲輿論對土地清理、河川發展和老齡木砍伐的抨擊尤其猛烈。在我提筆撰寫這一段之時，剛好看到這一連串的報導：為了挽救墨累河，南澳大利亞省政府（不惜違反選舉諾言）決定徵收一筆新的稅金，籌措三億美元的財源；西澳大利亞省政府將逐漸放棄砍伐老齡木；新南威爾斯省政府與該省農民達成協議，計畫以四億六百萬美元使環境資源的管理更有效率，同時終止大規模的土地清理；昆士蘭省（傳統以來最保守的一個省）也宣布將與聯邦政府合作，二〇〇六年之前全面禁止清理成熟灌木林地。這些做法在四十年前都是無法想像的事。

澳洲民眾團結奮鬥，促成政策改變，讓我們看到希望的曙光。此外，澳洲農民心態的轉變也讓我們看到希望的徵兆。農民已經了解，過去的農耕方式無法永續經營，再這樣下去，交給下一代的土地將面目全非。澳洲農民看到土地毀在自己手裡，當然很痛苦，畢竟農村生活是他們的最愛，因此心甘情願在土地上辛苦奮鬥（就像蒙大拿農民），而不是為了微薄的收入汲汲營營。前面提到的牧羊人麥金塔就是一個很好的例子，他辛辛苦苦地畫地圖、用挖土機剷除兔子巢穴，最後用炸藥對付捲土重來的兔子。他的家族從一八七九年就擁有這片牧場。他拿兩張照片給我看，拍攝同一個山丘，一張攝於一九三七年，另一張攝於一九九九年。很明顯地，一九三七年那張的山丘看起來光禿禿，那是過度放牧造成的；而一九九九年那張，山丘已變得綠意盎然。為了牧場的永續經營，麥金塔的放牧率比政府規定的還低，也考慮改養肉羊（肉羊比較好照顧，所需的放牧土地面積也比較小）。另外，他也採行囚禁放牧法（cell grazing），限制羊群在一個區域內吃草，直到草吃光了，才移到下一個區域。如此一來，羊群就不會只挑鮮美的草吃，造成浪費，同時也能對付雜草的問題。為了節省成本，麥金塔並沒有雇用任何全職員工，只靠自己一人和兼職員工來經營。他帶著望遠鏡和收音機，加上一隻牧羊犬陪伴，騎著摩托車驅趕幾千隻羊。他自知牧場無法長久，所以也經營民宿來增加收入。

由於同儕壓力加上近來政策的轉變，放牧率漸漸下降，牧場的情況也有所改善。在南澳大利亞省內陸，政府出租給農民放牧的土地租約長達四十二年，每十四年放牧管理委員會（Pastoral Board）會評估土地的情況：如果植被長不好，設定的放牧率會再降低；如果土地經營得不理想，甚至會遭到解約。至於靠近海岸的土地，通常是農民自有地或永久租用地。政府雖然無法直接監督，還是可以透過兩種方法間接控制。根據澳洲法律，地主或租賃土地的農民應該負起土地的「照顧責任」（duty-of-care obligation），防止土地退化。首先，一個地區的農民會成立其自我管理委員會，注意土地退化的情況，同時以同儕壓力使大家配合。其次，如果農民的自我管理委員會成效不彰，該地的土壤保護管理員就會出面干涉。麥金塔就向我提過四個例子，說明他們的自我管理委員會和土壤保護管理員如何使放牧率下降。如果有人不遵守規定，土地甚至會遭到查封。

不少澳洲人民願意為改善澳洲環境問題貢獻一己之力。我曾去墨累河附近一個名為嘉柏倫站（Calperum Station）的地方參觀，這個地方以前是牧場，面積將近二千六百平方公里，早在一八五一年就開始出租給農民放牧，後來各種環境問題陸續顯現：森林砍伐、兔子和狐狸氾濫成災、土地清理、過度灌溉、過度放牧、土壤鹽化、雜草叢生、風的侵蝕等。一九九三年，澳洲聯邦政府和芝加哥動物學會（Chicago Zoological Society）共同買下這塊土地。雖然芝加哥動物學會設在美國，但澳洲人士對土地永續經營的努力讓他們很感動，因此前來幫助。買下土地之後，澳洲政府實施幾年「由上而下」的管理策略，交由當地志工執行，然而成果差強人意。一九九八年，改由澳洲景觀保護信託會（Australian Landscape Trust）執行管理任務，這個私人機構動員當地四百個志工進行「由下而上」的社區經營策略。該組織的基金主要來自澳洲最大的慈善機構帕特基金會（Potter Foundation），這個基金會很關切澳洲農地退化的情況，不遺餘力地挽救逐漸退化的土地。

在景觀保護信託會的經營下，嘉柏倫的地方志工紛紛致力於他們有興趣的計畫。政府基金有限，光靠政府是不夠的，透過私人基金會號召眾多志工才能完成這麼多的任務。在嘉柏倫訓練出來的志工也把他們所學應用在其他環境保護計畫。我親眼看到一個志工在照顧一種瀕臨絕種的袋鼠，努力增加牠們的數量；另一個志工的專長是對付為害當地甚烈的狐狸。其他計畫如減少兔子和墨累河中的鯉魚、無農藥栽培柑橘或甜橙、讓湖泊重現生機、使過度放牧的土地植被復原、銷售本土種植的野花或野生植物以改善土地侵蝕問題等。這些志工的想像力和熱誠十分令人敬佩。在澳洲，由私人倡導的環境保護計畫有幾萬個。像帕特農地保護計畫（隸屬帕特基金會）其下的土地照護計畫（Landcare），就提供援助給一萬五千個農民，讓他們得以把良好的土地傳給下一代。

由於感受到問題日益嚴重，澳洲政府提出一些環境改善計畫，其中包括徹底檢討澳洲的農業政策，以補私人力量的不足。現在我們還不知道澳洲政府會採用哪一種根本改革方案，但是澳洲政府對這些方案的態度很認真，甚至撥經費讓公務員進行研究、規畫。這些提案並非來自愛護動物的環保人士，而是由務實的經濟學家所提出，這些經濟學家問道：如果農業萎縮，澳洲經濟是否會更好？

這種想法其來有自。澳洲政府已經了解，具有生產力、適合繼續發展農業的土地只有少數幾個地方。目前澳洲六〇%的土地和八〇%的淡水用在農業，但農業產值愈來愈少，還不到國民生產毛額的三%。澳洲的土地和珍貴的水怎堪如此浪費？說起來，澳洲九九%的農地對澳洲經濟幾無貢獻，更令人情何以堪。也就是說，澳洲農業八〇%的利潤來自〇．八%以下的農地，而且幾乎都在西南角、阿德雷得附近的南部海岸、東南角以及昆士蘭東部。很少澳洲土地有火山活動或地層上升運動，也很少地區擁有穩定可靠的冬季雨水。因此，澳洲大部分地區的農業只是不斷耗竭土地資源，把土壤和植被化為現金，用光就沒有了。此外，澳洲政府還提供農民一些間接補助，如低廉的水費、賦稅減免、免費電話線路等基礎建設，這些補助都來自澳洲納稅人的錢。澳洲政府等於拿納稅人的錢幫農民淘空土地，這麼做有什麼好處？

即使從最狹隘的觀點來看，澳洲消費者購買本國出產的農產品並不划算。如果消費者要買濃縮柳橙汁或豬肉，購買進口產品比國產品更價廉物美。站在澳洲農民的立場，務農實在很難達到權益資本（淨資產額）最大收益。也就是說，除了農場支出，如果我們也把農民付出的勞力計算在內，三分之二的農地（主要用於畜牧、飼養綿羊和肉牛）都是虧損的。

以澳洲生產羊毛的牧場為例，在牧場工作的收入，平均比全國最低工資來得低，經營牧場只是讓牧場主人陷入債務泥沼。由於沒有利潤，牧場的建築設施和籬笆等年久失修，生產羊毛的所得也付不起牧場貸款的利息。生產羊毛的牧場要生存下去，就得依靠其他收入，例如兼差當護士、做店員或是經營民宿等，農民等於是用自己的錢補貼虧錢的牧場。為什麼農民要這麼做？有的人從小在鄉間長大，喜歡在土地上討生活，即使從事別的工作可以賺更多的錢，他們也不願放棄。但澳洲也像蒙大拿，這一代的農民也許還喜歡務農的生活型態，他們的下一代可不見得如此。目前只有二九％的澳洲農民期待兒女繼承牧場。

以上是從消費者、農民的角度來看澳洲農業的經濟價值，接下來我們再從整個澳洲的角度來看澳洲農業的利弊得失。澳洲政府為了照顧農民，給予農民賦稅補貼、旱災補助，花錢請專家進行研究與提供諮詢，並進行農業推廣服務等。帳面上來看，這些支出也吃掉了農業淨利的三分之一。此外，農業對澳洲其他經濟層面的影響也帶來不少損失。如果一塊土地用來發展觀光業、林業、漁業或休閒娛樂業具有經濟效益，卻用來發展沒有利潤甚至虧損的農業，土地的經濟效益就被犧牲了。例如澳洲為了發展農業清理土地，土壤流入河川、水域，使得大堡礁這個最重要的觀光景點遭到破壞。事實上，觀光業為澳洲帶來的外匯收入早已超過澳洲的農產品出口。澳洲農民在高處引水灌溉、種植小麥，即使可以賺個幾年，低處土地卻會因此出現大範圍的鹽化，造成無可挽救的破壞。因此，農民清理土地或在高處耕種雖在短期內可為一己帶來利益，對整個澳洲而言，只有損失。

另一個最近人們經常討論的例子就是澳洲棉花的種植。澳洲農民在昆士蘭南部、新南威爾斯北部、迪亞曼蒂納河（Diamantina River，流入艾爾湖盆地〔Lake Eyre Basin〕）一帶以及墨累河上游大量種植棉花（墨累河下游新南威爾斯和澳洲南部則是農業區）。狹義地看，棉花是澳洲獲利第二高的農產品，僅次於小麥。因政府補助，棉花的灌溉用水幾乎不花錢，但種植棉花大量使用殺蟲劑、除草劑、落葉劑以及高磷高氮的肥料，反倒使棉花種植區的水被汙染（進而造成藻類過量繁殖的問題）。上述汙染環境的物質甚至包括殺蟲劑DDT（全名為二氯二苯三氯乙烷〔Dichloro-diphenyl-trichloroethane〕）及其代謝物。澳洲在二十五年前已停止使用這種殺蟲劑，但是它無法生物分解，進入食物鏈後，就會在生物體內積聚。由於河川下游是高價有機小麥和牛肉等利基市場的農業區，河川上游因種植棉花遭到汙染，下游的有機農業就很難經營，受害農民因而強烈抗議。因此，如果我們要評估棉花種植對整個澳洲究竟是好是壞（雖然這種農產品的利潤很高），也得把間接費用計算在內，包括水費補助以及對其他農業區造成的傷害。

澳洲農業生產還有一個副作用，也就是產生溫室效應氣體——二氧化碳和甲烷。溫室效應氣體是全球暖化的一個重要原因，而全球暖化使得澳洲西南部小麥帶的降雨大受影響。過去這個小麥帶因為冬季有可靠降雨，才能大量生產小麥，成為澳洲最有價值的出口農產品。如果全球暖化的問題未獲解決，澳洲小麥帶總有一天會變成荒漠。[8]以澳洲農業生產所排放的二氧化碳量來看，已超過澳洲所有交通運輸工具排放的廢氣量。更糟的是牛，牛隻反芻、消化呼出的甲烷，造成溫室效應的能力比二氧化碳高二十倍。對澳洲來說，如果要減少溫室效應氣體的排放量，最簡單的做法就是禁止養牛。

為了解決澳洲的環境問題，像禁止養牛等釜底抽薪的方案不少，目前我們卻還看不出澳洲政府會採行哪些方案。如果澳洲政府為了將來著想，決定現在就淘汰大部分農業，而不是走到窮途末路才決定放棄，澳洲將是現代世界第一個率先這麼做的國家。澳洲正像整個世界的縮影，環境問題一方面變本加厲、急遽惡化；另一方面大眾也對環境更加關切，不管是民間團體或政府都拚命亡羊補牢。這種種努力是否猶時未晚？本書的讀者大都還相當年輕，應該能在有生之年看到結果。

8全球暖化對澳洲小麥帶的影響：澳洲著名的古生物學家符蘭納瑞（Tim Flannery）警告說，上個世紀澳洲小麥帶的大城伯斯因全球溫度上升攝氏一度，該地雨水即減少一半；若全球溫度上升攝氏六度，伯斯將成為沙漠中的廢墟。

PART 4 PRACTICAL LESSONS

第四部
殷鑑

CHAPTER 14

千古恨事：群體決策的失誤

在教育的過程中，有兩種參與者，各自扮演不同的角色：老師傳遞知識給學生，而學生吸收老師教授的知識。每一個心胸開闊的老師都會發現，學生也可能在教學過程中扮演知識傳遞者的角色，挑戰老師的假設，而且以老師過去沒想過的角度來發問。最近我在加州大學洛杉磯分校大學部教授一門課，探討人類社會如何因應環境問題，就一再發現這個教學相長的道理，那些有高度學習熱忱的學生還真教了我不少。事實上，這本書寫了幾章之後，我就在這門課嘗試介紹本書的內容。我在課堂上講述寫好的幾章草稿，一面計畫撰寫其他章節，因此還能進行大幅度修改。

我以復活節島的崩壞做為這門課的開場白（也就是本書第二章的主題），講完之後，進行課堂討論。有一個乍看之下很簡單的問題，卻讓我的學生大惑不解，而我也沒想過這個問題的複雜性。這個問題就是：為什麼一個社會竟做出這麼一個災難性的決策，明知樹木是他們生存的命根，還是全數砍光？還有一個學生問我：島民把島上的最後一棵樹砍下時，可能說些什麼？後來每一次進行課堂討論，我的學生也常常提出這樣的疑問：為什麼人們經常故意破壞生態環境？為什麼已經知道這麼做會有什麼後果，還明知故犯？有多少次是無意或無心之過？我的學生很想知道：如果百年後人類還存活在這個世界上，那時的人們是否會為今日人類的盲目感到驚愕，正如過去復活節島民的無知讓今天的我們笑話一樣？

為何人類群體會以災難性的決策自我毀滅？為這個問題感到驚訝和不解的，不只是我的加大學生，還有許多歷史學家和考古學家。舉例來說，有關人類社會崩壞最常被引用的一本書，就是考古學家譚特（Joseph Tainter）寫的《複雜社會的崩壞》（*The Collapse of Complex Societies*）。譚特評估了古老人類社會崩壞的幾個解釋後，還是對環境資源耗竭這個說法表示懷疑。他認為，這個原因的可能性似乎很低。他說：「有人認為這些社會坐以待斃，眼看危機迫近，卻沒有採取任何行動，試圖救亡圖存。這點很難說得通。複雜社會的特點是中央決策、資訊流量大、各組成單位的協調度高、由正式管道下達命令以及資源統合。這麼一個社會似乎有能力應付生產力波動或不足的問題，即使這個社會不是為了這個目的而設計。複雜社會有這樣的行政組織，有分配勞力與資源的能力，在面臨逆境之時，應該最有能力解決問題（參看伊思貝爾〔William Isbell〕於一九七八年發表的論文）。[1]令人費解的是，他們既然有能力化險為夷，為何最後還是走上滅亡之路……對一個複雜社會的執政者來說，眼看著資源基礎日益惡化，似乎應該採取理性的做法尋求解決。另一個解釋是：大難臨頭時，他們毫無作為，希望『天降神蹟』，危機自然

1 伊思貝爾的論文參看"Environmental Perturbations and the Origin of the Andean State." In C. Redman, et al., eds., *Social Archaeology*, New York: Academic Press, 1978.

解除。這種看法似乎令人難以接受。」

根據譚特的想法，複雜社會似乎不可能不去解決環境資源的困境而招致滅亡。然而，從本書討論的很多例子來看，這種悲劇卻一再發生。為什麼這麼多人類社會竟會犯下這麼嚴重的錯誤？

我的加大學生和譚特都指出一個令人困惑的現象：社會或其他群體做出的決策為何失誤？這個問題當然和個人決策失誤有關。個人也會做出錯誤的決策：娶錯妻、嫁錯郎、入錯行、投資失誤、生意失敗等。但群體決策失誤還有其他影響因素，例如群體成員的利益衝突和團體互動。因此，群體決策是個很複雜的議題，無法用單一解釋來說明所有的情況。

我想在此繪出一個決策失誤的路線圖，以分析群體決策失誤的原因。我將各種因素大略分為四類來討論。首先，群體在問題確實來到之前未能預見問題。其次，問題來了之後，群體還是沒能察覺問題所在。再者，他們終於察覺問題了，但是沒能想辦法解決。最後，他們可能努力地解決，但是沒有成功。從這些討論來看人類社會的失敗與崩壞，似乎令人悲觀。但事情總有兩面看法，從另一個角度來看決策失誤路線圖，何嘗不是決策成功路徑表？若我們能了解群體決策失誤的原因，或許就能利用這方面的知識歸納出一張檢查表，若每一項都能做到，成功的機率必然大增。

無法預見危機

這張決策失誤路線圖的第一站：群體無法預見問題而鑄成大錯。無法預見問題的原因有好幾個，其中一個就是沒有經驗，以前沒碰過這類狀況，因此不夠敏感。

關於無法預見危機的最顯著之例，莫過於澳洲引進的狐狸和兔子——英國殖民者在十九世紀將狐狸和兔子引進澳洲。狐狸和兔子都不是澳洲的原生物種，引進這兩種外來物種，為澳洲人帶來最慘痛的教訓，澳洲環境因而受到災難性衝擊（第十三章）。讓人情何以堪的是，這兩種外來物種當初可是英國殖民者費盡千辛萬苦才成功引進，並非無心之過——像小小的種子藏在進口的乾草中，或是如外來雜草在新的土地落地生根。狐狸進入澳洲之後，許多澳洲本土哺乳動物都成了狐狸的獵物。這些哺乳動物在沒有狐狸的環境下演化，一碰上狐狸就招架不住，最後甚至慘遭滅絕。澳洲的另一大禍害是兔子，牠們大量繁殖、氾濫成災，與本土食草性哺乳動物爭食青草，不但吃掉了牛羊的草秣，還在地下挖洞、破壞土地。

以後見之明來看，我們自然會嘲笑那些苦心引進狐狸和兔子的澳洲人，認為他們真是愚不可及。請神容易送神難，現在為了控制這些動物的數量，花費幾十億美元還不一定有成效。然而這只是一例，外來物種危害的實例不勝枚舉。我們今天終於了悟，引進某些物種可能會帶來意想不到的災難。這也就是為何你前往澳洲或美國旅遊，或者從國外回到澳洲或美國，移民局官員問你的第一個問題總是「有無從國外攜帶任何植物、種子或者動物？」，以免這些動植物入境後大量繁殖，無法斬草除根。由於過去已經得到不少教訓，我們現在知道引進外來物種可能有哪些潛在危險（卻也不是每一次都預見得到）。即使是職業生態學家，也無法預測哪些物種的引進會成功、哪些則無異於引狼入室，以及為什麼同一物種可以成功引入某些地區，去到其他地區則失敗。十九世紀的澳洲人不像二十世紀的人，未曾經歷外來物種造成的災難，因此無法預見兔子和狐狸氾濫成災的大害。

這一類的例子本書已經討論了好幾個。以格陵蘭的維京人為例，他們無法預見十字軍東征重新打開地中海貿易路徑，讓亞洲和非洲的象牙可以輸往歐洲，使格陵蘭的海象牙不如過去那樣炙手可熱；他們也想不到海冰會愈來愈多，通往歐洲的海路因冰封而斷絕。科潘城的馬雅人也是如此，他們不是土壤科學家，無法預見丘陵坡地的樹木砍伐帶來土壤侵蝕的問題，貧瘠的土壤最後被沖刷到谷地底部。

即使以前已有經驗，也無法保證社會能預見問題的發生，特別是過去久遠的經驗已經遭到遺忘。沒有文字的社會尤其有這樣的狀況，由於口語傳遞仍然不如書寫，不像有文字的社會，得以把長久以前發生的事件鉅細靡遺地記錄下來。例如第四章提到的阿納薩齊第安社會，在受到十二世紀大乾旱重創及崩壞之前，其實已經歷過好幾次旱災。然而，對十二世紀受到大乾旱考驗的阿納薩齊人而言，過去的大乾旱是他們出生之前的事。由於阿納薩齊印第安人沒有文字，先人的記憶未能留傳下來，即使發生同樣的災難，仍無法事先預見。公元九世紀，古典時期的馬雅低地未能通過旱災考驗，也是一例，儘管這個地區在幾個世紀前曾經歷旱災（第五章）。雖然馬雅已有文字，記錄的都是國王的豐功偉業和天文曆法，沒有氣象方面的記事。即使馬雅曾在第三世紀經歷大旱，這樣的經驗還是無助於第九世紀的馬雅人，沒能讓他們預見問題。

對一個文字大行其道的現代社會而言，記錄的事情當然不只是國王或天文，卻也未必能記取文字已明載的過去經驗。畢竟，現代社會也很健忘。例如一九七三年波灣石油危機，造成石油短缺，在這事件過後的一、兩年內，美國人都不喜歡耗油量大的汽車。儘管一九七三年石油危機的事件紀錄汗牛充棟，我們最後還是忘了這樣的經驗，現在又為了四輪驅動的SUV休旅車心動。又如亞歷桑納州的土桑市（Tuscon）在一九五〇年出現嚴重乾旱，市民發誓他們未來一定會做好水資源管理，免得水到用時方恨少。旱災過後，他們又忘記節水的誓言，興建用水量大的高爾夫球場，拚命在花園澆花灑水。

一個社會不能預見問題的另一個原因是錯誤類比。當我們面臨陌生的情況時，會以過去熟悉的事物來類比。如果新舊兩種情況雷同，倒不失為好方法；如果只有表面相似，則可能帶來危險。例如公元八七〇年左右，維京人從挪威和不列顛移民冰島，由於冰島上的樹種是他們在家鄉熟悉的，於是誤以為這裡的土壤也和家鄉一樣，是冰河形成的黏質土壤（第六章）。不幸的是，冰島的土壤不是冰河作用形成、不易被風吹走的黏質土壤，而是火山爆發吹來、輕飄飄的沙土。一旦為了開闢牧場，把林木清理掉，裸露的土壤就很容易被風吹走，於是很多冰島表土很快地遭到侵蝕。

在現代世界，錯誤類比還有一個著名的悲慘實例，即法軍為了第二次世界大戰修築的馬其諾防線（Maginot Line）。法國經歷第一次世界大戰「血的洗禮」之後，面臨第二次世界大戰的爆發，認為最重要的就是抵禦德軍再次入侵。然而，法軍以為二次大戰和一次大戰差不多。一次大戰期間，德法雙方的西部戰線壕溝戰陷入膠著，雙方都無法突破對方防線，達四年之久。防守的一方以長長的壕溝加上機關槍和鐵絲網，阻止敵方步兵進攻；攻擊的一方則以步兵為主力，輔以新發明的坦克車衝向敵陣。在二次大戰時，法軍為了防止德軍入侵，於是在東邊打造了一條更長、更堅固的防禦工事，即馬其諾防線。至於在一次大戰打了敗仗的德國將領，他們知道必須用不同的戰略來取勝。於是德軍改以坦克車為前鋒，派遣幾支坦克大隊繞過馬其諾防線，穿越森林向法國進攻，短短六個星期內就擊潰法軍。法國根本沒想到德國坦克這麼厲害，居然能在森林長趨直入。法軍將領以一次大戰的經驗來類比，因此犯了兵家大忌：將軍在擬定作戰計畫時，常誤以為接下來的戰爭也一樣，特別是前一次打了勝仗。

不知不覺

在我繪製的決策失誤路線圖上，第一站是不能預見問題，下一站則是在問題發生後仍然不能察覺。這方面的失誤至少有三個原因，這種失誤在商業界和學術界都很常見。

首先，有些問題在萌生之初實在難以察覺。例如土壤的營養成分不是肉眼能看出來的，只有到了現代透過化學分析才能得知。比如澳洲、芒阿雷瓦、美國西南部等許多地方，在人類定居之前，土壤中的養分已被雨水沖刷殆盡。人們在這些地方落腳、種植作物，作物很快就把土壤中殘餘的養分耗盡。一旦土壤變成不毛之地，農業就完了。這些貧瘠的土地起初還綠意盎然，這是因為生態系的大部分養分都在植被中，不在土壤裡，因此植被清除後就沒有什麼養分了。最初在澳洲和芒阿雷瓦定居的人，無從得知土壤肥力耗竭的問題；有些地區的農民也不知道地下深處鹽分過高（如蒙大拿東部、澳洲部分地區和美索不達米亞），無法察覺土壤鹽化的問題；挖掘硫化礦石的礦工也是如此，不知道礦區地表逕流內含有毒的銅和酸性物質。

另一個不能察覺問題的原因在於遠距管理。任何大型社會或大企業都可能有這種問題。例如蒙大拿最大的私有林區和林業公司的總部並不在蒙大拿州內，而是在六百四十多公里之外的西雅圖。由於這家公司的主管不在林區，不知道林區雜草叢生的問題有多嚴重。管理良好的公司為避免這種錯誤，會定期派經理人去現場察看。我有一個長得高頭大馬的友人，他是大學校長，為了解學生在想什麼，經常跟大學部學生一起打棒球。遠距管理的反面就是現場管理。蒂蔻皮亞島民和新幾內亞高地居民對居住地的資源經營都有一千年以上的成功經驗，部分原因就是小島或山谷的每個人都對自己社會賴以生存的各個角落瞭如指掌。

社會不能察覺問題，或許最常見的情況是：問題的發生不聲不響、緩步徐行，而且有著上下起伏。目前最顯著的例子就是全球暖化。我們現在已經了解，全球氣溫在近幾十年來有緩慢上升的趨勢，主要是人類造成的大氣變化。然而，全球暖化並非每一年都規則地比前一年升高〇．〇一度。氣溫其實有上下起伏，每一年都不一樣：某一年夏天比前一年高個攝氏三度，翌年夏天又升高二度，再隔一年的夏天又下降四度，再來一年又降個幾度，接下來的一年又升高五度等。由於這種上下起伏無可預期，必須經歷一段相當長的時間，去除種種干擾訊號，才能得出每年平均升高〇．〇一度的平均值。幾年前，大多數的氣候學家還懷疑是否真有全球暖化這一回事，就是這個原因。即使此時此刻，我在提筆寫這一段的時候，美國總統布希還對全球暖化的事實半信半疑，他認為我們應該再做更多的研究。中古時期格陵蘭的維京人也有類似的困惑，難以確定氣候是不是變得愈來愈冷；對於馬雅人和阿納薩齊印第安人來說，他們也很難斷言氣候是不是變得更乾旱。

政治學家常用「悄悄變化的常態」（creeping normalcy）[2]來形容長期、緩慢、受到許多訊號干擾而難以察覺的變化。如果經濟不振、教育惡化或交通阻塞等狀況的行進非常緩慢，我們便難察覺問題一年比一年糟，亦即「常態」或「基準線」的標準以人們無法察覺的速率退化。這種變化總是累積個幾十

2悄悄變化的常態：又稱「變動中的基準線」（shifting baseline）。

年，人們才會驚覺今非昔比，想起幾十年前應該不是這個樣子，而人們習以為常的「常態」已神不知鬼不覺地改變。

另一個和常態緩慢變化有關的名詞便是「景觀失憶」（landscape amnesia）：由於一地景觀每一年的改變很小，五十年後人們已經忘了多年前的景觀是何風貌。蒙大拿冰河與雪地的融化就是一個例子（第一章）。一九五三年和一九五六年，我才十來歲，還曾在蒙大拿的大洞盆地過暑假。我在一九九八年舊地重遊已是四十二年後的事，之後我每一年都來到這個地方。猶記得我少年時期的大洞盆地遠方山巔總是白雪皚皚，即使是仲夏還看得到那雪白的頂峰。在我的印象中，大洞盆地被一圈的白雪圍繞。某一個週末，我還跟兩個朋友爬上那夢幻般的白色雪地。闊別多年，我渾然不知那雪地在氣溫的上下起伏中已漸漸消融。一九九八年，我回大洞盆地一看，發現盆地周圍的那一圈白雪幾乎不見了。到了二〇〇一年和二〇〇三年，更已經完全融化。我詢問住在當地的朋友是否注意到這個改變，他們幾乎沒察覺到這回事：他們很自然地以過去幾年的情況來比較，因此無法察覺長時間的改變。在常態悄然改變或景觀失憶的影響下，他們自然記不得五十年前的景觀是什麼樣子。這種經驗可以說明為什麼人們很難注意正在發生的問題，就像鍋子裡的青蛙，等到冷水變成沸水，發現苗頭不對，為時已晚。

就像加州大學學生問我的那個問題：「復活節島民砍下最後一棵樹的時候，可能會說些什麼？」我認為，答案可能和景觀失憶有關。在我們的想像中，轉變常常突然發生：前一年，復活節島還蓊蓊鬱鬱、林木參天，島民吃棕櫚樹的果實，拿這果實來釀酒，也利用樹幹來運送雕像，並拿來當做豎立雕像的工具；第二年，所有的樹都砍光了，島民因為這愚不可及的行為無法生存下去。事實上，復活節島森林消失的速率可能難以察覺：今年在這裡砍下幾棵，但又長出幾棵小樹。只有當年歲最高的島民回想起小時候情景，才會驚覺當地的改變。至於他們的孩子，可能已經無法想像父母口中森林拔地參天的景象。我和太太對我們十七歲的雙胞胎兒子說起四十年前的洛杉磯，告訴他們當時是什麼樣子，他們總是一臉迷惑。復活節島上的樹也一樣，一年比一年少，一年比一年來得矮小，也愈來愈不受重視。當最後一棵長著果實的大棕櫚樹被砍下之時，這種樹早已失去經濟價值。為了開墾園圃，島民把比較小的棕櫚樹苗拔掉，也清除其他的灌木和小樹。沒有人注意最後一棵棕櫚樹苗是什麼時候拔除的。至此，由於景觀失憶，沒有人記得幾百年前島上有一大片高大的棕櫚森林。反之，如果森林砍伐的速度太快，人們比較能發現景觀的改變，德川幕府時代的日本即是一例，幕府將軍因察覺森林消失的危機而及早採取行動。

合乎理性的惡劣行為

至於決策失誤的第三站，它不但是最常見、最令人料想不到，出現的形式也很多種，因此需要最長的篇幅來討論。社會在察覺問題之後，時常不能有效解決，結果以失敗收場，不像譚特以及幾乎每一個人認為的那樣盡力補救。

這種失誤的起因，是經濟學家或其他社會科學家所謂「理性行為」（即使人們的利益相互衝突）造成的。也就是說，有些人可能認為他們追求利益並沒什麼不對，即使他們的行為會傷害到別人。科學家用「理性」一詞來形容這種行為，正因為這是正確推理的結果，雖然在道德上應受到指責。這些人知道他們雖然做了不好的行為，但是不會受到懲罰，特別是沒有法律約束或法律執行不力。這種人通常只有少數幾個人，為了獲取巨大、確實和立即的利益汲汲營營，而承受損失的人數眾多，因此獲利的少數覺得很安全。至於蒙受損失的多數人，每一個人的損失只有一點點，因此缺乏動機向獲利的少數挑戰。即使他們挑戰成功，能得到的好處也只有一點點，甚至不知何時才能得到好處。所謂的「變態補助」也屬於這類例子：有些產業全靠政府巨額公帑補助，才具有經濟價值，如多個國家的漁業、美國的製糖業和澳洲的棉花產業（政府承擔棉花田的灌溉費用）。然而，為數不多的漁民或農民拚命爭取補助，倘若政府不給予補助，他們的生計就沒有著落，但承受損失的一方（所有的納稅人）卻沒有什麼聲音，這是因為這筆錢不過是每人繳交稅款的幾角幾毛。在某些型態的民主政治體制下，擁有影響力的小群體特別會為了少數人利益不惜犧牲多數人利益，如美國參議院的小州參議員或以色列具有制衡力量的小教派，而荷蘭的國會系統就幾乎不可能出現這樣的事。

「理性的惡劣行為」常見的表現就是「對我個人有利，對你和其他人不利」，說得白一點就是「自私自利」。舉一個簡單的例子，大多數蒙大拿人釣的是鱒魚，少數人喜歡釣梭子魚，但是梭子魚是一種會吃其他魚的大魚，不是蒙大拿西部的本土物種，有人為了釣梭子魚就偷偷引進蒙大拿西部的湖泊和河流。梭子魚會吃鱒魚，引進後對當地的鱒魚造成重大威脅。最後得到好處的只是少數喜歡釣梭子魚的釣客，絕大多數喜歡釣鱒魚的人都蒙受其害。

另一個讓更多人受害且損失更多金錢的例子，則是蒙大拿金屬礦業公司造成的禍害。在一九七一年之前，蒙大拿州政府並未要求礦業公司在礦區關閉時做好環境清理工作，金屬礦業公司因而一走了之，含有銅、砷和酸性物質的廢水就滲漏到河流。雖然蒙大拿州在一九七一年通過環境清理法，礦業公司卻發現他們只要把寶貴的原礦挖掘出來，然後宣告破產，就可以規避環境清理的責任，省下一大筆錢。結果，高達五億美元的環境清理費用全落到蒙大拿居民和美國納稅人頭上。礦業公司的執行長懂得鑽法律漏洞為公司省錢，把清理環境的負擔轉嫁給社會大眾，自己因而坐擁高薪和高額獎金。像這樣唯利是圖的例子在商業界簡直多不勝數，但我們也不可像某些憤世嫉俗的人士，認為天下烏鴉一般黑。的確，追求利益是一家公司的首要目標，但各家公司的營運結果卻有天壤之別。我們會在下一章討論這個部分，也會論及政府規定、法律和社會大眾的態度對企業界有何影響。

如「公有地悲劇」[3]這種形式特殊的利益衝突，也是一個重要的例子。這類問題和「囚徒困境」[4]或「集體行動的邏輯」[5]有著密切的關係。很多人都在利用一種大家共同擁有的資源，如漁民在某一片海域捕魚、牧羊人在公有牧場上放牧，要是每一個人都過度利用資源，這公共資源就會因為過度漁撈

3公有地悲劇：tragedy of the commons，見經濟學家哈定（Garrett Hardin, 1915-2003）發表的同名論文。哈定假設有一個向所有人開放的牧場，是為公有地，每一個牧羊人的直接利益大小取決於他所蓄養的牲畜數量。當出現過度放牧的問題時，每個牧羊人只承擔公用地退化成本的一部分，這時候就會發生「公有地悲劇」。哈定說：「在社會這個公有地中，每一個人都在為自己追求最大的利益。這就是悲劇所在。」

4囚徒困境：prisoner's dilemma，囚徒困境悖論是一個非零和遊戲，反映出表面看來合理的個人行為與合作所得利益之間的矛盾。一個短期看來有利的策略卻可能是長期的錯誤。

5集體行動的邏輯，logic of collective action，經濟理論學家歐爾森（Mancur Olson）提出的概念，他在《集體行動的邏輯》一書中探討團體組織運作的必要條件。歐爾森認為，規模愈大的團體，個體從集體財富中獲得的好處就愈少，愈不願意參與，容易造成少數人剝削多數人利益的現象。

或過度放牧而減少，最後甚至消失，到頭來所有人都將受害。因此，為了公共利益，人們都應該有所節制，不耗竭資源。然而，每一個人能利用多少資源就靠有效法規的約束。如果沒有這樣的法規，每一個人就會這麼想：「我要是不去捕魚或者不讓我的羊兒吃草，其他人也會這麼做，因此我沒有必要約束自己。」這種思考模式是合乎邏輯的——在下一個人來利用前自己搶先利用，不管最後是否造成公有地的毀滅，使每一個人都嘗到苦果。

在現實世界中，這種思考邏輯已使很多公共資源遭受過度利用或破壞，其他受到保護的公共資源則可能再利用幾百年甚至幾千年。我們可以看到的「公有地悲劇」，如大多數重要海洋魚類過度捕撈到幾乎消失的程度、許多巨大動物相（**megafauna**，指大型哺乳動物、鳥類和爬蟲類）在近五萬年有人入住的海島或大陸上滅絕。幸運的結果則包括很多地區魚類、森林和水資源的經營，如第一章敘述的蒙大拿鱒魚和灌溉系統。在這些幸運的結果背後，我們可以觀察到保護公共資源的三種永續經營方式。

一個明顯的解決之道就是政府等外在力量的介入。不管人民是否請他們來，藉著強力執行配額的方式來保護資源，如日本幕府時代的將軍和大名、安地斯山區的印加皇帝、十六世紀德國君王和富有地主對伐木的掌控等。然而，在一些情況之下（如離岸較遠、水深兩百公尺以上的廣大海域）這種做法並不實際；至於其他一些情況，也可能使管理和管制的費用變得太高。第二種解決之道是資源私有化：將資源分配給每一個人使用，但使用者必須簽訂契約，使每一個所有人為了自己的利益謹慎經營。在日本的幕府時代，有些村落的森林就是採行這種辦法。但是，有些資源無法分割（如具遷移性的動物和魚類），擁有這些資源的人畢竟不是政府的海岸巡防隊或警察，很難以個人力量趕走入侵者。

解決「公有地悲劇」的最後一個方法，就是讓每一個使用者了解公有地的利益在哪裡，擬定一套審慎的配額辦法讓所有人遵守、執行。下列情況如全部符合，的確有可能達成這個目的：使用者來自具有同質性的群體；每一個人能彼此信賴、互相溝通；共享未來且在日後準備將資源留給繼承人；能自我組織、自我約束；資源的範圍和所有的使用者都已明確定義。第一章討論的蒙大拿灌溉用水使用權就是一個很好的例子，雖然用水權已寫成法律條文，大多數牧場主人還是遵守他們選出的水資源管理委員的分配，不再動不動為了爭奪水權鬧上法院。同質性群體謹慎經營資源、好把資源留給下一代的例子，如第九章討論的蒂蔻皮亞島民、新幾內亞高地居民、種姓社會的印度人等規模較小的群體。規模較大的群體如冰島人（第六章）和幕府時代的日本，由於處於隔離的島國，他們已有覺悟，在可預見的未來都必須倚靠島上的資源生存下去，因此不得不永續經營。這些群體知道他們無法把管理不當的責任推給別人，例如我們常聽到的藉口：「這可不是我的問題，是別人的問題。」

如果主要的使用者短視近利，打算在短期內撈一票就走，而社會整體還是必須為了長遠著想，這樣就會產生利益衝突。例如跨國伐木公司砍伐熱帶雨林，他們一般都和擁有雨林的國家簽訂短期合約，自然而然會在合約期限內把租賃範圍內的林木砍光，然後轉往下一個國家。伐木業者既然付了租金，為了自己的利益，當然只想趕快把林木砍完就離開，哪管林木重植的約定。於是，馬來半島低地森林、婆羅洲、索羅門群島、蘇門答臘的森林就這麼遭殃了，現在輪到菲律賓的森林不保，接下來將是新幾內亞、亞馬遜和剛果盆地的森林。伐木業者大撈一票走了，當地的人又得到什麼？他們不但失去寶貴的森林資源，還必須承受土壤侵蝕和溪流沉積物增加的災難。對地主國來說，這不僅使境內的生物多樣性喪失，永續林業的根基也動搖了。然而，如果伐木公司擁有一片林地，不是只和地主國簽訂短期租約，自然會把眼光放得長遠（同時會為了當地的人和地主國著想），希望這片林地能有源源不斷的林木可以砍伐。一九二〇年代，中國農民便面臨類似的困境。在那軍閥混戰的時期，雖然軍閥有如土匪，還是能分成兩種。一種是所謂的「坐寇」，固定在一地進行掠奪。由於「坐寇」考量到自己未來的利益，所以不會竭澤而漁，至少還會留下一些資源給當地農民。另一種則是到處流竄、隨機掠奪的「流寇」。「流寇」要比「坐寇」糟得多，就像前述和一個國家簽訂短期租約的伐木公司，這些「流寇」不懂得手下留情，將一個農村打劫一空，再轉往下一個。

還有一種因理性行為所產生的利益衝突：當權者的利益和社會其他人的利益發生衝突，然而那些當權者就是進行決策的人。那些當權者不但不必為了自己的行為負責，為了圖謀私利，也根本不顧別人是否受到傷害。這種寡廉鮮恥的權貴以多明尼加獨裁者杜希友和海地當權者為代表。在今天的美國，這種人也愈來愈多。一些美國鉅富在自己的產業四周設立柵欄（圖三六），喝瓶裝礦泉水，根本不管別人的死活。美國有史以來最大的破產案——恩隆公司（**Enron**，世界最大的綜合性天然氣和電力公司）弊案——就是一例。該公司主管勾結查核會計事務所「創造」巨額帳面利潤，藉以中飽私囊，最後造成公司破產，股民哀鴻遍野，濫權失職的恩隆主管或許是這場豪賭的贏家，終究須面臨法律審判。

翻開歷史來看，自私的國王、酋長和政治人物其所作所為或毫無作為，經常是社會崩壞的原因，如本書談到的馬雅國王、格陵蘭的維京酋長以及現代盧安達的執政者。美國歷史學家塔克曼（**Barbara Tuchman, 1912-1989**）[6]在《愚蠢進行曲》（*The March of Folly*）一書中，以史上著名的災難性決策來剖析人類愚行，他從古希臘的木馬屠城記說起，到文藝復興時代羅馬教廷與亨利八世的決裂，造成新教勢力興起，乃至德國在第一次世界大戰決定採取「無限制潛艇戰」（Unrestricted Submarine Warfare，譯注：即在毫無預警的情況下，擊沉敵國各類船隻，美國多艘商船因而被擊沉，憤而對德宣戰），以及一九四一年日本偷襲珍珠港觸發美國對日宣戰等。塔克曼說得真是一針見血：「在這些有影響力的政治愚行中，最主要的一種是權力慾，也就是羅馬歷史學家塔西佗（Tacitus, c.56-120）所言『所有的熱情中最罪惡的一種』。」復活節島的酋長和馬雅國王就在是追求權力的強烈慾望下，要求人民為他們豎立更大的雕像和石碑，以超越對手，於是森林消失的速度愈來愈快，不知在緊要關頭懸崖勒馬。他們被困在競爭的惡性循環中，如果有任何一個酋長或國王為了保護森林，不去豎立更大的雕像或石碑，就會被人看不起，甚至地位不保。這是競爭短期聲望經常出現的一個問題。

反之，如果統治階級必須承擔行動的後果，就不大可能因為與群眾利益衝突而不解決問題。我們將在最後一章看到荷蘭人（包括政治人物）都有強烈的環境意識，是因為大多數的人民——不管是政治人物或一般民眾——都在低於海平面的土地上過活，萬一圍海大堤崩潰，所有的人都會淹死。因此，政治人物如果不好好進行土地計畫，個人安危也會受到影響。在新幾內亞高地，有影響力的人物叫做「大人」，這些「大人」住的茅屋和其他人沒什麼兩樣，也和大夥兒一樣必須撿拾薪柴和木頭，所以有高度的動機為社會解決問題，確保森林永續經營（第九章）。

---

6 塔克曼：美國著名史學家，一九六二年出版的《八月炮火》（*The Guns of August*）和一九七一年出版的《史迪威在中國》（Stilwell and the American Experience in China）都獲得普立茲獎。

帶來災禍的價值觀

前面提出的例子是用以說明：社會不去解決問題的原因，在於某些人能從這中得利。與這些「理性行為」不同的是，有些問題之所以無法解決，牽涉到社會科學家所謂的「非理性行為」，也就是對每一個人都有害的行為。每個人的心中如果都存有互相衝突的價值觀，常常會產生這種非理性行為：例如有一種非常糟糕的情況發生，但是這種情況與我們緊緊擁抱的價值觀相合，於是我們就對問題視若無睹。塔克曼以「執迷不悟」、「木頭木腦」、「拒絕思考負面訊號的意義」和「心智停頓或停滯」來形容這種常見的人類特質。心理學家也用「沉沒成本效應」（sunk-cost effect）[7]來形容類似的特質，例如人們已經為一個政策（或股票）投資了很多，因此不願放棄。

深植於文化的宗教價值觀常是毀滅行為的起因。舉例來說，復活節島上樹木的砍伐大都是因為宗教：巨大的雕像是島民膜拜的對象、精神的寄託，而雕像的運輸與豎立都需要巨大的樹幹。另外，如距離復活節島一萬四千公里之遙、在另一個半球的格陵蘭，維京人也在追求基督教的價值觀。由於這種價值觀，加上以歐洲人自居和保守的生活風格，使他們緊緊相繫、同心協力，共同面對最嚴苛的環境，苦撐了幾百年。這些特質固然不錯（至少在過去很長一段時間帶來助益），最後維京人還是因為不知變通和創新，不懂得向因紐特人學習生存的本事，因而在冰雪中滅亡。

現代世界還有很多世俗的例子，顯示我們擁抱的價值觀也有不合時宜的時候。在澳洲殖民的英國人，秉持豢養羊群、生產羊毛的傳統，認為土地的價值很高，也對英國具有高度的認同感，最後在遙遠的南半球建立了第一世界的民主政體。澳洲人現在才慢慢了解，過去他們尊崇的價值觀也有不好的一面。至於在現代的蒙大拿，蒙大拿人遲遲不願解決礦業、伐木業和牧業造成的問題，原因就出在這三種產業過去是蒙大拿的經濟支柱，代表蒙大拿拓荒者的精神，也是蒙大拿的象徵。蒙大拿人向來提倡個人自由和自立自強，因此不易接受政府計畫和個人權利的限制。又如實行共產主義的中國決心不重蹈資本主義的覆轍，結果對環境問題毫不在意，這種錯誤甚至比資本主義更甚，中國的環境問題因而變得比洪水猛獸更難對付。像盧安達人視大家庭為理想的家庭型態，在過去兒童死亡率高的年代當然是適當的選擇，卻為今天的人口氾濫成災埋下種子。我個人以為，在今日的第一世界，很多對環境問題嗤之以鼻的人，似乎都是因為早年的價值觀作祟。他們接受了這種價值觀之後，就未再檢驗這種觀念是否有問題。

讓我再引用塔克曼所言：「統治者或決策者死守最初的理念，不願有任何改變。」

在核心價值成為生存的絆腳石之時，是否應該揚棄這些價值？這實在是個非常痛苦的決定。到了什麼樣的關頭，個人會寧死也不願妥協、苟活？在現代世界，也有好幾百萬人面臨這麼一個難題：是否應該為了自己的性命，卑躬屈膝、出賣親友、默默地屈服在邪惡獨裁者的淫威之下，還是乾脆流亡海外？國家和社會有時候也會面臨類似的選擇。

這樣的選擇都具有賭注的意味。沒有人知道擁抱核心價值會不會帶來毀滅；反之，也沒有人能斷言放棄這些價值才能生存下去。格陵蘭的維京人以基督徒農夫自居，這就代表他們希望自己死時仍像

7沉沒成本效應：常見的企業決策錯誤，也有人把這種行為描述為「愈補愈大洞」。如某個大型專案已經失控，進度嚴重落後，預算一直超支，最初的成本效益分析顯然已不適用，但公司還是繼續砸錢投資。

一個農督徒農夫，而不願像因紐特人那樣活著。結果，格陵蘭的維京人輸了這場賭注。在面臨俄國大軍壓境的東歐五小國中，愛沙尼亞、拉脫維亞和立陶宛三國在一九三九年不戰而降；芬蘭在一九三九年到一九四〇年間奮戰，最後保有自己的獨立；匈牙利也在一九五六年背水一戰，卻賠上了自己的獨立。誰能說哪個國家的選擇是明智的？誰又能預言只有芬蘭在這命運的賭注中獲勝？

對一個社會而言，或許成敗的關鍵在於知所取捨：知道哪些核心價值應該堅持，而哪些應該揚棄以因應時代的改變，並以新的價值來取代。在過去的六十年中，世界最強的國家紛紛放棄長久珍視的核心價值（即使這些價值對他們以往的國家形象非常重要），轉而擁抱其他的價值。英國和法國就不再認為自己可以單打獨鬥，日本放棄好戰的傳統，而蘇俄也不再進行共產主義的實驗。美國也已經遠離過去堅持的一些價值觀（雖然並不完全），如正當的種族歧視、合法的同性戀恐懼症、輕視女性、性壓抑等。又如澳洲正在重新評估自己國家的定位：是不是以認同英國的農業社會自居？社會或個人若要成功，必須鼓起勇氣面對挑戰、進行選擇，同時也需要運氣才能贏得賭注。今日的世界已成一個共同體，牽一髮而動全身，在環境問題的挑戰之下，也必須做一番抉擇。我們會在最後一章繼續討論這個問題。

其他非理性行為造成的災難

還有一些非理性行為和價值觀衝突有關。在價值觀衝突之下，一個社會可能會設法解決問題，也可能因而不去解決。社會大眾常常可能因為厭惡第一個察覺問題、抱怨的人，在非理性動機的驅使下，決定不去解決問題。塔斯馬尼亞的綠黨最先抗議引進狐狸，由於綠黨先前的警告證明是假警報，大眾因而不理會他們抗議引進狐狸的事。就像伊索寓言裡一再高喊「狼來了」的牧童，村民上了幾次當，等到惡狼真的出現，再怎麼喊也沒有人理他了。這時社會大眾可能會推卸責任，說這是別人的問題，不關我的事。

以非理性行為試圖解決問題的部分原因，則是個人短期和長期動機的衝突。不只是盧安達和海地農民，今日世界還有幾十億人貧窮到走投無路的地步，只能為明天的食物打算，過一天算一天。熱帶地區窮苦的農夫可能會在珊瑚礁用炸藥炸魚或用氰化物毒魚，只求今天讓孩子有魚吃，沒想到珊瑚礁生態將因此不保，以後再也捕不到魚了。政府也是如此，常常只著眼於「短期焦點」：只有當災難逼近之時，官員才會有感覺，而且他們只會注意即將爆發的問題。我有一個朋友和華府方面關係密切，他告訴我，他在二〇〇〇年全國大選後初次前往華盛頓特區拜會，發現政府高官只談論所謂的「九十天焦點」，亦即只討論三個月內可能冒出來的大麻煩。這種把焦點放在短期利益的非理性行為，經濟學家稱之為「以未來利益貼現」，這種說法真是貼切。

我們還可聽見這樣的論調：資源今日能用則用，不必留待明日再用。因為今天利用資源得到的利益還可用來投資，投資又可不斷衍生利息，直到未來的某一天，累積起來的利息將十分可觀。所以今天利用資源得到的價值，會比未來利用的價值來得高。如果是這樣，不好的後果必須由我們的下一代來承擔，而下一代在今天還沒有投票權，也還不能抱怨。

雖然已經察覺問題，還是非理性地拒絕解決，多半是基於心理因素。在短期的決策過程中，有一個顯著的現象稱為「群眾心理」。個人在規模龐大、特別是情緒易於激動的群體中，可能會發現自己被牽著鼻子走，支持群體的決定。然而，如果讓個人單獨好好地思考一番，可能就不會接受這樣的決定。就像德國劇作家席勒（Friedrich von Schiller, 1759-1805）所言：「個人是明智的、理性的，但變成群體的一分子，馬上變得盲目。」歷史上有不少運用群眾心理的例子：中古時代晚期，歐洲對十字軍的狂熱；一六三四年到一六三六年間，荷蘭出現「鬱金香熱」，有人不惜以千金換取鬱金香稀有品種的一顆球莖；一六九二年，麻州的塞冷鎮（Salem）鎮民陷入集體歇斯底里狀態，將無辜少女當做女巫捉捕、審判，最後吊死她們；一九三〇年代，被納粹宣傳灌了迷湯、變成民族主義狂熱分子的德國青年。

還有一種心理和群眾心理類似，即決策團體的心理。決策團體人數較少、比較冷靜，不會像盲目的群眾那麼激動。心理學家詹尼斯（Irving Janis）以「團體迷思」（groupthink）為這種心理命名，特別指一個具高度凝聚力的小型團體，在千鈞一髮之際必須做出決定的反應。由於這個團體承受巨大壓力，迫切需要同伴的支援與認可，因此可能刻意壓抑任何懷疑與批評，看到同樣的幻覺，倉促形成共識，最後做出後悔莫及的決定。（如甘迺迪總統在豬玀灣危機發生時的顧問團；又如詹森總統在越戰情勢緊張時，曾從社會各界找來高人組成「哲人小組」，為越南問題獻策。）不管是群眾心理或團體迷思運作，時間可能只有短短幾個小時，也可能長達數年。我們不禁懷疑，對付環境問題這種長達幾十年或幾個世紀的沉痾，有些災難性的決策是否也和群眾心理或團體迷思有關。

察覺問題之後仍不去解決，與這種非理性行為有關的最後一種因素就是「心理否認」。這個心理學名詞原本拿來說明個人心理的防衛機制，現在也用來解釋流行文化。如果某一件事讓你感到非常痛苦，你可能會潛意識地壓抑感覺或否認這件事，以避免痛苦，但是這麼做只是掩耳盜鈴，最後可能還是必須付出慘痛的代價。經常遭到否認的感覺如恐懼、焦慮或悲傷。典型例子如刻意忘卻恐怖的經驗，或不願想配偶、兒女或好友可能瀕臨死亡，因為那樣的念頭令人痛苦不堪。

再舉一個例子：有一個狹窄的河谷，上頭興建一座高高的水壩，萬一水壩爆裂、崩塌，下游的居民都會被淹死。心理學家對下游居民進行問卷調查，詢問他們是否擔心水壩爆裂。一般而言，正如我們猜想的，離水壩愈遠的人愈不擔心，愈近的愈擔心。但讓人意外的是，住在水壩下方幾公里之內的人雖然最擔心水壩崩塌，然而住在水壩正下方的居民卻表示一點也不擔心。他們每天抬頭一看，水壩就在頭頂上方。在這種情況下，要活下去就得否認水壩可能爆裂這件事。這種否認機制常常可在個人身上觀察到，似乎也可運用在群體心理的分析中。

行動失敗

最後，即使一個社會已經預見問題、察覺問題，也努力去解決，結果還是失敗了。這個環節的失誤可能有幾個顯而易見的原因：首先，問題可能過於困難，不是我們現有能力所能解決；其次，雖然有解決辦法，但代價太大；再者，可能我們做的努力太少或為時已晚。過去很多人類社會（如中古時期的冰島）光憑肉眼無從分析地質，不像今日我們因為有詳盡的地質學知識，比較能應付地質方面的問題。儘管如此，今日的我們還是有力有未逮、無法解決的問題。

請回想第八章格陵蘭的維京人奮鬥四個世紀後的下場。過去五千年來，格陵蘭氣候嚴寒，加上資源有限、多變且無可預期，欲建立長久、永續經營的經濟型態實在是莫大的挑戰。在維京人失敗之前，曾有四波美洲的狩獵－採集族群來到格陵蘭發展，最後也消失了。因紐特人設法在格陵蘭過了七百年自給自足的生活，然而族人經常餓死，生存對他們來說實在非常艱困。現代的因紐特人不願再像老祖宗那樣使用石器、靠狗拉雪橇過日子，也不想坐著皮艇乘風破浪、手拿魚叉去獵捕鯨魚，只希望靠著外來的技術和食物過生活。今天的格陵蘭政府還未發展出不倚賴外援、自給自足的經濟型態。格陵蘭政府也曾像中古時期的維京人在島上飼養牲畜，最後放棄養牛。目前還有一些格陵蘭農民養羊，但是沒有政府補助就難以為繼。從這些例子來看，過去維京人在格陵蘭無法生存下去，並不令人驚訝。我們也必須用這樣的角度來看阿納薩齊印第安族群的失敗——在不適合務農的惡劣環境下，人類實在難以建立長久的農業社會。

今天人類社會最棘手的一個問題就是有害物種的引進。有害的外來物種一旦落地生根，通常很難斬除或控制。以蒙大拿為例，為了對付乳漿草等雜草，州政府每年必須花費一億美元以上來處理。為什麼不一勞永逸根除這些雜草？事實上，蒙大拿政府非不為也，實不能也。乳漿草的根長達六公尺，無法用手拔除，必須用專門控制雜草的化學除草劑。這種除草劑很貴，每一公升要價二百多美元。澳洲也有類似的麻煩，為了控制從外地引進、氾濫成災的兔子，他們試過種種辦法，像是用長長的籬笆阻隔、用狐狸捕獵、射殺、用挖土機剷掉巢穴、用多發性黏液瘤病毒，乃至使用杯狀病毒當武器。直到現在，澳洲這場人兔大戰還沒打完呢。

又如氣候乾燥的美國西部山區，經常出現可怕的森林火災，如果能利用機械讓地被層新生的樹苗不致於長得太密，並拖走枯立倒木，就能減少燃料載量，或許還能控制森林火災的問題。不幸的是，這種做法花費高得嚇人，不可能大範圍執行。佛羅里達的深色海灘雀（*Ammodramus maritimus nigrescens*）一樣命運多舛，社會大眾驚覺牠們快滅絕了，但發現時已經太遲，即使付出巨大的代價也未必救得了牠們。在牠們的棲地不保之時，人們還在辯論，花這麼多錢保護這麼小的棲地是否值得，因而遲遲未能行動。最後，在一九八〇年代末期，美國魚類和野生動物保護署終於同意，以五百萬美元買下深色海灘雀最後的棲地做為保護區，但是棲地已遭嚴重破壞，深色海灘雀也已經死光了。這時候，又有人為最後幾隻養在籠子裡的深色海灘雀展開激辯，爭論是否讓最後幾隻深色海灘雀和斯科特海灘雀（*Ammodramus maritimus peninsulae*）雜交，再藉由雜種回交法（back-crossing）培育出比較純種的深色海灘雀。等到最後拍板定案，那幾隻養在籠子裡的深色海灘雀已經太老而不能生育了。不管是保護棲地的努力或是繁殖計畫，如果能早一點著手，不但比較省錢，成功的機會也大得多。

希望的曙光

人類社會和規模較小的群體，都可能因為一連串原因而做出災難性決策：不能預見問題；問題已經出現還不知不覺；已察覺問題但不去解決；雖然努力解決，但是沒有成功。本章開頭提過，我的學生和譚特都認為，社會竟然允許環境問題變本加厲，最後導致自己覆亡，實在令人不可置信。此時，在本章的結尾，我們似乎已經找到了答案，得知社會覆亡的原因何在。每一個人都可從其中的一個原因著手，在自己的生活經驗中尋找實例，了解某些我們知道的群體正是在這裡栽了跟頭。

顯然地，社會群體並非老是失敗，要不然今天的我們早就死絕了，或是像一萬三千年前的老祖宗過著石器時代的生活。當然，那些失敗的例子還是值得大書特書。不過本書篇幅有限，只能挑選一些重要的例子來討論，無法像百科全書論及每一個人類社會。此外，第九章也特別從人類社會成功的例子中挑出幾個範例來討論。

但是，我們還是要問，為什麼有些社會成功，有些卻失敗了？從本章切入的角度來看，其中一個原因和環境差異有關：有些環境問題特別難纏。例如格陵蘭寒冷、偏遠，對殖民者維京人來說，這樣的環境要比他們挪威南部的老家惡劣得多，是生存的巨大考驗。同樣地，復活節島民的祖先從曾居住過的大溪地來到復活節島落腳，發現該地乾燥、與世隔絕、緯度較高、地勢低平，不像在潮溼、與外地往來容易、接近赤道、地勢高的大溪地容易過活。然而，這只是一半的故事。

如果我聲稱這種環境差異是社會成敗的唯一原因，那我活該被貼上「環境決定論者」的標籤。事實上，如果環境優良、得天獨厚，一個社會有這樣的「地利」，的確比較容易發展；若一個社會以窮山惡水為根基，當然不容易站得穩。不過，環境不能代表一切，社會的成敗還取決於自己的行動。

為什麼有些群體（或領導人）會走向失敗，還有一些卻能踏上成功之路？這是個很大的研究課題。例如同樣是乾燥、寒冷的環境，印加皇帝的造林行動就成功了，復活節島或格陵蘭的維京酋長卻做不到？一個原因是人有千百樣，難以一概而論。但是，我仍然希望藉由本章的討論，讓我們了解失誤的可能原因，做為計畫者或決策者的殷鑑。

一九六一年和一九六二年，美國和古巴連續兩次對峙。美國總統甘迺迪和他的顧問群就從第一次的慘敗得到教訓，危機再次出現時才能化險為夷。一九六一年春天發生的豬玀灣事件，就是群體決策失誤的例子：美國未經深思熟慮就派遣傭兵侵略古巴，不但全軍覆沒，還引來更加危險的古巴飛彈危機。正如詹尼斯在《團體迷思》一書中指出的，我們可從豬玀灣事件看出幾個容易發生決策失誤的特點：表面看來異口同聲，其實是倉促之下形成的共識；個人疑慮遭到壓抑，也很難表示相反意見；領導人（甘迺迪）也刻意把討論導向一個結果，以減少歧見。但在接踵而來的古巴飛彈危機發生時，進行危機處理的是同一批人，也就是甘迺迪和當初參與豬玀灣行動的顧問。他們注意到上一次的缺失，決策時廣納眾議，因而比較能有成果。甘迺迪總統就要求每一個顧問多提出質疑、自由討論，並把所有顧問分成幾個小組各自進行會談，有時甘迺迪還會故意離開會議室，避免自己的意見過度影響與會者。

為什麼兩次古巴危機的決策如此不同？最重要的一個原因是甘迺迪記取一九六一年豬玀灣事件的教訓，要求顧問群痛定思痛，找出前次決策的問題。因此，他在一九六二年和顧問群商量對策時刻意改變討論方式。

本書討論到許多人類社會的領導人，如復活節島的酋長、馬雅國王、現代盧安達的政治領袖等，很多人沉溺在權力的追逐中，未能發現社會已經從根爛起。然而，也不是所有的領導人都是如此，除了甘迺迪，人類社會還有很多成功的領導人。當然，甘迺迪在危機一觸即發之時，展現很大的勇氣，值得我們讚賞。但是還有一種領導人能防微杜漸，甚至採取果敢的做法防患未然。這種領導人在行動遭到批評或被人取笑的時候，還是必須有「雖千萬人，吾往矣」的勇氣，時候到了，眾人才會恍然大悟為什麼當初不得不這麼做。史上有不少這樣有勇氣、有遠見且強而有力的領導人：如日本幕府時代早期的將軍，在日本變成復活節島那樣的不毛之地前，就明令禁止砍伐森林；在多明尼加以鐵腕保護環境的巴拉格

（不管他的動機為何），和多明尼加同在一島的海地就什麼也沒做，因此和多明尼加形成強烈對比；蒂蔻皮亞酋長眼見豬隻破壞園圃，毅然決然地將島上的豬隻全部宰殺，儘管豬肉在美拉尼西亞社會是珍品，還是忍痛犧牲；再者如中國領導人，在中國人口像盧安達一樣造成災難之前，就強力執行計畫生育政策。其他令人欽佩的領導人如德國總理艾德諾（Konrad Adenauer, 1876-1967）和其他西歐國家領導人，他們在二次大戰後呼籲歐洲各國將眼光放遠，不要只看到自己國家的一點利益，敦促各國團結起來，建立歐洲經濟共同體，讓歐洲繁榮重現，解除歐洲再次淪為戰場的危機。我們除了為這些有勇氣的領導人喝采，也別忘了有些族群在核心價值觀的取捨上令人激賞，如芬蘭人、匈牙利人、英國人、法國人、日本人、俄國人、美國人、澳洲人等。值得守住的才緊抓不放，不合時宜的就展現壯士斷腕的決心。

這些勇氣十足的領導人和族群讓我心生希望。我因此相信，本書主題乍看之下雖是悲觀的，其實是一本帶來樂觀訊息的書。只有像兩度面臨古巴危機的甘迺迪總統那樣痛定思痛，深入檢討過去失敗的原因，我們才能知道如何更弦易轍，走上成功之路。

CHAPTER 15

大企業與生態環境

資源的開採

每一個現代社會都依賴開採而來的自然資源，包括不可再生的資源（如石油與金屬）以及可再生資源（如森林與魚類）。我們的能源大都來自石油、天然氣和煤礦。幾乎所有的工具、容器、機械、車輛等交通運輸工具和建築物都是以金屬、木材、石化塑料等合成材料製作或興建。我們的紙用於書寫和印刷，而紙的原料是樹木。我們吃的野生食物主要是魚和其他海產。世界上有幾十個國家的經濟都非常依賴開採業，像我做過很多田野調查的三個國家——印尼、索羅門群島和巴布亞紐幾內亞——都是如此。印尼的經濟支柱主要是林業，其次是礦業；索羅門群島是林業和漁業；新幾內亞最重要的是石油開採，其次是天然氣，再來是礦業，近年來林業也愈來愈重要。由此可見，現代社會對自然資源的開採真是汲汲營營、不遺餘力，但是問題在於開採的地點、數量以及方式。

像資源開採這樣的計畫，通常必須先投入龐大的資金，大抵是大企業才辦得到。我們三天兩頭就可看到環保人士卯上大企業的戲碼，這兩者經常水火不容。環保人士指控大企業是生態環境的殺手，也使人類受到傷害，唯利是圖，總是把公司利益置於公共利益之上。的確，環保人士指出的常常是真相。反之，大企業也指著環保人士的鼻子開罵，說他們不懂商業的現實，也沒有興趣了解；不知道當地居民想要什麼，也不了解東道政府（host government）創造就業機會、繁榮地方的用心；把鳥類的幸福看得比人類福祉重要，而且隱善揚惡，不提企業在環境保護上所做的努力。常常，大企業罵的也沒錯。

也許這種種針鋒相對帶給人壁壘分明的印象，但我將在本章說明，何以大企業、環保人士和社會三方的利益十分攸關，有如一個整體。從很多例子看來，企業與社會之間的確有利益衝突：一家企業賺錢（至少短期內是獲利的）可能會傷害到社會整體。在這種情況下，一家企業的做法是一個團體（也就是該企業）部分人士的理性行為，到頭來社會卻必須為這個錯誤決策付出慘痛的代價（第十四章）。本章將根據我個人的第一手經驗，舉出四個開採業為例，探討這四家公司的做法：為什麼這些公司認為那麼做是有利的，最後卻傷害環境？或者兩全其美，在追求利益的同時並沒有傷害環境？我的動機很實際：希望讓目前正在破壞環境的大企業知道懸崖勒馬，別再繼續傷害環境，並指出哪些改變最有成效，能讓他們達成這個目標。我將討論的四種開採業即石油業、礦業（包括金屬礦和煤礦的開採）、伐木業以及漁業。

兩個油田的故事

就我和新幾內亞石油業接觸的經驗，看過有著天壤之別的兩處油田：一個恣意破壞生態環境，另一個卻小心翼翼地呵護生態環境。我從這些經驗學到很多。過去我總認為，開採石油必然會對環境造成很大的破壞。我就像大多數的人，對石油公司深惡痛絕，如果有人敢給予這個產業正面的報導，提到他們對社會的貢獻，我總是深深懷疑，不以為然。但在新幾內亞的所見所聞卻改變了我的想法，強迫我去思考：在哪些因素的鼓勵下，會使更多的公司成為模範。

我第一次參觀油田是在印尼所屬新幾內亞海岸外的薩拉瓦提島（Salawati Island）。去這個地方的目的本來和石油無關，只是為了研究新幾內亞島嶼的鳥類。剛好那時薩拉瓦提島很多區域出租給印尼國營石油公司（Pertamina）。一九八六年，我得到許可之後前去薩拉瓦提島進行研究，同時也前往那家石油公司參觀訪問。該公司副總裁和公關主任十分親切，還出借一輛車，讓我能在油田的道路上行駛。

遺憾的是，雖然接受他們的熱情款待，我還是必須實話實說。烈焰沖天的油田大老遠就看得到，由於石油開採的副產品天然氣不能利用（沒有液化、運輸上市的設備），只好就地燒掉。石油公司在島上森林中清理出一條寬達九十公尺的車道。對新幾內亞雨林的多種哺乳動物、鳥類、青蛙和爬蟲類而言，這條大道有如難以跨越的鴻溝，地面上還有一灘一灘的油。在這裡，我只看過三種大型果鳩。根據紀錄，薩拉瓦提島其他地區還有十一種。這些果鳩巨大、多肉且美味，因此成為新幾內亞獵人捕殺的主要目標。印尼國營石油公司的一個員工告訴我，附近有兩個果鳩孵育地點。他說，他常拿著獵槍去那裡打獵。我心想，油田附近的果鳩已經快被吃光了。

我第二次再去油田，參觀的是庫圖布油田（Kutubu oil field）[1]——雪佛龍石油公司（Chevron Corporation）這家大型國際石油公司在巴布亞紐幾內亞的分公司，油田區就在奇柯瑞河（Kikori River）的水源區。（以下簡稱這家公司為「雪佛龍」，指現在的雪佛龍石油公司，實際營運單位是雪佛龍新幾內亞公司〔Chevron Niugini Pty. Ltd.〕，這是雪佛龍全資擁有的子公司〔指雪佛龍擁有這家子公司一〇〇%的股權〕。庫圖布油田是六家石油公司共同經營的合資企業，包括雪佛龍新幾內亞公司。母公司雪佛龍在二〇〇一年和德士古石油公司〔Texaco〕合併，變成雪佛龍德士古〔ChevronTexaco〕；二〇〇三年雪佛龍德士古退出，把權益賣給澳洲的石油勘探公司〔Oil Search Limited〕。）由於奇柯瑞河水源區的環境很脆弱，常有土石崩塌，加上多石灰岩地形，雨量又是世界之最（年雨量平均約一萬公釐，平均每日有三百五十五公釐），因此開採起來困難重重。一九九三年，雪佛龍與世界自然基金會合作，進行一項大規模的保育與發展整合計畫。

雪佛龍希望世界自然基金會能幫他們將環境損害減到最低，說服巴布亞紐幾內亞政府致力於環境保護，而且世界自然資金會在環保行動團體眼中是可以信賴的夥伴。再者，他們的計畫有益於地方經濟，世界銀行也願意提供基金給當地的社區發展計畫。我自一九九八年到二〇〇三年擔任世界自然基金會顧問，期間曾四度前往庫圖布油田和水源區，每次長達一個月。我可以自由開著世界自然基金會的車子在這個地區參觀，也能對雪佛龍的員工進行私下訪問。

我搭乘的飛機從巴布亞紐幾內亞的首都莫士比港（Port Moresby）起飛，飛向庫圖布油田在莫洛（Moro）的小型機場。預定抵達時刻快到了，我從飛機窗口眺望，心想一座座的油井和沖天烈焰很快就會出現在眼前。然而，放眼望去，直到地平線的盡頭，都是袤廣的雨林。最後，我在雨林中看到一條細長、約莫只有九公尺寬的小路，小路兩旁綠樹成蔭——簡直是賞鳥人夢寐以求之地。在雨林中研究鳥類，最大的困難就是很難看到藏身於森林中的鳥兒。如果雨林中有條小徑，讓人可從側面觀察，這就再好不過。這條小徑從油田最高處的摩鑾山（Mt. Moran，海拔約一千八百公尺）向海岸延伸，全長超過一百六十公里。

翌日，我踏上了那條像鉛筆纖細的小徑進行觀察，我發現那裡經常有鳥兒飛來飛去。穿越小徑的還有哺乳動物、蜥蜴、蛇、青蛙等，有的跳躍，有的奔跑，有的爬行。後來我才知道這樣的寬度經過特別設計，剛好是可雙向會車的寬度。油田早期沒有道路可通地質探勘台和油井，工作人員不是搭直升機，就是必須徒步穿越雨林。

飛機降落在莫洛的小型機場後，又有一個驚奇等著我，飛機要飛離這個地方的時候也一樣。我在入境巴布亞紐幾內亞之時，行李已通過海關檢查，但是在莫洛機場出入時又得再一次接受詳細檢查，每一件行李都得打開，比任何一個機場的檢查都嚴格，有如到了以色列的台拉維夫機場（Tel-Aviv airport）。安檢人員在檢查什麼？搭機抵達這個地區，嚴禁攜入的物件有槍枝等武器、狩獵用具、毒品和酒類；要搭機離開的時候，安檢人員還會檢查有無偷偷攜出任何動植物、毛皮、羽毛等。違反規定的人，立刻會被驅逐出去。有個世界自然基金會的秘書在不知情之下幫人託運一袋東西，結果惹上麻煩。

第二天清晨又有新的驚奇。天還沒亮，我就走上那條小徑，在那兒賞鳥，幾個小時後才回到營區。營區的安全代表請我到辦公室，他告訴我，有人檢舉我，說我違反雪佛龍公司的兩個規定。第一，有人

1庫圖布油田：位於巴布亞紐幾內亞南部高地，自一九九二年起日產十萬桶輕原油，但目前產量已減少至每日二．二萬桶。

發現我為了觀察鳥類而在小徑上行走，因此可能被車子撞到，或是車子怕撞到我在閃避時可能撞上路邊油管，造成漏油事件。從即刻起，我在賞鳥的時候必須離開小徑。第二，有人發現我在賞鳥時沒有戴上工地用安全帽。這一整區都是危險區域，萬一有樹倒下，我可能會被擊中。為了安全起見，我在賞鳥時務必戴上這種安全帽。

由此可見，雪佛龍極度重視安全和環保，公司還不斷教育員工安全與環保的重要性。我前後來過這裡四次，沒看過任何漏油事件，也詳讀布告欄的每月事故及可能事故報告。基於研究興趣，我記錄了二〇〇三年三月發生的十四件事故全部。在那一個月，最嚴重的「可能事故」包括一輛卡車朝停車標誌倒車、另一輛卡車緊急剎車不當、一包化學物品沒有附上正確的文件，還有一個壓縮裝備針閥漏氣。

最後一個驚奇出現在我觀察鳥類的時候。新幾內亞有很多種鳥類和哺乳動物，有的因為體型大、肉多或羽毛特別豔麗而被人獵殺，有的則從改變後的次級棲地消失，退居到內陸完全不會被人干擾的森林，因此我們很容易從這些鳥類和哺乳動物的身影、數量多寡，看出人類干擾的程度。這些鳥類包括新幾內亞最大的原生哺乳動物樹袋鼠（*Dendrolagus lumholtzi*）、鶴鴕、犀鳥、大鴿子（新幾內亞最大鳥類）、天堂鳥（*Diphyllodes magnificus*）、派斯奎特氏鸚鵡（*Psittrichas fulgidus*）等有著珍奇彩羽的鸚鵡，以及森林深處的幾百種鳥類。我在庫圖布地區進行鳥類調查，起先我設定的目標是計算雪佛龍油田區各種鳥類數量與油田外數量的差異。

結果讓我吃了一驚：油田區內的數量甚至比我看過的新幾內亞任何一地都多（只比不上少數幾個偏遠、人跡罕至的山區）。過去四十年來，在巴布亞紐幾內亞野外地區，我唯一看到有樹袋鼠出沒之處就在雪佛龍的營區附近幾公里。如果這些樹袋鼠在其他地區現身，都是獵人捕殺的第一個目標，少數逃過一劫的樹袋鼠已經學會只在夜間活動。然而，在庫圖布地區，牠們白天也敢出來。派斯奎特氏鸚鵡、新幾內亞菱紋鷹（*Harpia harpyja*）、天堂鳥、犀鳥和大鴿子等，也是油田營區附近的常客。我還曾看到派斯奎特氏鸚鵡停在營區的通訊電塔上。

由於雪佛龍嚴禁員工和包商在專案區域內進行漁獵活動，森林才完全沒有遭到破壞，也才看得到這種景觀。鳥類和動物感受到人類的友善，才會如此溫馴。說起來，庫圖布油田區可說是新幾內亞防護做得最好、最大的國家公園。

石油公司的動機

為什麼庫圖布油田能保持這樣的生態環境？這個問題讓我思索了好幾個月。畢竟雪佛龍不是非營利的環境保護機構，也不是國家公園管理處，而是一家由股東持有、以營利為目標的石油公司。如果雪佛龍在環保方面花錢，公司盈餘必然會變少，股東可能會控告公司，而且他們的確可以這麼做。因此，雪佛龍顯然認為他們的環保政策最後可以幫公司賺更多的錢，才決定這麼做。環保政策如何為公司帶來利益？根據雪佛龍的公司介紹手冊，關心環境本身就是一個激勵因素（motivating factor）[2]，這種說法沒

2激勵因素：管理心理學家赫茲伯格（Frederick Herzberg, 1923-2000）提出的理論，他發現凡是與職位本身有關的因素，如成就感、受到賞識、肯負責任、進步、成長、升遷等，對職位本身都有「正面效果」，能使產量增加，工作效率提高，這種因素就稱做激勵因素。

有錯。然而，過去六年來，我不但訪問了雪佛龍幾十個員工（有基層員工，也有資深員工），也和其他石油公司的員工接觸，還請教非石油業人士的意見，我發現業界會採取這些環保政策，還有很多因素，不只是激勵因素。

其中一個因素就是這麼做可以避免損失慘重的環境災難。一位雪佛龍的安全代表剛好也是賞鳥同好，我問他促成雪佛龍採取這種環保政策的原因。他吐露這幾個字：「埃克森的瓦迪茲號（Valdez）、北海鑽油平台爆炸、波帕事件。」這話真是言簡意賅。他指的是三個工業災難：一九八九年，埃克森石油公司的油輪瓦迪茲在阿拉斯加外海擱淺，造成大量石油外漏；一九八八年西方石油公司（Occidental Petroleum）北海的一號管鑽油平台（Piper Alpha）發生爆炸，一百六十七人死亡；一九八四年，印度波帕（Bhopal）生產殺蟲劑活性劑的聯合碳化公司（Union Carbide）化工廠毒氣洩漏，造成四千人罹難、二十萬人受傷的慘劇。這三個舉世震驚的環境汙染事件是近代最嚴重的事故，媒體有非常詳盡的報導，業者也為之付出極為龐大的代價。每一家公司的損失都高達幾十億美元，印度波帕事件更讓聯合碳化公司無法經營下去。事實上，他還可以提到：一九六九年，聯合石油（Union Oil Co. of California，簡稱Unocal）在洛杉磯外海聖塔巴巴拉海峽（Santa Barbara Channel）鑽油平台的爆炸和漏油事件，已為石油業的工業安全敲響警鐘。雪佛龍等大型石油公司了解到，每年只要多花個幾百萬甚至幾千萬美元，長久下來，就可使災難事件的發生機率降到最低。萬一出事，嚴重的話可能是數十億美元的損失，也可能讓整個案子停擺，投資血本無歸。雪佛龍一位經理人解釋，他已經知道環境維護的經濟價值：他曾負責清理一個德州油田的油坑，即使是小小的油坑，清理起來平均要花十萬美元。也就是說，汙染後的清理通常要比事前的預防花費大得多。這就像醫療，在公共衛生方面花點小錢，做好疾病防治，總比疾病蔓延開來再治療來得省錢、省事。

石油公司認為一地有石油可以開採，進而裝設油田設備，一開始就得投下龐大的投資金額，計畫在未來的二十年到五十年都能開採出石油。如果一家石油公司的環境和安全政策降低大規模漏油事件發生機率，平均每十年「才」一次，這樣還不夠理想，因為在往後二十年到五十年間，可能會碰上二次到五次的漏油災難。因此，環境保護和工業安全應該做得更嚴苛才行。荷蘭皇家殼牌集團（Royal Dutch/Shell Group）在倫敦有個研究處，這個研究處的處長告訴我，他們的工作是預測未來三十年世界可能有哪些變動。他解釋，一個油田的經營通常長達好幾十年，如果要投資不失去準頭，眼光必須放得遠，掌握世界變動——這就是殼牌倫敦研究處設立的目的。

另一個因素則是考量大眾對石油業災難可能有的反應。一般來說，漏油事件馬上會成為眾人注目的焦點，這種事件一旦發生，常常是突然且醒目的（如油管、鑽油平台或油輪的破裂或爆炸）。相形之下，礦場有毒物質溢流（見下文）就不是那麼顯而易見。漏油事件對環境的衝擊也很明顯，被油漬染黑的鳥屍不斷出現在電視畫面或報紙上。一般大眾無法容忍這種環境浩劫，會對肇事的石油公司發出怒吼。

在巴布亞紐幾內亞開採石油，特別要考慮當地居民的反應，而且必須把對環境的傷害降到最小。巴布亞紐幾內亞是個中央控制力相當薄弱的民主政體，警力和軍力都不強，地方社區卻勇於喉舌。由於庫圖布油田區的地主生計全靠當地的園圃、森林與河流，漏油事件一旦發生，對他們生活的衝擊將非常嚴重。即使漏油事件發生在美國附近海岸，海鳥都被油漬染黑了，美國民眾的生活還是沒有多大改變。正如雪佛龍一個員工解釋：「我們已經了解，在巴布亞紐幾內亞，任何一個自然資源開採計畫，如果沒能得到當地地主和村民的支持，最後一定會失敗。如果他們發現環境遭到破壞，土地和食物的來源受到影響，一定會從中干擾，讓我們做不下去，最後只好關閉。布根維爾（Bougainville）銅礦的開採就是前車之鑑（見下文）。巴布亞紐幾內亞的中央政府根本無能為力，無法阻止地主這麼做。因此，我們必須小心翼翼，將環境傷害減到最小，並與當地居民保持良好的關係。」雪佛龍另一個員工也有類似的看法：「打從一開始我們就很清楚，庫圖布油田開發案能不能成功，就看我們是否能和當地社群合作，讓他們相信我們能為他們帶來好處。如果我們走了，對他們來說不會比較好。」

此外，當地人也常常緊盯著雪佛龍的營運狀況。他們知道，對這種財力雄厚的大型石油公司施壓，就能拿到錢。他們會計算石油公司在修建道路時砍下多少棵樹，向石油公司要求補償，如果是天堂鳥棲息的樹，又必須加價賠償。有人告訴我，新幾內亞地主得知雪佛龍考慮修建一條通往油田的道路，就趕緊在預定的路徑上種植咖啡樹，如此就可以為開路拔掉的每一棵咖啡樹求償。石油公司清理林地開闢的道路會這麼窄，原因正是如此。或者人員盡可能搭乘直升機到達鑽油地點。對石油公司來說，更大的風險是當地地主無法容忍環境遭受破壞，最後使得整個開採計畫中止。有人還提到，開採布根維爾銅礦本來是巴布亞紐幾內亞最大的投資發展計畫，由於當地地主不滿環境被破壞，一九八九年礦區被迫關閉。儘管政府軍力和警力介入而引發內戰，因為力量薄弱，對當地民眾無可奈何。布根維爾就是很好的教訓，警告雪佛龍如果庫圖布的環境遭到損害，很可能一樣吃不了兜著走。

雪佛龍的另一個教訓是阿蓋友岬（Point Arguello）石油開發案。一九八一年，雪佛龍在加州外海發現石油，預估這可能是自阿拉斯加普德后灣（Prudhoe Bay）油田發現以來，在美國發現的最大油田。由於一般大眾不相信石油公司、當地民眾極力反對，加上法令繁瑣、難纏造成延宕，費時十年才生產出一桶油，最後不得不大幅削減投資金額。庫圖布油田是雪佛龍爭取民眾信賴的難得機會，證明沒有法令的緊箍咒，他們也會愛護環境，不讓環境受到一絲一毫的傷害。

從這方面來看，庫圖布油田開發案顯示雪佛龍的先知先覺，這家公司已經預見政府的環境保護標準將愈來愈嚴格。往後，世界各國政府對環境破壞的預防將愈來愈多，而非愈來愈少（儘管有明顯的例外）。即使是開發中國家，也許我們起先不認為他們會關切環境問題，但是他們對環境的要求終將漸漸提升。在巴林（Bahrain）工作的一位雪佛龍員工告訴我，他最近在波灣近海又開鑿了一座油井。巴林政府破天荒要求雪佛龍提出一個詳盡的環境保護方案，以監測鑽油過程對環境的影響，並評估鑽油之後的衝擊，希望雪佛龍盡量不要影響到俗稱「美人魚」的稀有哺乳動物儒艮（*Dugong dugong*）的生存和鸕鶿的繁殖地。這個方案花了雪佛龍不少錢，但是石油公司已經學聰明了，知道一開始就把設備弄得乾乾淨淨、防微杜漸，預防環境災難的發生，這麼一來反而比較省錢。如果等到當地政府的環境標準提高，再來更新設備，就必須付出較大的代價。業界知道，地主國即使還未察覺環境的問題，只要油田或礦場還在當地營運，總有一天地主國還是可能意識到這個議題，進而提出要求。

雪佛龍力行環境清淨還有一個優勢，這樣的聲譽有助於他們爭取合約。挪威的人民和政府都非常重視環境問題，最近挪威政府為了北海油田／天然氣開發工程招標，雪佛龍也參加競標，結果脫穎而出，或許得標的原因之一就是他們在環保方面做得不錯。有些雪佛龍的朋友認為，如果事實真是如此，這就是他們嚴格保護庫圖布油田環境獲得的最大利益。

緊盯一家公司營運情況的不只是社會大眾、政府、當地地主，也包括公司員工。油田開發案的技術、建造和管理問題尤其複雜。石油公司的員工大多是受過高等教育、高學歷的專業人員，也比較具有環境意識。石油公司人員的訓練及養成不易，得花很多錢，他們的薪水也很高。雖然雪佛龍在庫圖布油田雇用的員工大都是當地居民，但還有一些員工是美國人或澳洲人，他們飛往巴布亞紐幾內亞一連工作五個星期，再飛回家鄉和家人團聚五週。這種空中飛人的工作型態，機票必然花不少錢。雪佛龍所有的員工都知道公司對環保的承諾與用心，他們就是石油業環保楷模。很多員工告訴我，公司的環境清淨政策對員工士氣和環保觀點很有助益，反過來這些也是最先推動環境政策的驅力。

特別值得一提的是，從高階主管的選用條件也可看出雪佛龍對環境的關心。雪佛龍最近兩任執行長德爾（Ken Derr）和繼任的歐雷力（David O'Reilly）都對環境議題十分關切。分布於幾個國家的雪佛龍員工不約而同地告訴我，全世界的雪佛龍員工每個月都會收到執行長的電子郵件，向他們報告公司現況。信中常提到環境和工安議題，說公司總是把這些擺在第一位，而且維護環境和注重安全也會為公司帶來經濟效益。因此，員工了解公司對環保認真且重視的態度，並非只是粉飾門面給社會大眾看。企管暢銷書《追求卓越：美國傑出企業成功的秘訣》（*In Search of Excellence: Lessons from America's Best-Run Companies*）作者彼德斯（Thomas Peters）和華特曼的結論也是如此。這兩位作者發現，如果經理人希望員工有什麼樣的作為，最有效的方法就是以身作則。

最後，石油業現在有新的技術可以採用，比較能維護環境清潔，不像過去那樣汙染環境。舉例來說，現在可在一塊地面鑽幾個互相平行或呈對角線的油井，而過去一塊地面只垂直地往下挖掘一個油井，對環境的破壞比較大。開鑿油井挖出來的岩屑現在可用幫浦抽到一處沒有產油、隔離出來的地層，而不是把這些岩屑挖出來倒在坑洞或海洋中。至於開採石油的副產品天然氣，不必像過去一樣就地燃燒，而是注入一個地下儲氣槽（如雪佛龍在庫圖布油田的做法），也有油田用管線輸送出去或先液化儲存再用船運運輸及出售。現在很多油田大抵利用直升機為交通工具，而不是開闢道路。直升機接送當然比較花錢，但是開路本身的費用加上對環境的衝擊，代價將更大。

這就是何以雪佛龍等幾家國際大型石油公司會對環境議題這麼認真。也就是說，如果維護環境，不汙染環境，石油公司其實能賺更多的錢，也才能在未來繼續探採新的石油和天然氣。不過，我必須再次說明，我可沒說現在每一家石油公司都注意環境的維護與清潔，或都是認真負責、令人敬佩的。媒體就經常報導石油業一直存在的嚴重問題——單體油輪。單體油輪老舊且維修不易，近年來幾次嚴重的擱淺、漏油事件，出事的都是單體油輪。（如二〇〇二年在西班牙外海沉沒的威望號〔Prestige〕，就是一艘已有二十六年歷史的單體油輪。單體油輪的所有人多是小船東，大型石油公司已淘汰了大多數的單體油輪，改用雙體油輪。）其他的大問題也包括設備老舊。那些設備在購置時科技還沒那麼進步，因此比較會汙染環境，如今要更新很困難，也很昂貴（如奈及利亞和厄瓜多）。另外一個問題是當地政府腐敗、濫用職權，如奈及利亞和印尼。從雪佛龍在巴布亞紐幾內亞營運的例子看來，石油公司的確能在營運的同時照顧好環境，也對當地民眾有所幫助。同樣一個區域，如果讓伐木業者經營或是讓人狩獵、耕種，都沒有那麼多好處。雪佛龍這個例子也可以說明，庫圖布油田會有那麼好的成果，是幾個因素相加起來的結果，很多其他大型石油公司開發案都做不到。我們也可由此看出，公眾其實也有舉足輕重的角色，能影響結果。

還有一個問題：就我一九八六年在薩拉瓦提島所見，印尼國營石油公司對他們造成的環境問題完全無動於衷；一九九八年開始，我前往庫圖布油田參觀，卻發現雪佛龍那麼關心當地的環境問題。為什麼有這樣的差別？一九八六年的印尼國營石油公司是一家國營事業，而一九九八年在巴布亞紐幾內亞營運的雪佛龍是家國際大公司，兩者大不相同，無怪乎有這樣的結果。印尼民眾、政府和司法機關比較不管他們的石油公司怎麼做，也沒有什麼期待；雪佛龍的客戶主要是歐洲人和美國人，他們比較關心石油公司的做法，也有所期待。印尼國營石油公司的員工和雪佛龍的員工不同，很少接觸環境議題。從政治面來看，巴布亞紐幾內亞是一個民主政體，公民可以阻撓開發計畫；一九八六年的印尼則是由軍事獨裁者統治，人民沒有這種自由。此外，掌控印尼政府的人大多是爪哇人（爪哇是印尼人口最稠密的一個島），他們只是把新幾內亞島西部的巴布亞省當成搖錢樹，以及爪哇過剩人口移居地，才不管當地民眾的意見。巴布亞紐幾內亞政府則不同，他們就在新幾內亞島上（也就是這個島的東半部）。再者，不像一般國際大公司必須面對日益嚴苛的環境標準，印尼政府並沒有對印尼國營石油公司進行這方面的要求。印尼國營石油公司大抵在印尼境內營運，極少和國外對手競爭；一般國際大型石油公司則是在競爭中求生存，兩者不可相提並論。印尼國營石油公司既然不用競爭，也不必加強環境保護來提高自己的競爭優勢。他們的執行長更不會每月發送電子郵件，強調環境優先的政策。我上次去參觀印尼國營石油公司是在一九八六年，不知這家公司這二十年來是否有改變。

金屬礦業的營運

接下來，讓我們再來探討金屬礦業的問題。目前金屬礦業是美國最大的汙染源，將近半數的工業汙染都是金屬礦業所造成。在美國西部的河流中，幾乎一半的源頭部分已遭礦業汙染。美國的金屬礦業已經沒落，會落到這步田地，大抵是採礦業者自己造成的。

環保團體大都沒有費心去了解金屬採礦業。一九九八年，採礦業發動了一項國際性行動，決定改變做法，看來似乎很有希望，然而環保團體還是拒絕參加。乍看之下，金屬採礦業的現狀令人費解。表面上，這個產業似乎和石油和天然氣產業很像，也和煤礦業無大差異。這三種產業不都是從地底下採掘無法再生的資源？沒錯，但我們還是可從三個層面看出這幾個產業的差異：除了經濟和技術層面，還有業界本身的態度，社會大眾和政府對各個產業的態度也有所不同。

金屬採礦業造成的環境問題可分為幾種，其中一種是挖掘對地面的破壞。若是露天礦坑，這種問題特別嚴重。因原礦接近地表，要挖掘出來就得挖開上面的土層。反之，開採石油就不必挖開一整片土，通常只需挖開一小塊地，再深鑿進入地底的油層即可。當然，有些金屬礦位在地底深處，不是位在靠近地表的地方，如此一來就和石油開採類似，只需挖開一條隧道通到地底下，採礦廢物占用的空間也不大。

金屬採礦業開採出來的金屬、開採過程利用的化學物品、酸性礦物汙水溢流和沉積物等，都會造成進一步的環境汙染。金屬礦中的金屬和類金屬元素，特別是銅、鎘、鉛、汞、鋅、砷、銻和硒等，都具有毒性，容易汙染附近的溪流和地下水。最慘痛的例子莫過於日本富山縣神通川上游的公害事件——神通礦業所鉛鋅冶煉廠造成鎘汙染，很多居民因為鎘中毒出現關節、骨頭劇烈疼痛的症狀。[3]採礦使用的化學物品，如氰化物、汞、硫酸和炸藥產生的硝酸鹽，也都是有毒物質。近來大家也才了解，含有硫化物的原礦流出酸性物質與水、空氣接觸，會造成嚴重的水汙染，而且會把金屬溶析出來。此外，採礦的沉積物也會隨著礦區溢流的水流到礦區之外，對水中生物造成傷害（如堆積在河床），影響魚兒產卵。除了這幾種形式的汙染，很多礦場消耗大量水資源也是問題。

採礦還有一個環境問題，也就是礦屑和廢物的清理。金屬採礦產生的廢棄物可分為四種：礦體周圍的非礦體物質、所含金屬礦太少乃至沒有經濟價值的廢石、尾礦（從原礦選別出精礦及中間產品後的剩餘產物）以及金屬溶煉後在堆浸場過濾墊留下的有毒溶液。尾礦通常堆在尾礦庫中，溶煉金屬的有毒溶液則留在過濾墊上，礦體周圍的非礦體物質和廢石則只是像垃圾一樣堆積起來。至於尾礦泥漿的清理，視礦場所在地的法律規定，有些國家允許礦場把這些廢物傾倒在河川或海洋，有的則讓礦場把這些泥漿堆積在地上，然而大部分國家都要礦場將這些泥漿堆積在尾礦壩後面。不幸的是，尾礦壩發生意外事故的機率高得驚人：尾礦壩的設計簡單（為了省錢），支撐力不足，修築的材料只是撿礦場廢物來用，不是用混凝土，且工期一拖再拖，不知何時才能驗收完畢並宣告安全無虞，只好時時監測。全球平均每年發生一起尾礦壩重大事故，災情最慘重的一次發生在一九七二年西維吉尼亞州水牛溪（Buffalo Creek），當地尾礦壩爆裂、崩塌，結果一百二十五人罹難。

接著，我將以新幾內亞與其鄰近島嶼上四個最有價值的礦場為例，說明金屬礦開採造成的環境問題。這幾個礦場都是我進行田野調查的地方。第一個礦場在巴布亞紐幾內亞，即布根維爾島潘古那地區（Panguna）的銅礦場，過去是該國最大的公司，為國家帶來最多的外匯收益，也是全世界最大的銅礦產地。這個礦場把尾礦直接傾倒在加巴河（Jaba River）支流，對環境造成巨大衝擊。巴布亞紐幾內亞政府沒有能力解決這個環境難題，加上政治、社會問題，布根維爾的居民發動叛亂，觸發內戰，好幾千人死亡，國家幾乎分裂。自從內戰爆發至今，已過了十五個年頭，布根維爾仍不平靜。潘古那銅礦場當然早就關閉，而且沒有重新營運的希望。礦場所有人與債權人的投資血本無歸，包括美國銀行（Bank of America）、美國進出口銀行（U.S. Export-Import Bank）、澳洲與日本的債券認購人等。這也是何以雪佛龍與庫圖布油田的地主如此合作無間，雪佛龍不敢得罪他們，希望得到他們的接納，免得功敗垂成。

第二個例子是利希爾島（Lihir Island）的金礦公司，該公司則是用一條深管把尾礦傾倒在海洋。雖然環保人士認為這種方式會對環境造成很大的傷害，利希爾金礦公司的所有人卻宣稱此舉對環境無害。姑且不論利希爾島的一家金礦公司對附近海洋生態的危害，如果世界其他礦場也把尾礦倒在海洋，問題就大了。第三個例子是新幾內亞內陸的奧克泰迪礦場（Ok Tedi），該礦場雖然建築了一座尾礦壩，但在此壩建造前評估過設計圖的專家表示，此壩設計不良，恐怕不久就會崩裂。果然，沒幾個月這座尾礦壩就爆裂崩塌。現在每日有十八萬公噸的尾礦和廢物流入奧克泰迪河，徹底摧毀當地的漁業。遭到汙染的奧克泰迪河直接匯入新幾內亞第一大河飛河（Fly River），飛河本來擁有最有價值的魚類資源，由於沉積

3神通川鎘汙染事件：上游的鉛鋅冶煉廠將未處理的含鎘廢水排入神通川，造成河水汙染。兩岸居民因多年來喝鎘水、吃鎘米，終於在一九五〇年代發病。起初關節疼痛，數年後全身出現骨痛、神經痛，連咳嗽都會震裂胸骨。最後骨骼軟化萎縮，自然骨折，直至無法進食，在百般疼痛中死去。病因至一九六八年才查明。

物大增，飛河浮懸物濃度增加五倍，且造成河水氾濫。礦場廢物就堆積在洪氾原上，致使洪氾原上超過五百平方公里的植被全數死亡。更糟的是，有一艘為礦場載運多桶氰化物的平底船在飛河上游沉沒，桶子遭到腐蝕，氰化物就流洩到河中。經營奧克泰迪礦場的澳洲必和必拓公司（BHP，全世界第四大礦業公司）在二〇〇一年決定關閉這個礦場。根據該公司的解釋：「奧克泰迪礦場的經營與敝公司環保價值觀衝突。敝公司經營這座礦場是個錯誤。」然而，由於奧克泰迪出口的礦產占巴布亞紐幾內亞總出口值的二〇%，儘管必和必拓公司退出，巴布亞紐幾內亞政府還是繼續讓這座礦場營運。最後一例是印尼巴布亞省的格拉斯貝格─埃爾斯貝格（Grasberg-Ertsberg）金銅礦。這是一座巨大的露天礦場，也是印尼最有價值的礦床，但是這裡的礦場直接把尾礦傾倒在米米卡河（Mimika River）。藉由米米卡河，尾礦於是流入新幾內亞和澳洲之間的淺海阿拉夫拉海（Arafura Sea）。奧克泰迪礦場以及另一個新幾內亞的金礦場，加上格拉斯貝格─埃爾斯貝格礦場，全世界只有這三個跨國公司營運的礦場直接把廢物傾倒在河流。

目前面對環境破壞的爛攤子，礦業公司一般都是在礦場關閉之後再來清理，而不是像煤礦公司一邊營運一邊進行土地復原與生態重建。金屬採礦公司為了便宜行事，根本不願採行煤礦公司的做法，他們認為走了之後再來「善後」已經很夠意思了：只要在礦場關閉之後的二年到十二年期間清理乾淨，重整坡地避免土壤侵蝕，刺激表土上的植物生長，用幾年時間整治礦區流出的廢水即可。事實上，任何一個現代大礦場都無法這麼便宜行事，通常遭到破壞的水質難以回復潔淨。酸性礦物汙水可能流出的區域都必須全面整治、綠化，所有遭到汙染的地下水和從礦場流出的地表水也需要處理。只要水一天不夠潔淨，汙染整治的工作就不能停止，因此礦區水汙染的整治通常永遠做不完。如果沒有酸性汙水流出的狀況，光是礦區環境直接與間接整治的實際費用，已比礦業公司預估的善後費用高出一倍半到兩倍；若必須處理酸性汙水，費用會比礦業公司預估的高出十倍。因此，整治費用的最大變因就在於酸性汙水的狀況。銅礦場近來才了解這個問題，其他金屬礦場雖然比較早知道這個問題，但是不管怎麼說，問題總是難以預測。

金屬礦業公司為了逃避巨額清理費用，經常使用的一個手法就是宣告破產，把產權轉移到另一家公司名下，老闆還是一樣的人。第一章提到的蒙大拿佐特曼－藍達斯基礦場（出產金礦）就是一個例子。這個礦場由加拿大飛馬金礦公司開發，一九七九年開始營運，是蒙大拿最大的金礦場，也是美國第一個以氰化物堆浸煉金的大型露天礦坑。這座礦場的營運造成氰化物長期外洩，也有酸性汙水流出，聯邦政府和蒙大拿州政府卻未要求這家公司做酸性汙水檢驗，問題於是變本加厲。直到一九九二年，蒙大拿州礦場視察員才確認該礦場的重金屬和酸性汙水汙染當地溪流。一九九五年，飛馬公司同意以三千六百萬美元和聯邦政府、蒙大拿州政府及當地的印第安部落和解。一九九八年，礦區的土地復原工作完成不到一五％，飛馬公司董事會就以投票方式決議發放超過五百萬美元的紅利，並把飛馬公司剩餘、仍有營利價值的資產轉移到他們創辦的新公司——阿波羅金礦公司（Apollo Gold），並宣告飛馬金礦公司破產。（飛馬金礦公司的董事就像大多數的礦業公司董事，居住地不在礦場所在水源區的下游，因此這些人就像我們在第十四章討論的少數權貴人士，總是置身事外，不會嘗到自己種下的環境惡果。）為了清理、整治這個礦區土地，聯邦政府和蒙大拿州政府已經花了五千二百萬美元，其中的三千萬美元來自飛馬公司支付的三千六百萬美元，另外的二千二百萬美元則由美國納稅人買單。然而，那個土地整治計畫並未包含永久的水處理費用，納稅人恐怕還得支付更多的錢才能解決這個問題。蒙大拿州近年來共有十三個大型金屬礦場，其中五個的所有人都是宣告破產的飛馬公司。在飛馬公司擁有的這五個礦場中，其中四個是利用氰化物堆浸的露天礦坑（包括佐特曼—藍達斯基礦場）。這十三個大型金屬礦場的十個已造成當地水汙染，水處理的工作永遠也做不完。這些礦場的關閉和礦區土地復原所需的費用，將是先前預估金額的一百倍以上。

礦業公司宣布破產，留給美國納稅人的爛攤子還有更大的呢。在美國科羅拉多州每年降雪近十公尺的山米特維爾山區（Summitville），加拿大銀河資源金礦公司（Galactic Resources）利用氰化物堆浸的方式煉金。一九九二年，亦即銀河資源金礦公司從科羅拉多州政府取得營業執照的八年後，該公司宣布破產，礦場不到一個星期就關閉了，員工都遭到裁員。該公司還欠地方政府一大筆稅金，環境維護工作中斷，只是一走了之。幾個月後，冬雪降落，有毒廢水從廢棄礦場流出，阿拉莫薩河（Alamosa River）長達二十八公里的河段因此遭到氰化物汙染，河流中的生物全數死光。此刻人們才發現，科羅拉多州政府只要求銀河資源金礦公司拿出保證金四百五十萬美元，便發放營業執照，但是礦區的整治費用將高達一億八千萬美元。雖然州政府和銀河資源金礦公司在法庭外和解，在該公司破產清盤後取得二千八百萬美元來做善後工作，但美國環保署（Environmental Protection Agency）還得負擔一億四千七百五十萬美元——這筆錢終究還是來自納稅人。

有了這些教訓，美國各州政府和聯邦政府終於開始要求金屬採礦業者，在營運之前繳交復墾保證金，留下足夠的款項做為環境清理、恢復的費用，免得礦業公司最後拒絕支付整治費用，或者根本沒有能力負擔這筆費用。遺憾的是，政府管制單位沒有足夠的時間，採礦專業知識不足，也不知道礦業公司詳細的開發計畫，因而無法預估復墾保證金的多寡，這筆保證金的金額一般都由礦業公司自行估算。結果常發現礦業公司最後無法恢復環境，政府只得動用他們當初繳交的保證金，但實際整治費用總是比礦業公司預估的多上一百倍。這點不足為奇。既然政府讓礦業公司自行估算，沒有對這些公司施壓要他們確實估算，多繳保證金又沒有什麼好處，礦業公司當然盡量低估。復墾保證金一般來說有三種：第一種是現金、約當現金（如國庫券、商業本票、貨幣市場基金、可轉讓定期存單等）或信用狀，這是最保險的一種；第二種是保險契約，礦業公司每年向保險公司繳交一筆金額，環境清理費用最後由保險公司支付；第三種是礦業公司自行「切結保證」，允諾擔負礦區環境清理的義務。然而，不少礦業公司的切結保證形同虛言，最後還是宣告破產、一走了之。現在，幾乎所有聯邦土地已不接受礦業公司的切結保證，只有亞歷桑納州和內華達州例外（對採礦業特別友善），仍允許大多數的礦業公司自行切結保證。

目前為了收拾金屬採礦業留下的爛攤子，進行環境清理和恢復的工作，美國納稅人總計必須負擔一百二十億美元。這筆錢不是該由礦業公司繳交給政府的復墾保證金支出？為什麼一般民眾還必須承擔這麼一筆天文數字的費用？一個原因是政府放任礦業公司低估保證金金額；另一個原因則是亞歷桑納州和內華達州仍允許礦業公司自行切結保證，沒有要求他們提出保險契約，那兩州礦區的環境問題於是變成全民買單。即使礦業公司真的與保險公司簽約，環境恢復工作由保險公司承保，投保金額也不是很高，最後請求理賠之時勢必困難重重，就像一般民眾向保險公司請求火險理賠一樣。保險公司通常會以「協議」為威脅，要你接受壓低的賠付金額：「閣下若不接受打折支付的賠付金額，可能必須聘請律師，再等上五年，等待法院判決結果。」（我有一個朋友因家裡失火向保險公司請求火險理賠，就被這種「協議」折騰了一年。）此外，環境整治的執行有一定的年限，保險公司只在那幾年進行理賠或支付協議後的賠付金額，超過年限他們就不管了，保險契約並未要求他們負責到底。然而，礦區的環境整治總是曠日費時，費用節節高升，很難在短短幾年內解決。再說，不只是礦業公司會倒閉，保險公司也可能無法負擔巨額賠償而宣告破產。美國礦業界留下了十大毒瘤（總計要納稅人掏出六十億美元）：其中兩個是美國熔煉精煉公司（ASARCO，見第一章）擁有的礦區，這家公司已經瀕臨破產；其他六個礦區的經營者非常刁鑽，不肯承擔整治責任；只有兩家公司比較負責。這十個礦區可能都有酸性汙水流出，礦區附近的汙水處理或許需要長期整治，也可能永遠也處理不完。

可想而知，納稅人被迫買單，心情必然鬱卒，因此蒙大拿等州的民眾提起礦業公司就一肚子火。美國金屬採礦業已成夕陽工陽，未來黯淡無光，還有發展的只剩管制寬鬆的內華達金礦區和蒙大拿的鉑／鈀礦區（下文會再詳述這個特別的例子）。現在願意投入金屬採礦業的美國大學生（全美國只有五百七十八個），只剩一九三八年的四分之一。然而，從那個年代之後，美國大學生的人數已不知增加多少倍。自一九九五年起，愈來愈多的金屬礦開發案遭到美國大眾攔阻而無法進行，礦業界也不再能靠關說或拉攏議員來推動自己的開發案。如果一個產業只著眼於自己的短期利益，無視公眾利益，最後必然自取滅亡、無法生存。金屬採礦業就是最明顯的例子。

為什麼金屬採礦業會有這樣悲慘的下場？照理來說，金屬採礦業應該也像石油業，可從維護環境中受益。環保做得好，好處多多：人事成本下降（員工工作滿意度提高、流動率和曠職率低，也因為身體變得更健康，醫療費用減少），銀行提供更優惠的貸款，保險公司也會提出更好的條件，而且當地社區的接納度高，比較不會發生民眾抗議、阻撓的情事。再者，一開始就利用先進技術做好環保比較省錢，如果等到當地政府的環境標準變得嚴格再來更新設備，反而必須花更多的錢。為何金屬採礦業偏偏採取短視近利的做法，最後自取滅亡？為什麼不向石油業和煤礦業學習，看人家如何解決類似的難題，做到永續經營？答案和先前提到的三組因素有關：經濟因素、金屬採礦業的心態以及社會大眾的態度。

金屬採礦業的動機

從經濟因素來看，金屬採礦業不像石油業，比較難負擔整個環境清理、整治的費用，原因在於金屬採礦業淨利率較低，獲利難以預期，加上環境清理費用較高，汙染問題持久、棘手，較難把這些費用轉嫁給消費者。再者，公司本身也沒有那麼多的資金可吸收這些成本，勞動力也大不相同。從利潤來看，雖然有些金屬礦業公司比較賺錢，但在過去的二十五年中，金屬採礦業整體的平均報酬率居然低於成本。舉例來說，如果某礦業公司執行長在一九七九年有一千美元閒錢做投資，投資在鋼鐵類股，到了二〇〇〇年，就有二千二百二十美元；如果投資在鋼鐵之外的金屬類股，則只有一千五百三十美元；如果投資在金礦類股，就只剩五百九十美元——這表示虧了老本，加上通貨膨脹的損失就虧得更慘；若是投資在一般共同基金，原來的一千美元已增值為九千三百二十美元。如果你是礦業公司老闆，你投資在自己產業的金錢就付諸東流了！

即使是賺了點錢的公司，獲利也難以預期，這不只是個別礦場的問題，整個產業也如此。雖然確定一處油田蘊藏石油，也不是每一座油井開挖下去都有石油，但油田整體的藏油量和石油等級還是可以事先預測。相形之下，金屬原礦的等級（也就是所含金屬的等級及其代表的獲利率）常常難以預期，開挖出來才能斷定，而半數金屬礦開挖之後才發現不能獲利。此外，由於金屬價格容易受國際物價影響，波動幅度比石油和煤礦都來得大，礦業界平均獲利也難以預期。至於金屬價格容易波動的原因很複雜，其一是金屬體積小，我們消耗的金屬量也比石油和煤礦少（金屬比較容易囤積）。再者，我們認為石油和煤是不可或缺的民生必需品，而金、銀等是奢侈品，不景氣的時候就不必穿金戴銀。更何況黃金價格並不受供給面或業界需求的影響——投機客或投資人對股市沒信心或政府出售黃金儲備時，就會進場購買黃金。

開採金屬礦產生的廢物也比挖掘油井多很多，清理費用更為龐大。從油井抽出來的廢物大都只是水，水與原油的比例為一比一左右，不會更高。除了道路修建和偶爾出現的漏油事件，開採石油和天然氣對環境造成的衝擊很小。相形之下，採礦開採出來的金屬只有一點點，為了這一點點的金屬，開挖出來的廢石、廢土卻堆積如山。以銅礦的開採而言，廢物約是銅的四百倍；至於金礦，廢物更是金的五百萬倍。由此可見，金屬礦業公司要清理的廢物量真是巨大。

金屬礦場造成的汙染問題不像石油業的汙染那麼顯而易見，歷經很長的時間也不一定能解決。石油汙染問題主要是大量原油外洩，這類事故只要仔細維護和檢查、改良機械設計（如淘汰單體油輪，改用雙體油輪）就可以避免。今日重大的漏油事件主要是人為疏失所造成（如埃克森的瓦迪茲號事件），經由嚴格的人員訓練就能把這種災害的發生機率降到最低。漏油造成的汙染通常不到幾年就可清除乾淨，原油也會自然降解。金屬採礦造成的汙染雖然有時也像漏油事件來得快、顯而易見，一下子使很多魚類或鳥類斃命（如山米特維爾礦區流出的氰化物，使河流中的魚全部死光），但是礦區的有毒金屬和酸性汙水通常會長期滲流。這種滲出並不顯眼，也不能自然分解，而且可能持續好幾百年。礦區附近雖不至於在短期內出現死屍遍野的景象，但居民的身體會逐漸孱弱，飽受病痛折磨。此外，尾礦壩等防止礦區廢物外漏的工程又常常出事。

石油和煤一樣，是看得到的大宗物料。車子一加油，加油站的油量計立刻顯現加了多少公升的汽油。我們知道石油是做什麼的，而且認為它太重要了。我們都體驗過車子開到一半沒有油的不便，也害怕這種事再度發生。我們只要車子有油可以行駛，就心存感激，油價即使漲了一點，也不會去抗爭。石油業和煤礦業看準這種心理，因此可能把環境清理的費用轉嫁給消費者。相形之下，鋼鐵以外的金屬大都做成不起眼的小零件，用於汽車、電話等設備。（讓我們做個小測驗，請不要查百科全書，馬上告訴我：你身邊有哪些東西是銅和鈀做的？你去年購買的物品含有銅和鈀各多少公克？）如果礦業公司開採銅和鈀的環保費用增加，使你打算購買的車子漲價，你不會對自己說：「儘管每一盎司（約三十公克）的銅和鈀貴了一美元，車價因此貴了些，也沒有關係，今年我還是要買車。」你還是會去各汽車經銷商看車，貨比三家之後挑一部最划算的。銷售銅和鈀的中間商和汽車製造商都知道你怎麼想，他們會向礦業公司施壓，把價格壓下來。所以，金屬礦業公司很難把清理環境的費用轉嫁給消費者。

和石油公司相比，金屬礦業公司比較沒有那麼多資金吸收環境清理費用。石油公司也好，金屬礦業公司也好，對開採地區長久以來的環境問題都必須概括承受。這些環境問題由來已久，可能有百年以上的歷史，直到最近環保意識抬頭，人們才採取對環境比較友善的做法。要解決這些問題，必須有很多的資金才有辦法進行。然而，二〇〇一年礦業界全體的資本額只有二千五百億美元，其中前三大公司——美鋁公司（Alcoa）、澳洲必和必拓和力拓礦業集團（Rio Tinto）——每一家資本額只有二百五十億美元。相形之下，其他產業的大公司如沃爾瑪百貨（Wal-Mart Stores）、微軟（Microsoft）、思科（Cisco）、輝瑞藥廠（Pfizer）、花旗集團（Citigroup）與埃克森美孚石油（Exxon Mobil）等，光是一家公司的資本額就有二千五百億美元。以奇異公司（General Electric）為例，該公司的資本額就有四千七百億美元（幾乎是所有礦業公司資本額加起來的二倍）。難怪承擔環境清理費用對金屬礦業公司來說十分吃力，不像財力雄厚的石油公司那樣輕鬆。舉例來說，美國銅生產商菲爾普斯—道奇公司（Phelps-Dodge）是美國僅存的大型金屬礦業公司，他們必須承擔礦區關閉、環境恢復的費用高達二十億美元——這筆金額相當於這家公司的市值，而這家公司的資產總值大約只有八十億美元，且這些資產大部分在智利，無法用來支付北美方面的清理費用。至於買下安納康達銅礦公司的美國大西洋富田石油公司（ARCO，見第一章），雖然必須承擔比尤特礦區的清理費用，金額在十億美元以上，但ARCO在北美的資產就超過二百億美元。從這個殘酷的經濟因素來看，我們就可了解為何菲爾普斯—道奇遲遲不願負起礦區環境的清理責任，不像ARCO那樣勇於負責。當然，礦業公司難以承擔環境清理費用還有其他經濟因素。短期來看，如果礦業公司請人遊說或透過公關公司運作，使管制礦業的法規得以鬆綁，對礦業公司來說這肯定比較省錢。這種策略過去還行得通，現在社會大眾環保意識提高，加上現有法規的限制，礦業公司已經不再能打這個如意算盤了。

上述的經濟因素再加上傳統以來的態度和企業文化，更使得金屬礦業公司不願承擔環境清理責任。過去美國政府希望居民多多前往西部開拓（不只是美國，南非和澳洲也是如此），於是鼓勵礦產開採，因此美國礦業界自我膨脹，以為自己擁有特權，可以不受法規約束，還以西部拓荒英雄自居。我們在前一章討論到價值觀不合時宜的問題，這就是一個明顯的例子。如果有人批評採礦破壞環境，礦業公司的主管無不振振有辭地說：如果沒有開採礦產，就沒有文明；對礦業多加管制，礦產就會減少，人類文明也會跟著減損。事實上，人類文明不只少不了金屬礦，也不能缺少石油、糧食、木材、書本等。然而，石油公司、農夫、伐木業者或出版公司就不像礦業公司那樣為自己的產業爭辯，以基本教義派的口吻說道：「上帝把金屬放在那兒，就是等著我們去開採，這是有益於全人類的事。」美國某大金屬礦公司的老闆和多數主管都是同一所教會的信徒，教會告訴他們，上帝很快就會來到地球拯救人類。於是他們認為，既然上帝就快來到，何必急著清理土地和恢復環境？只要再拖個五到十年，問題自會解決。我的礦業界友人就以各種生動的說法來形容礦業公司的態度：撈一票就跑啦，掠奪式資本家的心態啦，和自然戰鬥的唐吉軻德啦，礦業公司的老闆就像賭徒啦，手氣好挖到主礦脈就發了，如此個人就能得到無窮的財富，不像石油公司以「增加公司資產值、為股東帶來更大利益」為座右銘。面對礦區遭到有毒廢物汙染的問題，礦業公司經常不認帳。石油公司不會為漏油事件強詞奪理，說漏油無害之類的瞎話，但礦業公司總是不見棺材不掉淚，不承認從礦區溢流的金屬和酸性汙水危害了當地環境和居民健康。

金屬礦業公司在環境方面的做法，除了和經濟因素及公司態度有關，也受到政府和社會的影響。換言之，如果政府和社會不縱容，金屬礦業公司就不會有那樣的態度。目前與礦業開發有關的聯邦法令，仍是一八七二年通過的「礦業開採法」（General Mining Act），沿用至今。根據這項法令，礦業公司可從政府取得相當多的補助。例如在國有土地採礦，一年有高達十億美元的免稅金，還可任意在公用土地傾倒採礦廢物，其他一些補助更讓納稅人每年付出二億五千萬美元。聯邦政府自一九八〇年開始實行「三八〇九礦業條例」（3809 rules），這項條例的細則並未要求礦業公司必須在開採之初提交復墾保證金，對礦區關閉和環境恢復也沒有明確定義。二〇〇〇年，執政的柯林頓政府提出新的礦業管制條例，要求礦業公司提交環境清理保證金、恢復環境，同時規定礦業公司不得再自行切結保證，以防礦業公司宣告破產一走了之。但在二〇〇一年，布希政府提出新的礦業管制條例，只要求礦業公司提交保證金。如果布希政府未對環境的清理和恢復清楚地定義、估算足夠的清理費用，那麼提交保證金的條例將形同虛設。

我們的社會也很少揪著礦業公司不放，要他們為破壞環境負起責任。法令、管制政策沒能制裁違法的礦業公司，也沒有政治人物願意卯上這些公司。蒙大拿州政府過去很長一段時間都被礦業說客牽著鼻子走，目前亞歷桑納州和內華達州的政府也還在跟礦業公司眉來眼去。就說新墨西哥州吧，本來估算菲爾普斯─道奇公司必須為奇諾（Chino）銅礦區的環境清理負擔七億八千萬美元，菲爾普斯─道奇公司卻透過政治運作對新墨西哥州政府施壓，硬是把這筆費用壓到三億九千一百萬美元。如果美國大眾和政府幾乎對礦業公司一無所求，怎能期待礦業公司自動自發把乾淨的環境還給我們？

礦業公司之間的差異以上對金屬礦業公司的描述，可能會給人錯誤的印象，認為所有的礦業公司都是如此。當然，礦業公司不都是這樣的，也有在環保方面做得較好的金屬礦業公司或其他礦業公司。

如果我們能了解他們為什麼這麼做，應該可以從中學到不少。在此，我將提出六個例子來討論，包括煤礦開採、蒙大拿安納康達銅礦公司現況、蒙大拿的鉑鈀礦區，以及最近由全球採礦組織（Global Mining Initiative）提出的礦業金屬永續經營計畫（MMSD，見下文），還有力拓礦業集團和杜邦公司（Du Pont）。

表面上看來，在開採的過程中，煤礦公司和金屬礦業公司，都無可避免地會對環境造成巨大衝擊，因此這兩種產業很相近。就這一點，金屬礦業公司和石油公司的近似程度就沒那麼高。由於每年煤礦產量巨大，煤礦開採產生的廢物要比金屬礦開挖的廢物來得多，是所有金屬礦區廢物總量的三倍以上。因此，煤礦開採受影響的面積很大，有時甚至把岩床上方的土壤層都挖掉，然後把這些堆積如山的廢土倒在河川。然而，有時也能挖到三公尺寬、長達幾公里的純煤層，如此一來廢物就很少，與煤礦的比例約是一比一。如前所述，銅礦開採產生的廢物與銅的比例是四百比一，金礦開採產生的廢物更是金的五百萬倍，純煤層開採產生的廢物相較之下就少得多。

至於煤礦開採造成的災害，前文提過一九七二年西維吉尼亞州大洪水，當地煤礦區在水牛溪建築的尾礦壩崩塌，這個災難事件喚醒煤礦開採業對安全的重視，就像埃克森瓦迪茲號的北海漏油事件對石油業的教訓。金屬採礦業雖然也曾在第三世界造成可怕的環境災難，由於第一世界的民眾看不到，類似事件就沒能給金屬採礦公司當頭棒喝。美國政府在水牛溪事件的刺激下，於一九七〇年代和八〇年代制定比較嚴格的煤礦開採管制條例，要求煤礦公司更注意環境保護，也得提交復墾保證金。相對來看，政府對金屬採礦業的管制就寬鬆得多。

對於政府的管制，煤礦業一開始的反應是政府在「唱衰」他們的產業，但經過了二十年，煤礦業也習慣那些規定了。（當然，我不是指煤礦業都是好的，應該說他們比二十年前上軌道。）一個原因是大多數煤礦礦區不在美麗的蒙大拿山區，而是位在平地，環境的恢復比較容易辦到。要是把一個如詩如畫的山頭挖得面目全非，恢復的費用就如天文數字，煤礦公司可能承擔不了。此外，現在的煤礦公司在停止營運的一、兩年內，通常就把礦區的土地整治完畢，金屬採礦公司就做不到這點。另一個原因或許是煤在大眾心目中是生活必需品（就像石油，黃金則不是）。我們都知道煤和石油的用途為何，然而很少人知道銅用在哪裡，因此煤礦公司便可能將環境清理費用轉嫁給消費者。

有關煤礦業的反應，背後還有一個因素，也就是供應鏈短且透明。煤總是直接由煤礦公司或透過一個中間商送到發電廠、鋼鐵廠等主要用煤廠商。大眾容易得知那些廠商的煤購自哪一家煤礦公司——是有良心、愛護環境的公司？還是唯利是圖、破壞環境的公司？石油的供應鏈甚至更短。大型石油公司屈指可數，如雪佛龍德士古、埃克森美孚、殼牌、英國石油，也許油田在很遠的地方，但他們總是在各地設有營業點，在自己的加油站販賣汽油給消費者。因此，當埃克森的油輪瓦迪茲號漏油，汙染海洋，憤怒的消費者就可能杯葛埃克森，拒絕去他們的加油站加油。但是黃金從開採出來之後，可能經過精煉廠、倉庫、印度的珠寶製造商、歐洲批發商，最後才出現在珠寶零售店讓消費者購買，所以供應鏈很長。請看看你手上戴的金戒子：你完全不知道這黃金是挖自地球上哪一個角落，不知是去年生產的黃金，還是已經貯藏二十年的黃金，不知是哪家金礦公司的產品，更對那家公司的環境策略一無所知。銅的產銷更加複雜，更不透明，生產過程還多了一道冶煉程序，你甚至不知道你在買車或買電話的時候，這些商品當中也有若干銅製品。由於銅礦公司或金礦公司的供應鏈很長，他們根本不指望消費者願意承擔礦區清理的費用。

蒙大拿礦區環境破壞的問題已有長遠歷史，在這些礦區中，安納康達銅礦公司以往在比尤特下游一帶的礦區已有人承擔清理責任。原因很簡單：安納康達銅礦公司被ARCO這家大石油公司買下，後來ARCO又把這個礦區賣給規模更大的英國石油公司。安納康達礦區的清理成果最能顯示金屬採礦業和石油業處理環境廢物的差異。ARCO和英國石油發現他們不只買下了安納康達礦區，也繼承了難纏的環境整治問題，但他們終於看清，只有面對問題才能維護自己的利益，推卸責任只會對自己更不利。事實上，ARCO和英國石油也不是那麼爽快，一下子就掏出幾十億美元來清理環境。一開始他們也設法推諉，像是否認礦區廢物汙染環境、買通當地的民眾團體、不採用政府方案卻想辦法用比較省錢的方式來解決等。他們已經花了不少錢，顯然不想繼續把錢投在整治礦區環境這個無底洞。但他們是大公司，難以為了推卸區區蒙大拿礦區的環境清理責任就宣告破產，最後他們知道無限期施延也不是辦法，只好硬著頭皮解決問題。

有關蒙大拿礦區的景象也不完全黑暗無望，像斯蒂沃特礦業公司（Stillwater Mining Company）經營的兩個鉑／鈀礦區就讓人看到較有希望的未來。斯蒂沃特礦業公司不但和當地環保團體簽訂睦鄰協議（這在美國礦業界可說絕無僅有），而且提供贊助金給這些團體，歡迎他們隨時到礦區看看。當地一個環保團體「鱒魚無限」（Trout Unlimited）接受邀請時簡直受寵若驚，該公司請他們去看看礦區附近石河（Boulder River）的鱒魚是否因為礦產開採而受到影響。該公司與礦區附近社區簽訂的睦鄰協議是長期的，公司承諾提供就業機會、電力，也將幫忙設置學校、加強公共建設。如果當地環保人士和居民能接受他們，不反對他們開採礦產，這就是他們願意提供的回饋。這樣的協議似乎創造出公司、環保團體和社區三贏的局面。然而，在蒙大拿那麼多的礦業公司中，為何只有斯蒂沃特一家公司這麼做？

這牽涉到幾個因素。首先，斯蒂沃特擁有的礦產價值連城，舉世無雙。除了南非以外，全世界只有蒙大拿的這個礦區出產大量的鉑／鈀礦（汽車製造業和化學工業都會用到鉑和鈀）。此外，蒙大拿的鉑／鈀礦礦脈很深，估計至少還可開採一百年以上，因此斯蒂沃特公司的眼光可以放遠一點，不像一般礦業公司撈一票就跑。鉑／鈀礦是在地底下開採，不像露天礦坑把地表挖得面目全非，造成許多問題。而且鉑／鈀礦原礦所含有的硫化物很少，大部分的硫化物都隨著金屬析出，不會產生酸性廢物，含有硫化物的酸性汙水因而微乎其微，不像開採銅礦和金礦對環境影響那麼大，環境恢復的費用也少得多。一九九九年，斯蒂沃特公司的新任執行長聶妥思（Bill Nettles）走馬上任。他原來在汽車製造業（使用金屬礦最多的產業）服務，不是傳統礦業出身，因此沒有一般礦業老闆的心態。他還深深體會到，礦業界的公關向來做得非常差勁，因而決心找到一個長遠的解決辦法。最後，斯蒂沃特在二〇〇〇年和當地社區民眾簽訂睦鄰協議，藉以放手一搏。那時候美國總統大選即將到來，他們擔心熱中環保的高爾（Al Gore）當選，而蒙大拿州長選舉的贏家也可能是反商人士，簽訂睦鄰協議才會讓他們有最大的勝算，未來才得以在蒙大拿立足。換句話說，斯蒂沃特的主管著眼於公司的最佳利益，與當地居民協商。美國大多數礦業公司對公司利益的看法有所不同，因此規避責任，雇用說客或公關公司從政府政策下手，最後見大勢已去索性宣告破產。

一九九八年，幾家跨國礦業公司的高階主管終於關心起礦業「漸漸不被社會認同」的問題，再這麼下去，他們將很難經營。於是他們共同擬定一個「礦業金屬永續經營計畫」（Mining Minerals and Sustainable Development，簡稱MMSD），針對礦業的永續經營推動一連串研究，並延請著名的環保人士（全國野生動物協會〔National Wildlife Federation〕會長）來主持這個計畫。雖然他們希望和更多的環保團體合作，可惜金屬礦業長久以來聲名狼藉，環保團體多拒絕和他們有所牽連。二〇〇二年，該計畫進行的相關研究提出一系列建議。遺憾的是，大多數的礦業公司都不願採納。

英國礦業巨人力拓礦業集團則是例外，只有這家公司決定採納這些建議，付諸實踐。關鍵人物是大力支持礦業永續經營的執行長以及英國的股東，當然傷痛的記憶也有影響。這家公司過去也曾在布根維爾島潘古那地區開採銅礦，結果投資血本無歸。前面提過，雪佛龍石油公司打造出環保模範的金字品牌，因而在北海油田開發工程招標中脫穎而出。同樣地，力拓集團也看出企業勇於承擔社會責任帶來的優勢。位在加州東南部死亡谷（Death Valley）的力拓集團硼砂礦區，是美國境內環境清潔維護做得最好的礦區。力拓在環保方面的努力，終於得到第凡內珠寶公司（Tiffany & Co.）的青睞。第凡內珠寶公司的商店外曾有環保人士前來抗議，他們高舉抗議標語，說金礦開採造成氰化物外洩，魚群大量死亡。因此，這家知名珠寶公司在挑選他們的黃金供應商時，就選擇了力拓集團。力拓集團之所以雀屏中選，正是因為該集團近年來致力於環保的成績有目共睹。正如先前提到的雪佛龍德士古石油公司，第凡內珠寶更進一步的動機就是希望建立卓越的品牌形象，維持員工素質和士氣，這當然也牽涉到公司主管的經營哲學。

最後一個具啟發性的實例是總部設在美國的杜邦公司。這家公司是全世界最大的鈦金屬和鈦化合物的買主，他們把鈦用在油漆、飛機引擎、高速飛機和太空梭等航空器。大部分的鈦都是從澳洲沙灘的金紅石提煉出來，金紅石這種礦物含有近乎純粹的二氧化鈦。由於杜邦公司是製造業，非金屬礦業，他們得向澳洲的礦業公司購買金紅石。杜邦將所有的產品印上自己的名字，包括含鈦油漆塗料等，他們當然不希望供應鈦的礦業公司有環境殺手惡名，賠上自己的聲譽。因此杜邦與公益團體合作，嚴格要求澳洲的鈦供應商負起維護環境的責任。

第凡內珠寶和杜邦公司的例子說明一個重點。一般消費者對石油公司比較有影響力，或多或少也能對煤礦公司施壓，因為社會大眾直接向石油公司購買汽油，也直接付費給使用煤礦發電的電力公司。因此，一旦發生重大漏油事件或煤礦災變，消費者知道該去找誰算帳。然而，消費者和金屬採礦公司隔得很遠，即使知道金屬礦業公司破壞環境，也莫可奈何，幾乎不可能用行動杯葛某一家金屬礦業公司。以銅為例，即使想間接抵制含銅製品也不可能，大多數消費者甚至連自己買的物品哪些含銅也不清楚。然而，消費者還是可以向第凡內珠寶、杜邦公司等購買金屬的大公司施壓。這些大公司無法睜著眼睛說瞎話，說不知道合作的金屬礦業公司在環保方面做得是好是壞。在下面有關伐木業和漁業的討論中，我們將更加見識這種消費者的力量。環保團體也開始利用這種策略來監督金屬礦業公司，與其跟狡詐的金屬礦業公司纏鬥，不如從金屬的大買主下手。

雖然政府或公眾都認為環境保護長遠來看還是划算的，但在短期之內，為了環境的維護、清理和恢復，礦業公司還是得花一大筆錢。這筆錢該由誰來負擔？過去政府法規過於寬鬆，導致礦業公司得以規避清理環境的責任，社會大眾在別無選擇之下，只好共同承擔這筆費用。一想到礦業公司董事投票通過發放大筆紅利給自己，接著宣告破產，把清理環境的爛攤子丟給所有納稅人，實在令人痛心疾首。往者已矣，我們應該好好思考這個現實的問題：礦業公司現在或未來的環境清理費用，該由誰來買單？

事實上，現在礦業公司幾乎沒有利潤，消費者很難指望礦業公司從巨大的利潤中撥出經費來整治環境。我們希望礦業公司做好環境清理，是因為採礦造成的惡果會降臨在我們身上，如土地無法再利用、飲用水有毒和空氣汙染等。話說回來，不論再怎麼小心翼翼地維護環境，開採煤礦和銅礦還是會產生廢物。如果我們必須使用煤和銅，就必須認清環境費用對金屬採礦業來說本就無法避免，也是成本的一部分，正如礦業公司一定得購買挖土機和冶煉爐一樣。所以，金屬價格加上環境費用，由消費者承擔，是天經地義的事，就像石油公司和煤礦公司的做法。遺憾的是，金屬的供應鏈太長，加上大多數礦業公司長久以來惡名昭彰，總是把青山綠水化為惡土毒水，因此這個簡單的結論至今仍不可行。

伐木業

最後我將討論的兩種資源開採業是伐木業與漁業。這兩種產業和石油業、金屬礦業與煤礦業有兩大不同。首先，樹木和魚類都是可以自行再生、繁殖的資源。如果取用的速率不大於繁殖率，就可取之不盡、用之不竭。反之，石油、金屬和煤礦都無法再生，不能繁殖、生長或經過有性生殖生產一滴滴的石油或小塊的煤。即使開採的速率很慢，也是有減無增，無法維持原來的蘊藏量。（嚴格說來，煤和石油是動植物遺骸經過地底壓力和熱力生成在岩層中，但是必須歷經幾百萬年才能形成，根本無法應付人類開採的速率。）其次，在伐木和捕魚的過程中，人類取走的樹木和魚類對環境有很大的價值。因此，不管砍伐樹木或捕魚，都會造成環境破壞。相形之下，石油、金屬和煤對生態系的重要性就很低或毫不重要。如果在開採石油或礦產的時候，小心不去破壞生態系的其他部分，並不會減損任何有生態價值的資源，儘管日後的使用或燃燒還是會造成破壞。以下我先討論伐木業的影響，再來簡要地論述漁業的問題。

對人類來說，森林有很大的價值，但因為遭到大肆砍伐而出現危機。人類使用巨量的木製品，這些製品都來自森林，如柴薪、辦公室用紙、報紙、印書用紙、衛生紙、木頭建材、夾板和木製家具等。對占有世界人口一大部分的第三世界居民來說，雖然使用的木製品不多，還是會用樹木製作繩索和修築屋頂，鳥類和哺乳動物也會在森林中尋找食物、水果、核果等植物可食的部分，也會找植物做為草藥來治病。對第一世界的居民而言，森林更是休閒的好去處。森林是世界最重要的空氣清淨器，為我們除去一氧化碳等空氣汙染物。森林及土壤也是碳的主要匯集處，森林砍伐造成碳匯集處減少，這也是全球暖化的一個重要成因。水分從樹木蒸散，可以使水分回到大氣中。如果森林減少，降雨就會減少，荒漠化的問題就會愈來愈嚴重。樹木也有水土保持的功能，使土壤潮溼，也可使地表免於崩裂與受到侵蝕，沉積物也不至於大量流入溪流。有些森林——特別是某些熱帶雨林——保有生態系的營養物質，森林砍伐光之後，光禿禿的土地就變得貧瘠。此外，森林也是人類以外陸上大多數生物的棲地：熱帶雨林雖然只占地表的六%，陸地上五〇%到八〇%的動植物物種卻盡在其中。

森林既然有這麼多的價值，伐木業者也發展出很多做法，以減少伐木對環境造成的負面衝擊。方法包括：只砍伐特別挑選的樹種，保全森林其他部分，而不是把整座森林全部砍光；砍伐的速率以永續經營為著眼點，讓樹木生長率和砍伐率相當；只砍伐小塊區域的林木，不是大範圍砍伐，因此砍伐區域周圍仍有森林，種子便容易飄進來，讓砍伐區的林木得以再生；砍伐的樹木一棵棵地重植回去；如果是很有價值的原木，如龍腦香和南洋杉，可使用直升機將砍伐下來的木頭運下山，避免使用卡車載運（因為在森林中開闢山路載運原木，將對森林沒被砍伐的部分造成傷害）。伐木公司可能因這些環境保護措施賺錢或賠錢，視情況而定。我將舉兩個例子來說明這兩種相反的結果：一個是我的友人艾洛西爾斯最近的經驗，另一個則是林業監管委員會（Forest Stewardship Council）的運作。

艾洛西爾斯不是他的真名，而是化名，聽我說完他的遭遇後，讀者就知道我為什麼這麼做。他是亞太地區某一個國家的公民，我曾在他的國家做過田野調查。我初次和他見面是六年前的事。見面不久，我就發現他是辦公室裡性格最開朗、也最有幽默感的人。他聰明、快樂而有自信，對什麼事都抱持著好奇心，也很獨立。一回，遇上工人暴動，他毫不畏懼，一個人赤手空拳將他們擺平。夜晚，他在陡峭的山路上跑上跑下，在兩個原野營地之間奔波、協調。我們一見如故，他聽說我寫了一本有關人類性象的書，還談不到十五分鐘，他就開懷大笑，說他準備洗耳恭聽，聽我說有關「性」的種種，就先別提鳥的事了。

我們一同參與幾個計畫，之後我就返回美國。兩年後，我又來到他的國家。再次見到艾洛西爾斯，他像是變了個人似的。講起話來神經兮兮，眼睛左顧右盼，好像害怕什麼。我們在他國家首都的一個會議廳裡談話，我將在那兒為他們的政府官員演講。我覺得很奇怪，這裡這麼安全，他到底在害怕什麼。我們先敘舊一番，聊聊當年工人暴動、山中營地，還有性方面的話題。然後我問他這兩年過得如何，下面就是他的故事：

艾洛西爾斯換了工作，目前為一個阻止熱帶雨林砍伐的非政府機構做事。在東南亞熱帶地區和太平洋島嶼，大規模砍伐森林的主要是跨國伐木公司，他們的子公司遍布多國，辦事處主要設在馬來西亞，台灣、南韓也有。他們和擁有林地的當地人簽訂租約，取得砍伐林木的權利，再把砍下來的原木出口，砍伐後並不做林地再造的工作。原木砍伐下來後，經過切割、加工處理，才有商品價值。也就是說，木材成品的價格遠遠超過原木。因此，如果只是出口原木，對當地人或當地政府來說並沒有什麼利益。伐木公司常常賄賂政府官員以取得官方伐木許可，然後開闢林道、砍伐林木，砍伐範圍總是超過實際租賃範圍。另一個做法是伐木公司派一艘船前去，以迅雷不及掩耳之勢，和當地人談好條件，直接把林木砍伐下來運走，省去取得官方許可的麻煩。舉例來說，在印尼當地所有砍伐下來的林木中，七〇％是盜伐的，讓印尼政府一年損失稅收、使用費和租金等總計將近十億美元。伐木公司怎麼買通當地人士的呢？他們會找上村子裡具有領導地位的人，這些人不一定有權和伐木公司簽訂租約，但伐木公司還是招待他們到首都甚至前去香港等國外城市旅遊，讓他們住最奢華的飯店、享受美食、暢飲美酒，還為他們召妓，直到他們簽字為止。這麼做生意似乎要付出不少代價，如果你了解熱帶雨林一棵大樹可賣到幾千美元，就會覺得伐木公司占盡便宜。至於一般村民，伐木公司則是用錢收買，給他們一筆錢，讓他們同意林木砍伐。對村民來說，好像獲得一大筆天外飛來的意外之財，但他們通常拿錢用來吃吃喝喝或買東西，不到一年就花光了。此外，伐木公司還開一些空頭支票，取得當地人的信賴，像是承諾回來種樹或是興建醫院，卻從來沒有實現。然而，在印尼婆羅洲、索羅門群島等地，伐木業者向中央政府取得許可前來砍伐森林，當地人知道此舉將對他們不利，於是封鎖道路、放火燒了鋸木廠，伐木公司只得請求警力或軍隊協助，伸張他們的權利。我也聽說有伐木公司放話要殺害反對他們的人。

艾洛西爾斯就是他們欲除之而後快的人。伐木公司恐嚇要殺他，他不為所動，他相信他能保護自己。但他們也威脅要殺死他的妻兒，他知道他的妻兒無法保護自己，如果他外出工作，妻兒可能遭到不測。為了安全起見，於是他將他們送往國外。孑然一身的他，隨時提高警覺，擔心有人前來取他的性命。這也就是他變得神經兮兮的原因，以前的快樂、自信全都不見了。

就像我們之前討論過的礦業公司，我們不得不問：為什麼伐木公司會做出這種喪盡天良的事？答案和礦業公司一樣，因為這麼做有利可圖。伐木公司同樣在三個因素驅使下這麼做的：經濟因素、伐木業者的企業文化以及社會與政府的態度。熱帶雨林原木非常珍貴，市場上供不應求，因此伐木公司租賃林地，把樹木砍光就一走了之，獲利甚巨。由於當地人多半很窮，看到白花花的現金難免見錢眼開，無視雨林砍伐的後果，於是默許伐木公司為所欲為。（阻止熱帶雨林砍伐的非政府組織有一招很厲害，他們帶著準備與伐木公司簽約的林地地主去已經砍伐的地方，讓他們親眼看到那裡變成什麼樣子，並和那裡的地主談談，聽他們述說後悔莫及的心情。等他們回到自己的山林，就會拒絕和伐木公司簽約。）政府林務局的官員沒有伐木公司的國際視野和財力，不了解木材成品的價值，經常為了一點小錢出賣祖國的森林。在這種情況下，伐木公司自然一本萬利，直到沒有森林可砍，或者當地政府和林地地主悍然拒絕出租森林讓他們砍伐，並以更大的力量對付盜伐者的暴行。

在其他國家，特別是西歐和美國，伐木公司這種「砍了就跑」的行徑愈來愈難獲利。西歐和美國的森林不像熱帶的大部分森林，原生林[4]早已砍完或者急遽減少。大型伐木公司不是擁有自己的林地，就是簽訂長期租賃合約（非短期合約），因此他們有永續經營的誘因。很多消費者也對環境問題相當了解，他們在意自己購買的木製產品是否來自遭到濫伐的森林。有時政府的管制也很認真、嚴格，政府官員沒那麼好收買。

因此，對於西歐和美國的伐木公司來說，他們愈來愈關心的是：與其說能否與低價競爭的第三世界業界一爭高下，不如說擔心自己的生存，或是（用礦業和石油業的術語來說）擔心自己能不能取得「社會許可」（social license）。有些伐木公司採取很好的做法，希望藉此讓社會大眾信服。但是他們發現，在社會大眾眼中，他們自己的聲明並不具有說服力。例如很多木製品或紙製品在上市時，經常伴隨著愛護環境的聲明，例如「每砍一棵樹下來，就種兩棵樹回去」。但根據調查，在八十個這樣的聲明中，其中的七十七個完全沒有證據，另外的三個只有部分證據。如果有人對他們的聲明提出質疑，他們就乾脆放棄聲明。大眾已經知道伐木公司的聲明只是表面功夫，真相如何，大家心裡有數。

伐木公司除了擔心社會大眾對他們反感，他們也憂慮森林將愈來愈少，樹要是都砍光了，他們就沒生意做了。過去八千年以來，原生林已有半數以上被砍伐或遭到嚴重破壞，而我們對木製品的消耗更是有增無減。森林的消失與破壞都是這五十年內的事，例如將林地清理出來做為農地，乃至於世界的紙消耗量自一九五〇年以來更增加五倍。砍伐林木常常只是連鎖反應的開始：伐木業者修築林道，深入森林；偷盜者從林道悄悄潛入，捕獵動物；之後又會有人來這裡落腳，非法居住。目前全世界的森林只有一二%位於保護區，在最悲觀的情況下，不到幾十年，那些位在保護區外、容易進入的森林就會被砍光。最好的情況是：森林好好永續經營，現存一小部分林地（二〇%或更少）砍下的樹木就足以應付人類社會所需。

林業監管委員會

林業公司和伐木業者為了長遠的未來著想，在一九九〇年代初期派遣代表與環保組織、社會公益機構、原住民團體進行討論。他們的討論終於在一九九三年開花結果，成立了一個名為林業監管委員會（Forest Stewardship Council，以下作FSC）的國際性非營利組織，總部設於德國，經費由多個企業、政府、基金會和環保組織贊助。至於林業監管委員會的運作，是由選舉產生的委員組成委員會負責，每一個加入林業監管委員會的委員都是會員團體推派的代表，包括林業公司、環保組織與社會公益機構。林業監管委員會最初設定的任務有三重：首先，建立一整套森林管理標準；其次，查核某個地區的森林管理是否符合標準；再者，在複雜的供應鏈中追蹤木製品的源頭，讓消費者得知自己在店家購買的紙張、椅子或木板是否具有FSC標籤、是否來自管理良善的森林。

就森林管理的標準而言，FSC訂定十項詳細的條件，做為森林是否永續經營的指標，其中包括：限制砍伐率，不過度砍伐，以永續生產為目標，讓新種植的樹木得以取代砍伐的樹木；保育有特殊價值的森林（如老齡木森林區），不轉化為單一樹種的林場；重視生物多樣性、營養物質循環、土壤完整等森

4原生林：virgin forest，未經人類接觸和干擾的森林。在熱帶地區通稱為初生林，而在初生林受到砍伐後自發性再生之森林則稱為次生林。

林生態系的功能；保護水源區，且在溪流和湖泊附近留下足夠的濱水區；長遠的經營計畫；慎選化學物質和廢物處理場；遵守森林法；尊重森林地區原住民社群和從事保育、造林的工作者權利。

下一個任務就是查核某一個森林區的經營是否合乎標準。ＦＳＣ並不進行林地評估，而是交由專門負責評估、認證的機構來處理。查核機構會派人前去林區，進行可能長達二個星期的查核。這樣的查核機構在全世界約有十二個，都具有公信力，而且是國際性組織，可為世界任何一個林區進行評估與認證。在美國進行林區認證的機構主要有兩個：一個是總部設在佛蒙特的優質木材認證機構（SmartWood），另一個則是總部設於加州的科學認證體系（Scientific Certification System，簡稱ＳＣＣ）。林地所有人或經理人與上述的查核機構簽約，申請評估和認證，同時必須自行負擔查核費用，且事先無法預知查核結果。認證機構在查核之後，常常會提出一長串的先決條件，待林區達到那些條件才能得到認證，或者必須合乎某些條件才能得到短期許可，之後才會獲准使用ＦＳＣ標籤。

有一點我必須強調，優良林區的認證申請必須由林區所有人或經理人提出，認證機構不會主動前去任何一個林區調查。當然，這涉及一個問題：為什麼林區所有人或經理人願意付費接受檢查？答案是：愈來愈多的林區所有人和經理人認為，認證通過可以為他們帶來利益。如果能透過獨立的第三方來認證，提升企業形象和品牌聲譽，他們在市場上就更站得住腳，也就有更多的消費者願意支持，因此花一點錢申請認證十分值得。ＦＳＣ認證的特點在於消費者信賴這個標籤，這不是一家公司自己吹噓，而是國際認定的標準，經過訓練有素、經驗豐富的專家查核與認證。如果申請者不符合標準，認證機構就會拒絕給予認證或要求他們改善。

最後一步就是產銷監管鏈（chain of custody）或完整軌跡資料的建立，例如一棵樹木在奧勒岡州砍伐下來後鋸成木板，最後在邁阿密的店家販售，所有過程都有紀錄。即使是通過FSC認證的森林，森林所有人將原木出售到鋸木廠，但鋸木廠鋸的不一定都是經過認證的木材，也可能有未經認證的木材，製造商購買時也無從區分。從生產商、供應商、製造商、批發商到零售商的產銷鏈非常複雜，即使公司自己也常常不知道原料來自哪裡或最後銷往何處，只知道直接供應商和顧客。若要邁阿密的消費者相信自己購買的木材來自通過認證的林區，直接供貨給消費者的商店就必須區分通過認證和未認證的貨品，而認證機構也必須要求每個供應商確實做到。這就牽涉到「產銷監管鏈」制度：經過認證的材料，在產銷鏈流通的每一個過程都必須追蹤、記錄。目前我們發現，來自認證森林的木材只有一七％有FSC標籤，其他八三％都在產銷鏈中摻雜未經認證的產品。建立產銷監管鏈聽起來很麻煩，卻是必要的麻煩。如果不這麼做，消費者就不知道自己在邁阿密零售商店買的木板來自哪裡。

還有另一個問題：大眾是否在意自己購買的產品有FSC標籤？會這麼做的消費者是否有相當的數量，以利優良木製品銷售？一項調查顯示，八〇％的消費者表示，如果有選擇，他們寧願自己購買的產品來自重視環保的公司。這是否只是空話？一般大眾在店家購買木製品之時，是否真會注意FSC標籤？如果貼有FSC標籤的產品貴一點，他們仍然願意購買嗎？

對正在考慮付費申請FSC認證的公司而言，上述問題的答案都很重要。有一項實驗就在美國家用品零售巨人家得寶（Home Depot）的奧勒岡州分店進行，藉以了解消費者的實際反應。每一家分店在鄰近貨架上放同樣尺寸的夾板，幾乎完全相同，只不過一個貨架上的夾板有FSC標籤，另一個貨架上的夾板則無。實驗重複兩次：一次是兩個貨架上的夾板價格完全相同，另一次則是貼有FSC標籤的夾板比沒有標籤的貴二%。在價格完全相同之下，結果貼有FSC標籤的夾板銷售量是沒有FSC標籤夾板的二倍。（在一家設於大學城的分店，由於位於「開放」、環境意識較高的地區，貼有FSC標籤的夾板銷售量與沒有標籤的相比，為六比一。即使分店開在比較「保守」的地區，貼有標籤的夾板銷售量仍比沒有標籤的多一九%。）當貼有標籤的夾板比沒有標籤的貴上二%，大部分消費者仍喜歡買較便宜的商品（六三%），不過還是有為數不少的消費者（三七%）願意購買有FSC標籤的商品。由此可見，還是有很多社會大眾購買東西時會考慮環境價值，且有一部分的人願意為商品的環境價值多付一點錢。

在FSC認證制度開始實行時，很多人擔心經過認證的產品因為多了認證費用，或者為了符合認證條件加入環保方面的成本，價格因此比較貴。事實上，後來的經驗顯示，認證並不會使木製品的成本增加。然而，經過認證的產品一般還是比沒有認證的產品貴，這是和供需法則有關：零售商發現經過認證的產品很受歡迎，常常缺貨，把價格提高一點一樣賣得出去。

FSC制度推行之初，已有一些大企業共襄盛舉，推派代表加入委員會或致力於FSC訂定的目標。這些企業包括世界最大的生產商和木製品公司：總部設在美國的公司有世界最大的家居建材零售商家得寶、美國第二大裝潢修繕材料零售商勞氏公司（Lowe's）、美國最大的木製品公司哥倫比亞林木產品公司（Columbia Forest Products）、世界最大的影印服務業者金科影印服務公司（Kinko's）、美國最大的櫻桃木供應商柯林斯林業（Collins Pine）和分公司肯恩硬木（Kane Hardwoods）、世界第一的吉他製造商吉布生（Gibson Guitars）、在緬因州經營四千萬公畝林地的七島地產公司（Seven Islands Land

Company），以及世界最大的門窗製造商安德森公司（Andersen Corporation）；在美國之外，積極加入FSC的大公司有加拿大最大的兩家木材與紙業公司檀百克（Tembec）和東塔爾（Domtar）、英國最大的家居修繕建材公司特力屋（B&Q）、英國第二大連鎖超市聖柏里（Sainsbury's），以及來自瑞典、世界最大的組合家具公司宜家家居（IKEA）、瑞典兩大木材與紙業公司SCA和絲薇亞史考格（Sveaskog，以前叫Assi Domain）。這些企業不遺餘力地支持推行制度，是因為這麼做有助於經濟利益。他們會走上這一步還是很多力量又推又拉的結果。以「推」的力量而言，有些公司因砍伐老齡木，已經被環保團體盯上了，像雨林行動聯盟（Rainforest Action Network）就對家得寶施壓。至於「拉」的力量，企業界發現一般大眾對環保問題日益關切，加入FSC有助於銷售自家產品。如家得寶等大公司被環保團體盯上之後，就知道必須注意長年合作的供應商。他們學得很快，不久就發表聲明，表示家得寶也會對智利和南非的供應商施壓，要求他們採用訂定的標準。[5]

其實這點和前面提到的礦業公司很像。前面討論到，對礦業公司施壓、要他們注重環境的最有效方法，不是動員消費者去圍堵礦區，而是從購買金屬的大客戶下手（如杜邦公司和第凡內珠寶），林業也是如此。消耗木材最多的是家居裝潢，然而大多數屋主都不知如何選擇優良林業公司的商品，常常透過大型連鎖店購買所需物品。像家得寶、宜家家居這樣的大型連鎖店或機構購買人（如紐約市或威斯康辛大學），才是林業公司的主要客戶。這些公司機構就曾團結起來對南非實行經濟制裁，迫使強大、頑固、富

5部分中國省分的林區也正積極申請FSC認證。詳細資訊請參看：http://fsc.org/en。

有且具軍事實力的南非政府終止種族隔離政策。許多木材產銷鏈當中的零售商和紙業、木材公司體認到「團結力量大」，紛紛組成「採購團體」以壯大力量，促進認證產品的銷售，偏好有ＦＳＣ標籤的商品。今天，這樣的團體在世界各地已有十幾個以上，最大的一個成立於英國，包括英國的一些大型連鎖店。採購團體在荷蘭等西歐國家、美國、巴西和日本等國也都愈來愈有影響力。

除了採購團體的影響力，推廣ＦＳＣ標籤產品有功的還有美國環保領導設計認證（Leadership in Energy and Environmental Design，以下作ＬＥＥＤ）提出的綠建築標準，這項標準是用以評估環保設計和建材使用。美國州政府和城市都同意讓採用ＬＥＥＤ的公司享受減稅優惠，很多公家建築也要求建設公司依照ＬＥＥＤ標準興建。一般而言，承包大型建案的建設公司、承包商和建築設計公司不和大眾直接接觸，消費者很難看到他們的行事作為，但基於減稅和增加得標機會的考量，他們還是選擇有ＦＳＣ標籤的產品。我必須強調，不管是ＬＥＥＤ標準或是採購團體的作為，行事的動力還是來自重視環境品質的消費者和在意環境聲譽的企業。ＬＥＥＤ標準和採購團體的運作使得個別消費者能影響企業行為，若不是透過這些規範和組織，企業恐怕會把消費者的要求當成耳邊風。

自ＦＳＣ於一九九三年創立以來，森林認證運動很快在世界各地推廣出去，目前已有六十四個國家擁有經過認證的森林和產銷監管鏈。全世界經認證的森林已有四十萬平方公里，其中的八萬五千平方公里在北美。現在全球有九個國家各自擁有至少一萬平方公里的認證森林：瑞典以九萬八千四百平方公里高居世界第一（這代表瑞典國內林地一半以上通過認證），其次是波蘭，接下來依序為美國、加拿大、克羅埃西亞、拉脫維亞、巴西、英國和俄國。在世界各國當中，擁有最多貼上ＦＳＣ標籤產品的是英國和荷蘭——英國木製品約有二〇%貼有FSC標籤。還有十六個國家擁有面積達一千平方公里以上的認證森林。世界最大的認證森林是加拿大安大略省東北的果登寇森思森林（Gordon Cosens Forest），面積達二萬零二百平方公里，由加拿大的紙業和木材巨人檀百克負責經營。在二〇〇五年之前，檀百克希望他們在加拿大經營的近十三萬平方公里林地都能通過認證。此外，有些認證森林是公有林，有些是私有林：賓州擁有的認證森林面積是美國最大，約有七千七百平方公里。

在FSC成立之初，認證森林的面積每年成長一倍，近年來成長率漸緩，每年「只有」四〇%。這是因為最先申請認證的林業公司早已符合FSC標準，而近年才申請認證的森林必須先行改善，才能符合FSC的要求。也就是說，制度一實行就可凸顯那些本來就做得好的林業公司，其他還沒達到標準的公司也能漸漸迎頭趕上。

儘管有些林業公司一開始對林業監管委員會抱著反對態度，最後也不得不承認這個委員會效能卓越。為了和林業監管委員會抗衡，他們成立了其他考核標準較為寬鬆的認證組織，包括由美國森林與製紙協會成立的永續森林經營計畫（Sustainable Forestry Initiative）、加拿大標準協會（Canadian Standards Association）、泛歐森林管理委員會（Pan-European Forest Council）。這麼多的森林認證組織讓一般大眾看得眼花撩亂。以永續森林經營計畫為例，就有六種標籤用在六種標準上。這些認證組織和FSC的差異是：都不要求獨立的第三方進行認證，而且允許林業公司自我評估、自行認證（我可不是開玩笑），也沒有統一的標準和量化的結果（例如溪流兩側植被濱水區的寬度），甚至採納無法量化的說法（「我們有自己的政策」或「我們的經理人會參與討論」）。這些組織也沒有產銷監管鏈，因此鋸木廠鋸的木頭有的來自認證森林，也有未經認證的。泛歐森林管理委員會還實行地區自動認證制度，例如奧地利全國的森林一下子就通過認證。在消費者眼中，這些認證組織可能因為失去公信力，未來終究無法與FSC匹敵。如果要得到消費者的信賴，那就得像一樣採取嚴格的標準。

漁業

最後一個討論的就是漁業（海洋漁業）的問題。漁業的根本問題也和石油、礦業和林業一樣：由於世界人口增加、人類社會富裕，需求量愈來愈大，供給量卻愈來愈少。雖然第一世界消耗的水產品很多，而且消耗量還在增加，世界其他地區的消耗量更大、更快，例如近十年來中國消耗的水產品就是過去的兩倍之多。以第三世界消耗的蛋白質（來自動物和植物）而言，魚類占四〇%；對十億以上的亞洲人來說，魚類則是主要的動物性蛋白質來源。很多世界各國的人口從內陸移居到海岸，也會增加水產品的消耗量。到了二〇一〇年，全世界四分之三的人都將住在離海岸八十公里以內的地區。我們對漁業相當倚賴，全球也有二億人從事漁業。對冰島、智利等國來說，漁業更是經濟命脈。

任何可再生的生物資源都有經營難題，經營海洋漁業尤其困難。一個國家在其控制海域內經營漁業就有困難，若在多國控制的海域，漁業經營會變得十分棘手。由於沒有單一國家能按照自己的意願來掌控，這樣的海域很容易面臨資源枯竭的問題。此外，在三百二十公里界線之外的海域就沒有任何國家可以管轄。研究顯示，如果經營得當，漁獲量應可比目前多。遺憾的是，由於過度漁撈，世界上重要的海洋魚類不是快捕撈光了，失去了商業價值，就是大幅減少，再生的速率很慢，非常需要良好的經營。很多重要魚類都快滅絕了，如大西洋大比目魚（*Hippoglossus hippoglossus*）、大西洋黑鮪（*Thunnus thynnus*）、大西洋劍旗魚（*Xiphias gladius*）、北海鯡魚（*Clupea harengus*）、紐芬蘭東南海面大岸灘的鱈魚、阿根廷鱈魚（*Merluccius hubsii*）和澳洲的蟲紋石斑。在大西洋和太平洋過度漁撈的地區，一九八九年是漁獲量最高的一年，之後能捕到的魚就愈來愈少。這正是前一章所述的「公有地悲劇」。就共享可再生資源而言，儘管這麼做對大家都有好處，使用者還是很難達成用量限制的協議。漁業也缺乏有效的經營和約束，加上所謂的變態補助（很多政府基於政治因素考量，不顧海洋資源有限，提供漁船補助），讓過多的漁船去捕撈，如此勢必出現過度漁撈的問題，漁獲量因此愈來愈少。最後，若是沒有政府補助，漁船出海已沒有足夠的收益維持生存。

過度漁撈造成的破壞，不只是未來我們可能吃不到魚，也不只是造成某一種魚類的消失。利用海底拖網等方式捕撈魚類時，不免把非目標的魚種一網打盡。這些不幸被捕撈的魚類或水生動物就稱做「混獲」（by-catch），混獲量可達全部捕獲量的四分之一到三分之二。混獲的動物或魚類經常在過程中死亡，然後被拋回海中，如目標魚種的小魚、海豹、海豚、鯨魚、鯊魚、海龜等。然而，這種情況並非無法避免，近年來漁具和捕魚方式的改良，就使混獲的動物或魚類逃過一劫。舉例來說，漁船捕撈東太平洋的鮪魚，混獲的海豚死亡率已減少了五十倍。漁撈也對海洋棲地造成嚴重破壞，特別是拖網漁船對海床的破壞，以及用炸藥炸魚和氰化物毒魚[6]對珊瑚礁造成的殘害。最後，過度漁撈也會傷害到漁民自己，魚

6 炸魚和毒魚：炸魚是利用炸藥在水中爆炸之瞬間震爆力，使魚類內臟器官受傷，失去游動能力而浮上水面，讓漁船駛近撈捕；毒魚使用的氰化物主要是氰酸鉀，會使水產動物昏迷、死亡或喪失繁殖能力。

捕撈光了，漁民的生計也就完了。

這些問題不只讓經濟學家和環保人士頭痛，有些漁業界的領導人更是關切，包括世界最大冷凍魚類採購者聯合利華（Unilever）的主管。聯合利華的冷凍魚類在歐美有幾個響噹噹的品牌，消費者幾乎無人不曉，如美國的戈頓（Gorton，已被聯合利華出售）、英國的鳥眼華爾斯（Birdseye Walls）和英格羅（Iglo），以及歐洲的芬達斯（Findus）與福德沙（Frudsa）。聯合利華的主管擔心，他們購買和銷售的魚類在世界各地將急遽減少，正如設立林業監管委員會的林業公司憂心森林變少一樣。於是在一九九七年（也就是FSC成立四年後），聯合利華和世界自然基金會合作，成立了一個和FSC類似的機構，是為海洋監管委員會（Marine Stewardship Council，以下作MSC），目的在提供有生態標籤的優質商品供消費者選擇，以市場的正面誘因鼓勵漁民解決漁業的「公有地悲劇」，而非以威脅或杯葛的手段促使他們改變。除了聯合利華和世界自然基金會提倡MSC，一些大公司、基金會和國際性組織也來共襄盛舉。

就英國地區來看，支持MSC或購買認證水產品的企業，除了聯合利華，還有英國最大的漁產品公司楊氏藍冠水產食品公司（Young's Bluecrest Seafood Company）、英國最大的生鮮食品供應商聖柏里超市、瑪莎百貨（Marks & Spencer）和賽福威（Safeway）等大型連鎖超市，還包括擁有多艘拖網漁船的博義德漁業公司（Boyd Line）。至於美國方面的支持者，則有世界最大的自然有機食品零售商完全食品（Whole Foods）、蕭氏超市（Shaw's）和中型連鎖超市約瑟斯（Trader Joe's）。其他地區的支持者還有瑞士最大的食品零售商米格羅斯（Migros）以及凱利斯與法蘭西食品（Kailis and France Foods）——這是一家設在澳洲的大型食品廠商，擁有漁船、工廠、市場，也做水產品外銷。

ＭＳＣ的標準是漁民、漁產公司經理人、水產品處理廠、零售商、研究漁業的科學家和環保團體多方協商所訂立。最主要的原則包括：必須維護魚群的健康（包括魚群的雌雄比例、年齡分布和基因多樣化）、以永續捕撈為原則、不得破壞生態系的完整、盡量減少對海洋棲地的衝擊、盡可能不捕捉非目標魚種（即減少混獲）、建立魚群經營和環境保護的規則和做法、遵行現行法規等。

一些水產品公司以林林總總的聲明向消費大眾轟炸。就他們聲明的環保做法來看，有些是不實的，有些則故意混淆。因此，正如ＦＳＣ採取的方式，ＭＳＣ要求必須透過獨立的第三方來認證。ＭＳＣ也和ＦＳＣ一樣授權幾個機構執行認證工作，並不親自查核。申請認證完全自願：如果一家公司認為花錢認證是值得的事，就可以提出申請。如果中、小型公司想申請認證，則可向帕克德家族基金會（David and Lucille Packard Foundation）的漁業永續基金請求補助認證費用。一家公司提出申請之後，認證機構就會預做評估，這個評估是保密的，之後才是完整的評估（如果該公司仍然願意接受查核）。一般而言，評估需要一、兩年的時間（若是大型、複雜的漁產公司，評估時間甚至可能長達三年），並列出必須解決的缺失。如果查核結果不錯，列出來的缺失也都解決，一家公司就能得到五年的認證，但是每年還必須接受一次突擊查核。年度查核結果會公布在官方網站上，接受各界的審查與挑戰。從ＭＳＣ認證制度實行的狀況看來，得到ＭＳＣ認證的公司都會設法保留這個資格，也會盡全力配合ＭＳＣ的要求以通過年度查核。ＭＳＣ也和ＦＳＣ一樣有產銷監管鏈，藉以追蹤認證水產品的整個產銷過程——從捕撈上岸到批發市場、加工處理廠（冷凍和裝罐）、批發商、經銷商和零售市場。只有經過認證且可透過產銷監管鏈追蹤的水產品，才能貼上ＭＳＣ標籤讓商店或餐廳的消費者購買。

凡是魚種、魚群、捕撈法、捕魚常規或漁具等都能申請認證，而申請認證者可能是漁民團體、代表一國或地方的政府漁業部門、加工者或經銷商。至於申請認證的「魚類」也不只是魚，還包括軟體動物和甲殼類動物。在目前七種已經認證的水產中，數量最大的是阿拉斯加漁獵部（Alaska Department of Fish and Game）的阿拉斯加野生鮭魚，第二大的是西澳大利亞螯蝦（澳洲最珍貴的水產品，價值約占澳洲所有水產的二〇%），第三大的是紐西蘭無鬚鱈（紐西蘭最有價值的出口水產品），另外四種包括英國的泰晤士鯡魚（*Clupea harengus*）、用手線垂釣的康瓦爾鯖魚、南威爾斯的柏里島灣青蛤（*Cerastoderma edule*）以及洛克托利登湖（Loch Torridon）的海螯蝦。目前正在申請認證的還有阿拉斯加狹鱈（美國出產最多的魚類，約占美國漁獲量半數）、美國西岸的比目魚、丹金尼斯螃蟹、斑點鈍鯊（*Amblyeleotris guttata*）、美國東岸的條紋鱸魚以及下加州龍蝦。MSC計畫擴展認證範圍，將來從野生魚類到人工養殖的水產品（下一章將討論人工養殖水產造成的嚴重問題）都能申請認證。人工養殖的水產包括蝦子等十一種物種，或許還有鮭魚。目前看來，在世界重要的魚類當中，認證問題最大的是野生蝦子的捕撈（因野生蝦子大都用沿底拖網捕撈法，有一大部分是混獲）以及單一國家管轄海域之外的魚類。

整體看來，魚類的認證比森林來得困難，需要的時間也比較長。然而，我還是為近五年魚類認證的成績感到驚喜——原本我以為魚類的認證會更加艱困、耗時更久。

大企業與社會大眾

簡而言之，關於環境方面的議題，大企業有什麼樣的作為和一個基本事實有關，而這個事實可能會讓大多數人覺得憤慨：一家公司可能為了在短期內追求最大利益，不惜犧牲環境，而且使土地上的人們受到傷害。今天仍有漁民不打算永續經營，在沒有配額限制之下拚命捕魚；跨國的伐木公司以短期租約在生長熱帶雨林的國家砍伐林木，必要時還賄賂腐敗的官員，欺騙無知的地主。石油業也一樣，一九六九年聖塔巴巴拉海峽鑽油平台爆炸、漏油之後，才知痛定思痛。再看蒙大拿的金屬礦區，礦業公司也是為所欲為，近年來才開始受到環境清理法規的約束。如果政府法規有效力，社會大眾又有強烈的環境意識，注重環保的大企業才能贏過只顧賺錢、不顧環境的公司。反之，如果法規執行不力，社會大眾又不重視，注重環保的企業很可能拚不過只顧賺錢的公司。

指責一家公司自私自利、不惜傷害他人，只是噴噴口水罷了，而且光是指責也不一定有什麼用。我們可別忽略一個事實：企業不是非營利慈善機構，而是追求利潤的公司；企業必須對所有股東負責，追求最大利潤正是他們的義務，更何況法律也要求他們這麼做。依照法律規定，一家公司的董事必須負起「信託責任」（fiduciary responsibility），如果故意減損公司收益、影響股東權益，就是未盡到信託責任。以福特汽車為例，他們在一九一九年將工人每日最低工資提高到五美元，股東就告上法庭。法官做出裁決：儘管福特公司有人道精神、關懷員工，公司還是必須以「為股東創造利益」為優先。我們也不要只顧著指責大公司，忘記社會大眾也有責任。社會大眾放任大公司為所欲為，姑息養奸，才會有今天的後果。例如不要求礦業公司做好環境清理的工作，或購買木製品時也不管產品是否來自永續經營的森林。長遠來看，如果一家公司唯利是圖、不惜破壞環境，只有社會大眾予以抵制——不管是間接抵制或透過政府人物——才能使該公司在無法獲利之下改變自己的做法。從另一方面來看，有良好環境政策的公司，也需要社會大眾的支持，讓他們的生意蒸蒸日上。如果大企業對環境造成重大傷害，社會大眾也能向他們提出訴訟，要法院給個公道，例如埃克森的瓦迪茲號、北海鑽油平台爆炸、波帕事件等。一般民眾能做的事還很多，例如愛用永續經營的環保商品——家得寶和聯合利華就注意到這點。大眾也可對環保紀錄不良的公司員工施壓，讓他們以公司為恥，向公司主管抱怨。同時大眾也可支持政府和環保紀錄優良、注重環境潔淨的公司簽約，前文提到的北海油田工程招標案就讓雪佛龍得標。又如一九七〇年代和八〇年代，美國就是在民眾的壓力下擬定新的煤礦管理條例，強力執行好的環境政策。此外，就算供應商不理會大眾的要求和政府的壓力，對採購他們原料的大公司還是畢恭畢敬，因此大公司可以對供應商施壓。舉例來說，由於美國民眾擔心狂牛病疫情蔓延，美國食品藥物管理局（Food and Drug Administration）欲以新的法令要求屠宰業，要他們放棄舊的做法，防止疫情擴散。對於這樣的要求，美國的屠宰加工廠抗拒了五年，表示新的法令代價太大，他們難以遵命。後來麥當勞因漢堡銷售量大幅滑落，也對屠宰加工廠提出一樣的要求，不到幾個星期那些加工廠就乖乖配合。麥當勞的代表解釋說：「這是因為我們的購物車是全世界最大的。」環境存亡，匹夫有責。大眾的任務就是在產銷鏈中找出對民眾反應最敏感、最容易施壓的一環，如麥當勞、家得寶、第凡內珠寶等。至於屠宰加工廠、伐木業者或金礦業者，社會大眾就對他們莫可奈何，必須透過向他們採購的大客戶來使力。

大企業破壞環境，社會大眾必須付起最後的責任。這個說法可能會讓一些讀者失望、憤怒。我也提倡消費者為了企業的環保做法付費，把這方面的費用當成商品成本的一部分。有人或許會質疑，大企業不是應該潔身自愛、遵守道德，畢竟做好環保而獲利最多的不是企業自己嗎？我必須言明，翻開人類歷史，在政治制度複雜的人類社會中，人們日常生活中碰到的大都不是家人，也不是親戚，因此社會必須制定法律，以確保大家遵守道德原則。道德原則只是誘發良善行為的必要第一步，但光有道德原則是不夠的。

我認為社會大眾應該負起最後責任。我會做出這個結論，是因為大企業的確能在公眾壓力下成全別人、創造多贏的局面，而非只是讓人失望。我的用意不在於道德勸說，區分誰對誰錯、誰值得尊敬、誰自私自利，或者誰是好人、誰是壞人。我的結論是根據我過去的所見所聞而導出。如果社會大眾對大企業有所期待，要求他們改變做法，以實際行動褒善貶惡，大企業自然會從善如流。過去大眾態度的改變對企業的環保做法影響很大，我相信未來也將是如此。

CHAPTER 16

相倚為命

本書各章節討論了過去或現在的社會，有的成功通過環境考驗，有的則無法解決環境問題，最後甚至覆亡，而本書也剖析了這些成敗背後的原因。現在，在這最後一章，我們再來思考一個最實際也切身的問題：對今天的我們，這一切有什麼意義？

首先我將討論現代社會主要的環境問題，以及這些問題在哪些時間範圍內造成威脅。我會以一個具體的例子來說明——我住了三十九年的南加州地區。接下來則是為環境問題辯論，我將列舉今天最常見的環境迷思，然後逐一戳破。本書一半的篇幅以古代人類社會為題，因為那些社會正可做為現代社會的前車之鑑。我也將檢視古代和現代世界的差異，看看我們能從過去學到什麼。最後，如果有人提出這麼一個問題：「憑我一人之力能做什麼？」我會在延伸閱讀中提出幾個建議供讀者參考。

當今世界最嚴重的問題

在我看來，過去和現在的人類社會所面臨的環境問題，似乎可分為十二種。這十二種當中的八種在過去已很明顯，其他四種（第五、七、八和十：能源、光合作用上限、有毒化學物質和大氣變化）則是最近才變得嚴重。這些問題的前四種涉及自然資源的破壞或消失；接下來的三種則與自然資源的上限有關；之後的三種是我們生產或轉移的有害物質；最後兩種則是人口問題。讓我們從人類正在破壞或損失的自然資源開始討論，這個部分包括自然棲地、野生食物資源、生物多樣性和土壤。

一

我們正在加速破壞自然棲地，或將自然棲地變成人造棲地，如城市、鄉村、農田、牧場、道路或高爾夫球場。在那些遭到破壞的自然棲地中，目前引起最多討論的包括森林、溼地、珊瑚礁和海底。正如我在前一章提到的，世界有半數以上的原生林已轉為他用。以目前森林消失的速率來看，現存森林的四分之一再過五十年也將消失。森林的消失代表人類的損失，尤其森林是木材和其他原料的來源。森林同時具有所謂「生態服務」（ecosystem service）的功能，如保護水源區、使土壤免於侵蝕，而且是水循環的重要環節，和降雨息息相關，也是大多數陸上動植物物種的棲地。關於森林的重要性，本書描述了不少過去人類社會因森林砍伐而自斷生路之例。此外，正如我們在第一章討論時提到的，我們關心的不只是森林砍伐或轉為他用，還包括僅存林木棲地的結構變化，特別是林木棲地結構的改變已使森林火相（fire regime）生變。森林、濃密常綠闊葉木和草原的火災次數雖然減少，但總是一發不可收拾，釀成巨災。

除了森林，其他寶貴的自然棲地也遭到破壞。地球原始溼地不是遭到破壞、傷害，就是轉為他用，消失的範圍甚至比被破壞的森林面積來得大。溼地不但具有維護水質的功能，也是具重要經濟價值的淡水魚類生存之處。此外，紅樹林溼地也是多種海水魚孵育、成長的地方。全世界的珊瑚礁約三分之一左右已遭到嚴重破壞。珊瑚礁是很多海洋物種的家，因此珊瑚礁之於海洋，就像熱帶雨林之於陸地。如果按照目前的破壞速度繼續下去，今天的珊瑚礁到了二〇三〇年將再減少一半。珊瑚礁破壞的原因如下：愈來愈多的人利用炸魚來捕撈魚類；本來以海藻為食的魚被捕撈殆盡，海藻因而過度繁殖，破壞珊瑚礁生態；因為附近的陸地清理或變為農田，沉積物和汙染物質被帶到珊瑚礁；海水溫度升高造成珊瑚礁白化；以及近來世人才警覺拖網漁業對淺海海底的破壞。

二

野生食物（尤其是魚類和數量較少的貝介類）也是人類所需蛋白質的一大來源。魚類只要捕撈就有了（成本只有捕撈和運輸），然而從家畜身上得到的蛋白質就比較昂貴（必須辛苦飼養）。目前有二十億人口（大多數是窮人）在海洋捕撈魚類以取得蛋白質。若野生魚種能妥善經營，魚兒就能生生不息，漁夫也永遠都有魚可捕撈。不幸的是，由於「公有地悲劇」（第十四章），海洋魚類的永續經營因而困難重重，大多數有價值的魚種不是被捕撈光了，就是數量急遽減少（第十五章）。在過去的人類社會，如復活節島、芒阿雷瓦和亨德森島都有過度漁撈的問題。

目前愈來愈多的魚蝦都由人工養殖出來。理論上，這是生產動物性蛋白質最廉價的方式，未來大有可為。然而，從幾個層面來看，今天水產養殖的做法不但無助於野生魚類繁殖，反而加速牠們的凋亡。水產養殖業者大都以海洋捕撈的野生魚類做為魚飼料，那些人工養殖魚吃掉的魚肉，比自己身上的肉多出二十倍以上。其次，人工養殖魚含有的毒素比野生魚類來得高。再者，水產養殖業者刻意選擇生長快速的品系來繁殖，但這種魚難以在野生的環境下生存（以人工養殖的鮭魚為例，其生存能力只有野生鮭魚的五十分之一）。而且人工養殖魚經常脫逃，和野生魚類雜交，野生魚類的基因就會受到汙染，使生存能力降低。此外，人工養殖魚脫逃之後還會造成汙染和水體優氧化。水產養殖的成本雖然比海洋漁業低，可以低價競爭，而出海捕魚的漁民在這種競爭下收入減少，為了生計不得不更拚命捕撈。

三

有一大部分的野生物種、種群和基因多樣性已經消失。依照目前的消失速度，剩下來的在半個世紀內又將消失一大部分。有些物種——如可供食用的大型動物、果實可食的植物或可提供優良木材的植物——對人類來說價值匪淺。過去不少人類社會不知節制、拚命利用，使得寶貴的物種滅絕，最後也害了自己，正如我們前面討論的復活節島民和亨德森島民。

至於其他不能做為人類食物、小小的生物，這些物種的消失對人類又有什麼影響？我們常會聽到這樣的話：「管他的！這些沒有用的小魚或小草，什麼螺鏢鱸[1]、科蝨子草[2]啦，有什麼好在乎的？」說這種話的人忽略了一個重點：整個自然界是由許多野生物種構成，這些野生物種為我們人類服務，而且不要我們一毛錢。換成我們自己來做，可能必須付出很大的代價，甚至可能很多都做不到。消滅了這些不起眼的東西，人類常常吃不了兜著走。試想：如果隨便拔掉飛機上那些小小的鉚釘，會有什麼後果？

這類例子真是多不勝數。就像蚯蚓，不但能使土壤再生，也可維持土壤的質地（如亞歷桑納州生物圈二號計畫[3]就有大氣組成比例無法自行達到平衡、氧濃度下降的問題，再加上其他問題，最後宣告失敗。生物圈二號計畫的一個研究人員是我的朋友，這個實驗讓他的健康受損，變得不良於行，原因就是這個封閉的生態圈無足夠蚯蚓來做土壤再生和氣體交換的工作）；有些土壤細菌會固定空氣中的氮，提供植物養分，要是沒有這些天然的養分，我們就得花錢買肥料；蜜蜂等昆蟲免費為我們的作物授粉（如果用人工為一株株作物授粉，花費將是天文數字）；鳥類和哺乳動物為我們散播種子（舉例來說，索羅門群島有些樹種具有很高的商業價值，森林學家即使有這些樹木的種子，還是不知如何才種得出來，而食果蝙蝠有邊飛邊排泄的習慣，囫圇吞下的大型種子因此得以散布到遠方。但目前食果蝙蝠已經快被捕殺光了）；鯨魚、鯊魚、熊、狼等海陸主要掠食者被獵殺殆盡，這些動物下面的食物鏈就會生變；有些野生動植物會為我們分解廢物、回收營養物質，再提供我們清淨的水和空氣。

四

用來栽種作物的農田土壤在水和風的侵蝕下，流失速率約是生成速率的十倍到四十倍，且侵蝕速率更是森林土壤的五百倍到一萬倍。由於土壤侵蝕速率遠遠大於土壤形成速率，土壤必然變得愈來愈少。例如美國農業生產力最高的愛荷華州，一半的表土在近一百五十年內已被侵蝕掉了。最近我前往愛荷華州訪問的時候，主人帶我參觀一個墓園，讓我見識到土壤侵蝕的一大奇觀。那個墓園修建於十九世紀，四周都是農地。百年來墓園依舊，而農地在不斷耕作下，土壤侵蝕變本加厲，最後墓園竟然比周圍農地高五三公尺，猶如一個小島。

農業造成的土壤破壞，除了土壤侵蝕，還有其他類型：如土壤鹽化（如第一章蒙大拿、第十二章中國和第十三章澳洲的討論）；土壤肥力喪失（農業生產使土壤養分快速流失，而來自底層岩石風化的養分補給太慢，緩不濟急）；有些地區有土壤酸化的問題，另外一些地區則出現土壤鹼化的狀況。由於世界人口激增，人類對農田的需求有增無減，在農業帶來的有害衝擊下，世界農地約有二〇％到八〇％已遭嚴重破壞。土壤問題就像森林砍伐一樣，也是過去人類社會覆亡的推手。

下面三種則牽涉到上限問題，包括能源、淡水和光合作用的能力。每一種的上限都不是固定不變的，而是因情況而異——用得愈多，必須付出的代價愈大。

1 螺鏢鱸：*Percina tanasi*，鏢鱸的稀有品種，最初只發現於美國東南部的小田納西河。一九七八年，由於這種鱸魚瀕臨滅絕，特利科水壩（Tellico Dam）的建設因而遲了兩年，引發法律訴訟。這種魚後來成功引入海沃西河（Hiwassee），問題終於得到解決，得以兩全其美。

2 科蝨子草：又稱「弗畢綺草」（*Pedicularis Furbishiae*），是美國植物學家弗畢綺（Kate Furbish, 1843-1931）發現的野花。

3 生物圈二號計畫：Biosphere 2，一九八六年，美國富豪巴斯（Edward Bass）斥資二億美元於美國亞利桑那州的沙漠，用玻璃帷幕和鋼架興建的生態模擬實驗室。實驗室裡的模擬生態群系包括熱帶雨林、稀樹草原、沼澤地、海洋、沙漠等五類荒野生物群帶，以及三種人造地區：集約農地、微城市和技術圈。在這個密閉系統中還有定量的大氣、淡水、鹹水、土壤、近四千種生物和八個研究人員。

五

世界最主要的能源是化石燃料，工業社會的用量尤其驚人。化石燃料包括石油、天然氣和煤。尚未開採的大型油田和天然氣田還有多少？這個問題已有相當多的討論。雖然一般認為煤的儲量還很多，但石油、天然氣的已知儲量只夠再使用幾十年。請各位不要誤解，認為這種看法是指地球的石油和天然氣那時候將全部用光。事實上，在地底下更深之處，還蘊藏石油和天然氣，不過有更多雜質，更難開採，更不容易處理，環境清理的代價也更大。當然，化石燃料不是我們唯一的能源，還有許多替代能源。

六

全世界河流和湖泊的淡水，大部分已汲取出來用於灌溉、提供民生所需和工業生產，在有些地區則是就地使用，如用於航運、漁業或休閒娛樂。至於尚未使用的河流和湖泊，大多數是在人煙稀少的偏遠之地，如澳洲西北部、西伯利亞和冰島。地球地下水層的消失速度非常快，在自然補給來不及的情況下，最後必然變得很少。即使淡水可藉由海水淡化來取得，但是成本很高且耗費能源。各位不妨試想：把海水淡化後運到內陸，會多麼昂貴、費事。雖然海水淡化有助於解決部分地區的問題，但是對大多數乾旱缺水的地區而言，代價實在太大。阿納薩齊印第安部落和馬雅人就是敗在缺水問題上。直到今天，全球仍有超過十億人沒有潔淨、安全的飲用水可喝。

七

陽光乍看之下似乎無限，或許有人因此推斷地球生長作物和野生植物的能力也同樣無窮。過去二十年來，我們終於知道實際情況不是如此，不只是植物難以生長在寒冷的南極和乾燥的沙漠而已（除非不計血本地供給植物熱能或水）。一般而言，每一公畝植物行光合作用需要的太陽能是固定的。因此，就同樣面積的土地而言，植物生長好壞取決於溫度和降雨。然而，在一定的溫度和雨量之下，即使有充分的日照，每一公畝土地能長出多少植物還受到植物形狀和生化功能的限制（就算植物能完全吸收陽光，不讓任何一個光子白白穿過、沒有吸收就到達地面）。早在一九八六年，科學家已估算出地球光合作用的上限，那時估計人類已耗費了地球光合作用能力的一半。有的是有效利用（如栽種作物、種植樹木或用於高爾夫球場），有的則是浪費（如陽光照射在路面或建築物上）。由於地球人口不斷攀升，人口對環境的衝擊日大（見第十二項），到了二十一世紀中葉，恐怕全球陸地光合作用的能力大部分是人類所利用。也就是說，陽光帶來的能量幾乎被人類用光了，剩下的一點點才留給自然界植物，如天然的森林。

接下來的三個問題，牽涉到我們自己產生或轉移到各處的有害之物：有毒化學物質、外來物種和大氣氣體。

八

化學工業與其他許多製造業在製造過程中會產生有毒化學物質，或是將這些有毒廢物排放到空氣、土壤、海洋、湖泊和河流。有些有毒化學物質只會透過人工合成產生，有些則以微量存在於自然界（如汞）或在生物體內合成。然而，人類合成、排放的化學物質遠多於自然合成的化學物質（如荷爾蒙）。卡森（Rachel Carson）在一九六二年出版《寂靜的春天》（*Silent Spring*）一書，社會大眾才注意到有毒化學物質（如殺蟲劑、農藥和除草劑）對鳥類、魚類和其他動物的危害。後來我們才發現，有毒化學物質的副作用對人類自己的傷害更大。罪魁禍首不只是殺蟲劑、農藥、除草劑，還有汞和其他金屬、耐火化學材料、冰箱冷媒、清潔劑和各種塑膠原料。我們可能不知不覺地讓有毒化學物質進入我們體內，例如吃飯、喝水、呼吸或皮膚接觸。有毒化學物質在濃度很低的情況下就能引發我們的身體缺陷，如生下畸形兒、造成智能障礙，以及對免疫系統或生殖系統造成暫時性或永久性損害。

有些化學物質會干擾我們的內分泌，亦即模仿或阻斷性激素的作用。過去幾十年來，儘管很多社會都有晚婚的趨勢，很多人類族群精子數量的減少與不孕問題的增加，都可能和有毒化學物質有關。此外，光是在美國，每年因空氣汙染造成的死亡人數保守估計就有十三萬人。

很多有毒化學物質在環境中的分解速度極慢（如DDT和多氯聯苯），有的甚至完全不會分解（如汞）。美國有很多遭受環境汙染的地點DDT，清理費用動輒數十億美元，如紐約州北部愛河鎮（Love Canal）、哈德遜河（Hudson River）、契沙比克灣（Chesapeake Bay）、埃克森瓦迪茲號漏油事件和蒙大拿的銅礦區等。然而，在前蘇聯、中國和很多第三世界國家的礦區，汙染問題要比美國上述地區嚴重得多，清理費用之高簡直到了無法想像的地步。

九

所謂的「外來物種」，是指我們有意或無意把一個物種從原生地轉移到非原生地。有些外來物種顯然有很大的價值，如作物、家畜和園藝植物，但是有一些外來物種對當地的本土物種造成很大傷害。如果本土物種在演化過程中未曾接觸外來物種，碰上外來物種入侵，就不知如何防禦，可能成為外來物種獵食的對象，或被寄生、感染，甚至在生存競爭中落敗（像人類族群初次與天花或愛滋病交手，就難以招架）。有的外來物種只入侵一次，有的則是年年捲土重來，造成的損失可能多達幾億美元，甚至幾十億美元。現代例子如澳洲的兔子和狐狸、對農業危害很大的斑點矢車菊和乳漿草（第一章）、會入侵樹木、作物或家畜的害蟲和病原體（如美國栗樹和榆樹的殺手枯萎病）、很容易蔓延滋生並堵塞水道的鳳眼藍（*Eichhornia crassipes*）、會阻塞水廠水管的斑紋蚌（*Dreissena polymorpha*）以及破壞北美大湖區珍貴魚種的海八目鰻（*Petromyzon marinus*）等。古代例子如引進復活節島的老鼠，牠們將當地棕櫚樹核果啃噬殆盡。由於復活節島、亨德森島等太平洋島嶼以前未曾出現老鼠，老鼠上岸後，島上的雛鳥和鳥蛋也接著遭殃。

十

人類活動產生的氣體揮發進入大氣層後，有的會使保護地球的臭氧層遭到破壞（如以前使用廣泛的冰箱冷媒），有的則是成為溫室效應氣體，導致全球暖化。會助長全球暖化的氣體包括燃燒和呼吸作用產生的二氧化碳、反芻動物腸胃發酵作用產生的甲烷等。

科學家針對全球暖化的事實、原因和程度辯論多年：目前全球溫度是不是創下歷史新高？如果真是如此，比以前高出多少？人類是不是罪魁禍首？儘管氣溫每年略有起伏，經過複雜的分析才能得出全球暖化的結論，但大多數科學家都同意近年大氣層增溫的速度非比尋常，即使人類活動不是唯一的原因，也是主要原因。目前還不能確定，這對未來的影響有多大？在下一個世紀，地球氣溫將升高攝氏一．五度，還是五度？或許一．五度或五度聽起來沒什麼了不起，可是我們不要忘了，現在地球的氣溫只不過比上一次冰河期全盛時高了五度。

乍聽之下，有人可能認為全球暖化並不是壞事。氣溫上升，植物不是可以生長得更快？事實上，全球暖化不但有贏家，也有輸家。在原本氣候寒冷勉強發展農業的地區，作物產量可能會因暖化而增加；在已經夠暖和或乾燥的地區，更進一步的暖化將使作物產量減少。在蒙大拿、加州等氣候乾燥的地區，暖化會使山上積雪減少。積雪減少，水就少了，不但民生用水受限，灌溉用水也少了，作物產量就會受到影響。全球暖化使得融雪或融冰大增，海平面因此升高。很多人口稠密、低窪的海岸平原和河川三角洲已和海平面差不多高，甚至低於海平面，若海平面再升高，就有被淹沒的危險。目前很多地區都面臨洪水滅頂的威脅，如荷蘭、孟加拉、美國東部沿海地區、地勢低平的太平洋島嶼、尼羅河與湄公河三角洲、英國的濱海城市和河岸城市（如倫敦）、印度、日本與菲律賓。全球暖化還會帶來影響深遠的次級效應，也帶來極大的問題，而這種效應很難預測，如南極冰帽融化造成的洋流變化與氣候變化。

最後兩種問題是有關人口增加的難題。

十一

世界人口不斷增加。人口愈多，需要的食物、空間、水、能源等資源就愈多。世界各地人口成長率和人口組成變化很大：有些第三世界國家每年人口成長率達四%或更高；有的第一世界國家每年人口成長率很低，只有一%或更低，如義大利和日本；還有一些面臨重大公衛問題的國家，甚至出現負的人口成長率（即人口減少），如蘇俄和愛滋病肆虐的非洲國家。雖然大家都認為世界人口不斷增加，但每年增加率已不像一、二十年前那麼高。至於世界人口是否過一段時間（如三十年或五十年）再增加若干（例如變成目前人口總數的二倍），就會達到穩定狀態，還是持續不斷地增加，現在仍沒有定論。

人口成長有一股內在的動力，也就是所謂的「人口鼓脹」或「人口動量」，如兒童或生育年齡的青年人數高得不成比例，這也是近年來人口增加的結果。假設世界上每一對夫妻今晚都決定只生兩個小孩（如果考慮不生育的夫妻或不婚族，平均應是二．一個小孩）。長久來看，增加的新生兒數量將可取代死亡的父母人數。然而，今天處於生育年齡和將進入生育年齡的人口數，大於老年人和過了生育年齡的人口數，因此人口還會繼續增加，直到七十年後才能達成平衡。近幾十年來，世界各個地區漸漸重視人口增加的問題，因此出現了所謂「人口零成長」運動，以減緩或抑制人口增加。

十二

即使重視人口增加的問題，也不該只是看到數字，還要注意人口增加對環境的衝擊。如果今天的六十億人口都變成超低溫貯藏的冷凍人，不吃、不喝、不呼吸，代謝作用也暫時停止，就不會有環境問題。然而，今天這六十億中的每一個人都在消耗資源、產生廢物，因此都會對環境造成衝擊。今日世界每人對環境造成的衝擊，依地區差異而有差別：第一世界居民的衝擊最大，第三世界居民的衝擊最小。美國、西歐、日本平均每人耗費的自然資源，要比第三世界居民多了三十二倍（如化石燃料等），產生的廢物也多了三十二倍（圖三十五）。

然而，本來對環境衝擊較小的人民，目前看來可能會變成衝擊大的一群，原因有二：一是第三世界生活水準不斷提高，第三世界的人羨慕第一世界的生活方式，因而「見賢思齊」；另一是由於政治、經濟或社會因素，第三世界的居民紛紛往第一世界移民（有的是合法辦理移民，有的是非法移民）。目前美國和歐洲人口漸增主要是移民增加之故，而這些移民都來自對環境衝擊小的第三世界。因此，現今世界最重要的人口問題並非貧窮第三世界國家人滿為患，如肯亞、盧安達等。雖然人口激增的確是肯亞、盧安達的一大問題，也是最常討論到的人口議題，但今日最重大的人口問題還是在於第三世界生活水準提高，加上第三世界移民前往第一世界的人數增加，而且過著第一世界的生活，使得人類全體對環境造成的衝擊變大。

很多抱持樂觀主義的人論道，地球可以支撐的人口其實是現在人口總數的兩倍。但是，這麼說只想到人口數量的增加，沒考慮到平均每人對環境造成的衝擊。假使第三世界所有居民都有第一世界那樣的生活水準，所有人口對環境的衝擊是目前十二倍，地球可能支撐得了嗎？在我遇見的人當中，沒有一個人認為這有可能。（雖然前文曾提到，第一世界居民對環境的衝擊是第三世界居民的三十二倍，且第三世界的人口要比第一世界來得多，但以全世界的人口而論，已有一大部分的人過著第一世界的生活，不是全世界人口都過著第三世界的生活，因此以十二倍比喻，而非三十二倍。）即使第三世界國家只有中國人民得以過著第一世界的生活，其他地區的生活水準維持不變，人類對環境的衝擊仍然已經加倍（第十二章）。

此外，第三世界人民也嚮往第一世界的生活水準。透過電視節目、在他們國家播放的第一世界商品廣告以及來自第一世界的觀光客，他們認識了第一世界那種奢華、舒適的生活方式。即使是住在最偏遠村落（甚至是難民營）的人，也知道外面有個五光十色的世界。因此，第三世界在第一世界和聯合國發展計畫的鼓勵下，希望提升自己的生活水準。然而，只有政策正確——如國家預算達到平衡、增加對教育和基礎設施的投資等——這個夢想才能實現。

不過，無論是聯合國或第一世界國家的政府，沒有人願意承認這個夢想有實現的可能：以第三世界的環境承載力而言，即使人民能達到第一世界生活水準，環境也根本無法支撐。同樣地，第一世界的政治領導人也不可能提議自己的居民降低生活水準，以減少資源的消耗和廢物的產生。如果第三世界居民覺悟自己不可能擁有第一世界的生活水準，而第一世界又拒絕放棄原來的生活方式，又會如何？人生本來就有許多難以取捨的事，但是我們必須解決這個難題：我們必須鼓勵並協助所有人追求更高的生活水準，同時不可過度利用地球資源，造成生活水準降低。

以上分別描述人類社會最嚴重的十二種環境問題，其實這些問題環環相扣，一種問題可能會使另一種問題更加惡化或更難解決。例如人口過多的問題也會影響其他十一種問題：人口愈多，森林的砍伐就愈多，產生的有毒化學物質也更多，也使得更多野生魚類被捕捉來食用。能源問題也和其他問題有關，如利用化石燃料來當能源會產生大量溫室效應氣體；利用人工肥料來補足土壤肥力，而製造肥料又必須使用能源；在化石燃料不足的情況下，我們轉而利用核能，而核能又可能造成最嚴重的汙染；當化石燃料短缺，又要利用能源淡化海水以解決淡水不足的問題，必然耗費更多的金錢。魚類和其他野生食物來源愈來愈少，我們就得更加依賴家畜、作物和水產養殖，這麼一來又會造成更多的表土流失，農業和水產養殖也會使水的優氧化更加嚴重。第三世界因森林砍伐、淡水短缺、土壤退化等問題引發戰爭，民不聊生，於是許多居民前往第一世界尋求庇護，非法移民者更是大有人在。

我們的地球資源不是取之不盡、用之不竭的，上述十二種資源短缺的問題勢必在接下來的幾十年間影響我們的生活。這些問題就像定時炸彈，不到五十年就會引爆。以馬來半島為例，國家公園保護區範圍外的低地熱帶雨林已經被砍伐光。就目前的砍伐速率來看，不到十年，索羅門群島、菲律賓、蘇門答臘和蘇拉威西等地的熱帶雨林也將消失。在二十五年內，也許只有亞馬遜盆地和剛果盆地部分雨林逃過一劫。在未來的幾十年內，以目前魚類捕撈的情況來看，世界剩下的海洋魚類也將被捕撈一空或者滅絕；可供使用的石油和天然氣儲量也將用盡；光合作用的能力也將到達上限。在半個世紀內，全球暖化也會愈來愈嚴重，預計氣溫將再升高攝氏一度或好幾度；許多野生動植物物種也將瀕臨絕種，甚至永遠滅絕、萬劫不復。常常有人會問道：「現在世界最重要的環境或人口問題是什麼？」一個開玩笑的答案是：「目前最重要的，莫過於關切哪個問題最重要。」這麼說也沒錯。由於所有的問題都有關聯，如果不解決上述這十二種問題，人類社會將受到嚴重影響。但是若我們解決了其中的十一種，就是有一種解決不了，不管最後留下的為何，還是有大麻煩。因此，所有的問題都必須解決。

由於人類社會目前有竭澤而漁的傾向，不管用什麼方式，在今日的孩童和年輕人有生之年，世界的環境問題都必須解決。唯一的問題是：解決之道是不是我們心甘情願選擇的？還是在情非得已之下，不得不接受的殘忍方式——像是戰爭、種族屠殺、饑荒、傳染病和社會崩壞？這種種慘劇在人類歷史的舞台上都上演過，如果環境退化、人口壓力增加、貧窮和政治動盪不安，就更常看到這樣的戲碼。

諸如上述殘忍的解決方式，不管是現代或古代的人類社會都有不少實例，如近期在盧安達、蒲隆地和前南斯拉夫發生的種族屠殺；古代馬雅和現代蘇丹、菲律賓、尼泊爾的戰亂頻仍；在史前時代的復活節島、芒阿雷瓦和古代阿納薩齊印第安部落發生過人吃人慘劇；現代許多非洲國家和史前時代復活節島的饑饉；在非洲肆虐也在其他地區萌生的愛滋病；古代馬雅和現代索馬利亞、索羅門群島、海地政府的傾圮。也許我們不會面臨全球大崩壞的災難，頂多只是冷眼旁觀許多開發中國家出現像盧安達或海地的動亂，依舊在第一世界過著舒適的生活，但是想到未來可能出現更多的恐怖分子、戰爭和疾病，就令人憂心忡忡。如果一波波的移民從分崩離析的第三世界湧入第一世界，人數比現在的移民來得多，甚至多到怎麼樣都擋不住的地步，第一世界的居民還能置身事外，繼續過自己的日子嗎？我心中再度浮現格陵蘭嘉德牧場的末日情景：嘉德牧場四周都是貧窮、殘破的牧場，牲畜不是死光了，就是吃光了，無法過活的維京人於是湧向富裕的嘉德牧場，燒殺劫掠。

然而，我們不必沉溺在悲觀的想像中。且讓我們好好檢視當前的問題，抽絲剝繭，也許能以審慎、樂觀的眼光展望未來。

洛杉磯的生活

為了使先前的討論更具體，我將以世界上我最熟悉的一個地區為例，說明前述十二種環境問題對人類生活的影響。這個地區就是我居住的地方，也就是南加州的洛杉磯。我在美國東岸長大成人，之後在歐洲住了幾年。一九六四年，我第一次來到加州，就很喜歡這個地方。一九六六年，我搬來這裡定居。

因此，南加州三十九年的變遷，我看得一清二楚。這些變化大部分是不好的，南加州因而從人間天堂變得沒有那麼迷人。以世界標準來看，其實南加州的環境問題還相當輕微。就像美國東岸人開的玩笑：南加州沒有面臨立即毀滅的危險吧！此外，南加州人的富裕不但在世界標準以上，甚至以美國的標準來看也是最富有的，環境知識也很豐富。全世界都知道洛杉磯的問題，特別是空氣汙染。但大抵而言，這個地區的環境和人口問題就像其他第一世界城市，甚至是最輕微的。這樣說來，環境問題如何影響我個人以及其他所有洛杉磯市民？

在洛杉磯，每一個人抱怨的事情總是和人口問題相關，這裡不但人滿為患，人口還在繼續增加。洛杉磯的塞車情況已無可救藥，幾百萬人在少數幾個商業區工作。由於商業區附近的住宅有限，房價貴得令人咋舌（圖三十六），大多數人只好開車上下班，單程最遠九十多公里，可能需要兩個小時左右。自一九八七年以來，洛杉磯一直是美國交通狀況最糟的城市，今日依舊如此。近十年來，每一個人都感覺交通愈來愈差。正是因為交通太差，讓人一想到要去洛杉磯工作，就打從心底害怕。這就是洛杉磯的雇主招募員工時最大的困難。再者，塞車也影響我們開車出去玩或拜訪朋友的意願。從我家開車到洛杉磯市中心或機場約有十九公里，現在我都留個一小時十五分的開車時間。光是開車上下班，不把前往其他地方列入計算，洛杉磯人一年平均有三百六十八個小時耗在車上，約十五個日夜（圖三十七）。

洛杉磯的交通問題已病入膏肓，尚無起死回生的對策被提出討論，看來這個問題只會愈來愈糟。雖然目前高速道路的興建計畫正在進行，只能使幾個嚴重壅塞的地方順暢一點，但是車輛不斷增加，車流遲早還是會再打死結。我們不知道洛杉磯的交通會惡化到什麼程度，然而就這個問題來看，洛杉磯還不是最糟的城市，有的城市比洛杉磯更嚴重，不知有幾百萬人都在忍受塞車之苦。泰國首都曼谷就是一例。在曼谷的朋友告訴我，他們現在開車出門，車上都得準備一個小型馬桶。這種馬桶利用化學藥劑處理穢物，攜帶方便。他們一陷入車陣，常常動彈不得，不知道多久才能下車。友人說，某一次週末假期，他們全家開車出遊，開了十七個小時居然只走五公里左右的路，最後只好放棄，打道回府。雖然有人對人口問題相當樂觀，用抽象的理論解釋何以人口增加是好事，且說世界可以容納這麼多人，我從未聽過任何一個洛杉磯人表示希望洛杉磯地區的人口再增加（其他地區也一樣，難得聽見有人抱怨當地人口太少）。

由於第三世界往第一世界移民的人口漸增，南加州也有移民不斷湧入，人口總數一直攀升，助長了世界人口對環境的衝擊。多年來，移民問題一直是加州討論得最激烈的政治議題，常引發口水戰。加州增加的人口幾乎都是移民，移民人數不但眾多，他們落腳後不久也會把家人接來，而這些移民的家庭人數一般都不少。加州與墨西哥接壤的邊界很長，來自中美洲的非法移民防不勝防。這些非法移民來美國，大抵是為了工作，同時希望過著安全無虞的生活。每一個月我們總會看到這樣的新聞：非法移民在沙漠中奄奄一息，或被搶，或被殺。儘管如此，為了實現美國夢，非法移民還是前仆後繼，有些甚至從中國或中亞飄洋過海，企圖偷渡上岸。對於這些來自第三世界的移民，加州人的心理很矛盾。在經濟方面，這些移民是不可或缺的生力軍，很多服務業、建築工程或農場工作都靠這些移民。然而，加州居民又抱怨這些移民搶走了工作機會，使本地人失業，造成工資降低。他們也認為本州的醫療和教育系統已不堪負荷，還要照顧這些移民，如何負擔得了！一九九四年加州選舉甚至出現「拯救吾州」提案（即「第一八七號提案」），主張褫奪非法移民接受醫療和教育等權利和公共福利，結果得到大多數選民的支持，後來因地方法院裁定違反憲法，該提案才作罷。移民問題由來已久，沒有一個加州居民或官員能提出具體辦法來解決。這使人聯想到多明尼加人對海地人的態度：一方面需要海地移民為他們工作；另一方面又討厭看到這些人，也不願提供他們需要的東西。

南加州也是能源危機的一大推手。市區的電車公司在一九二〇年代和三〇年代破產倒閉，電車網絡的發展於是中止。後來路權被汽車公司買去，在土地細分之下，電車系統難以重建，就不能與汽車競爭。再者，洛杉磯人喜歡住在離市中心有一段距離的房子，不願住在市區的高樓大廈。由於居民從四面八方前來市區工作，很難設計出一個能滿足大多數居民需要的大眾運輸系統。因此，洛杉磯人還是以汽車代步。

我們消耗的汽油量大，而且洛杉磯盆地四周有山，加上風向的助長，空氣汙染因而變成洛杉磯最嚴重的問題（圖三十八）。洛杉磯的空氣汙染是一種光化學煙霧之害（廢氣因陽光作用而形成對人體有害的氮氧化物及碳氫化合物），雖然近幾十年來洛杉磯不斷努力對付這個問題，而且已有突破（除了夏末和初秋，其他季節都好多了，也有地區差異〔內陸較差〕），在美國城市的空氣品質排行榜上，洛杉磯還是敬陪末座。洛杉磯的空氣品質雖有改善，但近幾年來再度惡化。另一個危害加州居民生活和健康的問題，就是近幾十年在河流和湖泊出現的病原體蘭氏賈第鞭毛蟲（*Giardia lamblia*）。我在一九六〇年代搬到加州，那時登山健行若口渴可生飲溪水，今天要是你在加州生飲溪水，一定會肚痛，腹瀉。

至於棲地管理的問題，目前我們最擔心南加州兩大林區的森林火災，即夏普若灌木群落（硬葉常綠灌叢，類似地中海地區的馬基亞灌木群落〔*macchia*〕[4]）和橡樹林。這兩個林區偶爾會因閃電雷擊等自然狀況而發生火災，就像我們在第一章討論的蒙大拿森林。現在有人住在林區內或附近，一旦發生火災，林區都是易燃的樹木，很容易陷入火海，因此民眾會要求森林消防隊立刻來滅火。每年夏末秋初是南加州最熱、最乾燥、最多風的時候，於是森林火災頻傳，常常有幾百戶人家被火舌吞噬。我居住的峽谷在一九六一年一度出現無法控制的大火，共有六百間房舍遭到燒毀。理論上，加州森林火災的問題就像蒙大拿的森林火災，或許可常常藉由控制的小火焚燒來減少燃料載量。在這個人口稠密的地區，這麼做實在太危險了，當地的居民必然無法接受。

外來物種已為加州農業帶來重大威脅和經濟負擔，目前第一號敵人是地中海果實蠅（*Ceratitis capitata*），還有一些外來病原體危害到加州的橡樹和松樹。另外，加州本地的兩棲動物也岌岌可危。我的兒子從小就對兩棲動物（如青蛙和蠑螈）非常感興趣，我因而發現洛杉磯郡三分之二溪流的原生兩棲動物已經滅絕。這是三種外來物種（淡水螯蝦、牛蛙和食蚊魚）獵食本地兩棲動物的結果。南加州的兩棲動物在演化過程中未曾接觸這些外來物種，因此不知如何應付。

對加州農業影響最大的土壤問題就是鹽化，這是長期實施灌溉農業的結果。加州中央河谷本來是美國最富裕的農業區，現在已有一大片農地遭到鹽化的破壞。

4夏普若灌木群落：chaparral，源於西班牙語，意為常綠橡樹。

由於南加州雨量少，洛杉磯需要的水主要是利用長長的輸水道引來——從內華達山脈、北加州河谷和東邊州界的科羅拉多河引至洛杉磯。加州人口持續成長，加上水源不夠豐沛，農夫和都市居民的用水衝突愈來愈激烈。再者因為全球暖化，內華達山脈積雪減少（和蒙大拿山脈一樣），可融化的雪水變少了，洛杉磯就更可能缺水。

至於水產減少的問題，北加州的沙丁魚在二十世紀初已經捕撈光了，南加州的鮑魚也在幾十年前（也就是我搬到加州後不久）就已經消失。現在，南加州石斑魚的數量已到了最低點，明年可能再也捕不到石斑魚了。自從我在六〇年代搬到洛杉磯至今，超市的魚類價格已漲了四倍。

最後，南加州最特別的物種也受到生物多樣性消失的影響。加州和加州大學的吉祥動物是加州黃金熊（*Ursus arctos californicus*），但是這種大熊早就絕種了。（我們的吉祥動物竟然早就絕種，真是不祥！）南加州的海獺也在上個世紀滅絕了，重新引進這種動物的結果如何，還不知道。我在洛杉磯定居這幾十年間，本地最特別的兩種鳥類——走鵑（*Geococcyx californianus*）和珠頸翎鶉（*Callipepla californica*）——已經難得一見。至於南加州的兩棲動物加州紅腹蠑螈（*Taricha torosa*）和加州樹蛙（*Hyla cadaverina*），數量已經遽減。

簡單地說，環境和人口問題對南加州經濟和生活品質已造成很大傷害。不管是缺水、能源短缺、垃圾堆積、學校學生人數過多、住屋不足、物價上揚或交通壅塞，大抵都是環境惡化和人口太多所造成。然而，加州除了塞車的情況特別嚴重、空氣品質惡劣，就其他方面的問題來看，其實和美國大部分地區差不多。

環境問題的十二個迷思

大多數環境問題的細節還有很多爭議，因此值得好好辯論。我們經常聽到許多輕視環境問題的論調。在我看來，這些說法都失之偏頗，而且常常「一言以蔽之」，過於簡化問題。以下就是最常聽見的十二種論調：

「環境問題和經濟發展就像魚與熊掌，難以兩全。」這種說法認為關切環境是奢侈的事，解決環境問題必然導致成本增加；反之，不管環境問題就可省錢。不過，真相並非如此。要收拾破壞環境的爛攤子，不管在短期或長遠的未來，都必須付出更大的代價。若能避免環境破壞或在短期內做好環境的善後工作，長期下來反而可以省下大筆費用。如果我們照顧環境就像愛護自己的身體，平日注重保健、避免疾病上身，總是比生了重病再來治療好。

像是為了解決農業造成損害的雜草和害蟲，以及堵塞水道的鳳眼藍或阻塞水廠水管的斑紋蚌等問題，政府每年不知要花多少錢。又如塞車造成的時間浪費、居民因為環境的有毒物質而生病或死亡、有毒化學物質的清理、魚類因過度捕撈使數量減少造成魚價飆漲、農地因土壤侵蝕或鹽化而受害等，凡此種種都會造成經濟的重大損失。這個問題可能要花費幾億美元，那個問題又得要幾十億甚至幾百億美元，而這些問題林林總總加起來恐怕有好幾百個。以美國社會的情況為例，在一個人有能力對國家經濟做出貢獻之前，社會必須投資的養育和教育費用高達五百萬美元。但是以最保守的統計數字來看，美國一年死於空氣汙染的人數高達十三萬人，想想這些人的死亡對美國社會是多大的損失。雖然美國自一九七〇年執行空氣清淨法，為了防制空氣汙染必須花費不少錢，但扣除防制汙染的經費，省下來的醫療費用每年高達一兆美元。

「環境問題交給科技去解決就好了。」這麼說的人是著眼於科技過去的紀錄。由於科技解決的問題多於科技本身帶來的問題，因此對未來信心滿滿，相信我們可以把目前的問題交給科技去解決，而科技也不會再製造新的問題。抱持這種信心的人也認為，現在討論的新科技能成功，而且很快就會奏效，讓世界更好。我曾和美國最有名的企業家和金融界重量級人物長談過，這兩人能言善道、說服力十足，為我描述即將出現的嶄新科技和新金融工具，說這些科技和工具不是過去事物所能比擬，預計將可為我們解決環境問題。

不過，實際經驗卻不見得那麼美好。有些我們夢寐以求的新科技成功了，有些則變成噩夢。成功的科技通常需要幾十年時間研發，然後進入我們的生活，成為運用廣泛的產品，如瓦斯爐、電燈、汽車、飛機、電視、電腦等。然而，不管新科技是否能為我們解決問題，它也經常帶來意想不到的新難題。如果一開始就能避免問題發生，還是比狀況發生後再用科技來解決省錢。舉例來說，幾次嚴重的油輪漏油事件，對環境造成的傷害和清理費用多達幾十億美元。如果能藉由安全措施把這類事情的發生機率降到最低，就可省下相當多的費用。

更重要的是，科技的進展只是增加我們做事的能力，結果可能更好，也可能更壞。我們目前所有的問題都是科技無意帶來的負面結果。二十世紀科技突飛猛進，解決了一些舊的問題，卻帶來更多新的難題，這就是為什麼我們今天會面臨這樣的困境。我們有什麼理由相信二〇〇六年一月一日出現這樣的奇蹟：科技將破天荒地解決以前所有的問題，而且不再製造無法預期的問題？

新科技最後帶來無法預見的副作用，這樣的例子有好幾千個，這裡舉兩個就足以說明：一個是CFC，也就是氟氯烴；另一個是汽車。以前用於冰箱和冷氣機的冷媒具有毒性（如氨），萬一半夜屋主熟睡，冷媒從家電外洩，可能使屋主喪命。因此，無臭、無毒、在大氣中極穩定的CFC於一九三〇年代問世之初，就被譽為科技的一大進展。（杜邦生產的氟利昂〔freon〕因此成為家喻戶曉的商品名。）至於這種冷媒有什麼不良的副作用，沒有人看得到，也沒有人想得到。不久，神奇的CFC就成為世人愛用的產品，像冰箱和冷氣機的冷媒、塑膠發泡劑和噴霧罐的推進劑，都以CFC為首選。但是科學家在一九七四年發表研究報告，表示排放到大氣中的CFC將緩慢地移轉到平流層，而CFC經紫外線照射會產生反應，分解成氯原子而破壞平流層中的臭氧層。臭氧層出現破洞，更多的紫外線就會長趨直入，侵害地球所有生物。為了維護公司利益，生產CFC的企業當然拚命否認這項發現，畢竟這可是價值二千億美元的產業。當然也有人認為這項科學研究過於複雜，真相如何還有待商榷。從CFC問世到淘汰足足有幾十年：杜邦公司（CFC最大的製造商）直到一九八八年才停止生產CFC；一九九二年，所有的工業國才同意在一九九五年以前全面停止製造。然而，中國等開發中國家目前還在生產。不幸的是，目前累積在大氣中的CFC高達一、兩千萬公噸，即使各國不再生產，在往後的幾十年，這麼多的CFC也都還在我們的上空。

說到科技盲點，另一個代表性的例子是汽車。一九四〇年代，我還只是個孩子，有時聽年紀大的老師「講古」，述說二十世紀初期的美國。那時候街上的交通工具大都是馬車或電車，汽車才剛出現。

老師回憶過去的情景說，汽車乾淨和安靜，讓大家耳目一新。馬車慢慢被淘汰，街上的馬糞和尿騷味就少了。再說，那噠噠的馬蹄聲吵死人了，馬車少了，耳根也就清淨多了。在汽車和巴士問世百年後的今天，想到居然有人會對汽車讚不絕口，說不會造成汙染又安靜，實在令人匪夷所思。至於汽車排放的廢氣汙染該如何解決，應該沒有人會提議大家騎馬或以馬車代步。汽車不像CFC，不是我們現在可以淘汰的交通工具。

「如果耗盡了一種資源，總是可以找到其他替代資源，滿足同樣的需求。」這麼說的人對未來很樂觀，忽視沒能預見的困難，也不知道這種轉換通常需要很長一段時間。汽車又是一個很好的例子。由於石油短缺，加上以汽油做為燃料的環境問題，目前大家都對氫能車和汽車用燃料電池[5]寄予厚望，希望藉由這些新科技突破汽車運輸的困境。但是我們過去沒有使用氫能車的經驗，還不知道氫能車能否解決化石燃料的問題。事實上，新車科技長久以來不時有所「突破」，像是渦輪增壓旋轉引擎（rotary engine）和最近的電動車，都引發相當多的討論，甚至進入商業銷售階段，卻因無法預見的問題而未能風行。至於汽車產業界最近發展出來的油電混合車，銷售雖有增加，還談不上取代原來使用化石燃料的汽車。雖然改用油電混合車的駕駛人大有人在，卻有更多人購買耗油量大的SUV休旅車。整體看來，化石燃料的使用還是有增無減。科技如何產生對環境友善的效應和產品（如油電混合車），不會帶來其他問題，同時減少對環境不良的效應和產品（如SUV）？目前還沒有人有答案。

對於科技，人們抱持的另一個希望是改用可以再生的替代能源（如風力或太陽能），以解決能源危機。當前科技的確可做到這點。現在很多加州人都使用太陽能為游泳池加溫，而丹麥有六分之一的能源則來自風力發電機。不過，風力或太陽能只能在多風或陽光充足的地區使用，因此有不少限制。此外，翻開科技史來看，重大的能源轉變——如照明從蠟燭、油燈到電燈，或燃料從木頭、煤炭到石油——往往需要幾百年的時間，這是因為改變的不只是能源本身，很多設備以及和原先科技有關的次級科技也必須跟著改變。我們的確可能以其他能源取代化石燃料，使汽車運輸和能源工業邁向新境界，但這是長遠目標，也是急不得的事。在新科技廣泛使用以造福世人之前，至少有好幾十年的時間，我們還是必須想辦法解決燃料和能源的問題。目前我們把焦點放在氫能車和風力發電等未來新科技，反而忽略了當務之急：從現在起，我們就得設法減少汽車的使用、汽油的消耗，也要盡量少使用化石燃料來發電。

「世界沒有食物短缺的問題。糧食已經足夠，只要解決分配、運輸的問題，把多餘的部分送到需要的地方就可以了。」（同樣的說法也可套用在能源上。）或是說：**「綠色革命使得稻米等作物出現高產量的品種，加上基因改造作物，世界的糧食短缺問題因而迎刃而解。」**[6] 這種說法指出兩個重點：首先，第一世界居民平均食物的消耗量大於第三世界的居民；其次，第一世界如美國等國家生產的糧食除了滿足人民所需，還有餘糧。如果全世界的糧食可以平均，或是第一世界的餘糧可以送到第三世界，是否可

5燃料電池：fuel cel，又稱環保發電機，利用氫供系統發電，是高效率、低汙染、多元化能源的新發電科技。

6綠色革命：一九五〇年代，生物學家以外來種和土種雜交，使農作物產量增加數倍，人稱綠色革命。一九九〇年代，生物學家又對作物進行基因層次的修改或重組，提高作物的抗逆性（抗高鹽、乾旱、高溫、低溫等）和抗病蟲害特性。基因改造作物（或稱基因轉殖作物）的誕生帶來第二次綠色革命。既然基因改造作物可以殺害昆蟲和病毒，會不會對人體造成傷害？基因改造作物會不會破壞農業和生態環境？由於基因改造作物才問世不久，新開發的品種本身還不完善，對人體和環境的長期影響還有待觀察。

以減輕第三世界的饑荒問題？

這種說法明顯有誤。首先，第一世界居民不願意少吃一點，以便讓第三世界居民填飽肚子。其次，第一世界國家只願救急，願意在非常時刻捐獻糧食給面臨旱災或戰爭肆虐的第三世界國家，但不想長期負擔第三世界數十億人的糧食（納稅人可不願為了外援或農業補助加稅）。再者，如果第三世界國家沒有有效的計畫生育政策，放任人口成長，最後必然出現馬爾薩斯預言的悲劇，人口成長的幅度必然大大超越糧食增加速率。如果第三世界所需的糧食靠第一世界國家長期接濟，難保第一世界不被拖垮，這正是美國政府反對長期援助第三世界的原因。這也是何以綠色革命在世人的希望和各國資金挹注下發展了幾十年、研發出高產量的作物種類，至今世界各地還是有不少挨餓人口。此外，基因改造食物也無法解決全世界的糧食問題（即使世界人口總數不再增加）。目前生產的基因改造作物主要只有四種（黃豆、玉米、芥子油和棉花），沒有拿來當成人類糧食，而是做為動物飼料、工業用油或紡織使用，主要生產國為美國、加拿大、澳洲等六個溫帶地區國家。之所以有這個結果，是因為消費者強烈反對食用基因改造食品。生產基改作物的公司若要獲利，必然要把產品賣給富裕國家的農民，不會賣給落後熱帶國家的貧窮農民。因此，基改作物公司沒興趣為第三世界農民發展基因改造的木薯、小米或高粱等。

「從人類平均壽命、健康和財富（如經濟學家所謂的每年每人國民生產毛額）等一般指標來看，過去幾十年來，人類情況已經愈來愈好。」或者：「看看四周：草地還綠油油的，市場裡的食品滿滿的，一轉開水龍頭就有潔淨的水流出，說什麼人類社會即將崩壞，豈不是杞人憂天？」對富裕的第一世界居民而言，生活的確愈來愈好；至於第三世界，由於公衛的改善，居民的壽命也延長了。但光從平均壽命來看還不夠：幾十億的第三世界居民（也就是全世界人口的八○％）都過著窮苦日子，甚至三餐不繼。即使在美國，無法負擔醫療費用的窮人也愈來愈多。為了改善這些人的情況，有人提出種種方案（例如由政府負擔所有醫療保險費用），但都過不了政治的關卡，被打了回票。

此外，每個人都知道，銀行帳戶餘額多寡並不代表經濟情況的好壞，還要看現金流的方向。你看著銀行對帳單，上面雖然顯示存款餘額五千美元，還是可能愁眉深鎖：在過去幾年，如果每一個月你的帳戶都流出二百美元，沒有任何進帳，依照這種速率流出，再過兩年又一個月你就得申報破產。國家經濟、環境和人口趨勢同樣如此。現在第一世界享受的一切就是在消耗環境資本（這種資本都是不可再生的能源，如漁業資源、表土、森林等），可供消耗的資本不等於賺來的錢。顯然地，我們現在仍是竭澤而漁的地球社會，千萬不可自滿於現況。

事實上，從過去人類社會的崩壞（如馬雅、阿納薩齊印第安部落、復活節島等）以及不久前蘇聯解體的例子，我們學到非常重要的一課：一個社會往往盛極而衰，在人口、財富和國力登峰造極之後，一、二十年之間就急速走向衰敗。因此，人類社會的發展軌跡和人生不同，人類社會時常突然走下坡，不像人生有一段很長的衰老期。原因很簡單：在人口、財富、消耗的資源和產生的廢物都達到頂峰，對環境造成的衝擊最大，超過環境所能承載的極限時，社會就會走向崩壞。無怪乎人類社會昌盛繁榮到了頂點後，往往直轉急下，走向衰亡。

「過去不知有多少次，環境保護論者悲觀的預言最後證明只是危言聳聽。為什麼這次我們要相信？」

是的，有些環境保護論者的預言沒有成真。像是艾利克（Paul Ehlich, 1932-）、哈特（John Harte）和侯德倫（John Holdren）在一九八〇年預言的五種金屬價格上漲並未成真，[7]還有羅馬俱樂部（Club of Rome）[8]在一九七二年預言的成長極限也沒兌現，這些都是反對人士最愛提出的例子。但是選擇性地挑出環境保護論者的錯誤預言，不看他們的正確預言，或是不提敵對陣營的錯誤預言，就會失之偏頗。儘管環境保護論者的預言有誤，反對陣營的預言也不見得每次都對，錯誤一樣比比皆是。像是過度樂觀地預言綠色革命能解決全世界糧食短缺的問題，還有經濟學家賽門（Julian Simon）預言的地球人口在往後七十億年還可不斷增加，以及「銅可以利用其他元素製造出來」，因此不必擔心銅的短缺。以賽門的前一個預言來看，如果人口成長照目前的趨勢發展下去，再過七百七十四年，每一平方公尺的土地上將有十二個人；還不到兩千年，人類質量已和地球的質量相當；在六千年內，人類質量將等於宇宙質量，哪能發展到賽門說的七十億年後？[9]至於他的第二個預言，我們知道銅是一種化學元素，不可能利用其他元素製造出來。依我之見，儘管金屬價格沒有像艾利克等人預言的上漲，世界也沒有像羅馬俱樂部預言的餓殍載道，大抵而言還是比較實際，不像賽門的兩個預言那麼天馬行空。

基本上，就環境保護論者的預言錯誤來看，歸結起來讓反對陣營最不滿的就是誤警。在生活的其他層面，例如火災警報，儘管是誤警而造成一場虛驚，我們也不會見怪。在某些小鎮，即使很少發生火災，地方政府還是會撥出經費設立消防隊。很多通報火警的電話也是誤警，還有很多只是小火災，在消防車趕到之前屋主就把火滅了。火災剛開始發生的時候，風險大小很難判斷，如果是無法控制的大火，造成的財產損失和傷亡將相當可怕。因此我們可以接受誤警，即使屋主先把火撲滅，讓消防隊白跑一趟也沒有關係。儘管一個城鎮幾年來未曾出現大火，也沒有人認為應該撤除消防隊。消防隊總是要有的，不管是由全職的消防隊員或義消來組成。如果你發現家裡失火，立刻打電話給消防隊，雖然在消防車趕到前你已經把火滅了，沒有人會怪你勞師動眾。只有在誤警多得離譜之時，我們才會覺得有問題。事實上，我們知道真正大火發生的頻率和造成的損失遠大於誤警造成的浪費，因此能容忍某一個比率的誤警。如果誤警出現的頻率很低，顯示屋主打電話給消防隊的時候太遲了，消防隊趕到的時候，房子往往已被火舌吞噬。

同理，我們應該可以理解，為何有些環境保護論者的警告是誤警。要是沒有這些誤警，環境警告系統就太保守了。由於環境問題造成的損失常是幾十億美元，適度的誤警提醒人們提防是合理的。此外，

---

7 艾利克是美國史丹佛大學教授、著名的演化學家、人口生物學家，哈特是加州大學生態系統科學教授，而侯德倫是能源分析學家、哈佛大學甘迺迪政府學院環境政策教授，也是美國前總統柯林頓的科技顧問。艾利克等人預言的五種金屬價格上漲是經濟學家的世紀賭注。艾利克和下面提到的樂觀派經濟學家賽門打賭，賭鉻、銅、鎳、錫、鎢等五種金屬的價格。他們以假想的方式買入一千美元的等量金屬，每種兩百美元，價格以一九八〇年九月二十九日為準，假如到了一九九〇年九月二十九日，這五種金屬的價格在去除通貨膨脹的因素後果真上漲，賽門就要付給艾利克這五種金屬的總差價。假如價格下跌，艾利克將把總差價付給賽門。結果到了一九九〇年，這五種金屬的價格全都下跌。艾利克因此輸掉了五萬多美元。

8 羅馬俱樂部：一九六八年，來自世界各國的幾十位科學家、教育家和經濟學家等學者在羅馬聚會成立的非正式國際協會，以關注、探討與研究人類面臨的共同問題為目標。他們在一九七二年提出預言：如果世界人口、工業化、汙染、糧食生產和資源耗竭的成長趨勢持續不變，地球成長的極限便會在未來一百年中的某個時刻到來，超越地球資源極限的結果就是世界崩潰。

9 人口成長：參看美國著名科普作家艾西莫夫（Isaac Asimov, 1920-1992）在一九七二年對世界人口未來的描寫。由於世界人口正以每日二十萬或每年七千萬的速度增加，他估計公元二〇〇〇年世界人口將超過六十億（這個預言已經成真），公元二五七〇年人口將增加十萬倍，公元三五五〇年人類質量就會等於地球質量，公元七〇〇〇年人類質量就會等於已知宇宙質量。

誤警之所以頻頻出現，也可能是傷害造成之前我們因警示而採取因應手段，將問題解決了。例如洛杉磯的空氣品質的確不像五十年前有人預言的可怕，這完全是因為洛杉磯和加州都意識到問題可能發生，採取一些做法（如制定廢氣排放標準、排煙的合格測試證明和使用無鉛汽油），預言才沒成真，並非當初的預言太過誇張。

「人口危機已經解除了。由於世界人口成長率已在逐漸減緩，今後世界人口數量可望趨於平穩，不會變成現在的兩倍。」這個預言不一定正確，但目前看來的確有實現的可能性。然而，我們還是無法寬心，理由有二：首先，從很多標準來看，目前人類社會還是過著竭澤而漁的生活，地球資源總有一天會消耗殆盡；其次，正如本章先前的解釋，就我們現在面臨的威脅而言，與其說是人口翻倍，不如說是愈來愈多第三世界居民的生活水準追趕上第一世界居民。有時候我們會從第一世界居民口中聽到一種奇怪的說法，說世界人口「不過」將增加二十五億人而已，表現出無所謂的樣子。事實上，現在地球上已有二十億人面臨營養不足的問題，每日生活費還不到三美元。

「這個世界容得下無窮無盡的人口。因為人可以創造更多的東西，帶來更多的財富，人口永遠不嫌多。」這種說法讓人聯想到樂觀派經濟學家賽門的主張，然而不獨賽門，很多經濟學家也有這種看法。地球的承載力的確是有限的，不可能容得下不斷增加的人口。按照現在人口成長的速率發展下去，我們已經知道，到了二七七九年，每平方公尺的土地將有十二個人。從國家財富的資料來看，人口愈多的國家不但不是會更富有，而是更貧窮。若觀察人口總數排行榜，前十名的國家（人口都在一億以上）依序是中國、印度、美國、印尼、巴西、巴基斯坦、俄國、日本、孟加拉和奈及利亞。最富有的十個國家

（以實質國內生產毛額而論）從第一名起依序是盧森堡、挪威、美國、瑞士、丹麥、冰島、奧地利、加拿大、愛爾蘭和荷蘭。只有美國同時出現在這兩份排行榜上。

的確，人口眾多的國家大多數是窮國：在人口最多的十個國家中，其中八個每年每人國內生產毛額在八千美元以下，其中的五個更不到三千美元。富裕國家的人口反而少得多：在最富有的十個國家中，有七個人口總數在九百萬人以下，其中兩個甚至在五十萬人以下。但是這兩份排行榜的最大差別還是在人口成長率：那十個富國的人口成長率都很低（每年成長率還不到一％）；而人口最多的十個國家中，其中八個比最富有的十國人口成長率都來得高，雖然另外兩個人口成長率較低，卻不是以我們樂見的方式來達成——中國政府嚴格執行計畫生育、強迫墮胎，俄羅斯則因為嚴重的衛生問題所導致。因此，以我們觀察到的事實而論，人口愈多、人口成長率愈高，代表的是貧窮，不是財富。

「關注環境是件奢侈的事，只有第一世界有錢的雅痞才做得到。先進國家那些收入豐厚、注重生活品味的專業人士，沒有責任告訴三餐不繼的第三世界居民該怎麼做。」不少第一世界的雅痞表示這種看法，但他們都未實際去了解第三世界。以我在印尼、巴布亞紐幾內亞、東非、秘魯等第三世界國家的經驗，這些第三世界國家居民也很關切國家日益嚴重的環境和人口問題，像是人口成長、森林砍伐、過度漁撈等造成的傷害。他們知道環境議題不可小覷，因為環境遭到破壞，他們也身受其害，例如蓋房子的木頭沒了、大範圍的土壤侵蝕等。我也常常聽到他們哀嘆自己沒用，付不起孩子的學費或孩子沒衣服穿、沒書本等。為什麼村落後方那一大片山頭的樹全都不見了？要不是政府腐敗，儘管居民強烈抗議，還是讓伐木公司把樹砍光了，就是居民為了養兒育女，不得已只好跟伐木公司簽約，換一點錢回來。我在第三世界結交的好朋友，家裡通常有四到八個孩子，他們聽說第一世界有好的避孕法，非常羨慕，可惜沒錢購買避孕產品，而美國政府外援計畫又沒有家庭計畫補助金。

很多第一世界富有的居民都認為，儘管有這麼多的環境問題，他們還是過得好好的，第三世界民不聊生不關他們的事。由於這種自掃門前雪的心態並不「政治正確」，很少人會公開表示。事實上，富有的人並非就可以對環境問題「免疫」。第一世界大公司的老闆和其他人一樣，也得吃東西、喝水、呼吸、生孩子（或努力克服不孕的問題）。雖然他們可以喝罐裝礦泉水或純水，來克服水質不好的狀況，可是也和所有人一樣逃不過食物或空氣汙染的困境。因為人類在食物鏈的頂端，其他生物體的有毒物質於是累積在人體，人類不孕的問題愈來愈嚴重。也許就是這個原因，愈來愈多人必須求助於人工生殖的醫療技術。此外，從我們先前討論的古代社會末日，即使如馬雅國王、格陵蘭維京酋長或復活節島首領那樣集富貴於一身，如果社會即將分崩離析，他們不但自身難保，子孫也沒機會繼續過著奢華、安樂的生活。金錢或權勢只是讓他們晚一點餓死或被殺。正如本章開頭描述的，第一世界的人類社會幾乎消耗了地球大多數資源，因此對地球環境造成很大的衝擊。即使這個世界沒有第三世界，或第三世界居民不努力追趕第一世界生活水準，由於第一世界過著竭澤而漁的生活方式，不去永續經營資源，必然無法長久。

「環境問題即使迫在眉睫，也不是現在，而在遙遠的未來。那時我早就不在人世，因此現在不用著急。」本章一開始就提出現今十二種重大的環境問題，照目前趨勢發展下去，也許我們這一代還能逃過一劫，但我們的下一代在有生之年一定逃不過。大多數的人還是生育孩子，我們在孩子身上花這麼多的心血、時間和金錢，為的不就是他們的未來？我們花錢讓孩子受教育，讓他們豐衣足食，為了兒女的未來預立遺囑，或是為他們買壽險，就是希望他們有幸福、快樂的人生，平安度過未來五十年以上的歲月。如果我們為了自己的子女花費這麼多苦心，同時卻破壞他們未來的生活環境，不是很矛盾嗎？

我個人也為這種矛盾的行為感到歉疚。我出生於一九三七年，在我的孩子出世以前，我並沒有特別關注環境問題（如全球暖化或熱帶雨林的消失）對二〇三七年那個世界的影響。我哪活得到那個年頭？二〇三七年，多麼抽象的未來！但是我的雙胞胎兒子在一九八七年出生之時，我和內人也像一般的父母親，開始為他們的教育進行規畫，為他們買保險、預立遺囑。我不禁心頭一驚：到了二〇三七年，他們就五十歲了，和我現在的年齡一樣！那可不是無法想像的一年！如果五十年後的世界一團糟，我把所有財產留給他們又有什麼用？

二次大戰結束不久，我在歐洲羈旅五年，也在那時成婚，內人來自具日本血統的波蘭家庭。看了許多親友的遭遇後，我感觸很深：即使父母對孩子呵護得無微不至，如果不管孩子長大成人後生存的世界，還是白費心血。我的親友中有波蘭人、德國人、日本人、俄國人、英國人、南斯拉夫人，他們的父母也為他們買了保險、預立遺囑，為他們的教育煞費苦心，就像我和內人為我們雙胞胎兒子做的事。有些人很富有，留了大筆遺產給子女，卻發生二次大戰這樣的災難，再多的財產都無濟於事。很多歐洲友人和日本友人跟我同年，戰爭讓他們變成孤兒、和父母分散、家園被炸毀、失去了求學的機會、家裡的財產也沒了，即使幸運地和父母一起生活，昔日戰爭和集中營的陰影仍揮之不去。如果我們不為子女未來生存的世界著想，恐怕他們將會過著一樣悲慘的日子。

反對環境論者的最後兩種說法是：「現代社會和過去崩壞的人類社會——如復活節島、馬雅文化和阿納薩齊印第安部落——哪可同日而語？因此，我們不能把古老社會的經驗直接套用在現代社會。」還有：「現今世界的主宰者是強勢的政府和大公司，我能憑一人之力做什麼？」這麼說其實也有道理，不像前面十個禁不起檢驗。因此本章最後將探討前一個問題，第二個問題請見本章延伸閱讀中的討論。

過去與現在

過去的人類社會是否足以和今日社會相提並論？復活節島民、亨德森島民、阿納薩齊印第安部落、馬雅文化和格陵蘭維京人等，他們的崩壞故事可做為借鏡嗎？有人或許會著眼於過去與現在的明顯差異，因而提出反對意見：「現代世界，特別是今天的美國，和那些遠古人類社會有如天壤之別，怎可一概而論？的確，古人沒有現代科技。現代科技創造了很多奇蹟，有了對環境友善的新科技，問題不就可迎刃而解？古代人類社會因為氣候變化而遭到毀滅，那是他們的不幸。當然，他們也做了些蠢事，自作孽不可活——像是把森林砍光、把野生動物全都獵殺來吃、眼睜睜看著表土被侵蝕掉、在缺水的乾燥地區建築城市，加上酋長或國王沒有過去的文字紀錄可參考，因而只顧著自己的權勢，窮兵黷武，無視民間疾苦，不能從歷史學得教訓。最後，一個社會接著一個淪為人間煉獄，一波波飢餓的難民湧向還未崩塌的社會，一起消耗社會資源，社會就這麼被拖垮了。從這些層面看來，我們現代人和古人截然不同，他們的經驗對我們並不適用。像我們美國這樣的超級強權，地大物博、資源豐饒、領袖英明，加上盟邦強大又忠心支持，弱小的敵人哪是對手？我們應該不會像過去人類社會那樣不幸吧！」沒錯，過去和現代人類社會的情況的確有很大差異，最大的不同就是今日人口要比古老的人類社會多得多。比起過去人類社會，現代人類社會的科技對環境的衝擊要來得大。古老的復活節島頂多只有幾萬人，使用的工具只有石鑿等石器，勞動以人力為主。就憑石器和這麼一點人力，復活節島民還是破壞了自己的生態環境，走上滅絕之路。今日地球人口已超過六十億人，人類社會擁有威力十足的金屬機械（如挖土機和核子武器），如果恣意破壞環境，我們的危機豈不是更大？

另一個大差異來自全球化。讓我們先把第一世界的環境問題放在一邊，試問：今天的第三世界是否可從過去人類社會的崩壞得到教訓？首先，且讓我們向學術象牙塔裡的生態學家請教一個問題：請說出目前環境壓力或人口過多等問題最嚴重的國家。這些生態學家研究過許多環境問題的著作，但是從不看報紙，也對政治沒有興趣，他們的回答將是：「不用想就知道了，答案不是很明顯嗎？不就是阿富汗、孟加拉、蒲隆地、海地、印尼、伊拉克、馬達加斯加、蒙古、尼泊爾、巴基斯坦、菲律賓、盧安達、索羅門群島、索馬利亞等等（參看第六五四地圖）。」

然後，你再去找對環境和人口問題興趣缺缺的第一世界政治人物，請他們說出當今世界最動盪不安的國家，像是政府被推翻了、已經瓦解或是目前因內戰頻仍、問題叢生而岌岌可危的國家。他們的難民不時湧入第一世界，讓人大為頭疼，可能必須提供外援給他們，必要時可能還得提供軍援，派遣自己的軍隊去弭平叛亂、對付當地的恐怖分子。那些政治人物將答道：「不用想就知道了，答案不是很明顯嗎？不就是阿富汗、孟加拉、蒲隆地、海地、印尼、伊拉克、馬達加斯加、蒙古、尼泊爾、巴基斯坦、菲律賓、盧安達、所羅門群島、索馬利亞等等。」

真巧，實在是太巧了，怎麼這兩份名單一模一樣？這兩份名單的關聯很明顯，也就是古馬雅、阿納

現代世界最動盪不安的地區

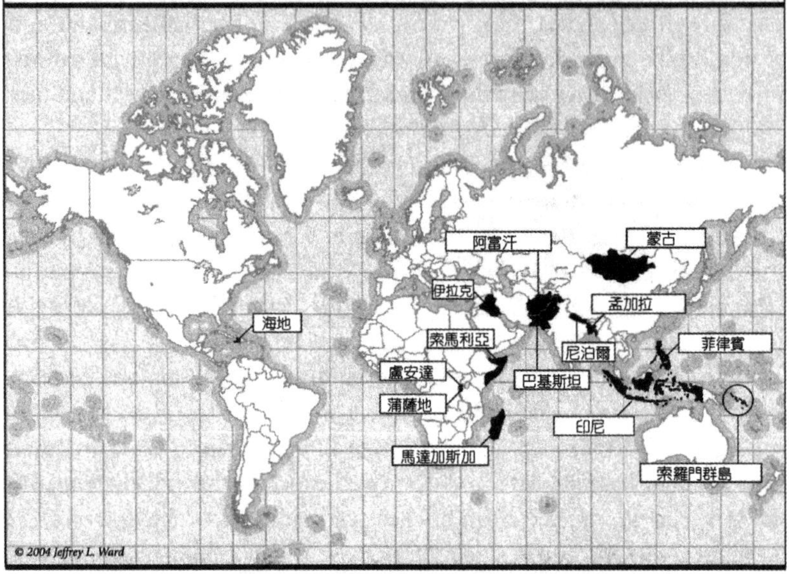

現代世界環境問題最嚴重的地區

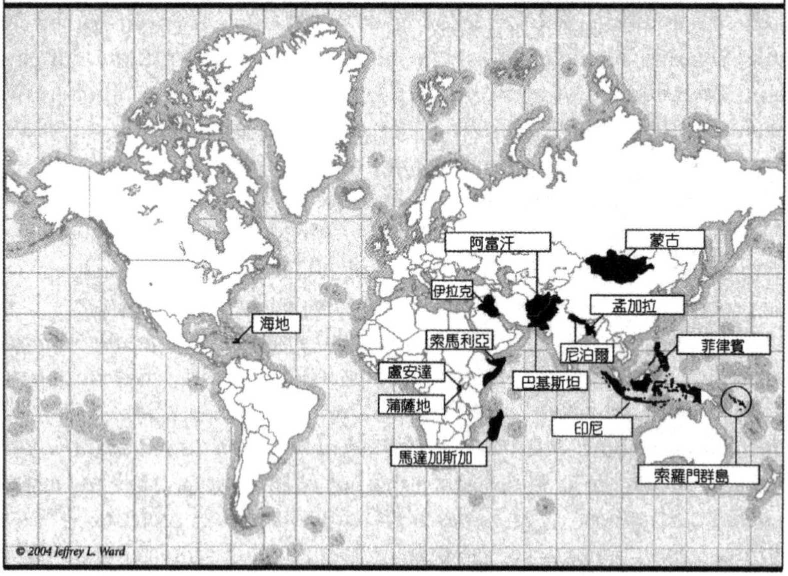

薩齊印第安部落、復活節島的歷史在現代世界重演。今日世界和古代人類社會一樣，環境問題愈嚴重、人口壓力愈大，就愈可能動盪不安，最後的下場不外乎政府瓦解、社會分崩離析。人民餓肚子，走投無路，失去希望，就會責怪政府沒有能力解決問題。因此，他們不計任何代價紛紛出走，逃往其他國家。留在國內的人則爭奪土地，互相殘殺，陷入內戰。人民已經一無所有，於是支持或容忍恐怖活動，甚至不惜鋌而走險成為恐怖分子。

這些發生在現代世界的慘劇：如孟加拉、蒲隆地、印尼和盧安達爆發的種族屠殺；名單上的大部分國家都有內戰或革命；第一世界國家也曾派兵到阿富汗、海地、印尼、伊拉克、菲律賓、盧安達、索羅門群島、索馬利亞；索馬利亞和索羅門群島也出現中央政府垮台的事件；名單上的所有國家也都陷入貧窮。這些現代國家失敗的例子（如出現流血革命、政權更迭、政府解體或種族屠殺），其實都有跡可循，之前都有環境敗壞和人口壓力漸增的問題（如嬰兒死亡率高、人口急速成長、相當高比例的人口是十七、八歲到二十歲出頭的年輕人），加上失業青年人數大增，因為走投無路最後加入民兵組織。在環境和人口的壓力下，資源的爭奪就會變得激烈，如爭奪土地（如盧安達）、水、森林、魚類、石油和礦物。內在衝突長久無法解決，政治和經濟難民日增，有些威權政體為了讓國內壓力不至於成為國際社會注目焦點，因而出兵攻打鄰國。

總之，我們不必為過去社會的崩壞能否做為現代社會的殷鑑多費唇舌。古代人類社會崩壞的慘劇已在最近重演，還有一些國家岌岌可危。真正的問題是：有多少國家將重蹈覆轍？

至於恐怖分子，你可能會說，像政治刺客、自殺炸彈客或是發動美國九一一恐怖攻擊的人，不一定都是來自第三世界、未受過教育、走投無路的人，有些還是高級知識分子或是有錢人。沒錯，但是只有一個走到窮途末路的社會才會支持、容忍恐怖主義。當然，任何一個社會都有嗜殺的狂熱分子，美國也有本土恐怖分子，例如奧克拉荷馬市聯邦大樓爆炸案主犯麥克維（Timothy McVeigh）與郵包炸彈客卡辛斯基（Theodore Kaczynski），而後者還是出身哈佛的數學天才。但大抵而言，體質良好的社會，如美國、芬蘭、南韓等，工作機會較多，人民不會支持他們。

在全球化的影響下，那些環境敗壞、人口過多、遙遠國家所發生的問題，也就成為我們的難題。我們總是把全球化想得過於美好，想著富裕、進步的第一世界把好東西（如網際網路、可口可樂）送到貧窮、落後的第三世界。事實上，全球化意指世界交流更加頻繁，這種交流是雙向的，而交流的也不見得總是好東西。

第一世界也將不好的東西送往第三世界。第一世界自己避之唯恐不及，乾脆送到遙遠的地區，眼不見為淨，前文提過的中國即是一例：每年有幾百萬公噸的廢電器從工業國家運往中國。其他垃圾也在無意間成了全球化的「產物」。以東南太平洋的兩個小島——奧埃諾島和迪西島——為例，這兩個小島是不適合人居住的環礁，沒有淡水，連遊艇都很罕見，位在地球最偏遠的一角，離最近的無人島（亨德森島）也有一百六十公里以上的距離。根據調查顯示，在這兩個鳥不生蛋的小島海岸線，幾乎每一公尺就可發現一件垃圾。這些垃圾必然是海上船隻帶來，或幾千公里外的亞洲、美洲國家等環太平洋國家漂來的。最常見的垃圾是塑膠袋、浮標、玻璃瓶或塑膠瓶（特別是日本三德利威士忌的角瓶）、繩索、鞋子、燈泡等，還有一些奇奇怪怪的東西，如足球、玩具兵、飛機模型、腳踏車踏板、螺絲起子等。

第一世界傳送到開發中國家的東西還有更可怕的。在全世界的居民中，血液含有最多有毒化學物質和殺蟲劑的是格陵蘭東部和西伯利亞的因紐特人。這兩個地區離化學工廠或使用很多化學物質和殺蟲劑的地區非常遙遠，然而此地因紐特人的血中汞濃度很高，幾乎到達急性汞中毒的程度，而因紐特產婦哺育嬰兒的乳汁也含有高濃度的多氯聯苯。這種乳汁稱得上是「毒物」，造成嬰兒聽力受損、腦部發育異常、免疫功能障礙和耳朵及呼吸道感染率高。這些有毒化學物質明明來自歐美工業國，為何受害的是遠在十萬八千里外的因紐特人，不是住在都市的美國人或歐洲人？這是因為因紐特人的主食是鯨魚、海豹、海鳥，而這些動物又以魚、蝦、軟體動物等為食。在這食物鏈最頂端的因紐特人，體內因而累積了相當多有毒的化學物質。居住在第一世界的我們雖然也吃海產，吸收了些許有毒化學物質，但吃的量要少得多。（這不表示我們不再吃海產就沒事。不管吃什麼，或多或少都會將化學物質吃進去。）

第一世界對第三世界不好的衝擊還包括森林砍伐。第三世界熱帶雨林砍伐的主因是日本大量進口木材。還有日本、韓國、台灣漁隊的過度捕撈；而歐盟各國漁隊也在政府大力補助下，在各個海域濫捕。反之，第三世界也把不好的東西送給我們，有時是有意，有時則是無意：如搭機入境第一世界帶來愛滋病、嚴重急性呼吸道症候群（SARS）、霍亂、西尼羅熱等疾病；一波又一波的移民以船、卡車、火車、飛機或步行湧入第一世界，有的透過合法途徑，有的則是非法移民；還有其他的第三世界問題等。現在的美國已與世界其他國家緊緊相連，不再能像一九三〇年代那樣，成為孤立的「美國堡壘」。美國是世界物資最重要的進口國：美國進口許多必需品（特別是石油和某些稀有金屬）、消費品（如汽車和電子產品），流入的投資資金也居世界之冠。美國也是世界最重要的出口國，特別是食品和各種產品。美國社會很久以前就已和世界其他國家緊密相連。

這也就是為何世界其他地區的政治動盪，都可能會使美國的貿易路線、海外市場和供應商發生變化。因此，美國對世界其他地區的依賴很深。三十年前，如果你問一個政治人物，要他說出和美國利益八竿子打不著的國家，也就是離美國最遙遠、最貧窮、國力最弱的國家，這份名單一定始自阿富汗、索馬利亞。然而，物換星移，美國再也不能小覷阿富汗和索馬利亞的地位，甚至在那兩個國家部署兵力。今日世界再也不可能像復活節島或馬雅王國孤零零地崩壞、瓦解，每一個地區或國家的問題都可能使全世界受到影響。在這個牽一髮而動全身的世界，我們必須小心提防世界大衰退的骨牌效應。股市投資人應該都很了解這種情況：九一一恐怖攻擊發生後，美國股市即巨幅震盪下挫，經濟受到嚴重衝擊，海外股市和經濟也遭受波及；反之，海外股市或經濟不振，美國也會受到影響。今天的美國不再只能一味地追求自己的利益，不惜犧牲其他國家的利益。

減少利益衝突是一個社會的生存之道，荷蘭就是最好的例子。荷蘭人民或許是全世界環境意識最高、最積極參與環保組織的了。不久前我前往荷蘭參觀訪問，才知道原因何在。我和三位荷蘭友人共乘一輛車，在荷蘭鄉間行駛（圖三十九、四十）。我問，為什麼荷蘭人這麼注重環境？這三位友人的回答教我畢生難忘。

「請看看四周。你看到的這一片農地低於海平面。其實荷蘭五分之一的國土都在海平面以下，最低的甚至低於海平面六．七公尺。這裡本來是淺水灣，我們建造堤防阻擋海水、將窪地的水抽乾、填海造成海埔新生地。我們荷蘭人有句諺語：『上帝創造地球，荷蘭人創造荷蘭。』這些從海爭來的地方，就是我們荷蘭人說的『波得』（polder）。我們幾乎在一千年前就開始填海造地，今天還在不斷努力地把慢慢滲進來的海水抽乾。從前荷蘭風車星羅棋布，就是用來抽乾窪地的水，後來我們就改用蒸汽機、內燃機、電動抽水機了。每一塊窪地都有一排排的電動抽水機，從內陸一直延伸到海洋，不斷把水抽到河流或海洋中。我們荷蘭還有一句老話：『你得跟你的敵人和睦相處，因為他可能就是在你住的窪地操作下一個抽水機的人。』我們每一個人都在海平面以下生活。並不是有錢的人就可以住在高地，窮人才住在最低窪的地方。如果堤防潰堤，抽水機又壞了，大夥兒就會一起滅頂，無人能倖免。一九五三年二月一日，狂猛的暴風雨侵襲齊蘭省（Zeeland Province），大浪衝破河堤，結果將近二千人淹死，死者當中有富人也有窮人。我們發誓不再讓這種慘劇發生，花費巨資修築綿密的攔水壩和防波堤。如果全球暖化問題愈來愈嚴重，全球氣溫上升，導致南極冰山融化，海平面便會上升。海平面上升，我們低地國荷蘭首當其衝，恐怕在劫難逃。這也就是我們荷蘭人這麼關切環境問題的原因。我們已經從歷史學到教訓，知道我們都是在海平面以下的窪地生活，大家相倚為命。」

荷蘭人相依相賴的精神和美國有錢人的自掃門前雪形成明顯對比。在美國，愈有錢的人就愈與社會其他人保持距離。他們希望住在一個只屬於自己的城堡，用金錢換取享受，反對為了公共服務或設施而加稅。他們住在有高牆保護、門禁森嚴、氣派豪華的社區（圖三十六）；請私人警衛；送孩子到經費充裕的私立學校上小班課，不去擁擠、經費不足的公立學校；花錢購買私人醫療保險；飲用瓶裝礦泉水或純水，不喝自來水；寧可行駛收費道路，也不願利用免付費的高速公路（如南加州）。這種種特權讓美國精英階級誤以為他們可不受社會問題影響，就像格陵蘭的維京酋長以為自己永遠高高在上，到頭來才發現特權只是讓他們比別人晚一點餓死罷了。

翻開人類歷史來看，大多數的人其實都和其他人性命相依，就像是住在同一個窪地的人。所有的復活節島民分成十二個氏族，各有自己的領地，與其他所有島嶼隔絕，但是所有的氏族還是共用拉諾拉拉庫和樸納包奧的採石場及幾個黑曜石產區。復活節島社會解體之後，所有的氏族也就瓦解了，當時世界上沒有一個人知道復活節島民的命運，也沒有人受到影響。東南玻里尼西亞社會是由三個互相依靠的島嶼組成，芒阿雷瓦的社會覆亡之後，皮特肯島和亨德森島的島民也無法生存，但沒有其他人受到波及。古馬雅人的主要活動地區是尤卡坦半島及鄰近地區。古典時期的馬雅城在南尤卡坦崩壞，難民可能逃往北尤卡坦，但無論如何都到不了佛羅里達。反之，今天的世界已成一個生命共同體，任何一個地區發生的事件，美國人都無法置身事外。索馬利亞雖然遙遠，政府崩潰之後，美國還是派兵進行維和行動；前南斯拉夫和蘇聯解體後，無數的難民逃往歐洲各地和世界其他地區；非洲和亞洲地區因社會、聚落、生活型態改變而出現的新興疾病也會蔓延全球。今日的地球是個獨立、孤立的單位，就像蒂蔻皮亞島或德川幕府時代的日本。因此，我們必須像蒂蔻皮亞島民或日本人一樣擁有覺悟，我們只能自立自強，不能向其他星球請求援助，也無法把自己的問題丟到宇宙其他地方。我們必須學習量入為出，像他們一樣，謹慎利用資源。

希望的由來

我在這個章節承認古代和現代的人類社會的確有重要差異，也提到最大的不同是今日社會人口數量龐大，並擁有毀滅性的科技。此外，今天的人類社會牽一髮而動全身，如果崩壞發生，將是全球性的大崩壞，不是地區性敗壞而已。看來，人類似乎前景黯淡。過去人類社會如復活節島碰到的只是地區性小問題，就無法解決而滅亡；今日世界有這麼多全球性大問題，如何解決得了？

想到這點就覺得沮喪的人經常問我：「你對世界未來的看法，是樂觀還是悲觀？」我的回答是：「我懷抱謹慎的樂觀。」我的意思是，從一方面來看，我承認人類社會目前的問題的確嚴重。如果我們不下定決心，努力去解決這些問題，不到幾十年，世界的生活水準就會下降，或許還有更糟的在等著我們。這也就是為何我在人生的這個階段，決定把大部分的心力放在環境議題，努力說服世人認真看待我們的問題。這些問題不解決，不但不會消失，還可能會變成沉痾，拖垮我們的未來。從另一方面來看，如果我們決心行動，我相信問題還是可以解決。這也就是我和內人在十七年前決定生孩子的原因，因為我們看得到對未來懷抱希望的理由。

一個理由是我們的問題並非無法解決。雖然我們面臨很大的危機，最嚴重的危機可能不是我們能控制的，例如每一億年就可能有一顆體積不小的小行星撞上地球。然而，現在地球的問題都是我們自己製造的。既然環境問題是自己造成的，就能自行決定要讓問題繼續下去，還是不再製造問題，並開始解決。未來其實掌握在我們手中。我們不需要新科技來解決問題，雖然新科技或許有貢獻，我們已經有了解決問題的對策，只需要執行的政治魄力。當然，這件事還是不容易，但是很多社會過去早已施展過這樣的魄力。我們的現代社會已有決心去解決某些問題，而其中有一些也得到了解決。

另一個懷抱希望的理由是各地的環境思想愈來愈普及，社會大眾的環境意識已經提高了。長久以來，即使我們已有尊重自然的想法，但是一九六二年《寂靜的春天》一書出版後，才更加速環境思想的傳播。投身環境保護運動的人愈來愈多，不只是美國和歐洲，多明尼加等開發中國家也都成立了各種環保組織，組織的效能也愈來愈高。不過，就算環境保護運動方興未艾，人類對環境的威脅也愈來愈大。這也就是我在本書先前章節所提到的，這是一場緊張刺激的賽馬比賽，輸贏目前還看不出來。我們喜歡的那匹馬不是不可能勝出，卻也不是篤定會贏。

如果我們想成功，不要失敗，應該做什麼樣的選擇？我們能做的很多，我將在延伸閱讀中舉例與討論。每一個人都能有自己的**選擇**。對社會整體來說，本書檢驗的過去人類社會都可帶給我們不少啟發。我認為以下兩種選擇是成敗的關鍵：有沒有長期計畫以及是否願意反省核心價值。其實人生又何嘗不是如此，而對於這兩件事的抉擇，也關係到個人的成敗。

其中一個選擇在於是否有勇氣從長遠著眼，在察覺問題之初、還未釀成危機之時，就先做出大膽、勇敢的決定。這種決策和短期、反應式的決策完全相反，然而我們選出的政治人物其所做決策常常是後者，事到臨頭再想辦法。就像華府的「九十天焦點」──官員只把目光放在九十天內可能爆發的危機──讓我那位在華府吃得開的朋友很不以為然。這種短期決策的例子比比皆是，讓人看了只能搖頭。反之，過去的人類社會和我們這個時代的非政府組織、企業和政府也同樣有果敢的長期計畫，令人豎起大拇指。過去人類社會面臨森林消失的危機時，復活節島和芒阿雷瓦的首領只看得到眼前之事，但德川幕府的將軍、印加皇帝、新幾內亞高地居民、十六世紀的德國君王和富有地主卻能著眼於未來，決定重新造林。同樣地，中國領導人也在近幾十年推廣造林運動，並在一九九八年禁止砍伐原生林。今天還有很多非政府組織為了推動長期、明智的環保政策而努力。在企業界，美國企業的長青樹（如寶僑）很早就能發現問題，防微杜漸，不會等到危機發生才來檢討公司政策失誤。前面也提過，荷蘭皇家殼牌石油甚至成立了一個研究處，預測未來幾十年內世界可能發生的變動。

有些政府和政治領導人也有勇敢、成功的長期計畫，因而有突出的表現。過去三十年來，在美國政府的不斷努力下，美國國內六種主要的空氣汙染物質已減少了二五%，儘管能源消耗和人口都增加四〇%，汽車里程數也增加了一五〇%。馬來西亞、新加坡、台灣和模里西斯的政府都知道，為了未來的經濟體質著想，必須在公衛上好好投資，萬一爆發熱帶疾病，經濟必定元氣大傷。這幾個國家不吝在公衛上投資，近年來經濟成長果然相當可觀。人口眾多的巴基斯坦在一九七一年分裂為二，東邊的孟加拉獨立後採行有效的計畫生育政策，降低了人口成長率；西邊的巴基斯坦則放任人口成長，目前在全球各國人口總數排行居第六位。印尼前環境部長薩林（Emil Salim）和多明尼加前總統巴拉格都是長期關心環境問題的政府領導人，對國家具有強大的影響力。除了公共部門之外，私營機構也有相關的長期計畫，這些例子都讓我覺得未來更有希望。

過去人類社會做出的重大決定，包括以壯士斷腕的決心忍痛捨棄某些價值觀。他們思考哪些價值觀可以繼續留存，適用於新的環境？哪些過去珍視的價值觀因不合時宜，必須放棄，改採不同的做法？格陵蘭的維京人將自己定位為歐洲人、基督徒、農業社會，不肯放棄這些價值觀，最後在冰雪中死絕。反之，對蒂蔻皮亞島民來說，豬是他們唯一擁有的大型家畜，也是美拉尼西亞社會的地位象徵，但是豬會破壞生態環境，他們還是捨得把島上所有的豬都宰殺光。澳洲現在也重新評估以英國農業社會為自己定位是否適當。冰島人、過去印度的傳統種姓社會與現代倚賴灌溉用水的蒙大拿牧場主人，都能把群體利益放在個人利益之上，資源共享、妥善經營，因此可以避免常見的「公有地悲劇」。為了避免人口問題失控，中國政府不惜以鐵腕限制個人生育的自由。一九三九年，蘇聯對芬蘭虎視眈眈，芬蘭在這強大的威脅下選擇為自由而戰，對入侵的蘇聯紅軍迎頭痛擊。芬蘭人的勇氣讓全世界刮目相看，雖然不敵蘇聯炮火猛攻最後宣告戰敗，但是在這場命運的賭注中，他們還是賭贏了，保住了獨立的主權。在一九五八年到一九六二年我羈旅於英國期間，我也看到英國人的反省，他們接受大英帝國日落西山的事實，不再以世界第一大政治、經濟和軍事強權自居。法國、德國等歐洲國家甚至更進一步，儘管他們曾為國家主權浴血奮戰，最後還是團結合作，把部分國家主權讓渡出來，組成一個超國家的實體——歐盟。

這些發生在過去和現代社會的價值觀取捨都非常不容易，但人類還是做到了，我因而認為人類社會還是很有希望。這些成功之例或許可讓現代的第一世界居民心生勇氣，重新對自己目前處境進行最重要的評估：我們傳統的消費價值觀和第一世界的生活水準能保有多少？我先前提過，要第一世界居民降低自己對世界環境的衝擊似乎不可能。反之，依照目前情況，繼續對環境產生衝擊，是更不可能的事。這種兩難使我想起邱吉爾的話。聽到有人批評民主政治，他的回應是：「等到所有的政治制度都實驗過了，才能說民主是最壞的一種政治制度。」套用他的話，我們把其他所有可能發生的情況都考量過之後，才能斷言未來社會不可能降低對環境造成的衝擊。

沒錯，現在就要我們做到並不容易，不過這也不是不可能的事。人類對地球環境的衝擊等於人口總數乘上每人對環境的衝擊。因此，人類對環境的衝擊包含兩個因素：一個是人口總數，另一個則是每人對環境的衝擊。就第一個因素而言，所有第一世界國家的人口成長率近年來下降不少，很多第三世界國家，如中國（世界人口總數排行第一位）、印尼（第四位）和孟加拉（第九位）這三個國家亦是如此。日本和義大利的生育率已降到替代率以下，如果不吸收移民，很快就會面臨人口萎縮的危機。至於每人對環境造成的衝擊，如果森林和漁業能繼續朝永續經營的目標發展，我們甚至不必降低目前木製品和水產品的消耗率，也許還能用得更多。

最後，我的希望來自現代世界因全球化產生的相互連結。古代人類社會沒有考古學家，也沒有電視。公元十五世紀，復活節島民為了養活更多的人口，忙著砍伐高地森林、開墾農田，渾然不知東邊幾千公里外的格陵蘭維京人社會已走向衰亡、西邊幾千公里外的高棉帝國正搖搖欲墜，而美洲的阿納薩齊印第安部落在幾個世紀前已經傾圮，古典時期的馬雅文化也已在幾百年前殞落，希臘的邁錫尼文明更早在二千六百年前就崩壞了。今天，我們只要打開電視、收音機或拿起報紙來看，就知道幾小時前索馬利亞或阿富汗發生了什麼事。我們觀看電視紀錄片或翻開書本，復活節島、馬雅文化等過去人類社會的覆亡悲劇就會再次在眼前上演。因此，我們可從遠方的人們和古人的錯誤學到教訓，避免重蹈他們的覆轍。古代人類社會就沒有這種學習的機會。我希望自己寫出這本書之後，能讓更多人知道，即使是棉薄之力，也有機會扭轉乾坤，讓人類的明天變得更好。

交流，因此很難抽出時間接受我的訪問。今天，我們美國人（從美國人的觀點出發）告訴中國人或其他國家人民，中國該怎麼做才有利於自己和國際社會。這樣的訊息常常變成耳邊風。他們心裡會想，你們美國人都做不好，憑什麼告訴我們該怎麼做。如果我們自己先做好，再來告訴別人怎麼做，會比較有成效。

最後，經濟能力許可的人可以捐獻一點錢給自己選擇的公益組織，讓這些組織更能發揮功效。關心鴨子的人，可以捐錢給 Ducks Unlimited（http://www.ducks.org），喜歡釣魚的人可以捐助 Trout Unlimited（http://www.tu.org），重視人口問題的人可以捐給 Zero Population Growth（http://www.populationconnection.org），對島嶼環境保護有興趣的人則能捐到 Seacology（http://www.seacology.org/）等。這些環境組織普遍都有經費不足的問題，因此知道錢要花在刀口上，只要捐款略有增加，他們就能做很多的事。事實上，即使是規模最大、經費最多的環境組織也一樣。以世界自然基金會（WWF）為例，他們是世界三大環境保護組織之一，在世界多國都有分支機構。世界自然基金會最大的分支機構在美國，以這個分支機構來看，年度預算約一億美元 ——雖然這筆錢聽起來是大數目，然而必須支援基金會在一百多個國家的分支機構，包括所有陸上和海洋動植物的保育費用（連許多大型計畫也在內，如為期十年、預計總共要四億美元的亞馬遜盆地棲地保護計畫，更別提一些小型計畫），如此一來預算就少得可憐。也許你會認為，捐那麼一點錢給這麼龐大的機構可能沒什麼用。這麼想就錯了，只要幾百美元，就可雇用一個訓練有素的國家公園巡邏員，讓其使用全球定位系統來調查剛果盆地的靈長類動物數量，否則我們難以得知那些靈長類動物的保育現況。有些環境保護組織的工作人員甚至拿出家裡的東西來義賣，以增加機構運作的經費，多一塊錢也是好的。他們效能十足，可使資源發揮好幾倍的效益。以世界自然基金會亞馬遜盆地計畫為例，經費效益多達六倍。如果你捐了三百美元，對這個機構來說，就像增加了近二千美元。

當然，我以世界自然基金會為例，只是因為我對這個基金會的經費運作最為熟悉。還有許許多多的環境保護組織，他們的目標各有不同，都需要大家的幫忙。上面說的幾個例子都是一己之力可以發揮的地方。別忘了，聚沙成塔，不要小看了你的力量。

（延伸閱讀請自第七〇二頁起翻閱）

的員工也可能因為家人、親友對自己服務的公司多有抱怨，而為自己的公司感到羞恥，最後做不下去。大部分的企業大老闆，像蓋茲等人，都有配偶、子女。他們可能會在配偶或子女的壓力下改變公司做法；他們的配偶或子女會這麼做，也可能是因為受到朋友的影響。雖然我們多半是無名小卒，不在蓋茲或布希的朋友名單之列，但是人際關係無遠弗屆，我們兒女的同學或是朋友的親友可能是具有影響力的人士。以多明尼加共和國的總統巴拉格為例，他就可能是受到姊妹的影響才致力於環境保護。二〇〇〇年美國總統大選爭議案，美國最高法院以五比四票決定布希獲得最後選舉勝利。參與的九位法官人人都有配偶、子女、親友，最後的決定或多或少會受到這些人的影響。

如果是有宗教信仰的人，也可以在自己的宗教團體中採取行動，增加自己的力量。美國民權運動是從教會出發的，有些宗教領導人也勇於為環境議題喉舌。

不過，到目前為止，這麼做的宗教領導人不多。宗教領導人對信徒的影響力很大，遠超過歷史學家或科學家，可以發揮很大的效果。反過來說，雖然我們只是小小的信徒，還是可以影響我們的同修、教會的兄弟姊妹或領導人（如神父、牧師或拉比等）。更何況，愛護環境、護生和宗教信仰常不謀而合。

希望自己行動有所成效的人，可以考慮多花一點時間、心力改善自己的居住環境。我最熟悉的例子就是泰勒野生動物保護區（位於蒙大拿苦根谷），暑假和家人前去參加他們的活動。泰勒野生動物保護區是一個小型的非營利組織，致力於苦根谷野生動物棲地的保護和復原。這個保護區的創辦人是泰勒（Otto Teller），這位鉅富是在朋友的影響下這麼做的，但是影響他的朋友並不富有，今天在泰勒野生動物保護區工作的義工也不是有錢人。他們會這麼做是因為自己得到好處（其實，苦根谷每一個居民或每一個遊客都可感受到這種好處），可以享受美麗的自然風光、可以垂釣。如果放任土地開發，那些美景恐怕很快就不見了。這種例子不勝枚舉。幾乎每一個地方都有居民團體、屋主協會等，都可以為了社區環境的保護盡一份心力。

為了改善社區環境而努力，不但能過得更好，也立下好的典範，讓人仿效。各個社區的環境保護組織可以多聯絡，交換意見，並互相激勵。我計畫對蒙大拿居民進行調查訪問，以深入了解泰勒野生動物保護區和黑腳河生態保護計畫，我發現有些居民已經忙著和其他團體或其他州的居民

伊索寓言中北風與太陽的故事：北風拚命吹，只有讓人更抓緊外套；太陽散發光和熱，就讓人把衣服脫下來了。消費者或許可從這則寓言得到啟示：其實大企業採取某些環保政策時已有自知之明，憤世嫉俗的社會大眾不一定會為了他們在環保的種種努力給予好評。這樣的努力是否能持續，還需要其他方面的認可。以 Chevron-Texaco 和 Boise Cascade 而言，顧客愛用他們的產品就是最好的支持。環保人士除了抨擊罔顧環境的黑心廠商，更該讚揚、支持愛護環境的良心公司。

想利用購買或拒絕購買來影響大企業的消費者必須做一番功課，找出企業產銷鏈中最容易受到大眾影響的環節，且那些環節是可以影響其他環節的關鍵。直接販售產品給消費者的公司比較容易受到消費者的影響，若是原料供應公司，由於客戶是其他製造商，不直接面對消費者，所以不容易受其影響。這時，購買原料的零售商或採購團體就是動搖這些原料供應公司的關鍵。除了我在第十五章舉的例子，還有很多例子可以參考。

例如：你不贊同某些大型石油公司的經營方式，你可以在這些石油公司設的加油站採取行動，不去他們那裡加油或是去他們的加油站抗議。如果利希爾島上的金礦公司做法不當，你別浪費時間想像自己可以促使那些金礦公司改變。你應該從杜邦公司、第凡內珠寶公司或沃爾瑪下手，因為這些公司是那些金礦公司的主要客戶。如果不能辨識零售材料的源頭，讚美或攻擊林業公司都於事無補。你該把這個責任交給家得寶、勞氏公司或特力屋等零售業巨人，因為只有他們才能影響林業公司。同樣地，像聯合利華和全食超市（Whole Foods）這樣的大企業，會很在乎消費者是否喜歡購買他們的水產食品，他們才是能影響漁業公司的人。沃爾瑪是世界最大的零售商，這種規模的零售商才能影響農夫怎麼栽種。農夫不會聽你的，但是沃爾瑪在意你的意見。如果你想要在企業的產銷鏈中找到消費者可以影響的環節，可以向 Mineral Policy Center/Earthworks、森林監管委員會和海洋監管委員會這樣的組織求教（他們的網址請參看第十五章的延伸閱讀）。

當然，做為一個小小的選民或消費者，一個人不可能影響選舉的結果，也不能在一夕之間改變沃爾瑪。但是任何一個人都可以發揮自己的力量，去影響另一個人，請他們把票投給哪一個候選人或是購買哪一個公司的產品。你可以改變你的父母親、你的孩子、你的親友開始做起。團結力量大，最後大公司還是會受到這種消費者群體力量的影響。有些跨國大型石油公司就是如此，原本對環境漠不關心，最後變成環保尖兵。一家公司事實上，我們至少能採取六種行動，而且常有成效。然而，一開始我們必須注意一點，也就是個人一次的行動並不能改變什麼，在短短幾星期內做了好幾次的努力，也還不夠。如果你想改變這個社會或世界，這輩子你都必須在某一方面持續不斷地努力。

在民主政治中，最簡便、經濟的方式就是投票。有些選戰勝負取決於關鍵少數，像二〇〇〇年美國總統大選就是一個很好的例子，布希在佛羅里達州以幾百票的些微差距擊敗對手。除了投下神聖的一票，你還可以寫信給在你家鄉當選的民意代表或官員，讓他們知道你對目前某一個環境問題的看法。如果那些民意代表或官員沒聽到這種意見，可能會認為選民對環境議題漠不關心。

其次，做為消費者的我們，對那些只管賺錢的大企業，我們可以拒絕購買他們的產品。如果消費者不買某一些產品，那些公司就會停止生產這樣的物品；如果是消費大眾青睞的，他們自然會大肆生產。現在，有愈來愈多的林業公司致力於森林永續經營，原因就是消費者偏好森林監管委員會認證的產品。這樣的產品不但大受歡迎，甚至常常缺貨。當然，要影響國內的商家比較容易。但是，在全球化的世界，消費者的影響力也增加了，不但可以影響國外的公司，也可影響國外的政府。南非白人政府種族隔離政策在一九八九年和一九九四年間瓦解，就是一個很好的例子。由於消費者和外國大企業、各國投資基金經理人和政府的強力經濟杯葛，南非白人政府最後不得不屈服。我在一九八〇年代去過好幾次南非，看他們那樣固守種族隔離政策，實在很難想像會有今天的局面。

消費者除了利用購買或拒絕購買來影響大企業的政策，也可喚起大眾對企業政策或產品的注意。例如服飾名牌 Bill Blass、Calvin Klein 和 Oleg Cassini 就是在反殘酷運動的影響之下，宣稱他們不用殘酷方式虐殺動物來製造商品。另一個例子是家居建材零售巨人家得寶，在環保人士的遊說下，家得寶採用的木材絕不是來自有消失危機的森林，同時盡量販售有 FSC 認證的木製品。家得寶的政策改變讓我很驚訝：沒想到小小的消費者竟能影響這樣的零售巨人。

大多數的消費者運動是讓一家公司為自己的所作所為感到難堪，進而改變他們的做法，但這種做法也可能會讓環保人士背負狂熱、偏激的汙名。參與消費者運動的人可以因為贊同某一家公司的政策而以行動支持他們。我在第十五章裡提到有些大企業的做法正是環保人士希望他們做到的，然而他們得到的好評很少，萬一做得不好，就罵聲四起。我們都聽過

的羅馬俱樂部，參看 Donella Meadows 等人著 *The Limits to Growth*（New York: Universe Books, 1972）。Donella Meadows、Jorgen Randers與Dennis Meadows 又出了最新版 *The Limits to Growth: The 30-Year Update*（White River Junction, Vt.: Chelsea Green, 2004）。至於誤警是否過多的問題，參看 S. W. Pacala 等人發表的 "False alarm over environmental false alarms"（*Science* 301:1187-1188〔2003〕）。

至於環境、人口問題與政局動盪不安的關聯及其相關資料，可參看國際人口行動的網站：www.population action.org；也可參看 Richard Cincotta、Robert Engelman 與 Daniele Anastasion 合著的 *The Security Demographic: Population and Civil Conflict after the Cold War*（Washington, D.C.: Population Action International, 2004）；還有 Woodrow Wilson Center 出版的年度報告 *The Environmental Change and Security Project Report*（網站見：www.wilson.org/ecsp）；及 Thomas Homer. Dixon 發表的報告："Environmental scarcities and violent conflict: evidence from cases"（*International Security* 19:5-40〔1994〕）。

最後，讀者要是對漂流到太平洋東南的奧埃諾島和迪西島的垃圾感興趣，想知道除了三德利威士忌角瓶，還有哪些東西，可以參看 T. G. Benton 報告 "From castaways to throwaways: marine litter in the Pitcairn Islands"（*Biological Journal of the Linnean Society* 56:415-422〔1995〕）中的三張圖表。

*

至於本章開頭列舉的十二種嚴重的環境問題，已有很多好書探討政府和組織該如何面對。然而，還是有很多人問：憑我一己之力，能做什麼？如果你有驚人的財富，可以做的事當然很多。就像蓋茲（Bill Gates）夫婦就為世界急迫的公衛問題捐出幾十億美元。如果你是一國元首或政府官員，也可以利用職務上的機會，推動自己的計畫，例如美國布希總統（George W. Bush）和多明尼加共和國總統巴拉格就發揮自己的影響力，為自己國家的環境問題貢獻心力。至於像我們這些沒錢也沒有權勢的一般大眾，面對政府和大企業，難免有無力感，認為自己哪能做什麼大事。像我們這樣的無名小卒，不是大企業的老闆，也不是呼風喚雨的政治人物，到底能做什麼呢？

Water, 1998.1999: The Biennial Report on Freshwater Resources（Washington, D.Q: Island Press, 2000）。Vernon Scarborough著*The Flow of Power: Ancient Water Systems and Landscapes*（Santa Fe: School of American Research, 2003）比較了古代社會解決淡水不足的各種方式。

至於全球植物光合作用（初級生產淨量）使用的太陽能，參看 Peter Vitousek等人發表的 "Human domination of Earths ecosystems"（*Science* 277: 494-499〔1997〕），更新的文章見Mark Imhoff等人寫的 "Global patterns in human consumption of net primary production"（*Nature* 429:870-873〔2004〕），此文也有分區討論。

有毒化學物質對人類的影響，參看Theo Colborn、Dianne Dumanoski與John Peterson Myers合著的*Our Stolen Future*（New York: Plume, 1997）。關於人類社會對有毒化學物質付出的經濟代價和有毒化學物質對整個生態系的衝擊，參看Tom Horton與William Eichbaum合著的*Turning the Tide: Saving the Chesapeake Bay*（Washington, D.C. : Island Press, 1991）。

有關全球暖化和氣候變化的專書，參看Steven Schneider著*Laboratory Earth: The Planetary Gamble We Can't Afford to Lose*（New York: Basic Books, 1997）; Michael Glantz寫的*Currents of Change: Impacts of El Ni.o and La Ni.a on Climate and Society*, 2nd ed.（Cambridge: Cambridge University Press, 2001）；以及 Spencer Weart著*The Discovery of Global Warming*（Cambridge, Mass.: Harvard University Press, 2003）。

有關人口問題的經典之作有三本書可以參考：Paul Ehrlich 著 *The Population Bomb*（New York: Ballantine Books, 1968）；Paul Ehrlich 與 Anne Ehrlich 合著的 *The Population Explosion*（New York: Simon & Schuster, 1990）; 以及 Joel Cohen 寫的 *How Many People Can the Earth Support?*（New York: Norton, 1995）。

我對我居住的城市洛杉磯環境和人口問題評估，參考了The Heinz Center的專書 *The State of the Nations Ecosystems: Measuring the Lands, Waters, and Living Resources of the United States*（New York: Cambridge University Press, 2002）。

本章列舉的環境問題迷思，請參看 Bjórn Lomborg著 *The Skeptical Environmentalist*（Cambridge: Cambridge University Press, 2001）。更進一步破解這些迷思的討論，見 Paul Ehrlich 與 Anne Ehrlich 合著的 *Betrayal of Science and Reason*（Washington, D.C.: Island Press, 1996）。本章討論到

of the Twenty-first Century: Resources, Consumption, and Sustainable Solutions（Wilmington, Del.: Scholarly Resources, 2003）；也可參看 Paul Ehrlich與Anne Ehrlich合著的One with Nineveh: Politics, Consumption, and the Human Future（Washington, D.C.: Island Press, 2004）；以及 James Speth 寫的 *Red Sky at Morning: America and the Crisis of the Global Environment*（New Haven: Yale University Press, 2004）。

第十五章的延伸閱讀部分已介紹了有關森林砍伐、過度漁撈和石油業等問題。Vaclav Smil著*Energy at the Crossroads: Global Perspectives and Uncertainties*（Cambridge, Mass.: MIT Press, 2003）提到的能源問題不只是石油、煤炭、瓦斯，還包括其他形式的能源。探討生物多樣性面臨的危機和棲地破壞問題的專書，包括John Terborgh寫的*Where Have All the Birds Gone?*（Princeton, N.J.: Princeton University Press, 1989） 及*Requiem for Nature*（Washington. D.C.: Island Press, 1999）；David Quammen的*Song of the Dodo*（New York: Scribner, 1997）；以及 Marjorie Reaka-Kudla 等人編著的*Biodiversity 2: Understanding and Protecting Our Biological Resources*（Washington, D. C.: Joseph Henry Press, 1997）。

最近發表有關珊瑚礁破壞的研究報告有：T. P. Hughes, "Climate change, human impacts, and the resilience of coral reefs"（*Science* 301:929-933〔2003〕)；J. M. Pandolfi等人發表的"Global trajectories of the long-term decline of coral reef ecosystems"（*Science* 301:955-958〔2003〕) 及D. R. Bellwood等人的文章"Confronting the coral reef crisis"（*Nature* 429:827-833〔2004〕)。

探討土壤問題的專書，參看：Vernon Gill Carter與Tom Dale合著的經典之作 *Topsoil and Civilization*（修訂版）（Norman: University of Okalahoma Press, 1974），還有Keith Wiebe編著的*Land Quality, Agricultural Productivity, and Food Security: Biophysical Processes and Economic Choices at Local, Regional, and Global Levels*（Cheltenham, UK: Edward Elgar, 2003）。不同觀點見其他期刊文章，如 David Pimentel等人發表的"Environmental and economic costs of soil erosion and conservation benefits"（*Science* 267:1117-1123〔1995〕)；Stanley Trimble和Pierre Crosson共同發表的"U.S. soil erosion rates—myth and reality"（*Science* 289:248-250〔2000〕)；及不同作者在*Science*發表的八篇相關文章304:1613-1637（2004）。

至於淡水不足的問題，參看Peter Gleick每兩年發表的*The World's*

Markets, and Fishermen: The Economics of Overfishing（Washington, D.C.: Island Press, 1999）；David Montgomery寫的*King of Fish: The Thousand-Year Run of Salmon*（New York: Westview, 2003）；及 Daniel Pauly與Jay Maclean合著的*In a Perfect Ocean*（Washington, D.C.: Island Press, 2003）。期刊文章則可參看Jeremy Jackson等人發表的 "Historical overfishing and the recent collapse of coastal ecosystems"（*Science* 293:629-638〔2001〕）。人工養殖的鮭魚比野生鮭魚含有的有毒物質更高，這個發現詳見 Ronald Hits等人的報告 " Global assessment of organic contaminates in farmed salmon"（*Science* 303: 26-229〔2004〕）。

要了解大企業的環境做法，必須先對競爭激烈的企業經營環境有所認識。有關這個主題，可參看以下三本著作：Thomas Peters與Robert Waterman Jr.合著的*In Search of Excellence: Lessons from America's Best-Run Companies*（New York: HarperCollins, 1982, republished in 2004）；Robert Waterman Jr.著*The Renewal Factor: How the Best Get and Keep the Competitive Edge*（Toronto: Bantam Books, 1987）；以及 Robert Waterman Jr.寫的 *Adhocracy: The Power to Change*（New York: Norton, 1990）。討論企業經營與環境保護如何兩全其美的書，可以參看Tedd Saunders與Loretta McGovern合著的*The Bottom Line of Green Is Black: Strategies for Creating Profitable and Environmentally Sound Businesses*（San Francisco: HarperSanFrancisco, 1993）；以及 Jem Bendell編著的*Terms for Endearment: Business NGOs and Sustainable Development*（Sheffield, UK: Greenleaf, 2000）。

第十六章

二〇〇一年以來出版的一些專書討論了當今的環境問題，也介紹了這方面的文獻資料，包括Stuart Pimm著*The World According to Pimm: A Scientist Audits the Earth*（New York: McGraw-Hill, 2001）；Lester Browns寫的三本書：*Eco-economy: Building an Economy for the Earth*（New York: Norton, 2001）、*Plan B: Rescuing a Planet Under Stress and Civilization in Trouble*（New York: Norton, 2003）及*State of the World*（New York: Norton, published annually since 1984）；還有 Edward Wilson著*The Future of Life*（New York: Knopf, 2002）；Gretchen Daily 與 Katherine Ellison合著的*The New Economy of Nature: The Quest to Make Conservation Profitable*（Washington, D.C.: Island Press, 2002）；David Lorey編著的*Global Environmental Challenges*

Mining Sector（Winnipeg: International Institute for Sustainable Development, 2002）。其他資料包括華府礦業政策中心的出版品，如最近更名為Earthworks 的刊物（網址：www.mineralpolicy.org）。討論與採礦業相關環境問題的專書有：Duane Smith著 *Mining America: The Industry and the Environment, 1800-1980*（Boulder: University Press of Colorado, 1993）；Thomas Power寫的*Lost Landscapes and Failed Economies: The Search for a Value of Place*（Washington, D.C.: Island Press, 1996）；Jerrold Marcus編著的*Mining Environmental Handbook: Effects of Mining on the Environment and American Environmental Controls on Mining*（London: Imperial College Press, 1997）；以及 Al Gedicks著*Resource Rebels: Native Challenges to Mining and Oil Corporations*（Cambridge, Mass.: South End Press, 2001）。描述巴布亞紐幾內亞布根維爾島銅礦開採業經營失利的書，有以下兩本可以參考：M. O'Callaghan寫的*Enemies Within: Papua New Guinea, Australia, and the Sandline Crisis: The Inside Story*（Sydney: Doubleday, 1999）；還有 Donald Denoon著*Getting Under the Skin: The Bougainville Copper Agreement and Creation of the Panguna Mine*（Melbourne: Melbourne University Press, 2000）。

有關FSC認證，請參看林業監管委員會的網站：www.fscus.org。至於FSC與其他認證計畫的比較，見Saskia Ozinga著*Behind the Logs: An Environmental and Social Assessment of Forest Certification Schemes*（Moreton-in-Marsh, UK: Fern, 2001）。森林砍伐史有兩本書可以參看：John Perlin著*A Forest Journey: The Role of Wood in the Development of Civilization*（New York: Norton, 1989），還有Michael Williams寫的*Deforesting the Earth: From Prehistory to Global Crisis*（Chicago: University of Chicago Press, 2003）。

至於永續漁業認證，請參看海洋監管委員會的網站：www.msc.org。Howard M. Johnson（網站：www.hmj.com）提供了美國水產業的年鑑報告Annual Report on the United States Seafood Industry（Jacksonville, Ore.: *Howard Johnson, annually*）。蝦與鮭魚的水產養殖，可參考Jason Clay著*World Agriculture and the Environment: A Commodity-by-Commodity Guide to Impacts and Practices*（Washington, D.C.: Island Press, 2004）其中的兩個章節。有關某些魚種的過度漁撈問題，可參看下面四本書：Mark Kurlansky著*Cod: A Biography of the Fish That Changed the World*（New York: Walker, 1997）；Suzanne Ludicello、Michael Weber與Robert Wreland合著的*Fish,*

伊之戰、越戰，還有阿茲特克帝國皇帝蒙提祖馬（Montezuma, 1466-1520）的愚行、公元八世紀西班牙被回教勢力掌控、英國對美國革命的挑釁等自毀行為。Charles Mackay的書*Extraordinary Popular Delusions and the Madness of Crowds*（New York: Barnes and Noble, 1993, reprint of the original 1852 edition）論及的範圍比Tuchman的書更廣，如發生在英國十八世紀的南海股票泡沫、十七世紀荷蘭的鬱金香熱、末日審判即將來到的預言、十字軍東征、女巫的獵殺、種種怪力亂神的說法，以及有關頭髮與鬍鬚長度的規定等。Irving Janis寫的*Groupthink*（Boston: Houghton Mimin, 1983, revised 2nd ed.）以近年來美國總統及其顧問團的決策來探討群體決策的成敗。Janis的個案研究包括一九六一年豬玀灣事件、美軍在一九五〇年越過分隔韓國南北的北緯三十八度線、美國珍珠港在一九四一年遭到日本偷襲、美國介入越戰、一九六二年古巴飛彈危機，還有美國在一九四七年為了援助歐洲經濟復興推動的馬歇爾計畫。

Garrett Hardind發表的 "The tragedy of the commons"，出現在*Science* 162:1243-1248（1968）是常被引用的經典文章。Mancur Olson以流寇和坐寇來比喻中國軍閥的文章，參看 "Dictatorship, democracy, and development"（*American Political Science Review* 87:567-576〔1993〕）。沉沒成本效應，見Hal Arkes 與Peter Ayton發表的 "The sunk cost and Concorde effects: are humans less rational than lower animals?"（*Psychological Bulletin* 125:591-600〔1999〕）以及Marco Janssen等人的論文 "Sunk-cost effects and vulnerability to collapse in ancient societies"（*Current Anthropology* 44:722-728〔2003〕）。

第十五章

有關石油業的發展史和未來可以參看兩本書：Kenneth Deffeyes與Hubbert's Peak合著的*The Impending World Oil Shortage*（Princeton, N.J.: Princeton University Press, 2001）；以及Paul Roberts著*The End of Oil*（Boston: Houghton Mifflin, 2004）。業界的觀點可參看國際大型石油公司的網頁，如ChevronTexaco：www.chevrontexaco.com。

至於金屬礦業的情況，可參看大型礦業公司共同參與的一項計畫 "Mining, Minerals, and Sustainable Development"，這計畫包括了一些出版品，載明很多事實和資料，包括以下兩本專刊：*Breaking New Ground: Mining, Minerals and Sustainable Development*（London: Earthscan, 2002）；以及Alistair MacDonald著*Industry in Transition: A Profile of the North American*

population and environment in Australia"（Quarterly Essay no. 9, 2003）一樣是澳洲環境問題概論，但篇幅較短。澳洲土壤鹽化問題以及對環境造成的衝擊，參看Quentin Beresford、Hugo Bekle、Harry Phillips、Jane Mulcock在*The Salinity Crisis: Landscapes, Communities and Politics*（Crawley, Western Australia: University of Western Australia Press, 2001）一書中的探討。Andrew Campbell在他的書*Landcare: Communities Shaping the Land and the Future*（St. Leonards, New South Wales: Alien & Unwin, 1994）描述改善澳洲鄉村土地經營的草根運動。

第十四章

本章開頭，除了提及我 UCLA 學生問我的問題，並述及 Joseph Tainter 的著作 *The Collapses of Complex Societies*（Cambridge: Cambridge University Press, 1988）以凸顯這麼一個問題：為什麼一個社會沒能解決自己的環境問題？ Thomas McGovern等人發表的 "Northern islands, human error, and environmental degradation: a view of social and ecological change in the medieval North Atlantic"（*Human Ecology* 16:225-270〔1988〕）追溯中古世紀格陵蘭的維京人為何不能洞察環境問題，乃至最後面臨滅亡的命運。對這個歷史謎團有興趣的讀者，可以仔細研究 McGovern這篇論文。有關這個謎題，我在本章提出的解答，部分和 McGovern 的觀點重複。

有關公有地（又稱共同資源）悲劇的研究，Elinor Ostrom 及其研究同仁以比較研究和實驗的方式，找出在何種情況之下，消費者最容易發現他們的共同利益，實行有效的配額系統。參看Elinor Ostrom著*Governing the Commons: The Evolution of Institutions for Collective Action*（Cambridge: Cambridge University Press, 1990）及Elinor Ostrom、Roy Gardner與James Walker合著的*Rules, Games, and Common-Pool Resources*（Ann Arbor: University of Michigan Press, 1994）Elinor Ostrom近年發表的研究報告，包括 "Coping with tragedies of the commons"（*Annual Reviews of Political Science* 2: 493-535〔1999〕）；她與其他作者共同發表的 "Revisiting the commons: local lessons, global challenges"（*Science* 284:278-282〔1999〕）；還有與Thomas Dietz、Paul Stern發表的 "The struggle to govern the commons"（*Science* 302: 1907-1912〔2003〕）。

Barbara Tuchman的書 *The March of Folly: From Troy to Vietnam*（New York: Ballantine Books, 1984）涵蓋了古往今來的重大錯誤決策，除了特洛

Environmental Protection and Economic Growth（Cambridge, Mass.: Harvard University Press, 1998）；J. Shapiro的*Mao's War Against Nature*（Cambridge: Cambridge University Press, 2001）；D. Zweig著 *Internationalizing China: Domestic Interests and Global Linkages*（Ithaca, N.Y.: Cornell University Press, 2002）；Mark Elvin著*The Retreat of the Elephants: An Environmental History of China*（New Haven: Yale University Press, 2004）；還有曲格平與李金昌合著的《中國人口與環境》（中國環境科學出版社，1992），英譯本為*Population and Environment in China*（Boulder, Colo.: Lynne Rienner, 1994）。

第十三章

關於英國人在澳洲殖民早期的歷史，從一七七八年至十九世紀，可參看 Robert Hughes 寫的 *The Fatal Shore: The Epic of Australia's Founding*（New York: Knopf, 1987），此書備受好評。Tim Flannery著*The Future Eaters: An Ecological History of the Australasian Lands and People*（Chatsworth, New South Wales: Reed, 1994）則是從四萬年前澳洲原住民在此落腳寫起，並論及他們對環境的衝擊與後來歐洲人對澳洲環境的影響。也可參看 David Horton從另一個觀點寫的 *The Pure State of Nature: Sacred Cows, Destructive Myths and the Environment*（St. Leonards, New South Wales: Alien & Unwin, 2000）。

有關澳洲的環境、經濟和社會，澳洲政府官方出版品有非常詳盡的資料：參看*Australian State of the Environment Committee 2001, Australia: State of the Environment 2001*（Canberra: Department of Environment and Heritage, 2001），補充資料網站：http://www. ea.gov.au/soe/；以及上述文獻的前身 State of the Environment Advisory Committee 1996, Australia: State of the Environment 1996（Melbourne: CSIRO Publishing, 1996）；還有 Dennis Trewin編著的澳洲年鑑 *2001 Year Book Australia*（Canberra: Australian Bureau of Statistics, 2001）建國百年慶祝專刊。這本年鑑自一九〇八年已開始出版。

澳洲環境問題縱覽，可參看 Mary E. White 所寫兩本附有精美插圖的書：*Listen... Our Land Is Crying*（East Roseville, New South Wales: Kangaroo Press, 1997）和*Running Down: Water in a Changing Land*（East Roseville, New South Wales: Kangaroo Press, 2000）。Tim Flannerys 著 "Beautiful lies:

至於用英文論述的多明尼加共和國史，Frank Moya Pons 著 *The Dominican Republic: A National History*（Princeton, N.J.: Markus Wiener, 1998）是標準本。同一作者也以西班牙文寫了另一個版本：*Manual de Historia Dominicana*,9th ed.(Santiago, República Dominicana, 1999）。也可參看Roberto Cassá 著*Historia Social y Económica de la República Dominicana*（Santo Domingo:Editora Alfa y Omega, 1998 and 2001）。Marlin Clausner的書則著重在多明尼加農村的發展史，見*Rural Santo Domingo: Settled, Unsettled, Resettled*（Philadelphia: Temple University Press, 1973）。Harry Hoetink 寫的 *The Dominican People, 1850-1900: Notes for a Historical Sociology*（Baltimore: Johns Hopkins University Press, 1982）則把焦點放在十九世紀晚期的多明尼加。Claudio Vedovato著*Politics, Foreign Trade and Economic Development: A Study of the Dominican Republic*（London: Croom Helm, 1986）則以杜希友為主角，並論及後杜希友時代。如果想對杜希友時代有所認識，可參看Howard Wiarda著*Dictatorship and Development: The Methods of Control in Trujillo's Dominican Republic*（Gainesville, University of Florida Press, 1968）以及 Richard Lee Turks最近出版的*Foundations of Despotism: Peasants, the Trujillo Regime, and Modernity in Dominican History*（Palo Alto, Calif.: Stanford University Press, 2002）。

Walter Cordero寫的 "Introducción: bibliografia sobre medio ambiente y recursos naturales en la República Dominicana"（2003），這篇有關多明尼加共和國環境政策發展史的專論特別和本章有關。

第十二章

有關中國環境和人口的主要文獻，最新資料大多是中文寫的，也可在網路上找到。參考資料請看本人與劉建國共同發表的 "China's environment in a globalizing world : How China and the Rest of the World Affect Each Other（*Nature* 435:1179-86〔2005〕）"。至於英文方面的專書或期刊，華盛頓特區的Woodrow Wilson Center（電子郵件地址：chinaenv@erols.com）出版了一系列名為 *China Environment Series* 的期刊，每年出版一期。世界銀行的出版品包括 *China: Air, Land, and Water*（Washington. D.C.: The World Bank, 2001），除了印刷版本，也有 CD-ROM 版本。其他可以參考的書籍包括：L. R. Brown著*Who Will Feed China?*（New York: Norton, 1995）；M. B. McElroy、C. P. Nielson與 P. Lydon合編的 *Energizing China: Reconciling*

Clientship and Ethnicity in Rwanda, 1860-1960（New York: Columbia University Press, 1988）描述了盧安達社會的轉變，以及胡圖族和圖西族從前殖民時期到獨立前夕的對立與仇視。人權觀察組織出版的*Leave None to Tell the Story: Genocide in Rwanda*（New York: Human Rights Watch, 1999）一書仔細呈現盧安達一九九四年種族屠殺的背景，之後是個四百一十四頁自相殘殺的經過，最後述及這次種族屠殺的餘波。

We Wish to Inform You That Tomorrow We Will Be Killed with Our Families（New York: Farrar, Straus and Giroux, 1998）一書的作者 Philip Gourevitch是記者，他採訪許多劫後餘生者，記錄這次種族屠殺的經過，也描述其他國家和聯合國的束手無策，沒能阻止這次人間慘劇的發生。

我在這一章引用了*Gérard Prunier*在*The Rwanda Crisis: History of Genocide*（New York: Columbia University Press, 1995）一書中所述。作者是專門研究東非問題的法國專家，在種族屠殺事件落幕後寫下此書，生動地建構出參與屠殺者的動機，也探討法國政府干涉的原因。這一章提到胡圖人在卡納馬地區的自相殘殺是根據Catherine Andr.與Jean-Philippe Platteau在“Land relations under unbearable stress: Rwanda caught in the Malthusian trap”（*Journal of Economic Behavior and Organization* 34:1-47〔1998〕）一文的分析。

第十一章

同在伊斯巴紐拉島的海地與多明尼加，這兩國歷史的比較研究可參看Michele Wecker以生花妙筆在*Why the Cocks Fight: Dominicans, Haitians, and the Struggle for Hispaniola*（New York: Hill and Wang, 1999）一書中的描述，另一本Rafael Emilio Yunén Z.以西班牙文寫成的*La Isia Como Es*（Santiago, República Dominicana: Universidad Cat.lica Madre y Maestra, 1985）則進行地理與社會的比較研究。

有關海地，Mats Lundahl寫的三本書是很好的入門書，包括*Peasants and Poverty: A Study of Haiti*（London: Croom Helm, 1979）；*The Haitian Economy: Man, Land, and Markets*（London: Croom Helm, 1983）；以及*Politics or Markets? Essays on Haitian Undervelopment*（London: Routledge, 1992）。有關海地在一七八一及一八〇三年的革命，C. L. R. James寫的*The Black Jacobins*, 2nd ed.（London: Vintage, 1963）是經典名作。

肥沃月彎地區降雨稀少與森林砍伐有關，也由於土壤鹽化，世界最古老的農田永遠變成荒地（參看序曲的延伸閱讀介紹的 Charles Redman著作或編著）。

在非洲，最著名的遺跡就是大辛巴威遺址（譯注：「大辛巴威」在非洲班圖語中就是「石頭城」的意思）。遺址在赤道以南，今辛巴威的所在地，是由九十多萬塊花崗石砌造成的建築。大辛巴威在公元十一世紀到十五世紀間頂盛，控制非洲內陸地區和東部海岸之間的貿易。大辛巴威的衰亡可能是森林砍伐加上貿易路線改變的結果，參看David Phillipson著*African Archaeology*, 2nd ed.（Cambridge: Cambridge University Press, 1993）與Christopher Ehret著*The Civilizations of Africa: A History to 1800*（Charlottesville: University Press of Virginia, 2002）。

印度次大陸的印度河谷，即今巴基斯坦一帶，在公元前三千年出現最早的城市與大型城邦。這些在印度河谷繁盛的城市即所謂的哈拉帕文明。這個文明的文字至今尚未破譯。史書向來認為，哈拉帕文明是因操印歐語言的亞利安人從西北入侵才敗亡的，然而似乎那些城市在亞利安人入侵之前已經殘破（圖四一）。原因也許是乾旱和印度河的改道，參看Gregory Possehl著*Harappan Civilization*（Warminster, England: Aris and Phillips, 1982），以及Michael Jansen、Maire Mulloy與G.nter Urban合編的*Forgotten Cities of the Indus*（Mainz, Germany: Philipp von Zabern, 1991），還有Jonathan Kenoyer著*Ancient Cities of the Indus Valley Civilization*(Karachi, Pakistan: Oxford University Press, 1998）。

最後，高棉帝國的首都——吳哥窟——巨大的廟宇結構和水池堪稱是東南亞最著名的遺址，也是考古學的一大謎題。此地在現代柬埔寨的西北（圖四二）。高棉帝國的敗亡可能和水池的泥沙淤積有關。帝國種稻所需的水就是來自這些水池。高棉帝國衰弱之後，就抵擋不住暹羅人的入侵。參看Michael Coe著*Angkor and the Khmer Civilization*（London: Thames and Hudson, 2003）及Coe在書中引用的Bernard-Philippe Groslier 的研究報告和著作。

第十章

有關盧安達的種族屠殺及其前因，如果讀者欲一探究竟，免不了接觸一段血腥的歷史。Catharine Newbury寫的*The Cohesion of Oppression:*

1993）；也可參看Timothy Pauketat與 Thomas Emerson合編的 *Cahokia: Dominationand Ideology in the Mississippian World*（Lincoln: University of Nebraska Press, 1997）；還有 George Milner著 *The Cahokia Chiefdom: The Archaeology of a Mississippian Society*（Washington, D.C.: Smithsonian Institution, 1998）。在美國東南部，許多具有土墩文化的酋邦起起落落，土壤肥力的耗盡可能是這些酋邦敗亡的原因。

在秘魯海岸第一個出現、具有國家規模的社會是莫切社會。莫切文化那具有寫實色彩的陶器非常有名，特別是人像壺。莫切社會在公元八百年左右崩壞，原因顯然是聖嬰現象加上乾旱，以及洪水破壞灌溉系統。（參看 Brian Pagan在一九九九年出版的專書，書目資料列於本書序曲的延伸閱讀部分。）在安地斯高地，出現於印加帝國之前的還有蒂瓦納庫帝國。蒂瓦納庫的崩壞也可能和乾旱有關，參看Alan Kolata著*Tiwanaku*（Oxford: Blackwell, 1993），以及Alan Kolata編著 *Tiwanaku and Its Hinterland: Archaeology and Paleoecology of an Andean Civilization*（Washington, D.C.: Smithsonian Institution, 1996），還有Michael Binford等人發表的論文"Climate variation and the rise and fall of an Andean civilization"（*Quaternary Research* 47:235-248〔1997〕）。

古希臘也歷經好幾回的榮枯，每一回約是四百年。在每一回中，人口漸漸增加，遭到砍伐的森林也愈來愈多，丘陵斜坡闢成梯田以避免土壤侵蝕，居民也建造水壩以減少谷底的泥沙淤積。然而，最後梯田和水壩還是無法因應，整個區域人口遽減，社會複雜度也大為降低，直到土地復原，人口才能再度成長。希臘邁錫尼文化的崩壞就是一個例子。這是荷馬歌頌的社會，這裡也曾發生特洛伊戰爭。邁錫尼文化有文字（線型文字），但邁錫尼社會崩壞之後，這種文字系統也消失了，希臘又變成沒有文字的地區，直到公元前八百年左右，文字才又出現（參看序曲延伸閱讀中提及Charles Redman在一九九九年出版的著作。）

所謂的文明發軔於一萬年前左右的西南亞，也就是肥沃月彎。這個地區包括現代的伊朗、伊拉克、敘利亞、土耳其東南、黎巴嫩、約旦和以色列／巴勒斯坦。世界最古老的農業就是源於此地，這裡也是冶金、書寫系統和國家類型的社會最先出現之地區。因此，肥沃月彎的族群在文明起跑點一馬當先，勝過世界其他族群。然而，為什麼當初遙遙領先，後來卻遠遠落後，今天成了最窮苦的不毛之地，除了石油儲量，其他乏善可陳，「肥沃」一詞成了殘酷的笑話？今日，伊拉克哪裡是世界農業盟主？這和

*

除了這些例子，我想再討論其他一些失敗的例子。就失敗之例，我已經深入討論了五個。對我而言，這五個似乎是我們了解最深的。不過，過去人類社會還有很多失敗的例子，有的也廣為人知，而且可能由於資源過度利用導致衰敗或者崩壞。關於這些例子，比起我討論過的社會，由於未知的地方更多，因此我不打算在本書深入探討。然而，為了完整起見，我還是簡要地帶過其中的九個，從新世界開始討論起，然後論及舊世界的例子。

洛杉磯外海加州海峽群島的美洲原住民過度捕撈貝介類，從貝塚出土的貝殼可見一斑。最古老的貝塚出土的貝介類最大，這些大型的貝介類都在淺水的岸邊生長，因此很容易遭到捕撈。年代愈晚的貝塚，出土的貝介類貝殼就愈小，比較小的這些都生長在離岸較遠或是水深處。就這樣，幾乎所有的貝介類都被捕撈光了，最後剩下的只是沒有經濟效益、不值得捕撈或難以捕撈的。請參看Terry Jones編著*Essays on the Prehistory of Maritime California*（Davis, Calif.: Center for Archaeological Research, 1992）；以及L. Mark Raab的討論“An optimal foraging analysis of prehistoric shellfish collecting on San Clemente Island, California”（*Journal of Ethnobiology* 12:63-80〔1992〕）。在這個群島，另一種過度消耗的食物資源是一種不會飛的海鴨（Chendytes lawesi）。這種海鴨因不會飛，容易遭到人類捕殺，在人類入主海峽群島之後，不久就滅絕了。現代南加州的鮑魚也是。我在一九六六年剛搬到洛杉磯的時候，超市裡的鮑魚還不少。由於這個地區的鮑魚過度捕撈，最後鮑魚就漸漸從洛杉磯餐廳的菜單上消失了。

在北美洲，由美洲原住民建立的最大城市就是卡霍基亞。此城就在聖路易斯城外，這裡有許多美洲原住民留下的墩群遺址，供遊客參觀、憑弔。密西西比河谷新品種的玉米傳到這裡之後，密西西比土墩建築文化也流傳到這裡，並傳到美國東南。卡霍基亞文化在公元十三世紀登峰造極，在歐洲人來到之前早已崩壞。卡霍基亞崩壞之因至今未有定論，但森林砍伐、隨之造成的土壤侵蝕以及湖泊沉積物過多都可能是重要原因。參看Neal Lopinot與William Woods的文章“Wood exploitation and the collapse of Cahokia” pp. 206-231，此文收錄於C. Margaret Scarry編著的*Foraging and Farming in the Eastern Woodlands*（Gainesville: University Press of Florida,

Whitney Hall編著*Early Modern Japan*（Cambridge: Cambridge University Press, 1991），也就是Cambridge History of Japan中的卷四。

丹麥、瑞士和法國如何從森林的大肆砍伐轉變成為大力育林，可參看Alexander Mather的論文 "The transition from deforestation to reforestation in Europe, " pp. 35-52，見A. Angelsen與D. Kaimowitz合編的*Agriculture Technologies and Tropical Deforestation*（New York: CABI Publishing, 2001）。至於印加帝國安地斯山區的森林再造，可參看Alex Chepstow-Lusty與Mark Winfield共同發表的文章："Inca agroforestry: lessons from the past"（*Ambio* 29:322-328〔1998〕）。

現代小型農業社會的自給自足案例可參看下列文章：有關瑞士阿爾卑斯山區，包括Robert Netting寫的 "Of men and meadows: strategies of alpine land use"（*Anthropological Quarterly* 45:132-144〔1972〕）；"What alpine peasants have in common: observations on communal tenure in a Swiss village"（*Human Ecology* 4:135-146〔1976〕）以及 Balancing on an Alp（Cambridge: Cambridge University Press, 1981）；關於西班牙灌溉系統，見T. F. Click著*Irrigation and Society in Medieval Valencia*（Cambridge, Mass.: Harvard University Press, 1970），還有A. Maass與R. L. Anderson合著的*And the Desert Shall Rejoice: Conflict, Growth and Justice in Arid Environments*（Malabar, Fla.: Krieger, 1986）；論及菲律賓灌溉系統的專書見R. Y. Siy Jr.著*Community Resource Management: Lessons from the Zanjera*（Quezon City: University of Philippines Press, 1982）。Elinor Ostrom在其著作*Governing the Commons*（Cambridge: Cambridge University Press, 1990）的第三章比較了上述瑞士、西班牙和菲律賓的做法。

有關種姓制度之下的印度社會如何對有限自然資料做永續利用，可參看Madhav Gadgil與Ramachandra Guha合著的*This Fissured Land: An Ecological History of India*（Delhi: Oxford University Press, 1992），及其他兩篇論文：Madhav Gadgil與K. C. Malhotra發表的 "Adaptive significance of the Indian castes system: an ecological perspective"（*Annals of Human Biology* 10:465-478〔1983〕），以及Madhav Gadgil和Prema Iyer的文章 "On the diversification of common-property resource use by Indian society," pp. 240-255，此文見F. Berkes編著*Common Property Resources: Ecology and Community-based Sustainable Development*（London: Belhaven, 1989）。

Patrick Kirch與Douglas Yen在蒂蔻皮亞的田野研究，見他們出版的專論 *Tikopia: The Prehistory and Ecology of a Polynesia Outlier*（Honolulu: Bishop Museum Bulletin 238, 1982）。Kirch其他有關蒂蔻皮亞的研究報告，參看 "Exchange systems and inter-island contact in the transformation of an island society: the Tikopia case, " pp. 33-41，收錄在Patrick Kirch編著的 *Island Societies: Archaeological Approaches to Evolution and Transformation*（Cambridge: Cambridge University Press, 1986），該書第十二章另行出版成書*The Wet and the Dry*（Chicago: University of Chicago Press, 1994）；還有 "Tikopia social space revisited," pp. 257-274，收錄在J. M. Davidson等人編著的*Oceanic Culture History: Essays in Honour of Roger Green*（New Zealand Journal of Archaeology Special Publication, 1996）；以及 "Microcosmic histories: island perspectives on 'global' change"（*American Anthropologist* 99:30-42〔1997〕）。Raymond Firth以蒂蔻皮亞為題寫作的一系列專書始自*We, the Tikopia*（London: George Alien and Unwin, 1936）和*Primitive Polynesian Economy*（London: George Routledge and Sons, 1939）。人類在蒂蔻皮亞島建立聚落之初與島上鳥類的滅絕，可參看David Steadman、Dominique Pahlavin與Patrick Kirch等人的研究報告："Extinction, biogeography and human exploitation of birds on Tikopia and Anuta, Polynesian outliers in the Solomon Islands"（*Bishop Museum Occasional Papers* 30:118-153〔1990〕）。至於蒂蔻皮亞島上的人口變化和人口控制方式，參看W. D. Borrie、Raymond Firth與James Spillius的報告 "The population of Tikopia, 1929 and 1952"（*Population Studies* 10:229-252〔1957〕）。

我在本章對日本德川幕府的描述，是以Conrad Totman寫的三本專書為基礎：*The Green Archipelago: Forestry in Preindustrial Japan*（Berkeley: University of California Press, 1989）；*Early Modern Japan*（Berkeley: University of California Press, 1993）；以及 *The Lumber Industry in Early Modern Japan*（Honolulu: University of Hawaii Press, 1995）。John Richards的專書*The Unending Frontier: An Environmental History of the Early Modern World*（Berkeley: University of California Press, 2003）第五章也援引 Totman的書，加上其他現代環境個案的比較研究來看日本的育林作法。Luke Roberts在其著作*Mercantilism in a Japanese Domain: The Merchant Origins of Economic Nationalism in 18th-century Tosa*（Cambridge: Cambridge University Press, 1998）討論大名的經濟如何倚重森林。日本德川幕府早期歷史可參看John the saeter in medieval Norse farming in Greenland"（*Arctic Anthropology* 23:91-107〔1986〕）；Christian Keller的論文 "Vikings in the West Atlantic: a model of Norse Greenlandic medieval society"（*Acta Archaeologica* 61:126-141〔1990〕）；Bent Fredskild的 "Agriculture in a marginal area: South Greenland from the Norse landnam（1985 A.D.）to the present 1985 A.D.," pp. 381-393，參看Hilary Birks等人編著的*The Cultural Landscape: Past, Present and Future*（Cambridge: Cambridge University Press, 1988）；Bent Fredskild的研究報告 "Erosion and vegetational changes in South Greenland caused by agriculture"（*Geografisk Tidsskrift* 92:14-21〔1992〕）；還有 Bjarne Jakobsen發表的 "Soil resources and soil erosion in the Norse Settlement area of sterbygden in southern Greenland"（*Acta Borealia* 1:56-68〔1991〕）。

第九章

有關新幾內亞高地社會，有三本專書可以參看，這幾本各有所長，包括：Gavin Souter著、從歷史觀點出發的*New Guinea: The Last Unknown*（Sydney: Angus and Robertson, 1964）；Bob Connolly與Robin Anderson合著的*First Contact*（New York: Viking, 1987），講述新幾內亞高地族群初次與歐洲人接觸的故事，寫得精采、動人；另外Tim Flannery寫的*Throwim Way Leg*（New York: Atlantic Monthly Press, 1998）則是一個動物學家在新幾內亞高地的經驗。R. Michael Bourke 的兩篇論文則討論新幾內亞高地土壤維持肥沃的方法，見 "Indigenous conservation farming practices," *Report of the Joint ASOCOW / Commonwealth Workshop* , pp. 67-71（Jakarta: Asia Soil Conservation Network, 1991）與 "Management of fallow species composition with tree planting in Papua New Guinea," *Resource Management in Asia/Pacific Working Paper* 1997/5（Canberra: Research School of Pacific and Asian Studies, Australia National University, 1997）。Simon Haberle則在以下三篇研究報告中，以古植物學證據重建新幾內亞高地居民種植木麻黃的歷史，參看："Paleoenvironmental changes in the eastern highlands of Papua New Guinea"（*Archaeology in Oceania* 31:1-11〔1996〕）；"Dating the evidence for agricultural change in the Highlands of New Guinea: the last 2000 years"（*Australian Archaeology* 47:1-19〔1998〕）；及S. G. Haberle、G. S. Hope與Y. de Fretes共同發表的 "Environmental change in the Baliem Valley, montane Irian Jaya, Republic of Indonesia"（*Journal of Biogeography* 18:25-40〔1991〕）。

the medieval North Atlantic"（*Human Ecology* 16:225.270〔1988〕）；Thomas McGovern的論文 "Climate, correlation, and causation in Norse Greenland"（*Arctic Anthropology* 28:77-100〔1991〕）；Thomas McGovern等發表的 "A vertebrate zooarchaeology of Sandnes V51: economic change at a chieftain's farm in West Greenland"（*Arctic Anthropology* 33:94-121〔1996〕）；Thomas Amorosi等人的論文 "Raiding the landscape: human impact from the Scandinavian North Atlantic"（*Human Ecology* 25:491-518〔1997〕）；Tom Amorosi等發表的 "They did not live by grass alone: the politics and paleoecology of animal fodder in the North Atlantic region"（*Environmental Archaeology* 1:41-54〔1998〕）。至於Jette Arneborg的系列報告，包括 "The Roman church in Norse Greenland"（*Acta Archaeologica 61*:142-150〔1990〕）；"Contact between Eskimos and Norsemen in Greenland: a review of the evidence," pp. 23-35，收錄於Tvaerfaglige Vikingesymposium（Aarhus, Denmark: Aarhus University, 1993）；"Burgundian caps. Basques and dead Norsemen at Herjolfsnaes, Greenland," pp. 75-83，參看*Nationalmuseets Arbejdsmark*（Copenhagen: Nationalmuseet, 1996）；及Jette Arneborg等人發表的 "Change of diet of the Greenland Vikings determined from stable carbon isotope analysis and C14 dating of their bones"（*Radiocarbon* 41:157-168〔1999〕）。Arneborg 及其研究同仁在格陵蘭挖掘出來的遺址包括著名的西聚落「沙下牧場」。Jette Arneborg與Hans Christian Gull.v兩人編輯的論文集*Man, Culture and Environment in Ancient Greenland*（Copenhagen: Danish Polar Center, 1998）描述了這個遺址和其他幾個在格陵蘭的遺址。C. L. Vebaek也在三本論文集中描述了他自一九四五年起至一九六二年在格陵蘭的考古挖掘研究，參看Meddelelser om Gr.nland, Man and Society, Copenhagen這個系列的論文集，編號 14, 17, 18（1991, 1992, 1993）: *The Church Topography of the Eastern Settlement and the Excavation of the Benedictine Convent at Narsarsuaq in the Uunartoq Fjord; Vatnahverfi: An Inland District of the Eastern Settlement in Greenland*；以及 *Narsaq: A Norse Landndma Farm*。

有關維京人在格陵蘭，其他重要研究報告如下：Robert McGhee發表的 "Contact between Native North Americans and the medieval Norse: a review of the evidence"（*American Antiquity* 49:4-26〔1984〕）; Joel Berglund的 "The decline of the Norse settlements in Greenland"（*Arctic Anthropology* 23:109-135〔1986〕）；Svend Albrethsen與Christian Keller共同發表的 "The use of eye-view of the Norse farm," pp. 518-528，參看Colleen Batey等人編著的*The Viking Age in Caithness, Orkney and the North Atlantic*（Edinburgh: Edinburgh University Press, 1993）。Kevin Edwards等人發表的 "Landscapes at Landn.m: palynological and palaeoentomological evidence from Toftanes, Faroe Islands"（*Fródskaparrit* 46:177.192〔1998〕）同樣以昆蟲為切入點，以了解法羅群島氣候變化。

有關維京人在格陵蘭的發展，可參看下面兩本書收錄的詳細資料，即Kirsten Seaver著*The Frozen Echo: Greenland and Exploration of North America ca. A.D. 1000-1500*（Stanford, Calif.: Stanford University Press, 1996）與Finn Gad著*The History of Greenland, vol. I: Earliest Times to 1700*（Montreal: McGill-Queen's University Press, 1971）。Finn Gad寫的續篇*The History of Greenland, vol. II: 1700.1782*（Montreal: McGill-Queen's University Press, 1973）則是探討格陵蘭再次為世人發現的經過和丹麥人在此殖民的情形。Niels Lynnerup 在其專論*The Greenland Norse: A Biologic-Anthropological Study*（Copenhagen: Commission for Scientific Research in Greenland, 1998）分析從格陵蘭出土的維京人骨骸。至於印紐伊特人在格陵蘭以及在他們之前來到格陵蘭發展的美洲土著，有兩本論文集可參考，見Martin Appelt與Hans Christian Gull.v等人合編的*Late Dorset in High Arctic Greenland*（Copenhagen: Danish Polar Center, 1999）以及Martin Appelt等人編著的*Identities and Cultural Contacts in the Arctic*（Copenhagen: Danish Polar Center, 2000）。Jens Peder Hart Hansen等人編著的*The Greenland Mummies*（London: British Museum Press, 1991）詳細描述了在格陵蘭出土的印紐伊特人的屍體，包括六個女人、一個孩童和一個嬰兒。這些人約莫在一四七五年被埋葬。由於格陵蘭氣候乾冷，這些印紐伊特人的屍體和衣服並未腐爛，依然完好。本書封書就是那個死嬰的臉部照片，令人見了震懾，久久無法忘懷。

有關維京人在格陵蘭的考古遺址研究，近二十年來Thomas McGovern和Jette Arneborg及其研究同仁發表了兩個重要的系列研究，包括：McGovern的研究報告 "The Vinland adventure: a North Atlantic perspective"（*North American Archaeologist* 2:285-308〔1981〕）；Thomas McGovern的 "Contributions to the paleoeconomy of Norse Greenland"（*Acta Archaeologica* 54:73-122〔1985〕）；Thomas McGovern等人發表的 "Northern islands, human era, and environmental degradation: a view of social and ecological change in

京英雄傳奇的英譯，包括冰島之書、溫蘭傳奇和Einar Sokkason的故事。

有關冰島史的介紹，可參考最近出版的兩本書：Jesse Byock著*Viking Age Iceland*（New York: Penguin Putnam, 2001），這本書是以他前一本書*Medieval Iceland: Society, Sagas, and Present*（Berkeley: University of California Press, 1988）為基礎撰寫的，對冰島的介紹到冰島邦聯時期結束（1262-1264）為止；另一本書是Gunnar Karlsson著*Iceland's 1100 Years: The History of a Marginal Society*（London: Hurst, 2000），不但涵蓋了冰島的中古時期，還論及現代的冰島。Judith Maizels與Chris Caseldine合編的*Environmental Change in Iceland: Past and Present*（Dordrecht: Kluwer, 1991）收錄了多位作者的文章，是冰島環境史的專業研究論文。Kirsten Hastrup著*Island of Anthropology: Studies in Past and Present Iceland*（Viborg: Odense University Press, 1990）收錄的論文是作者以冰島為主題發表的人類學研究報告。*The Sagas of Icelanders: A Selection*（New York: Penguin, 1997）其中有十七篇維京傳奇故事的英譯（包括二篇溫蘭傳奇），這是選自五卷的*The Complete Sagas of Icelanders*（Reykjavik: Leifur Eiriksson, 1997）。

有關冰島的景觀變化，有兩篇相關論文可以參看：Andrew Dugmore等人發表的“Tephrochronology, environmental change and the Norse settlement of Iceland”（*Environmental Archaeology* 5:21-34（2000））及Ian Simpson等人的論文“Crossing the thresholds: human ecology and historical patterns of landscape degradation”（*Catena* 42:175-192〔2001〕）。由於每一種昆蟲生活的棲地和氣候條件各有不同，Paul Buckland與其研究同仁即以考古遺址中保存下來的昆蟲做研究，藉以找出環境指標。他們發表的研究報告，包括Gudr.n Sveinbjarnard.ttir 等人的“Landscape change in Eyjafiallasveit, Southern Iceland”（*Norsk Geog*, Tidsskr 36:75-88〔1982〕）；Paul Buckland 等人發表的“Late Holocene palaeoecology at Ketilsstadir in Myrdalur, South Iceland”（Jökull 36:41-5〔1986〕）；Paul Buckland等人發表的“Holt in Eyjafiallasveit, Iceland: a paleoecological study of the impact of Landnam”（*Acta Archaeologica* 61:252-271〔1991〕）；Gudr.n Sveinbjarnard.ttir等人發表的“Shielings in Iceland: an archaeological and historical survey”（*Acta Archaeologica* 61:74-96〔1991〕）；Paul Buckland等人寫的“Palaeoecological investigations at Reykholt, Western Iceland,” pp. 149-168，收錄於C. D. Morris與D. J. Rackhan合編的*Norse and Later Settlement and Subsistence in the North Atlantic*（Glasgow: Glasgow University Press, 1992）；Paul Buckland 等人的文章“An insect's

的壁畫。Justin Kerr介紹馬雅陶器的書*The Maya Vase Book*（New York: Kerr Associates, various dates）也是必讀之書。馬雅文字解讀的經過也是精采的故事，可參看Michael Coe著 *Breaking the Maya Code*, 2nd ed.（New York: Thames and Hudson, 1999），以及 Stephen Houston、Oswaldo Chinchilla Mazareigos與David Stuart合著的*The Decipherment of Ancient Maya Writing*（Norman: University of Oklahoma, 2001）。有關蒂卡爾的蓄水池，可參看下列文章：Vernon Scarborough與Gari Gallopin寫的"A water storage adaptation in the Maya lowlands"（*Science* 251:658-662〔1991〕）；Lisa Lucero的論文"The collapse of the Classic Maya: a case for the role of water control"(*American Anthropologist* 104:814-826〔2002〕)，作者解釋地區可用水量的差異導致馬雅古典時期各城市崩壞時間的不同；Arturo G.mez-Pompa、Jos. Salvador Flores和Victoria Sosa在共同發表的論文"The 'pet kot': a man-made tropical forest of the Maya"（*Interciencia* 12:10-15〔1987〕）描述了馬雅人培育有用的樹種。Timothy Beach的研究報告"Soil catenas, tropical deforestation, and ancient and contemporary soil erosion in the Pet.n, Guatemala"（*Physical Geography* 19:378.405〔1998〕）顯示馬雅有些地區利用梯田來改善土壤侵蝕的情況。Richard Hansen等人發表的"Climatic and environmental variability in the rise of Maya civilization: a preliminary perspective from northern Pet.n"（*Ancient Mesoamerica* 13:273-295〔2002〕）以跨學科的方式研究前古典時期人口稠密的地區，並證明石灰的利用與森林砍伐的關係。

第六章至第八章

William Fitzhugh與Elisabeth Ward合編的*Vikings: The North Atlanta Saga*（Washington, D.C.: Smithsonian Institution Press, 2000）有許多彩圖，書中的三十一個章節詳細介紹了維京人的社會、維京人在歐洲的擴張及維京人在北大西洋建立的殖民地。比較沒那麼厚的專書，可參看Eric Christiansen寫的*The Norsemen in the Viking Age*（Oxford: Blackwell, 2002）及F. Donald Logan著*The Vikings in History*, 2nd ed.（New York: Routledge, 1991），還有Else Roestahl寫的*The Vikings*（New York: Penguin, 1987）。Gwyn Jones的*Vikings: The North Atlantic Saga*, 2nd ed.（Oxford: Oxford University Press, 1986）以及G. J. Marcus著*The Conquest of the North Atlantic*（New York: Oxford University Press, 1981）則把焦點放在維京人在北大西洋殖民地的發展，包括冰島、格陵蘭和溫蘭。Jones的書在附錄中還收錄了維

有關馬雅的集約農業和人口，B. L. Turner II發表了不少論文，也出了好幾本相關專書，見：B. L. Turner II發表的“Prehistoric intensive agriculture in the Mayan lowlands”（*Science* 185:118-124〔1974〕）；B. L. Turner II和Peter Harrison共同發表的“Prehistoric raised-field agriculture in the Maya lowlands”（*Science* 213:399-405〔1981〕）；B. L. Turner II與Peter Harrison合著的*Pulltrouser Swamp: Ancient Maya Habitat, Agriculture, and Settlement in Northern Belize*（Austin: University of Texas Press, 1983）；Thomas Whitmore與B. L. Turner II發表的“Landscapes of cultivation in Mesoamerica on the eve of the conquest”（*Annals of the Association of American Geographers* 82:402-425〔1992〕）；以及 B. L. Turner II 和K. W. Butzer的論文“The Columbian encounter and land-use change”（*Environment* 43:16-20 and 37-44〔1992〕）。

至於湖芯研究做為馬雅乾旱和崩壞關聯的證據，可參看下列論文：Mark Brenner等人發表的“Paleolimnology of the Maya lowlands: longterm perspectives on interactions among climate, environment, and humans”（*Ancient Mesoamerica* 13:141.157〔2002〕）（同一期的其他論文也值得參看，如pp. 79-170及265-345）；David Hodell 等人的論文“Solar forcing of drought frequency in the Maya lowlands”（*Science* 292:1367-1370〔2001〕）；Jason Curtis等人發表的“Climate variability of the Yucat.n Peninsula（Mexico）during the past 3500 years, and implications for Maya cultural evolution”（*Quaternary Research* 46:37-47〔1996〕）；及David Hodell等人發表的“Possible role of climate in the collapse of Classic Maya civilization”（*Nature* 375: 391-394〔1995〕）。上述科學家也在佩騰地區進行湖芯研究，並發表二篇論文：Michael Rosenmeier寫的“A 4,000-year lacustrine record of environmental change in the southern Maya lowlands, Pet.n, Guatemala”（*Quaternary Research* 57:183-190〔2002〕）；以及 Jason Curtis等人發表的“A multi-proxy study of Holocene environmental change in the Maya lowlands of Pet.n, Guatemala”（*Journal of Paleolimnology* 19:139-159〔1998〕）。此外，Gerald Haug等人發表的“Climate and the collapse of Maya civilization”（*Science* 299:1731-1〔2003〕）也可參考，他們分析了被河流沖積到海洋中的沉積物，以了解每一年雨量的變化。

對馬雅的文化與藝術有興趣的讀者請勿錯過Mary Ellen Miller寫的*The Murals of Bonampak*（Princeton, N.J. : Princeton University Press, 1986）書中收錄了很多博南帕克壁畫的圖片，有黑白的，也有彩色的，包括刻畫酷刑與Don Rice共同編著的*The Terminal Classic in the Maya Lowlands*（Boulder: University Press of Colorado, 2004）。Webster對馬雅社會和歷史提出概論，從人口與資源分配的問題來解釋馬雅的崩壞，而Gill則把焦點放在氣候變化，以乾旱做為主因，至於Demerest等人則強調各遺址之間的差異，比較不著重生態方面的變因。更早的探討見T. Patrick Culbert編著的*The Classic Maya Collapse*（Albuquerque: University of New Mexico Press, 1973）與T. Patrick Culbert、D. S. Rice合編的*Precolumbian Population History in the Maya Lowlands*（Albuquerque: University of New Mexico Press, 1990）。David Lentz編著的*Imperfect Balance: Landscape Transformation in the Precolumbian Americas*（New York: Columbia University Press, 2000）有好幾個章節討論到馬雅的崩壞，同時也提到其他族群，如在霍霍坎、安地斯山和密西西比地區的印第安人族群。

對特定馬雅城市的繁華與衰落有摘要介紹的書包括：David Webster、AnnCorinne Freter與Nancy Gonlin合著的*Copán: The Rise and Fall of an Ancient Maya Kingdom*（Fort Worth: Harcourt Brace, 2000）；Peter Harrison著*The Lords of Tikal*（New York: Thames and Hudson, 1999）；Stephen Houston著*Hieroglyphs and History at Dos Pilas*（Austin: University of Texas Press, 1993）；以及 M. P. Dunning著*Lords of the Hills: Ancient Maya Settlement in the Puuc Region, Yucat.n, Mexico*（Madison, Wis.: Prehistory Press, 1992）。有關馬雅歷史和社會的專書，可參看：Michael Coe著*The Maya*, 6th ed.（New York: Thames and Hudson, 1999）；Simon Martin與Nikolai Grube合著的*Chronicle of the Maya Kings and Queens*（New York: Thames and Hudson, 2000）；Robert Sharer著*The Ancient Maya*（Stanford, Calif.: Stanford University Press, 1994）；Linda Schele與David Freidel合著的*A Forest of Kings*（New York: William Morrow, 1990）；以及 Linda Schele和Mary Miller著*The Blood of Kings*（New York: Braziller, 1986）。然而，這些書籍並沒有把焦點放在馬雅的崩壞上。

John Stephens把自己的發現寫成兩部經典之作：一本是*Incidents of Travel in Central America, Chiapas and Yucatán*（New York: Harper, 1841），另一本是 *Incidents of Travel in Yucatán*（New York: Harper, 1843）。兩書皆由Dover Publications再版印行。Victor Wolfgang von Hagen著*Maya Explorer*（Norman: University of Oklahoma Press, 1948）描繪John Stephens的一生及其發現。

有助於我們了解古代恰克峽谷的植物，如Julio Betancourt和Thomas Van Devender共同發表的“Holocene vegetation in Chaco Canyon, New Mexico”（*Science* 214:656-658〔1981〕）；Michael Samuels與Julio Betancourt的論文“Modeling the long-term effects of fuelwood harvests on pinyon-juniper woodlands”（*Environmental Management* 6:505-515〔1982〕）；以及Julio Betancourt、Jeffrey Dean和Herbert Hull發表的“Prehistoric long-distance transport of construction beams, Chaco Canyon, New Mexico”（*American Antiquity* 51:370-375〔1986〕）。至於阿納薩齊木頭利用的變化有兩篇論文可以參考，一是Timothy Kohler和Meredith Matthews發表的“Long-term Anasazi land use and forest production: a case study of Southwest Colorado”（*American Antiquity* 53:537-564〔1988〕），另一是Thomas Windes和 Dabney Ford的“The Chaco wood project: the chronometric reappraisal of Pueblo Bonito”（*American Antiquity* 61:295-310〔1996〕）。William Bull 在他的論文“Discontinuous ephemeral streams”（*Geomorphology* 19:227-276〔1997〕）對乾河道切割的複雜起因提供了很好的縱論。有兩篇論文討論利用鍶的同位素來辨識恰克峽谷地區阿納薩齊印第安人用的木材和玉米芯來自何方：木材方面的研究見Nathan English、Julio Betancour、Jeffrey Dean與Jay Quade發表的“Strontium isotopes reveal distant sources of architectural timber in Chaco Canyon, New Mexico”（*Proceedings of the National Academy of Sciences*, USA 98:11891-11896〔2001〕），而玉米芯方面的研究參看Larry Benson等人發表的“Ancient maize from Chacoan great houses: where was it grown?”（*Proceedings of the National Academy of Sciences*, USA 100:13111-13115〔2003〕）。有關卡彥塔阿納薩齊人在長屋谷一帶的人口總數和可能實行的農業，見R. L. Axtell等人論文：“Population growth and collapse in a multiagent model of the Kayenta Anasazi in Long House Valley”（*Proceedings of the National Academy of Sciences*, USA 99:7275-7279〔2002〕）。

第五章

有關馬雅文明的崩壞，有三本最近出版的書各提出不同的觀點，即David Webster著*The Fall of the Ancient Maya*（New York: Thames and Hudson, 2002）、Richardson Gill的*The Great Maya Droughts*（Albuquerque: University of New Mexico Press, 2000）以及 Arthur Demerest、Prudence Rice

University of Chicago Press, 1985）、W. H. Wills著*Early Prehistoric Agriculture in the American Southwest*（Santa Fe: School of American Research, 1988）、R. Gwinn Vivian著*The Chacoan Prehistory of the San Juan Basin*（San Diego: Academic Press, 1990）、Lynne Sebastian著*The Chaco Anasazi: Sociopolitical Evolution and the Prehistoric Southwest*（Cambridge: Cambridge University Press, 1992），以及Charles Redman著*People of the Tonto Rim: Archaeology Discovery in Prehistoric Arizona*（Washington, D.C.: Smithsonian Institution Press, 1993）。Eric Force、R. Gwinn Vivian、Thomas Windes與Jeffrey Dean在專論*Relation of "Bonito" Paleo-channel and Base-level Variations to Anasazi Occupation, Chaco Canyon, New Mexico*（Tuscon: Arizona State Museum, University of Arizona, 2002）再次評估乾河道下蝕使恰克峽克水位下降的影響。有關林鼠貝塚的一切，你可從Julio Betancourt、Thomas Van Devender與Paul Martin合著的*Packrat Middens*（Tucson: University of Arizona Press, 1990）得到答案。

很多論文集收錄了不少有關美國西南部的文獻資料，如David Grant Nobel編著的*New Light on Chaco Canyon*（Santa Fe: School of American Research, 1984）；George Gumerman編著的*The Anasazi in a Changing Environment*（Cambridge: Cambridge University Press, 1988）；Patricia Crown與W. James Judge共同編著的*Chaco and Hohokam: Prehistoric Regional Systems in the American Southwest*（Santa Fe: School of American Research, 1991）；David Doyel編著的*Anasazi Regional Organization and the Chaco System*（Albuquerque: Maxwell Museum of Anthropology, 1992）；Michael Adler編著的*The Prehistoric Pueblo World A.D. 1150-1350*（Tucson: University of Arizona Press, 1996）；Jill Neitzel編輯的*Great Towns and Regional Polities m the Prehistoric American Southwest and Southeast*（Dragoon, Ariz.: Amerind Foundation, 1999）；Michelle Hegmon編輯的*The Archaeology of Regional Interaction: Religion, Warfare, and Exchange Across the American Southwest and Beyond*（Boulder: University Press of Colorado, 2000）；以及Michael Diehl與Steven LeBlanc的*Early Pithouse Villages of the Mimbres Valley and Beyond*（Cambridge, Mass.: Peabody Museum of Archaeology and Ethnology, Harvard University, 2001）。

我所引用的書目資料可做為美國西南部研究論文的路標。與本章有關的幾篇論文在此將一一列出。Julio Betancourt及其研究同仁發表的論文

1934）。此書以寫實筆法描述叛艦喋血記中的Captain Bligh及船員在船艦被奪回後，在皮特肯島一帶漂流以及和玻里尼西亞人生活的情況。這件史實詳細經過可參看 Caroline Alexander的書 *The Bounty*（New York: Viking, 2003）。

第四章

有關美國西南部的史前史，有許多專書供一般讀者參考，有的還附上彩色插圖和照片，如Robert Lister與Florence Lister合著的*Chaco Canyon*（Albuquerque: University of New Mexico Press, 1981）、Stephen Lekson著*Great Pueblo Architecture of Chaco Canyon, New Mexico*（Albuquerque: University of New Mexico Press, 1986）、William Ferguson 和Arthur Rohn合著的*Anasazi Ruins of the Southwest in Color*（Albuquerque: University of New Mexico Press, 1987）、Linda Cordell的 Ancient Pueblo Peoples（Montreal: St. Remy Press, 1994）、Stephen Plog的*Ancient Peoples of the American Southwest*（New York: Thames and Hudson, 1997）、Linda Cordell的*Archaeology of the Soutwest*, 2nd ed.（San Diego: Academic Press, 1997），以及David Stuart的*Anasazi America*（Albuquerque: University of New Mexico Press, 2000）。

還有三本介紹明布雷斯彩陶的圖書也不可錯過：J. J. Brody著*Mimbres Painted Pottery*（Santa Fe: School of American Research, 1997）；Steven LeBlanc的*The Mimbres People: Ancient Pueblo Painters of the American Southwest*（London: Thames and Hudson, 1983）；以及Tony Berlant、Steven LeBlanc、Catherine Scott與 J. J. Brody合著的*Mimbres Pottery: Ancient Art of the American Southwest*（New York: Hudson Hills Press, 1983）。

有關阿納薩茲印第安部落及其鄰近部落的戰爭，詳細描述參看Christy Turner II 與Jacqueline Turner合著的*Man Corn: Cannibalism and Violence in the Prehistoric American Southwest*（Salt Lake City: University of Utah Press, 1999）；Steven LeBlanc著*Prehistoric Warfare in the American Southwes*t（Salt Lake City: University of Utah Press, 1999）以及 Jonathan Haas與Winifred Creamer合著的*Stress and Warfare Among the Kayenta Anasazi of the Thirteenth Century A.D.*（Chicago: Field Museum of Natural History, 1993）。

有關美國西南族群的論文或學術著作包括Paul Minnis著*Social Adaptation to Food Stress: A Prehistoric Southwestern Example*（Chicago:

Field Archaeology 21:83-102〔1994〕）和 “An archaeological survey of Mangareva: implications for regional settlement models and interaction studies”（*Man and Culture and Oceania* 12:61-85〔1996〕）。Weisler並在其他四篇論文中解釋如何為當地發現的玄武岩石錛進行化學分析，以了解玄武岩源於何地，也有助於了解當時的貿易路線，見與D. Whitehead共同發表的 “Provenance studies of Polynesian basalt adzes material: a review and suggestions for improving regional databases”（*Asian Perspectives* 32:61-83〔1993〕）；“Basalt pb isotope analysis and the prehistoric settlement of Polynesia.”（*Proceedings of the National Academy of Sciences*, USA 92:1881-1885〔1995〕）；以及與Patrick V. Kirch 共同發表的 “Interisland and interarchipelago transfer of stone tools in prehistoric Polynesia”（*Proceedings of the National Academy of Sciences*, USA 93:1381-1385〔1996〕）和 “Hard evidence for prehistoric interaction in Polynesia”（*Current Anthropology* 39:521-532〔1998〕）。討論玻里尼西亞東部與東南貿易網絡的論文有：Marshall Weisler與R. C. Green發表的 “Holistic approaches to interaction studies: a Polynesian example,(pp. 413-453)，見Martin Jones與Peter Sheppard編著的*Australasian Connections and New Directions*（Auckland, N.Z.: Department of Anthropology, University of Auckland, 2001）；R. C. Green和Marshall Weisler的論文：“The Mangarevan sequence and dating of the geographic expansion into Southeast Polynesia”（*Asian Perspectives* 41-213-241〔2002〕）；以及Marshall Weisler發表的 “Centrality and the collapse of long-distance voyaging in East Polynesia,”（pp. 257.273）收錄於Michael D. Glascock編著的 *Geochemical Evidence for Long-Distance Exchange*（London: Bergin and Garvey, 2002）。有關亨德森島上的作物和骨骸，見 Jon G. Hather 與Marshall Weisler發表的 “Prehistoric giant swamp taro（Cyrtosperma chamissonis）from Henderson Island, Southeast Polynesia”（*Pacific Science* 54:149.156〔2000〕）以及Sara Collins和Marshall Weisler的論文 “Human dental and skeletal remains from Henderson Island, Southeast Polynesia”（*People and Culture in Oceania* 16:67-85（2000））；還有Vincent Stefan、Sara Collins與 Marshall Weisler共同發表的 “Henderson Island crania and their implication for southeastern Polynesian prehistory”（*Journal of the Polynesian Society* 111:371-383〔2002〕）。

對皮特肯島有興趣或是喜歡看精采故事的人請勿錯過Charles Nordhoff與 James Norman Hall 合著的小說*Pitcairn's Island*（Boston: Little, Brown,

與M. Graves編著的*Pacific Landscapes*（Los Osos, Calif.: Easter Island Foundation, 2002）。

世界上還有其他地區也採用石塊覆蓋法，更多的證據參看Dale Lightfoot的論文"Morphology and ecology of lithic-mulch agriculture"（*Geographical Review* 84:172-185〔1994〕）以及 Carleton White等人發表的"Water conservation through an Anasazi gardening technique"（*New Mexico Journal of Science* 38:251-278〔1998〕）。有關波伊卡半島上的森林砍伐及土壤侵蝕情況見Andreas Mieth與 Hans- Rudolf Bork的討論："Diminution and degradation of environmental resources by prehistoric land use on Poike Peninsula, Easter Island（Rapa Nui）"（*Rapa Nui Journal* 17:34-41〔2003〕）。Karsten Haase等人發表的"The petrogenetic evolution of lavas from Easter Island and neighboring seamounts, near-ridge hotspot volcanoes in the S.E. Pacific"（*Journal of Petrology* 38:785-813〔1997〕）分析了復活節島上火山的形成年代和化學成分。Erika Hagelberg等人發表的"DNA from ancient Easter Islanders"（*Nature* 369:25-26〔1994〕）則對十二個復活節島民的骨骸做了DNA的分析報告。James Brander與M. Scott Taylor的論文"The simple economics of Easter Island: a Ricardo-Malthus model of renewable resource use"（*American Economic Review* 38:119-138〔1998〕）則是從經濟學觀點來檢視復活節島上資源過度利用的情形。

第三章

有關東南玻里尼西亞聚落，見第二章延伸閱讀中有關玻里尼西亞聚落形成的資料，即Tim Benton與Tom Spencer 編著的*The Pitcairn Islands: Biogeography, Ecology, and Prehistory*（London: Academic Press, 1995）。這是一九九一至九二年間科學家在皮特肯島、亨德森島及奧埃諾、迪西環礁研究考察的報告。該書的二十七個章節討論到這些群島的地理、植物、鳥類（包括在亨德森島滅絕的鳥類）、魚類、陸上和海洋中的無脊椎動物，以及人類對當地生態環境造成的衝擊。

本書提到玻里尼西亞族群在皮特肯島和亨德森島殖民的資料，來自上述論文集中的一章，即Marshall Weisler及其研究同仁的研究成果："Henderson Island prehistory: colonization and extinction on a remote Polynesian island"（pp 377-404）。Weisler還發表了兩篇概論式的報告："The settlement of marginal Polynesia: new evidence from Henderson Island"（*Journal of* of an early faunal assemblage from Easter Island”（*Asian Perspectives* 33:79-96〔1994〕），這兩篇的共同作者都是Patricia Vargas和Claudio Cristino；還有“Prehistoric extinctions of Pacific Island birds: biodiversity meets zooarchaeology”（*Science* 267:1123-1131〔1995〕）。我們可在William Ayres發表的“Easter Island subsistence”（*Journal de la Société des Océanistes* 80: 103-124〔1985〕）看到有關島民食物更進一步的考古證據。至於復活節島上棕櫚樹消失之謎的解密和湖芯花粉研究見下面論文：J. R. Flenley和Sarah King共同發表的“Late Quaternary pollen records from Easter Island”（*Nature* 307:47-50〔1984〕）；J. Dransfield 等人寫的“A recently extinct palm from Easter Island”（*Nature* 312:750-752〔1984〕）與J. R. Flenley等人發表的“The Late Quaternary vegetational and climatic history of Easter Island”（*Journal of Quaternary Science* 6:85-115〔1991〕）。Catherine Orliac的研究結果見上述Stevenson與Ayres編輯的期刊和“Données nouvelles sur la composition de la flore de l’Île de Pâques”(*Journal de la Société des Océanistes* 2:23-31〔1998〕）。至於Claudio Cristino及其研究同仁Christopher Stevenson的研究結果，可參看下面論文：“Residential settlement history of the Rapa Nui coastal plain”（*Journal of New World Archaeology* 7:29-38〔1986〕）；Daris Swindler、Andrea Drusini與Claudio Cristino共同發表的“Variation and frequency of three-rooted first permanent molars in precontact Easter Islanders: anthropological significance”（*Journal of the Polynesian Society* 106:175.183〔1997〕）；及Claudio Cristino與Patricia Vargas共同發表的“Ahu Tongariki, Easter Island: chronological and sociopolitical significance”（*Rapa Nui Journal* 13:67.69〔1999〕）。

Christopher Stevenson論集約農業和石塊覆蓋法的論文見*Archaeological Investigations on Easter Island; Maunga Tari: An Upland Agriculture Complex*（Los Osos, Calif.: Easter Island Foundation, 1995）以及與Joan Wozniak、Sonia Haoa共同發表的“Prehistoric agriculture production on Easter Island（Rapa Nui）, Chile”（*Antiquity* 73:801-812〔1999〕），還有和Thegn Ladefoged、Sonia Haoa發表的“Productive strategies in an uncertain environ-ment: prehistoric agriculture on Easter Island”（*Rapa Nui Journal* 16:17-22〔2002〕）及Christopher Stevenson在“Territorial divisions on Easter Island in the 16th century: evidence from the distribution of ceremonial architecture, ” pp. 213-229，這篇論文重建復活節島上十一個傳統氏族的界線，見T. Ladefoged

與Terry Hunt共同編著的*Historical Ecology in the Pacific Islands: Prehistoric Environmental and Landscape Change*（New Haven, Conn.: Yale University Press, 1997）收錄了多篇論文，討論人類對復活節島等太平洋群島生態環境的衝擊。

Thor Heyerdahl寫的兩本書也可參考，即*The Kon-Tiki Expedition*（London: Alien & Unwin, 1950）與*Aku-Aku: The Secret of Easter Island*（London: Alien & Unwin, 1958）。這兩本書引發我對復活節島的興趣，也使得很多讀者想一探究竟。Heyerdahl也帶考古學家去復活節島做考察挖掘，因此對復活節島做了另一種相當不同的詮釋，見Thor Heyerdahl與E. Ferdon, Jr.共同編著的*Reports of the Norwegian Archaeological Expedition to Easter Island and the East Pacific, vol. 1: The Archaeology of Easter Island*（London: Alien & Unwin, 1961）。Steven Fischer寫的兩本書*Glyph Breaker*（New York: Copernicus, 1997） 和*Rongorongo: The Easter Island Script*（Oxford: Oxford University Press, 1997）描述 Fischer如何解讀「朗格朗格板」文字。Andrew Sharp編的*The Journal of Jacob Roggeveen*（London: Oxford University Press, 1970）reprints on pp. 89-106有第一個親眼目睹復活節的歐洲人第一手描述。

Claudio Cristino、Patricia Vargas與R. Izaurieta合著的*Atlas Arqueológico de Isia de Pascua*（Santiago: University of Chile, 1981）將復活節島上的考古研究做了一番摘要。有關復活節島，更詳細的討論可以參看Easter Island Foundation定期出版的期刊*Rapa Nui Journal*，該基金會偶爾也出版有關復活節島的會議論文集。重要的論文集有Claudio Cristino、Patricia Vargas等人編輯的*First International Congress, Easter Island and East Polynesia, vol. 1 Archaeology*（Santiago: University of Chile, 1988）；*Patricia Vargas Casanova* 編著的*Easter Island and East Polynesia Prehistory*（Santiago: University of Chile, 1998）；還有Christopher Stevenson、William Ayres合編的*Easter Island Archaeology: Research on Early Rapanui Culture*（Los Osos, Calif.: Easter Island Foundation, 2000）。至於復活節島民與其他族群文化接觸的歷史，可參看Claudio Cristino等人著*Isla de Pascua: Procesos, Alcances y Efectos de la Aculturación*（Easter Island: University of Chile, 1984）一書中的摘要介紹。

David Steadman的鳥類骨頭辨識報告及在安納克那海灘的考古發現見下面三篇論文："Extinctions of birds in Eastern Polynesia: a review of the record, and comparisons with other Pacific Island groups"（*Journal of Archaeological Science* 16:177-205〔1989〕）與 "Stratigraphy, chronology, and cultural context

Sifton Praed, 1919, reprinted by Adventure Unlimited Press, Kempton, I11., 1998）和Alfred M.traux著*Ethnology of Easter Island*（Honolulu: Bishop Museum Bulletin 160, 1940, reprinted 1971）。另外，Eric Kjellgren編著的*Splendid Isolation: Art of Easter Island*（New York: Metropolitan Museum of Art, 2001）收錄了數十張照片，很多是彩色的，像是復活節島上的石雕、「朗格朗格板」、島民用木頭雕刻的小型男人雕像、穿樹皮布的人，還有一個紅色羽毛做的頭飾——島民為巨人石雕頭上添加、像紅色石帽的普卡奧，也許就是這種頭飾激發的靈感。

Anne Van Tilburg寫的論文包括 "Easter Island（Rapa Nui）archaeology since 1955: some thoughts on progress, problems and potential," pp. 555-577，收錄於J. M. Davidson等人編著的*Oceanic Culture History: Essays in Honour of Roger Green*（New Zealand Journal of Archaeology Special Publication, 1996）；以及與Cristian Ar .valo Pakarati共同發表的 "The Rapanui carvers' perspective: notes and observations on the experimental replication of monolithic sculpture（moai）," pp. 280-290，文章出現在Herle等人編著的*Pacific Art: Persistence, Change and Meaning*（Bathurst, Australia: Crawford House, 2002）；以及與 Ted Ralston合作寫的 "Megaliths and mariners: experimental archaeology on Easter Island（Rapa Nui）"，這篇文章參看K. L. Johnson等人編著的*Onward and Upward! Papers in Honor of Clement W. Meighan*（University Press of America）。上述的最後兩篇論文描述考古學家為了明瞭石像的雕刻、搬運過程和搬運時間所做的實驗研究。

有關玻里尼西亞聚落的形成或人類在太平洋的發展，有很多好書值得一般讀者參考，包括Patrick Kirch著*On the Road of the Winds: An Archaeological History of the Pacific Islands Before European Contact*（Berkeley: University of California Press, 2000）、*The Lapita Peoples: Ancestors of the Oceanic World*（Oxford: Blackwell, 1997）與*The Evolution of the Polynesian Chiefdoms*（Cambridge: Cambridge University Press, 1984）；Peter Bellwood著*The Polynesians: Prehistory of an Island People*（修訂版）（London: Thames and Hudson, 1987）；Geoffrey Irwin著*The Prehistoric Exploration and Colonisation of the Pacific*（Cambridge: Cambridge University Press, 1992）。David Lewis寫的*We, the Navigators*（Honolulu: University Press of Hawaii, 1972）對太平洋傳統航海技術有獨到的描述。作者是個現代航海家，與現今僅存還採取古代航海方式的土著一起遠航，以研究傳統的航海技術。 Patrick Kirch

大拿）農牧業對環境的衝擊見Lynn Jacobs在*Waste of the West: Public Lands Ranching*（Tucson: Lynn Jacobs, 1991）一書中的討論。

本章討論的蒙大拿問題，可從下列網站或透過以下組織的電子郵件地址得到最新資料：Bitterroot Land Trust：www.BitterRootLandTrust.org；Bitterroot Valley Chamber of Commerce：www.bvchamber.com；Bitterroot Water Forum：brwaterforum@bitterroot.mt；Friends of the Bitterroot：www.FriendsoftheBitterroot.org；Montana Weed Control Association：www.mtweed.org；Plum Creek Timber：www.plumcreek.com；Trout Unlimited's Missoula office：montrout@montana.com；Whirling Disease Foundation：www.whiriing-disease.org；Sonoran Institute：www.sonoran.org/programs/si_se；Center for the Rocky Mountain West：www.crmw.org/read；Montana Department of Labor and Industry：http://rad.dli.state.mt.us/ pubs/profile.asp；Northwest Income Indicators Project：http://niip.wsu.edu/。

第二章

一般讀者想對復活節島有個大概的認識，下面三本書是很好的起點：John Flenley與Paul Bahn合著的*The Enigmas of Easter Island*（New York: Oxford University Press, 2003），此書是這兩位作者前一本書*Easter Island, Earth Island*（London: Thames and Hudson, 1992）更新後的版本；還有Jo Anne Van Tilburg寫的兩本書*Easter Island: Archaeology, Ecology, and Culture*（Washington, D.C.: Smithsonian Institution Press, 1994）和*Among Stone Giants*（New York: Scribner, 2003）。最後那本書是了不起的英國考古學家Katherine Routledge的傳記，這位考古學家在一九一四年到一九一五年間在島上採訪島民，記錄了島民記憶中最後的歐朗哥宗教儀式。她的一生就像精采的小說一樣引人入勝。

近年來出版有關復活節島的專書包括Catherine & Michel Orliac著*The Silent Gods: Mysteries of Easter Island*（London: Thames and Hudson, 1995）還有John Loret與John Tancredi共同編著的*Easter Island: Scientific Exploration into the World's Environmental Problems in Microcosm*（New York: Kluwer/Plenum, 2003），書中十三個章節論述了近年來科學家在島上考察的結果。對復活節島有興趣深入研究的人可參考較早出版的兩本經典之作：Katherine Routledge自己的專著*The Mystery of Easter Island*（London:

2003）和Jack Goldstone著*Revolution and Rebellion in the Early Modern World*（Berkeley: University of California Press, 1991）。

第一章

有關蒙大拿州的發展史，請參看Joseph Howard著*Montana: High, Wide, and Handsome*（New Haven: Yale University Press, 1943）；K. Ross Toole著*Montana: An Uncommon Land*（Norman: University of Oklahoma Press, 1959）；K. Ross Toole著*20th-century Montana: A State of Extremes*（Norman: University of Oklahoma Press, 1972）；以及Michael Malone、Richard Roeder與William Lang合著的*Montana: A History of Two Centuries*（修訂版）（Seattle: University of Washington Press, 1991）。Russ Lawrence也為苦根谷出版了一本圖誌：*Montana's Bitterroot Valley*（Stevensville. Mont.: Stoneydale Press, 1991）。至於大洞盆地的發展史可參考Bertha Francis著*The Land of Big Snows*（Butte, Mont.: Caxton Printers, 1955）。有關蒙大拿與美國西部山區的經濟問題，參看Thomas Power著*Lost Landscapes and Failed Economies: The Search for Value of Place*（Washington, D.C.: Island Press, 1996）以及Thomas Power與Richard Barrett合著的*Post-Cowboy Economics: Pay and Prosperity in the New American West*（Washington, D.C.: Island Press, 2001）。蒙大拿礦業發展史和對環境的衝擊可參看這兩本書：David Staler著*Wounding the West: Montana, Mining, and the Environment*（Lincoln: University of Nebraska Press, 2000）與Michael Malone著*The Battle for Butte: Mining and Politics on the Northern Frontier, 1864-1906*（Helena, Mont.: Montana Historical Society Press, 1981）。論森林火災的專書包括Stephen Pynes的著作*Fire in America: A Cultural History of Wildland and Rural Fire*（Princeton, N.J.: Princeton University Press, 1982）與*Year of the Fires: The Story of the Great Fires of 1910*（New York: Viking Penguin, 2001）。討論美國西部火災問題的書，可參看Stephen Arno與Steven Allison- Bunnell合著的 *Flames in our Forests: Disaster or Renewal?*（Washington, D.C.: Island Press, 2002），其中一位作者是苦根谷的居民。Harsh Bais 等人在論文“Allelopathy and exotic plant invasion: from molecules and genes to species interactions”（*Science* 301:1377-1380〔2003〕）表示，斑點矢車菊會從根部分泌一種不會傷害自己、只會毒害本土植物的毒素。美國西部（包括蒙

延伸閱讀

以下是我篩選後的參考書目，提供有心進一步研究的讀者參考。我盡量列出最近的出版品，讀者同時可從這些出版品得知更早的文獻，以免書目資料過於龐大。此外，我還列出一些重要參考書籍和期刊文章。期刊名稱出現在文章篇名之後，接下來是卷數，冒號後是文章首尾頁碼，最後則是出版年（加括號）。

序曲

有關世界各地古代文明社會崩壞的比較研究，具有影響力的著作包括Joseph Tainter著*The Collapse of Complex Societies*（Cambridge: Cambridge University Press, 1988）與Norman Yoffee、George Cowgill等人編著的*The Collapse of Ancient States and Civilizations*（Tucson: University of Arizona Press, 1988）。特別著重古代社會環境衝擊或環境衝擊在社會崩壞中扮演的角色，這樣的專書如下：Clive Ponting著*A Green History of the World: The Environment and the Collapse of Great Civilizations*（New York: Penguin, 1991）；Charles Redman著*Human Impact on Ancient Environments*（Tucson: University of Arizona Press, 1999）；D. M. Kammen、K. R. Smith、K. T. Rambo與M. A. K. Khalil編著的*Preindustrial Human Environmental Impacts: Are There Lessons for Global Change Science and Policy?*（Chemosphere, volume 29, no. 5, September 1994）；還有Charles Redman、Steven James、Paul Fish與J. Daniel Rogers編著的*The Archaeology of Global Change: The Impact of Humans on Their Environment*（Washington, D.C.: Smithsonian Books, 2004）。至於古代社會的比較研究，探討氣候變化對社會的影響可參看Brian Fagan的三本著作：*Floods, Famines, and Emperors: El Ni.o and the Fate of Civilizations*（New York: Basic Books, 1999）；*The Little Ice Age*（New York: Basic Books, 2001）；以及*The Long Summer: How Climate Changed Civilization*（New York: Basic Books, 2004）。

關於國家興衰關聯的比較研究，可參看Peter Turchin著*Historical Dynamics: Why States Rise and Fall*(Princeton, N.J.: Princeton University Press,

ISBN 978-957-13-7917-3
Printed in Taiwan.

NEXT 叢書 263

大崩壞——人類社會的明天？（15 週年暢銷紀念版）

Collapse: How Societies Choose to Fail or Succeed

作者：賈德．戴蒙 Jared Diamond｜**譯者**：廖月娟｜**主編**：陳家仁｜**企劃編輯**：李雅蓁｜**校對**：郭昭君、李雅蓁｜**美術設計**：陳恩安｜**內頁排版**：林鳳鳳｜**企劃副理**：陳秋雯｜**第一編輯部總監**：蘇清霖｜**董事長**：趙政岷｜**出版者**：時報文化出版企業股份有限公司／108019台北市和平西路三段240號4樓／發行專線：02-2306-6842／讀者服務專線：0800-231-705．02-2304-7103／讀者服務傳真：02-2304-6858／郵撥：19344724 時報文化出版公司／信箱：10899臺北華江橋郵局第99信箱｜**時報悅讀網**：www.readingtimes.com.tw｜**法律顧問**：理律法律事務所／陳長文律師、李念祖律師｜**印刷**：勁達印刷有限公司｜**初版一刷**：2006年1月23日｜**二版一刷**：2019年10月25日｜**二版七刷**：2024年5月7日｜**定價**：新台幣620元｜

時報文化出版公司成立於一九七五年，並於一九九九年股票上櫃公開發行，於二〇〇八年脫離中時集團非屬旺中，以「尊重智慧與創意的文化事業」為信念。

大崩壞——人類社會的明天？／賈德．戴蒙（Jared Diamond）著；廖月娟譯. -- 二版. -- 臺北市：時報文化，2019.10；704面｜14.8×21公分.--（NEXT叢書；263）｜15週年暢銷紀念版｜譯自：Collapse : how societies choose to fail or succeed｜ISBN 978-957-13-7917-3（平裝）｜1.社會變遷 2.環境保護 3.個案研究｜541.47｜108012844